安溪年鉴

（2021）

中共安溪县委党史和地方志研究室 编

方志出版社
Publishing House of Local Records

图书在版编目（CIP）数据

安溪年鉴 . 2021 / 中共安溪县委党史和地方志研究室编 . —北京 : 方志出版社 , 2021.12
ISBN 978-7-5144-5097-2

Ⅰ . ①安… Ⅱ . ①中… Ⅲ . ①安溪县－ 2021 －年鉴
Ⅳ . ①Z525.74

中国版本图书馆 CIP 数据核字 (2021) 第 275602 号

责任编辑：王娜
责任校对：刘玉霞
责任印制：梅中英
出 版 者：方志出版社
地　　址：北京市朝阳区潘家园东里 9 号（国家方志馆 4 层）
邮　　编：100021
网　　址：http://www.zgfzcb.cn
发　　行：方志出版社图书营销中心（010–67110500）
印　　刷：福州力人彩印有限公司
开　　本：889 毫米 ×1194 毫米 1/16
印　　张：22.75
字　　数：771 千字
版　　次：2021 年 12 月第 1 版
印　　次：2021 年 12 月第 1 次印刷
定　　价：278.00 元

《安溪年鉴》总编室

安溪县地图

比例尺 1：365 000

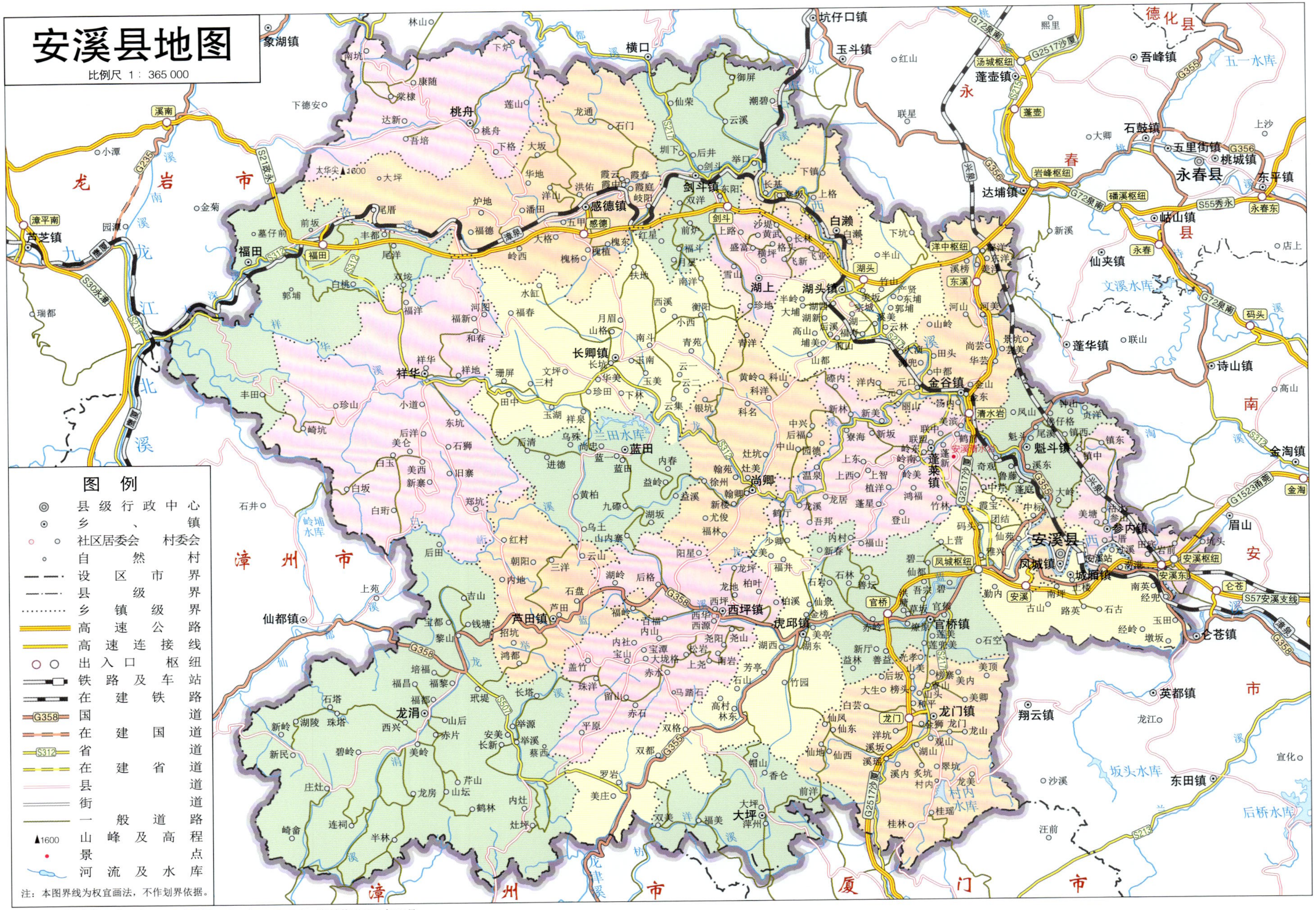

编制单位：福建省地图出版社　审图号：泉S〔2021〕41号　资料截至2020年12月

编辑说明

一、《安溪年鉴（2021）》是由中共安溪县委领导、安溪县人民政府主办，中共安溪县委党史和地方志研究室组织编纂的安溪县地方综合年鉴总第16卷。

二、《安溪年鉴（2021）》以马克思列宁主义、毛泽东思想、邓小平理论、“三个代表”重要思想、科学发展观、习近平新时代中国特色社会主义思想为指导，坚持辩证唯物主义和历史唯物主义的立场、观点和方法，客观、全面、系统地记载安溪县改革开放、经济发展、社会进步等方面的基本情况和最新成就，展示建设实力安溪、大美安溪、小康安溪、活力安溪的崭新风貌。记述时限为2020年1月1日至12月31日，个别重要资料时限有所上溯或下延。

三、《安溪年鉴（2021）》主要采取栏目—分目—条目三级框架结构。反映全县和各行业、各部门工作以及经济社会发展新貌的图片，有的集中在卷首，有的分列于各栏目中。

四、《安溪年鉴（2021）》采用规范的现代汉语记述。文字、标点符号、计量单位（除统计资料部分照录外）均以国家现行规范为准。人称除引文外，一律用第三人称书写。所述“省”一般指称“福建省”，“市”一般指称“泉州市”。

五、《安溪年鉴（2021）》记述范围覆盖全县，内容涉及各行各业，有些全局性的工作，各单位在记述时难免出现互相交叉的现象。对此，在编纂过程中分别采取详略不同、角度各异、互相参见等办法进行处理，尽量做到既不遗漏各单位的主要工作，又不至于出现过多的重复。

六、《安溪年鉴（2021）》采编的资料均由各承编单位撰稿并经单位领导审核后提供。采用的统计数据由各相关单位和安溪县统计局提供。

全国推介“茶乡旅游线路”

2020年10月22日，农业农村部在山西省阳城县举办2020中国美丽乡村休闲旅游行（秋季）推介活动。安溪县以“海丝茶源茶旅圣地”为主题的休闲体验旅游线路获宣传推介。“海丝茶源、茶旅圣地”休闲体验旅游线路深入挖掘茶乡特色，串联起中国茶都、飘香虎邱、云岭茶庄园、铁观音发源地西坪镇4个景点，融合茶叶古镇、茶乡生态、乡村旅游、休闲农业等元素，打造特色鲜明的茶乡旅游精品，让游客们体验茶业新都市、旅游休闲集镇、现代农业产业园、铁观音茶文化系统遗产地等特色景点。

中国茶都　（刘伯怡摄）

虎邱长潭公园　　（虎邱镇供图）

虎邱骑虎岩　　（郭振愿摄）

芦田镇云岭茶庄园远景　（刘伯怡摄）

芦田镇云岭茶庄园近景　（许福财摄）

西坪镇南岩村泰山楼　（刘伯怡摄）

2020年安溪开茶节在西坪镇举行，图为喊山开茶　（刘伯怡摄）

脱贫攻坚

2020年5月7日，泉州市委书记康涛（左三）到安溪县蓬莱镇彭格村调研脱贫攻坚等重点工作

（刘伯怡摄）

2020年5月7日，市、县、镇、村四级书记在座谈会上深入交流，共商抓好脱贫攻坚工作的好机制、好办法

（刘伯怡摄）

2020 年 11 月 24 日，安溪县委书记高向荣（中左）到金谷镇丽山村调研脱贫攻坚等重点工作（刘伯怡摄）

2020 年 11 月 24 日，安溪县委书记高向荣（第一排左二）在座谈会上对金谷镇丽山村脱贫攻坚等重点工作作出要求（刘伯怡摄）

2020 年 11 月 24 日，安溪县委书记高向荣（中左）一行到金谷镇下坑村走访慰问贫困户，勉励他们要坚定脱贫致富的信心和决心，积极发挥主观能动性，靠自己骨头长肉，早日脱贫、奔小康（刘伯怡摄）

2020 年 10 月 17 日，安溪县 2020 年“扶贫日”系列活动在虎邱镇茶文化广场举行

（县扶贫办供图）

2020 年 10 月 17 日，禾康好农合作社扶贫种植养殖种苗发放仪式在虎邱镇茶文化广场举行

（县扶贫办供图）

2020 年 10 月 17 日，“就业扶贫 · 送岗下乡”招聘会活动在虎邱镇茶文化广场举行

（县扶贫办供图）

2020 年 12 月 16 日，安溪县召开扶贫开发工作情况汇报会 （刘伯怡摄）

目 录

特 载

专 记

县情概览

·自然地理·

·人文地理·

大事记

中共安溪县委员会

·综述·

安溪县人民代表大会

安溪县人民政府

政协安溪县委员会

纪委监委

法 治

群众团体

城乡建设·环境保护

经济管理

工 业

工贸园区

交 通

邮政 · 通信

商 业

教育·科技

文 化

·文化艺术·

·档 案·

·安溪县融媒体中心·

·电 影·

旅游业

·旅游业建设·

·旅游业活动·

卫生·体育

·卫 生·

·计 生·

·新型冠状肺炎疫情防控·

人　物

荣誉榜

附　录

表格索引

在全县三级干部会议上的讲话

——中共安溪县委书记 高向荣

（2020 年 5 月 11 日 根据记录整理）

历届县委、县政府高度重视三级干部会，每年都会召开，已经坚持了很多年，作为抓工作的一种重要抓手、一个优良传统。今年受疫情影响，采取视频会议形式召开，这在安溪历史上应该说是比较特殊的一次。刚才，吴毓舟代县长安排部署了下一阶段的五项重点工作，讲得很具体、很到位，措施很有针对性、操作性，我都同意，大家要按照要求抓好落实。这里，我就当前及今后一个时期事关安溪发展的几项重点工作再点一点。

一、疫情防控不能松。在这场全民阻击战中，党员干部冲锋在前、顽强拼搏；公安民警闻令而动、忠诚守护；镇村干部不惧风雨、坚守一线；爱心人士慷慨解囊、捐资捐物；茶乡群众宅家抗疫、群防群治，尤其是我们的医护人员白衣擐甲、救死扶伤，更有五位“战士”逆行出征、驰援武汉，无愧于新时代最可爱的人。正是有全县上下的众志成城、并肩作战，疫情防控取得了决定性胜利。当前，疫情尚未结束，境外疫情暴发增长态势仍在持续，吉林舒兰等国内个别地区出现聚集性疫情、风险等级由中风险调整为高风险，“外防输入、内防反弹”的压力仍然很大，决不能掉以轻心、麻痹大意，否则稍有不慎、必将前功尽弃，加快恢复生产生活秩序也无从谈起。各级各部门要慎终如始、毫不放松抓紧、抓细、抓实常态化疫情防控，延续“大数据 + 网格化”等行之有效的做法，切实巩固来之不易的防控成果。

二、大抓实体优服务。实体是立县之本、强县之基。安溪靠实体起家，更要靠实体走向未来。今天，我们邀请纳税 500 万元以上的企业负责人参会，有 8 位在主席台上就座、45 位在台下前排就座，这样的座位安排，体现的是县委、县政府对企业家的高规格礼遇。希望各位企业家牢牢守住实体这块阵地，不要被一时的困难吓倒、不要被一时的利益诱惑，把自己最精通、最在行的事做好。支持帮扶企业是党委、政府应尽之职，各级各部门要坚决摒弃“官本位”思想，尊重企业家、善待企业家、亲清企业家，敢于为企业站台、背书、撑腰，及时帮助解决产销、用电、用工、用地等困难问题，真正提供“妈妈式”服务，推动企业稳产扩能、提质增效。

三、交通先行增后劲。会上，县交通局黄建锋局长汇报了新一轮综合立体交通规划建设方案，这是今后几年我县完善交通路网的总体思路、总体布局，也彰显了县委、县政府以大交通撬动大发展的鲜明态度和坚定决心。高铁方面，兴泉铁路安溪段完成 90% 路基、走在全线前列，东站站房全面启动，预计明年 9 月通车；时速达 350 千米的昌厦高铁呼之欲出，将在我县设立站点，落地建成后，未来安溪承启东西、连接山海的区位优势更加凸显。高速方面，大安支线（大田广平到安溪官桥）完成施工图设计招标，当务之急要力争纳入国家高速公路网规划，确保明年下半年实质性动工；安翔高速（安溪至翔安）正在进行工可编制，这是安溪通往沿海地区的第二快速通道，要抓紧做好前期，科学设置落地互通，与正在规划建设的“大三环”线路走向相衔接。“大三环”方面，这是我县新一轮综合立体交通规划建设的重头戏，也是事关安溪今后10年乃至20年发展的基础性大工程。规划建设“大三环”，是县委、县政府谋划多年、经充分考量论证的，一为民生，解二环路拥堵之忧；二为联动，拉开城市框架，实现同城化发展；三为发展，盘活周边乡镇腹地，提升空间承载力。一段时间来，线路方案、项目可研、要素保障、资金拼盘等工作有力有序推进，今年下半年到明年上半年，东三环卫浴新城至站前路段、联四线、三安大桥至同德大桥连接线等先行路段就可相继动工。各级各部门和广大党员领导干部要本着对安溪发展极端负责、对茶乡群众极端负责的态度，大张旗鼓宣传发动、举全县之力办大事，一任接着一任干、一张蓝图管到底，用几年之功把这条民生之路、发展之路、未来之路建成建好，早日福荫茶乡百姓。

四、打赢脱贫攻坚战。脱贫攻坚是全面建成小康社会的底线任务和标志性指标，政治任务就要有政治态度、政治担当。刚才，肖印章副县长作了全面部署，大家要逐一对账，巩固提升。当前，我县脱贫攻坚主要存在三大薄弱点：一是因病因灾返贫致贫，尚有重点监测的贫困户188户708人；二是边缘人群相对贫困，此类对象目前有243户828人；三是村集体经济造血功能不足，10万元以下的村还有169个、超1/3，与今年所有村超10万元的目标差距还很大。脱贫办、各乡镇务必坚持问题导向，严格落实“四不摘”，盯紧看牢、查漏补缺，全力防返贫、控新贫、稳脱贫，确保全面小康一个不落。尤其是各乡镇主官，要访遍辖区内所有贫困村、贫困户，逐一过细排查“两不愁三保障”及饮水安全问题，将帮扶政策落细落实落到位，确保脱贫成果禁得起历史和人民的检验。

五、以点带面振乡村。会上，我们一起观看了虎邱镇、城厢镇经兜村两个汇报短片，他们的一些做法很有借鉴意义。尤其是城厢经兜村，以列入省级乡村振兴试点村为契机，充分发挥村级班子战斗堡垒和党员先锋模范作用，立足区位优势、自然生态、产业基础，从治旱厕入手，统筹推进治污水、治垃圾、治裸房、建公厕，基础设施显著改善、村容村貌焕然一新。各乡镇要以先进镇村为标杆，采取现场观摩、经验交流等形式，激发干部群众热情，发动乡贤能人参与，扎扎实实抓好农村人居环境整治，确保国庆前全面完成旱厕治理任务，同步用好省市专项资金，继续抓好2个省级特色乡镇、30个试点村建设，走出一条安溪乡村振兴特色之路。

六、严之又严抓安全。安全生产没有暂停键、永远在路上，关键是功夫要落在平时，当务之急要把所有重大安全隐患摸排出来，先撤人封房、再分类处置，坚决守住“不倒房、不起火、不死人，不产生次生事件”底线。近期，市委将在全市组织开展百日大整治专项督查，县指挥部、各乡镇要抓紧再梳理、再分析，做到人员密集场所、厂房、公共建筑100%复查到位、重大安全隐患问题100%排查到位、确需安全评估的100%鉴定到位。同时要统筹抓好防汛备汛、森林防火、扫黑除恶、信访维稳、移风易俗等各项工作，确保社会安定稳定。

七、为政当修清慎勤。今年是“十三五”规划收官之年、脱贫攻坚决胜之年、全面小康建成之年，也是高质量赶超实现之年、县域治理现代化开局之年，要完成全年目标任务，决心很关键、作为很重要。各级党员领导干部要敢于斗争、敢于负责、敢于担当，拼出信心、拼出精气神。一要“清”。清，就是清廉、清白、清正，不该拿的不要拿、不能办的不要办，堂堂正正、干干净净、清清爽爽。二要“慎”。慎，就是慎言、慎行、慎独、慎微，凡事依法依规，不独断专行、盲目决策、蛮干乱干，以“如临深渊、如履薄冰”的谨慎善始善终。三要“勤”。勤，就是勤政、勤快、勤学，牢记“一勤天下无难事”“勤能补拙”，恪尽职守、夙夜在公，任劳任怨、实干苦干，多做解民忧、纾民困、暖民心、惠民生的实事好事。

总之，只要全县上下团结一心、砥砺打拼，我们就一定能夺取疫情防控和经济社会发展双胜利，就一定能高质量完成决战决胜脱贫攻坚任务，全面建成小康社会。

在安溪县第十七届人民代表大会第五次会议上的讲话

——安溪县人民政府县长 吴毓舟

各位代表：

现在，我代表县人民政府向大会作工作报告，请连同《安溪县国民经济和社会发展第十四个五年规划和二〇三五年远景目标纲要（草案）》[以下简称纲要（草案）]一并审议，并请政协委员和其他列席人员提出意见。

一、2020年和“十三五”时期经济社会发展回顾

2020年，在省委省政府、市委市政府和县委的坚强领导下，在县人大、县政协的监督支持下，县人民政府以习近平新时代中国特色社会主义思想为指导，深入贯彻落实中共十九大和十九届二中、三中、四中、五中全会精神，保持战略定力，发扬斗争精神，统筹抓好常态化疫情防控和经济社会发展，扎实做好“六稳”[1]工作，全面落实“六保”[2]任务，经济运行在承压中平稳向好，各项主要经济指标完成情况良好。全年完成GDP 757.41亿元（预计数，下同），增长3%；工业增加值增长4.8%；一般公共预算总收入43.8亿元，下降14.6%；一般公共预算收入28.38亿元，下降8.5%；固定资产投资增长1%；社会消费品零售总额增长1.5%；居民人均可支配收入增长5%；第三产业增加值、出口商品总值、实际利用外资等指标与上年度持平。一年来，我们主要做好以下七个方面的工作。

1. 防风险、促稳定，发展基础更坚实

始终坚持底线思维，立足全局谋先手，聚焦重点出实招，三大攻坚战取得决定性成果。深入抓好常态化疫情防控。在前期有序应对处置突发疫情、取得阶段性良好成效的基础上，准确把握国内外疫情防控的阶段性变化，严格落实“外防输入、内防反弹”防控策略，因时因势调整工作着力点和应对举措，全面落实重点人群、重点场所、重点环节管控，做好应对紧急突发情况准备，毫不放松抓紧、抓实、抓细常态化疫情防控工作，已连续335天无新增确诊和疑似病例，疫情防控工作取得重大战略成果。有效防范化解重大风险。深入开展房屋安全“百日大整治”、安全隐患大排查大整治、自建房加工场所消防安全攻坚行动，扎实抓好农村房屋安全隐患排查整治“回头看”，强力推进安全生产专项整治三年行动，连续4年未发生较大生产安全事故。深化政银企对接、金融顾问等机制，为468家企业新增授信25.81亿元、新增贷款发放17.79亿元，帮助65家企业争取纾困专项资金贷款3.24亿元；万城壹号房地产项目顺利通过重整方案并启动续建，天将御园房地产项目确定重整预案；完成天纶纺织等重点风险企业不良贷款处置2.66亿元，全县辖内贷款不良率0.46%，居全市最低水平。有力巩固提升脱贫成果。在全省率先出台应对疫情“18条措施”[3]，全县未发生因疫返贫致贫问题；高标准实施控辍保学、健康“户户清”、住房保障、饮水安全巩固提升等行动，深化贫困边缘村、边缘户帮扶，脱贫成效更稳、质量更高；深化村集体经济“消薄倍增”专项行动，启动乡村振兴大厦建设，全县所有村集体经营性收入均超10万元、63%的村超20万元。有为抓实推进污染防治。实施20个大气精准治理减排项目，空气质量优良天数比例达98%。深化河湖长制，成立“县河务中心”，累计投入治水资金5.38亿元，开展河湖“清四乱”“碧水清河”等专项整治行动，综合治理河流29.1千米，主要流域水质达到或优于Ⅲ类标准。全面落实山长制，扎实推进国家森林城市创建，植树造林1.43万亩，创建省级森林城镇1个、省级森林村庄7个、“绿盈乡村”266个；治理水土流失13.2万亩，全县水土流失率降至15.85%，水土流失面积降幅3.68%，居粤、闽、赣三省首位。加强土壤污染防治。抓好中央环保督察反馈问题整改。获评国家生态文明建设示范县。

2. 促存量、引增量，项目攻坚更有力

始终把项目建设作为发展的根本抓手，高质量打好项目谋划、签约、落地、建设“组合拳”。项目推进力度加大。深入开展“项目攻坚2020”活动，462个县级重点项目完成投资430亿元，48个省市重点项目完成投资103亿元；完善“五个一批”[4]项目机制，新增入库项目150个，总投资540亿元。启动安溪县综合立体大

交通（大三环）规划建设，省道217线（联四线）雅兴至东坑、东三环两个先行工程开工建设。仅用75天时间完成白濑水利枢纽工程99%建设征地补偿安置协议签订工作，剑斗中心小学、中心幼儿园、派出所等移民安置先行工程基本完工，剑斗、参内、官桥安置区建设有序推进。兴泉铁路安溪段完成路基工程建设，安溪东站站房主体封顶，站前广场建设快速推进。大安高速[5]进入施工图初步设计阶段。招商选资成效显著。深化“大招商、招大商”“产业链招商季”活动，组建招商办，成立招商引智专家顾问组，推进全员招商、产业链招商，引进中关村创新中心、蓝宝石加工基地等项目90个，总投资300亿元，其中超10亿元项目6个，超亿元项目70个。要素保障全面加强。开展两轮“拔钉清障”攻坚行动；完成1230亩批而未供、1155亩闲置土地处置；争取中央新增财政资金及各类债券转贷收入25.78亿元，位居全市前列；小城投公司首次发行企业债券10亿元。

3. 壮实体、聚集群，产业转型更扎实

始终把做实、做强、做优实体经济作为主攻方向，加快构建优势互补、协调发展的现代产业体系。精准施策扶企助企。先后出台“安三条”“安七条”[6]以及促进工业经济增产增效、稳外资稳外贸、扶持龙头企业发展等一揽子政策措施，深入开展“政策敲门”行动，累计兑现各类扶企资金1.88亿元、减免税费2.97亿元。传统产业转型蝶变。闽光钢铁、凯鹰电源等38个县级以上重点技改项目完成投资36.64亿元；3家企业列入省级龙头企业名单、2个项目被确定为省第四批制造业单项冠军企业（产品）项目；中科三净、中科三安被确定为省重点上市后备企业。完成家居藤铁工艺文化产业中长期规划编制，藤云工艺园入驻企业14家、竣工投产3家；启动云鹤电商产业园、码雅文化园规划建设；家居工艺文化产业行业总产值达200亿元。新兴动能加速集聚。泉州芯谷安溪分园区二期建设有序推进，新引进合晶光电、天电光电EMC2.0等3个项目，光电产业链进一步完善。加速抢滩布局新基建新经济，数字福建（安溪）产业园深度融入全市比拼活动，推进“一中心、三链条”[7]建设，新引进全球商业遥感卫星地面接收站网福建站及国际空天大数据产业园、中国电影资料馆安溪数字资源中心等7个产业链项目。2025产业园集群初显，入驻企业33家，尚品千艺、弘启实业等7家企业建成投产。湖里园、思明园入驻企业42家，投产或试生产企业达19家。南方食品园入驻企业5家，渔百惠等3家企业主体工程封顶。卫浴新城入驻企业21家。弘桥智谷电商园启动二期建设，年交易额达10亿元。第三产业焕发新机。深化国家电子商务进农村综合示范县创建，建成302个农村电商服务站，淘宝镇增至10个、淘宝村增至36个，位列淘宝村全国百强县第33。积极促进消费，开展“全闽乐购”安溪系列活动，组织“茶乡乐购·品鉴好货”线上直播活动，拉动消费3亿元，全县网络零售额达200亿元，增长86%。加快金融业发展，全县金融机构本外币存款余额560亿元，增长11.31%，各项贷款余额560亿元，增长17.09%；安溪农商银行挂牌开业。大力发展旅游民宿业，培育“茶香人家”63家；省级乡村旅游村增至19个，省级三星级旅游村增至4个，虎邱镇湖坵村获评省级金牌旅游村。创新活力竞相迸发。加大“四上”企业[8]培育力度，新增入库企业128家。深化科技创新平台建设，新增国家级高新技术企业5家、省级科技小巨人领军企业5家。年度R&D经费[9]投入总额达5.5亿元，增长8.83%。深耕人才“港湾计划”，深入开展“溪引行动”[10]，吸引162名高水平高校毕业生到安溪县工作，最高给予50万元安家补贴；搭建院士工作站等各类人才平台26个，获批设立国家级博士后科研工作站2个，新增高层次人才550余人，“台湾人才之家”入选首批省级人才驿站示范站。

4. 练内功、拓市场，茶业发展更稳健

始终把茶业作为工作之要，加快茶业高质量发展步伐。内生动力再增强。茶山生态提升5万亩，实施茶园土壤改良3.5万亩，建立有机肥替代化肥示范基地1.42万亩，获评全国农作物病虫害“绿色防控示范县”。与中科院合作推进安溪铁观音茶园生态系统多样性与功能调控研究，评选“十佳茶园”。成功举办第四届安溪铁观音大师赛。产业基础不断夯实，茶叶质价齐升、销路通畅。品牌影响再提高。出台“茶十条”[11]，整合4050万元支持茶业品牌发展、市场开拓等。强化品牌管理，用标企业增至141家，安溪数字茶业云平台和安溪铁观音数字地标监管平台投入试运营。持续推进“年年有主题，月月有活动”公共品牌推广行动，深化与新华社民族品牌工程合作，借助新华社官方平台，在海内外120多家媒体上宣传推介安溪铁观音。开展国际茶日、开茶节等各类茶事活动32场。组织茶企抱团参加各类大型展销、推介活动11场。安溪铁观音入选中欧地理标志协定保护名录。安溪铁观音品牌价值增至1426.86亿元，位居全国地理标志产品区域品牌价值第一。产业内涵再拓展。“海

丝茶源·中国茶都”茶文化旅游路线入选中国美丽乡村休闲旅游精品景点线路。安溪铁观音制作技艺传习所荣获全国优秀创业创新项目。安溪茶厂入选国家工业遗产名单。“福建安溪铁观音茶文化系统”申报文本通过联合国粮农组织专家组审核。安溪铁观音入选中国特色农产品优势区。全县涉茶总产值增至250亿元。

5.补短板、增优势，民生福祉更殷实

始终把民生事业当作政府的大事、要事、牵挂事，扎实抓好民生补短板四大行动和18个为民办实事项目。基本民生加快改善。深入推进就业稳岗暖心服务，组织各类补贴性培训6150人，举办各类招聘活动32场，新增城镇就业3500人，城镇登记失业率1.6%。城乡居民养老保险参保率99.54%，基本医保参保率95.32%。发放城乡低保、抚恤补助等保障金1.04亿元。落实粮食安全战略，建成高标准农田4.48万亩，中心粮库二期和大米加工生产线投入使用，主副食品、生活必需品供应充足、价格稳定。推进食品生产经营环节“一证通”试点[12]，全县食品生产企业全部进入省食品安全信息追溯平台。教育基础加快夯实。推进18个城区扩容和23个农村薄弱校改造项目，6所公办园、2所县直小学建成投用，公办园在园幼儿占比、普惠性幼儿园覆盖率分别提高至53.12%和95.33%。56所中小学通过省级“义务教育管理标准化学校”评估验收。创办全省首个残疾人职业教育特殊教育融合班。招聘在编教师268名、县聘编外教师572名。“县管校聘”[13]改革试点正式实施；推行教师调配流动新机制。建立师生心理健康排查干预机制。医疗体系加快健全。完善重大疫情防控体制机制，健全公共卫生应急管理体系。大力推进紧密型县域医疗卫生共同体建设，建设县医院和县中医院两个“总院”[14]，基层医疗卫生机构门诊量占比达56.21%。公立医疗机构实现卫生信息一体化全覆盖。县医院门诊医技大楼、县妇幼保健院新址投入使用，推进县中医院病房综合大楼改造等医疗卫生基础设施建设，新增床位887张。建成9个乡镇航空医疗救援中转站。社会事业加快发展。完成参内镇、长卿镇行政区划调整。建成县社会福利中心二期及112个居家养老服务设施。组织文化惠民演出144场，新建镇村文化广场17个、健身工程点61个。高甲戏《延安颂》完成创排，“戏剧宣讲”做法获中宣部刊文推广。青阳下草埔冶铁遗址完成阶段性考古发掘，“一馆两棚”[15]建设扎实推进，与北京大学考古文博学院共建安溪研究中心。推进湖头历史文化名镇保护开发工作，李光地宅和祠保护修缮工程有序推进；金谷镇溪榜村安南永德苏维埃政府旧址入选第十批省级文物保护单位。社会环境加快提升。深入推进“强基促稳”三年行动，深化“六清”行动[16]，严打各类黑恶犯罪行为，破获九类涉恶案件236起，抓获各类涉黑恶人员351人；持续抓好打击整治电信诈骗及跨境网络赌博、禁毒整治、法治信访等工作，完成“七五”普法任务。开展文明创建，推进移风易俗。完成第七次全国人口普查。推进X波段相控阵天气雷达站[17]建设。加强国防后备力量建设，双拥共建实现新发展。同时，民族宗教、侨台外事、地灾防治、科普、档案及工青妇、社会团体等工作取得新成效。

6.优城市、振乡村，城乡环境更宜人

始终把城乡建设作为造福民生、服务发展的重要落脚点，以高水平的国土空间规划引领城乡融合发展，打造高素质、高颜值、高品质的大美茶乡。城市格局大优化。加快解放路西片区、沼涛实小、凤山书院、同德大桥等片区改造；推进东岳小区等6个老旧小区改造提升项目。推进参岭隧道、同德大桥建设，建成安溪六中、金火完全中学2座人行天桥；垃圾焚烧发电厂三期投入运行。凤山书院完成主体工程建设，绿道北线全线贯通，龙湖山公园开工建设。深入推进城市精细化管理三年行动，完成城区污水管网普查，新增绿化51万平方米，拆除“两违”38.98万平方米。完善公交线路布局，城区公交车全部更新为新能源汽车。加快两翼新城建设，湖头新城启动城市精品街工程建设，推进环城路建设，建成李光地政德文化馆；南翼新城龙门镇区配套环境提升、环西路等项目加快推进，培文大桥等建成投用。乡村振兴加速度。完成30个省级乡村振兴试点村规划编制。扎实推进农村集体产权制度改革和农村承包地改革与管理，开展农村集体“三资”清理工作。整合涉农资金2500万元，大力扶持淮山、茭白、芦柑等特色农业产业化、规模化发展。实施农村物流网络一体化工程，推动多网融合[18]，入选全国“互联网+”农产品出村进城工程试点县。获评全国县域数字农业农村发展先进县。推进以食用为目的的野生动物养殖场退养转产转岗，全面禁止和严惩非法野生动物交易行为。深入开展农村人居环境整治，推进“一革命四行动”，完成全域旱厕整治，新建改造公厕217座，完成农村户厕无害化改造3668户；整治裸房3243栋，推进危废旧空心房和农村杆线整治。创建3条市级乡村振兴示范线，32个村被确定为市县级乡村振兴试点村；尚卿乡获评全国一村一品示范乡镇，福田乡丰田村获评全国文明村。深化科技特派员制度，选认省级科技特派

员个人43名、团队5个。大力推进乡镇片区更新改造，长卿镇、感德镇、龙涓乡等片区改造正式启动。纵四线（G355）南翼新城过境段、省道312线福田高速出口至漳平界建成通车；省道312线金谷元口至尚卿、国道355线官桥至虎邱、国道358线虎邱至西坪等路段完成沥青路面改造；农村公路提级改造工程完成路面硬化665千米，农村客运实现“村村通”。

7. 转作风、优效能，行政服务更高效

始终把依法行政贯穿于政府工作各领域、全过程，不断推动法治政府建设再上新台阶。自觉接受县人大法律监督和工作监督，主动接受县政协民主监督，认真办理人大代表建议119件、政协提案99件，满意和基本满意率均达100%。推进统计机制优化提升。行政规范性文件审查率、公开率、合法率和报备率均达100%。全面推行证明事项告知承诺制及“审批官”机制，推进“一件事”集成套餐[19]改革，在全省率先实现企业开办、不动产登记“一窗通办、一日办结”[20]和企业用地“三证合办”[21]。坚决落实过紧日子要求，压缩一般性支出1亿元。持续纠治“四风”，深化拓展基层减负工作，文件、会议同比分别精简30%、50%；扎实推进党风廉政建设和反腐败工作，加强政府效能建设，对6人实施效能问责。

各位代表，经过五年的不懈努力，“十三五”顺利收官。过去的五年，是我县发展进程中极不平凡的五年。面对严峻复杂的内外部环境，我们始终坚定信心、迎难而上，开拓进取、坚毅前行，沉着有力应对各种风险挑战，经济社会发展迈上新台阶，如期全面建成小康社会。

这五年，安溪经济大跨越。GDP由“十二五”末的462.51亿元增至2020年的757.41亿元，年均增长7.3%，连续跨过3个百亿元大关，提前两年完成“十三五”规划发展目标。一般公共预算总收入由34.58亿元最高增至51.28亿元。县级重点项目由230个、年度投资194亿元增至462个、430亿元，分别增长100%、122%。县域综合实力全国百强县从第68位提升至第60位（2019年），最具投资潜力从第29位提升至第21位（2019年），位列全国工业百强县第83，跻身全市第一方阵，在全市发展大局中发挥生力军和增量骨干作用。

这五年，安溪产业大提升。经济结构持续优化，三次产业比重由8.9 ∶ 55.5 ∶ 35.6调整为7.8 ∶ 52.4 ∶ 39.8。农业现代化水平进一步提升，获评全省首个国家现代农业产业园。新建高端装备制造产业园、南方食品园、卫浴新城、藤云工艺园，现代专业园区增至9个。茶业、家居工艺、建材冶炼等传统产业加快转型，光电、信息技术、高端装备、生物科技等新兴产业加快壮大，全县规上工业产值突破1000亿元、超10亿元企业增至5家、超亿元企业增至25家，纳税超千万元企业增至63家。现代服务业蓬勃发展，年营收超千万元企业增至13家。

这五年，安溪环境大优化。推进安一中南校门片区等7个片区更新改造项目，中心城区建成区面积由25平方千米扩展到30平方千米；完成三安大桥、东西大道等市政道路建设，城区建成区路网密度达8.26千米/平方千米；城区人均公园绿地面积14.52平方米，建成区绿地率40.4%。城镇化率由42.8%提高到51%。全县438个行政村建立生活垃圾治理常态化机制、实现生活污水治理全覆盖。生态环境明显改善，市对县党政领导生态环境保护目标责任书考核实现“年年优”，万元GDP能耗提前一年完成“十三五”规划发展目标。全面深化“放管服”改革，审批时限压缩至法定时限30%以内，全流程网办事项占比51.5%，服务事项窗口即办结率提升至85.3%、“一趟不用跑”占比提升至80.1%。

这五年，安溪民生大改善。居民人均可支配收入达25285元，年均增长7.8%。财政民生相关支出累计达265.95亿元，占一般预算支出的82.9%。投入19.95亿元，完成116个为民办实事项目。如期完成新时代脱贫攻坚目标任务，现行标准下农村贫困人口全部脱贫，71个建档立卡贫困村全部退出。坚持教育优先发展战略，全县教育项目建设投入18亿元，新增学位6万多个，顺利通过教育“两项督导”省级评估，获评首批“全国中小学校责任督学挂牌督导创新县”。推行“先诊疗后付费”“共享药房”等服务模式，医药卫生体制改革走在省、市前列；新增床位2132张，千人床位数提高至5.26张。加快完善社会保障体系，新增养老床位6000张；新建1734个镇村文体设施；城乡医保、低保、居民养老保险基本实现应保尽保；新增城镇就业3.81万人，农村转移就业36.37万人次。全县高速公路总里程达133千米，完成国省道改扩建23千米、沥青混凝土路面改造56千米，建制村基本实现通村公路“双车道”，获评省级“四好农村路”示范县。荣获省级文明县城，荣膺省级双拥模范县“三连冠”。

“十三五”时期安溪发展成绩来之不易，这是以习近平同志为核心的党中央举旗定向、掌舵领航的结果，是省委省政府、市委市政府正确领导的结果，是县委带领全县人民团结奋战、克难奋进的结果。在此，谨向全县干部群众、人大代表、政协委员、离退休老同志、

部队官兵、企业界人士和“新安溪人”，向关心支持安溪发展的海内外乡亲和各界朋友，致以崇高的敬意和衷心的感谢！

在总结成绩的同时，我们也清醒地认识到经济社会发展还存在一些困难问题。比如，产业集聚程度低、整体联动性和总体竞争力不强；工业支撑不足，龙头企业偏少，离“工业大县”乃至“工业强县”还有很长的路要走；城市管理不够精细，一些典型的“城市病”还需下大力气治理；民生保障水平与人民群众期待仍有差距，特别是，城乡区域发展差距较大，基础公共服务配置不均衡问题依然突出，等等。我们一定直面矛盾、履职尽责，狠抓发展、保障民生，决不辜负茶乡人民的期待和重托。

二、“十四五”时期主要目标任务

各位代表，“十四五”时期是我国全面建成小康社会、实现第一个百年奋斗目标之后，乘势而上开启全面建设社会主义现代化强国的新征程、向第二个百年奋斗目标进军的第一个五年，也是安溪在新起点上坚持新发展理念、全方位推动高质量发展超越的关键五年。综合研判国内外形势，安溪发展仍然处于重要战略机遇期，但机遇和挑战都有新的发展变化，我们必须保持战略定力，准确识变、科学应变、主动求变，继续专心致志办好自己的事。根据县委十三届十一次全会通过的“十四五”规划建议，县政府编制了纲要（草案）。“十四五”时期我县经济社会发展的总体要求是：坚持以习近平新时代中国特色社会主义思想为指导，全面贯彻中共十九大和十九届二中、三中、四中、五中全会精神，坚持稳中求进工作总基调，立足新发展阶段，贯彻新发展理念，融入新发展格局，以全方位推动高质量发展超越为主题，以深化供给侧结构性改革为主线，以改革创新为根本动力，以满足人民日益增长的美好生活需要为根本目的，着力深化实体强县、加快建设现代化经济体系，着力破解二元结构、加快构建“一核一辅多带”[22]县域发展新格局，着力强化基层基础、加快推进县域治理现代化，努力打造闽西南协同发展试验区，实现经济行稳致远、社会安定和谐、群众安康富足，奋力推进实力安溪、大美安溪、幸福安溪、善治安溪建设，为全面建设具有茶乡特色的现代化中等城市开好局、起好步。

“十四五”时期总体目标和重要任务是：到2025年，GDP超1000亿元，人均GDP超10万元；一般公共预算总收入超56亿元。主要目标任务：

——打造实力安溪。深度融入以国内大循环为主体、国内国际双循环相促进的新发展格局，坚持创新在现代化建设全局中的核心地位，坚持把发展经济着力点放在实体经济上，推进产业基础高级化、产业链现代化，加快构建更具竞争力的现代产业体系，力争到2025年形成7个百亿元产业集群，4家纳税超亿元、30家纳税超千万元工业企业，综合实力百强县晋升至第50位左右。

——打造大美安溪。以“一核一辅多带”区域发展新格局为统领，推进区域协调发展和新型城镇化。加快中心城区、南翼新城同城化、一体化发展，北翼新城加快完善配套、拓展架构、提升承载力，其他乡镇因地制宜、分工合作。坚持“绿水青山就是金山银山”理念，坚持生态产业化、产业生态化，推动绿色低碳发展，全面提高资源利用效率，打造人与自然和谐共处的美丽家园。

——打造幸福安溪。坚持发展成果由人民共享，将新增财力更多用于民生，全力提高就业、教育、医疗、养老、社会救助等基本公共服务的供给质量和普惠化水平，繁荣发展文化事业和文化产业，不断满足人民日益增长的美好生活需要。居民人均可支配收入与GDP同步增长，扩大中等收入群体，扎实推动共同富裕。

——打造善治安溪。加强“三治融合”[23]，推进系统治理、依法治理、综合治理、源头治理，推动社会治理主体多元化、治理机制科学化和治理手段精细化，完善共建、共治、共享的社会治理制度；加快转变政府职能，提高政府服务能力，不断提升县域治理现代化水平。统筹发展和安全，增强重大风险防范化解能力、突发公共事件应急能力、防灾减灾救灾能力，平安安溪建设体系更加完善，发展安全保障更加有力。

三、2021年主要工作安排

2021年是中国共产党成立100周年，是实施“十四五”规划的开局之年，也是现代化建设进程中具有特殊重要性的一年，必须迈好第一步，见到新气象。全年经济社会发展主要预期目标为：GDP增长8%左右，工业增加值增长8.5%，第三产业增加值增长8.5%，一般公共预算总收入增长5%，一般公共预算收入增长5%，固定资产投资增长8%，社会消费品零售总额增长8.5%，居民人均可支配收入增长8%。重点抓好七个方面工作。

1. 聚焦动力提升，在扩大投资上精准发力

项目是安溪新一轮发展的命脉，不仅影响当下，更决定未来。我们将毫不动摇地把项目建设作为“牛鼻子”“压舱石”，提速提质提效抓实抓好项目。

做强项目支撑。加快“五个一批”项目梯度转化，完成495个重点项目437亿元投资任务。全力推进龙头项目建设，白濑水利枢纽工程加快大坝坝址建设，完成漳泉肖铁路便线、县道354线等改（复）建项目，力促移民安置区全面动工建设；兴泉铁路安溪段建成通车，安溪东站及站前广场投入使用。深化重点项目清单管理、联合工作专班和“包干负责制”等项目推进机制；开展项目前期工作规范提升年行动，全面提升项目前期工作水平；一季一主题开展要素保障专项攻坚行动，着力破解项目建设瓶颈。

做大招商格局。坚持“走出去”“请进来”，确保全年招商选资320亿元以上。围绕光电、信息技术、高端装备制造等主导产业，精准编制产业地图、招商地图、用地供应图，制定轻资产招商、产业链招商等优惠政策，提升招商选资靶向性、实效性。强化“双向约束”，倒逼企业履约尽责。推行“妈妈式”服务一体化，对重大产业项目实行“一对一”跟进、“清单式”管理，全力保障项目签约落地、开工建设。

做优园区载体。大力实施园区标准化建设专项行动，加快完善园区生产生活配套，不断推进产城融合；开展园区内闲置厂房、低效土地面向产业链集群二次招商活动，推动产业链上中下游企业分工协作、形成中间品交易市场；健全园区管理机制，赋予园区更多职能，支持园区在降低要素成本、创新融资模式、推动科技创新等方面先行先试，提升园区承载力和支撑力。大力推进工业企业“退城入园”改造提升。

2. 聚焦产业升级，在提质增效上精准发力

产业是安溪持续健康发展的重要支撑，我们将坚持实体立县、实体强县，心无旁骛大抓工业、抓大工业，大力推动现代服务业协同发展，筑牢高质量发展根基。

力促传统产业快转型。以传统产业智能化改造为主攻方向，深入推进“数控一代”工程，滚动实施闽光钢铁、信达光电等44个县级以上重点技改项目。鼓励电源电器、建材冶炼等行业优势龙头企业增资扩产，延伸上下游产业链，推动传统产业迈向中高端。推进“两化”融合，加快培育一批省、市龙头企业和高成长企业，支持企业上市。依托“藤铁工艺之都品牌中国行”，支持企业组团展销推介，打响安溪藤铁工艺品牌；加快藤云工艺园、云鹤电商产业园、家居工艺文化创意园、创意基地、码雅文化园等建设；持续用好电商赋能、扩大内销等手段，提升行业市场竞争力。

推动新兴产业大扩张。发挥泉州芯谷安溪分园区阵地效应，力争再引进产业链配套企业5家，聚焦新型显示或新应用方向，落地1—2家企业，进一步壮大光电产业链条。深化数字福建（安溪）产业园“一中心、三链条”建设，推进全球商业遥感卫星地面接收站网福建站、中国电影资料馆安溪数字资源中心建设，力争引进产业链上下游关联企业15家；力推中科曙光、中电智云合作项目落地，加快推动政务数据和工业数据汇集，打造闽西南大数据中心。依托高端装备制造产业园产业集聚优势，加快德斯特、未来亚特、世昌科技等建设进度，加大智能工业机器人、特种装备等项目的洽谈、对接力度，力争再引进企业等8家。推进中关村创新中心、臻璟氮化铝等项目建设，重点对接海聚高分子材料、流体力学计算中心等项目，抢占新材料、新技术产业高地。加快中科三安、特嘉恩生物医药等项目建设，做大生物医药产业。推进南方食品园、卫浴新城、弘桥智谷电商园等现代专业园区建设，做好入驻企业服务工作，力促加快建设、投产增效。

促进现代服务业升档级。着力疏通内循环堵点、断点，加快提升消费能级。支持大型商超发展乡镇（社区）连锁经营，完善标准化农贸市场布局建设，实施引摊入市，鼓励家政服务等机构设立社区网点，提供点菜式便捷服务，完善15分钟便民消费圈。支持夜间经济发展。推进电子商务进农村综合示范县创建，加快完善“一中心、六体系”[24]，推动产业和电商深度融合。大力实施“引金入安”工程，扶持地方法人机构做大做强，发挥保险、证券机构服务产业、民生作用，规范准金融机构发展，力争存款、贷款、制造业贷款余额分别增长10%、12%、12.5%；设立产业投资基金、引导基金，鼓励金融机构创新信贷产品和服务模式，破解产业引进、项目投融资难题；推进天将御园房地产项目重整工作，适时启动广福包装城破产重整；确保贷款不良率保持在全市较低水平。着力打造清水岩、湖头古镇、白濑水库等旅游核心区，进一步做好宗教朝圣、流水茶香、古镇古迹、“非遗”技艺、红色人文、温泉养生等特色旅游文章，发展近郊休闲度假经济，推动全域旅游发展。大力发展健康医疗、健康养老等健康服务业。

3. 聚焦创新发展，在深化改革上精准发力

改革创新是推动安溪发展的强大动力，我们将拿出敢为天下先的勇气，锐意改革、激励创新，持续注入发展新动能，全面塑造发展新优势。

推进科技创新。探索“园区 + 科研院所”模式，发挥各大科研平台作用，打造 3 条产学研用一体化产业创新链。力争 R&D 经费投入增长 10% 以上。大力实施高新技术企业成长计划，力争新增国家高新技术企业 5 家、省级高新技术企业备案 8 家、省级科技小巨人领军企业 5 家。建成人才大厦，深化科技特派员制度，纵深推进人才“港湾计划”，力促人才引进培育工作明显提升。

推进机制创新。深入落实国家和省、市各项突破性改革举措，弘扬企业家精神，激发市场主体活力。对标一流营商环境，持续深化“放管服”改革，推进“证照分离”，落实承诺制，继续推行“套餐化”“一件事”服务和“一表申请”“智能填报”模式，兼顾老年人等特殊群体需求，让企业和群众办事更高效、更便捷。完善网上“中介超市”管理，全面推行“红黑榜”优胜劣汰制度。建立全县统一的公共资源交易平台体系，进一步规范公共资源交易。继续深化国企改革，推动国有资本做强、做优、做大。

推进开放创新。深入推进外资提质和出口突围行动，力争实际利用外资、出口商品总值分别增长 6%、7%。

深化对台文化、经贸、人才等多领域交流合作，推动清水岩申报国家级海峡两岸交流基地；用好用活各类惠台政策，努力建设台胞台企登陆的第一家园。深度融入闽西南协同发展区建设，推动泉州中心市区至龙门快速通道[25]、厦沙高速扩容（安溪至翔安）[26]、兴泉铁路厦门支线[27]等项目前期工作，提升湖里园、思明园合作质效。

4. 聚焦茶业融合，在扩大优势上精准发力

茶业是安溪最大的民生产业，必须倍加珍惜、精心呵护，我们将全力“稳一产、强二产、优三产”，进一步提升产业发展水平，擦亮安溪铁观音金字招牌，让茶乡人民的金饭碗端得更牢。

进一步强化基础。深入实施茶园生态提升工程，持续推进“两留”“两禁”“两减”，立体提升茶山生态 8 万亩，改良茶园土壤 3.5 万亩，推动退茶还耕还林，下大力气强化茶园基础管理工作。支持建设有机、绿色产业生产基地 0.5 万亩。健全安溪铁观音大师赛等人才传帮带机制。完善质量安全信息化管理体系，打造“安全看得见”的健康好茶。

进一步提升品牌。推动安溪铁观音茶文化系统入选“全球重要农业文化遗产”，深化与联合国粮农组织合作，进一步提高国际知名度。建立健全茶产业资讯发布平台。与中茶院合作发布《2020 年安溪铁观音质量安全报告》白皮书。深入实施茶商培训工程。建设好产业窗口，推进中国茶都转型提升。管好用好维护好安溪铁观音地理标志证明商标。提升一批名山名村名茶，支持茶叶主产区（乡镇）打造公共品牌。

进一步拓展市场。继续借力天猫、京东等平台，扩大线上市场影响力；打造大型品鉴会样板，深耕福州、厦门、北京、广州等“风向标”茶叶市场，推动云岭茶业与茶促会各地分会紧密合作，巩固传统市场，拓展新兴市场；依托“茶酒对话”“闽茶海丝行”“中法文化论坛”等载体，启动新一轮海外市场布局。支持特色名优品种创牌拓市。

进一步丰富业态。推动生产加工向规模化、集约化、专业化发展，提升“龙头企业 + 合作社（基地）+ 茶农”茶叶专业化联合体运作水平。推动龙头企业在安溪建设加工总部。完善以市场为导向的科技成果转化机制，推动产学研用、茶叶全价利用和深加工孵化等平台建设，在快消、时尚、功能性茶产品方面取得新突破。加快茶机械行业国家标准制定。推进安溪铁观音茶文化系统核心区规划建设，打造世界乌龙圣地。

5. 聚焦城乡统筹，在协同发展上精准发力

城市和乡村各美其美、美美与共，是安溪人民品质生活的美好愿景。我们将强化以城带乡、以乡促城，推动形成协调发展的新型城乡关系。

力促城市提级提质。加力推进解放路西片区、沼涛实小、祥云路、同德大桥等片区改造，启动砖文片区改造规划设计，组织南市场、后北街等片区改造论证，全面完成 2000 年以前老旧小区改造。完成凤山书院、同德大桥、参岭隧道、龙湖山公园等一批重要通道、设施建设；深入推进生态连绵带建设，新建口袋公园、小游园 10 个；启动建安公园通往金融行政服务中心市政路建设，打通断头路 3 条。实施城市环境综合整治攻坚行动，重点治理路面污损、污水直排、占道经营、乱停乱放等现象，推进垃圾分类工作，不断提升城市精细化管理水平，确保城市面貌整洁有序，唤醒城市精气神。

力促乡村加快振兴。实施乡村建设行动。扎实推进“一革命四行动”，深入开展爱国卫生运动，统筹实施垃圾处理、污水治理、户厕改造、村容村貌提升等工作，全面推进裸房、危废旧空心房等整治行动，建立健全农村

建房管理长效机制。落实粮食安全行政首长责任制，抓好“米袋子”“菜篮子”，建设高标准农田4万亩，启动县中心粮库二期扩建工程建设。鼓励淮山、茭白、花生、烟叶等特色农产品扩大种植规模，申报国家地理标志产品；提升福前芦柑、湖头米粉、官桥豆干、城厢柿饼等农产品精深加工及综合利用能力，打造一批特色农业专业村镇。大力推进乡镇片区改造。加强水资源管理保护、统筹利用，整治农村地下水无序开采现象；组建县水务集团，推进城乡供水一体化建设，巩固提升农村饮水安全保障水平。严格落实“四个不摘”[28]要求，健全防止返贫监测和帮扶机制，持续跟踪脱贫人口收入变化和“两不愁三保障”巩固情况，加大农村低收入人口帮扶力度；推进巩固拓展脱贫攻坚成果同乡村振兴有效衔接，多措并举发展壮大村集体经济。依法做好村级换届选举工作。

力促城乡联动发展。做好综合立体交通网（2020—2035）规划。全面推进安溪县综合立体大交通（大三环）建设，力促高速安溪出口路网、南三环路（韶苑路）、铁观音隧道及连接线开工建设，加快省道217线（联四线）雅兴至东坑建设进度，东三环基本建成。启动国道358线虎邱至龙涓公路建设，加快大安高速前期工作，推进省道312线祥华至福田等路段建设，进一步连通内外安溪、带动城乡融合发展。争创全国“四好农村路”示范县，加快城乡客运一体化、县乡村三级农村物流网络体系建设，构建“畅、安、洁、优”农村交通发展新格局。

力促生态持续向好。创建“绿水青山就是金山银山”实践创新基地。推进闽光钢铁超低排放改造项目等大气污染防治重点项目建设，6项污染物指标优于国家标准。坚持山水共治，持续深化落实河湖长制、山长制，实施清新小流域水质提升工程和10个水利基础设施项目，完成植树造林1.69万亩、水土流失治理9万亩。持续抓好中央环保督察反馈问题整改。

6. 聚焦民生关切，在顺应期盼上精准发力

新生活越来越富裕、好日子越过越红火，是安溪乡亲的热切期盼，我们将始终践行以人民为中心的发展思想，补短板、办实事、强保障，让群众的幸福更具质感、更有温度。

提升教育发展水平。在中心城区实施凤山幼儿园等5个学前教育、清溪学校等10个义务教育扩容项目，着力解决城区学位紧张和大校额问题；推进农村薄弱校改造。进一步配齐学校信息化设备，探索开设人工智能、机器人创客等课程。做优乡镇中心小学，鼓励小规模学校适度整合；推动优质校与薄弱校资源共建共享。创建省级示范性教师进修学校。成立县教师发展中心，深化“领航人才”培育工程，推进“县管校聘”工作，开展教育情怀弘扬实践活动，加强教育常规管理，提高教师队伍整体素质。深化教育体制机制改革，健全完善教育质量考核评价机制，树立鲜明导向，激发竞争活力。提高班主任补贴标准。建立联控联保工作机制，强化义务教育控辍保学工作。持续抓好中职教育、特殊教育、老年教育、继续教育、社区教育。

提升医疗健康水平。完善重大疫情防控体制机制，全面提升公共卫生应急管理能力。推进县公共卫生应急暨健康培训中心等7个医疗基础设施项目建设，新增床位300张。深化医药卫生体制改革，推动“三医联动”[29]向“全联”“深动”发展；充分发挥两个“总院”作用，健全“互联网＋医疗”服务体系，推动县级优质医疗资源进一步向基层延伸。实施医疗卫生专业人才培养工程，重点培养引进心血管介入、颅脑外科等紧缺薄弱学科人才，加强全科医生队伍建设。巩固拓展“先诊疗后付费”“共享药房”等暖心服务模式，开展“优质服务基层行”活动，排查整治医保大处方，不断提升群众就医满意率。加强慢性病防治体系建设。发展中医药事业。支持社会办医。

提升社会服务水平。关心关爱“空巢”老人、留守儿童，加快龙门敬老院等5个养老服务设施建设，引进专业机构、社会资本，扩大多元主体多种方式的服务供给，促进养老托育服务健康发展，切实解决好“一老一小”问题。启动殡仪馆二期建设。推进县博物馆、戏曲中心、公共体育中心、文化馆等文体设施规划建设，县图书馆投入使用；扎实抓好青阳下草埔冶铁遗址申报世界文化遗产工作，规划建设冶铁史迹世遗公园。坚持“房住不炒”定位，促进房地产市场平稳健康发展；建设保障性安居工程1320套。促进重点群体和困难人员更加充分更高质量就业，确保全年新增城镇就业3000人，城镇登记失业率控制在4%以内，多渠道增加城乡居民收入水平。大力推进参保扩面工作，城乡居民基本养老保险参保率达99.3%、基本医保参保率达95%以上。加强城乡社会保障体系建设，做好农村特困供养人员、低保人员、孤儿等重点群体帮扶工作。推进退役军人服务保障体系建设。发展残疾人、社会福利慈善事业。

提升基层治理水平。开展庆祝建党100周年系列活动。持续推进“强基促稳”三年行动，健全城乡社区治理体系，探索形成更多基层善治抓手。完善和落实安全生产责任制，不断健全应急管理体系，推进安全生产专项整治三

年行动，坚决遏制重特大事故发生。创新发展新时代“枫桥经验”，稳步推进信访积案化解。实施“摘帽攻坚”深化整治年活动，高压严打电信诈骗、跨境网络赌博、涉毒等违法犯罪行为，推动扫黑除恶常态化制度化。加强食品药品监管，保障群众舌尖上的安全。深化移风易俗，扎实推进精神文明创建。发挥国防后备力量参与基层治理和应急处突能力作用，推进双拥共建，力争实现省级双拥模范县城“四连冠”。

7. 聚焦职能转变，在自身建设上精准发力

站上新的历史起点，安溪的发展，我们使命在肩，必须坚定不移推进政府治理体系建设，进一步转职能、优服务，抓落实、出实绩，打造人民满意的新时代有为政府。

从严从实筑底线。把“不忘初心、牢记使命”作为加强党的建设的永恒课题，自觉用习近平新时代中国特色社会主义思想武装头脑、指导实践，不断增强“四个意识”、坚定“四个自信”、做到“两个维护”，不折不扣贯彻执行中央、省、市和县委各项决策部署。严格落实意识形态工作责任制。

依法依规履职责。深入贯彻全面依法治国要求，始终坚持依法决策、依法行政。自觉接受人大、政协和社会各界监督，驰而不息打造阳光政务。启动“八五”普法，加快公共法律服务体系建设，推动法治安溪建设提档提质。

实干实为勇担当。把执行力作为政府工作的生命力，大力弘扬“马上就办，真抓实干”工作作风，深化落实“工作推进项目化、项目任务清单化、目标管理责任化”，在全县政府系统中进一步营造担当作为的浓厚氛围，把各项决策部署做细、做实、做成。

真抓真管促廉洁。深入贯彻落实中央八项规定精神，全面推动政府系统党风廉政建设向纵深发展。落实过紧日子要求，加强审计监督，防范遏制廉政风险。坦荡真诚服务各类市场主体，进一步构建亲清新型政商关系。

各位代表，让我们紧密团结在以习近平同志为核心的党中央周围，在县委的坚强领导下，在县人大、县政协的监督支持下，更加凝心聚力、更加主动作为、更加开拓进取，为开创新时代“四个安溪”建设新局面，夺取全面建设社会主义现代化新胜利而不懈努力！

《在安溪县第十七届人民代表大会第五次会议上讲话》注释

【1】“六稳”。即稳就业、稳金融、稳外贸、稳外资、稳投资、稳预期。

【2】“六保”。即保居民就业、保基本民生、保市场主体、保粮食能源安全、保产业链供应链稳定、保基层运转。

【3】应对疫情“18条措施”。即《关于积极应对新冠肺炎疫情影响 切实做好脱贫攻坚工作18条措施》，主要是从持续做好新冠肺炎疫情防控工作、深化脱贫攻坚帮扶措施、建章立制抓细抓实抓落地三个层面，努力化解疫情影响，确保打好打赢脱贫攻坚战役。

【4】“五个一批”。指省政府推进项目建设的一项机制，即通过“谋划一批、签约一批、开工一批、投产一批、增资一批”，推动项目滚动发展。

【5】大安高速。起点位于大田县广平镇，经过永春县一都镇，安溪县桃舟乡、感德镇、长卿镇、尚卿乡、虎邱镇，终点接福诏高速官桥互通。拟设桃舟、长卿、尚卿、虎邱等落地互通。总里程约78千米，安溪境内约62千米、总投资约103亿元。目前，该高速公路正进入施工图初步设计阶段。

【6】“安三条”“安七条”。即安溪县《应对新型冠状病毒感染的肺炎疫情 进一步支持中小微企业共渡难关三条措施》《支持企业组织员工有序复工复产七条措施》，主要是从资金保障、用工保障等方面加大惠企扶企力度。

【7】“一中心、三链条”。“一中心”即数据中心，“三链条”即空天大数据产业链条、影视大数据产业链条、电子商务产业链条。

【8】“四上”企业。即规模以上工业企业、有资质等级的建筑业企业和房地产企业、限额以上批发零售住宿餐饮企业、规模以上服务业企业等四类规模以上企业的统称。

【9】R&D经费。指研究与试验发展经费，具体指的是企业在产品、技术、材料、工艺、标准的研究、开发过程中发生的各种费用。

【10】“溪引行动”。指安溪县实施“人才引领发展”战略的一项人才培养行动，是安溪县青年人才工作的特色品牌，以吸引高水平高校毕业生专项行动和高层次人才师带徒行动为抓手，引导青年学子来安就业创业，发展壮大安溪县人才总量，促进安溪县各领域事业发展。

【11】“茶十条”。即整合各类资金4050万元，在绿色发展、转型升级、品牌强茶等方面出台有针对性的十条措施，用于扶持茶产业高质量发展。

【12】食品生产经营环节“一证通”试点。指食品生产经营环节互认互通追溯凭证的一项创新制度，即通过食品生产经营者进货时索取和查验追溯凭证，销售时出具追溯凭证，实现食品安全“一品一码”信息追溯管理。

【13】“县管校聘”。指县级教育行政部门根据相关部门核定的编制和岗位总数，依法履行对全县中小学教师的公开招录、调配交流等管理职能，教师从过去的“学校人”转变为“系统人”。学校根据需求科学设置岗位，组织教师公开竞聘，依法与教师签订合同，负责教师的使用和日常管理。

【14】两个“总院”。即发挥县医院、中医院的龙头作用，将县域划分为两个网格，整合网格内医疗卫生资源，在各成员单位机构性质、机构名称、人员身份、财政投入、法人代表、职责任务等不变的情况下，分别组建安溪县医院总院、安溪县中医院总院。

【15】“一馆两棚”。即青阳下草埔冶铁遗址展示馆、遗址保护棚和余氏祖厝保护棚。

【16】“六清”行动。指扫黑除恶线索清仓、逃犯清零、案件清结、伞网清除、黑财清底、行业清源行动。

【17】X波段相控阵天气雷达站。选址在尚卿乡黄岭村国心绿谷景区内，该设备建成后，可比现用雷达观测速度提高6倍，观测精度提高33倍，基本覆盖全县各乡镇，大大提升安溪气象防灾减灾救灾综合能力。

【18】多网融合。即完善县、乡、村三级农村物流网络体系，推动交通运输、农业农村、供销、电子商务、邮政、快递等资源有效整合，实现快递收寄、电商服务、农业信息采集、便民服务等多种功能叠加利用，有效降低物流运营成本。

【19】“一件事”集成套餐。即对企业群众办理事项所涉及的政务服务事项，进行整体性再造、实施一体化办理。

【20】“一窗通办、一日办结”。按照“前台综合受理、

后台分类审批、统一窗口出件”模式，办事人员只需进一个窗口、交一份材料，一个工作日即可办理完成相关手续。

【21】“三证合办”。指在企业提出“三证合办”申请后，可同时办理取得交地确认书、建设用地规划许可证、不动产权证书。

【22】“一核一辅多带”。“一核”，即以城区为基础的大三环核心圈，建设富有竞争力的城市中心。“一辅”，即以湖头镇为依托的北翼新城，打造城市副中心。“多带”，即规划建设“环大白濑生态产业带、新产业培育带、文创电商产业带、现代茶产业和康养旅游带”等多个功能组团，打造特色鲜明、差异发展的城镇绵延发展带。

【23】“三治融合”。即自治、法治、德治相结合的基层社会治理新模式。

【24】“一中心、六体系”。“一中心”即县级电子商务公共服务中心，“六体系”即乡（镇）村电子商务服务站体系、县乡村三级物流配送体系、农村产品供应链体系、农产品营销宣传体系、电子商务培训实施体系、精准扶贫实施建设体系。

【25】泉州中心市区至龙门快速通道。规划起于中环城（双龙路—世纪大道交叉口），终于龙门镇，主线采用双向六车道，设计速度 80 千米 / 小时。

【26】厦沙高速扩容（安溪至翔安）。起于厦门市翔安区古宅附近，终于安溪县城厢镇，接现状福诏高速（设城厢枢纽）。总里程约 62 千米，泉州段约 27.7 千米、总投资约 38 亿元。目前，工程项目可行性研究处文本编制中。

【27】兴泉铁路厦门支线。起于兴泉铁路安溪东站，经安溪县、南安市、同安区，引入厦门枢纽，新建正线长度 67.6 千米。该项目的研究报告已通过专家评审。

【28】“四个不摘”。即摘帽不摘责任、摘帽不摘政策、摘帽不摘帮扶、摘帽不摘监管。

【29】“三医联动”。即医保体制改革、卫生体制改革、药品流通体制改革联动。

安溪县获评“国家生态文明建设示范县”

2020年10月9日，生态环境部对第四批国家生态文明建设示范市县名单进行公告，福建省六个县市上榜，安溪县名列其中，获评国家生态文明建设示范县。

安溪县全面深入贯彻习近平新时代中国特色社会主义思想，践行“绿水青山就是金山银山”的新发展理念，紧紧抓住国务院支持福建省深入实施生态省战略、加快生态文明先行示范区建设的重要机遇，把创建国家生态文明建设示范县作为加快产业转型升级、激活县域生态竞争力、提升群众幸福指数的重要抓手，把生态文明建设融入“五位一体”建设全过程。从生态规划、推进机制、建设形态等方面入手，健全规划制度，厚植生态底色，践行生态优先理念，做实生态本底基础，走出一条经济增长和生态环境保护并重的发展道路，实现从国定贫困县到全国百强县的华丽转身。2019年，安溪县列全国综合实力百强第60位、绿色发展百强第54位，并先后获评“全国生态县”“国家园林县城”等称号。

一、践行生态优先，厚植生态底色

在生态规划上，安溪县坚持全县“一盘棋”思想，先后编制和完善《福建省安溪县国家生态文明建设示范县创建规划（2017—2025）》《安溪县“十三五”环境保护规划》《安溪县农村生活污水治理专项规划（2020—2030）》《安溪县土壤污染治理与修复规划》等多项规划，切实做到生态文明建设高位谋划、有章可循、推进有序。

在推进机制上，安溪县成立以县委书记为组长、县长为常务副组长的生态文明建设领导小组，将生态文明建设工作纳入县直部门、乡镇年度工作目标责任制考核和绩效管理，形成齐抓共管的“大环保”工作格局。县人大常委会把生态环境保护和建设列为“1号决议”，深入实施生态环境保护和建设“六大工程”，形成党委政府领导、人大政协监督、社会共同参与的良好格局。

在建设形态上，坚持以法治思维和法治方式抓环境保护，对违法排污、群众反映强烈的企业实行严厉处罚。从源头上控制新污染源产生，以有效监管为目标，对入园企业严格执行“环评”“三同时”制度，建立公检法环联席与巡查制度，形成打击环境违法行为的合力，保持环境监管高压态势，保障环境安全。

二、勤做“加法”，织密管护网络

安溪把生态环境管护放在突出位置，通过持续做“加法”，努力提升环境管护的能力和效益。一是“山长+河长”。围绕山水共治这一主线，在全面推行河（湖）长制的基础上，在全省率先实行“山长制”，全面构建县、乡、村三级山长体系，同时强化河长山长有机结合，将山长制中的造林绿化、水土流失治理、茶园生态修复、矿山治理等任务，纳入县河长制年度工作计划，河长体系得到延伸、推进更为有力。二是“人防+技防”。人防方面，在全省首设县流域水环境专职巡查队伍，配齐配全执法巡查设备，对全县主要河流及问题突出河段全天候开展溯源巡查。技防方面，依托福建农林大学安溪县水土保持博士生工作站，开展生产建设项目水土保持天地一体化监管工作试点，利用遥感技术手段，推动监测与监管协同联动。三是“联办＋督办”。一方面是部门联办，建立公检法环联席与巡查制度，凝聚打击环境违法行为的合力；充分整合各部门执法力量，组建联合执法队伍，维护良好的生态管理秩序。另一方面是严格督办，坚持多重督导、督办问效，在日常实行定期抽查、定期通报的基础上，实行办结销号制，确保问题整改到位。

三、勇做“减法”，抬升生态底部

安溪坚持绿色打底、以退为进，以“减”的决心和勇气，从源头上堵住污染，夯实生态本底。一是退石材。石材行业曾经是安溪的一大支柱产业，但考虑生态环境效益，安溪以壮士断腕的决心在全省范围内率先实现整个石材行业的全面彻底退出，同时淘汰小钢铁、水泥、造纸、黏土机砖等落后产能，提升生态环境质量，改善投资环境，腾出更多的环境容量和发展空间。二是减茶园。茶业是安溪农业的支柱产业，但低海拔、高坡度的区域不适宜茶树生产，且容易造成水土流失等生态破坏问题。安溪通过制定奖励措施（退茶每亩奖励2000元）、鼓励发展特色农业等措施，全力推动不适宜茶树生产区域退茶还林、还果、还蔬，近年来，每年退茶超3000亩。三是去化肥农药。过度依赖农药、化肥，容易造成土壤酸化、退化。安溪通过农艺改良、物理防治和生物防治，大力推广“有机肥＋配方肥”“茶＋沼＋畜”“水肥一体化”“绿肥＋覆盖”“有机肥+深施”等技术，最大限度地减少化肥农药的使用。同时在全国首创县域农资监管与物流追踪平台，县域内实现农资使用全程监管、全程可追溯，有效防止高毒农药对土壤的污染。截至2020年底，全县建有去化学农药茶园2万亩，全县化肥使用量比上年减少3%以上，农药使用量减少5.2%。安溪获评“全国有机肥替代化肥示范县”“国家农产品质量安全县”。

四、善做“乘法”，推动绿色发展

安溪始终注重通过思路创新、产业革新、技术更新，激发生态高效治理与经济高质发展互融互通、互促互进的乘数效应。一方面，破立相促，变废为宝。创新崩岗侵蚀区转化为“工业开发区、生态旅游区、水保生态区、经济作物区”的典型治理模式，变崩岗劣地为聚宝盆，南翼新城利用治理崩岗整理出工业用地3600多亩，崩岗治理的“安溪模式”在全国水土保持工作会上作典型发言，并在全国南方红壤侵蚀区广泛推广应用。引进社会资本参与，变矿山迹地为耕地（茶园）、农业综合体和生态景观，实现消除隐患、恢复生态、增加用地、产业转型和社会效益等五大目标。另一方面，绿色赋能，做优产业。将“生态+”理念融入产业发展，按照面向高端、聚焦新兴、生态赋能、反哺生态的思路，全面推动产业迈向绿色化、中高端，实现经济价值、生态价值和链条价值倍增的多赢局面。目前，安溪已形成以光电、生物科技、信息技术、高端装备制造等新兴产业为主导的产业体系。得益于新兴产业的发展，“十三五”规划以来，安溪县生产总值从2016年的466.37亿元增至2020年的747.63亿元，实现经济大发展、环境大改善的良好局面。

五、巧做“除法”，实现高效治理

安溪以打好污染防治攻坚战为主线，坚持精准开方、对症下药，“高效除污”，打造污染防治的“安溪样板”。因地制宜采取“三格化粪池＋污水处理站、人工湿地、小型分散型污水处理设备”等污水处理模式，所有行政村实现生活污水治理全覆盖；在全省率先推行农村生活污水处理设施打包委托第三方专业机构运维管理的模式，建立“六位一体”农村生活污水处理设施运行维护管理体系，有效解决农村污水处理设施“有人建、没人管”问题，污水处理设施的维修管理更加及时高效，运转更有效率，为全国农村生活污水治理贡献安溪经验。经验做法登上“学习强国”平台，获得全省推广，获评“全国农村生活污水治理示范县”。针对农村连片旱厕多，臭气熏天的问题，坚持“先调查后决策、先试点后推广、先动员后整治、先短期后长期”的思路，全域推进旱厕拆除整治，变旱厕旧址为现代公厕、便民停车场、微菜园、口袋公园等，转“脏乱差”成“舒心美”，极大地提升人居环境质量，在推进农村旱厕整治方面形成“安溪模式”。经验做法得到国务院农村人居环境整治检查组的高度肯定，被新华社、国务院网站深度报道。

国家生态文明建设示范市县评选，综合考虑生态制度、生态安全、生态空间、生态经济、生态生活、生态文化等六方面因素。安溪县将积极探索绿水青山转化为金山银山的有效途径，提升生态产品供给水平和保障能力，创新生态价值实现的体制机制，打造绿色惠民、绿色共享品牌。

（县委史志室根据《安溪报》2020年10月20日报道和县生态环境局年鉴材料整理）

安溪青阳下草埔冶铁遗址入选 2020 年度全国十大考古新发现初评候选名单

安溪县尚卿乡青阳村下草埔冶铁遗址，属于青阳冶铁遗址的一部分。2019 年 10 月至 2020 年 8 月，在国家文物局统筹下，北京大学考古文博学院，泉州市文旅局、安溪县人民政府联合对下草埔冶铁遗址，进行第一阶段考古，发现该遗址系国内首个考古发掘的块炼铁冶炼遗址，入选 2020 年度全国十大考古新发现，成为全省唯一入选项目。

2019 年 7 月起，市申遗办、市文物局组织泉州海交馆、泉州博物馆等专业人员，开展全市调查摸底、历史文献梳理和现状分析对比。8 月，确定以安溪为重点，并与安溪县委、县政府组建市县联合调查队，组织专家、文博工作者、乡镇工作人员、村民等持续开展冶炼遗址调查。9 月，北京大学考古文博学院副院长沈睿文应邀来到下草埔，现场地表的一块大炉渣，引起沈睿文的特别关注。“这是一块清晰可见熔融、滴落纹理的冶炼排出渣，意味着这里曾有较大规模的冶炼活动。” 9 月底，国家文物局决定对下草埔开展考古发掘。

10 月，沈睿文带领北京大学考古文博学院下草埔考古队正式进驻青洋村。考古中，遗址出土文物有钱币、金属器、陶瓷、冶炼遗物、石块等五大类。其中，金属器大致分为铁制品和铜制品两类，铁钉是遗址仅见的经锻打铁制品之一，这也证明该遗址有可能有锻造活动存在。铁片、铁块为块炼铁粗加工的产品，是遗址性质的直接证据。

出土的陶瓷器年代集中在南宋中晚期至元代之间，以大件器居多，产地窑口以安溪本地窑口和磁灶窑为主。瓷器以碗为大宗，根据器型、釉色及制作工艺等特征判断，产地窑口包括安溪窑、德化窑、磁灶窑、庄边窑、义窑、永福窑、景德镇窑、龙泉窑和建窑等。

值得一提的是，出土的 25 件带有墨书的陶瓷器，为了解当时冶铁生产状况及从事冶铁生产者的社会经济地位提供宝贵文字信息。墨书瓷器集中出土于冶炼炉和建筑遗迹周边区域，说明器主与冶铁生产生活有关。

冶炼遗物主要包括炉渣、矿石、烧土、炉衬四大类。

考古人员认为，下草埔冶铁遗址是泉州地区宋元时期块铁冶炼的代表。研究表明，其生产集中于宋元时期，是国内首个考古发掘的宋元时期块炼铁与生铁冶炼并存的冶铁遗址，有着较为完整的生产体系，可生产块炼铁、生铁和钢。

以下草埔冶铁遗址为代表的安溪宋元冶铁遗址，普遍存在板结层的独特现象。考古人员认为，这是有规划的行为，具有典型的地方特点，这种技术在国际上还是首次发现：每当冶炼垃圾堆积到一定的高度，便会在上端以“板结层”的方式进行处理，起到压实、固定冶炼垃圾的作用，是就地处理冶炼垃圾的简易有效的办法，同时可以作为随后冶炼的操作平台。

从遗址出土的莲瓣纹瓦当、建盏、景德镇窑青瓷、德化窑白瓷等判断，遗址等级较高，或许跟宋代青阳铁务存在某种关联。

遗址及周边相关遗址地点均分布于古道、水系周围，贯穿其间的陆路、水路运输系统，将区域内外密切连接，呈现为高度一体化的乡村腹地手工业体系和海港经济体的空间布局和整体形态。当时，这里生产的铁产品成为海上丝绸之路贸易的重要商品。

遗址的发掘，将有助于了解我国古代块炼冶炼的具体步骤及相关遗存特征、遗址内生产与生活的图景，促进构建宋元时期福建乃至长江以南地区冶铁业的技术特点和组织结构。

经北京大学考古文博学院历经近一年的考古发掘，揭露宋元时期 6 座冶铁炉、多处房基、板结层等相关遗迹，出土铁钉等铁产品、废弃炉渣、陶瓷器等丰富遗物。通过辨别冶炼炉不同使用性质和炉渣金相学分析，发现下草埔冶铁遗址存在熟铁、生铁、炒钢等多种冶炼活动，形成完整的冶炼锻造体系。安溪青阳冶铁遗址列入“古泉州（刺桐）史迹”申遗项目。

2020 年，安溪县已投入建设下草埔冶铁遗址展示馆、下草埔冶铁遗址保护棚、余氏祖厝保护棚。

（县委史志室根据《泉州晚报》2020 年 2 月 5 日和 6 月 3 日的报道和县文旅局的年鉴材料整理）

安溪全面打赢脱贫攻坚战

改革开放初期，安溪曾是全省最大的国定贫困县，1985年贫困人口31.37万人、占全县人口的39.6%。在党中央和省市大力支持下，经过多轮大规模扶贫，至2015年底，全县仍有71个建档立卡贫困村、1.58万名贫困人口（国定2375户8214人、省定2179户7614人），占泉州市1/3。党中央作出打赢脱贫攻坚战决策部署以来，安溪坚持把脱贫攻坚作为首要的政治任务、最大的民生工程，举全县之力、攻扶贫之坚，下足绣花功夫、用心用力用情，推动脱贫攻坚取得决定性胜利，2019年底贫困人口、贫困村全部脱贫退出，相关经验做法获国务院扶贫办刊文推介，得到《人民日报》、《福建日报》和“中国扶贫”微信公众号等权威媒体宣传报道，打造小康路上的“安溪样板”。

一、四大举措强攻坚

1. 三级书记挂帅。成立由县委、县政府主要领导任组长、分管领导任副组长的县脱贫攻坚工作领导小组；各乡镇相应成立领导小组，全面统筹推进脱贫攻坚工作。脱贫攻坚以来，定期不定期召开县委常委会会议、县政府常务会、脱贫攻坚领导小组会议和各类专题会议研究脱贫攻坚工作，在县“两会”、全县三级干部会议、县委常委会（扩大）会议、经济工作分析会、农业农村工作会等全县性会议上，县委、县政府主要领导、分管领导多次对脱贫攻坚工作进行全面部署，有力推动脱贫攻坚任务落到实处。相继出台《关于深化精准扶贫打赢脱贫攻坚战的实施意见》、《安溪县脱贫攻坚工作问责办法（试行）》和每年度脱贫攻坚工作要点等文件，明确责任目标，细化分解到人，推动各项工作落实到位。

2. 千名干部帮扶。县四套班子领导带头包村入户做好扶贫工作，各级各相关部门主要领导均是脱贫攻坚第一责任人，全部压到一线，形成强大的示范带动效应。召开行业扶贫工作部门联席会议，各相关部门根据本部门的职能制定相关扶贫政策，强化信息共享，做到对建档立卡贫困户、贫困村优先安排项目、优先保障资金、优先对接工作、优先落实措施，集中力量解决行业扶贫中的短板和突出问题。全县71个建档立卡贫困村均安排驻村第一书记进行定点帮扶，实现全覆盖。遴选2297名干部挂钩帮扶4554户贫困户，实现建档立卡贫困户公职人员挂钩帮扶全覆盖，每年为每户贫困户落实帮扶资金2000元以上。对退出的贫困村、贫困人口，保持现有帮扶政策总体稳定，对脱贫但不够稳定的113户431人每户安排1名科级干部挂钩，每户落实2项以上帮扶措施，逐户制定帮扶方案，逐户强化帮扶措施，逐户落实帮扶责任，确保稳定脱贫。

3. 真金白银投入。5年来，全县投入各级财政扶贫资金5.97亿元，其中中央财政专项扶贫资金0.78亿元，省级财政专项扶贫资金1.36亿元，市级财政专项扶贫资金1.87亿元，县级财政专项扶贫资金1.96亿元，全部拨付到户到项目。制定出台《安溪县脱贫攻坚项目库建设实施方案》，加强脱贫攻坚项目库规范管理，发挥扶贫项目效益，2016—2020年入库1126个项目。

4. 督查考核保障。把脱贫攻坚工作纳入绩效考评指标体系和巡察工作重点，加大扶贫重点乡镇专项考核权重，以严格考评倒逼各项责任和工作的落实。制定《关于开展扶贫领域作风问题专项治理的实施方案》《安溪县扶贫发展专项资金管理办法》等，每年由县纪委监委、财政局、扶贫办等部门牵头组织开展财政扶贫资金专项检查、脱贫攻坚专项检查，5年共查处扶贫领域腐败和不正之风问题31起61人，其中给予党纪政务处分53人，组织处理8人。

二、五项保障兜底线

1. 落实义务教育保障。从学前、义务教育到普通高中、中职教育均全面落实帮扶政策，2016—2020年各级财政对贫困学生发放助学金、营养餐补助资金以及免除学杂费共计1.62亿元。积极实施生源地助学贷款政策，2016—2020年累计发放助学贷款首贷和续贷28996人次，贷款金额2.03亿元。

2. 落实基本医疗保障。一是做实健康扶贫。建立救治台账、动态管理，推行先诊疗、后付费，定点医院设立综合服务窗口，实行一站式结算。组建180个家庭医生签约服务团队，让贫困人口享受“量身定制”服务。全县71个贫困村全部建立一体化管理的公益性卫生所并实现医保“村村通”。二是强化动态监测。利用医保系统大数据，落实“贫中找病”“病中找贫”，对自付1000元以上的对象开展电话回访；对累计自付5000元以上的对象开展实地走访，帮助协调解决实际困难等。三是构筑多重保障。在省市医保政策基础上，率先实施县级医保扶贫帮扶政策，做到“两个100%”“一个50%”，即对建档立卡贫困人口在本县域内医保定点医院就诊就医，医保目录内个人自付部分报销100%；在县域外医保定点医院就诊就医，医保目录内个人自付部分再给予报销50%；对建档立卡贫困人口患34种特殊病种的医疗费用报销100%，累计发放县级帮扶补助461.14万元。同时为建档立卡贫困户购买大病医疗补充保险（累计投入保费195.19万元，每人每年最高补偿可达10万元），最大限度避免因病返贫、因病致贫。

3. 落实住房安全保障。一是易地扶贫搬迁。聘请福建省197地质大队组建4个技术小组，会同相关乡镇对812户易地扶贫搬迁对象住房（包括2个集中安置点）开展地灾危险性评估技术核查，一户一档、整改补强，让每一户搬迁户都住上安全房、放心房。严格落实“两不愁三保障”要求，将易地扶贫搬迁与贫困户的生产生活、未来发展统筹考虑，采取多种帮扶模式，切实解决贫困户搬迁后的生产生活、子女就学、就业等方面的问题，做到搬得出、稳得住、有就业、逐年能致富。二是改善住房条件。在实施易地扶贫搬迁、造福工程的基础上，多部门联动对全县所有贫困户住房安全情况进行全面摸底排查，逐户开展住房安全评测鉴定，对因灾导致房屋倒塌、严重损毁的给予翻建、重建，对住房条件较差的给予修缮维护。5年累计投入1.41亿元实施住房提升改造2617户，彻底解决贫困户住房保障问题。

4. 落实饮水安全保障。实行查、建、管全过程跟进，全力解决贫困户饮水安全问题。一是排查整治。在完成2017年度全县395人贫困人口农村饮水安全巩固提升的基础上，2019年1月、12月先后两次开展排查复核，2020年县财政出资276.06万元，聘请第三方专业检测机构对建档立卡贫困户逐户取水检测，对检测发现问题（385个水样）通过安装净水器、更换水源、清洗蓄水池及管道等措施，确保所有贫困户的水质达到农村饮水安全评价标准。二是加强管护。压实乡镇管护主体责任，更新维护农村饮水工程，保障贫困人口及群众饮水安全，争取项目和补助资金。2016—2020年，全县建设农村饮水安全巩固提升工程58个，受益人口7.39万人。

5. 落实其他政策方面。一是产业扶贫。5年来发放产业扶贫发展资金0.82亿元，由挂钩帮扶干部和村干部指导贫困户选准、找好产业发展项目，确保产业扶贫资金落实到生产项目。二是金融扶贫。累计为1709户发展产业的贫困户发放小额贷款1.05亿元。三是就业扶贫。为3001名建档立卡贫困人员办理就业创业证。设立卫生协管员、园林绿化管理员、市政保洁员等公益性岗位，为179名贫困劳动力提供就业。优先聘用8名建档立卡贫困户为森林资源管护员，12家涉林企业为23名建档立卡贫困户提供就业岗位。四是村财增收。组织申报存量光伏扶贫项目76个，总建设规模3396.12千瓦。建设参内、虎邱、金谷等6个中化新农村综合服务点，至2020年盈利303.1万元，所得收益用于建档立卡贫困村及薄弱村发展。将71个建档立卡贫困村纳入扶持村级集体经济发展试点，每村扶持50万元（省财政补助40万元，县财政补助10万元），每年固定收益8%。五是低保扩面。及时将符合条件的建档立卡贫困户纳入低保范围，2020年将城乡最低生活保障标准提高到每人每年7920元。

三、六个转变显成色

1. 实现扶贫格局由政府主导到多元主体参与的根本性转变。通过百企联百村帮千户、县乡扶贫开发协会全覆盖、组建农民讲师团和乡村振兴服务队等，引导社会力量参与扶贫开发，形成专项扶贫、行业扶贫、社会扶贫“三位一体”新格局。

2. 实现扶贫方式由输血到造血的根本性转变。坚持扶贫与扶志、扶智相结合，立足安溪“双铁”“四金四银”特色产业，通过开展技能培训、扶持产业发展等，激发贫困户内生动力。全县绝大多数贫困户通过种植养殖、培训就业、电商创业等实现稳定脱贫，只有极少数贫困户因丧失劳动力通过兜底保障实现脱贫，展现新时代贫困户靠自己骨头长肉的精神。

3. 实现贫困户住房条件由隐患房屋到住有宜居的根本性转变。先后实施易地扶贫搬迁812户3150人、一般造福工程2335户9735人，易地搬迁、造福工程完成量占全市的90%，解决全县“两不愁三保障”中的突出问题。

4. 实现由贫困村到美丽乡村的根本性转变。争取中央、省市7.6亿元的帮扶资金，通过实施道路提级改造、完善基础设施、整治人居环境、发展村财增收项目等，农村旱厕全域清零，村容村貌焕然一新，宜居指数大幅提升，贫困村蜕变成美丽乡村。

5. 实现贫困村农产品由卖货难到卖得好的根本性转变。实施农村物流网络一体化工程，实现村村都有物流点，且农村物流成本明显降低，使贫困户产品出村进城更加便捷高效。通过电商技能培训、签约包销、一村一品等形式，培育县域特色扶贫品牌，助推农产品上行，帮助贫困户稳定增收。

6. 实现扶贫重心由主要消除绝对贫困到缓解相对贫困的根本性转变。率先出台《安溪县关于进一步深化贫困边缘村、边缘户帮扶工作的实施方案》，县财政专项帮扶资金每年安排400万元，对20个贫困边缘村予以一次性补助20万元，用于实施发展项目；每年安排1100万元，统筹用于贫困边缘户的医疗、住房、教育、饮水安全、就业等兜底性保障。截至2020年底，认定243户828人贫困边缘户，对符合条件的24户贫困边缘户发放医疗补助54万元，实施住房改造提升123户481.8万元。

四、七项创新树样板

1. 实施百企联百村帮千户行动。发动136家企业、商会、海外会馆结对帮扶101个村、1152户3820人，落实帮扶资金3800多万元；对接山海协作，推动晋江10个乡镇挂钩帮扶安溪10个乡镇，落实帮扶资金近1100万元；争取泉州大开元寺扶贫救灾公益协会捐助教育资金900万元。

2. 实现乡镇扶贫开发协会全覆盖。累计筹集资金超1.25亿元，形成政府、市场、社会协同推进的扶贫工作格局。

3. 实施农村公路改造提升工程。用3年时间，投入23亿元，对全县700千米主要通村公路进行改造提升，获评“‘四好农村路’省级示范县”。

4. 组建农民讲师团和乡村振兴服务队。遴选438名“田秀才”“农博士”，组建28支农民讲师团和乡村振兴服务队，用闽南语大白话为群众传授脱贫好政策、好技术、好方法。农民讲师团被中宣部评为“全国基层理论宣讲先进集体”。

5. 实施大病补充医疗保险。累计投入195.19万元，对全县贫困人口实施大病补充医疗保险，每人每年最高补偿10万元，与新农合、民政、慈善总会医疗救助和精准医疗叠加保险等形成“五重保障”，最大限度避免因病返贫。

6. 建立因病因灾致贫返贫对象帮扶机制。县财政每年安排1000万元帮扶专项资金，在医疗、住房、教育等方面精准施策，累计发放医疗救助资金620.59万元，住房补助资金1825.71万元，教育资助资金7.9万元。

7. 出台应对新冠肺炎疫情影响18条措施。落实以人民为中心的发展思想，统筹做好疫情防控和脱贫攻坚工作，贯彻落实省委决战决胜脱贫攻坚19条措施，出台应对新冠肺炎疫情影响18条措施，开展“走百村、访千户，解急忧、话小康”入户帮扶活动，为贫困户免费发放口罩等防护物资，跟踪落实486名受疫情影响贫困户的就业问题，帮助20名贫困户转行发展产业，给予74户产业发展受影响的贫困户每户3000元补助资金，对受疫情影响基本生活陷入困境的491户贫困户给予每户1000元生活补助，为缺乏线上学习条件的116名贫困生补助1年宽带费、1070名贫困生补助20G流量费。全县未发生因疫返贫致贫情况。

（高世伟　陈永春）

同舟共济科学防控新冠肺炎疫情

2020年初，面对突如其来的新冠肺炎疫情，安溪县委、县政府坚决听从习近平总书记和党中央号令，坚决贯彻坚定信心、同舟共济、科学防治、精准施策的方针，坚持把人民群众生命安全和身体健康放在第一位，领导全县上下团结一心、英勇奋战；严格落实“外防输入、内防反弹”防控策略，树牢“宁可备而无用、不可无备而战”理念；严守“四道关口”、严把“三道防线”，采取“大数据+网格化”、“清村+扫楼”、织密人物同防“六道防线”等1系列硬核实招。并因时因势调整工作着力点和应对举措，构筑起疫情防控钢铁长城，全县新冠肺炎疫情防控平稳有效。2例确诊病例均治愈出院，其中1例县医院治愈后出院，为全省县级医院治愈首例。1月30日后，全县无新增、疑似及确诊病例。实现确诊病例“零死亡”、医务人员“零感染”、境外疫情“零输入”。

迅速响应。1月21日，国家、省、市疫情防控专题会议后，安溪县以最快速度进行动员部署，及时研判疫情，迅速作出反应。根据疫情发展需要，1月23日、25日连续升级领导机构，27日再次升级为县委、县政府主要领导担任总指挥长的应急指挥部体系；不断完善组织架构。指挥部下设“一办十组”，即办公室、联防联控组、医疗救治组、复学复课组、交通检疫组，物资保障组，维稳处置组、舆情宣传组、外事组、大数据组、进口冷链及邮递工作组。同时，紧急动员，“疫”线奋战，全县卫生健康系统全面取消春节放假。1月26日20时起，在全市率先实行各乡镇、指挥部成员单位全员取消休假、到岗到位。2月4日，迅速响应上级号召，选派5名医护人员驰援武汉。9月30日，围绕预检分诊发现病例，启动应急方案、组织开展流调和大人群核酸检测等方面疫情防控应急演练；全年开展新冠肺炎核酸检测118414人。

同舟共济。加强疫情防控与督导检查，抽调卫健、教育、市监、工信商、交通等部门人员，成立3个常态化防控巡回督导组，建立健全常态化疫情防控工作机制。县纪委监委、县委组织部联合组建2支疫情防控监察队伍，对各乡镇各部门及县级常态化防控巡回督导组工作落实情况进行督导检查，每个乡镇在组建疫情防控巡逻队伍基础上，发动村级老年人协会，组建村级文明劝导队伍，就佩戴口罩，落实个人防护等进行巡回宣传，监督检查各村停办佛事等聚集性活动的落实情况等。在这场大战大考中，1409个基层党组织、3.7万名党员干部始终日夜坚守、冲锋在前，医务人员白衣擐甲、逆行出征，公安民警闻令而动、忠诚守护，镇村干部不惧风雨、坚守一线。县红十字会，接受捐赠款572.90万元，接受境内外捐赠物资26批次价值648.56万元，其中口罩164.14万只、手套15万双，防护服6400套，额温枪515支、消毒液250桶，其他物品334件。爱心人士慷慨解囊、捐资捐物，茶乡群众宅家抗疫、群防群治，共同铸就起众志成城、并肩作战、心手相牵、共克时艰的强大精神防线。在疫情防控中，聚集在境外人员、边境城市入安人员、国内中高风险地区人员，利用“大数据+网络化”，开展“清村扫楼”“边境清扫”“定向筛清”等活动，对国内中高风险地区和境外入安人员严格采取闭环管理，打造综合立体摸排网。

统筹兼顾。在做好疫情防控前提下，坚持统筹兼顾，协调推进，积极创造条件“援企稳岗”，复工复产。出台“安三条”“安七条”“安九条”等纾困惠企政策，全力畅通政策链、服务链、操作链，帮助企业破解“五难”问题，全面恢复群众生产生活秩序，有力带动经济逐季恢复增长。

（县委史志室根据县委办、卫健局、红十字会年鉴材料整理）

自然地理

【地理位置】

安溪县地处福建省东南部，地跨北纬 24° 50′ —25° 26′ 、东经 117° 36′ —118° 17′ 。东西长 74 千米，南北宽 63 千米，面积 3057.28 平方千米。位于晋江西溪上游，闽南“金三角”（泉州、厦门、漳州）中间接合部，与“四市六县”接壤，东接南安市，西连华安县，南毗厦门市同安区，北邻永春县，西南与长泰县接壤，西北与漳平市交界。居山而近海，县境呈圆形，俗称“一块碟”，是泉州市县域范围最辽阔的县。漳泉肖铁路贯穿全境，省道、县道、乡道纵横交错，覆盖全县各乡村。4 条高速公路从境内穿过，通车里程 133 千米，10 个互通口，通山达海，交通方便，全面融入泉州、厦门“半小时经济圈”之内。

【地形地貌】

安溪县域属戴云山脉西南端的主体部分，北部地势较高，海拔 500—1600 米；南部地势相对平缓，海拔 32—579 米。自湖头镇与湖上乡的交界线开始，经五阆山（海拔 1256.7 米），过尚卿乡的科洋，转南经虎邱镇的福井，至龙门镇洋坑的跌死虎（海拔 1044.4 米）西缘，为天然分界线。线以东称外安溪，线以西称内安溪。

外安溪 地势较为平缓，平均海拔 300—400 米，以低山、丘陵、串珠状河谷盆地为主。面积 978.33 平方千米，占全县总面积 32%。

内安溪 地势较为高峻，平均海拔 60—700 米，以山地为主，山峦陡峭，河谷狭窄，山脉走向各异。面积 2078.95 平方千米，占全县总面积 68%。

【水系】

安溪主要为晋江水系和九龙江水系。东部属晋江水系，境内河流段流程 320 千米，在桃舟乡达新村云中山梯仔岭东南坡谷海拔 893 米处，为福建省第三大河流晋江水系之正源，自源头至泉州入海口全长 182 千米。西部属九龙江水系，境内河流段流程 160 千米。

【气候】

概况 2020 年，安溪县年平均气温 22.2℃，较历年平均值 21.2℃，高 1.0℃；年极端最高气温 40.1℃，出现在 7 月 14 日；年极端最低气温 2.9℃，出现在 12 月 31 日。年降水量 1084.5 毫米，比历年平均值 (1677.7 毫米) 少 593.2 毫米，少 35.36%，为本站历史第二少年份（2009 年 1074.4 毫米），全年暴雨日数 3 天，年最大日降水量为 8 月 27 日 82.7 毫米。年日照时数 1909.9 个小时，比历年多 249.3 个小时，多 15%，日照年百分率 43%。全年出现霾 3 天，雾 39 天，大风 1 天（其中 8 月 31 日出现 23.5 米每秒大风，风向西北偏北）。主要气候特点：冬季气温显著偏高，日照偏多；春季日照显著偏多；夏季气温异常偏高，雨量偏少，日照显著偏高；秋季雨量偏少。

气温 2020 年，安溪县年平均气温 22.2℃，较历年平均值 21.2℃高 1℃，异常度 1.8。四季中春季、秋季正常，冬季、夏季异常高。年极端最高气温 40.1℃，出现在 7 月 14 日；年极端最低气温 2.9℃，出现在 12 月 31 日；安溪本站全年大于或等于 35℃高温日数 70 天，其中大于或等于 37℃高温日数 28 天，均刷新安溪本站历史纪录。高温过程偏多偏强，先后经历 14 次高温过程。

降水 2020 年，安溪县降水量 1084.5 毫米，比历年平均值少 593.2 毫米，降水距平百分率 -37%，属偏少。其中，春季、冬季正常，秋季、夏季偏少。全年，大雨及以上日数 10 天，其中暴雨日数 3 天，最大日降水量为 82.7 毫米，出现在 8 月 27 日，主要受热带辐合带和南风急流影响。

日照 2020年，安溪县年日照时数1972.4小时，属显著偏多。日照冬季偏多，春季、夏季显著偏多，秋季正常。四季（冬春夏秋）日照时数分别为451小时、386.1小时、655.7小时、479.6小时。

【生态环境】

安溪县是福建省重点林区县之一。2020年，安溪县林业用地面积21.9万公顷，占全县总面积的71.6%，其中生态公益林面积7.97万公顷，商品林面积13.93万公顷。有林地面积20.458万公顷，森林蓄积量905万立方米，森林覆盖率稳定在65.77%以上。省级自然保护区1个（云中山省级自然保护区），面积4164.5公顷；自然保护小区23个，面积4200公顷，湿地保有量3743.58公顷。省级森林公园10个（含3个在建），县级森林公园5个，面积11226公顷。陆生脊椎野生动物24目、68科、258种，其中兽类7目、18科、38种，鸟类13目、34科、155种，两栖爬行类4目、16科、65种。国家一级、二级重点保护野生动物31种，省级重点保护野生动物21种。

2020年，安溪县高标准、高要求、高质量推进生态环境保护各项工作，扎实推进生态文明建设全面发展，加强环境监察执法、环境保护宣传教育，强化环境审批服务，扎实推进生态文明建设，空气质量综合指数2.52，比2019年同期下降0.1，二级以上达标天数357天，优良率为97.5%，细颗粒物浓度等6项污染物指标达国家二级标准，平均浓度值分别为：二氧化硫5微克/米^3，二氧化氮为13微克/米^3、细颗粒物23微克/米^3；可吸入颗粒物33微克/米^3，一氧化碳为0.9毫克/米^3，臭氧为123微克/米^3，各指标与2019年同期相比略有下降。辖区内晋江源头水质保持一类标准，晋江上游省控、市控、县控各个断面水质达到或优于三类标准，城区饮用水水源水质达标率100%。10月，获评生态环境部第四批“国家生态文明建设示范县”称号。

【矿藏】

至2020年底，安溪发现各类矿产资源30种，勘查程度达到普查以上，并求得资源储量的矿产有23种。其中，金属矿产6种（铁、锰、铅、锌、铜、银）；非金属矿产14种（水泥用石灰岩、水泥用大理岩、高岭土、陶瓷土、萤石、硅灰石、硫铁、石墨、叶蜡石、饰面用花岗岩、建筑用辉绿岩、建筑用花岗岩、建筑用凝灰岩、建筑用砂）；能源矿产2种（煤、地热）；水气矿产1种（矿泉水）。资源储量较大的主要矿产包括建筑用石料、水泥用石灰岩、饰面用花岗岩、铁、高岭土、地热等，其中饰面用花岗岩矿关闭不再开发。

安溪县开发利用的矿种有铁矿、水泥用石灰岩（大理岩）、地热、石墨、萤石、建筑用石料（花岗岩、凝灰岩）、建筑用砂等7种。全县持有效采矿许可证矿山17家，其中铁矿2家、水泥用石灰岩矿4家、地热3家、石墨矿1家、硅灰石矿1家、萤石矿1家及建筑用石料矿山5家。

人文地理

【政区沿革】

五代后周显德二年即南唐保大十三年（955年），以小溪场和增割南安属地正式置县。取境内“溪水清澈”之意，命名清溪县。

北宋宣和三年（1121年），农民起义军于睦州青溪（今浙江省淳安县）起义，为避清溪县与青溪同音，故另取“溪水安流”之意，改称安溪县，沿用至今。属泉州。

元至元十五年（1278年），泉州升格为泉州路总管府。大德元年（1297年），置福建平海行中书省，泉州为治所。大德二年（1298年），改泉州路为泉宁府，后又复改泉州路。至正十八年（1358年），设立泉州分省，后复为路，安溪隶属随之更改。

明洪武二年（1369年），泉州路改为福建行省泉州府。洪武九年（1376年），福建行省改为福建布政使司，安溪属福建布政使司泉州府。

清初，福建布政使司改为福建省，安溪仍属福建省泉州府。

1912年，废府、州、厅，实行省、道、县三级建制。1914年，设立闽海、厦门、汀漳、建安四道，安溪先后属南路道、厦门道。1927年，废道，实行省、县二级地方建制，安溪直属福建省。1933年11月20日，福建划分为四省和两个特别市，安溪隶属兴泉省。1934年1月，四省取消，安溪仍属福建省，1934年7月，福建省划分为10个行政督察区，安溪属第五行政督察区。1935年10月，安溪属第四行政督察区。

1949年8月31日，安溪县城解放，9月正式成立人民政府，是月，安溪县隶属第五行政督察专员公署，此后行署名称略有更改，安溪先后隶属泉州行署，晋江区专员公署，晋江公署，晋江地区行政公署。

1986年1月6日，晋江地区行政公署改为泉州市（地级市），安溪县隶属泉州市，至2020年没有变。

【政区划分】

安溪置县之初，析为4个乡，统16个里、18个都。

五代至清900多年间，基本上为里、乡制。两宋全县有4乡、16里、18都。明万历十一年（1583年）有18个里、424个乡。清仍之。民国初沿用清制，之后改为区、乡(镇)、保、甲制，1945年，全县有19个乡（镇）、155个保、2297个甲。

中华人民共和国成立后，初为区、乡制，1952年7月，全县有14个区、4个镇、156个乡。1958年11月，改为社、队制，全县有9个人民公社、231个大队。1984年7月，实行政社分开后，原公社改建乡人民政府，生产大队改为村委会，并析城厢公社辖的罗内等10个大队建立参内乡。

1991年9月，全县设24个乡(镇)，即凤城镇、蓬莱镇、湖头镇、剑斗镇、官桥镇5个镇，城厢乡、参内乡、魁斗乡、金谷乡、龙门乡、虎邱乡、西坪乡、芦田乡、龙涓乡、尚卿乡、大坪乡、湖上乡、白濑乡、感德乡、长坑乡、祥华乡、蓝田乡、桃舟乡、丰田乡19个乡。10月，经省民政厅报省政府批准，城厢乡、金谷乡、感德乡、龙门乡、虎邱乡、芦田乡撤乡建镇。全县设11个镇、13个乡。

1992年8月，经省民政厅报省政府批准，魁斗乡、西坪乡撤乡建镇。全县设13个镇、11个乡。

1996年10月，经省民政厅报省政府批准，丰田乡更名为福田乡，福前农场隶属福田乡，实行一乡带两场（丰田林场、福前农场），驻地从庵兜迁至场前。

2020年6月28日，福建省政府同意撤销参内乡、长坑乡，设置参内镇、长卿镇。2020年底，全县设15个镇、9个乡、438个村民委员会、44个社区居委会。

【人口】

2020年，安溪县总人口1302688人。初婚3996对，初婚率3.07‰，比2019年下降1.14个千分点；出生10776人，出生率8.27‰，比2019年下降1.14个千分点；出生总性别比114.2（女性为100），比2019年下降9.13；政策内出生8401人，政策符合率77.96%，比2019年下降12.14个百分点。

【人文荟萃】

安溪是千年古县，人文大县，自古山水秀丽，素有“龙凤名区”之称，人杰地灵，名流俊彦继往开来。唐银青光禄大夫廖俨、开先县令詹敦仁先后入场垦殖，唐末诗人周朴、北宋理学大师朱熹到此云游挥毫，南宋抗金名将刘锜墓葬安溪。名儒高士在安溪布施教化，惠政于民，儒家精神和中原文化在自古山多林密、相对封闭的安溪落地生根、熏陶浸染，衍化形成具有安溪特质的茶乡文化，孕育安溪人豪爽、豁达、大气、包容的民风，濡养安溪人质朴、敦厚、谦恭、刚毅的性格，锤炼安溪人逢山开路、遇水架桥、敢为人先、百折不挠的意志，培育自强不息、开拓奋进的安溪人精神。自宋至清，安溪人才辈出，代有才俊，先后有武状元1人、榜眼1人、武进士4人、文进士93人、武举人76人、文举人308人。宋有理学家张读入朝编修《国朝会典》；明有刑部侍郎詹仰庇刚正不阿；清有名相李光地官至文渊阁大学士兼吏部尚书，贤吏林嗣环挥就《口技》名篇脍炙人口，大数学家陈万策功在当代，泽被后世。现代有第五、第六届全国政协副主席庄希泉，第九、第十届全国政协副主席罗豪才，全国侨联原主席庄炎林、林军等都是安溪人的杰出代表。

【红色苏区】

安溪是土地革命战争时期泉州唯一苏区—— 安南永德苏区的中心区域。土地革命战争时期，中共安溪中心县委领导安南永德四县开展游击战争，掀起轰轰烈烈的打土豪、分田地的土地革命。1933年8月安南永德苏维埃政府成立，建立一个范围近7000平方千米的红色区域。在土地革命战争中，郭节、李实、陈凤伍等数百位革命烈士和人民群众的鲜血染红安溪土地。在中国共产党的领导下，安溪人民不屈不挠，前仆后继，坚持斗争，为推翻“三座大山”，建立中华人民共和国做出巨大牺牲和贡献。保存的大量文献资料和史实表明，安南永德苏区是在闽西苏区的中共福建省委和福建省苏维埃政府领导下创建的，隶属于中央苏区，被中央党史研究室确定为视同中央苏区，纳入《赣闽粤原中央苏区振兴发展规划》的实施范围。

【“三铁”名片】

名茶铁观音发源地 安溪是中国乌龙茶(名茶)之乡，世界名茶铁观音的发源地。2020年，全县茶园面积4万公顷，茶叶年产量7.34万吨，涉茶总产值250亿元，位列全国重点产茶县首位。安溪铁观音位列中国区域品牌价值茶叶类第一，入选中国十大茶叶区域公用品牌，入选中欧地理标志协定保护名录，入选中国特色农产品优势区，品牌值价增至1426.86亿元。

世界藤铁工艺之都 2019年，安溪县获“世界手工艺理事会手工艺城市——藤铁工艺之都”称号。“藤铁工艺”是安溪家居工艺的创新和特色，已发展成为融现代家居饰品、公园花园用品、茶文化工艺品、LED应用工艺品、实木工艺家具等五大系列产品为一体的多元化家居工艺文化产业，成为安溪县继茶产业之后的第二大民生支柱产业。2020年，安溪家居工艺文化产业行业总

产值200亿元。

青阳下草埔冶铁遗址 青阳冶铁遗址于1966年发现，面积约100万平方米，下草埔遗址是青阳冶铁遗址群中最为典型的遗址。1985年，青阳冶铁遗址被列为首批县级文物保护单位。2019年10月至2020年8月，国家文物局统筹对下草埔冶铁遗址进行第一阶段的考古发掘。2020年，完成阶段性考古发掘，推进“一馆两棚”建设，与北京大学考古文博学院共建安溪研究中心。

【侨台大县】

截至2020年底，安溪县有旅外侨胞、台港澳同胞400多万人。其中，中国台湾地区有安溪籍乡亲248万人，占台湾总人口的10.5%左右（台湾人口2356万人），是福建乃至全国台胞最多的县。

【经济发展】

2020年，安溪县实现地区生产总值747.63亿元，按可比价格计算，同比增长3.3%。其中，第一产业增加值56.24亿元，同比增长3.0%；第二产业增加值379.50亿元，同比增长5.2%；第三产业增加值311.89亿元，同比增长0.8%。三次产业结构所占比例为7.5 ：50.8 ：41.7。全年农林牧渔业总产值92.76亿元，同比增长4.0%；工业增加值307.99亿元，同比增长4.2%，其中规模以上工业增加值增长4.5%；建筑业增加值71.68亿元，同比增长10.5%；一般公共预算总收入43.82亿元，同比下降14.5%；一般公共预算支出68.61亿元，同比下降5.2%；社会消费品零售总额568.42亿元，同比增长0.9%；固定资产投资（不含铁路数据）同比增长1.3%。

【产业转型】

传统产业 2020年，闽光钢铁、凯鹰电源等38个县级以上重点技改项目完成投资36.64亿元；3家企业列入省级龙头企业名单、2个项目被确定为省第四批制造业单项冠军企业（产品）项目；中科三净、中科三安被确定为省重点上市后备企业。完成家居藤铁工艺文化产业中长期规划编制，藤云工艺园入驻企业14家、竣工投产3家；启动云鹤电商产业园、码雅文化园规划建设；家居工艺文化产业行业总产值200亿元。

新兴产业 泉州芯谷安溪分园区二期建设有序推进，新引进合晶光电、天电光电EMC（电磁兼容性）2.0等3个项目，完善光电产业链。加速抢滩布局新基建新经济，数字福建（安溪）产业园深度融入全市比拼活动，推进“一中心、三链条”建设，新引进全球商业遥感卫星地面接收站网福建站及国际空天大数据产业园、中国电影资料馆安溪数字资源中心等7个产业链项目。2025产业园集群初显，入驻企业33家，尚品千艺、弘启实业等7家企业建成投产。湖里园、思明园入驻企业42家，投产或试生产企业19家。南方食品园入驻企业5家，渔百惠等3家企业主体工程封顶。卫浴新城入驻企业21家。弘桥智谷电商园启动二期建设，年交易额10亿元。

第三产业 推进国家电子商务进农村综合示范县创建，建成302个农村电商服务站，淘宝镇增至10个、淘宝村增至36个，位列淘宝村全国百强县第33。促进消费，开展“全闽乐购”安溪系列活动，组织“茶乡乐购·品鉴好货”线上直播活动，拉动消费3亿元，全县网络零售额200亿元，增长86%。加快金融业发展，全县金融机构本外币存款余额560亿元，增长11.31%，各项贷款余额560亿元，增长17.09%；安溪农商银行挂牌开业。大力发展旅游民宿业，培育“茶香人家”63家；省级乡村旅游村增至19个，省级三星级旅游村增至4个，虎邱镇湖坵村获评省级“金牌旅游村”。

【乡村振兴】

2020年，安溪县完成30个省级乡村振兴试点村规划编制。推进农村集体产权制度改革和农村承包地改革与管理，开展农村集体“三资”清理工作。整合涉农资金2500万元，扶持淮山、茭白、芦柑等特色农业产业化、规模化发展。实施农村物流网络一体化工程，推动多网融合，入选全国“互联网+”农产品出村进城工程试点县。获评全国县域数字农业农村发展先进县。推进以食用为目的野生动物养殖场退养转产转岗，全面禁止和严惩非法野生动物交易行为。开展农村人居环境整治，推进“一革命四行动”，完成全域旱厕整治，新建改造公厕217座，完成农村户厕无害化改造3668户；整治裸房3243栋，推进危废旧空心房和农村杆线整治。创建3条市级乡村振兴示范线，32个村被确定为市县级乡村振兴试点村；尚卿乡获评“全国一村一品示范乡镇”，福田乡丰田村获评“全国文明村”。深化科技特派员制度，选任省级科技特派员个人43名、团队5个。推进乡镇片区更新改造，长卿镇、感德镇、龙涓乡等片区改造正式启动。纵四线（G355）南翼新城过境段、省道312线福田高速出口至漳平界建成通车；省道312线金谷元口至尚卿、国道355线官桥至虎邱、国道358线虎邱至西坪等路段完成沥青路面改造；农村公路提级改造工程完成路面硬化665千米，农村客运实现“村村通”。

（县委史志室整理）

1月

1日 廖长官历史文化研究会举办成立10周年暨第三届会员代表大会，回顾研究会10年来取得的成果，选举新一届理事会、会长、执行会长，举行理事就职庆典仪式。海内外廖氏宗亲500多人参加活动。泉州工艺美术学院党委书记、省人民政府督学廖伏树，市委副秘书长、政研室主任廖良结出席。

1日 福建省发树慈善基金会向闽江学院第三期捐资活动在福州举行。安溪县祥华乡乡贤陈发树代表基金会向闽江学院捐资3亿元。

2日 县委、县政府举行2019年第四季度重点项目集中开（竣）工活动。县领导高向荣、刘林霜、廖皆明、梁金良等四套班子领导分5组分别带队到各乡镇参加开（竣）工仪式。

7—8日 福建省曲艺家协会、县书法协会文艺志愿者联合到蓬莱镇温泉村、龙涓乡扶贫创业中心广场，开展新春文艺惠民演出和义写春联活动。

8日 全县领导干部会议召开，市委组织部常务副部长张翼翔在会上宣布，经省委研究决定，刘林霜任中共泉州市鲤城区委书记，不再担任安溪县人民政府县长职务，提名吴毓舟为安溪县人民政府县长候选人。

8日 省民宗厅副厅长宋哩一行到安溪县，走访慰问少数民族困难户。

8日 农业农村部第二批全国农村创新创业典型县及国家农村创新创业园区、全国农村创新创业孵化实训基地典型案例公布，安溪县八马茶业入选全国农村创新创业孵化实训基地。

9日 县委书记高向荣、代县长吴毓舟与安溪县第六届泉州市道德模范获得者、第五届安溪县道德模范代表会面座谈。

10—11日 由县委组织部、宣传部、党校、祥华乡政府等联合举办的安溪县第二届年货节暨祥华乡东坑山药丰收节在县人民广场举行。

11日 在全国第七届环境教育年会上，安溪茶业学校获“2019全国生态文明教育特色学校”称号。

22日 公安部五局副巡视员郑翔、公安部五局干部陈浩、黄辉煌带领国务院联席办专项督导组到安溪县，召开2020年春节期间打击治理电信网络诈骗犯罪工作座谈汇报会。县领导庄稼祥、叶文德、杜双路出席会议。

30日 全县新型冠状病毒感染的肺炎疫情防控工作视频会召开。高向荣、吴毓舟、廖皆明、梁金良等县四套班子领导出席会议。各乡镇设分会场。

30日 县委书记高向荣带队到县新型冠状病毒感染的肺炎疫情应急指挥部及凤城镇部分社区，检查指导新冠肺炎疫情防控有关工作和重点城市社区疫情防控措施落实情况。

31日 县委书记高向荣、代县长吴毓舟分别带队到西坪、虎邱等乡镇，实地检查安溪县新型冠状病毒感染的肺炎疫情防控措施落实情况。

2月

4日 全县新型冠状病毒感染的肺炎疫情防控工作视频会召开，传达贯彻中央、省、市有关会议精神，部署安溪县下阶段疫情防控工作。各乡镇设分会场组织收看收听。

10日 市人大常委会副主任吴汉宗带领市疫情防控巡回检查组到安溪县检查指导工作。

11日 全县新冠肺炎疫情防控工作视频会召开，部署加强疫情科学防控，有序推进企业和项目复工复产工作。各乡镇设分会场组织收看收听。

13日 市人大常委会副主任吴汉宗带领市疫情防控巡回检查组，到安溪县检查指导工作。

17日 安溪县召开全县新冠肺炎疫情防控工作视频会议，研究部署企业和项目复工复产工作，奋力推动疫情防控和经济社会发展双胜利。

20日 市委常委、组织部部长孔繁军一行到安溪县，调研疫情防控中企业复工复产情况。

22日 代县长吴毓舟带队到尚卿乡，调研“冶铁”等遗迹和企业项目开工复工情况。

24日 省住建厅、文旅厅、财政厅联合公示第三批省级传统村落名单，安溪县西坪镇龙地村、尧阳村、尧山村，蓬莱镇龙居村、鹤前村5个村庄榜上有名。

25日 代县长吴毓舟主持召开安溪青阳冶铁遗址申遗工作专题协调会。

26日 全县新冠肺炎疫情防控工作视频会议召开，研究部署加强重点机构、重点场所、重点人员的疫情防控有关工作。各乡镇设分会场组织收看收听。

26日 第三批中国特色农产品优势区名单公布，安溪县被认定为安溪铁观音中国特色农产品优势区。

27日 省卫健委、省教育厅发文公布2019年福建省普通高等医学院校临床教学基地名单，县医院通过复审被认定为福建中医药大学临床教学基地，并新增为厦门医学院临床教学基地。

3月

8日 县委书记高向荣带队到湖头镇下坑村，实地调研决战决胜脱贫攻坚工作。

9—12日 以省水利厅副厅长陈宜国为组长的省委、省政府扶贫开发工作成效第三考核组，对安溪县扶贫开发工作成效进行实地考核。

11日 泉州市政府公布第二批市级特色村镇扶持创建试点名单，安溪县虎邱镇（茶旅小镇）上榜特色小镇，全县累计市级特色村镇扶持创建试点2个镇1个村。

16日 省生态环境厅副厅长、省直机关泉州支援队队长洪平一行到安溪，开展春耕生产调研指导工作。

16日 省科学技术厅公布福建省2020年第二批入库科技型中小企业名单，安溪县金华南实业有限公司和三净环保科技有限公司2家企业上榜。全县累计入库省级科技型中小企业3家。

20日 生态环境部通报表扬2019年生态环境保护执法大练兵表现突出集体和个人，安溪生态环境局获评“县级表现突出集体”。

25日 福建晶安光电有限公司与福建省系统工程学会举行合作共建签约暨华侨大学柳培忠专家团队入驻仪式。

25日 国家重点研发计划“固废资源化”重点专项2019年度指南项目安排公示，由中科三净环保有限公司联合福建师范大学、四川大学、中国人民大学、江南大学、中国石油大学、广东省稀有金属研究所申报研究的“东南轻工建材特色产业集聚区固废综合利用集成示范”的国家重点研发计划项目获立项批复。这是安溪县首个获批国家重点研发计划重点专项立项的项目。

27日 省妇联党组书记、主席徐姗娜带队到安溪，调研企业复工复产情况。

28日 代县长吴毓舟带队到湖头镇调研历史文化名镇修缮保护提升工程、地灾点工程治理项目等工作。

30日 县新阶联向湖北省武汉市新冠肺炎抗疫一线人员捐赠安溪铁观音茶发车仪式，在中国茶都广场举行。

4月

1日 安溪县5名援鄂新冠肺炎医疗队队员凯旋。县委书记高向荣、代县长吴毓舟会见援鄂医疗队队员。

3日 省委组织部、省人社厅联合公布首批省级人才驿站示范站名单，授予福建省级人才驿站示范站标牌，安溪县（湖头）光电产业园的“安溪台湾人才之家”名列榜单。

5日 代县长吴毓舟带队到尚卿乡，检查安全隐患排查整治及冶铁遗迹申报世界文化遗产工作。

14日 省政府发展研究中心调查组一行到安溪，调研新农村综合服务站助力精准扶贫、乡村振兴情况。

14日 省民政厅副厅长林弘一行到安溪，调研参内乡撤乡设镇事宜。

15日 福建傲农畜牧投资项目签约仪式在长坑乡举行，福建傲农生物科技集团股份有限公司与长坑乡政府签订畜牧投资项目。

16日 科技部发布《关于印

发2020年度国家备案众创空间的通知》，确定安溪县妙思众创空间为国家备案众创空间。全县累计有国家级、省级众创空间各1家，市级众创空间2家。

17日　安溪县邀请省交规院、市交通局、公路局等5名业内专家，对“大三环”及铁峰岩隧道工程方案进行进一步深化论证。

17日　省农业农村厅公布2019年度福建省乡村振兴重点特色乡（镇）、实绩突出村（含备选）。其中，长坑乡西溪村、福田乡丰都村入围乡村振兴实绩突出村名单。

21日　2020中国特色小城镇品牌传播百强榜发布会在人民日报社举办。国家城市品牌评价项目组、中国城市报社根据国家标准《品牌评价城市》《特色小城镇分类评价指南》，参照国家统计局和微热点大数据研究院数据，对全国403个特色小城镇2019年12月30日至2020年4月16日数据进行标准化分析，发布前100名小城镇名单。其中，安溪县湖头镇位居百强第81。

26日　海峡两岸青年共享阅读季首场“品茶·读书”活动走进云岭茶庄园，在厦门、泉州创业就业的35名台湾青年和福建本地青年将阅读与旅行、书香与茶香、田园与诗画融为一体。

26日　泉州市总工会命名第四批“泉州工匠”，安溪县4人入选，分别是福建佳友茶叶机械智能科技股份有限公司智能制造车间高级技师陈加友，安溪茶业职业技术学校茶学教师、高级评茶师易耀伟，福建省五洲建设集团有限公司技术总监苏火金和泉州市凯鹰电源电器有限公司技术部经理、工程师顾奎武。

28日　安溪留学生爱心健康包发放暨安溪县2020年“侨爱心·光明行”启动仪式举行。

29日　省人大常委会副主任檀云坤带队到安溪，开展野生动物保护法及福建省实施办法执法检查。市人大常委会副主任许文贵、副市长朱启平一同参加。

30日　农业农村部信息中心、中国国际电子商务中心研究院联合发布《2020全国县域数字农业农村电子商务发展报告》，在2019年县域农产品网络零售TOP100中，安溪县位居第2，热销农产品为铁观音，占全国县域农产品网络零售额比例为1.50%。

5月

8日　县委书记高向荣、代县长吴毓舟带领相关部门负责人，赴三明市大田县洽谈对口帮扶及深化友好协作等事宜。

9日　市安委会2019年度安全生产和消防工作考核第一督查组到安溪县，开展2019年安全生产、消防目标责任制考评和“三合一”场所百日会战行动验收工作。

11日　安溪县召开2020年三级干部会议，贯彻落实中央、省、市有关会议精神，统筹抓好疫情防控和经济社会发展，安排部署各项重点工作。

15—18日　政协第十二届安溪县委员会第四次会议在县影剧院召开，会议选举政协第十二届安溪县委员会副主席1名、常委6名。

16日　泉州芯谷安溪分园区管委会举行安溪县台湾人才之家省级人才驿站示范站揭牌仪式。

16—18日　安溪县第十七届人民代表大会第四次会议在安溪县城召开。18日举行第三次全体会议依法选举县人民政府县长、县人大常委会委员，吴毓舟满票当选县人民政府县长，选举产生县人大常委会委员7名。

18日　市政府公布第六批市级非物质文化遗产代表性项目名录。安溪县“安溪茶歌”“湖上宋江阵”入选其中。

18—22日　县长吴毓舟带领招商考察团赴上海、浙江、江西考察招商、对接洽谈，达成合作共识。

19日　市安全隐患大排查大整治指挥部工贸专项督导组到安溪县，开展工贸安全领域专项督导。

20日　省政协党组副书记、副主席张兆民带领调研组到安溪县，开展支持工艺美术行业发展和民办博物馆专题调研。

20日　县青年工作联席会议第一次全体会议召开。

20日　省委政法委副书记、省扫黑办主任马必钢一行到安溪县，开展扫黑除恶专项斗争和打击治理电信网络诈骗长效机制建设课题等工作调研。

21日　安溪县举办“安溪铁观音·健康软黄金”国际茶日暨感德铁观音2020年春季茶王品鉴周系列活动。

25日　2019年度全市22个试点镇小城市培育试点建设工作考评中，安溪县湖头镇、龙门镇被评为“2019年度小城市培育试点建设优秀单位”。

26日　生态环境部有机食品发展中心发布认定50个有机食品生产基地为第一批符合《国家有机食品生产基地考核管理规定》有机食品生产示范基地。其中，安溪县桃源有机茶场有限公司入选。

6月

2日 省自然资源厅厅长叶敏带队到安溪县，调研自然资源管理工作。副市长朱启平陪同调研。

3日 2020年全县实施乡村振兴战略暨脱贫攻坚工作现场推进会在尚卿乡召开。

4日 县委书记高向荣会见全国离退休干部先进个人薛世浩，并向他致以诚挚的问候。

5日 福建中医药大学校长李灿东一行，到安溪县长坑乡云二村、虎邱镇石山村调研省派驻村第一书记工作情况。

6日 在人民日报社新媒体大厦，20多位中国茶界专家齐聚一堂围绕“中国茶叶如何又稳又好地向前走”“中国茶叶路在何方”“中国茶叶品牌如何做大做强”等主题，为茶产业发展建言献策。县委副书记庄稼祥作“铁观音生态文化系统”主题演讲。

8日 “茶乡乐购·品鉴好货”消费品直播带货系列活动在中国茶都广场启动。

8日 安溪县企业开办“一窗通办、一日办结”开通仪式在县金融行政服务中心举行。县领导高向荣、吴毓舟、庄稼祥、吴志朴，泉州市行政服务中心管委会主任李德雄等出席。

12日 全县村级供销社（爱心超市）建设工作启动仪式在官桥镇举行。

12日 省发展改革委、省交通运输厅联合组织在安溪县召开国道358安溪县官桥至龙涓公路工程项目可行性研究报告前期工作推进会。副县长肖印章出席会议。

16日 县农特产品营销中心开业暨揭牌仪式在中国特产城举行。

16—18日 由省市场监督管理局批准立项、种植业技术推广总站牵头制定的《茶叶赛事 茶叶感官评定方法》省级地方标准第一次会议暨标准草案专家初审会在安溪县召开。省农科院副院长、研究员余文权参加会议。

17日 安溪春茶品鉴会暨祥华乡2020年春季铁观音（清香型）茶王赛颁奖仪式在云岭茶庄园举行。省农科院副院长、研究员余文权参加颁奖仪式。

18日 省人大常委会调研组到安溪，开展《福建省家庭教育促进条例》立法调研。

18日 省工信厅确定2020年福建省第三批绿色制造名单，安溪县晶安光电有限公司入选福建省第三批绿色供应链名单。

19日 县新阶联妇女联合会成立大会在县妇女儿童活动中心举行。

22日 “雁塔碑石”揭彩仪式在雁塔广场举行。

23日 “清新福建·气候福地”首批滨海休闲度假福地、第二批避暑清凉福地云发布活动在永泰举行，安溪县湖上乡上榜第二批“福建省避暑清凉福地”。

29日 省农业农村厅在官网发布《福建省农业农村厅关于省级乡村治理试点示范单位名单的公示》，安溪县尚卿乡和桃舟乡被认定为省级乡村治理示范乡镇，参内乡田底村等10个村被认定为省级乡村治理示范村。

30日 2019泉州市经济年会推出年度十佳工艺美术大师榜单，安溪县工艺美术大师、聚丰工艺品有限公司董事长黄连福入榜。

7月

1日 县委书记高向荣、县长吴毓舟带队到三明市，走访福建三钢集团总部，协调解决泉州闽光钢铁新技改项目中存在的困难和问题。

2日 县政府与县总工会第十七次联席会议召开。县领导吴毓舟、史思泉、苏志雄参加。

3日 大田县委书记陈文华带领大田县党政代表团一行到安溪县，开展对口帮扶互访活动。县领导高向荣、廖皆明、梁金良、庄稼祥、肖印章参加活动。

7日 2020年福建省科技小巨人领军企业新增培育名单公布，安溪县5家企业入选。

7日 省总工会公布2020年百万职工“五小”创新大赛优秀成果和优秀组织单位名单，泉州芯谷安溪园区的福建天电光电有限公司2个项目获得优秀成果奖。

8日 中国连锁经营协会（CCFA）发布《2019年中国特许连锁百强》榜单，安溪人创办的厦门山国饮艺茶业有限公司与麦当劳、百果园、三只松鼠、名创优品、美宜佳等知名连锁企业品牌共同入选百强榜单。

10—12日 在第55届全国工艺品交易会上，安溪县组织参展并选送28件作品参评“金凤凰”创新产品设计大赛，获得4枚金牌、2枚银牌、3枚铜牌、16个优秀奖。

14日 2020藤云小镇特色产业成果展暨国公山葡萄采摘节活动，在尚卿乡国公山种植园广场启动。

14日 阿里研究院、浙江大学中国农村发展研究院联合发布《2020阿里农产品电商报告》。报告显示，

2019年安溪县农产品电商销售位居全国县域第二。

14—17日 第四届安溪铁观音大师赛烘焙比赛和评茶比赛在福建佳友茶叶机械新厂举行，来自全县各乡镇的50名制茶能手参加比赛。

15日 省政协副主席、致公党省委会主委薛卫民带领调研组到安溪，调研侨乡文化建设。市政协副主席陈铭福陪同调研。

15日 县志愿服务集中活动周启动仪式在县人民广场举行。

15日 福建省教育厅官网公布2020年“庄采芳·庄重文奖学金”获奖学生名单，全省共评出获奖学生201名，安溪县第一中学和俊民中学4名学生上榜。

16日 安溪县举行部分重点项目集中开（竣）工活动。高向荣、吴毓舟、廖皆明、梁金良、庄稼祥、陈友爱、林文超、吴志朴等县领导参加活动。

16日 安溪县举行安溪农商银行开业庆典仪式。

16日 省督导组到安溪县开展新冠肺炎常态化疫情防控督导“回头看”工作。

16日 安溪县安溪铁观音制作技艺传习所参赛项目“社会企业有担当 振兴产业助脱贫”获得泉州市人力资源和社会保障局主办的第四届“中国创翼”创业创新大赛泉州选拔赛创业扶贫专项赛第一名，并代表泉州市参加福建省选拔赛。

17日 安溪铁观音入选中欧地理标志保护名录。

17日 由县老区建设促进会和县委史志室联合编纂的《安溪县革命老区发展史》发行暨赠书仪式在安溪县公务大楼举行。

17日 安溪县举行聘任仪式，集中聘任7名专家和1家光电行业咨询机构为县招商引智专家顾问组成员。

20日 市委书记康涛到安溪县现场督查防汛备汛、防灾减灾工作，强调各级各部门要深入贯彻习近平总书记对防汛救灾工作作出的重要指示精神。

23日 福布斯发布2020中国慈善榜，上榜的100位企业家中，安溪籍企业家、厦门恒兴集团董事长柯希平以1826万元的现金捐赠总额名列榜单。

24日 国家体育总局在关于国家体育产业示范单位和国家体育产业示范项目的批复中，认定泉州市志闽旅游股份有限公司为国家体育产业示范单位。

27日 市委书记康涛到安溪县调研督查防汛备汛、防灾减灾工作。

27日 县人才创服联盟成立大会召开。

27日 安溪县召开县委第十轮巡察工作动员部署会，贯彻落实中央和省市委关于巡视巡察工作新部署新要求，部署有关工作。

28日 省政府网站发布《福建省人民政府关于安溪县参内乡长坑乡行政区划调整的批复》，同意安溪县撤销参内乡、长坑乡，设置参内镇、长卿镇。上述区划调整后行政区域不变，政府驻地不变。

29日 安溪县召开乡村振兴工作专题会议，对乡村振兴试点建设、示范线路建设、农村人居环境整治等重点工作进行再动员、再部署。

7月 中国轻工业联合会正式发布2019年度轻工业200强企业名单，安溪县闽华电源股份有限公司榜上有名。

8月

1日 副省长李德金到安溪县，调研白濑水利枢纽工程建设情况。副市长朱启平陪同。

6日 空军政治工作部群工局群联信访处处长耿宝生带领空军、战区空军工作组一行到安溪县西坪镇宝潭村，开展脱贫攻坚工作检查调研。

7日 全国侨联第九届委员会原副主席、福建省侨联第九届委员会原主席王亚君一行到安溪调研教育工作。

8—10日 京东集团副总裁兼京东零售集团大商超全渠道事业群总裁冯铁及各涉茶事业部高管一行，到安溪县考察茶产业。

10日 安溪县举行参内乡、长坑乡撤乡设镇授牌仪式。

10日 安溪县召开视频会，部署防抗第6号台风“米克拉”工作。

12日 丝路规划研究中心考察团到安溪调研茶都文化项目。

14日 泉州市生态环境局公布2020年度第一批环境信用动态评价参评企业评价结果。其中，安溪县2家企业获评环保诚信、3家企业获评环保良好。

15日 由省政协办公厅、省政协教科卫体委员会主办的助力脱贫送光明公益活动在县医院启动。

17日 长卿镇举行撤乡设镇揭牌仪式。

18日 由县委乡村振兴办、县农业农村局、县工信商局、县妇女联合会主办的安溪新农商创新创业项目——知茗直播基地正式启动。

19日 省绿色发展中心主任曾晓勇率队到安溪开展全国绿色食品

原料基地创建资格现场检查。

20日 市人大常委会组织执法检查组到安溪，开展《中华人民共和国土壤污染防治法》执法检查。

23日 省妇幼保健院与县妇幼保健院妇幼专科医疗联合体签约授牌、福建省儿科专科联盟授牌、福建省妇幼保健院精准妇科联盟（名医工作室）揭牌仪式，在县妇幼保健院举行。

24日 参内镇举行撤乡设镇揭牌仪式。

26日 省委宣传部二级巡视员卓少锋带领验收组到安溪县，开展县级融媒体中心验收工作。

27日 全县见义勇为宣传活动暨表彰大会在湖头镇召开。大会表彰奖励安溪县2019年以来见义勇为先进人物，并为受到表彰的见义勇为先进个人、先进集体颁发荣誉证书、奖金。

28—29日 中科院空天信息研究院研究员、北京中科数遥信息技术有限公司总经理、深圳中科星桥空天数据科技有限公司董事长毕建涛，北京中科数遥信息技术有限公司董事、深圳中科星桥空天数据科技有限公司总裁尹大利等一行，在副市长周真平的陪同下到安溪考察调研、招商洽谈。

29日 厦门市梧村骨科医院的8名医生走进安溪县长卿镇云集村，开展联合义诊活动。

9月

2日 省委宣传部对外联络处处长郑东育带领海丝国际茶文化论坛组委会调研组到安溪，开展以“弘扬茶文化，传播‘海丝茶文化’，助力推动茶产业发展和茶农脱贫致富”为主题的2020年首届海丝国际茶文化论坛系列活动调研。

2日 国家文物局副局长宋新潮一行到安溪县，调研文物保护工作。副市长周真平参加活动。

3日 市人大常委会党组书记、主任陈灿辉，市委常委、市纪委书记、市监委主任游宇飞带队到安溪，实地调研实施乡村振兴战略推进情况。

4日 省工信厅公布52家列入第一批省企业技术中心入库培育名单的企业，安溪县福建晶安光电有限公司榜上有名。

6日 爱尔眼科医院、县高层次人才发展促进会、县新阶联联合举办“共赏闽南文化 拥抱光明未来”护眼公益活动，为县高层次人才、教师群体及家属提供眼科基础检查及防治科普。

8日 2020厦门国际投资贸易洽谈会暨丝路投资大会在厦门开幕。当天上午举行泉州市外资项目集中签约活动上，安溪县凯鹰石墨烯储能与动力电池产业化项目正式签约，入驻城区工业园。市领导肖汉辉、刘志平，县领导吴毓舟、吴志朴出席。

9日 泉州市2020年十佳农民专业合作社名单出炉，安溪县感德镇庆芸茶叶专业合作社、虎邱镇香都茶叶专业合作社、龙涓乡内灶茶叶专业合作社在列。

14日 欧盟理事会授权正式签署中欧地理标志协定，全国28个茶叶地理标志保护产品入选首批保护清单，安溪铁观音在列。

16—20日 县长吴毓舟带队赴北京、山东开展招商考察、对接洽谈。

17日 省道安办副主任张志斌带队到安溪，调研农村道路交通安全工作。

17—18日 省人大常委会副主任檀云坤一行到安溪，调研水土流失治理工作，督办化解信访积案。市人大常委会副主任吴汉宗，县领导陪同。

18日 促消费扶贫·助乡村振兴暨2020年安溪县农产品展销活动在县人民广场举行。

18日 市工业和信息化局公布2020年市级产业龙头企业名单，共有260家企业上榜。其中，安溪县晶安光电、信达光电、鼎泰光电、天电光电、闽华电源、凯鹰电源电器、三净环保、闽光钢铁8家企业上榜。

19日 中国丰收节·安溪铁观音探源之旅活动启动仪式在西坪镇茶禅寺举行。

23日 省委常委、组织部部长杨贤金到安溪县城厢镇经兜村、泉州芯谷安溪分园区中科生物公司调研党建促脱贫攻坚促乡村振兴及园区“党建＋人才”一体化工作。

25日 安溪县举行县医院总院、县中医院总院揭牌仪式。

25日 小康杂志社联合多个权威部门和专业机构，面向中国县域基层行政单位，推出2020中国综合投资热力百佳县市排行榜，安溪县位列全国第39位。

26日 科技部农村科技司副司长蒋丹平带领省市相关部门负责人，到安溪调研农业科技工作。

26日 中央统战部十一局七处处长薛慧到安溪，调研两岸文化交流工作。

27日 省住建厅厅长林瑞良带队到剑斗镇，调研新镇区规划建设情况。

10月

9日 生态环境部公布第四批国家生态文明建设示范市县名单，安溪县榜上有名。

12日 由中国科协、福建省政府共同主办的第三届数字中国建设峰会智能制造分论坛在海峡国际会展中心举行。在泉州市数字经济重点项目集中签约仪式上，安溪县空天地一体化产业战略合作项目正式签约，入驻数字福建（安溪）产业园。省委常委周联清，市领导王永礼、吕刚出席。

19日 安溪县与中国科学院城市环境研究所举行安溪铁观音茶园生态系统多样性与功能调控合作项目签约仪式。中国科学院城市环境研究所党委书记、院士朱永官，县领导参加活动。

11月

4日 交通运输部规划研究院公路所总工程师高建华一行到安溪，调研“十四五”综合交通发展规划情况。

6日 由全国茶叶标准化技术委员会、中国茶叶流通协会、中国茶叶学会、海峡两岸茶业交流协会联合主办的全国茶产业标准化高峰论坛暨标准工作年会在安溪县召开。

10日 2020年度“四好农村路”认定全市13个乡镇，其中安溪县芦田镇、蓝田乡和龙涓乡入选。

10—13日 由人社部、国家发展改革委、科技部、国务院扶贫办、共青团中央、中国残联共同举办的第四届“中国创翼”创业创新大赛全国总决赛在江西省景德镇落幕，安溪铁观音制茶工艺大师温文溪创办的“安溪铁观音制作技术传习所”项目获得全国优秀创业创新项目，也是泉州市唯一获此殊荣的项目。

13日 中国县域工业经济发展论坛发布《中国县域工业竞争力地图》，并揭晓2020年中国工业百强县、中国创新百强县、中国工业百强区榜单。其中，安溪县上榜中国工业百强县，位列全国第83。

17日 由中华职业教育社主办的第四届创新创业大赛全国现场总决赛和第二届黄炎培杯中华职业教育“非遗”创新大赛在重庆闭幕。安溪县华侨职校“竹藤编工作坊”代表福建省参加比赛，获得“非遗”教育特色院校奖，“非遗”教学成果获得三等奖，参赛的4个“非遗”作品，3个获二等奖，1个获三等奖。

19日 香港贸发局福建代表赵启荣一行到安溪开展调研活动。

19日 省人民政府公布第十批省级文物保护单位，安溪县金谷镇溪榜村的安南永德苏维埃政府旧址（陈氏祠堂），是福建省离退休干部党员传承红色基因教育基地，作为现代重要史迹及代表性建筑入选。

20日 农业农村部公布第十批全国“一村一品”示范村镇及2020年全国县村特色产业十亿元镇、亿元村名单，安溪县尚卿乡入选第十批全国“一村一品”示范村镇。

20日 由福建新华发行集团、县政府主办的福建新华集团助力教育扶贫安溪活动——百年新华·书润茶乡，在大坪乡文化广场举办。海峡出版发行集团副总经理何强参加。

23—25日 农业农村部在山西省阳城县举办2020中国美丽乡村休闲旅游行（秋季）推介活动，宣传推介50条2020中国美丽乡村休闲旅游行（秋季）活动线路，以及158个休闲农业精品点。其中，安溪县以“海丝茶源、茶旅圣地”为名的休闲体验旅游路线获宣传推介。

25日 全国供销总社党组成员、理事会副主任邹天敬一行到安溪，调研供销社综合改革工作。

28日 2020全国县域数字农业农村发展交流活动在重庆市举办。会议通报2020全国县域数字农业农村发展水平评价工作结果。其中，安溪县县域数字农业农村发展水平居全国第30位，福建省第1位，获评“2020全国县域数字农业农村发展先进县”。

30日 以“海丝茶道万里飘香”为主题的2020年首届海丝国际茶文化论坛在福州开幕，并举行海丝国际杯2020年首届茶王赛颁奖仪式。

30日 在北京举行的第四批国家生态文明建设示范市县、“绿水青山就是金山银山”实践创新基地和2018—2019绿色中国年度人物授牌活动中，安溪县被授予“国家生态文明建设示范县”称号。

30日 省文化和旅游厅就2020年福建金牌旅游村名单进行公布，全省3个村上榜，安溪县虎邱镇湖坵村榜上有名。

11月 人力资源社会保障部、全国博士后管理委员会批准福建省中科生物股份有限公司、福建八马茶业有限公司设立博士后工作站，开展博士后工作。

12月

4日 国台办交流局局长黄文涛一行到安溪县，就清水岩申报海峡两岸交流基地工作事宜进行考察。

7日 省森林康养评定委员会研究确定2020年福建省级森林养生城市，森林康养小镇和森林康养基地入选名单公示，安溪县桃舟乡入选省级森林康养小镇，添寿福地森林康养基地入选省级森林康养基地。

11日 在泉州城考古学术研讨会上，北京大学考古文博学院副院长教授沈蓉文作《2019—2020年度安溪青阳冶铁遗址的发掘和初步研究》的报告，汇报安溪青阳下草埔冶铁遗址考古成果。

11日 参加新时代新福建——“让小说走进人民”暨海丝文学创作交流系列活动的作家近30人，到安溪县采风。

13日 安溪县举办爱国主义教育基地陈嘉庚雕像揭幕系列活动。省侨联原主席王亚君，集美大学原党委书记张向中，财政部驻厦门原监察专员林活水，集美校友总会永远名誉会长任镜波，县领导参加活动。

13日 第九届福州安溪铁观音文化节暨第二届盛世国茶杯安溪铁观音（清香型）茶王争霸赛颁奖典礼在福州举行。

14—15日 中国侨联顾问、原主席林军一行到安溪调研。

14—16日 2020中国电影美学年会暨中国电影资料馆安溪数字资源中心项目签约仪式在安溪县举行。15日，影像修复基地、短视频制作基地等一批项目入驻数字福建（安溪）产业园。

17日 工信部公布第四批国家工业遗产名单。其中，安溪茶厂榜上有名，入选第四批国家工业遗产。

18日 历时7个月的第四届安溪铁观音大师赛落下帷幕。陈建平、李凯林获得“安溪铁观音大师”称号；林森泉等8人被评为“安溪铁观音名匠”。

18—20日 由中国康复医学会主办，福建省中医药大学、县中医院承办的第三届海峡康复产业高峰论坛——“一带一路”东部康复医学论坛在安溪县举行。

21日 北京大学考古文博学院（安溪）研究中心共建签约暨揭牌活动在安溪县举行。北京考古文博学院院长雷洪山、副院长沈睿文、副市长周真平，县领导参加活动。

21日 省农业农村厅、省财政厅、省林业局、省海洋和渔业局公布2020年省级示范家庭农场名单，安溪县城厢镇经兜家庭农场、龙涓乡谢进财家庭农场、龙门镇欢畅家庭农场、白濑乡天籽仑家庭农场、圣者石家庭农场榜上有名。

22日 首届世界藤铁工艺之都·卿创杯创新创意设计大赛在尚卿乡972源工坊开幕。

23日 省实施乡村振兴战略乡村生态振兴专项小组公布第一批180个高级版“绿盈乡村”名单。安溪县感德镇槐川村，参内镇田底村，城厢镇经兜村、经岭村上榜。

25日 中共安溪县第十三届委员会第十一次全体会议通过《安溪县国民经济和社会发展第十四个五年规划和二〇三五年远景目标的建议》。

29日 县第十七届人民代表大会第五次会在安溪县城召开。会议回顾总结2020年及“十三五”时期工作，勾勒2021年度发展思路和“十四五”发展蓝图。县长吴毓舟在会上作《凝心聚力推动高质量发展，奋力开创四个安溪建设新局面》的政府工作报告。

（县委史志室整理）

·综述·

【概况】

2020年，安溪县委面对国内外深刻复杂形势特别是突如其来的新冠肺炎疫情，坚持以习近平新时代中国特色社会主义思想为指导，深入贯彻中共十九大和十九届二中、三中、四中、五中全会精神，统筹推进“五位一体”总体布局，协调推进“四个全面”战略布局，坚持稳中求进工作总基调，坚持新发展理念，以全方位推动高质量发展超越为主题，以满足人民日益增长的美好生活需要为根本目的，团结带领全县广大党员干部群众发扬斗争精神、砥砺拼搏奋进，统筹抓好常态化疫情防控和经济社会发展，扎实做好“六稳”工作，全面落实“六保”任务，全县经济提质提效、社会安定安宁，在省市全方位高质量发展超越大局中增量骨干作用更加凸显。全年完成地区生产总值747.63亿元，比上年增长3.3%；工业增加值同比增长4.2%；规模以上工业产值981.07亿元，比上年增长4.3%；第三产业增加值同比增长0.8%；一般公共预算总收入43.82亿元，同比下降14.5%；一般公共预算收入28.65亿元，同比下降7.6%；固定资产投资同比增长1.3%；社会消费品零售总额同比增长0.9%；全体居民人均可支配收入同比增长6.2%。获评“国家生态文明建设示范县”“全国县域数字农业农村发展先进县”“省级双拥模范县”等。

【政治引领持续增强】

造浓氛围　2020年，县委持续深化“大学习”，把《习近平谈治国理政》第三卷、《习近平在福建》系列采访实录等，作为学深悟透习近平新时代中国特色社会主义思想的鲜活教材，分层次、分领域、多形式开展中心组理论学习会、研讨会、座谈会，深刻领会贯穿其中的理论逻辑、制度逻辑和实践逻辑，推动党员干部更加自觉用习近平新时代中国特色社会主义思想定向领航，从新思想中寻策问道。推广运用“学习强国”平台，实现全县党组织100%纳入、在职党员100%参与，发布安溪重要新闻174条。依托县委党校、乡村振兴学院分批分期轮训培训，用好两微一端权威解读报道，组织农民讲师团、宣讲小分队、乡村振兴服务队开展“七进”宣传宣讲，推动新思想深入田间地头、走进千家万户。安溪“戏剧宣讲”模式在中宣部《宣传工作》上刊介，央视新闻联播报道县农民讲师团“送学上门”宣讲活动。

以上率下　2020年，县委常委会注重从自身抓起，结合宣传贯彻中共十九届四中、五中全会精神，带头学原著悟原理，带头谈感受讲党课，带头勇担当善作为，示范带动党员干部在学懂弄通做实上下功夫，确保习近平总书记重要讲话、重要指示批示精神和党中央、省委、市委决策部署在茶乡一以贯之、落地显效。举办县管干部学习贯彻中共十九届四中全会精神轮训班等各类主体班次10期，轮训干部1650多人次；开展中共十九届五中全会精神等主题宣传宣讲活动100多场次。

知行合一　2020年，县委落实省委“三四八”贯彻机制，坚持学思用贯通、知信行统一，把学习成果转化为能力本领、思路办法，着力弘扬“四下基层”“马上就办、真抓实干”等优良作风，主动抬升发展标杆、深入谋划路径举措，全力以赴抓项目、促投资、兴产业、强实体，扎实推进脱贫攻坚、乡村振兴、疫情防控、安全生产、防汛防台风等各项工作，全县上下干事创业、奋勇争先热情高昂。召开县委十三届十次全会，紧扣全方位推动高质量发展超越主线，系统部署九个方面重点任务和三个方面安台融合措施。召开县委十三届十一次全会，高质量编制县委“十四五”规划建议，谋划事关安溪长远发展的重大问题、重点任务、重大项目。

【县委中心组理论学习】

2020年，县委中心组织集中学习，坚持每月安排1—2次，县委书记、县长等县四套班子领导带头参加学习，发挥表率带动作用。开展《习近平在厦门》《习近平在宁德》《习近平在福州》《习近平在福建》《习近平谈治国理政》第三卷等专题研讨活动；邀请福建师范大学法学院教授林旭霞作《民法典：一部中国特色的权利保护法》，市委宣讲团成员、市农业农村局党组书记、局长蔡龙群作《学习贯彻党的十九届五中全会精神》，市委讲师团副团长童宝平作《学习习近平总书记关于意识形态工作重要论述，落实宣传工作条例和意识形态工作责任制》等专题学习。全年集体学习21次，其中，学习研讨8次。

（林爱娥　谢文哲）

【党的建设】

2020年，安溪县委全面贯彻新时代党的建设总要求和新时代党的组织路线，坚持以党的政治建设为统领，把学习宣传贯彻习近平新时代中国特色社会主义思想作为首要政治任务、根本政治责任，结合宣传贯彻中共十九届四中、五中全会精神和深入学习《习近平谈治国理政》第三卷、《习近平在福建》系列采访实录等，持续深化“大学习”，教育引导党员干部深学精研、细照笃行，“戏剧宣讲”模式在中宣部《宣传工作》上刊介，央视新闻联播报道县农民讲师团“送学上门”宣讲活动。严格落实意识形态工作责任制，调整充实县委宣传思想工作（意识形态工作）领导小组，健全“1+N”“三个一”舆情应对处置机制，高标准推进县融媒体中心、新时代文明实践中心建设，牢牢守住意识形态工作主阵地。深化基层党支部达标创星专项，全面落实村（社区）党组书记县级备案管理，严格执行村级班子及村干部积分制考评，整顿转化34个后进村党组织，全县所有村村集体经济收入均达10万元以上。在全省率先实施干部平时考核，出台关心关爱乡镇干部十条措施和乡镇非县管干部积分交流管理办法，延伸拓展科级干部召回管理办法，试行不胜任现职公务员重修管理机制，推动干部能上能下、能进能出。按照“五抓五看”“八个坚定不移”要求，履行管党治党政治责任，出台《党委（党组）落实全面从严治党主体责任规定》，实现十三届县委巡察全覆盖，狠抓省委、市委全面从严治党主体责任检查、安全生产“1+X”全交叉专项督导等反馈问题整改。首次召开县委政协工作会议、县委与县政协专题议政性常委会等，全力支持人大、政府、政协依法按章履职，支持法院、检察院独立依法行使职权，支持工、青、妇等群团组织创新开展工作。深化民族、宗教、对台港澳、侨务、党外人士和新的社会阶层人士统战工作，爱国统一战线不断巩固发展。

【抓实疫情防控】

2020年，县委坚决“贯彻坚定信心、同舟共济、科学防治、精准施策”总要求，严格落实“外防输入、内防反弹”防控策略，牢固树立“宁可过度防控、不可闪失半分，宁可备而无用、不可无备而战”理念，完善重大疫情防控体制机制，健全公共卫生应急管理体系，严守“四道关口”、严把“三道防线”，推出“大数据建模＋网格化管理”“清村扫楼＋重奖举报”等硬核实招，严厉打击非法出入境行为，并因时因势调整工作着力点，疫情防控取得重大战略成果，两例确诊病例均治愈出院，2月20日以来无本土新增确诊病例、疑似病例，实现确诊病例“零死亡”、医务人员“零感染”、境外疫情“零输入”。在做好疫情防控前提下，出台“安三条”“安七条”等援企稳岗政策，开展“茶乡乐购·品鉴好货”系列促消费活动，全面恢复生产生活秩序，有力带动经济逐季企稳回升，全县生产总值由一季度下降10.7%到全年增长3.3%。

【决胜脱贫攻坚】

2020年，安溪县落实“四不摘”要求，高标准实施控辍保学、健康“户户清”、住房保障、饮水安全巩固提升等行动，全县1.58万名贫困人口、71个贫困村全部脱贫。在全省率先出台应对疫情“18条措施”，全县未发生因疫返贫致贫问题；健全防返贫、控新贫、稳脱贫长效机制，出台《关于进一步深化贫困边缘村、边缘户帮扶工作的实施方案》，县财政每年安排400万元专项帮扶资金，对20个贫困边缘村予以一次性补助20万元，用于实施发展项目；每年安排1100万元，统筹用于贫困边缘户的医疗、住房、教育、饮水安全、就业等兜底性保障；深化村级集体经济“消薄倍增”专项行动，启动乡村振兴大厦建设，推进中化新农村综合服务站和42个乡镇抱团发展项目，开展农村集体“三资”清理，全县所有村集体经营性收入均超10万元、77.4%的村超20万元。

【守牢安全底线】

2020年，安溪县强力推进安全生产专项整治三年行动，深入开展房屋安全百日大整治、安全隐患大排查大整治、自建房加工场所消防安全攻坚行动，抓好农村房屋安全隐患排查整治“回头看”，推行“八位一体”责任捆绑，采取“六个一律”“黄、橙、红、黑”四色名单管理等联合惩戒措施，推动企业落实消防双通道、实体墙、逃生窗建设，投入1205万元补助村级避灾点建设，全面完成安全生产“1+X”全交叉专项督导215个问题整改，统筹抓好道路交通、防台风防汛、森林防火等，连续六年未发生较大生产安全事故。

【强化项目支撑】

2020年，安溪县深入开展“项目攻坚2020”活动，462个县级重点项目完成投资430亿元，48个省市重点项目完成投资103亿元，完善“五个一批”项目机制，全县列入省“五个一批”项目395个、总投资1933.63亿元。重大项目顺利推进，启动安溪县综合立体大交通（大三环）规划建设，省道217线（联四线）雅兴至东坑、东三环两个先行工程开工建设；用75天时间完成白濑水利枢纽工程99%建设征地补偿安置协议签订工作，剑斗中心小学、中心幼儿园、派出所等移民安置先行工程基本完工，剑斗、参内、官桥安置区建设有序推进；兴泉铁路安溪段完成路基工程建设，安溪东站站房主体封顶，站前广场建设快速推进；大安高速进入施工图初步设计阶段。深化“大招商招大商”“产业链招商季”活动，组建招商办，成立招商引智专家顾问组，引进中关村创新中心、蓝宝石加工基地等项目90个，总投资300亿元，其中，超10亿元项目6个，超亿元项目70个。开展两轮“拔钉清障”攻坚行动，完成1230亩批而未供、1155亩闲置土地处置；争取中央新增财政资金及各类债券转贷收入25.78亿元，位居全市前列；小城投公司首次发行企业债券10亿元。

【做强实体经济】

2020年，安溪县坚持把做实、做强、做优实体经济作为主攻方向，先后出台“安三条”“安七条”以及促进工业经济增产增效、稳外资稳外贸、扶持龙头企业发展等一揽子政策措施，开展“政策敲门”行动，累计兑现各类扶企资金1.88亿元、减免税费2.97亿元。做足延链、补链、强链文章，泉州芯谷安溪分园区、数字福建（安溪）产业园、湖里园、思明园等专业园区新引进关联配套企业41家、新增投产29家。闽光钢铁、凯鹰电源等38个县级以上重点技改项目完成投资36.64亿元。深化科技创新平台建设，新增国家级高新技术企业5家，年度R&D（科学研究与试验发展）经费投入总额5.5亿元，增长8.83%。出台“茶十条”支持茶企品牌培育等，举办第四届安溪铁观音大师赛，安溪铁观音茶文化系统申报文本通过联合国粮农组织专家组审核，安溪铁观音入选中欧地理标志协定保护名录、中国特色农产品优势区，全县涉茶总产值增至250亿元，品牌价值增至1426.86亿元，位居全国地理标志产品区域品牌价值第一位。完成家居藤铁工艺文化产业中长期规划编制，藤云工艺园入驻企业14家、竣工投产3家，启动云鹤电商产业园、码雅文化园规划建设，全行业总产值突破200亿元。

【统筹城乡发展】

2020年，安溪县委始终把城乡建设作为造福民生、服务发展的重要落脚点，提升城市品质能级，加快解放路西片区、沼涛实小、凤山书院等片区改造，推进东岳小区等6个老旧小区改造提升项目，推进参岭隧道、同德大桥建设，凤山书院完成主体工程建设，龙湖山公园开工建设。推进城市精细化管理三年行动，完成城区污水管网普查，新增绿化51万平方米，拆除“两违”38.98万平方米。加快两翼新城建设，湖头新城启动城市精品街工程建设，推进环城路建设，建成李光地政德文化馆；南翼新城龙门镇区配套环境提升、环西路等项目加快推进，培文大桥等建成投用。全域推进乡村振兴，压茬推进“一革命四行动”，完成全域4.97万座旱厕整治，新建改造公厕217座，完成农村户厕无害化改造3668户；完成30个省级乡村振兴试点村规划编制，创建3条市级乡村振兴示范线，32个村被确定为市县级乡村振兴试点村，尚卿乡获评“全国一村一品示范乡镇”，福田乡丰田村获评“全国文明村”；大力推进乡镇片区更新改造，长卿镇、感德镇、龙涓乡等片区改造正式启动；整合涉农资金2500万元，大力扶持淮山、茭白、芦柑等特色农业产业化、规模化发展；全面完成700千米农村公路改造提升，实施农村物流网络一体化工程，获评“全国县域数字农业农村发展先进县”。

【补齐民生短板】

2020年，安溪县坚持发展为民、节用裕民，抓好民生补短板四大行动和18个为民办实事项目。教育基础加快夯实，推进18个城区校扩容和23个农村薄弱校改造项目，6所公办幼儿园、2所县直小学建成投用，公办幼儿园在园幼儿占比、普惠性幼儿园覆盖率分别提高至53.12%和95.33%；56所中小学通过省级义务教育管理标准化学校评估验收；创办全省首个残疾人职业教育特殊教育融合班；“县管校聘”改革试点正式实施，推动教师调配流动。医疗体系加快健全，推进紧密型县域医疗卫生共同体建设，建设县医院和县中医院两个“总院”，基层医疗卫生机构门诊量占比 56.21%；县医院门诊医技大楼、县妇幼保健院新址投入使用，推进县中医院病房综合大楼改造等医疗卫生基础设施建设，新增床位 887 张。社会事业加快发展，完成参内镇、长卿镇行政区划调整，建成县社会福利中心二期及 112 个居家养老服务设施，青阳下草埔冶铁遗址完成阶段性考古发掘，李光地宅和祠保护修缮工程有序推进，金谷镇溪榜村安南永德苏维埃政府旧址入选第十批省级文物保护单位。县域治理加快推进，坚持和发展新时代“枫桥经验”，实施“强基促稳”三年行动，纵深推进扫黑除恶专项斗争，深入开展“六清”行动，集中开展“断卡”行动，探索形成民情茶室、“730”议事厅、党员街巷长制、人大代表 +、村财片区联动协作监管等一批善治抓手，一批民生热难点、突出隐患和难题积案得到妥善化解，群众安全感蝉联全市第一。

（汪海滨　李杰林）

· 重要会议 ·

【县委工作会议】

2020 年 4 月 13 日，县委工作会议召开，总结部署全县组织、宣传思想文化、统战、政法等工作。县四套班子领导，县法院院长、检察院检察长，各乡镇党委书记、乡镇长和分管组织、宣传、统战、综治工作的副书记及党委组织委员、宣传委员、统战委员，分管民宗工作的副乡镇长，各乡镇派出所所长、司法所所长，基层法庭庭长，县直各单位负责人，县委组织部、宣传部、统战部、政法委副职领导，县直党工委副书记，县直各系统党委书记、专职副书记等参加会议。县委副书记、代县长吴毓舟主持会议，县委书记高向荣作重要讲话；县委常委、统战部部长林荣超总结部署全县统战工作；县委常委、宣传部部长陈剑宾总结部署全县宣传思想文化工作；县委常委、组织部部长陈友爱总结部署全县组织工作；县委常委、政法委书记叶文德总结部署全县政法工作。

【全县三级干部会议】

2020 年 5 月 11 日，县委、县政府召开 2020 年全县三级干部会，回顾总结 2019 年工作，部署 2020 年工作。县委书记高向荣和县委副书记、代县长吴毓舟作讲话，要求全县各级各部门突出抓好疫情防控、实体经济、交通建设、脱贫攻坚、乡村振兴、安全生产等重点工作，坚决夺取疫情防控和经济社会发展双胜利，确保全面建成小康社会。会上，还颁发乡镇平安建设、生态环境保护等工作责任书，观看城厢镇经兜村农村人居环境整治工作汇报短片、虎邱镇乡村振兴工作汇报短片，听取安溪县新一轮综合立体交通规划建设方案汇报。

【县委十三届十次全体会议】

2020 年 9 月 2 日，中共安溪县委十三届十次全体会议召开。十三届县委委员、候补委员，县四套班子党员领导，县法院院长、检察院检察长，县纪委常委、监委委员，原担任副处级以上领导职务的老同志，各乡镇党委书记、乡镇长，部分县直单位党员负责同志，县人大常委会、县政府、县政协非中共党员领导干部列席会议。县委书记高向荣主持会议并讲话。会议学习贯彻习近平总书记对福建工作重要讲话、重要指示批示精神，按照省委十届十次全会、市委十二届十二次全会部署，科学谋划新的目标和举措，动员全县党员干部群众牢记重托、感恩奋进，更好统筹常态化疫情防控和经济社会发展，扎实做好“六稳”工作、全面落实“六保”任务，乘势而上开启新时代“四个安溪”建设新篇章，努力在全省、全市全方位推动高质量发展超越大局中贡献安溪力量、体现安溪担当。会议审议通过《中共安溪县委关于深入学习贯彻习近平总书记重要讲话重要指示批示精神全方位推动高质量发展超越的实施意见（草案）》《中共安溪县委十三届十次全体会议决议（草案）》，讨论《全方位推动高质量发展超越优化产业结构行动计划》《全方位推动高质量发展超越促进居民增收行动计划》。

【县委十三届十一次全体会议】

2020 年 12 月 25 日，中共安溪县委十三届十一次全体会议召开。十三届县委委员、候补委员；县四套班子党员领导，县法院院长、检察院检察长；县纪委常委、监委委员；原担任副处级以上领导职务的老同志；各乡镇党委书记、乡镇长；部分县直单位党员负责人；县人大常委会、县政府、县政协非中共党员领导干部列席会议。县委书记高向荣主持会议并讲话。会议学习贯彻习近平总书记对福建工作重要讲话、重要指示批示精神，按照省委十届十一次全会、市委十二届十三次全会部署，动员全县上下乘势而上、起而行之，推进“四个安溪”再深化、全方位超越再出发，加快建设具有茶乡特色的高品质现代化中等城市，在全面建设社会主义现代化强国的新征程上创造新的历史荣光。全会听取和讨论高向荣受县委常委会委托作的工作报告，会议审议通过《中共安溪县委关于制定安溪县国民经济和社会发展第十四个五年规划和二〇三五年远景目标的建议（草案）》《中共安溪县委十三届十一次全体会议决议（草案）》。

（汪海滨　李杰林）

·深化改革·

【概况】

2020年，县委全面深化改革委员会贯彻习近平总书记全面深化改革重要思想，坚持问题导向和目标导向相结合，注重系统集成、协同高效，抓实试点任务，大胆探索实践，探索形成一批微改革、微创新，取得阶段性成效。

【国家县域紧密型医共体建设试点县】

2020年，安溪县以列入国家县域紧密型医共体建设试点县为契机，推进医疗卫生体制改革，加快探索紧密型县域医共体，建设“安溪模式”。组建县医院、中医院两个总院，通过医疗技术服务中心和专科联盟“两条纽带”，促进县乡村医疗资源共享、能力共同提升，获国家卫健委高度肯定，医疗卫生信息一体化做法在全省推广。由县中医院牵头组建中医联盟，创新“联盟＋共享”新医改模式，形成以“县中医院为龙头、乡镇卫生院为枢纽、村卫生所为网底”的中医药服务网络，实现优质医疗资源实时共享，相关做法在央视《焦点访谈》播出。以县定点收治医院（县医院）为试点，自主研发全国首个智慧医院进出管理平台，在全省率先研发智慧医院进出管理软件系统，将人脸识别、体温监测及口罩识别同步纳入管理，高效助力医院疫情防控。“智慧医院”系统运行后，总记录200多万人次，获软件著作专利2项，吸引20多家省、市、县级医院前来参观交流，带动全国多家医院陆续投入使用。

【全国首创建设区县网安综合业务平台】

2020年，安溪县依托部省市三级平台，融合网格员数据采集特色，总结固化本地打诈治诈有效做法和经验，在全国首创区县网安综合业务平台，自主研发应用本地山头诈骗、受害人分析预警、涉诈手机App反制、两卡异常分析、重点人员管控等27种实战模型，形成区县特色网安应用，提升防范打击治理效能，在全国重点地区率先解决本地诈骗窝点问题。全国区县网安综合业务平台试点工作现场会在安溪县召开，并将安溪县作为试点建设，在多省市推广应用。

【全市首个防疫大数据平台】

2020年，安溪县探索网格化“一网多用”“一员多用”，创新研发全市首个防疫大数据平台，汇聚公安部省市赋能数据等4个方面12亿余条数据来源，通过“属地＋网格化＋大数据＋群众监督”“清村＋扫楼”，深入研判分析、筛查比对、推送共享，为科学防控、精准防控、源头防控疫情提供有力支撑。

【深化经济社会事业体制改革】

2020年，安溪县健全以亩产效益为导向的招商机制，组建招商办和招商引智专家顾问组，开展精准招商、以商引商，全年签约项目85个、总投资227亿元。扎实推进“六稳”“六保”，出台“安三条”“安九条”等惠企政策，破解企业“五难”，兑现稳岗补贴7650万元，惠及企业553家。成建制、组团式攻坚“大白濑”，仅2个多月就完成移民补偿安置协议签订，创造和谐征迁“白濑速度”。深化“放管服”改革，全面推行审批官制度，审批时限压缩至7个工作日内，“一趟不用跑”事项占比80.12%、全流程网办占比51.54%；在全省率先实现企业开办、不动产登记“一窗通办、一日办结”和企业用地“三证合办”。建立养老持续投入机制，建成112个居家养老服务设施，基本实现行政村全覆盖。

【深化农业农村体制改革】

2020年，安溪县在全省率先出台应对疫情“18条措施”和进一步深化贫困边缘村、边缘户帮扶实施方案，聚焦“两不愁三保障”和饮水安全突出问题，强化产业、就业、教育、健康、住房安全等政策帮扶，相关经验做法获省扶贫工作实地考核组高度肯定。健全农村人居环境整治长效机制，以治旱厕为突破口，压茬推进“一革命四行动”，采取“旱厕确权给村民”“限期拆除给补贴”等创新举措，带动全民参与、全民动手，不足1年时间，全县4.97万座农村旱厕全部清零，经验做法获国务院农村人居环境整治检查组充分肯定。

【深化新型城镇化体制改革】

2020年，安溪县启动新一轮综合立体大交通体系建设，采取“并联审批、全程代办”推进“大三环”前期报批，仅5个月，东三环、联四线两个先行工程开工建设。建立城市更新和存量住房改造提升长效机制，解放路西片区、沼涛实小、凤山书院等片区改造加快实施。以规划、规模、规范为导向，首批先行实施10个乡镇片区改造，推动镇域形象改观、功能完善。

【深化金融服务实体经济综合改革】

2020年，安溪县创建县金融人才之家，完善政银企对接、金融顾问等机制，为468家企业新增授信25.81亿元，帮助130家企业争取纾困专项贷款3亿元，各项贷款余额

560亿元，增幅全市第一，贷款不良率保持全市最低。有效防范化解金融风险，“万城壹号”房地产项目完成重整并启动续建，天将御园项目确定重整预案。安溪农商银行完成股份制改造，成为当年全省首家改制创立农商银行。

【深化党的建设制度改革】

2020年，安溪县实施“海丝先锋”达标创星专项，严格执行“四个一”整顿措施，推动24个软弱涣散村党组织100%整顿提升，先进村党组织占比55.5%。深化村级集体经济“消薄倍增”专项，实施42个镇级抱团发展项目，推进6个中化新农村综合服务站，启动乡村振兴大厦建设，专项整治“三资”不规范合同，全县所有村村财收入均超10万元，77.4%的村超20万元。推行近邻党建、社区“大党委”制、党员街巷长制等，成立全市首个县级物业党委。在全省率先实施干部平时考核，实行乡镇非县管干部积分交流管理，首批择优交流10名内安溪乡镇干部到县直单位或外安溪乡镇工作。

【深化纪检监察体制改革】

2020年，安溪县出台《党委（党组）落实全面从严治党主体责任规定》，倒逼“两个责任”贯通联动、一体落实。落实“见人见事、分级分类”政治监督，实现巡察全覆盖。深化村级组织靶向监督、拓展至184个村，制定公布20条村级“负面清单”，推行村财片区协作监督机制，精准管住小微权力，群众检举控告类信访量同比下降55.2%。

（汪海滨　李杰林）

·组织工作·

【概况】

2020年，县委组织工作认真落实全国、全省、全市组织部部长会议精神，进一步建立健全干部工作体系，完善“选育管用”全链条，不断加强领导班子和干部队伍建设；高远谋划人才队伍，加强公务员队伍管理；持续健全党组织领导基层治理体系，不断提升服务发展、服务群众基层社会治理能力的现代化水平。

【领导班子和干部队伍建设】

严把标准程序　2020年，县委组织工作把政治标准摆在首位，强化党组织的领导和把关作用，重点把好政治关、品行关、廉洁关，注重从干部对重大问题的思考、对群众的感情、对待名利的态度、完成急难险重任务的过程和成效中，考察识别干部的政治素质，选拔忠诚干净有担当的干部；对政治上不合格的“一票否决”，廉洁上有硬伤的坚决不用。落实“凡提四必”制度，前移审核关口，动议即审、该核早核；坚持政治表现“首问”、政治廉洁表现“双鉴定”“双签字”等制度，坚决防止“带病提拔”。树立鲜明导向。坚持“两个优先”，优先使用好班子培养的干部和被评为“优秀”的干部，倒逼单位党委（党组）落实干部培养主体责任，激发干部担当作为的内生动力。提拔使用的优秀年轻干部中，年度考核优秀的占74.2%，被评为好的班子均有干部被提拔使用。严格选任程序。及时组织学习《党政领导干部选拔任用工作条例》《党政领导干部考核工作条例》《干部选拔任用工作监督检查和责任追究办法》《干部人事档案工作条例》，并严格贯彻执行。严把干部选拔任用的分析研判和动议、民主推荐、考察、讨论决定和任免监督等环节。在确保人岗相适、程序不漏的情况下，明确拟提拔干部不经民主推荐和组织考察的不研究、未经组织部门讨论的不研究、常委会没有2/3以上成员到会的不研究、常委会成员及列席人员没有逐一发表意见的不表决。

完善选育管用机制　完善公务员选育管理机制。坚持考试录用进人主渠道，统筹开展竞争性选调拓宽选人视野，创新乡镇干部积分交流机制。科学设置机关内设机构岗位条件，力求人岗相适。加强青年公务员的日常发现、跟踪培养，“一人一档”建立成长“实绩档案”。推行不胜任现职公务员重修管理，力促后进干部转变提升。推行干部荣誉退休机制，引导临退不褪色。平稳高效完成全县机构改革、公务员职级套转。相关经验做法在中组部提高新时代公务员队伍治理能力研究座谈会上作交流介绍。完善平时考核机制。坚持把功夫下在平时，在全市率先开展干部平时考核，研发平时考核信息系统，设置画像评价功能，将干部全过程管理置于平时考核中，2020年，全县97家单位3569名干部参与线上考核。全市6个市直单位及一个区县试行“安溪样板”平时考核机制，相关做法刊载在《中国组织人事报》《八闽快讯》《福建组工信息》；《开展干部平时考核的实践与思考》调研文章获全市组织工作重点调研课题一等奖。完善年轻干部梯次培养机制。实施茶乡青年铁军锻造工程，落实党委（党组）年轻干部培养主体责任十条措施，配套建立党委（党组）常态化推荐、结对帮带、谈心谈话、定期轮岗等制度。量化排名优秀年轻干部建议人选，精准开展专业培训、项目锻炼、挂职提升系列培养。举办优秀年轻干部示范培训班；选派优秀年轻干部驰援抗疫一线，在一线提拔7名表现突出的年轻干部；抽派500多名干部成建制攻坚“大白濑”移民安置工作，组建4个专项考核组同步进驻，边督促边激励，及时发现识别优秀干部52名。完善新录用选调生“五带一”导师制，定期开展“研学拉练”活动，掌握一批优秀选调生名单。

坚持严管厚爱并重　抓实日常监督。突出重要节点和重要对象，做好干部日常谈心谈话、廉政谈话工作，及时发现、提醒和纠正干部身上的苗头性、倾向性问题。组织县处级干部填报个人有关事项报告，对党政领导干部进行离任、任中经济责任审计。开展领导干部配偶、子女及其配偶违规经商办企业行为专项整治。完善信访举报、党员领导干部婚丧喜庆报告等制度，拓宽、畅通“12380”举报通道，动态掌握干部情况。夯实召回管理。在全省率先建立干部召回管理“1+X”机制（制定1个召回管理办法，建立集中教育、“3+1”挂钩帮带、跟踪考察等配套机制），完成县直单位召回管理干部跟踪转化、期满考核等工作，对转化较好的干部退出管理，仍然表现较差的，将结合干部进行调整。给予容错纠错。按照“三个区分开来”原则，建立免责清单、快速核查、联合会商、澄清保护等机制，对受到不实诬告陷害的干部，第一时间澄清正名，不影响提拔使用、不影响评优评先。

【公务员管理】

公务员队伍宏观管理　2020年，县委组织部保持与编制部门常态化沟通，推动形成科级以下机关事业单位工作人员调动联审制度。修订《关于进一步加强机关事业单位工作人员交流调配工作的意见》，规范干部日常调配。2月，县委组织部制定《安溪县法官助理、检察官助理和书记员职级设置管理工作方案》，8月，组织部出台《退出员额的法官、检察官交流转任其他类别公务员确定职级意见》，并组织实施，推进法院、检察院不同职级序列公务员的分类管理。

公务员入口管理　2020年招录公务员（含选调生）69人。严把公务员招录关，坚持考试录用进人主渠道，将政治素质作为考察重点，将资格审核贯穿考录工作全过程，确保考录工作平稳有序推进。面向全省竞争性选调公务员26人，持续优化公务员队伍专业结构。联合县委编办在县直党政群机关开展内设机构岗位条件设置审核工作，作为公务员考录、竞争选调和交流审核把关的重要依据，形成“编制＋职数＋结构＋专业”的审核制度。

公务员队伍日常管理　5月，组织部印发《安溪县青年公务员跟踪培养实施意见》，实施青年公务员培优计划，构建选育管用全周期管理链条。组织“讲纪律、守规矩”“结对帮带、青蓝接续”等政治素质提升行动，开展岗位磨炼、项目历练、团队训练等能力历练，配套建立结对帮带、谈心谈话、定期轮岗等机制，“一人一档”建立成长微台账。动态更新完善公务员信息管理系统，做好公务员信息静态统计、动态管理。定期开展队伍结构分析，提出从源头上加强公务员队伍建设的对策建议。探索建立乡镇常态化交流机制，9月，县委组织部、县委编办、县人社局出台《安溪县乡镇非县管干部积分交流管理办法》，按照“大稳定、小调整”原则，逐年开展积分交流工作，分批有序推动乡镇干部交流。2020年，10名长期在内安溪乡镇工作且业绩突出的干部交流到外安溪乡镇或县直机关工作。

强化激励约束　保障公务员工资福利待遇，落实公务员交通补贴、通信补贴、乡镇公务员乡镇补贴，指导督促各单位落实带薪年休假、定期体检制度，推动乡镇绩效考评奖金高于县直单位绩效奖励20%，落细公务员关心关爱措施。在全县开展“一票否决”和签订责任状事项清理，共清理“一票否决”和签订责任状事项18项，切实为基层公务员松绑减负。落实疫情防控一线关心关爱措施，提高一线人员年度考核优秀等次比例30%，联合县民政局、县心理协会开展疫后心理辅导，召开巡回讲座24场次，对基层干部进行心理知识普及、压力调节释放，促使干部正确看待疫情防控工作。率先出台干部荣誉退休“123”工作机制，着力关心关爱引导“50+”“55+”干部守岗履责、结对帮带、再上前线，盘活干部存量。落实公务员奖励表彰制度，评选嘉奖和三等功人员500多人次。在全市率先出台《不胜任现职公务员重修管理办法》，明确界定11条不胜任情形，将年度考核结果排名靠后和平时考核结果较差的人员纳入不胜任情形，通过多主体参与评价、全程量化评分和综合分析研判，确定“两头”干部名单，着力发挥干部考核指挥棒作用。

【人才队伍建设】

站位高远谋划人才　2020年，安溪县结合现代经济体系和“十四五”规划编制，将人才发展中长期规划纳入“十四五”规划体系。9月，中共安溪县委人才工作领导小组办公室制定出台《安溪县鼓励和支持台湾人才创新创业的若干措施实施细则》等政策措施，不断完善“1总纲N配套”人才政策体系。调整充实县委人才工作领导小组成员单位及组成人员，继续落实“周总结、月通报、季例会、年考评”机制，推动落实“一把手”抓“第一资源”主体责任。建立“人才层次+贡献大小+企业评价”的积分制评价体系，树立以实绩贡献论英雄、给激励的导向。

产才融合筑造区域人才高地 2020年，安溪县坚持招商引资与招才引智同谋划、通盘布局，聘请15名高层次人才担任政府招商引才顾问。建立政策互推机制，在招商引资活动中同步推介人才相关政策，并将人才引进和平台建设等人才指标作为招商引资要约条款重要内容。突出产业聚才、项目引才，引进国家级顶尖人才赵金保团队落地“铝塑膜”项目，柔性引进院士陈宗懋、刘仲华建立院士工作站。新增国家级众创空间1家，八马茶业、中科生物入选国家级博士后科研工作站，实现该领域零的突破。县台湾人才之家入选首批省级人才驿站示范站，天电光电获评省级台湾青年实习实训和就业创业基地。

释放用人主体活力 2020年，安溪县推进企业人才自主评价，4家企业成功入选省级人才自主评价试点企业，8家市级人才自主评价试点企业共自主认定市高层次人才148人。6月，县政府办出台《扶持人力资源服务机构发展的若干措施》，对接引进智联招聘等人力资源服务机构。推行“人才+金融”，开创“人才贷”授信2.42亿元额度。推动企业导入现代企业制度，支持天电光电实行人才合伙制，晶安光电、中科生物实行人才“股权期权激励制”。遴选16家人才工作示范（培育）企业，给予一企一策扶持。实施金牌“HR”培育工程，通过“实战考核+现场路演”选树一批优秀企业人资。

提升人才示范效应 3月，县委人才办出台《安溪县吸引国内外高水平高校毕业生专项行动方案》，实施“溪引行动”引聚高水平高校学子160人，并分别按博士、硕士、本科生给予每人50万元、30万元、10万元的安家补贴，对引才单位分别给予2万元、1.5万元、1万元的一次性奖励。开展8期安溪籍大学生产业研学系列活动，在全市率先开展大学生毕业季直播带“岗”网络云聘汇活动，提供教育、卫生、企业等各类岗位2500多个。推进人才跨区域聚合，牵头举办安、永、德“非遗”人才交流会，助推茶、香、瓷等传统产业抱团发展。开展安溪铁观音大师赛、两岸青年人才文创设计邀请赛、人才微故事征集、人才助力全面小康新闻摄影暨短视频创作等系列活动，选树一批用人主体典型。

深耕爱才良好生态 5月，县委人才办出台一站式服务专窗标准化建设方案，建成7个乡镇“党建+人才”工作指导站，提供“三个DAI办”服务，上线智汇安溪云平台和一码通，新建“非遗”雅集人才之家、金融人才之家，分行业精准服务人才。中心城区富源小区人才大厦完成主体工程。举办“人才杯”系列运动会、台湾人才协会会员日、一周年庆等活动，发展活跃人才社群。创新人才工作宣传方式，上线人才工作者抖音号，拍摄安溪人才专题宣传片，营造尊才、重才、爱才良好氛围。

【基层党组织建设】

抓稳农村党建 2020年，安溪县基层党建继续建立健全软弱涣散村党组织整顿转化长效机制，对软弱涣散村党组织整顿转化效果好的补助5000元党建经费，全面落实“四个一”整顿措施，推行“一月一通报，一季一督查”日常考评机制，全县先进村党组织占比55.5%。持续实施“红色阵地”建设工程，县乡财政共投入4800多万元，新建（修缮）240多个村级党群服务中心，全面加强标准化规范化建设，提供一站式服务。严格执行村级班子及村干部积分制考评，对村级好班子给予2万元绩效奖励；全面落实村党组织书记县级备案管理，“一人一档”建立村党组织书记信息档案，调整不合格村干部15人。进一步提高村干部待遇补贴标准，村主干由每人每月2400元提高至3000元，并统一购买意外伤害险，解决后顾之忧。实施村级后备力量“常青工程”，动态调整、跟踪培养，常态储备后备力量1035名。建立网格化治理机制，疫情防控期间引导全县5万名党员干部服务保障疫情防控和经济发展双战双胜。在全市率先推广使用阳光党务村务财务微平台，成立镇、村两级监督小组，累计公开“三务”事项8200多件，推动“四议两公开”等制度落地落实。

抓活城市党建 2020年，安溪县城市党建工作坚持“两议两评两公开”议事协商机制，创设“730”议事厅，聘任党员楼长380名、街巷长115名，推动邻里事邻里议邻里定。召开社区“大党委”暨城市党建工作联席会议，推动登科、茶都、湾美等社区落实“大党委”制度，变“单一主体”为“多元共治”。开展居民小区党组织覆盖“百日攻坚行动”，按“一小区一支部”的原则，推动基层党组织力量穿透“最后一米”，小区党组织覆盖率100%。全市率先成立县级物业服务行业党委，出台“红色物业十条公约”，提升物业行业服务水平。

抓牢党员教育管理　2020年，征订《习近平谈治国理政》第三卷等系列学习用书共7.8万册，开展“弘扬‘双铁’文化”主题党日示范班活动，上线“茶乡党小问”微信小程序，利用13个“初心”教育基地对3.7万名党员干部进行教育和熏陶，不断提升党员政治素质。落细落实党内激励关怀帮扶制度，走访慰问党员1282人，发放慰问金96.8万元。试行农村党员积分制管理办法、党员积分兑换奖励制度，试点设立24个爱心超市，将党员教育管理与爱心超市建设有机结合起来，利用“小积分”管好“大队伍”。建立党委（党组）书记党支部工作联系点制度，全县53名党委（党组）书记挂钩联系61个联系点，集中解决131个群众反映强烈的突出问题。推行“社区吹哨、党员报到”机制，全县在职党员到社区报到累计服务群众近9000人次，开展各类志愿活动320多场次。

【县人才创服联盟成立】

2020年7月27日，安溪县人才创服联盟成立大会在万达广场举行，县委常委、组织部部长出席大会。县人才创服联盟由代表人才的县高层次人才发展促进会和代表商家的县新的社会阶层人士联谊会联合组成入盟审议团，对提交申请入盟的近百家服务机构进行严格评审，精选首批会员单位25家，涵盖创业服务、医疗服务、旅游服务、生活服务等领域。按人才的不同层次设定优惠程度不同的服务方案，原则上第1—3层次人才享受第一档优惠服务，第4—7层次人才享受第二档优惠服务，并视情况针对各类人才（不仅限于高层次人才）开展优惠活动。通过智汇安溪云平台小程序进行服务满意率评比，由高层次人才投票选出服务满意率“两头”商家，前5名授予金牌服务机构称号，后5名予以退盟，形成“有进有出、竞争入盟”的良好循环。县人才创服联盟使社会优质服务资源进一步联合，为人才提供更加优质、高效、全面的创业、旅游、医疗和生活等方面服务，加快构建全方位、全周期的市场化人才服务体系。

（尤宁　王文龙）

非公有制经济党建

【概况】

2020年，安溪县通过实施“211”工程推进非公有制经济“党建入章”落地见效，围绕“两个健康”目标，全面落实相关要求，引导企业结合自身实际，建立健全各项规章制度，不断提升非公企业和社会组织党建工作水平。

【建强“两支队伍”】

2020年，安溪县非公有制经济党建工作严格落实《实施“党建入章”扩面提质工程十条措施》，推动符合条件的党组织书记进入企业管理层183人、兼任工会主席125人。开展“强党建·促发展”联合行动，推动涉企部门将党建工作情况列入对企业评优评强、评审荣誉等级的考评指标，以民营企业党组织为主渠道落实惠企强企政策，赋权赋能企业党组织书记。联合厦门城市党建学院举办全面落实民营企业党建融入公司治理“1533”工作机制暨红色CEO培训班，组织民营企业党组织书记、党务工作者、党建指导员等40名学员参加培训。实行“党建+人才”工作一体化，坚持优先将企业党组织书记培养成人才、优先将企业优秀人才发展成党员，用好师带徒“溪引行动”人才措施，引导2批12名红领人才跨企结对帮带一批相对薄弱的企业党组织书记。持续建强7个乡镇“党建+人才”工作指导站，培育龙门工作指导站为全县示范站，打造湖里园“党建+人才”党群服务中心，加强业务培训。配强党建工作指导员，按照重点企业一人一企、小微企业一人多企方式，从县委组织部、宣传部、县直工委和县人社局、卫健局、市监局选派6名优秀年轻干部到重点企业担任专职党建指导员，选派125名县直机关和乡镇党员干部担任兼职党建指导员。依托“党建+人才”工作指导站，实时掌握党建指导员工作动态，引导履行职责、切实发挥作用。在省委组织部、省电视台联合摄制的专题片《用好党建指导员，注入强大红色力量》中，宣扬龙门市场监管所林爱娥指导八马公司开展党建工作的先进事迹。

细化“党建章程”　2020年3月，中共安溪县委非公有制企业和社会组织工作委员会制定《项目实施方案》《2020年全县两新组织党建工作要点》《全县两新组织党组织活动计划》，切实把责任压实到一线。针对个别民营企业党建章程虚化弱化的问题，收集全县民营企业党建章程，科学分析研判，“一企一策”对13个示范企业的党建章程提出修改建议，指导制定配套的实施细则、操作规程，推动党建章程具体化、实效化。依托行政审批窗口，联合市场监管局推行企业“党建入章”“窗窗通办”服务，简化章程备案流程，实行“章程增补条款”备案登记制度，方便企业办理“入章”手续，推动群龙开关、爱尔眼科、扬德物业等16家存量企业实行党建入章。

建立健全运行制度 将落实“1533”工作机制作为非公党建的首要任务，8月，县委组织部、县委非公企业和社会组织工委出台《全面推行民营企业党建融入公司治理“1533”工作机制实施方案》，明确推进党组织地位职责法定化、党组织书记队伍专业化、党组织作用发挥长效化、党建工作特色化品牌化、党组织保障支持常态化等“五化”措施，按照案例选送、创新培育、巩固推广等3个步骤，实行挂图作战，实时跟踪进度，定期通报督促，推动“1533”工作机制在末端落实。省委组织部公众号刊发安溪县“两新”组织党建典型经验13条，市委组织部公众号专期刊发安溪县落实“1533”工作机制做法4条。

培育打造示范企业 8月，县委组织部、县委非公企业和社会组织工委制发《关于培育创建“党建入章”典型示范企业的通知》，明确“8+1”党建示范点标准化培育模式，即1个规范化活动室、1个党群工作部门、1份全年工作计划、1名以上熟练讲解员、1份汇报或宣传材料、1条参观路线、1套工作机制、一些具体鲜活事例等8个必备要素，有条件的企业可建设1个党建展馆。针对市委组织部分配的8个党建入章典型示范企业的培育任务，坚持自我加压，精选13家企业作为重点对象，实行动态调整，以点带面、示范辐射、全面推行“1533”工作机制。

锻造“一个堡垒” 1月，县委非公企业和社会组织工委制发《关于充分发挥两新组织党组织和党员作用为打赢疫情防控阻击战提供坚强组织保证的通知》，用好《引导激励非公企业出资人支持企业党建工作十二条措施》，推动220多个民营企业党组织牵头成立疫情防控小组，有效落实各项疫情防控措施，主动驰援防控一线。从县管党费、专项经费中拨补45.7万元，支持36家企业开展党组织活动、建设党建阵地。以“党建联盟”构建复工复产“共享模式”，组建26个“党建＋战疫”共同体，通过共享组织、共享员工、共享工厂、共享服务等，开启生产力重组配置，推动茶叶产销质优价稳、工艺外贸企业逐步复苏。组织晶安、天电等光电企业抱团开展异地招聘“春风行动”，在河南平顶山市叶县联合招聘57名共享员工，指导安溪县家居工艺商会党支部举办工艺企业复工出口首发仪式，引导全县多家工艺外贸企业卖出100个货柜，货值150万美元。相关做法被《人民日报》刊发。联合建设银行制发《关于开展“党建信贷”助推非公有制企业达产超产活动的通知》，推出银企共建、提升授信、专属产品、延期还款等金融助企政策，为1290家企业授信8亿元额度，审批贷款1.6亿元，为35家企业办理无还本续贷1.3亿元，有效转化党建优势为发展优势，相关做法在人民网、《组工信息》、《八闽快讯》、《福建日报》、“学习强国”、《侨区快讯》、《泉州晚报》等刊发。

（尤宁　王文龙）

·宣传工作·

【概况】

2020年，安溪县宣传文化战线自觉担负举旗帜、聚民心、育新人、兴文化、展形象的使命任务。围绕中心、服务大局，坚持团结稳定鼓劲、正面宣传为主，坚持固本培元、守正创新、统筹兼顾、整体推进，在宣传思想文化各领域取得一系列新成效。全年，在中央、省市主流媒体刊发安溪重要新闻2800多条，平均每天在省级主流媒体刊（播）一条以上的安溪新闻，《安溪报》、安溪电视台公众号双双进入泉州微信影响力榜单前10位，县委宣传部获评全省宣传系统先进集体，县委网信办获评网络应急处置先进集体。

【理论学习】

学习宣传贯彻中共十九届五中全会精神 2020年，安溪县先后下发《学习贯彻党的十九届五中全会精神工作方案》《关于做好党的十九届五中全会辅导读物及论党的宣传思想工作学习征订工作的通知》《学习贯彻党的十九届五中全会精神县委宣讲团宣讲工作方案》等，11月4日，召开全县学习宣传贯彻中共十九届五中全会精神宣讲工作会议，对全县如何开展中共十九届五中全会精神宣讲工作进行具体部署。组建学习贯彻中共十九届五中全会精神县委宣讲团，宣讲团下设乡村讲师团（农民讲师团）和10支宣讲小分队（即基层党建、老干部、人口健康、教育、司法、食品药品安全、青年、妇女、国防、戏曲等宣讲小分队），从12月7日起，县委宣讲团分赴乡镇、基层单位集中宣讲，乡村讲师团（农民讲师团）和10支宣讲小分队进农村、企业、机关、学校、军营等基层单位宣讲，全县累计宣讲180多场，受众2万多人。

推广用好“学习强国”平台 积极推动全县党员领导干部利用“学习强国”平台进行理论学习，建强“学习强国”平台推广运用和内容供稿2个工作专班，组建学习管理员、通讯员队伍，组织全县27138名党员加入“学习强国”平台学习，实现全县党组织100%纳入、在职党员100%参与。在全市率先开展“学习强国”学习标兵评选活动，学习《关于评选表彰2020年度全县理论学习先进单位和“学习强国”学习标兵的通知》，在全县评选理论学习先进单位6个，评选“学习强国”学习标兵20名。运用该平台宣传推介安溪，全年累计在平台刊发安溪重要新闻177条，党员干部在平台应用中比学赶超氛围日趋浓厚。

推进理论宣讲形式创新 2020年，县委宣传工作做好重要时间节点、重大主题、重要会议精神的宣传宣讲工作。推进理论宣讲的形式创新，率先探索“戏剧宣讲”“网络宣讲”新模式。开展“戏剧宣讲”，立足安溪高甲戏这一珍贵的地方剧种，从“古戏新演”“院线展演”“世界巡演”三个方向发力；融入时代主题，宣讲红色经典，创排革命题材历史剧《延安颂》，以安溪高甲戏形式宣讲红色女作家莫耶的故事；借力电影艺术，宣讲核心价值；对接“一带一路”，宣讲县域文化。开展“网络宣讲”。以“戏剧宣讲”深化新时代文明实践的创新做法被中宣部部刊、市委《侨区快讯》刊文推介，并获市委副书记张永宁批示表扬。根据疫情防控形势需要，组织县农民讲师团、乡村讲师团、“清溪讲坛”骨干成员借助抖音、快手等短视频平台，开展“制茶技艺”“藤铁工艺”“淮山种植”等主题短视频宣讲，形成以线上为主、线下为辅的宣讲新格局。

把牢政治方向 2020年，安溪县宣传工作把学习贯彻习近平新时代中国特色社会主义思想和中共十九届五中全会精神，作为践行“两个维护”最根本的政治责任、第一责任，全面开展习近平新时代中国特色社会主义思想和五中全会精神的集中宣讲、理论阐释、新闻宣传、社会宣传，用习近平新时代中国特色社会主义思想为意识形态工作举旗定向。严格执行省委“三四八”贯彻落实机制，组织学习宣传《习近平谈治国理政》第三卷、《习近平新时代中国特色社会主义思想学习问答》、《中国制度十五讲》、《习近平在厦门》、《习近平在宁德》、《习近平在福州》、《习近平在福建》系列采访实录，不断健全用党的创新理论武装党员、教育人民的工作体系。

建强工作机构 2020年，对2018年成立的县委意识形态工作领导小组进行调整充实，组建县委宣传思想工作领导小组（意识形态工作领导小组），下设办公室，制定相应工作细则，在县委常委会领导下开展工作，对学习贯彻落实党中央关于宣传工作的重大方针政策和省委、市委、县委有关工作要求进行研究部署和协调指导。根据党的《中国共产党宣传工作条例》《党委（党组）意识形态工作责任制实施细则》要求，在2019年开展的全县意识形态工作干部情况调查摸底基础上，分两轮对全县宣传工作机构设置和人员配备情况，进行调查登记，查缺漏补，建立健全结构合理、职责明晰的全县宣传工作队伍台账。从宣传、组织、统战、发改、人社等部门和各乡镇，组织遴选意识形态工作巡察预备人才75人，纳入人才库管理，为落实条例规定的“四个纳入”和细则规定的“八个纳入”、规范专项巡察提供有力的人才储备。9月，组建6个专题调研组，对各党委（党组）2019年以来推动贯彻落实《条例》和意识形态工作责任制情况进行调研督导。12月2—4日，组织2020年度安溪县党委（党组）落实意识形态工作责任制情况专题督查，对照《2020年度安溪县党委（党组）意识形态工作责任制绩效考核办法》，全面了解各党委（党组）和有关单位落实意识形态和网络意识形态工作责任制的做法、成效和存在问题。

媒体融合 2020年，把媒体融合作为县委、县政府加强党的新闻舆论工作的一号工程，从顶层设计、政策支持、资金保障、人才建设等方面多点发力，逐一解决办公用房、设备采购、单位“三定”、班子配备等问题，完成机构、职能和人员的融合。

立破并举 2020年2月8日，县网络安全和信息内容管理执法联席会议办公室制定《开展疫情防控涉网违法违规网络管理执法专项行动方案》，建立健全涉疫情舆情发现、研判、报告、处置等全链条工作流程，开展疫情防控网络专项行动，严厉打击网上销售假冒伪劣口罩、假冒伪劣防护服、假药劣药、野生动物等各类网络交易行为，依法加大对属地网站、平台违法违规行为的网络举报投诉受理工作。坚持根据不同阶段工作重点，深化扫黑除恶宣传报道，在中央、省、市媒体刊（播）发专题新闻报道40多条，形成报台网端同步、线上线下并进的常态化宣传态势。落细落实舆情处置“1+N”机制。

【新闻宣传】

2020年，安溪新闻宣传工作围绕学习贯彻习近平新时代中国特色社会主义思想和中共十九届五中全会精神这一主线，开展全方位、多角度、宽领域对外宣传报道，在中央、省、市主要媒体共刊发重要新闻5188条，其中《人民日报》6条，中央电视台8条，新华社138条，人民网76条，《福建日报》116条（其中头版10条），数量位居福建省前列，福建电视台108条，关于疫情防控和复工复产的报道数量位居全省首位。《人民日报》刊发《多措并举抓扶贫 茶乡安溪展新貌》《打赢防疫脱贫两场硬仗》《福建安溪：企业开办“一窗办、一趟了、一日结”》等报道；新华社刊登《稳产保供 助农增收》《治水保土 绿满茶山》《“小特产”变身“大产业”》等重头文章；10月11日，中央电视台播出《福建安溪：铁观音秋茶上市，量价齐升》，报道安溪铁观音秋茶采制盛况；《经济日报》刊登《打造精准扶贫“安溪样板”》《福建安溪“2019年成绩单”：重实体兴实业 经济跑出“加速度”》等文章；在《福建日报》头版刊发《党员冲在防控一线》《安溪：全方位打造优质均衡教育新高地》《安溪：一片茶叶，拓开万千百姓致富路》等重头新闻，引发强烈反响。

【茶业宣传】

2020年，安溪县举办2020开茶节、第四届安溪铁观音大师赛、全国茶产业标准化高峰论坛暨标准化工作年会等重大茶事活动宣传，参与以“海丝茶道 万里飘香”为主题的2020年首届海丝国际茶文化论坛等茶事宣传推介活动，进一步提升安溪铁观音美誉度和品牌影响力。在闽茶中国行茶事宣传活动中，安溪县政府获评闽茶飞天奖；在首届海丝国际茶文化论坛系列活动中，县委宣传部被授予优秀组织奖；携手新华社策划开展“在那好茶生长的地方”主题直播活动，活动以“好山好水出好茶”为引线，专场宣传推介安溪茶产业以及产品，快手、抖音、微信多平台同时开启直播购物，吸引158万人次观看抢购。与新华社开展全面合作，在该社报纸、杂志、各类移动新媒体等23家专区（新华社客户端、新华网、参考消息客户端/网站、《瞭望》、《半月谈》、《中证报》、中金网、财富网、《经济参考报》、中国搜索、新华丝路等）以图片、文字、视频等多种组合形式，进行重点信息发布推广，提升安溪铁观音品牌认知度、美誉度和影响力。

【“四个安溪”建设宣传】

2020年，安溪县在新华网客户端、中新网福建、经济日报－中国经济网、《民主与法制时报》、民主与法制网、闽南网、《泉州晚报》、泉州网、东南早报今日头条号、今日泉州网、新浪泉州、今日头条、网易新闻、搜狐网等媒体平台上，全网推送“推进高质量发展 开创‘四个安溪’”建设新局面重头新闻，引发强烈反响，取得良好宣传效果。5月13日，《泉州晚报》第二、三版专版推出《民生为重巧破题，发展为先加速度——安溪：情怀和担当，写就履职答卷》。5月17日，泉州网同屏推出安溪县宣传片《“数”说实力安溪，一起看看安溪发展成绩单》。5月20日，东南网发布《安溪将抓项目释活力 招商引资目标锁定300亿元以上》。6月19日，《泉州晚报》第13版推出《“云”游好茶生长的地方 网友惊叹“好震撼”——安溪县委县政府携手新华社“快看”快手直播平台，开展主题直播活动，安溪县委书记代言大美茶乡》，《人民日报》客户端、中国网海丝泉州频道等发布《小康路上的“安溪样板”》。7月13日，《泉州晚报》第26版专版推出《星光不问赶路人时光不负追梦者——安溪：用高质量发展提亮全面小康成色》。10月24日，《工人日报》头版倒头条发布《福建安溪槐川村茶产业成富民兴村之道——全面建成小康社会“百城千县万村调研行”千年古村茶香浓》等。

【社会宣传】

2020年，安溪县各乡镇党委、政府，县直各单位、村居（社区），立足各自实际，利用各种宣传载体，做实做细新冠肺炎疫情防控社会宣传。据不完全统计，共投入显示屏700多个、宣传栏2500多个、条幅标语8900多条、宣传车和移动播报设备550部、宣传材料94万多册（份）、公益短信593万多条。开展中共十九届五中全会、纪念抗美援朝70周年、纪念中国人民抗日战争暨世界反法西斯战争胜利75周年、网络安全宣传、全民国家安全教育日、第七次人口普查、“厉行节约、反对浪费”、世界粮食日、禁毒、时代楷模、教师节、安全生产、征兵、文明县城创建、移风易俗、国家公共文化服务体系示范区创建、扫黑除恶、打击治理电信网络新型违法犯罪“断卡”行动等重点工作社会宣传。同时，通过“最美人物”、学雷锋活动示范点及岗位学雷锋标兵等各类典型先进选树推荐，唱响时代主旋律，弘扬社会正能量，进一步推动践行社会主义核心价值观入脑入心，为推进新时代“四个安溪”建设，提供强大精神力量。

（林爱娥 谢文哲）

·统战工作·

【概况】

2020年，安溪县统一战线工作紧扣加强党对统一战线工作的集中统一领导这个根本，坚持以习近平新时代中国特色社会主义思想为指导，积极推动安溪由统战大县向统战强县迈进，为新时代“四个安溪”建设做出统战贡献。

【巩固共同思想政治基础】

2020年，安溪县统战工作持续深入学习贯彻习近平新时代中国特色社会主义思想，中共十九大和十九届二中、三中、四中、五中全会精神，及时跟进学习习近平总书记重要讲话、重要指示批示精神，系统学习《习近平谈治国理政》《习近平在福建》系列采访实录，依托“五个一”载体，推进“六进”系列活动，在统一战线形成人人学、时时学、处处学、线上线下融合学、持续深入学、联系实际学的浓厚氛围，切实用习近平新时代中国特色社会主义思想武装头脑、指导实践、推动工作。发挥统战部政治机关作用，不断加强政治建设，巩固强化“不忘初心、牢记使命”主题教育成果，引领广大统一战线成员不断增强“四个意识”、坚定“四个自信”、做到“两个维护”，始终在思想上、政治上、行动上同以习近平同志为核心的党中央保持高度一致，不断巩固新时代团结奋斗的共同思想政治基础，做到用习近平新时代中国特色社会主义思想武装统战干部、引导统战成员、指导统战工作。

【完善大统战格局】

2020年，安溪县统战工作加强党的全面领导，全面落实“四个纳入三个带头”，全面贯彻落实中央和省、市、县委的各项决策部署。不断健全完善“党委统一领导、统战部牵头协调、有关方面各负其责”的大统战工作格局，召开全县统战和民族宗教工作会议，进一步完善非公有制经济代表人士综合评价工作制度、宗教工作三级网络两级责任制度、“四位一体”党外干部培养管理机制、乡镇党委统战工作考核机制等。成立龙门镇商会、凤城镇侨联，指导官桥、西坪2个乡镇侨联换届，创建省级侨胞之家（城厢镇侨联）和省级侨胞之家示范点（官桥镇侨联），统战工作网络不断发展壮大，大统战工作格局进一步形成。

【民族宗教领域工作】

2020年，安溪县加强民族宗教工作，扎实推进少数民族特色村寨建设，盛富畲族村、善坛畲族村入选福建省首批民族乡村振兴示范点培育名录（泉州市共5个），盛富畲族村获评省级乡村治理示范村、省级“一村一品”示范村。落实宗教领域疫情防控工作，在全市率先实行宗教活动场所“双暂停一延迟”，深化宗教活动场所“四进”活动，持续推进安全和谐生态寺观建设。

【海外统战】

2020年，根据上级部署全面落实专项工作任务，指导海外社团加强自身建设，加强联络联谊，做好招商引资和宣传推介工作。举办海外留学生故乡行、马来西亚青少年“亲情中华·为你讲故事”网上夏令营等活动。

【台港澳统战】

2020年，安溪县引导台港澳青年一代积极融入家乡发展。组织开展“献爱心、送温暖”、“暖侨心”、留学生爱心健康包发放等活动，侨务工作和留学生工作取得新突破。指导安溪清水岩获批国家级海峡两岸交流基地，召开海峡两岸清水祖师文化交流云上研讨会，做大做强海峡两岸清水祖师文化交流品牌。

【引导“回归创业”】

2020年，安溪县统战工作积极推动民营企业参与混合所有制实践，支持安商抱团投资，鼓励民营企业参与乡村振兴。把招商引资作为工作的重中之重，发挥商会的桥梁纽带作用，主动作为，全力以赴为安溪县招商选资牵线搭桥。配合县政府到沈阳、常州、宜昌、厦门等地开展招商考察工作。推进以“信息回传、资金回流、项目回投、技术回补、人才回乡、公益回馈”为主要内容的“回归工程”。注重以情引商、以商招商、精准招商，动员安商投资符合发展需求的高端装备制造业项目和现代服务业，在引进资金的同时更加注重引进先进理念、先进技术和高层次人才，全年，引进回归创业项目17个，计划投资额56.3亿元。

【党外人士工作】

2020年，安溪县在全市率先筹备成立县党外知识分子联谊会，探索建立邀请党外知识分子代表人士参加重要情况通报、列席重要会议、谈心交友制度。建立健全党外干部工作联席会议制度，形成县委统一领导，县委组织部、统战部、所在单位及主管部门齐抓共管“四位一体”的党外干部工作格局和联动机制。举办党外干部培训班，党外干部工作在市党外优秀年轻干部会上作典型发言。

【新阶联工作】

2020年，安溪县持续构建党委统一领导、统战部门牵头协调、相关部门协同配合的工作格局，进一步巩固和扩大新阶层人士工作基础。依托安溪县新阶联平台，持续推动新的社会阶层人士实践创新基地建设沿着规范化、常态化、特色化方向发展，完善新的社会阶层人士数据库，指导县新阶联不断扩大理事规模，成立15家联络站，全省率先在新阶联组织中成立妇联。广泛开展捐赠防疫物资、同心系列工程、安溪铁观音系列茶王赛、结对魁斗盛峰家庭农场乡村振兴示范点等各

2020 年 11 月 27 日，安溪新阶联“龙尖杯”2020 年秋季清香型安溪铁观音茶王赛（县委统战部供图）

项工作，开创新的社会阶层人士统战工作新局面。

【捐赠公益事业】

2020 年，安溪县统战工作组织动员民营经济人士和乡贤捐赠慈善资金 8451 万元支持安溪县慈善公益事业发展，实施助推乡村振兴项目 71 个，总投资额 11.3 亿元；做好“同心工程”“光彩助学”“侨青助学”等工作，帮扶 15 户困难户实施危房改造，资助 500 多位贫困大学生就学；组织部分异地安溪商会、县新阶联举办系列茶王赛，助力安溪茶产业二次腾飞；开展“献爱心、送温暖”活动，发动各级侨联筹集资金慰问贫困归侨侨眷 78 人、老侨联工作者及退休人员 33 人；开展“侨爱心·光明行”活动，帮助侨乡贫困白内障患者 270 多人次免费诊治。

【助力新冠肺炎疫情防控】

2020 年，安溪县统战部门重视新冠肺炎防控工作，在疫情发生之初，组织统一战线各领域、各成员积极捐赠或采购疫情防控物资，共收到海内外乡贤捐赠资金 7967 万元，口罩 530.582 万只，其中 N95 口罩 4.06 万只，防护服 15454 套，护目镜 1500 个，测温仪 1020 个，医用手套 15 万只，以及其他防疫物资折合价值数百万元。在疫情防控进入“内防反弹、外防输入”阶段后，启动反向支援计划，筹集 25 万只口罩发往马来西亚安溪会馆联合会、印度尼西亚安溪工会等，支援海外同胞疫情防控工作；在常态化疫情防控形势下，组织统一战线成员进一步落深、落细、落实防控措施，统筹做好疫情防控和经济社会发展工作。

（高培钦　林珠明）

·编制工作·

【概况】

2020 年，安溪县机构编制工作坚持以习近平新时代中国特色社会主义思想为指导，不断推进机构编制管理法定化；持续规范和完善权责清单制度；突出抓好乡镇机构改革，深入推进乡镇管理体制、审批服务和执法改革；不断深化重点领域体制机制改革，着重调整优化资源，加强机构编制保障。

【行政审批制度改革】

2020 年，根据法律法规立改废释情况和上级有关文件，梳理调整县直部门相关权责事项，使各部门的相关权责清单事项与上级无缝对接。结合机构改革，对职责变化较大和涉及职责划转部门填报的职权名称、行使主体、设定依据、填报格式等方面进行审核确权。对部门职责是否按照“三定”规定全部准确列入清单选项，是否准确认领对应责任事项等进行专项审查、合法性审查，确保权责事项要素规范完善、合理合法。重新梳理公布县档案局、审计局、外事办、教育局、退役军人事务局、统计局、国家保密局、民族与宗教事务局、财政局、信访局、密码管理局、科学技术局等 12 个部门权责清单。根据乡镇机构改革和《中共福建省委机构编制委员会办公室关于印发福建省乡镇（街道）权责清单范本的通知》精神，组织编制梳理乡镇权责清单，梳理后，全县 24 个乡镇政府权责事项约 2.9 万项。

【事业单位改革与登记管理】

2020 年，根据中央编办《关于地方机构改革期间推进和规范事业单位调整的通知》有关精神：除行政执法机构外，一律不再保留承担行政职能的事业单位；事业单位承担的行政职能一律剥离并划转给相应的行政主管部门，不称“局”“委”“办”“公司”“集团”等，名称中也不得出现“管理”“监督”“督查”“检查”等字眼。全县 39 个事业单位更名：安溪县民族宗教管理服务中心更名为安溪县民族宗教服务中心；安溪县机关事务管理服务中心更名为安溪县机关事务服务中心；安溪县重点项目工作办公室更名为安溪县重点项目发展中心安溪县价格认定局更名为安溪县价格认定中心；安溪县现代教育技术管理站更名为安溪县现代教育发展中心；安溪县学校生产装备管理站更名为安溪县教育资源配置中心；安溪县学生资助管理中心更名为安溪县学生资助服务中心；安溪县老区建设服务中心更名为安溪县民政事务服务中心；安溪县殡葬管理所更名为安溪县殡仪服务中心；安溪县财政票据管理中心更名为安溪县财政票据中心；安溪县财政性投资项目监督管理中心更名为安溪县财政投资评审中心；安溪县社会劳动保险管理中心更名为安溪县社会保险中心；安溪县城乡居民社会养老保险管理中心更名为安溪县城乡居民社会养老保险中心；安溪县公务员局干部档案室更名为安溪县人力资源和社会保障局干部档案室；安溪县住建局总工程师办公室更名为安溪县住建局技术服务中心；安溪县建设工程造价管理站更名为安溪县建设工程造价站；安溪县建设工程质量安全监督站更名为安溪县建设工程质量安全中心；安溪县村镇建设管理站更名为安溪县村镇建设服务中心；安溪县房地产管理处更名为安溪县房地产交易中心；安溪县农村公路养护管理所更名为安溪县农村公路养护中心；安溪县营林管理站更名为安溪县造林绿化站；安溪县林业科技管理站更名为安溪县林业科技推广站；安溪县林业调查规划设计管理站更名为安溪县林业规划站；安溪县林业基金管理站更名为安溪县林业基金站；安溪县森林资源管理站更名为安溪县森林资源站；安溪县水利水电工程管理服务站更名为安溪县水利水电工程服务站；安溪县三英渠管理站更名为安溪县三英渠水资源调配中心；安溪县澳江渠管理站更名为安溪县澳江渠水资源调配中心；安溪县水利工程质量监督站更名为安溪县水利工程质量工作站；安溪县燃气管理站更名为安溪县燃气中心；安溪县环境卫生管理处更名为安溪县环境卫生中心；安溪县卫生计生信息服务中心更名为安溪县卫生健康信息中心；安溪县农村合作经济经营管理站更名为安溪县农村合作经济经营工作站；安溪县农产品检验检测中心更名为安溪县农产品质量安全中心；安溪县农村环保能源站更名为安溪县农村生态能源站；安溪县种子管理站更名为安溪县种子站；安溪县政府农业综合开发领导小组办公室更名为安溪县农业综合开发中心；安溪县高甲戏剧团更名为安溪县高甲戏艺术保护传承中心；安溪县茶文化艺术团更名为安溪县茶文化艺术中心。

撤销乡镇事业单位77个。其中，包括24个乡镇下属事业单位农业服务中心、经济社会发展服务中心、文化体育服务中心；湖头镇、官桥镇、龙门镇下属事业单位市政公用事业服务中心；官桥镇、龙门镇下属事业单位企业服务中心。

撤销县直事业单位14个：安溪县动物卫生监督所、安溪县数字安溪办公室、安溪县规划建设局龙桥规划建设管理所、安溪县规划建设局湖头规划建设管理所、安溪县火烧桥水库管理站、安溪县农业机械监理站、安溪县煤炭行业管理办公室、安溪县人事仲裁委员会办公室、安溪县个体劳动者协会、安溪县茶业总公司、安溪县慈善总会办公室、安溪县安全生产应急救援中心、安溪县防汛抗旱指挥部办公室、安溪县中国旅行社。

设立事业单位7个：安溪县国有资产事务中心、安溪县信息化服务中心、安溪县巡察工作服务保障中心、安溪县河务中心、安溪县规划服务中心、安溪县应急救援中心、安溪县矿产资源服务中心。

12月16—24日，组织开展全县事业单位"双随机"抽查，从事业单位法人名录库中按照10%比例随机选出23家事业单位法人进行核查，抽查结果和相关情况及时向社会公开。

2020年，全县事业单位年度报告应公示656份，按要求已公示656份，公示率100%。全年办理事业单位法人设立登记22个、变更登记150个、注销登记100个；办理机关统一社会信用代码证书负责人变更34个。

【乡镇机构改革】

2020年7月8日，中共安溪县委办公室、安溪县人民政府办公室印发《安溪县乡镇机构改革实施方案》，组织实施乡镇机构改革。7月31日，全县24个乡镇党委、政府职能配置、内设机构和人员编制的规定全部印发实施。

乡镇机构改革，统一整合设置。乡镇党政内设机构，凤城镇设置7个，其他乡镇设置6个；事业单位凤城镇设置4个，其他乡镇设置3个。具体党政内设机构：党政综合办公室、党建工作办公室、经济发展办公室、社会事务办公室、社会治理办公室、农业农村办公室。凤城镇增设城市管理办公室。事业单位设置：综合便民服务中心、社会事务服务中心、综合执法队，凤城镇增设经济发展中心。事业单位机构规格相当行政副科级，核定副科级领导职数1名。

各乡镇的人大、纪检监察、基层人民武装机构和群团机构等根据法律、法规和群团组织章程设置。

除党中央明确要求实行派驻体制的机构外，县直部门设在乡镇的机构原则上实行属地管理。

（张雅玲　郑紫文）

·老干部工作·

【概况】

2020年，安溪县离退休干部6036人，其中离休干部（含"5·12"

干部）36人，处级退休干部40人，党员3185人，退休后组织关系迁到居住地村居的2850人。安溪县不断创新离退休干部党建工作机制，落实老干部政治、生活待遇，提升服务管理水平，引导老干部开展正能量活动，老干部工作取得较好成效。党建“三五”工程成为全市老干工作品牌，老干部党建“安溪模式”入选新时代老干部工作优秀案例（由新华社出版发行）；“我看脱贫攻坚新成就”专题时政沙龙，在“学习强国”平台刊播；《靠自己的骨头长肉》舞台剧，获评全省金奖。

【老干部政治待遇】

坚持政治学习制度 2020年，离休干部学习班重点学习中共十九大和十九届二中、三中、四中、五中全会精神，习近平总书记重要讲话精神，使老干部的思想观念紧跟形势发展。利用县、乡（镇）、村（社区）三级老年学校，老年远程教育平台和党建教育网，为广大离退休干部学习创造条件。老干部局统一征订《中国老年报》《福建老年报》，并一一落实老干部住址和联系电话，确保按时送到老干部手中。下发文件要求各离退休干部党支部、服务站、涉老组织为老干部、老党员订阅报刊。新冠肺炎疫情防控期间，利用老年远程教育平台、福建省老年大学空中课堂等开展时政课，组织离退休干部党支部和服务站通过福建广电网络电视、福建移动电视、福建电信电视和“福建离退休干部”微信公众号等4个平台收看离退休干部线上学习报告会。对于行动不便的老干部，做好送学上门工作，努力实现党员干部政治思想教育全覆盖。10月，在确保疫情防控措施到位的前提下，举办“不忘初心 传承红色基因”专题报告会。获得中国老年报社颁发的全国涉老工作部门战疫防控宣传报道工作荣誉证书。

坚持向老干部通报工作制度 2020年，落实老干部的知情权，做到“县情为老干部知晓，工作为老干部拥护”。县委、县政府召开2次通报会，向离退休干部通报全县上半年和全年经济社会发展情况。

坚持组织老干部参加重要会议 2020年，县委、县政府和各乡镇召开重要会议，邀请离退休干部代表列席，让离退休干部及时了解党的路线、方针、政策，了解县委、县政府的决策部署。组织离退休干部参加县政协、县人大、三级干部会等10多场次，参会老干部100多人次，其中党员80多人次。

【老干部生活待遇】

落实走访慰问老干部制度 2020年，县领导分别挂钩联系若干名离退休干部；在春节、重阳节，县领导带队走访慰问离休干部、处级退休干部；为70岁、80岁、90岁、100岁的离退休干部祝寿9人次。老干部局领导分组到县域医院慰问住院离退休干部87人；组织人员到厦门等地慰问异地安置老干部。联合县委组织部、县人社局印发《关于做好2021年元旦春节期间机关事业单位离退休人员和困难干部职工慰问工作的通知》，下发《关于下达2021年机关事业单位退休人员春节慰问金》的通知，下拨慰问金120.21万元，要求各单位将走访慰问活动落到实处。

落实困难老干部帮扶 进一步健全完善特困老干部帮扶机制，落实帮扶资金，开展亲情化、个性化、智能化等多种形式的服务，提高老干部服务保障水平，及时研究更新困难老干部名单。

落实易地安置管理服务 与安置在外地的老干部保持联系，及时汇给公务费、特需费。对外来安置的2名离休干部，纳入本县老干部管理范畴，同等对待。

【老干部服务管理】

2020年，开展亲情服务更暖心。坚持和完善全局人员挂钩联系老干部制度，做实做细走访慰问工作。通过登门拜访、电话串门、微信问候等形式，加强与老干部沟通交流，了解老干部情况，做到服务不掉线。志愿服务，精准对接年老体弱、行动不便的老干部，通过组织局机关志愿者和社区义工开展“送剪上门”“家政服务送上门”等活动，解决老干部理发难和水电维修不懂等困难，全年服务老干部110人次。医疗服务，与县域医疗单位签订精准医疗项目，挂钩医生每月上门“一对一”为离休干部提供医疗保健服务，实时跟踪老干部健康情况，宣传疫情防控知识，疏导老干部情绪，即使是在疫情防控期间，也能确保居家医疗服务不断档，给予挂钩医生每人每年5000元补贴。个性服务更舒心。坚持因人制宜，落实好“一人一策”精准服务老干部，利用“四就近”社区服务平台，建立健全家庭、社区、原单位、老干部局、社会“五位一体”的服务模式，为老干部提供个性化服务，提升老干部的幸福感和获得感。省级“四就近”示范点——城东社区，发放“老干部服务联系卡”“离退休干部就近服务站服务手册”，利用社区邻里中心的有利资源，与社区内小卖部、供水公司等营业机构签订服务协议，建立20分钟上门送货服务圈，老干部只需拨打电话，服务站就会帮助代缴水电费及购买生活用品。全年，开展各类服务老干部活动70多场次。

提高服务水平 落实精准服务，建立局领导挂钩联系离退休干部党支部机制，落实责任，督促对应单位做好元旦、春节、重阳节的慰问和困难老干部帮扶工作。全年，县委、县政府发放慰问金、困难补助金160多万元。帮扶困难的离退休人员70多人，其中县级帮扶困难离休干部（含“5·12”干部）及其遗偶和处级退休干部50人。联合县委组织部、人社局，推出干部荣誉退休机制，提升退休干部的荣誉感。到三明慰问异地安置老干部，为他们送去组织的温暖。5月，组织离休干部和处级退休干部到县医院进行体检。5月8日，安溪县老干部工作，获省委组织部副部长、老干部局局长、离退休党工委书记何国辉和市委组织部副部长、老干部局局长、离退休党工委书记陈恬波批示。

做好来信来访工作 成立县老干部来信来访接待小组，认真处理好老干部来信来访，对老干部的合理诉求，按照政策给予解决；对特殊的困难和问题，本着特事特办的原则，力所能及地给予解决；对不符合政策规定的，耐心细致地做好思想工作。

【离退休干部活动中心建设】

2020年，继续巩固省级示范性老干部活动中心创建成果，着力从硬件改善、软件提升和内涵拓展三个方面推进离退休干部活动中心的提级建设。依托县离退休干部活动中心和东岳社区、旧城隍庙两个活动点，开展丰富多彩的文体活动，丰富老干部的精神生活。新冠肺炎疫情防控期间，根据防控工作需要，为避免人员聚集引发交叉感染，暂停开放各活动室（含东北社区、东岳社区老干部活动点），并做好消毒工作。全年，举办庆“七一”中国共产党建党日、“十一”贺中秋暨敬老月全民健身系列活动等20多场。

【离退休干部党建】

2020年，实施“三五”工程。牵头建立36个离退休干部党支部，63个老党员服务站，形成多层次、全覆盖的“三级联动”党建工作机制和“党工委牵头、党支部跟进、服务站全覆盖”的工作格局。重点培育15个省、市级示范离退休干部党支部、老党员之家、老党员服务站，17个助力乡村治理示范老党员服务站，5个市级老年远程教育平台示范点，选树6名先锋离退休干部党员，发挥头雁效应，推动老干部党建工作提质扩面。各离退休干部党支部工作经费列入同级财政预算，同时按照不低于上年上缴党费的70%比例返还。6月，下拨26.3万元给各党支部和服务站作为活动补助经费。8月，局长陈全守受邀在全省离退休干部党工委书记线上研修班上作专题发言，介绍安溪县经验做法。利用离退休干部党支部、老党员服务站、老干部党校、涉老社团、民情茶室“五个载体”，织密老党员助力乡村治理的组织网。引导老干部发挥政治优势、经验优势、威望优势、时空优势、亲情优势“五个优势”，当好政策宣传员、文明劝导员、茶室值班员、纠纷调解员、廉政监督员“五个角色”。组织全县离退休人员助力全县24个乡镇推进乡村振兴建设，推动乡村善治，做到“多服务、不干预，多帮忙、不添乱”。全年，全县老党员开展各类正能量活动1000多场次。开展主题活动，围绕“我看脱贫攻坚新成就”主题，开展调研访谈、诗书画影、文艺演出、微视频展示等符合老年人特点、丰富多彩的系列活动。举办“庆七一暨我看脱贫攻坚新成就”书画展；打造离退休干部“我看脱贫攻坚新成就”舞台剧，引导老干部忆初心、感党恩、展风采，获评全省金奖；举办“我看脱贫攻坚新成就”专题时政沙龙，相关视频在“学习强国”平台刊播；组织老干部与中学生一对一结对，帮助中学生开展“模拟人大”实践活动。

助力疫情防控 下发《关于做好离退休干部疫情防控工作的通知》，教育引导离退休干部科学应对疫情，助力打赢疫情防控阻击战。新冠肺炎疫情发生后，老干部勇当逆行者，近600名离退休人员开展入村入户宣传，举行募集口罩与资金，助力取消红白喜事宴请、企业复工复产等宣传活动300多场次，捐款42万元，用自己的行动助力疫情防控。全国离退休干部先进个人薛世浩为疫情防控捐款1万元，处级退休干部谢志攀通过61个茶叶促进会分会摸排安溪茶企人员进出武汉情况，并募集资金和2万只口罩。12月6日，安溪坚持党建引领，引导老干部发挥正能量获得主流媒体报道和何国辉指示肯定。

【县委老干部党校】

2020年，县委老干部党校加强对全县离退休干部党员、处级离退休干部、离退休干部党组织负责人、服务站负责人的培训，不断提升离退休干部党支部建设水平，增强党支部的战斗堡垒作用，将激发出来的政治热情转化为维护社会稳定、推动社会发展的正能量。10月22日，举办“不忘初心　传承红色基因”专题报告会暨“清溪讲坛”第31讲活动。

【老干部信息宣传】

2020年，利用电视、报纸等传统媒体和微信、新闻App等新媒体，加强老干部正能量宣传，全年，获市级以上媒体采用127余篇（条）次。其中，中央级媒体33篇（条）次、省级52篇（条）次、市级42篇（条）次。相关工作信息在省级以上工作刊物刊发10条。其中，中央级工作刊物5条，省级5条。《中国组织人事报》刊发《疫情防控老党员发挥表率作用》《福建安溪：赤诚余热映初心》等3篇；《中国老年报》刊发《“编外村两委”奋战疫情防控一线》《福建安溪老党员危难面前显担当》《建设美丽乡村，老党员善治善为——福建安溪实施“三五”党建工程推进乡村治理》等4篇；省委组织部《防控疫情工作专报》《福建老年报》《东南早报》《泉州晚报》等也多次进行报道。加强离退休老干部先进典型的宣传力度，激励更多有专长有热心的老干部，参与到发挥正能量活动中来。老干部薛世浩获评全国离退休干部先进个人，《福建老年报》刊发《初心不改　桑榆为留华——记安溪县原文化局离休干部薛世浩》；人民网、中国网、中新网、新华网等30家新闻媒体刊发《行为世范　浩气长存——安溪九旬离退休干部几十年如一日关心下一代》等文章。通过拍摄微视频等形式丰富宣传载体，扩大宣传效果。《1986年习近平在安溪的扶贫故事》微视频在“学习强国”平台刊播。11月30日，安溪县加强老干部宣传工作得到陈恬波批示肯定：“很好”。

（黄明钊　陈全守）

·党校（行政学校）·

【概况】

2020年，县委党校（行政学校）坚持以习近平新时代中国特色社会主义思想为指导，坚持党校姓党根本原则，围绕县委中心工作、服务改革发展大局，以加强党的长期执政能力建设、先进性和纯洁性建设为主线，以锻造“四铁干部”为目标，突出主业主课，深化教学改革，不断提升党校工作科学化水平。

【干部培训】

2020年，县委党校（行政学校）按照年度干部教育培训计划要求，突出主业主课，加强党的理论教育和党性教育，科学设置教学内容，进一步提高干部培训的针对性和实效性。全年，举办各级各类培训11期次，主要包括第26期县管干部进修班（城乡规划建设专题）1期，第27期县管干部进修班（智能制造与产业升级专题）1期，优秀年轻干部示范培训班1期，新选派驻村第一书记培训班1期，软弱涣散村党组织书记专题培训班1期，县管干部学习贯彻中共十九届四中全会精神轮训班1期，第二期公文写作班1期，乡村讲师团龙岩异地培训班1期，2019年新录用事业干部初任培训班1期，党外干部培训班1期，学习宣传中共十九届五中全会精神宣讲专题培训班1期，培训轮训党员干部1800多人次。

【理论宣传】

2020年，县委党校（行政学校）根据县委部署要求，组织党校教师和农民讲师开展学习贯彻中共十九届四中全会精神工作、学习贯彻中共十九届五中全会精神、学“习”故事系列采访实录、移风易俗等主题宣讲活动120多场次，受教群众5000余人。

【教研科研】

2020年，县委党校（行政学校）坚持以强科研、重咨政、创新招、求突破为目标，以“三个一”（讲好一堂课、写好一篇调研文章、写出一份咨政报告）量化考评制度为导向，组织教师参与上级党校教学教研工作。1项课题获得全省党建重点课题三等奖；1项课题获得全市党建重点课题三等奖；1项课题入选泉州市委党校校级课题立项，成果鉴定为二级；2项课题发表于《泉州通讯》；3篇论文公开发表于CN级刊物。

【培训异地干部】

2020年，县委党校（行政学校）坚持开放办学和大党校理念，进一步整合全县现场教学点，培育主题实践考察路线，拓展党校干部培训的范围和内容。全年，独立承接外地培训班4期，承接省委组织部、省委党校（福建行政学院）培训班1期。

【农民讲师团】

2020年，县农民讲师团举办“践行消费扶贫·助推乡村振兴”安溪县第二届年货节暨祥华乡东坑村山药丰收节、安溪县女性人才茶叶审评技能大赛，赴长汀县、古田县学习考察等活动，到重点扶贫村开展技术指导、组团帮扶。

（曾玲玲　林清贵）

·史志工作·

【概况】

2020年，中共安溪县委党史和地方志研究室（简称“县委史志室”）围绕服务县委、县政府中心工作，在抽调人员参与疫情防控工作的同时，挖掘安溪丰富史志资源，编纂出版多部史志书籍，开展史志文化“五进”活动，推进史志成果转化，发挥史志工作存史、资政、育人作用，取得显著成效，多次得到安溪县主要领导批示肯定。9月8—10日，福建省第七届全国地方志优秀成果（年鉴类）推荐报送工作评审小组成员会议在安溪举行，省委党史方志办副主任林浩对安溪近年来史志工作所取得的成效表示肯定，县委史志室主任郭月欣在会上作安溪修志编鉴工作先进经验介绍。11月5日，泉州市委《侨区快讯》头条刊发《安溪县拓展存史资政新途径》一文，介绍安溪县委史志室的创新做法，得到安溪县委书记高向荣批示肯定：“很好！继续努力”。11月，县委史志室获评2017—2019年泉州市级文明单位。

【年鉴编纂】

编纂出版《安溪年鉴（2019）》

2020年6月，由县委史志室组织编纂的《安溪年鉴（2019）》，由海峡文艺出版社出版发行。全书68万字，内容客观、系统记载安溪县2018年自然、政治、经济、文化、社会、生态等领域的发展情况、重大成就和深刻变化，展示“四个安溪”建设的崭新风貌，为社会各界人士认识与开发安溪提供综合性、权威性的第一手资料，具有存史、资政和育人价值。

组织编纂《安溪年鉴（2020）》

2020年，县委史志室拟定该年鉴编纂大纲，组织年鉴编审专家、年鉴编辑人员、修志业务骨干及有关行业协会专家围绕“结构框架设计、内容选择取舍”这一主线，对2020卷框架结构进行适当调整优化，开拓创新，先试先行。编纂过程中，在初稿、编辑、总纂、审核、排版、配图等环节上，把好年鉴质量关。在注重年鉴质量的同时，加快编纂进度，完成稿件总纂任务，在印刷厂排版后送出版社审核。该卷框架内容的创新做法，在第十届中国地方志学术年会上得到与会专家认可。

【部门志、乡镇志编修】

2020年，县委史志室指导督促编修乡镇志、部门志工作，多次主动与湖头镇、农业农村局主要领导沟通，启动编修《安溪茶志》《湖头镇志》。督促指导《安溪茶志》编修工作，召开编纂工作会议，进行编纂业务培训，提供相关资料。督促指导《湖头镇志》编修工作，指导该志编纂方案拟写，根据“中国名镇志文化工程”的编纂要求，结合湖头镇的资源优势，拟写《湖头镇志》基本篇目。

【编纂《中国差生逆袭——一个山区县的发展求索》】

2020年，为向中国共产党成立100周年献礼，县委史志室与县人大常委会办公室联合编纂《中国差生逆袭——一个山区县的发展求索》，采编出版工作得到县委、县政府主要领导同意批示。为反映改革开放40年来安溪县由全省最大的贫困县跃居全国百强县的巨大发展变化，加强开展县域改革生动实践的研究宣传，按照专题任务分解表进行资料征集，收集存档相关主题事件资料，撰写重要主题材料主稿；拟写主题事件采访提纲，整理采访内容录音文字资料；研讨篇目大纲，做好相关专题内容资料的修改补充。该书完成编目大纲，组织优化调整编目及收集整理相关资料，采用多种方式进行采写、访谈，基本完成初稿。

【《安溪县革命老区发展史》发行】

2020年6月，由县老区建设促进会和县委史志研究室联合编纂的《安溪县革命老区发展史》，由厦门大学出版社出版。全书约34万字，图文并茂，具有存史价值。7月17日，举行《安溪县革命老区发展史》发行暨赠书仪式，县委书记高向荣等出席赠书仪式，并就弘扬红色文化提出具体要求。

【《安溪家训家风选》发行】

2020年，由县委史志室组织编纂的《安溪家训家风选》，由海峡文艺出版社出版发行。该书历经两年多收集整理编纂而成。全书23.2万字。该书的出版，得到安溪县县长吴毓舟的批示肯定。该书对弘扬茶乡优良家风，传播向上向善的正能量，推动社会主义核心价值观的教育具有重要意义。

【“乡村记忆文化”项目建设】

2020年，县委史志室开展市级“乡村记忆文化”项目建设。指导项目建设，结合泉州市第一批“乡村记忆文化”项目建设试点村的经验做法，县委史志室联合县档案馆，到实地摸底调研，按照规划建设方案要求，指导西坪南岩、湖上盛富、长坑福春、金谷溪榜4个试点村做好“乡村记忆文化”项目建设。推进项目实施，细化项目建设内容，扎实推进项目落地。赠送史志书籍，设立史志专柜。指导村志编目拟写、资料搜集、内容编修，完成试点村村志初稿。组织验收，组织进行县级验收，对存在的问题进行整改、推进落实。通过试点村的项目建设，以点带面，点面结合，助力乡村文化振兴。10月底，该项目建设4个试点村通过市级验收。

【红色教育基地建设】

2020年，县委史志室挖掘利用红色资源。加强红色阵地的提升，做好贞洋村、佛仔格、登山村、溪榜村4个村申报“中央红军村”，撰写《“中央红军村”——蓬莱镇登山村》《“中央红军村”——魁斗镇贞洋村》2篇文章。9月，泉州市委史志研究室主任张惠评率队到安溪，调研“中央红军村”申报工作，调研活动中，张惠评要求把“中央红军村”建设与乡村振兴有机整合，以点连线，以线连片，整体打造，红色资源共建共享，把“中央红军村”打造成为重要的红色历史教育基地、红色文化宣传基地、红色旅游示范基地和社会主义新农村建设示范基地。征集革命文物，联合组织部开展革命文物征集，在《安溪报》、安溪电视台等新闻媒体发动征集。联系当地革命前辈后代，对抗战时期安溪红色家书进行征集整理。开发利用红色资源，将红色资源与乡村振兴和文化旅游有机融合，联合县委组织部和金谷镇党委政府，做好安南永德苏维埃政府旧址、莫耶故居等红色革命资源整合工作；与文体旅局联合推出红色旅游精品线路。提升相关红色景点的展馆材料，整理完成相关展馆讲解词，做好部分红色景点的讲解工作。

【史志文化“五进”活动】

2020年，县委史志室强化史志文化宣传利用，创设“安溪史志讲堂”，率先在泉州史志部门创设“史志讲堂”，将“编史志、学史志、讲史志”列入2020年度单位工作重点，围绕该室编纂出版的《中国共产党福建省安溪县历史》《安溪县志》《安溪家训家风选》等史志书籍，选取不同主题，史志室干部轮流主讲，开展评议活动，以讲促学，编研结合，练好修志鉴、编党史的“内功”，助力史志文化资源“活起来”“立起来”“走出去”，服务于“四个安溪”建设。《安溪报》《泉州月志》对此举进行报道。史志文化进校园、进机关，推动史志文化“走出去”。与县教育局联合开展“学习史志文化，弘扬安溪精神”主题宣讲活动，内容涉及“安溪历史”“红色文化”“家训家风”“安溪特色文化”等方面专题，进校园进行宣讲。开展史志文化进机关活动，主动到县直有关单位宣传史志文化。推进学校开展红色文化教育和传统文化教育，打造具有安溪优良传统历史文化特色的“人文校园”，引导和鼓励学生走近安溪历史，了解和感受安溪传统历史文化的丰富内涵，培育爱党、爱国、爱乡情怀。史志室开展史志成果“五进”活动，得到安溪县县长吴毓舟的批示肯定。

【地情资料宣传】

2020年，县委史志室扩大宣传领域，更新维护微信公众号“安溪史志”，编发史志动态、疫情防控知识、社会关注焦点等文章资料，整理编发党史资料，编发安溪人物、姓氏源流、民风习俗等相关地情知识，传承优秀传统文化。开展科技文化卫生“三下乡”活动；开展《地方志工作条例》宣传活动；开展志书交流活动；在《安溪报》《泉州月志》等媒体上宣传安溪史志动态。

【红色遗址保护】

2020年，县委史志室对接县文管办，做好城厢镇经岭村等相关革命遗址申报县文物保护点工作，中国抗日义勇军西南军区闽南第二支队活动旧址——经岭村仙洞寨于11月被列入第八批安溪县级文物保护单位。

【《安溪县组织史》整理录入】

2020年，县委史志室做好《安溪县组织史》的整理录入工作，搜集整理1988—2018年组织史资料，推进相关资料录入整合工作。

【史志队伍建设】

2020年，县委史志室注重年轻干部培养选拔。7月，1名年轻后备干部直接从本单位提拔为史志室副主任。补强修志编史力量，通过安溪县竞争性选调公务员形式，在全省内选调1名干部，充实史志队伍。重视“走出去”学习，3名干部分别到县委办、县委组织部、县委文明办跟班学习，其中1名干部被推荐到市委办进行跟班学习。参加全省党史方志系统业务培训班、福建省地方综合年鉴业务培训班、福建省干部网络学院培训学习、安溪县公文写作能力提升培训班、安溪县组织人事系统学习贯彻新时代党的组织路线专题培训班等。

【加强史志理论研究】

2020年，县委史志室注重史志理论研究，不断总结修志鉴、编党史的经验，撰写史志理论文章，多篇学术研究文章发表于中国社会科学网、中国方志网、《政协天地》等官方网站、刊物。参加泉州市社科联等主办的乡村善治与现代教育座谈会。2篇论文入选全国地方志方面学术年会、论坛论文集。参加2020年福建省地方志学会年会并在会上作交流发言（全省仅5人发言）等。

【创建市级文明单位】

2020年，县委史志室与共建社区凤城镇蓝湖社区积极开展志愿服务活动，疫情防控宣传、消防演练、环境清洁、移风易俗、爱国卫生运动及“我们的节日”等志愿服务活动。开展学雷锋活动、文明交通劝导、无偿献血、倡导宣传垃圾分类等志愿服务活动。做好文明单位创建工作，单位获评2017—2019年市级文明单位称号。

【服务中心】

2020年，县委史志室做好单位疫情防控工作的同时，抽调3人参加县疫情防控工作；参与凤山书院项目建设工作；参与安溪铁观音茶文化系统核心区保护建设工作；参加安溪县加强和改进乡村治理三年行动计划工作；参与安溪动车站站前广场文化立柱方案设计；参与湖头名镇历史文化的研究与宣传工作。参与县疫情防控、征兵工作、国家级生态县、安全整治等宣传片脚本撰写。到帮扶挂钩村，开展扶贫工作，走访慰问贫困户。组织干部参加文明创城工作，提供安溪家训家风、茶文化等文明城市创建宣传材料，宣传文明城市创建活动，参加交通文明劝导志愿服务活动。服务群众需求，帮助寻根谒祖。

（苏锦生　郭月欣）

·县直机关党建·

【概况】

中共安溪县委县直机关工作委员会（简称“县委县直机关工委”）负责领导县直机关党的工作，管理县直党委18个、二级党委5个、党总支部17个、党支部429个、党员8026人。2020年，在安溪县委的领导下，县直机关党工委牢牢把握围绕中心、建设队伍、服务群众核心任务，以模范机关创建为抓手，突出政治建设，通过项目化运作，推动机关党建走前头、作表率。在泉州市机关特色党建项目评展中，获得一等奖2个（全市3个）、二等奖1个，县委县直机关工委获得“特别成就奖”“优秀组织奖”，得到县委高向荣书记的批示肯定：“很出彩，超赞！”在泉州市第三届机关体制机制创新优秀案例评选中，获得二等奖2个、三等奖1个。

【政治建设】

2020年11月，县委县直机关工委印发《关于加强和改进新时代机关党的建设的若干措施》，提出13条具体要求，先后召开2场推进会，推动工作落地落实。开展落实全面从严治党主体责任检查，指导基层党委深化运用监督执纪“四种形态”，紧盯重要时间节点，加强对关键少数政治监督，强化纪律建设。

开展“讲政治·话初心”系列活动　2020年，县委县直机关工委以庆祝中国共产党成立99周年为契机，组织开展“讲政治·话初心”、“七个一”（一堂党课、一场主题征文、一个主题党日示范班、一个党务知识比拼、一次党员志愿服务、一次关心关爱慰问、一次廉政教育）系列活动，不断巩固深化“不忘初心、牢记使命”主题教育成果。

【思想建设】

2020年，县委县直机关工委推动一把手发挥关键少数作用，带动本单位干部职工持续兴起大学习热潮。编制《安溪县机关党员政治理论学习安排表》4期、《安溪县机关党员教育学习材料》12期，将《习近平谈治国理政》第三卷、《习近平在福建》等内容，列入“三会一课”的必学内容，组织县直各级党组织学习研讨4800多场次。7月3日，县委常委、组织部部长、县委县直机关工委书记陈友爱结合自身抗击疫情、到县直机关调研的思考、学习采访实录的体会，围绕“强化政治机关意识、坚定走在前作表率”主题，为县直机关党务工作者上了一堂专题党课。将理论学习纳入党建述职、民主生活会、意识形态工作责任制、年度绩效、文明单位考评、模范机关创建内容，组织开展舆论阵地检查18批次，通报“学习强国”学习情况24次。建立理论学习中心组学习巡听旁听工作制度，对时间安排、学习任务、形式、内容、效果等提出具体要求，安排工委科级干部挂钩全县59个县直单位参加巡听旁听。

【组织建设】

2020年，县委县直机关工委调优配强党组织，批准设立县公安局机关、县法院机关、县中医院、县医院总院、县中医院总院5个党委，联合县委组织部、县纪委等部门，把好党委委员、纪委委员人选关口，做好委员备案和书记、副书记的审批以及选举等工作。

发展党员　坚持控制总量、优化结构、提高质量、发挥作用原则，坚持把政治标准作为发展党员的第一标准，从严把好入党关口，全年预审发展对象102人。

规范组织生活　抓制度。建立

2020年7月3日，县委常委、组织部部长、县委县直机关工委书记陈友爱在县公务大楼302会议室上“强化政治意识”专题党课（县委县直机关工委供图）

党员领导干部参加党内政治生活提醒备案制度，由党支部如实记录县管（含）以上党员领导干部和各党支部书记参加党内政治生活情况，将参加“三会一课”、主题党日活动、民主生活会、组织生活会、民主评议党员、谈心谈话等的时间、主题以及其他重要信息如实填入提醒备案表。抓常态。试行智慧党建，开发“茶乡党小问”小程序倒逼党务干部学习业务知识，建立计划报备、活动纪实、现场指导、检查考核等制度，推行“三会一课”信息化纪实，以点带面推进县直机关党支部规范化建设。抓监督。建立党工委挂钩党委、党委挂钩党支部的挂钩联系制度，推行“集中落实周”，每季度集中一周时间，围绕“支部按期换届、支部书记原则上由主要负责人担任”等专题，开展督促指导420多场次，推进工作补短板、强弱项900多项。进一步完善机关党委书记、党支部书记抓党建述职评议制度，层层开展述职评议，督促各级党组书记履行好第一责任人职责。

【实施党建项目化管理】

2020年，县直机关党建以突出政治建设，创建模范机关为主题，策划生成27个特色党建项目，通过项目化运作，促进党组织和党员作用的发挥。组织开展特色党建项目评展，有21个项目参与评展，其中1个项目获得一等奖，2个项目获得二等奖，3个项目获得三等奖。从中择优推荐3个项目参加泉州市机关特色党建项目评展，获得一等奖2个（全市共3个）、二等奖1个，县委县直机关工委获得“特别成就奖”“优秀组织奖”。

【创建模范机关】

2020年11月，县委县直机关工委开展“让党中央放心、让人民群众满意的模范机关”创建工作，将模范机关创建工作要求细化为9条标准34项，确定县委组织部、县直机关党工委、老干部局、法院、教育局、公安局、卫健局、行政服务中心管委会、残联、税务局10个单位为首批创建示范单位，着力锻造“政治最坚定、业绩最优良、为民最到位”的模范机关、过硬队伍。

开展“弘扬‘双铁’文化”主题党日示范班和廉政教育活动 2020年6月16日，组织县直党委专职副书记、党务干部、党支部书记代表、新入党党员代表60多人到初心教育基地李光地故居和慈山农业学校开展廉政教育和“弘扬‘双铁’文化”主题党日示范班活动，让党员干部知茶、爱茶、讲茶，了解安溪藤铁工艺发展史，学好用好工匠精神，引导广大党员思考“服务两大支柱产业我能做什么”，集思广益为茶产业和藤铁工艺产业转型升级支招，激发干部担当作为意识。

开发茶乡“党小问”小程序 茶乡“党小问”小程序内设每月一答、每季一考、党务小辞典、自定义练习、通知通告、个人中心6个板块，通过月学季考、年终亮晒，推动党务干部在干中学、在学中干，推动学习培训常态化。党务小辞典收集了新修订、出台的党内法规和各级关于加强党的建设的最新意见和措施，列举了基层党组织在工作中遇到的常见问题，围绕基层党务工作者所思、所需、所急，以基层党组织做什么、怎么做等为着力点，对党务工作的疑点难点问题进行深入浅出地阐述和解答。

在职党员到社区报到 2020年，县委县直机关工委组织在职党员9500多人次到社区报到，走访社区群众1000多户，开展志愿活动300多场次，为社区协调解决矛盾和问题230多个。

【疫情防控】

2020年1月29日，下发《关于进一步发挥县直机关基层党组织和党员作用推动疫情防控措施落实的通知》，号召县直党组织和党员带头落实防控措施，督促指导所属党组织做好本单位的疫情防控工作。县直各级党组织发挥战斗堡垒作用和共产党员先锋模范作用，坚定站在疫情防控第一线，做到哪里任务险重，哪里就有党组织坚强有力的工作、哪里就有党员当先锋作表率，县直机关党员参与疫情防控工作7200多人。县委县直机关工委全体党员带头捐款4300元，在职党员到朝凤社区开展入户排查、宣传，为社区疫情防控建言献策，抽调3人

2020年9月25日，在供电公司举办2020年安溪县直机关特色党建项目比赛（县委县直机关工委供图）

参与全县疫情防控和督导。

（潘友生　陈友智）

· 精神文明创建 ·

【概况】

2020年，安溪县精神文明创建工作以习近平新时代中国特色社会主义思想为指导，围绕举旗帜、聚民心、育新人、兴文化、展形象的使命任务，以培育和践行社会主义核心价值观为主线，进一步加强未成年人思想道德建设，深化移风易俗，深入开展群众性精神文明创建活动，取得了明显成效。

【培育和践行社会主义核心价值观】

公民道德教育　2020年1月9日，举办安溪县第五届道德模范表彰活动，表彰助人为乐、见义勇为、诚实守信、敬业奉献、孝老爱亲等5类25名道德模范，并举行道德模范代表座谈会。9月下旬，举办2020年度道德模范、文明家庭基层巡讲百名先进事迹图片展活动，巡讲团到官桥镇、凤城镇进行巡讲。制作安溪县历届各级道德模范、身边好人、文明家庭以及其他行业先进典型事迹图片展板，在城区部分学校进行巡展。开展慰问道德模范身边好人和新时代好少年。春节前夕，县委文明办、县总工会到湖头、蓬莱、城厢、官桥等乡镇慰问生活困难道德模范、身边好人和新时代好少年，为他们送上慰问金和节日问候。文明单位举行“践行初心使命，弘扬时代新风”主题春联书赠活动，为历届各级道德模范、身边好人、最美人物、新时代好少年、美德少年家庭、老干部及部分城区居民群众赠送春联。清明节期间，根据县疫情防控指挥部工作部署，发布2020年清明节文明祭扫倡议书，发动市民和未成年人居家参与网上祭英烈签名寄语活动。端午、中秋、重阳期间，文明单位与共建社区举行形式多样的节日活动。9月20日公民道德宣传日期间，开展以“文明让生活更美好”为主题的道德实践活动，现场举行灯猜、义诊、咨询服务，展出道德模范、新时代好少年先进事迹、移风易俗、“文明健康　有你有我”、文明出行、文明交通、文明旅游、文明就餐、文明观赛等公益宣传和公民道德建设成果，引导群众参与道德建设，做文明有礼的安溪人。

志愿服务活动　2020年初，新冠肺炎疫情突袭而至，按照中央文明办部署要求，组织各级文明单位有针对性地开展精神文明教育，落实新冠肺炎疫情常态化防控措施，设计创作一批“文明健康 有你有我”主题公益广告，内容涵盖拒食野味、锻炼身体、遵守交通、垃圾分类、良好心态、传承孝道和移风易俗等，在安溪文明网、文明安溪公众号刊播展示，在城区主要干道、公园景区、社区、楼宇等公共场所，广泛刊播展示公益广告，呼吁广大市民从一些生活细节和身边小事做起，养成文明健康的生活方式。3月，协调组织县直各单位开展以助力疫情防控和复工、复产、复学为主题的学雷锋志愿服务活动。开设心理援助热线0595-26333789，通过电话咨询和网络心理服务等方式，为广大未成年人及家长等提供心理援助服务。7月15日，举行“文明创城　志愿同行”志愿服务集中活动周，各级文明单位志愿者参加文明劝导、爱国卫生运动、社会宣传、爱国卫生、医疗急救、交通劝导、环境保护等志愿服务活动。县委文明办全体干部到小东社区开展清理环境卫生整治、分发公益广告等志愿服务。县医院“护佑健康　守护生命”志愿服务项目获2020年泉州市志愿服务项目大赛铜奖，安溪县唯尚心青年志愿者协会“为老服务”志愿服务项目获2020年泉州市志愿服务项目大赛优秀项目奖。

【未成年人思想道德建设】

课外活动阵地建设　2020年，确定为民办实事项目：县第四小学建设城市学校少年宫、县第十三小学、十六小学创建学校心理健康辅导室，凤城镇先声、蓝湖、朝阳、清水湾社区和城厢镇茶都、茗城社区创建未成年人文化活动室。各相关学校、社区新建完善设施、设备，建立健全工作制度，项目全部建成投入使用。

开展“扣好人生第一粒扣子”主题活动　清明节组织中小学校学生参加祭英烈活动，“六一”国际儿童节组织中小学校学生学习宣传新时代好少年活动，“七一”中国共产党建党节，“十一”国庆节期间，组织中小学校学生参加祭英烈活动，组织学习宣传新时代好少年活动、“童心向党”歌咏活动、向国旗敬礼网上签名寄语活动等。择优推荐安溪六中、县实验小学等6所学校分别录制2020年安溪县中小学生“童心向党”歌咏活动视频参加全市网络展播。组织推荐评选第二届安溪县新时代好少年，经各乡镇、各县直学校、中心学校以及县直有关单位推荐，主办单位组织评审、公示，确定安溪一中李政等10名学生为第二届安溪县新时代好少年。推荐县少体校九年级学生谢雪婷获评第二届泉州市新时代好少年、第二届福建省新时代好少年。“六一”国际儿童节，组织走访慰问第二届省、市新时代好少年谢雪婷、首届安溪县新时代好少年光德中学许秋燕、官桥中学附小陈培凤，为他们送上节日问候和慰问金。举办公益九月心理健康教育公益活动，组织专业教师到基层学校举行心理健康教育巡讲8场次。

【推进移风易俗活动】

2020年，坚持将移风易俗工作纳入全面从严治党主体责任落实检查内容、纳入党建工作绩效评估内容、纳入乡村振兴战略考核指标、纳入“强基促稳”考评内容、纳入精神文明建设“五大创建”考评体系、纳入平安建设（综治）考评内容、纳入各级干部和农民讲师团成员培训内容等，做到同部署、同检查、同推进。同时，坚持问题导向，将市、县调研反馈的问题整改任务，分解到各相关职能部门和乡镇、村（社区），层层签订承诺书。县领导分别于8月和10月，带队到乡镇和县直部门进行专题调研。10月12日，县委、县政府召开全县移风易俗工作推进会，对移风易俗工作进行再动员、再部署。12月，成立4个调研组，分赴各乡镇、县直各单位进行专题调研。

县委文明办制定印发移风易俗宣传方案，在全县各级官方媒体平台广泛刊播公益广告，在“学习强国”、中新网、中国文明网、《福建日报》《泉州晚报》等媒体宣传报道经验做法，在全县各媒体常年展播移风易俗微电影、动画宣传片。组织县农民讲师团（乡村讲师团）进村入户宣传移风易俗知识，举办“道德模范”、“身边好人”、文明家庭先进事迹巡展、巡演和移风易俗文艺演出活动13场次，城乡群众参与人数1万多人次。6月，委托安溪调查队开展的专项调查和9月全市组织的专项调查显示，知晓率98%、支持率99%、满意率100%，“三率”均居全市前列。

2020年，安溪县按照市委文明办部署，印发《倡树新风　共克时艰》倡议书，倡导各级文明单位带头投身疫情防控，践行移风易俗。全面取消或简化操办各类婚丧喜庆，并坚持常态化。1月，全县24个乡镇取消佛事445场，婚宴推迟或取消364场，丧事简办60场。按照常态化疫情防控工作要求，严格做到喜事新办或不办、丧事简办、神佛事不办。8月，县政府出台《凤城镇社区推行文明治丧的工作方案》，明确自9月1日起，推行凤城镇各社区丧事到县殡仪馆文明治丧，以杜绝城区内搭建拱门、摆桌、播放哀乐等关联活动，并落实文明治丧每例补助1500元。试行3个月，发放补助21例，累计补助金额3.15万元。12月1日起，该方案在全县施行。大力倡导文明敬香，创建生态寺院，在清水岩、普陀寺等重要宗教活动场所，实行“一少三不”做法，即少烧香，不燃放烟花爆竹、不烧金纸、不燃蜡烛，明确县域内寺院全部禁止燃放烟花爆竹。加强规范外烩行业管理，将从业人员践行文明餐桌行动列入红黑榜、风险等级评定内容。培育示范村镇，发挥“一约四会”（村居民约，村民议事会、道德评议会、禁毒禁赌会、红白理事会）作用，全县所有村（社区）群众户户签订丧事简办、喜事新办、神事不办承诺书。

2020年，安溪县举办文明村镇创建培训会，强化创建指导，推动文明单位与文明村镇、文明社区结对共建，文明村、文明乡镇创建达标率分别为56.85%、91.67%。培育乡风文明建设联系点，在各级文明村和省级乡村振兴试点村中择优培育30个县级乡风文明建设联系点，每个联系点补助创建经费2万元。城厢镇经岭村入选省第一批乡风文明联系点，祥华乡石狮村、官桥镇新厅村入选市第一批乡风文明联系点。深化创建家风家教学堂，全县已建成安溪县家风家训展示厅、湖头阆湖博物馆等44个家风家教学堂（厅、馆），实现乡镇创建全覆盖。湖头阆湖博物馆被确认为全省首家镇级博物馆、第二批省级家风家训乡贤文化馆、市妇联“家风家训传承”示范基地。

2020年，安溪县扎实推进新时代文明实践中心建设试点工作，成立安溪县新时代文明实践中心，组建新时代文明实践志愿服务总队、支队、大队。推进凤城镇、湖头镇新时代文明实践中心建设市级试点乡镇建设，辖区内各村（社区）同步开展试点工作，组织开展文明实践活动。各级党委、政府引导广大群众将简办节省的资金投入公益慈善事业。据不完全统计，当年全县移风易俗节省的资金3亿多元。其中，捐给教育发展基金会、促进会或扶贫开发协会1亿多元。县财政投入200多万元对县殡仪馆进行改造升级，改建、扩建4个吊唁厅，优化服务功能，提升服务水平。把创办农村家宴中心纳入县委县政府为民办实事项目，为推动移风易俗节俭办宴创造有利条件，全县创办31家农村家宴中心。

在抓好党员、公职人员带头示范的同时，紧盯各级人大代表和政协委员，村（社区）“两委”成员，企业家等关键少数，并参照党员、公职人员操办婚丧喜庆事宜有关规定执行。对民营企业、个体工商户业主违反规定的，取消其企业一切财政性补贴和奖励。全年查处违反移风易俗规定的党员、公职人员2起3人，其中党纪处分1人，诫勉谈话1人，批评教育1人。安溪县“抓住关键少数，带动绝大多数”案例入选全市创新典型案例汇编。加大失信被执行人联合惩戒力度，落实限购不动产、取消参评文明单位资格、取消政策性优惠等22项一票否决措施，被列为失信被执行人的公职人员取消文明奖金、平安单位奖金和绩效奖金。

2020年，组织“30”创建活动，即评选“30个移风易俗示范乡镇、村（社区）”、“30佳移风易俗村(居)规民约”和“30个移风易俗示范带头人”。同时推荐一批先进典型参加全市“百个移风易俗示范乡镇(街道)、村(社区)”“百个移风易俗示范点带头人”和“百佳移风易俗村(居)规民约”创建活动。推荐9例“好婆媳、好妯娌、好邻居”典型参加全市评选活动。征集评选全县移风易俗工作典型案例16篇，汇编印制《安溪县移风易俗典型工作案例选编》，发放到各村（社区），组织学习宣传。用好《泉州市移风易俗典型案例汇编》，组织各级文明单位、文明村镇开展看视频、学案例、作承诺、抓共建活动。开展第五届安溪县道德模范表彰活动，表彰助人为乐、见义勇为、诚实守信、敬业奉献、孝老爱亲等5类25名道德模范，组织评选表彰首届安溪县文明家庭30户，乡镇评选星级文明户2000多户。

【群众性精神文明创建活动】

省级文明县城创建 2020年，是省级2018—2020年度文明县城创建的总评年。组织制作2019年度文明县城实地暗访反馈专题片，形成问题清单，推进整改；进行实地考察点信息更新申报，申报35个项目265个考察点。细化分解《福建省文明县城测评体系操作手册》《福建省未成年人思想道德建设测评体系操作手册》。10月12日，组织召开省级文明县城创建工作推进会。组织举行材料申报培训，成立文明县城创建工作机构、专项工作小组，出台《安溪县创建省级文明县城工作奖惩暂行办法》，组织各级文明单位、公益组织志愿者参与志愿服务，动员各界力量投入新一轮创建中，形成文明县城人人创建的工作格局。落实常态化刊播公益广告，委托第三方开展群众性精神文明创建问卷调查，编印分发《市民文明手册》2万册。完善提升创建材料并按时提交。组织督查组开展专项督查，督促落实整改。11月25—26日，省文明委组织的测评组到安溪开展实地测评，于2021年2月20日对拟推荐表彰的第六届省级文明城市、第十四届省级文明村镇、文明单位和第二届省级文明校园、文明家庭候选名单进行公示。

开展群众性文明创建活动 2020年10月，组织举办文明校园、文明村镇、文明单位业务培训，指导全国及省级文明单位、文明村镇、文明校园、文明社区做好总评材料申报审核。11月，市测评组到安溪开展实地测评、问卷调查。安溪县税务局、农行安溪县支行继续保持全国文明单位称号，城厢镇经岭村、湖上乡盛富畲族村继续保持全国文明村称号，福田乡丰田村被评为第六届全国文明村。推荐6个乡镇、8个村、21个单位、7所学校，以及退休教师胡云豹家庭分别为第十四届省级文明村镇、文明单位，第二届省级文明校园、第二届省级文明家庭候选对象，2021年2月20日公示。推荐55个村镇、45个单位、33所学校、11个社区、9户家庭，以及5名先进个人和1个先进集体分别被市委、市政府表彰为2017—2019年度文明村镇、文明单位、文明校园、文明社区、文明家庭，以及精神文明建设先进工作者，军民共建精神文明先进个人和先进集体。组织新一届市级（2020—2022年度）、县级（2020—2021年度）精神文明建设各类先进申报，组织第二届安溪县文明家庭评选，开展新一轮结对帮扶共建。培育乡风文明联系点，在全国、省级、市级、县级文明村和省级乡村振兴试点村中培育30个村县级乡风文明联系点。城厢镇经岭村入选省第一批文明乡风联系点，祥华乡石狮村、官桥镇新厅村入选市第一批文明乡风联系点。深化诚信经营示范区创建，引导和鼓励入驻大同路的93家商户参与“诚信商家、放心消费”创建活动。经文明办、市监、工信商、市政等部门组织评审，授予首批13家商户为诚信经营星级单位称号。

网络文明建设 2020年，落实意识形态责任制，办好安溪文明网、文明安溪微信公众号。组织发动各级文明单位、文明乡镇、文明校园在中国文明网、福建文明风、泉州文明网、安溪文明网等平台，宣传报道安溪县精神文明创建工作经验和成效。全年，在中国文明网、福建文明风刊登宣传报道稿件147篇。在泉州文明网、安溪文明网选登稿件200多篇。信息工作居全省、全市前列。县委文明办获评2020年度全省精神文明创建信息工作先进单位。

（吴远景　林爱华）

·综述·

【概况】

2020年，县人大常委会以习近平新时代中国特色社会主义思想为指导，践行习近平总书记关于坚持和完善人民代表大会制度的重要论述，把握习近平总书记关于统筹推进疫情防控和经济社会发展工作的总要求，认真履行宪法和法律赋予的职责，坚持履职不懈怠、监督更尽责，同心同力、担当作为，努力把人大制度优势更好转化为治理效能，回应人民群众重大关切，为新时代安溪发展贡献人大力量。全年召开县人大常委会会议9次，主任会议16次；听取审议专项工作报告10项，作出决议、决定25项，发出审议意见9份；组织开展视察、调研和执法检查8次，对8个部门开展工作评议，与省市人大联动或配合开展视察、调研和代表活动16次。

【坚持党的全面领导】

2020年，县人大常委会围绕县委确立的重大决策部署，依法行使决定权、监督权、任免权。严格落实请示报告制度，主动向县委报告重要工作、重大事项、重要活动。县委重视支持人大工作，审定监督计划和工作要点，研究出台贯彻执行《中共福建省委关于加强新时代人大工作和建设的决定》意见，为新时代加强和改进人大工作提供根本遵循。围绕全局性、根本性、可持续性的重大事项，进行深入调查研究，依法科学决定“规划建设安溪县综合立体大交通（大三环）及铁观音隧道工程”，及时把县委的重大决策，转变为全县人民的共同意志。坚持党管干部和人大依法任免有机统一，进一步规范供职发言、任前询问、宪法宣誓、颁发任命书等环节，任免地方国家机关工作人员90人次、人民法院陪审员123人次。

【政治建设不断加强】

2020年，县人大常委会坚持以政治建设为统领，把增强“四个意识”、坚定“四个自信”、做到“两个维护”贯穿于人大工作始终。按照省委“五抓五看”“八个坚定不移”要求，严格落实全面从严治党主体责任和意识形态工作责任，抓好主题教育成果转化运用。严肃党内政治生活，认真执行民主集中制，落实“三会一课”、民主生活会等制度，组织开展主题党日等活动，推进党支部标准化规范化建设。切实提高政治站位和政治觉悟，旗帜鲜明、实事求是配合县委对常委会机关的巡察。扎实推进机关党风廉政建设，支持驻机关纪检监察组履行职责、开展工作。

【履职能力持续提升】

2020年，县人大常委会深入学习中共十九届四中、五中全会精神，及时传达学习习近平总书记重要讲话、重要指示批示精神，组织开展《习近平谈治国理政》第三卷和《习近平在福建》的系列采访实录等专题研讨。邀请专家开展民法典等专题讲座，突出对新法规、新知识的学习，全面提升干事创业能力。强化常委会及其机关干部队伍建设，加大培养选拔力度，激励干部新时代、新担当、新作为。严格执行中央八项规定和实施细则精神，持续强化作风建设，完善机关工作制度，创建第十四届省级文明单位。加强对基层人大工作的支持和指导，县乡人大上下联动、一体共为格局更加巩固、更富成效。

【促进社会和谐稳定】

2020年，县人大常委会关注社会弱势群体，调研城乡最低生活保障工作情况，要求提升低保工作针对性、探索社会救助服务多元化供给模式。视察刑事案件留守儿童救助联动工作，督促提升救助联动质量、注重精神关怀，营造健康成长的良好环境。审查“两院”工作报告，督促充分发挥职能作用。依法处理信访事项，全年共受理群众来信和转办上级信访件51件，接待群众来访5批12人次，督促各有关方面切实保障人民群众合法权益。配合化解信访积案，有效解决历史遗留问题，得到省人大常委会领导的批示肯定。先后对县政府11件规范性文件进行备案审查，切实维护宪法权威和法治统一。

·重要会议·

【县第十七届人民代表大会第四次会议】

2020年5月16—18日，安溪县第十七届人民代表大会第四次会议在安溪县影剧院召开。县第十七届人大常委会第二十六次会议决定2019年12月17—20日召开，受新冠肺炎疫情影响推迟召开。

大会听取和审议县政府代县长吴毓舟所作的《安溪县人民政府工作报告》；书面审查和批准《关于安溪县2019年国民经济和社会发展计划执行情况及2020年国民经济和社会发展计划草案的报告》《关于安溪县2019年预算执行情况及2020年预算草案的报告》；听取和审议县人大常委会主任廖皆明所作的《安溪县人大常委会工作报告》；听取和审议县人民法院院长许良才所作的《安溪县人民法院工作报告》、县人民检察院检察长胡激洋所作的《安溪县人民检察院工作报告》。

5月18日，依法选举吴毓舟为安溪县人民政府县长；王振良、李木成、肖列水、沈秋菊、陈宝福、陈俊滨、谢建来为安溪县第十七届人民代表大会常务委员会委员。

会议决定设立安溪县第十七届人民代表大会社会建设委员会、监察和司法委员会，并表决通过安溪县第十七届人民代表大会社会建设委员会、监察和司法委员会组成人员名单。安溪县第十七届人民代表大会社会建设委员会组成人员，主任委员黄明哲，副主任委员王建安，委员（按姓名笔画排序）：李朝晖、张海峰、陈秀珠（女）、陈俊滨、傅鸿彬。安溪县第十七届人民代表大会监察和司法委员会组成人员，主任委员叶海强，副主任委员郑紫文、谢建来；委员（按姓名笔画排序）：孙黎昕（女）、李木成、龚金山、谢文哲。

【县第十七届人民代表大会第五次会议】

2020年12月29—31日，县第十七届人民代表大会第五次会议召开。大会听取和审议县政府县长吴毓舟所作的《安溪县人民政府工作报告》；书面审查和批准《安溪县国民经济和社会发展第十四个五年规划和二〇三五年远景目标纲要》《关于安溪县2020年国民经济和社会发展计划执行情况及2021年国民经济和社会发展计划草案的报告》《关于安溪县2020年预算执行情况及2021年预算草案的报告》；听取和审议县人大常委会主任廖皆明所作的《安溪县人大常委会工作报告》；听取和审议县人民法院院长许良才所作的《安溪县人民法院工作报告》、县人民检察院检察长胡激洋所作的《安溪县人民检察院工作报告》。12月31日，依法选举曾惠彬为安溪县监察委员会主任；黄汉阳为安溪县第十七届人民代表大会常务委员会副主任。

【县人大常委会会议】

2020年，县人大常委会召开会议9次，会议听取政府工作报告，审议《安溪县人民政府关于提请审议规划建设安溪县综合主体大交通（大三环）及铁观音隧道工程方案》，表决通过撤乡设镇有关问题、人事任命等事项的决定。

2020年12月29日，安溪县第十七届人民代表大会第五次会议开幕（刘伯怡　摄）

2020年安溪县十七届人大常委会会议情况表

表1

时间	会议名称	参加人员	会议内容
1月9日	县十七届人大常委会第二十七次会议	县人大常委会主任廖皆明主持会议，副主任苏志雄、黄明哲、叶海强、汪礼才出席会议。县委书记高向荣，县委常委、组织部部长陈友爱，县政府副县长吴志朴，县法院院长许良才，县检察院检察长胡激洋，县监委负责人列席会议	会议通过有关人事任免事项；审议表决通过《安溪县人大常委会关于补选安溪县第十七届人民代表大会代表及选举日的决定》，补选安溪县第十七届人民代表大会代表2名，选举日为2020年1月20日
1月22日	县十七届人大常委会第二十八次会议	县人大常委会主任廖皆明主持会议，副主任苏志雄、黄明哲、叶海强、汪礼才出席会议	会议审议表决通过代表资格审查委员会《关于县十七届人大三次会议以来代表变动及代表资格情况的审查报告》
3月18日	县十七届人大常委会第二十九次会议	县人大常委会主任廖皆明主持会议，副主任苏志雄、黄明哲、叶海强、汪礼才出席会议	会议通过有关人事任免事项、有关代表辞职事项；审议表决通过《安溪县人大常委会关于补选安溪县第十七届人民代表大会代表及选举日的决定》，补选安溪县第十七届人民代表大会代表6名，选举日为2020年3月31日；审议表决通过县人大常委会有关委员辞去安溪县第十七届人大常委会委员职务事项
5月8日	县十七届人大常委会第三十次会议	县人大常委会主任廖皆明主持会议，副主任苏志雄、黄明哲、叶海强、汪礼才出席会议。县政府副县长王礼耦，县监委、县法院、县检察院负责人列席会议	会议就县十七届人大四次会议相关变动事项进行说明；审议表决通过代表资格审查委员会《关于县十七届人大三次会议以来代表变动及代表资格情况的审查报告》
7月30日	县十七届人大常委会第三十一次会议	县人大常委会主任廖皆明主持会议，副主任苏志雄、黄明哲、叶海强、汪礼才出席会议。县政府副县长肖印章、庄凯融，县法院院长许良才，县检察院检察长胡激洋，县监委、县法院负责人列席会议	会议通过有关人事任免事项；听取和审议《县人大常委会关于安溪县贯彻执行〈中华人民共和国野生动物保护法〉情况的执法检查报告》《安溪县人民检察院关于刑事案件留守儿童救助联动工作情况的专项报告》；审议《安溪县人民政府关于提请审议规划建设安溪县综合立体大交通（大三环）及铁观音隧道工程的议案》，决定同意规划建设安溪县综合立体大交通（大三环）及铁观音隧道工程；审议、表决通过《安溪县人大常委会关于参内乡、长坑乡撤乡设镇有关问题的决定》
9月28日	县十七届人大常委会第三十二次会议	县人大常委会主任廖皆明主持会议，副主任苏志雄、叶海强、汪礼才出席会议。县政府副县长王礼藕，县法院院长许良才，县监委、县检察院负责人列席会议	会议审议了《安溪县人民政府关于提请审议2020年地方政府债务限额及新增债务资金安排使用方案（草案）的议案》，表决通过《安溪县人大常委会关于批准2020年地方政府债务限额及新增债务资金安排使用方案的决定》；听取和审议县政府关于2019年财政收支决算草案的报告、关于2019年度县本级预算执行等情况的审计工作报告，审查和批准2019年县级财政收支决算；听取和审议县政府2020年上半年国民经济和社会发展计划及预算执行情况的报告、关于建筑工程质量安全监管情况专项工作报告；听取部分泉州市十六届人大代表履职情况报告；表决通过有关人事任免事项
11月4日	县十七届人大常委会第三十三次会议	县人大常委会主任廖皆明主持会议，副主任苏志雄、黄明哲、叶海强、汪礼才出席会议。县政府副县长林毅敏、丁建铭，县监委、县法院、县检察院负责人列席会议	会议通过有关人事任免事项；听取和审议《县人大常委会执法检查组关于安溪县贯彻执行〈中华人民共和国传染病防治法〉情况的执法检查报告》。对县工信商局、城管局、人社局、资源局、水利局、发改局、财政局、卫健局等8个部门落实补齐民生短板情况开展工作评议，评议结果为满意的单位有5个：县发改局、工信商局、人社局、卫健局、财政局；评议结果为基本满意的单位有3个：城管局、水利局、资源局

续表1

时间	会议名称	参加人员	会议内容
11月27日	县十七届人大常委会第三十四次会议	县人大常委会主任廖皆明主持会议，副主任苏志雄、叶海强、汪礼才出席会议。县委常委、组织部部长陈友爱，县政府副县长王礼藕、丁建铭，县监委、县法院、县检察院负责人列席会议	会议通过有关人事任免事项；听取和审议县政府关于企业国有资产管理情况专项报告；关于安溪县2020年度环境状况和环境保护目标任务完成情况报告；听取部分泉州市十六届人大代表履职情况报告；审议表决通过《安溪县人大常委会关于补选安溪县第十七届人民代表大会代表及选举日的决定》，补选安溪县第十七届人民代表大会代表2名，选举日为2020年12月12日。审议表决《安溪县人大常委会关于召开安溪县第十七届人民代表大会第五次会议的决定》，决定于2020年12月29—31日召开安溪县第十七届人民代表大会第五次会议，会期3天
12月22日	县十七届人大常委会第三十五次会议	县人大常委会主任廖皆明主持会议，副主任黄明哲、叶海强、汪礼才出席会议。县政府副县长王礼藕、肖印章，县人大常委会党组成员黄汉阳，县法院院长许良才，县检察院检察长胡激洋，县监委负责人列席会议	会议审议县政府关于提请审议安溪县2020年国民经济和社会发展计划主要经济发展预期目标调整方案的议案、关于提请审议2020年县财政预算调整方案的议案，表决通过《安溪县人大常委会关于批准调整安溪县2020年国民经济和社会发展计划主要经济发展预期目标的决定》《安溪县人大常委会关于批准调整2020年县财政预算的决定》；听取和审议县政府关于县十七届人大四次会议以来代表建议办理情况专项工作报告；审议表决通过《关于调整安溪县第十七届人大常委会代表资格审查委员会组成人员名单》；讨论县人民政府工作报告、县2020年国民经济和社会发展计划执行情况及2021年计划草案的报告、县2020年预算执行情况及2021年预算草案的报告、县人民法院工作报告、县人民检察院工作报告；听取部分泉州市十六届人大代表履职情况报告；审议通过县人大常委会工作报告；审议表决通过议案审查委员会《关于县十七届人大四次会议代表建议、批评和意见办理情况的报告》《关于县十七届人大四次会议以来代表变动及代表资格情况的审查报告》；审议决定县第十七届人大五次会议有关事项；审议表决通过有关代表辞职事项；补选泉州市第十六届人民代表大会代表；审议表决通过安溪县第十七届人大常委会有关副主任辞职事项

2020年11月4日，安溪县第十七届人大常委会第三十三次会议召开（县人大办　供图）

【主任会议】

2020年，县人大常委会召开主任会议16次。会议研究讨论2020年县人大工作要点和2020年监督工作计划，通过关于提请副县长吴毓舟代理县长职务的议案，决定有关事项等。

2020年安溪县十七届人大常委会主任会议情况表

表2

时间	会议名称	参加人员	会议内容
1月9日	县十七届人大常委会第三十八次主任会议	县人大常委会主任廖皆明主持会议，副主任苏志雄、黄明哲、叶海强、汪礼才出席会议；县人大常委会各委办主任、驻人大常委会机关纪检监察组负责人列席会议	会议决定将法院提请的议案和刘林霜、叶松景等的辞呈提交县十七届人大常委会第二十七次会议审议、表决；通过《关于提请吴毓舟同志任职的议案》、关于提请《安溪县人大常委会关于补选安溪县第十七人民代表大会代表及选举日的决定的议案》；讨论县十七届人大四次会议有关变动事项；讨论通过县十七届人大常委会第二十七次会议时间和建议议程
1月9日	县十七届人大常委会第三十九次主任会议	县人大常委会主任廖皆明主持会议，副主任苏志雄、黄明哲、叶海强、汪礼才出席会议	会议通过《关于提请副县长吴毓舟同志代理安溪县人民政府县长职务的议案》，提交县十七届人大常委会会议审议、表决

续表2

时间	会议名称	参加人员	会议内容
1月20日	县十七届人大常委会第四十次主任会议	县人大常委会主任廖皆明主持会议，副主任苏志雄、黄明哲、叶海强、汪礼才出席会议，县人大常委会党组成员王地养、各委办主任、驻人大常委会机关纪检监察组负责人列席会议	会议通过资格审查委员会《关于县十七届人大三次会议以来代表变动及代表资格情况的审查报告》；讨论通过县十七届人大常委会第二十八次会议时间和建议议程
1月30日	县十七届人大常委会第四十一次主任会议	县人大常委会主任廖皆明主持会议，副主任苏志雄、黄明哲、叶海强、汪礼才出席会议，党组成员王地养列席会议	会议决定原定于2月4—7日召开的县十七届人大四次会议延后召开，具体时间另行确定。
3月17日	县十七届人大常委会第四十二次主任会议	县人大常委会主任廖皆明主持会议，副主任苏志雄、黄明哲、叶海强、汪礼才出席会议，各委办负责人、驻人大常委会机关纪检监察组负责人列席会议	会议通过《关于提请郑植阳等同志职务任免的议案》；决定将县政府、县法院提请的议案和有关委员、代表的辞呈提交县十七届人大常委会第二十九次会议审议、表决；通过关于提请审议《安溪县人大常委会关于补选安溪县第十七届人民代表大会代表及选举日的决定》的议案；讨论通过县十七届人大常委会第二十九次会议时间和建议议程
4月27日	县十七届人大常委会第四十三次主任会议	县人大常委会主任廖皆明主持会议，副主任苏志雄、黄明哲、叶海强、汪礼才出席会议，各委办主任列席会议	会议研究讨论《安溪县人大常委会2020年工作要点》和《安溪县2020年监督工作计划》；讨论县十七届人大四次会议有关变动事项
5月6日	县十七届人大常委会第四十四次主任会议	县人大常委会主任廖皆明主持会议，副主任苏志雄、黄明哲、叶海强、汪礼才出席会议，各委办主任、驻人大常委会机关纪检监察组负责人列席会议	会议通过代表资格审查委员会《关于县十七届人大三次会议以来代表变动及代表资格情况的审查报告》；讨论通过县十七届人大常委会第三十次会议时间和建议议程
5月29日	县十七届人大常委会第四十五次主任会议	县人大常委会主任廖皆明主持会议，副主任苏志雄、黄明哲、汪礼才出席会议，党组成员王地养、各委办主任、驻人大常委会机关纪检监察组负责人列席会议	会议讨论“大三环”规划建设调研事项
7月27日	县十七届人大常委会第四十六次主任会议	县人大常委会主任廖皆明主持会议，副主任苏志雄、黄明哲、叶海强、汪礼才出席会议，党组成员王地养、各委办主任、驻人大常委会机关纪检监察组负责人列席会议，县政府肖印章副县长、县交通局负责人列席会议有关议程	会议通过《关于提请许婷婷等同志职务任免的议案》；决定将县监察委、县法院、县检察院提请的议案提交县第十七届人大常委会第三十一次会议审议、表决；讨论《安溪县人民政府关于提请审议规划建设安溪县综合立体大交通（大三环）及铁观音隧道工程的议案》；讨论县十七届人大四次会议代表建议重点督办件；通过《安溪县人大常委会关于参内乡、长坑乡撤乡设镇有关问题的决定》；讨论县人大常委会执法检查组关于安溪县贯彻执行《中华人民共和国野生动物保护法》情况的执法检查报告；讨论通过县十七届人大常委会第三十一次会议时间和建议议程
8月27日	县十七届人大常委会第四十七次主任会议	县人大常委会主任廖皆明主持会议，副主任苏志雄、黄明哲、叶海强、汪礼才出席会议，党组成员王地养、各委办主任、驻人大常委会机关纪检监察组负责人列席会议	会议讨论通过《关于组织对县发改局等8个部门补齐民生短板情况开展工作评议的实施方案》
9月22日	县十七届人大常委会第四十八次主任会议	县人大常委会主任廖皆明主持会议，副主任苏志雄、叶海强、汪礼才出席会议，各委办主任、驻人大常委会机关纪检监察组负责人列席会议，县政府王礼藕副县长、县财政局负责人列席会议有关议程	会议决定将县法院提请的议案和王晓杰、庄凯融的辞呈提交县第十七届人大常委会第三十二次会议审议、表决；通过《安溪县人民政府关于提请审议2020年地方政府债务限额及新增债务资金安排使用方案的议案》；讨论调整2020年度监督工作计划事项；讨论通过县十七届人大常委会第三十二次会议时间和建议议程
10月30日	县十七届人大常委会第四十九次主任会议	县人大常委会主任廖皆明主持会议，副主任苏志雄、黄明哲、叶海强、汪礼才出席会议，党组成员王地养、各委办主任、县委巡察二组负责人、驻人大常委会机关纪检监察组负责人列席会议	会议决定将吴志朴的辞呈提交县第十七届人大常委会第三十三次会议审议、表决；讨论县人大常委会执法检查组关于安溪县贯彻执行《中华人民共和国传染病防治法》情况的执法检查报告；讨论县人大常委会调查组关于县工信商局、城管局、人社局、资源局、水利局、发改局、财政局、卫健局等单位实施补齐民生短板工作的调查报告；讨论通过县十七届人大常委会第三十三次会议时间和建议议程

续表2

时间	会议名称	参加人员	会议内容
11月23日	县十七届人大常委会第五十次主任会议	县人大常委会主任廖皆明主持会议，副主任苏志雄、叶海强、汪礼才出席会议，党组成员王地养、各委办主任、驻人大常委会机关纪检监察组负责人列席会议	会议决定将县政府提请的议案提交县十七届人大常委会第三十四会议审议、表决；通过《关于提请曾惠彬同志任职的议案》、关于提请审议《安溪县人大常委会关于补选安溪县第十七届人民代表大会代表及选举日的决定》的议案、关于提请审议《安溪县人大常委会关于召开安溪县第十七届人民代表大会第五次会议的决定》的议案；讨论通过县十七届人大常委会第三十四次会议时间和建议议程
11月27日	县十七届人大常委会第五十一次主任会议	县人大常委会主任廖皆明主持会议，副主任苏志雄、叶海强、汪礼才出席会议	会议通过《关于提请县监察委员会副主任曾惠彬同志代理安溪县监察委员会主任职务的议案》，决定提交常委会会议审议、表决
12月17日	县十七届人大常委会第五十二次主任会议	县人大常委会主任廖皆明主持会议，副主任黄明哲、叶海强、汪礼才出席会议，党组成员王地养同志，各委办主任，驻人大常委会机关纪检监察组负责人全程列席，县政府分管副县长刘华东，县发展改革局、县财政局负责人列席会议有关议程	会议通过县政府关于提请审议安溪县2020年国民经济和社会发展计划主要经济发展预期目标调整方案的议案、县政府关于提请审议2020年财政预算调整方案的议案；决定将有关市人大代表辞职、补选事项及有关副主任的辞呈，提交县十七届人大常委会第三十五次会议审议、表决；通过关于提请审议《关于调整安溪县第十七届人大常委会代表资格审查委员会组成人员名单》的议案、代表资格审查委员会《关于县十七届人大四次会议以来代表变动及代表资格情况的审查报告》、议案审查委员会《关于县十七届人大四次会议代表议案、建议、批评和意见办理情况报告》；讨论评选年度积极履职好代表、好议案好建议和议案建议办理好单位有关事项；讨论县人大常委会2021年度监督工作建议议题；讨论县人大常委会工作报告（讨论稿）；讨论县十七届人大五次会议有关事项；讨论通过县十七届人大常委会第三十五次会议时间和建议议程
12月28日	县十七届人大常委会第五十三次主任会议	县人大常委会主任廖皆明主持会议，副主任黄明哲、叶海强、汪礼才出席会议，财经委主任、发展改革局负责人列席会议	会议讨论县政府关于调整有关指标的报告；讨论关于“十四五”规划及2035年远景目标纲要调整事项

·主要工作·

【宣传研究守正创新】

2020年，县人大常委会开展宪法宣传教育，联合组织开展第七个国家宪法日宣传活动。创建人大微信公众号，突出宣传人大工作制度、依法履职成效、代表履职风采，营造宣传民主法治建设良好氛围。加强人大工作研究，《构建“系统化”监督模式助力高质量发展》《创建“人大代表+”机制助力“强基促稳”工作》分别被收录于《新时代福建省县乡人大工作创新案例》《泉州人大》，拓展人大工作新视野、新思路。

【融入抗疫大局】

2020年，面对突如其来的新冠肺炎疫情，常委会迅速行动，及时向全县各级人大代表发出倡议，代表积极响应，率先垂范，立足本职岗位，依托行业优势，或主动捐款捐物，或参与医疗救治，或奋战基层一线，冲锋在前、无私奉献，以实际行动诠释代表的深厚为民情怀和时代担当。据不完全统计，各级代表累计捐款2200多万元。常委会领导带头联系基层、靠前督导；机关党员干部到社区，积极参与一线防控；协同县总工会慰问一线工作人员，向企业发放防疫物资，助力疫情防控和复工复产。贯彻落实“两个决定”，开展野生动物保护法执法检查，提出增进保护管理合力、从严打击违法行为、引导养殖产业转型等建议，推进从源头上控制重大公共卫生风险，促进社会文明进步。对传染病防治法实施情况开展检查，针对防治体系不够健全、疾控机构建设滞后、基层公共卫生队伍薄弱等突出问题，建议完善防治预案、强化疾控系统建设、加快解决人才问题，为守护人民群众的身体健康和生命安全筑牢法治防线。组织开展企业复工复产调研，针对性提出帮扶外贸企业、加大财政金融支持、强化稳岗就业、提升服务效能等建议，促进社会生产生活秩序加快恢复。

【服务全县中心任务】

2020年，县人大常委会领导牵头负责泉州白濑水利枢纽工程移民安置工作，刷新和谐移民“安溪速度”，仅用两个半月时间，移民补偿安置协议签订率99%，受到水利部和省水利厅的充分肯定。助推“大三环”规划建设，组织社会建设委员会开展调研，有力推动全县上下形成共识，科学规划、优化机制、强化运作，东三环、联四线两个先行工程开工建设，促进构建“一核一辅多带”县域发展新格局。落实项目攻坚任务，着力推进解放路西片区、凤山书院片区改造等重点项目建设，助力打造近悦远来的大县城。严格履行挂钩乡镇责任制，指导检查脱贫攻坚、安全生产、房屋安全隐患排查整治等工作，督促解决各类问题，推动各项重点工作顺利推进。

【呼应群众关切】

2020年，县人大常委会立足百姓生产生活需求，深度关注房屋安全，视察建设工程质量安全监管情况，针对工程招投标、质量检测管理、监管责任落实等问题，要求制定建筑行业信用评价管理办法、完善监管链条、严查违法行为，维护人民生命财产安全。与省市人大联动，对食品安全法及省实施条例执行情况进行检查，抓住小作坊小摊贩、网络订餐中存在的突出问题，督促进一步落实监管责任，加快构建食品安全社会共治格局。配合省人大常委会做好九龙江流域水环境协同立法调研，促进完善上下游生态保护补偿机制；常态化听取审议年度环境状况和环境保护目标完成情况报告，推进环境综合整治和产业调整转型，助力创建国家生态文明建设示范县。调研现代农业产业园建设，紧盯茶产业转型升级，着眼茶产业系统创新，建议推进三产融合、要素聚集和品牌营销，把产业园建设成现代茶业引领区、乡村振兴先行区。

【持续发力民生短板】

2020年，县人大常委会通过3年时间，采取工作评议，分批对补齐民生短板工作牵头部门开展监督，推动全社会形成共识，合力推进县委十三届四次全会决定的教育、卫生与健康、养老和城乡民生基础设施的每一项工作落地落实。组织6个评议调查小组，到24个乡镇全覆盖调研，发放问卷2000多份，调查了解工作落实情况，对县发改局、工信商局、财政局、人社局、资源局、水利局、卫健局、城管局等8个单位开展工作评议，推动县政府及相关部门进一步聚焦民生短板弱项，有效落实民生项目。县委、县政府对评议结果作出批示，要求被评为基本满意的部门“痛定思痛、认真应对、反思整改”“即知即改、补齐短板、建章立制、迎头赶上”。

【助力平稳健康发展】

2020年，县人大常委会密切关注疫情影响下经济社会走势，听取审议县政府上半年国民经济和社会发展计划执行情况报告，要求坚持常态化防控，围绕产业循环、市场循环、经济社会循环，抓好对抗措施和救助措施，夺取疫情防控和经济社会发展双胜利。持续做好预算联网监督，听取审议计划、预算执行情况和审计报告，批准政府债务限额及新增债券资金安排，同意调整经济发展预期目标和财政预算，增强财政统筹保障能力，推动全面落实“六稳”“六保”。审查2020年度国有资产管理情况综合报告，听取审议企业国有资产管理专项报告，要求完善国有资产监管体制，着力提升经营管理水平，促进国有资产保值增值。

【代表工作】

集思广益　2020年，县人大常委会在全县各级人大代表中，精心组织开展“我为‘十四五’规划建言献策”活动。通过“纵、横”两条主线，征集到有价值、可实施、合民意的好建议108条，归纳汇总为“深化重点领域改革、优化城乡融合新格局、打造现代产业新体系、完善基础设施建设、加快民生领域补短板”等5个方面。县委、县政府主要领导高度重视代表建议，要求各规划编制团队、县直有关部门，对意见建议逐条开展研究。关于“在大三环周边适宜地段，高起点规划、高标准建设藤铁企业总部园区”“培育发展、统筹规划茶文化旅游业”等45条意见建议被吸纳到县级总体规划、空间规划或部门专项规划中；关于“把村居、社区的环境卫生治理费用纳入财政预算”等9条意见建议被采纳结合到部门具体工作中。

拓宽联系渠道　2020年，县人大常委会聚焦代表活动平台区域化、特色化，新建安溪动车站片区活动室。推动全县各类活动室提档升级，依托活动室开展“双联”活动，倾听民声，收集民意。全年全县各级人大代表走进活动室1364人次，梳理意见建议232条，推动解决一批人民群众最关心、最直接、最现实的利益问题。围绕区域发展问题，动车站片区活动室的代表建议“在罗内大桥处规划建设东三环、南三环公路连接线”，县乡政府及有关部门及时研究，纳入“大三环”规划建设，启动前期工程。城厢代表活动室组织代表开展调研，立足城厢镇码头村交通区位好、产业配套优、后发优势强的特点，建议“建设码雅藤铁工艺文化展示园”，被县委纳入“十四五”规划和二〇三五年远景目标的建议中。

深化督办　2020年，县人大常委会以解决问题为核心，以代表满意为标准，不断提高建议办理质量。选择10件事关经济社会发展大局和人民群众切身利益的建议，由常委会领导牵头重点督办，邀请提建议的代表参加，既听取办理情况汇报，又实地进行察看，强化跟踪问效，推动相关问题解决。关于“加大力度帮扶患重病、大病农户”的建议，主办单位民政局与协办单位财政局、医保中心出台《关于进一步做好临时救助工作的通知》，建立健全救急救难机制。县十七届人大四次会议后，收到119件建议全部按期办理答复，满意率93.28%。

优化服务 2020年，县人大常委会邀请代表列席常委会会议36人次，参加执法检查、视察调研等履职活动42人次，支持“一府一委两院”邀请代表参加相关活动，及时向代表通报常委会工作，扩大代表有序政治参与，使代表在学习和实践中不断提高履职能力。持续开展评优评先活动，评选积极履职好代表15名、好议案好建议10件、建议办理好单位8个。规范代表履职档案，健全代表履职制度，依法补选县人大代表2名、市人大代表3名。加强对辖区内市人大代表的活动组织和履职监督，分3批次听取39名市人大代表履职情况报告。组织市人大代表向市人大常委会提出“关于进一步加强中国重要农业文化遗产安溪铁观音茶文化系统保护发展的建议”，推动讲好中国海丝茶故事，丰富世界茶叶种类和茶树基因库，为泉州申遗提供重要支撑，助力安溪铁观音茶文化系统申报全球重要农业文化遗产。

【人事任免】

2020年，县人大常委会任免地方国家机关工作人员90人次、人民法院陪审员123人次。

1月9日，县十七届人大常委会第二十七次会议决定：接受刘林霜辞去县人民政府县长职务的请求、叶松景辞去县人民政府副县长职务的请求，报县人民代表大会备案；任命吴毓舟为县人民政府副县长；任命副县长吴毓舟为安溪县人民政府代理县长；免去陈金川县人民法院执行庭副庭长职务、易文键县人民法院执行庭副庭长职务。

3月18日，县十七届人大常委会第二十九次会议决定：任命郑植阳为安溪县人大常委会办公室主任、李木成为安溪县人大常委会人事代表工作委员会主任、苏续丽为安溪县人大常委会环境与城乡建设工作委员会主任；谢建来为安溪县人大常委会内务司法工作委员会主任、杨美婷为安溪县人大常委会教育科学文化卫生工作委员会副主任；免去苏续丽安溪县人大常委会教育科学文化卫生工作委员会副主任职务、杨美婷安溪县人大常委会农村经济工作委员会副主任职务、王地养安溪县人大常委会办公室主任职务、钟培成安溪县人大常委会内务司法工作委员会主任职务、陈传德安溪县人大常委会内务司法工作委员会副主任职务、林火环安溪县人大常委会财政经济工作委员会副主任职务。任命龚福安为安溪县科学技术局局长、赵崇宏为安溪县民政局局长、谢日钦为安溪县司法局局长、马向阳为安溪县人力资源和社会保障局局长、柯荣钦为安溪县应急管理局局长、陈思臻为安溪县统计局局长、刘飞鹏为安溪县人民政府信访局局长；免去马向阳安溪县统计局局长职务、高罔过安溪县科学技术局局长职务、黄秀宗安溪县民政局局长职务、林志平安溪县人力资源和社会保障局局长职务、李木成安溪县应急管理局局长职务、张金波安溪县人民政府信访局局长职务、林伯辉安溪县司法局局长职务。任命谢坤特为安溪县人民法院审判员，王锦惠、阮梅治、吴德认、张颖凤、林志松、林福才、章东霞、谢晓燕、谢志杰、谢美娟、王汉英、王永发、王金华、王宝峰、王建坤、王剑强、叶永东、叶宝善、白丽凤、白连生、冯坤平、刘杰毅、许志法、许坤明、苏小婷、苏传理、苏华莲、苏茉莉、苏景丽、李东升、李亚莉、李渊顺、李盟城、杨远水、肖跃进、吴坤地、吴贵滨、吴燕妮、张亚里、张志新、陈艺娜、陈团星、陈安辉、陈启生、陈秋兰、陈瑞棋、陈福泽、林小平、林宏名、林秋金、林美芳、林素昧、林敏灵、周爱民、柯玉挺、施育生、钱志伟、殷毅凤、高国强、郭金火、黄伟泽、黄彻成、黄建成、章玉川、章炳炎、梁梅春、谢文民、谢文伯、谢建育、谢梅金、谢章选、詹培植、裴作年、廖火明、廖明良、廖明辉、廖瑞欣77人为安溪县人民法院人民陪审员；免去何庆红安溪县人民法院人民陪审员职务。接受苏纪云、龚全裕辞去安溪县第十七届人民代表大会代表职务的请求。会议决定接受许明黎辞去安溪县第十七届人大常委会委员职务的请求，报县人民代表大会备案。

7月30日，县十七届人大常委会第三十一次会议决定：任命许婷婷为安溪县人大常委会办公室副主任、叶建辉为安溪县人大常委会农村经济工作委员会副主任、白文凯为安溪县人大常委会内务司法工作委员会副主任、郑建设和魏玉铭为安溪县监察委员会委员、黄永福为安溪县人民法院副院长、黄磊为安溪县人民法院副院长、梁文农为安溪县人民法院审判委员会委员、林亚虹为安溪县人民法院立案庭庭长、高清良为安溪县人民法院湖头人民法庭庭长、张晓娟为安溪县人民法院蓬莱人民法庭庭长、刘建安为安溪县人民法院感德人民法庭庭长、林清艺为安溪县人民法院西坪人民法庭庭长、林懿娴为安溪县人民法院刑事审判庭副庭长、吴瑜虹为安溪县人民法院官桥人民法庭副庭长、谢坤特为安溪县人民法院西坪人民法庭副庭长、谢晓凤为安溪县人民法院湖头人民法庭副庭长、王丁仕为安溪县人民法院刑事审判庭庭长、刘雅芬为安溪县人民法院民事审判二庭庭长、谢奕清为安溪县人民法院生态环境审判庭庭长、苏荣杰为安溪县人民法院简易案件审判庭庭长、黄田中为安溪县人民法院城关人民法庭庭长、白荣南为安溪县人民法院民事审判一庭副庭长、林建全为安溪县人民法院民事审判一庭副庭长、林建军为安溪县人民法院民事审判二庭副庭长、黄月治为安溪县人民法院民事审判二庭副庭长、王铁军为安溪县人民法院简易案件审判庭副庭长、吴佳霖为安溪县人民法院生态环境审判庭副庭长、陈进水为安溪县人民法院蓬莱人民法庭副庭长。任命林琳为安溪县人民检察院副检察长、涂兴炎和刘继伟为安溪县人民检察院检察委员会委员。

免去叶建辉安溪县人大常委会办公室副主任职务、梁文农安溪县人民法院执行庭庭长职务、林亚红安溪县人民法院执行庭副庭长职务、高清良安溪县人民法院行政审判庭副庭长职务、张晓娟安溪县人民法院湖头人民法庭副庭长职务、刘建安安溪县人民法院民事审判第二庭副庭长职务、林清艺安溪县人民法院民事审判第一庭副庭长职务、王丁仕安溪县人民法院感德人民法庭庭长职务、刘雅芬安溪县人民法院城关人民法庭庭长职务、谢奕清安溪县人民法院立案庭庭长职务、苏荣杰安溪县人民法院湖头人民法庭庭长职务、黄田中安溪县人民法院蓬莱人民法庭庭长职务、白荣南安溪县人民法院民事审判第一庭副庭长职务、林建全安溪县人民法院湖头人民法庭副庭长职务、林建军安溪县人民法院民事审判第一庭副庭长职务、黄月治安溪县人民法院城关人民法庭副庭长职务、王铁军安溪县人民法院刑事审判第二庭副庭长职务、吴佳霖安溪县人民法院刑事审判第二庭副庭长职务、陈进水安溪县人民法院西坪人民法庭副庭长职务、陈炳泉安溪县人民法院副院长职务、柯明溪安溪县人民法院审判委员会委员职务、周水金安溪县人民法院刑事审判第一庭庭长职务、蔡锦锋安溪县人民法院刑事审判第二庭庭长职务、林山鸿安溪县人民法院民事审判第二庭庭长职务、陈志生安溪县人民法院行政审判庭庭长职务、吴进生安溪县人民法院审判监督庭庭长职务、廖良清安溪县人民法院西坪人民法庭庭长职务、周开源安溪县人民法院刑事审判第一庭副庭长职务、陈秋香安溪县人民法院刑事审判第一庭副庭长职务、李培忠安溪县人民法院官桥人民法庭副庭长职务、陈金川安溪县人民法院审判员职务、易文键安溪县人民法院审判员职务、王进华安溪县人民检察院副检察长职务、裴定坚和钟向荣安溪县人民检察院检察委员会委员职务、钟少华安溪县人民检察院副检察长、检察委员会委员检察员职务、柯明波安溪县人民检察院检察委员会委员检察员职务、廖明源安溪县人民检察院检察员职务。

9月28日，县十七届人大常委会第三十二次会议决定：接受王晓杰辞去安溪县人民政府副县长职务的请求，接受庄凯融辞去安溪县人民政府科技副县长职务的请求，报县人民代表大会备案；免去苏清丽、许素静安溪县人民法院审判员职务；任命李双地、苏文章、陈主义、林和良、林荣煌、林震川、黄宣炉、王玉友、王丽冰、王建华、白建民、李朝晖、李程荣、杨志香、吴文平、吴阳春、吴晓生、吴瑜敏、吴　璇、余金华、汪自发、汪锦枫、张树星、陈丽梅、陈贵生、陈彩华、陈清风、陈森海、陈富有、陈福建、林一平、林志刚、林树珠、林炳川、林素华、林桂琴、林跃进、钟斐臻、郭　滨、黄志庆、黄奕彬、黄素玉、谢启恭、谢金辉、谢章铁、谢婉婷46人为安溪县人民法院人民陪审员。

11月4日，县十七届人大常委会第三十三次会议决定：接受吴志朴辞去安溪县人民政府副县长职务的请求，报县人民代表大会备案。

11月27日，县十七届人大常委会第三十四次会议决定：接受林文超辞去安溪县监察委员会主任职务的请求，报县人民代表大会备案；任命曾惠彬为安溪县监察委员会副主任，代理安溪县监察委员会主任职务；任命刘华东为安溪县人民政府副县长。

12月22日，县十七届人大常委会第三十五次会议决定：接受林文超、黄文元辞去泉州市第十六届人民代表大会代表职务的请求；依法补选吴毓舟、庄稼祥、曾惠彬3人为泉州市第十六届人大代表；接受苏志雄辞去安溪县人大常委会副主任职务的请求，报县人民代表大会备案。

（沈秋菊　陈瑞龙等　郑植阳）

·综 述·

【项目建设】

2020年，安溪县开展“项目攻坚2020”活动，462个县级重点项目完成投资430亿元，48个省市重点项目完成投资103亿元；完善“五个一批”项目机制，新增入库项目150个、总投资540亿元。启动安溪县综合立体大交通（大三环）规划建设，省道217线（联四线）雅兴至东坑、东三环两个先行工程开工建设。用75天时间完成白濑水利枢纽工程99%建设征地补偿安置协议签订工作；剑斗中心小学、中心幼儿园、派出所等移民安置先行工程基本完工，剑斗、参内、官桥安置区建设有序推进。兴泉铁路安溪段完成路基工程建设，安溪东站站房主体工程封顶，站前广场建设快速推进。

【产业转型】

传统产业　2020年，闽光钢铁、凯鹰电源等38个县级以上重点技改项目完成投资36.64亿元；3家企业被列入省级龙头企业名单。2个项目被确定为省第四批制造业单项冠军企业（产品）项目；中科三净、中科三安被确定为省重点上市后备企业。完成家居藤铁工艺文化产业中长期规划编制，藤云工艺园入驻企业14家、竣工投产3家；启动云鹤电商产业园、码雅文化园规划建设；家居工艺文化产业行业总产值200亿元。

新兴产业　安溪县推进泉州芯谷安溪分园区二期建设，引进合晶光电、天电光电EMC2.0等3个项目，光电产业链进一步完善。加速抢滩布局新基建新经济，数字福建（安溪）产业园深度融入全市比拼活动，推进“一中心、三链条”建设，引进全球商业遥感卫星地面接收站网福建站及国际空天大数据产业园、中国电影资料馆安溪数字资源中心等7个产业链项目。2025产业园集群初显，入驻企业33家，尚品千艺、弘启实业等7家企业建成投产。湖里园、思明园入驻企业42家，投产或试生产企业19家。南方食品园入驻企业5家，渔百惠等3家企业主体工程封顶。卫浴新城入驻企业21家。弘桥智谷电商园启动二期建设，年交易额10亿元。

第三产业　深化国家电子商务进农村综合示范县创建，建成302个农村电商服务站，淘宝镇增至10个，淘宝村增至36个，位列淘宝村全国百强县第33。积极促进消费，开展“全闽乐购”安溪系列活动，组织“茶乡乐购·品鉴好货”线上直播活动，拉动消费3亿元，全县网络零售额200亿元，增长86%。加快金融业发展，全县金融机构本外币存款余额560亿元，增长11.31%，各项贷款余额560亿元，增长17.09%；安溪农商银行挂牌开业。大力发展旅游民宿业，培育“茶香人家”63家；省级乡村旅游村增至19个，省级三星级旅游村增至4个，虎邱镇湖坵村获评“省级金牌旅游村”。

【茶业发展】

2020年，安溪县涉茶总产值增至250亿元，获评全国农作物病虫害绿色防控示范县。安溪铁观音入选中欧地理标志协定保护名录，入选中国特色农产品优势区，品牌价值增至1426.86亿元，位居全国地理标志产品区域品牌价值第一。茶山生态提升5万亩，实施茶园土壤改良3.5万亩，建立有机肥替代化肥示范基地1.42万亩。出台“茶十条”，整合4050万元支持茶业品牌发展、市场开拓等。强化品牌管理，用标企业增至141家，安溪数字茶业云平台和安溪铁观音数字地标监管平台投入试运营。持续推进“年年有主题，月月有活动”公共品牌推广行动，深化与新华社民族品牌工程合作，借助新华社官方平台，在海内外120多家媒体上宣传推介安溪铁观音。

开展国际茶日、开茶节等各类茶事活动32场。组织茶企抱团参加各类大型展销、推介活动11场。“海丝茶源·中国茶都”茶文化旅游路线入选中国美丽乡村休闲旅游精品景点线路。安溪铁观音制作技艺传习所获“全国优秀创业创新项目”。安溪茶厂入选国家工业遗产名单。福建安溪铁观音茶文化系统申报文本通过联合国粮农组织专家组审核。

【城乡建设】

城区扩容提质　2020年，安溪县加快解放路西片区、沼涛实小、凤山书院、同德大桥等片区改造；推进东岳小区等6个老旧小区改造提升项目。推进参岭隧道、同德大桥建设，建成安溪六中、金火完全中学2座人行天桥；垃圾焚烧发电厂三期投入运行。凤山书院完成主体工程建设，绿道北线全线贯通，龙湖山公园开工建设。深入推进城市精细化管理三年行动，完成城区污水管网普查，新增绿化51万平方米，拆除“两违”38.98万平方米。完善公交线路布局，城区公交车全部更新为新能源汽车。加快两翼新城建设，湖头新城启动城市精品街工程建设，推进环城路建设，建成李光地政德文化馆；南翼新城龙门镇区配套环境提升、环西路等项目加快推进，培文大桥等建成投用。

乡村加快振兴　2020年，安溪县完成30个省级乡村振兴试点村规划编制。推进农村集体产权制度改革和农村承包地改革与管理，开展农村集体“三资”清理工作。整合涉农资金2500万元，扶持淮山、茭白、芦柑等特色农业产业化、规模化发展。实施农村物流网络一体化工程，推动多网融合，入选全国“互联网+”农产品出村进城工程试点县。获评“全国县域数字农业农村发展先进县”。推进以食用为目的的野生动物养殖场退养转产转岗，全面禁止和严惩非法野生动物交易行为。开展农村人居环境整治，推进“一革命四行动”，完成全域旱厕整治，新建改造公厕217座，完成农村户厕无害化改造3668户；整治裸房3243栋，推进危废旧空心房和农村杆线整治。创建3条市级乡村振兴示范线，32个村被确定为市县级乡村振兴试点村；尚卿乡获评“全国一村一品示范乡镇”，福田乡丰田村获评“全国文明村”。深化科技特派员制度，选任省级科技特派员个人43名、团队5个。推进乡镇片区更新改造，长卿镇、感德镇、龙涓乡等片区改造正式启动。纵四线（G355）南翼新城过境段、省道312线福田高速出口至漳平界建成通车；省道312线金谷元口至尚卿、国道355线官桥至虎邱、国道358线虎邱至西坪等路段完成沥青路面改造；农村公路提级改造工程完成路面硬化665千米，农村客运实现村村通。

优化生态环境　2020年，安溪县实施20个大气精准治理减排项目，空气质量优良天数比例98%。深化河（湖）长制，成立县河务中心，累计投入治水资金5.38亿元，开展河（湖）“清四乱”“碧水清河”等专项整治行动，综合治理河流29.1千米，主要流域水质达到或优于Ⅲ类标准。全面落实山长制，扎实推进国家森林城市创建，植树造林1.43万亩，创建省级森林城镇1个、省级森林村庄7个、“绿盈乡村”266个；治理水土流失13.2万亩，全县水土流失率降至15.85%，水土流失面积降幅3.68%，居粤、闽、赣三省首位。加强土壤污染防治，抓好中央环保督察反馈问题整改，获评“国家生态文明建设示范县”。

【社会民生】

改善基本民生　2020年，安溪县推进就业稳岗暖心服务，组织各类补贴性培训6150人，举办各类招聘活动32场，新增城镇就业3500人，城镇登记失业率1.6%。城乡居民养老保险参保率99.54%，基本医保参保率95.32%。发放城乡低保、抚恤补助等保障金1.04亿元。落实粮食安全战略，建成高标准农田4.48万亩，中心粮库二期和大米加工生产线投入使用，主副食品、生活必需品供应充足、价格稳定。推进食品生产经营环节“一证通”试点，全县食品生产企业全部进入省食品安全信息追溯平台。

夯实教育基础　2020年，安溪县推进18个城区扩容和23个农村薄弱校改造项目，6所公办幼儿园、2所县直小学建成投用，公办幼儿园在园幼儿占比、普惠性幼儿园覆盖率分别提高至53.12％和95.33％。56所中小学通过省级“义务教育管理标准化学校”评估验收。创办全省首个残疾人职业教育特殊教育融合班。招聘在编教师268人、县聘编外教师572人。“县管校聘”改革试点正式实施，推行教师调配流动新机制。建立师生心理健康排查干预机制。

健全医疗体系　2020年，安溪县完善重大疫情防控体制机制，健全公共卫生应急管理体系。推进紧密型县域医疗卫生共同体建设，建设县医院和县中医院两个“总院”，基层医疗卫生机构门诊量占比56.21%。公立医疗机构实现卫生信息一体化全覆盖。县医院门诊医技大楼、县妇幼保健院新址投入使用，推进县中医院病房综合大楼改造等医疗卫生基础设施建设，新增床位887张。建成9个乡镇航空医疗救援中转站。

发展社会事业 2020年，安溪县完成参内镇、长卿镇行政区划调整。建成县社会福利中心二期及112个居家养老服务设施。组织文化惠民演出144场，新建镇村文化广场17个、健身工程点61个。高甲戏《延安颂》完成创排，“戏剧宣讲”做法获中宣部刊文推广。青阳下草埔冶铁遗址完成阶段性考古发掘，“一馆两棚”建设扎实推进，与北京大学考古文博学院共建安溪研究中心。推进湖头历史文化名镇保护开发工作，李光地宅和祠保护修缮工程有序推进。金谷镇溪榜村安南永德苏维埃政府旧址入选第十批省级文物保护单位。

·重要会议·

【县政府常务会议】

2020年1月14日，县政府第32次常务会议，研究讨论在全县三级干部会议通报表扬、省道217湖头环城路项目工程变更等事宜。

2020年2月6日，县政府第33次常务会议，研究出台《安溪县人民政府关于应对新型冠状病毒的肺炎疫情，进一步支持中小微企业共渡难关的措施》。

2020年2月27日，县政府第34次常务会议，研究出台《安溪县关于进一步深化贫困边缘村、贫困户帮扶工作的实施方案》，安溪县公安局旧址地块和解放路西片区A1-1地块用地红线调整事宜。

2020年3月16日，县政府第35次常务会议，研究讨论近阶段重点工作责任分解表，部署做好当前疫情防控、复工复产和安全生产工作事宜。

2020年3月20日，县政府第36次常务会议，部署近阶段疫情防控和安全生产工作。

2020年3月30日，县政府第37次常务会议，传达学习习近平总书记在决战决胜脱贫攻坚座谈会上的重要讲话及省、市有关会议精神，研究制定《2020年安溪县脱贫攻坚工作要点》《关于安溪茶产业高质量发展“二次腾飞”的实施意见》《安溪县扶持茶产业高质量发展办法（暂行）》《安溪县扶持特色现代农业发展办法（暂行）》《安溪县安全生产领域黄、橙、红、黑名单管理制度》和与中华全国供销合作总社杭州茶叶研究所签订安溪铁观音质量安全跟踪研究技术开发合同、设立县招商办等事宜，学习贯彻《中华人民共和国行政许可法》。

2020年4月21日，县政府第38次常务会议，研究制定《安溪县抗疫情稳外贸促发展若干措施》《安溪县扶持电子商务产业发展若干措施》《安溪县支持商贸业发展若干措施》及全县农村公路改造提升工程、与福建省健为医疗用品有限公司二期项目投资协议、与泉州联合纸业有限公司投资协议、龙湖山公园一期主题园区工程方案设计招标办法、尚学领地西侧市政道路及古山片区E-4地块征迁补偿安置、同德大桥同美片区改造项目地块征迁补偿安置等事宜。

2020年5月9日，县政府第39次常务会议，听取安溪县2019年度生态环境保护工作情况汇报，部署2020年全县生态环境保护工作；听取安溪县粮食安全工作情况汇报，部署粮食安全相关工作；传达市食品安全生产委员会专题会议精神，部署2020年全县食品安全工作；传达全市“三农”领域重点工作推进会议精神，研究制定《关于抓好“三农”领域重点工作确保如期实现全面小康的实施意见》《安溪县促“六稳”“六保”追赶行动方案》；研究安溪县综合立体大交通（大三环）项目运行模式及业主、与深圳市鑫荣精工科技有限公司投资协议、安溪高端制造产业园A-37地块（工业用地）公开出让、安溪新奥燃气有限公司用地收储、安溪安德机动车安全技术检测有限公司用地收储、龙湖沟口拆迁户异地安置等事宜。

2020年6月16日，县政府第40次常务会议，研究制定《安溪县安全生产专项整治三年行动实施方案》。

2020年6月18日，县政府第41次常务会议，传达全国、全省和全市有关扫黑除恶专项斗争工作会议精神，研究安溪县初步贯彻意见；研究讨论落实精打细算严控支出守底线防风险工作，安溪县第五批街、路、巷命名，安溪县综合立体大交通（大三环）等项目运营机制、村集体“三资”监管专项整治合同清理工作方案和建立村（社区）财务监管片区协作机制、航天人工智能协同创新中心落地信息技术产业园、砖文建设集团有限公司生产项目投资、海西国际五金城前期投入审核情况及解除框架协议处理意见、解除虎邱镇双都村A1地块项目协议等事宜。

2020年7月9日，县政府第42次常务会议，传达贯彻习近平总书记对禁毒工作的重要指示和省领导批示精神，部署全县禁毒工作；研究制定《安溪县国土空间总体规划（2020—2035年）编制工作方案》《安溪县泉州白濑水利枢纽工程建设征地补偿和移民安置实施方案》《安溪县泉州白濑水利枢纽工程技施设计阶段建设征地移民安置工作方案》《数字福建（安溪）产业园建设实施方案》、安溪县投资协议书（范本），部分新建幼儿园、小学命名，恒兴中学公办教师社会保障金、蓬莱镇清水岩片区B地块公开出让、茶博汇投资有限公司参洋片区C1（E-02-01）地块-4收储等事宜。

2020年7月16日，县政府第43次常务会议，学习习近平总书记对防汛救灾工作的重要指示批示精神，部署全县防汛救灾和安全生产工作；研究制定《安溪县全面推进基层政务公开标准化规范化工作实施细则》《关于进一步加强政府投资项目工程变更管理的意见》和东三环罗内段工程施工及监理招标、安溪县振安融资担保有限公司运作等事宜。

2020年8月5日，县政府第44次常务会议，听取安溪县2020年消防工作汇报，部署全县消防安全工作，研究制定《关于贯彻落实〈福建省消防安全责任制实施办法〉的若干意见》《安溪县凤城镇社区推行文明治丧工作方案》《泉州白濑水利枢纽工程建设征地影响区水利水电设施征收补偿实施方案》；研究讨论"四上"企业培育、教育"两项督导"市级核查反馈意见整改、建立安溪县流浪乞讨人员救助管理工作联席会议制度、南翼新城污水处理厂提标改造、安溪县餐厨垃圾（含大件垃圾、园林垃圾）处理厂建设、涝港城市文化广场捐资及安置房回购、安溪县参洋片区K-01-02-1地块公开出让、福建盛桥投资有限公司印象家园项目1—4号楼（安置区）基坑土方开挖工程土质岩层工程量变化，福建盛桥投资有限公司印象家园、泓腾佳苑项目销售方案等事宜。

2020年8月12日，县政府第45次常务会议，开展《中华人民共和国民法典》专题讲座，研究集中开展农村杆线整治工作、省道217（联四线）雅兴至东坑段公路工程施工（Ⅲ、Ⅳ标）和监理招标工作、南翼新城莲峰片区DH-1地块（工业）公开出让、藤云工艺园新材料应用标准厂房建设等事宜。

2020年8月25日，县政府第46次常务会议，研究制定《安溪县紧密型县域医疗卫生共同体建设实施方案》《安溪县聚丰旧厂区改造项目房屋征收补偿安置方案》《解除湖头生活垃圾焚烧特许经营项目合同协议》《全球商业遥感卫星地面接收站网福建站及国际空天大数据产业园项目合作协议》，以及安溪县高端装备制造产业园A-29地块（工业用地）公开出让、兴泉铁路安溪东站市政附属工程施工和监理招投标、与中国科学院环境研究所合作研究安溪铁观音茶园生态系统多样性与功能调控项目技术开发等事宜。

2020年8月31日，县政府第47次常务会议，传达贯彻全省全面建成小康社会补短板暨农村人居环境整治工作推进现场会精神，研究制订《安溪县全方位推动高质量发展超越促进科技创新行动计划》《安溪县全方位推动高质量发展超越优化产业结构行动计划》《安溪县全方位推动高质量发展赶超促进居民增收行动计划》《关于补办工业、商服、私人国有用地房屋不动产权证的工作方案》《安溪县全面推进农村物流多网融合高质量发展的实施方案》，以及开展农村乱占耕地建房问题整治工作、参洋片区E-06地块改造项目勘察设计招标工作、长卿CK-1地块公开出让，湖头镇A-28、A-29、A-30地块（工业用地）公开出让等事宜。

2020年9月15日，县政府第48次常务会议，听取安溪县新增财政资金和新增债务情况汇报，研究制定《安溪县人民政府关于进一步促进建筑业发展壮大的实施意见》《安溪县以食用为目的野生动物养殖场退养转产转岗实施方案》，以及安溪县供销系统固定资产融资改造提升建设项目、高速安溪出口路网建设工程勘察和设计招标、南翼新城"两岸特色食品交流中心"BT项目安置房终止协议、山东银领置业有限公司投资项目协议书、吉安市合晶光电科技有限责任公司东莞分公司投资项目协议书等事宜。

2020年9月24日，县政府第49次常务会议，听取深化"放管服"改革优化营商环境工作汇报，部署安溪县深化"放管服"改革优化营商环境工作；研究制定《安溪县稳外资稳外贸的若干措施》《安溪县促进工业经济增产增效的九条措施》《安溪县关于进一步坚持和深化科技特派员制度的行动方案》《安溪县泉州白濑水利枢纽工程建设征地区财产户重建工作方案》，以及县直有关单位向公安机关提供动态信息数据、参洋片区G-03-09地块和C-03-11地块征迁、安溪高端装备制造产业园A-53和A-54地块（工业用地）公开出让、尚卿乡350524-SQ-A-42地块（工业用地）公开出让等事宜，并部署重点项目用地报批、国家公共文化服务体系示范区创建迎检工作、建立融资资金使用管理制度等工作。

2020年9月30日，县政府第50次常务会议，听取2020年安溪县1—9月招商选资工作情况汇报，部署全县招商选资工作；听取世界藤铁工艺之都——码头文化园（暂名）

项目规划建设情况汇报；研究制定《安溪县加快推动制造业优势龙头企业和小巨人企业高质量发展的行动计划（2020—2022年）》《安溪县危废旧空心房整治专项行动实施方案》、厦门春田科技有限公司投资等事宜。

2020年10月20日，县政府第51次常务会议，研究制定《安溪县政策性融资担保机构尽职免责暂行管理规定》、迎接2021年全国“四好农村路”现场会及申报创建全国“四好农村路”示范县、国道358线安溪虎邱至龙涓公路工程勘察设计和勘察监理及设计审查（咨询）招标、海西茶机具产业基地6号楼及2号楼改造征用为集中医学观察点、安溪县X波段相控阵天气雷达站建设、县第二十三小学（信息小学）建设、医佳颐集团（福建）有限公司投资项目协议书、参洋片区J-06-01地块公开出让、南翼新城莲兜美片区MS-2地块（工业）公开出让、南翼新城龙门片区MH-1地块处理方案等事宜。

2020年11月4日，县政府第52次常务会议，听取乡镇安全生产“1+X”全交叉专项督导汇报，部署全县安全生产工作；研究制定《安溪县规范农村宅基地和建房审批管理规定（暂行）》、《泉州白濑水利枢纽工程参内安置区项目用地和房屋征收安置补偿实施方案》、安溪县兴泉铁路开发有限公司参与安溪万城置业有限公司重整投资、福建省听泉康养休闲农业有限公司投资建设湖上乡康养项目、华胜沥青混凝土生产基地项目投资协议书等事宜。

2020年11月19日，县政府第53次常务会议，听取2020年度行政规范性文件清理工作、落实补齐民生短板工作以及2020年为民办实事项目进展情况汇报；研究参岭隧道（东二环—站前大道）和站前大道工程变更、解放路西片区改造建设项目池头巷地块公开出让、申请确认国家机关工作人员因公牺牲、清溪学校暨县教师进修学校建设项目设计方案公开招投标等事宜。

2020年12月7日，县政府第54次常务会议，听取修订公布乡镇权责清单工作情况、安溪县2020年国民经济和社会发展计划主要经济发展预期目标调整方案（草案）和财政预算调整方案（草案）的汇报，研究《安溪·中关村信息谷创新中心（筹备期）项目合作协议》《中国电影资料馆安溪数字资源中心项目合作协议》、洋中学苑安置区A区与参山丽苑安置小区二期工程施工和监理招标工作、感德镇B-11-01地块公开出让、南翼新城榜寨片区BM-1地块（工业用地）公开出让等事宜。

2020年12月17日，县政府第55次常务会议，研究讨论《安溪县政府工作报告（讨论稿）》《安溪县2020年国民经济和社会发展计划执行情况和2021年计划草案（讨论稿）》《安溪县2020年预算执行情况及2021年预算草案（讨论稿）》《安溪县2021年重点建设项目安排表（讨论稿）》，以及落实县委十三届十次全会精神全方位推动高质量发展超越的第一批细化配套措施，2021年安溪县委、县政府为民办实事项目，安溪县兴泉铁路开发有限公司以债权转让方式收购安溪万城置业有限公司两笔抵押债权，调整安溪县兴泉铁路安置地“五通一平”等基础设施建设补助费用等事宜，并开展《中华人民共和国民法典》专题讲座。

（蔡雅玲　白世杰）

·为民办实事·

【概况】

2020年，安溪县委、县政府为民办实事18件。主要有道路交通提升工程、精准帮扶工程、校园提升工程、安居工程、文化体育惠民工程、城乡社区居家养老服务等。

【项目实施】

实施道路交通提升工程　2020年，实施100千米农村公路改造提升工程，实际完成150.5千米农村公路改造提升。实施300千米农村公路安全生命防护工程，实际完成380.025千米农村公路安全生命防护。实施15座农村公路危桥改造工程，实际完成15座危桥改造。实施安装及更换道路9月3日组织验收并投入使用中央波形钢护栏8千米及相关交通安全设施建设，钢护栏9087米、京式护栏2833米及相关配套标志牌、爆闪灯等交通设施。

实施精准帮扶工程　2020年，对因病、因灾导致基本生活陷入困难的建档立卡贫困户、贫困边缘户等困难群众，给予3000元以上的困难救助，为370户困难群众发放补助350万元。实施128户困难群众住房改造提升工程，结合房屋安全百日大整治行动，困难群众修缮加固住房129户、新建9户，投入资金394.19万元。扶持1000户贫困户，安排2297名干部挂钩帮扶4594户贫困户，实现建档立卡贫困户公职人员挂钩帮扶全覆盖，为每户贫困户落实帮扶资金2000元以上，累计帮扶资金400万元以上。

实施厕所革命　2020年，新建改造城市公厕8座、乡镇公厕12座、农村公厕197座。

实施退役军人服务站标准化建设 2020年，加强退役军人服务站规范化建设，推进常态化开展帮扶援助、技能培训、宣传教育等保障服务退役军人工作，打造退役军人温暖之家。建成凤城镇、城厢镇、参内镇、官桥镇、龙门镇等18个乡镇退役军人服务站，其他6个乡镇已提供场所，正在规划设计中。村（社区）服务站已经建设完成21个示范型村（社区）。共补助资金135万元。

实施空中应急救援项目 2020年，通过购买服务方式，建设空中直升机救援协同系统，达到快速转运和抢救患者的目的。完成感德、湖头、西坪、福田、祥华、大坪、龙涓7个乡镇停机坪建设；桃舟和长卿2个乡镇停机坪建设进入收尾阶段。

实施校园提升工程 2020年，改善农村寄宿学校生活设施，毓秀学校、新华都阳光中学、安溪茶校、慈山学校、由义中学、白濑中学等17所学校完工。新华都阳光中学、安溪九中、崇德中学、安十一中、培文中学5所学校完成运动场建设。修缮旧教学楼，完成霞春中学、科名中学、东方中学、官桥中学、慈山学校、安溪五中等16所学校修缮。建设公办幼儿园，完成第十七幼儿园、感德镇五甲小学综合楼、蓬莱镇案山（中心）幼儿园建设。修缮小规模学校校舍，完成25所学校校舍修缮。修缮学校灾情应急设施，实施西坪镇阳星小学、龙涓乡碧岭小学等12所学校灾情应急设施修缮。提升学校安保（消防）设施，对涉及24个乡镇的相关学校进行安保设施提升（其中2019年367所学校，2020年365所学校）。创建1所城市学校少年宫、2个学校心理辅导室和6个社区未成年人文化活动场所。逸夫实小新建完善城市学校少年宫活动场所，建成投入使用。县第十三小学建成75平方米的三间基本功能室，配有5名专兼职辅导教师，辅导室已投入使用。县第十六小学对原有相对简陋的心理咨询室进行升级改造，心理健康辅导室建设完成。凤城镇朝阳、先声、清水湾、蓝湖社区和城厢镇茶都、茗城社区自筹资金建设社区未成年人文化活动室，对活动场所进行修缮、扩建，设置未成年人工作宣传栏，图书阅览室、绿色网吧、乒乓球室、羽毛球场、篮球场以及棋类项目等文体活动设施均投入使用。

实施食品药品放心工程 2020年，创建9家快速便民检测室场地和设备，补助9万元；全年持续保障20家食品安全快速检测室运行。开展食品安全责任险投保工作，投保食品安全责任险60万元。创建凤城双吉食品行、城关裕兴综合商店、三德大酒店、五洲佳豪酒店等20家食品安全“一品一码”全过程追溯体系建设示范单位，每家补助5万元，共补助100万元。蓬莱镇蓬溪村第三卫生所、金谷镇中都村第一卫生所、凤城镇上山村卫生所、湖头镇云林村第一卫生所、虎邱镇林东村第一卫生所等51家村级卫生所顺利通过规范创建验收考评，共补助资金51万元。结合原药械不良反应监测工作，补助全县所有不良反应监测工作1000例，每例补助100元，共补助10万元。

实施全县妇女常见病免费筛查项目 2020年，建立安溪县妇女常见病筛查中心，对全县20—64周岁妇女开展妇女常见病定期免费筛查，每例100元。全县任务3万人，筛查3万人，完成率100%，共补助资金300万元。

实施安居工程 2020年，新建50户住房困难户、10户“五保”修缮户安居工程，共补助资金310万元。新建45户困难残疾人安居工程，共补助资金270万元。农村二女户20户安居工程全部完成主体结构建设，共补助资金80万元。

实施儿童之家项目 2020年，建设12个基层“儿童之家”，择优挑选凤城镇清水湾社区、祥华乡祥地村等12个社区、村进行项目申报和创建，所有项目点配套设施均已完善，并建立相应的管理团队和管理机制，逐步投入运行。

实施人行天桥项目 2020年，实施县二环路第六中学人行天桥工程，已完工并投入使用。

实施城安信息系统项目 2020年，组织实施城安安全信息系统（8期）项目，共安装设备224路，上线224路。

实施火灾探测报警工程 2020年，为全县留守老人、一级残障人员等住所安装3500个独立式智能感烟火灾探测报警设施，共补助资金69.9万元。

继续实施城乡社区居家养老服务 2020年，对特困供养人员、低保对象、建档立卡贫困人口、重点优抚对象、计划生育特殊家庭成员、重度残疾人中的老年人和80周岁以上的老年人按照每人每月20元购买居家养老信息化基础服务，共补助资金702万元。建设完成55个县级居家养老服务站点，共补助资金550万元。

继续推进菜篮子工程及副食品基地建设 2020年，符合要求的县级以上基地71个，其中5个省、市级基地取得上级资金补助。纳入县级菜篮子资金补助的基地66个，其中市级基地4个、县级示范基地3个、县级普通基地59个，共补助300万元。

实施口袋公园景观工程 2020年，完成仙苑口袋公园（约700平方米）、吾都口袋公园（约1200平方米）建设。

继续推进文化体育惠民工程 2020年，新建5个乡镇级文化广场、12个村居文化广场、54个健身工程点，共投入资金350万元。聚焦高甲戏、舞台剧、原创歌曲等，着力打造文艺精品力作。创作现代高甲戏《莫耶·延安颂》《李光地》，歌曲《靠自己骨头长肉》，舞台剧《靠自己的骨头长肉》；创作4个舞蹈、4个高甲戏说唱、2个情景茶艺、8首歌曲，以及1个小品等一批节目，补助资金150万元。推动不可移动文物维修方案编制，完成不可移动文物房屋隐患整改；完成4个国保单位消防工程方案设计并上报国家专项资金补助；组织开展安溪青阳下草埔冶铁遗址陈列展示馆、庄灶窑址二号窑遮护棚等工程建设等；举办“传承海丝灵韵·问道‘非遗’匠心”安永德“非遗”传承人才交流会暨高层次人才新春团拜会等活动，共补助454.9万元。以创建国家公共文化服务体系示范区为抓手，推进图书馆、文化馆、博物馆、乡镇综合文化站及体育馆、少体校等全年免费开放。5月起，全县公共文化服务设施全面免费开放，共补助资金124万元。截至12月17日，全县数字电影免费放映5428场，共补助资金105万元。

实施老旧小区改造示范项目 2020年，实施老旧小区改造提升，打造新加坡花园、三远江滨花园、龙腾大厦、鸿业华庭、世纪广场、东岳小区等示范小区项目。其中，龙腾大厦、鸿业华庭为2000年后的老旧小区，根据《福建省老旧小区改造实施方案》规定，2000年后的老旧小区不在资金补助范围内，因此暂缓实施。

（蔡雅玲　白世杰）

·行政执法·

【概况】

2020年，安溪县城市管理局以提升城市精细化管理水平为引领，以提升城市基础设施建设为关键，突出抓好城市管理工作，狠抓“两违”管控、市容市貌管理、水流域环境巡查等工作，较好地完成了上级部署的各项工作，助力“四个安溪”建设。

【市容管理】

2020年，安溪县加大对占道经营、店外经营的查处力度，重点对城区主次干道和学校周边流动摊点进行整治，全年累计现场劝导纠正占道经营、流动摊贩近1.38万处次，督促整改店外经营1.2万处次，引摊入市432处次；拆除违规、破旧广告（布条）3200余块（条），拆除私设地锁331个，清除乱堆放324处、城市“牛皮癣”33万余张(处)。

2020年，牵头组织召开运输安全整治渣土车会议12次，常抓常议推进各项工作开展；实施联罚联放，联合执法95次；开展部门执法1044次，查扣违规渣土运输车辆477辆，罚款135.87万元；牵头组织全县驾驶员进行行车安全学习培训7批次500人。

【水流域巡查监管】

2020年，采取全覆盖巡查方式对全县流域巡查，及时将巡查发现的问题反馈给所在乡镇和县直主管部门，落实周巡查报告制度（每周向县河长办公室报告巡查情况），全县发现导致水体污染的行为67宗，按交办处理类型移交38宗，现场处理26宗，行政处罚3宗。

【城乡环境综合治理】

2020年，县行政执法坚持“露头就打、出土就拆”原则，牵头协调组织乡镇开展“两违”综合治理。全年处置“两违”建筑648宗，面积38.98万平方米。

实行网格化巡查，分片区、拉网式开展卫片图斑清理工作，确保图斑逐月清零。下发卫片图斑12期，下达图斑3568宗，全部完成排查。

【案件处理】

2020年，行政处罚121宗，罚款453.63万元。其中滴洒漏58宗，罚款29.5万元；乱倾倒建筑垃圾37宗，罚款7.5万元；建筑施工噪声污染8宗，罚款4万元；车容不整3宗，罚款0.3万元；占道经营7宗，罚款0.15万元；乱倾倒生活垃圾2宗，罚款0.04万元；乱张贴广告和擅自设置户外广告3宗，罚款0.03万元；损坏城市道路2宗，罚款2万元；未取得建设工程规划许可证进行建设1宗，罚款411.91万元。

（陈其森　王安东）

·人力资源管理·

【概况】

2020年底，全县各类人才总量为191143人。其中，党政机关管理人才3456人，专业技术人才36200人，企业经营管理人才72076人，其他各类专业技术人才79411人。专业技术人才高级职称1680人，占专业技术人才总量的4.64%；中级职称8835人，占专业技术人才总量的24.41%；初级职称15664人，占专业技术人才总量的43.27%；事业单位公开招聘86人；中小学幼儿园教师招聘250人；卫生系统备案制招聘112人。

【劳动合同管理】

工伤认定 2020年，接受工伤认定申请252件，完成工伤认定221件，不予认定7件，不符合工伤认定条件不予受理6件，驳回5件，中止2件。

劳动争议仲裁 2020年，受理劳动争议95件，仲裁调解27件，立案裁决55件，撤诉9件，撤销1件，涉案资金540.39万元。

劳动监察执法 2020年，举办现场咨询活动1场；开展执法检查245次，监察用人单位308户，涉及职工数13673人，下达劳动保障监察限期整改指令书32份，责令用人单位补签劳动合同197份。全年共协调处理各类举报、投诉欠薪案件201件，涉及劳动者1414人，涉及金额2055.21万元；受理调处涉及欠薪信访件249件，涉及劳动者591人，涉及金额1251.87万元；参与处置劳动工资突发事件19起，涉及劳动者384人，涉及金额372.92万元。

【就业和再就业】

2020年，城镇登记失业率1.93%，城镇新增就业人数3968人，完成市下达任务3000人的132%；下岗失业人员实现再就业879人，完成市下达任务115人的257%。全年求职登记1714人次。继续开展“再就业援助月”活动，宣传政府的再就业扶持政策，介绍企业用工需求，并积极向企业推荐，努力帮助有就业意愿和有就业能力的下岗失业人员实现再就业。全年发放就业困难人员社会保险补贴836人，金额415.76万元。累计派遣劳务人员143人。

【职工管理】

国家职业技能鉴定 2020年，全县参加职业技能鉴定并取得职业资格证书的1524人次，获得高级工以上的77人，其中技师38人，高级技师7人。组织机关事业单位工勤人员参加技术等级岗位升级考核和2020年岗位继续教育报名工作：全县4人通过等级考核，其中中级工2人、技师2人。

企业职工退休审批 2020年，安溪县严格按照企业职工退休审批制度，进一步加强对审批工作的规范管理。全年办理职工退休561人。

【职工保险】

失业保险 2020年，安溪县参保人数52348人，征收失业保险费1724.25万元，支出失业保险相关待遇费255.45万元（其中失业保险金1922人次，金额221.54万元；失业补助金477人次，金额16.72万元；物价补贴1841人次，金额17.19万元）。共发放普惠性稳岗补贴734家250.58万元，惠及职工9738人；困难企业稳岗补贴435家7383.63万元，惠及职工10451人。

工伤保险 2020年，安溪县参加工伤保险单位4752家、61500人，征收工伤保险基金1020万元，支付职工工伤保险待遇267人、1423万元。

企业职工养老保险 2020年，安溪县参加企业基本养老保险单位5520家、68957人，征收保险费22806万元，发放企业离退休人员养老金8169人、25105万元。

机关事业单位社会保险 2020年，安溪县参保单位489家，在职参保人数16618人，支付离退休人数5939人（含企业制度21人）。

城乡居民社会养老保险 2020年，安溪县参加城乡居民社会养老保险638494人，参保率99.3%，缴费率77.46%，为符合条件的60周岁以上老年人149052人发放养老金2294.90万元。支付丧葬补助金4893人，金额1089.71万元。

被征地农民养老保险 2020年，安溪县为12个乡镇96个村23110名被征地农民发放养老金3533.05万元。

【人才管理】

专业技术职务评聘 2020年批准确认全日制大中专毕业生试用期满专业技术助理级职务293人，推荐申报评审通过专业技术职务任职资格506人（其中正高级2人、副高级179人、中级270人、助理级55人）。

【工资待遇管理】

2020年，安溪县核定工作人员2019年度年终一次性奖金2711人，发放911.25万元；未休年休假报酬2728人，发放1675.01万元；中小学校教师和其他事业单位工作人员分别按人均12700元和7200元增加绩效工资增量12020人，发放1.41亿元；发放离退休人员（不含医院卫生院）过节费5291人，发放1008.2万元，人均1905元；做好机关事业单位工作人员考核晋升薪级工资、职务（职级、岗位、等级）变动、军转安置、见习期人员待遇、农林一线科技人员待遇、转正定级、津补贴、学历变更、工作调动、工龄计算以及处分处罚等日常工资待遇核定。

完成2019年度机关事业单位工资统计工作，全县有机关事业单位工作人员16760人，其中公务员（含参公管理）2710人、事业单位14050人（全额单位11980人、差额单位2020人、自收自支单位50人）。

人均年收入13.54万元，其中公务员（含参公管理）18.42万元、事业单位12.6万元（全额单位12.13万元、差额单位15.37万元、自收自支单位11.29万元），比2018年度12.33万元/人增加收入9.81%，全县年支出22.70亿元。

审批办理机关事业单位工作人员退休手续252人。审批办理机关事业单位工作人员和退休人员亡故抚恤64人，发放抚恤金728.02万元；核定遗属补助29人，月增生活补助费20549元。

【人才市场】

2020年，安溪县组织举办大型人才招聘会32场次，参会单位276家，提供岗位9334个，参会毕业生10912人次。转入档案3171份，转出档案810份。办理人事代理36人。

（许东艺　凌文辉）

·信访·

【概况】

2020年，安溪县信访工作以习近平总书记重要讲话精神为指导，全县信访秩序持续好转。没有因信访问题处理不当引发群体性事件和个人极端事件，信访态势良好。

【领导接访】

2020年，安溪县继续大力推行县领导干部接访下访制度，县主要领导接访12次，37批次44人次，县委常委和副县长接访10批次18人次。依法有效解决群众反映的合理诉求，从源头上预防和减少信访问题发生，最大限度把矛盾化解在当地。

【积案化解与信访排查】

2020年，安溪县信访积案化解有序开展。着力打好信访积案攻坚战，组织开展信访积案专项治理行动，发挥党政领导挂钩联席包案督办的引领示范作用，定期分析进展情况，推动信访积案“清仓见底”，当年省级交办安溪县的信访积案9件，全部办结化解和息诉息访，办结化解率100%，息诉息访率100%。市级转交安溪县历史积案25件，办结化解25件，办结化解率100%；签订息访息诉18件，息访息诉率72%。

定期开展矛盾纠纷排查。建立每周排查和重点情况随有随报的制度，开展矛盾纠纷排查化解工作等事项。

【专线电话】

2020年，安溪县大力推进责任信访、法治信访，狠抓业务规范化建设，着力提升信访业务能力和工作水平。县委书记、县长专线电话和互联网投诉受理中心接听群众来电1366个，信访事项及时受理率100%，按期办结率100%，及时有效解决群众合理诉求。

【信访评理室】

2020年，安溪县信访工作弘扬新时代“枫桥经验”，积极探索完善源头治理、多元合作化解信访问题的工作方法，在全县陆续搭建起党政主导、信访部门主抓、社会力量充分参与、相关部门各司其职的“信访评理室”调处平台，从源头预防和化解纠纷，把信访制度优势转化为社会治理效能。

至年底，县、乡、村三级评理室全部完成建设，信访评理员队伍由人民调解员、“两会代表一委员”（党代会代表、人代会代表和政协委员）、有关行政机关和行业专业人员、社会知名人士、法律工作者等构成。根据信访事项，各级评理室“因案施策”选配评理员，保障信访评理彰显整体性、专业性、协同性、精准性。

（陈萍婷　黄艳琳）

·行政服务中心·

【概况】

2020年，安溪县行政服务中心（简称“县行政服务中心”）以深化“放管服”改革为抓手，围绕创建“便民、规范、高效、廉洁”中心目标，不断提升服务本领，持续优化营商环境，政务服务更加规范，企业群众办事创业更加便捷，为安溪县招商引资和便民利企工作打下坚实基础。全年受理办件951309件，其中即办件840616件，即办率88.36%。

【全面统一服务事项标准】

2020年，县行政服务中心推动所有行政审批服务事项15个方面要素标准在全省范围内规范统一（简称“五级十五同”），实现全省同一事项无差别受理、同标准办理，减少审批随意性，压缩自由裁量空间。截至12月底，县直部门入驻福建省网上办事大厅事项1653项，平均每个事项办理时限为3.53个工作日，平均缩短时限比例约82.34%。

【全面推行“审批官”机制】

2020年，县行政服务中心全面推行“审批官”制度，由30个入驻服务中心的部门委任授权业务精英作为“审批官”派驻窗口，将审批权限下放到窗口一线，结束以往层层递交、层层审核的“服务链”体系，大大提升窗口服务效率。所有入驻事项基本上按照“受理—审查—决定”这三个环节进行设置；特殊环节包括公示、专家评审、检测检疫等环节依法律法规和工作实际进行设置，并纳入审批流程实行闭环式管理。

【启动企业开办“一窗通办、一日办结”】

2020年，县行政服务中心将企业注册、公章刻制、税务登记、银行开户、企业社保登记、医保登记、公积金、预约用水服务、预约用电服务、预约用气服务、预约广电网络接入服务、预约宽带接入服务等十二大内容全部纳入企业开办流程进行闭环管理，企业开办时限从原承诺的4个工作日压缩至1个工作日内办结。6月新模式上线，截至2021年1月，完成企业设立登记3873户，同比增长35.04%；注册资本90.99亿元，同比增长9.79%，外地企业总部回流248家。

【启动不动产登记与水气电网“一窗受理、一日办结”改革】

2020年，县行政服务中心依托泉州市政务服务一体化平台，通过二次开发嵌入不动产交易登记、电力公司、自来水公司、广电网络、天然气公司等过户相关模块，实现不动产二手房交易涉及的不动产登记、发证，契税缴纳，水、电、气、广电网络过户等事项“一窗受理、一次递交、即时办结”。

【推行用地“三证合办、当天发证”】

2020年，县行政服务中心通过主动服务、提前介入、一次申请、内部流转、并联办理等服务模式，在借鉴其他城市“交地即交证”的基础上，将建设用地规划许可证纳入合办范围，在全省率先实现企业办理不动产权证书、交地确认书、建设用地规划许可证等“三证合办”、当天发证。企业只需提交“三证合办”申请，就可在取得交地确认书同时取得建设用地规划许可证和不动产权证书。

【启动“不动产网络司法控制机制”】

2020年，县行政服务中心在泉州市率先启动“不动产网络司法控制机制”，实现五分钟内办理完成不动产查封、解封及续封等业务，实现不动产执行的全流程全在线办理，有效解决法院“执行难”问题，实现“最多跑一次”到“零次跑”的跨越、“面对面”到“网到网”的不见面服务，进一步保障不动产交易、登记安全，有效保护不动产权利人的合法财产权益。

【设立乡镇便民服务专窗】

2020年，县行政服务中心在政务大厅设立乡镇便民服务专窗，受理与群众密切相关的计生、民政、残联等便民服务事项办件。专窗将受理数据推送到相关乡镇办理后，办理结果依托“一体化平台”反馈至专窗，群众可直接到专窗领取，实现“一窗受理、集成服务、一窗通办”。

（何松芳　蔡财强）

·综述·

【概况】

2020年，县政协贯彻中央、省委、市委政协工作会议精神，遵循《关于新时代加强和改进人民政协工作的实施意见》，把握团结和民主两大主题，围绕统筹疫情防控和经济社会发展工作大局，坚持发扬民主和增进团结相互贯通、建言资政和凝聚共识双向发力，不断提高政治协商、民主监督、参政议政水平，为推动安溪高质量发展超越贡献智慧力量。

【民主监督协商取得实效】

2020年，县政协围绕“城区背街小巷安全整治”开展视察监督，现场听取有关部门工作通报，委员们就机制再完善、宣传再深入、摸底再精准、整治分急缓、保障要完善等提出五个方面的意见建议，得到县委主要领导批示，助推城区背街小巷安全整治工作。围绕移风易俗主题，坚持小切口议大事，就“整治丧事扰民和铺张浪费问题，完善县殡仪馆服务功能，营造文明新风”议题，累计开展调研视察和民主监督11场次、专题协商3场次，提出相关意见建议66条，有效凝聚“治丧改革”全民共识，持续助推骨灰楼、城乡公益性骨灰堂、综合服务功能区扩建工程等项目建设，殡仪馆服务功能逐年改善，带动全县移风易俗工作的开展。围绕“河长制工作落实情况”开展专题视察，委员们就视察发现问题踊跃建言，提出5个方面10条意见建议，得到县委主要领导批示，有效助推河长制各项工作的落实。

·重要会议·

【十二届县政协四次会议】

2020年5月15日，政协第十二届安溪县委员会第四次会议在县影剧院召开。会议应出席委员306人，实际到会委员228人，符合章程规定。会期3天，会议听取和审议政协第十二届安溪县委员会常务委员会工作报告、政协第十二届安溪县委员会第三次会议以来提案工作情况的报告，选举政协第十二届安溪县委员会副主席1名、常委6名，听取和审议政协第十二届安溪县委员会第四次会议提案初审情况报告，审议通过政协第十二届安溪县委员会第四次会议决议。会议期间，委员们列席安溪县第十七届人民代表大会第四次会议。

【十二届县政协五次会议】

2020年12月28日，政协第十二届安溪县委员会第五次会议在县影剧院开幕，会议应出席委员306人，实际到会委员268人，符合章程规定。会期3天，会议听取和审议政协第十二届安溪县委员会常务委员会工作报告、政协第十二届安溪县委员会第四次会议以来提案工作情况的报告、政协第十二届安溪县委员会第五次会议提案初审情况报告，审议通过政协第十二届安溪县委员会第五次会议决议。会议期间，委员们列席安溪县第十七届人民代表大会第五次会议。

【十二届政协十六次常务委员会会议】

2020年5月15日，政协第十二届安溪县委员会第十六次常务委员会会议（因受新冠肺炎疫情影响1—4月未召开）在县公务大楼102会议室召开，会议由县政协主席梁金良主持，会议传达学习习近平总书记重要讲话精神，协商通过政协第十二届安溪县委员会增补委员名单，协商通过有关人事任免事宜，并通报十二届县政协四次会议有关变动事项。

2020年5月15日，政协第十二届安溪县委员会第十七次常务委员会会议在永隆国际酒店二楼会见厅召开，会议由县政协主席梁金良主持，会议专门协商十二届县政协四次会议选举办法（草案）和总监票人、监票人名单（草案），以及候选人名单（草案）。

2020年5月15日，政协第十二届安溪县委员会第十八次常务委员会会议在永隆国际酒店二楼会见厅召开，会议由县政协主席梁金良主持，会议审议通过十二届县政协四次会议选举办法（草案），总监票人、监票人名单（草案）和候选人名单（草案）。

2020年5月17日，政协第十二届安溪县委员会第十九次常务委员会会议在永隆国际酒店二楼会见厅召开，会议由县政协主席梁金良主持，会议听取十二届县政协四次会议各组召集人汇报各小组讨论十二届县政协四次会议决议（草案）情况，审议通过十二届县政协四次会议决议（草案），提请大会表决，协商通过2020年度县政协常委会有关工作安排。

2020年6月9日，政协第十二届安溪县委员会第二十次常务委员会会议在永隆国际酒店二楼多功能厅召开，会议由县政协主席梁金良主持。会议听取县交通运输局关于安溪县综合立体大交通规划建设情况的通报；讨论修改《中共安溪县委关于新时代加强和改进人民政协工作的实施意见（征求意见稿）》；协商通过《安溪县政协常委会2020年度工作要点》《安溪县政协2020年度协商工作计划》；协商通过安溪县政协各专门委员会及其办公室组成人员调整名单（草案）；传达学习习近平总书记在全国“两会”上的重要讲话精神和全国“两会”精神。

2020年9月4日，政协第十二届安溪县委员会第二十一次常务委员会会议在永隆国际酒店二楼多功能厅召开，会议由县政协主席梁金良主持。会议围绕“关于加强湖头历史文化名镇的保护与建设”协商议题，召开县政府与县政协专题议政性常委会会议；听取县政府上半年经济社会运行情况通报；邀请华侨大学法学院白晓东教授作《中华人民共和国民法典》专题辅导讲座，听取县政协有关协商课题开展情况通报，并研究有关人事事宜。

2020年9月4日，十二届安溪县政协常委会第二十一次会议在永隆国际酒店二楼多功能厅召开（县政协供图）

2020年11月5日，政协第十二届安溪县委员会第二十二次常务委员会会议在永隆国际酒店二楼多功能厅召开，会议由县政协主席梁金良主持。会议围绕“以新发展理念推动实体经济高质量发展”协商议题，召开县委与县政协专题议政性常委会会议；听取县政府关于2020年提案办理工作情况通报；传达学习中共十九届五中全会精神和习近平总书记重要讲话精神，并听取县政协有关协商课题开展情况通报。

2020年12月23日，政协第十二届安溪县委员会第二十三次常务委员会会议在永隆国际酒店二楼多功能厅召开，会议由县政协主席梁金良主持。会议邀请市委党校谢珍珍教授作中共十九届五中全会精神辅导讲座；听取和讨论“一府两院”、计划和预算工作报告（征求意见稿）；研究十二届县政协五次会议有关事宜。

2020年12月30日，政协第十二届安溪县委员会第二十四次常务委员会会议永隆国际酒店二楼多功能厅召开，会议由县政协主席梁金良主持。会议听取各讨论组召集人汇报讨论大会各项决议（草案）的情况，审议通过县政协十二届五次会议决议（草案）、县政协十二届常委会工作报告决议（草案）、县政协十二届提案工作报告决议（草案），讨论安溪县政协2021年度协商工作计划有关议题。

·主要工作·

【专题议政性常委会会议首次召开】

2020年9月，县政协围绕“加强湖头历史文化名镇的保护与建设”议题，与县政府开展面对面协商，就“从一张蓝图画到底，擦亮中国历史文化名镇名片”“深耕历史文化价值，让李光地文化内涵活起来”“匠心制作精雕细琢，给游客一场文化盛宴”“坚持以人为本让利于民，推进保护建设共建共治共享”等四方面提出14条意见建议，5位委员分别从古镇规划、古民居权属问题、讲好湖头故事、传统文化挖掘利用、旅游开发等角度建言献策，县长吴毓舟对课题组深入调查研究、客观翔实建言给予高度评价，并围绕画好“同心圆”、讲好“湖头事”、编好“施工图”三个方面回应委员们的意见建设。11月，围绕“以新发展理念推动实体经济高质量发展”议题，着重从释放招商选资新动能、打造营商服务新环境、构筑人才集聚新高地、舒活金融保障新通道、提升法律服务新水平等方面，与县委开展面对面协商，形成5个方面17条意见建议，得到县委书记高向荣的充分肯定。会上高向荣还围绕政协委员队伍建设，提出“提素质、建良言、聚合力、作表率”12个字总体要求。

【重点提案办理】

2020年，县政协创新提案办理方式，优化督办程序，对当年的6件重点督办提案实行“四办合一”，即集中对口交办、领导高位督办、加强沟通联办、明确时限快办，联合党政有关部门，先后开展监督协商活动11批次，提出督办意见建议16条。召开提案工作座谈会，听取有关部门关于重点督办提案办理情况的通报，对“在安溪县设立残疾人专用小型自动挡载客汽车驾驶证培训考试点的建议”等暂时无法办结的重点提案，相关部门现场向委员耐心解释，并提出具体方案和措施，得到委员们的肯定。6件重点督办提案答复率、满意率均为100%。

【对口及界别协商】

2020年，县政协围绕“加强人才交流，助推产业发展”协商议题，形成6个方面13条意见建议。围绕构建安溪茶产业产教融合体系，开展“深化产教融合，助推茶产业高质量发展”专题协商，提出两个方面8条意见建议，被有关部门吸纳补充到《安溪县扶持茶产业高质量发展规定（暂时）》中。围绕新冠肺炎疫情背景下安溪县公共卫生应急管理体系建设开展专题协商，总结梳理并提出八个方面意见建议，为县委县政府提供决策参考。围绕决战脱贫攻坚目标任务，就“脱贫攻坚及成果巩固”议题积极协商建言。十二届四次会议以来立案交办的提案107件中涉及民生的88件，通过规范办理答复、推进提案办理民主评议和“回头看”等措施，事关群众切身利益的民生问题得到较好解决。

【团结联谊】

2020年，县政协以“保护海外侨胞捐赠校舍权益”为切口，联合县教育局、县侨联等部门，开展调研协商，初步建立海内外社会贤达捐赠财产权益保护机制。强化与工商联和政协各参加单位的合作共事，加强与各界人士的联谊交友，努力为其发声发力创造条件、搭建平台，视察考察及时邀请，集体提案重点督办，不断扩大团结面、增强包容性。密切与民族宗教界人士联系，围绕“寺观教堂安全生态文明建设”建言献策，助力民族宗教领域和谐稳定。聚焦“综合立体大交通（大三环）规划建设”项目，组织委员专题听取相关工作情况通报，观看规划建设专题片，进行广泛协商讨论，促进不同思想观点的充分表达和深入交流，把县委的主张及时转化为社会各界共识。聚焦“十四五”规划建设，组织召开专题座谈会，听取各界别委员意见建议，助力全县“十四五”规划编制定位更聚焦、重点更突出、特色更彰显。县政协及广大委员全力投身抗疫一线，助力打赢疫情防控阻击战，踊跃捐资捐物5000多万元。

【文史资料编写】

2020年，县政协文史资料编写紧扣“亲历、亲见、亲闻”特色，坚持以人纪事、存经留史理念，做好《安溪文史资料》编辑出版工作。

【制度机制】

2020年，县政协完善党组议事决策机制和民主生活会、组织生活会等制度。建立健全党组成员联系界别党员委员、党员委员联系党外委员和全体会议期间设立临时党组织等制度，推进党的组织对党员委员全覆盖、党的工作对政协委员全覆盖。规范主席会议、常委会会议，健全完善政协协商民主制度体系和履职工作规范。建立党委、政府和政协职责明确、协调顺畅、有效管用的运行机制。修订《提案工作条例》，有效促进提案质量、办理质量双提升。实施常委领衔调研视察、带头撰写提案、专题发言汇报等制度，发挥政协常委骨干作用。创新专委会工作机制，按照机构设置、力量配备、工作规范、绩效考评的总体思路，完善专委会制度机制，按照以岗选人、优化结构、整体联动原则，统筹配置专委会人员。

（王艺宝　吴宝炼）

· 综述 ·

【概况】

2020年，面对突如其来的新冠肺炎疫情，县纪委监委坚持以习近平新时代中国特色社会主义思想为指导，以中央纪委和省、市纪委全会精神为指引，坚定不移推进全面从严治党，为统筹疫情防控与经济社会发展大局、推动安溪高质量发展赶超提供坚强有力的纪法保障。

【主要会议】

2020年1月21日，中国共产党安溪县纪律检查委员会第十三届第五次全会召开，县四套班子领导，县法院院长、县检察院检察长、县公安局局长，县纪委委员、县监委委员，各乡镇党委书记、乡镇长、纪委书记监察组组长，县直各单位负责人或主持工作的副职领导，县委巡察办主任、副主任、巡察专员，县纪委各派驻纪检监察组组长或负责人，县直纪工委书记，县纪委监委机关副科级以上干部、各内设机构负责人，县委组织部干部一股、干部监督室主要负责人，县监委特约监察员参加会议。县委书记高向荣作工作讲话，县委常委、县纪委书记、县监委主任林文超作《完善监督体系 强化权力制约 为决胜全面建成小康社会提供坚强保障》工作报告。

· 纪检监察 ·

【政治监督】

2020年，县纪委监委坚持把政治监督摆在首位，围绕省纪委监委提出的政治监督“见人见事、精准高效”的总体要求和市纪委监委作出的具体部署，依照职责权限，建立五级责任分工体系，建好1099名科级干部、770名村级主干廉政档案。建立政治监督专项报告和政治生态分析报告制度。立足疫情防控、脱贫攻坚、安全生产等重大政治任务开展跟进监督，问责处理15人。围绕县委县政府建设大白濑水利枢纽工程、“大三环”立体交通等重大工程项目强化专项监督，问责处理2人。协助县委完成省委、市委主体责任检查反馈的10个方面22个具体问题、省纪委督导反馈的10个漠视侵害群众利益问题的整改落实，追责问责党员干部3人。开展分级会商谈话，严明政治纪律和政治规矩，全年发出函询37件，开展谈心谈话155人次。查处违反政治纪律问题5起，给予党纪政务处分5人。

【靶向监督】

2020年，县纪委监委绘制总结推广2019年首批54个村（社区）开展靶向监督的经验做法，再选取130个村（社区），重点围绕微信群公开、农村集体“三资”监管、“三重一大”民主决策、“一站式”现场办公等方面，持续开展靶向监督。会同县农业农村局探索建立村级财务监管片区联动机制，推动农村集体“三资”监管特别是村级财务管理规范有序、阳光透明。全年184个靶向监督村（社区）研究“三重一大”事项584项，清理合同1122份，收回漏管资金48.5万元，给予党纪立案10人，群众信访量同比下降49.3%，其中159个村（社区）实现“零信访”。调研文章《找准“靶心”精准监督 管住“小微权力”护好民利——安溪县村级组织“靶向”监督的探索与实践》获得2019年度全省党建重点课题调研三等奖。

【专项治理】

2020年，县纪委监委聚焦脱贫攻坚收官之年，推动“四个不摘”等政策措施落地落实，推行“一访二看三查四问”监督机制，发现执行政策不到位问题5个，追责问责3人，有力保障安溪县顺利通过脱贫攻坚验收。围绕“伞网清除”要求，开展“惩腐打伞专项攻势”行动，全年查处涉黑涉恶腐败和“保护伞”问题9件9人，给予党纪政务处分9人，移送司法机关3人。持续对民生领域、人防工程、教育公平、农村乱占耕地建房等领域开展专项治理，发现并纠正问题420个，收回相关资金25.42万元，查处违规违纪问题18起，处理23人，其中给予党纪政务处分21人。

【“四访”机制】

2020年，县纪委监委落实县委“强基促稳”工作部署，推动落实开门接访标准化、全员接访规范化、带信下访制度化、入户走访常态化。建设分级保护接入系统，做好信访举报分级录入及扫描工作，强化信访会商分析，创新匿名举报反馈方式，提升办信质效。12件信访积案全部化解“清零”。全年受理检控类信访举报370件，同比下降29.1%，其中初信初访件115件，同比下降43.9%。

【作风建设】

2020年，县纪委监委坚持从领导干部抓起、查起、改起，持续巩固拓展作风建设成效，推动党风政风和社会风气良性互动、持续好转。全年查处形式主义官僚主义问题8起，给予党纪政务处分8人；查处违反中央八项规定精神问题7起9人，通报“四风”典型案例4起5人；查处党员干部违反移风易俗规定问题2起3人。落实意识形态政治责任，坚持正面引导，强化舆论宣传，全年在中央和省市主流媒体刊稿265篇，位居全市前列。

【惩治腐败】

2020年，县纪委监委聚焦不收敛不收手、政治问题和经济问题交织的腐败案件，紧盯群众反映强烈、涉及疫情防控、房屋安全、脱贫攻坚等重点领域和关键环节，精准高效惩治腐败。全年运用“四种形态”处理338人，其中一、二种形态263人，占比77.8%；立案120件131人，给予党纪政务处分129人，其中乡科级干部6人（含指定管辖2人），采取留置调查措施2人，移送司法机关8人。鲤城欣佳酒店“3·7”事故发生后，受市监委指定管辖，抽调20名干部，以成建制方式对事故背后4名党员干部进行审查调查，展现出安溪县纪检监察干部特别能吃苦、特别能战斗的精神风貌，受到省、市纪委监委的高度肯定。

【案后整改】

2020年，县纪委监委发挥纪律检查建议书和监察建议书的作用，对信访举报、日常监督、专项检查、巡察反馈、案件查办中发现的问题和制度缺陷进行精准把脉、剖析根源，提出具有针对性的意见建议，督促案发单位在做好问题整改的同时，举一反三、触类旁通，完善制度机制，堵塞监管漏洞，真正发挥“发出一份建议，解决一批问题，完善一批制度”的治本效能。全年发出“两书”8份，提出建议21条，推动建章立制86项。

【锻造过硬铁军】

2020年，县纪委监委坚持专业化、高素质导向，深化大学习、大培训、大练兵活动，组织开展学习培训、业务交流10场次；抽调8人次干部协助村（社区）开展疫情防控、32人次干部参与防疫督查、61人次干部参与巡视巡察，选派13人次干部到市纪委跟班锻炼，安排14名“新手”到纪检监察室跟岗锻炼，执纪执法本领得到显著提升。48名县、乡纪检监察干部得到提拔重用。联合县委组织部考察任命46名乡镇纪委专职干部，保障基层监督力量。

（廖昭阳　陈宝福）

·巡察工作·

【概况】

2020年，县委巡察工作坚持以习近平新时代中国特色社会主义思想为指导，统筹疫情防控和县委巡察工作，坚持政治巡察定位，紧抓政治监督；加强请示汇报和沟通协调，组织实施3轮常规巡察工作，坚持不懈推动巡察整改，完成巡察全覆盖的目标。

【创新组织实施】

2020年，在新冠肺炎疫情影响和常态化防控大背景下，围绕完成巡察全覆盖目标，处理好时间紧和未巡察党组织数量较多、快节奏和高质量的关系，创新组织实施巡察工作的形式、方式。采取分“轮”不分“批”，压缩“转场”时间。5月中下旬，启动第九轮巡察，4个巡察组巡察16个单位（党组织）；7月下旬，组织实施第十轮巡察，5个巡察组巡察22个单位（党组织）；10月下旬，组织实施第十一轮巡察，3个巡察组共巡察8个单位(党组织)。为节约巡察既分轮次、每轮又分批次过程中的“转场”时间，采取只分轮次、不分批次，巡察组“一次授权、分段使用”的方式，全年组织实施3轮常规巡察，每一轮现场巡察时间2个月左右，且“轮”与“轮”之间“转场”准备时间压缩为10天左右。采用同“组”不同“行”，不减监督时长。巡察组一次组建并适当增加人数，组内再按监督类别进行分工，对巡察对象交叉使用监督力量，确保对每个被巡察党组织的监督时长不少于25天。同时，根据被巡察单位党组织的体量，灵活安排进驻时长，该延长的延长，巡察县公安局党委、县教育局党组此类大体量的党组织，现场巡察监督的时长2个月左右。坚持放“样”不放“羊”，保证巡察质量。县委巡察工作领导小组每轮巡察前召开动员部署会，学习贯彻习近平总书记关于巡视巡察的重要讲话精神，围绕“三个聚焦一个落实”巡察重点，把县委对巡察工作的要求具体化，为每一轮巡察“放样”。县委巡察办负责抓好巡前培训、巡中调研指导、巡后审改报告等环节工作，特别是现场巡察期间，坚持每周下沉到各巡察组至少半天时间了解工作情况，每个月召开一次中期调研座谈会，及时了解巡察工作开展情况，剖析巡察发现问题，合理调度力量，适时调整监督方向，有效防止“放羊式”管理问题的发生。

【推动补短板】

2020年，县委巡察工作坚持以人民为中心开展巡察监督工作，围绕县委关于民生补短板的决策部署，找准抓住民生领域补短板强弱项中贯彻落实不力、担当作为不够、损害群众利益、制度建设缺失等突出问题，加强移交办理、督促整改等工作，努力做到“诊”“治”并重，“形”“效”相成。为把教育质量“提上去”，县委巡察工作领导小组于2020年7月暑假期间对县教育局党组和安溪一中、铭选中学、安溪六中、县教师进修学校开展巡察监督，并延伸到部分中小学校。对教育系统进行集中巡察，围绕人民群众对建设教育强县的关切，发现、找准贯彻落实党的教育方针、办好“人民满意的教育”、干部和教师队伍建设等方面存在的突出问题，强化边巡边改，巡察期间移交边巡边改问题5个，均完成整改。针对巡察发现的有关问题，县教育局党组采取高点谋划优化教育布局、高位统筹完善教育保障、高效组织强化质量监测的整改措施，进一步推动优化教育资源配置，加快推进城区扩容项目，最大限度满足城区学位需求；加快实施人才激励政策，在工资待遇、住房保障、职称评定等方面予以优待；规范县聘教师队伍管理，完善教学评价制度，落实“竞争激励、奖勤罚懒、促进创优”质量奖惩机制；实施精细化教学管理，强化过程性质量管控，促进教学质量不断提升。为把医疗费用“降下来”，在2018年对医疗卫生系统开展巡察，2019年纪检监察机关查处系列有关人员严重违纪违法案件并会同主管部门进一步落实医改措施的基础上，县委巡察工作领导小组持续跟踪，督促整改措施落地见效。针对巡察发现并移交查处的医疗领域腐败问题，县委巡察工作领导小组会同县纪委监委在组织开展警示教育的同时，督促卫生主管部门落实案后整改主体责任，围绕“把管理漏洞补起来、把医药费用降下来”的整改主线，排查廉政风险点302个，制定防控措施330项，修订完善制度5个，药品费用2017年占比35.1%、2020年下降到32.23%，每年可为患者减轻药品费用2700多万元，群众就医满意率提升至96.8%。为保脱贫攻坚“战必胜”专项监督。配合市委开展的脱贫攻坚专项交叉巡察“回头看”，对市委2018年专项交叉巡察、2019年全交叉专项巡察，指出、发现的问题的整改情况进行过细复核，县委把着力点放在以“改”促“战”上，将脱贫攻坚巡察整改结果与各乡镇党政年度脱贫攻坚目标考核相挂钩，进一步传导压力，增强干部的整改责任意识，确保整改工作落到实处。制定整改旬报告制度，实行“一巡一调度、一巡一汇总、一巡一跟踪”，紧盯巡察整改落实情况，按照一个问题一个责任领导，一个措施一个整改时限，从快从严推进整改县纪委监委、县扶贫办每10天督办一次。建立整改会商制度，由县委、县政府分管领导不定期组织县纪委、巡察办、扶贫办、各相关整改责任单位开展巡察整改会商，逐一听取各整改责任单位汇报，对整改不扎实、措施不够有力的，采取现场督导方式，分析主客观原因，合力寻求破解对策，确保整改事项见底清零。

【监督精准高效】

建机制　2020年，县委巡察工作紧贴县委中心工作，9月28日，制定下发《中共安溪县委巡察工作领导小组工作规则》《中共安溪县委巡察组工作规则》《中共安溪县委巡察工作领导小组办公室工作规则》，为巡察规范发展提供制度遵循。建立健全巡察底稿制度，完善“四个可查”（问题来源可查、情况描述可查、基本事实可查、佐证材料和责任人可查）工作机制，作为支持巡察报告、开展巡察工作成效评价的依据和证明。建立巡察底稿制度以来，编制形成问题底稿1718份，实现巡察过程全程留痕。用好中央巡视、省委巡视指导督导试点成果和全国巡察办主任提级培训成果，通过巡察工作研讨、座谈交流等形式，组织县委巡察机构全体干部，以及抽调组建的巡察组全体巡察干部进行边工作边学习边交流、边实践边思考边总结，进一步明确巡察方向、把握巡察重点、提升巡察能力。

抓督导　建立落实领导小组集中研究，纪委监委、组织部门日常监督，巡察机构统筹督促的巡察整改衔接机制，制定巡察机构与纪委监委、组织、宣传、审计、信访等部门协作配合制度，推动横向的贯通融合。纪检监察机关注重发挥派驻机构、乡镇纪委监察组作用，推动巡察整改落实落细，推动巡察监督合力不断增强。注重边巡边改，及时将巡察发现的党的领导弱化、党的建设缺失、全面从严治党主体责任落实不力等带有普遍性、苗头性、倾向性问题，移交被巡察党组织即知即改。对巡察期间发现的有悖中央八项规定及其实施细则精神和“四风”方面的问题，以及属于被巡察党组织管理的干部适用于第一种形态的问题线索，群众反映集中的侵害群众利益的“蝇贪”问题，巡察组也都及时形成问题清单，在巡察期间移交被巡察党组织处置并督促整改到位。强化全面整改，要求被巡察党组织认真对照巡察反馈问题组织落实整改，在反馈后每两周向挂钩联系的县纪委监委有关纪检监察室报告相关整改进度，3个月内向县委巡察工作领导小组报告党组（党委）整改落实和党组（党委）书记组织落实整改情况。整改到期后仍需进一步整改的事项，逐一明确完成时限，持续推进整改，每3个月向县委巡察工作领导小组报送一次后续整改进度，直到整改全部完成。县委巡察办、巡察组及时跟进了解被巡察党组织整改落实情况，提出明确具体的审核意见；涉及机关党建问题的整改情况，商请县直机关工委审核并提出意见。全年向15个单位党组织反馈问题667个，移送问题线索25件。强化整改督查，将被巡察党组织整改落实情况纳入纪检监察机关和组织部门日常监督的重要内容。县委巡察办及时将反馈意见、问题清单及整改情况报告、整改台账移交县纪委监委和县委组织部。县纪委监委相关执纪监督机构会同县委巡察办、巡察组适时组织开展核查，重点检查已整改到位问题的巩固落实和未整改到位问题的后续整改，核查情况报请县纪委监委领导同意后及时向县委巡察办反馈。县委组织部把巡察整改落实情况纳入对被巡察党组织领导班子和领导干部考核评价的重要内容，有效运用于干部管理监督、选拔任用等工作中。

拓效应 县委巡察办始终坚持“稳”“准”二字，围绕巡察质量和整改成效做文章，在巡察组撤点之后所提交的巡察报告初稿送审后，县委巡察办适时组织巡察组组长、副组长和联络员进行巡察“复盘”交流，针对巡察报告中未讲清事实、未讲透原因、未归纳层次的问题进行重新分析、归纳提炼，对巡察发现的问题进行“过堂会审”逐一剖析，做到发现的问题事实清楚、内容真实、材料完整、原因明晰、定性准确。严格执行“四跟进一报告”制度，对巡察期间移交被巡察党组织边巡边改的问题，实行“两项监督”（被巡察党组织所在纪检监察机构的监督和县委巡察组的监督）；对整改“双报告”实行办、组联合质检，严格把关整改质量。

【巡察队伍建设】

建好“人才库” 2020年，县委巡察办牵头建立一个涵盖纪检、组织、监察、宣传、政法、财政、审计、税务等机关、部门业务骨干、300多人的巡察干部人才库，将曾被抽调参加省委巡视、市委巡察、县委巡察的党员干部纳入巡察干部人才库。从曾被抽调参加省委巡视、市委巡察的党员干部队伍中组建一支师资队伍，在巡察进驻前后，采取培训会上讲解与答题相结合，巡察过程中进行组内示范与指导相结合等口传身授、互动相融的灵活形式，向县委巡察干部介绍省委巡视、市委巡察的好作风、好做法和自身感悟，传承借鉴上级巡视巡察的经验和技巧，传递巡视巡察的纪律要求，并结合被抽调参与的具体工作，从政治烛照、政策把握、业务分析、问题发现等方面，传经送宝、释疑解惑，努力提升巡察业务培训质效。这支师资队伍在3轮县委巡察培训课上授课，其中有10人左右授课时数超过8学时。

扎紧“铁篱笆” 巡察期间，全体巡察干部实行统一食宿，树立勤俭节约、过紧日子思想，严格执行“约法三章”，即“巡察期间不得饮酒，严禁收受被巡察单位赠送的礼品，严禁接受超标准的公务接待”，严明保密纪律、廉洁纪律、工作纪律。严肃党内政治生活，经常性开展谈心谈话，加强对巡察干部的教育、管理、监督，严格落实好巡察组组长负责制和巡察组组务会制度，力戒形式主义、官僚主义，落实好“六严禁、六带头”等要求，坚决防止“灯下黑”。

提供“好平台” 注重把巡察岗位作为教育、培养、锻炼干部的有效途径和平台，坚持每一轮都抽调5—10位的年轻干部、后备干部或新提拔县管干部到巡察组实战和历练，并在每一轮巡察结束后，从政治素养、工作业绩、工作作风、组织纪律等方面对选派参加巡察的干部进行工作鉴定。组织部门把抽调干部参与巡察工作的表现作为干部评先评优的重要内容，注重在巡察一线发现、培养、选拔干部，对政治过硬、表现突出、敢于担当的干部在提拔使用时优先考虑。累计选调年轻干部、后备干部399人次，投身于11轮18批次的巡察一线工作中，表现突出的干部被提拔重用40人。

（谢玮龙　章添才）

·政法委及综治·

【概况】

2020年，安溪县政法部门围绕县委、县政府中心大局，战疫情、护稳定、促发展，抓改革谋创新提质效，为统筹疫情防控和经济社会发展提供保证。县委政法委再度被中央政法委确立为全市唯一基层调研联系点。在全市平安建设（综治工作）年度考核中位居全市第3、位列优秀等次。在全市平安建设“三率”工作会上作为唯一先进典型代表做经验介绍。

【维护社会稳定】

2020年，安溪县政法部门保持战略定力，树牢底线思维，维护全县政治安全和社会大局持续稳定。破获各类刑事案件1912起、盗窃案件522起、“两抢”案件6起、毒品案件31起、涉枪涉爆行政案件59起；抓获命案积案逃犯14名；查处治安案件5729起，处理治安违法人员1601人；排查调解各类矛盾纠纷3914件，调解成功率97.5%，泉州市交办9件信访积案全部办结、息诉息访率100%。

【平安安溪建设】

2020年，安溪县推进更高水平“平安安溪”建设，与24个乡镇签订《2020年安溪县乡镇党政领导平安建设（综治工作）责任书》，对县直各单位下发平安建设（综治工作）责任书，持续推进平安乡镇、村（社区）和平安单位创建。县、乡两级财政出资642.44万元为全县居民全额购买“社会治安综合保险”，出资1050.12万元对149个“平安村（社区）”兑现“三个10%”［村（居）民参加新型农村合作医疗、城镇居民医疗、城镇居民医疗保险，个人缴费部分由县级财政贴补10%；参加新农保的60周岁以上村（居）民，基础养老金提高10%；遵纪守法村（居）民大病统筹报销奖励10%］奖励。

【扫黑除恶专项斗争】

2020年，以开展“一十百千万”行动为抓手，推进“六清”行动，落实“六建”任务，扫黑除恶专项斗争实现常态化。全年打掉恶势力犯罪团伙2个，破获涉黑涉恶案件244起，抓获犯罪嫌疑人365人、各类涉黑涉恶逃犯199名，查封、冻结、扣押涉案资产10439万元，查处涉黑涉恶腐败及“保护伞”问题9件9人；扫黑除恶微视频《陌生来电》获得全国第五届平安中国“三微”大赛“最佳微视频”奖，系全市唯一获奖单位。

【服务保障发展】

2020年，安溪县政法部门主动对接“一城两翼”司法需求，为“大三环”“大白濑”等重点项目提供法律服务。出台服务保障企业复工复产“四个优化十二条措施”，建立“警企联络点”125家，助力企业复工复产。依法严惩抗拒疫情防控、防疫物资诈骗等涉疫犯罪27件63人，审慎处理涉企纠纷3507件。开展打击涉税犯罪“百城会战”、打击钱庄犯罪“歼击20”行动和打击走私“国门利剑2020”等专项行动，侦破各类经济犯罪案件104起，依法取缔非法加油站点24个，全力维护安溪县经济安全。

【社会治理能力提升】

2020年，安溪县坚持创新引领，推进更高水平“平安安溪”建设。全国首创区县网安综合业务平台，全国区县网安综合业务平台现场会在安溪县召开；创建全市首个防疫大数据平台，为全县疫情防控工作提供精准数据支撑；成立集约化送达服务中心，打造“集约化＋社会化＋信息化＋精准化”司法送达新模式；推行“六速”快审机制改革，简易程序适用率78.81%；出台以“五个一”为核心的未成年学生安全管理机制。

【社会治安立体防控体系】

2020年，安溪县推进综治信息化应用平台对接融合，整合综治管理、司法送达、严重精神障碍患者、特殊人群等11个专项领域工作进网入格；推进“雪亮工程”建设，提升城市安全信息系统建设（城市安全信息系统第八、第九期建设），围绕“全域覆盖、全网共享、全时可用、全程可控”总目标，以建设城市安全信息系统为抓手，主动配合相关部门推进全县视频监控建设联网整合工作；推进“E通政法”信息平台建设，构建一体化公共法律服务网站和多元矛盾纠纷在线化解平台，建设信访网上办理与法院“一站式”诉讼服务、“12309”检察服务中心等平台对接渠道，方便群众办理信访事项和化解矛盾纠纷；推进“安溪本地大数据平台”建设。

（陈小春　刘颜坤）

·法治政府建设·

【概况】

2020年，安溪县扎实推进法治政府建设。突出法治重点，拓展提升“法治政府建设年”成效。制定下发《安溪县“法治政府建设年”拓展提升项目清单》，明确五大方面14项工作任务和责任落实单位，提升全县依法行政和法治政府建设水平。

【执法监督方式】

2020年，安溪县针对疫情防控行政执法关键环节，督促各行政执法部门，落实好疫情防控工作责任。针对疫情防控期间行政执法案卷，对执法程序、执法行为提出合理意见，确保行政执法行为合法。

【行政裁决事项梳理】

2020年，安溪县健全行政裁决工作制度，发挥行政裁决功能作用，确保行政机关依法开展行政裁决工作，对安溪县行政裁决事项进行梳理，梳理出行政裁决事项13项，及时公布。

【行政执法三项制度】

2020年，安溪县制定《安溪县司法局关于贯彻落实〈福建省重大行政执法决定法制审核办法〉的通知》，将相关工作任务进行全面细化，逐项落实行政执法公示、执法全过程记录、重大执法决定法制审核制度。

【规范性文件合法性审查】

2020年，安溪县政府及其职能部门以县政府或县政府办名义出台的规范性文件，全部经县司法局进行合法性审查，未经合法性审查的文件不得发布实施。全年审查规范性文件11件、合同39份、涉法文件15件。

【复议应诉案件办理】

2020年，安溪县发挥行政复议化解行政争议主渠道作用。执行法律法规的规定，在法定期限内审结行政复议案件。以案件促进行政机关法治水平提升。全面审查行政机关行政行为合法性与合理性，利用行政复议意见书和建议书作用，以案件倒逼行政机关依法行使职权。依法应诉各类诉讼案件，严格在举证期限内向各级人民法院提交答辩及证据，积极应诉，支持并执行各级人民法院生效的判决。

（陈小玲　王爱平）

·公安·

【概况】

2020年，安溪县公安局以疫情防控为主线，主动融入“六稳”“六保”工作大局，统筹抓好安保维稳、治安防控、强基促稳、安全生产、重点整治和队伍管理等各项公安中心工作，维护全县政治大局稳定和社会治安安定。全年全县未发生重特大安全生产事故和影响政治大局、社会稳定的事件，各项公安业务稳中求进。全县接报刑事、行政（治安）警情72796起，立刑事案件3403起，同比上升2.7%；破获各类刑事案件1912起，同比上升32.5%，破案率56.2%。受理治安案件5768起，同比上升39.3%；查处5729起，同比下降40.4%。抓获各类犯罪嫌疑人2623人，其中互联网上逃犯950人（命案积案逃犯14人，其中本地命案逃犯3人，外省命案积案逃犯11人，协助外省破命案11起），逮捕742人，起诉1572人。打掉2个恶势力犯罪团伙；抓获毒品犯罪嫌疑人36人，查处吸毒人员77人，缴获毒品98.85克，动员戒毒治疗人员14人。处理治安违法人员1601人。当年公安工作综合绩效位居全市第四，夺取优胜单位“三连冠”。

【强化打击整治】

扫黑除恶专项斗争　2020年，县公安局贯彻落实习近平总书记重要指示精神和中央、省、市、县关于开展扫黑除恶专项斗争会议精神，按照“黑恶必除、除恶务尽”的总要求，贴合安溪实际，持续在线索排摸、案件侦办、追捕逃犯上加大力度，着力在“打财断血”“打伞破网”上下功夫，统筹推进、持续发力，取得成效。全年打掉2个恶势力团伙，破获涉恶九类案件244起，抓获犯罪嫌疑人365人，公诉319人，抓获涉黑涉恶九类逃犯199人，查处公职人员2人。

侦破命案等八类严重暴力犯罪案件 2020年，县公安局加强对严重暴力犯罪的打击防范工作，打击各类严重暴力犯罪活动，打掉犯罪分子的嚣张气焰，维护法律尊严和权威，维护公平正义和社会和谐稳定，维护人民群众生命财产安全和社会公共安全，提高人民群众安全感和满意度，确保全县社会治安大局持续稳定。全年全县八类严重暴力犯罪案件发案72起，破72起，破案率100%；安溪县辖区内发生1起现行命案告破；截至12月底破本地命案积案3起，抓获本地命案逃犯3人；抓获外省命案积案逃犯11人，协助外省破命案积案11起；未发生有广泛社会影响的现行大要案。

开展打击电信网络诈骗犯罪暨赴境外诈骗窝点作案人员流出地专项整治行动 2020年，安溪县立诈骗案件1081起，同比上升99.08%，破535起，同比上升91.07%，其中本地群众被骗10万元以上案件立105起，破获97起，破案率92.38%。抓获诈骗犯罪嫌疑人1358人，同比上升9.25%；刑拘903人，同比上升23.19%；逮捕345人，同比下降23.5%；移送起诉519人，同比下降6.32%。泉州市公安局下发涉嫌诈骗手机封停190部，同比下降90.66%。

打击传统"盗抢骗"等多发性侵财犯罪 2020年，安溪县公安局按照福建省公安厅、泉州市公安局关于切实提升传统"盗抢骗"犯罪打击效能的通知，在前三年打击传统"盗抢骗"犯罪专项行动取得的成效基础上，持续打击此类犯罪。全年立盗窃案件1136起，同比下降21%；破获盗窃案件522起，破案率46.4%，破案率同比上升56.2%；立"两抢"案件6起，全部破获；立接触类诈骗案件67起，破获48起，破案率同比下降25%；从"盗抢"破案完成率来看，有16个单位破案完成率在40.0%以上。

打击拐卖儿童妇女的专项行动 2020年，县公安局执行"一长三包""儿童失踪快速查找解救"工作机制，落实《泉州市反对拐卖人口行动计划》，推进"打拐"专项行动。破获涉拐案件7起，抓获涉拐嫌疑人25人，提起涉拐公诉19人。打拐工作绩效位居全市第一。

追逃专项行动 2020年，县公安局开展"追逃"专项行动，工作成效居全市第一，抓获各类逃犯950人，"百警行动"抓获170.61人。

打击经济犯罪专项行动 2020年，县公安局集中警力和精力，打击各类金融犯罪，维护全县金融秩序和社会稳定。以各专项行动为抓手，打击各类经济犯罪。以打击非法集资犯罪等专项行动为抓手，推进所队联动，全面打击经济犯罪。全年立案经济犯罪案件126起（其中集资诈骗案件1起，串通投标案件1起，挪用资金案件1起，合同诈骗案件4起，妨害信用卡管理案件46起，非法经营案件36起，职务侵占案件4起，假冒侵权、生产销售伪劣类案件28起，组织领导传销活动案件2起，其他类案件4起）；破获经济犯罪案102起。开展"国门利剑2020行动"，重点开展成品油走私综合整治"守卫"专项行动、冻品走私专项行动，县打私办（县公安局经侦大队）牵头对全县加油站点进行清查，清查加油站点107个，其中无证加油站点24个，依法取缔无证加油站点24个。立成品油刑事案件1起，受理行政案件3起。

打击涉毒违法犯罪 2020年，县公安局重视禁毒工作，对照省、市禁毒委相关工作部署，推进禁毒"打、防、管、控"各项工作措施，在全市禁毒综合考评中安溪县位列第三。县公安局禁毒大队、凤城镇、城厢镇联合侦办的部目标"2020-247"案件，在大案专营、打击新型网络毒品犯罪上取得突破，提升安溪县缉毒执法工作成效，案件得到国家禁毒委常务副主任、公安部禁毒局局长梁云的批示表扬。全年全县破获涉毒刑事案件31起（其中，破获部目标案件1起、省目标案件2起，破获犯罪团伙3个，破获10克以上毒品案件2起，破获跨区案件24起），抓获毒品犯罪嫌疑人36人，移送起诉毒品犯罪嫌疑人54人，查处吸毒人员77人，缴获毒品98.85克，动员到县第三医院戒毒治疗人员14人。

打击网络违法犯罪活动 2020年，县公安局针对本地被骗案件高发态势，启动一案一会商研判机制，破获本地被骗案件438起，抓获犯罪嫌疑人500余人，其中破获本地被骗金额10万元以上案件102起，破案率91.89%。开展整治本地窝点及"两卡"专项行动，全年全县打掉本地窝点455个，抓获刑拘犯罪嫌疑人541人。其中3月16日至12月31日，打掉本地窝点429个，抓获刑拘犯罪嫌疑人502人。"两卡"专项行动中，建立"线索快查快打"机制，对公安部推送的涉案银行卡线索，限期投案自首者予以取保候审；拒不配合核查调查的，四侦同步上案开展落地核查，从重从严打击。经过持续高压打击，县公安局部推涉案银行卡线索全部下发核查完成，部推涉诈“手机卡”“银行卡”线索大幅下降。强化专案经营，发挥技术尖刀作用，找准电信网络诈骗犯罪上游提供公民个人信息、银行卡、非法支付洗钱网络平台、网上推广等关键环节开展落地打击，协助侦破一系列重特大案件，自主经营涉网犯罪部督案件2起，抓获犯罪嫌疑人35人，其中成功侦破部督“5·11”特大帮助信息网络犯罪活动专案，打掉17个非法第四方支付平台，捣毁5个为境外诈骗集团洗钱的窝点团伙，抓获犯罪嫌疑人52人，抓获平台主要管理层4人，技术人员3人，客服5人；查获1家为第四方搭建维护平台的公司，抓获公司人员10人，扣押电脑31台，手机70余部，网银U盾50余个等作案工具，涉案金额1000多万元，工作得到公安部网安局和腾讯安全部的肯定。

【社会治安防控】

2020年，县公安局结合当前全国疫情防控工作，发挥户政业务部门的职能作用，在人口管理、流动人口出租房屋管理服务、基层基础工作、治安防控体系建设、智慧安防小区建设等方面加强督促指导。以泉州市争创社会治安防控体系建设标准化城市为契机，结合泉州市公安局的统一部署，参照公安部对标准化城市的验收标准，整改安溪县治安防控体系建设存在的问题及短板，推进全县社会治安防控体系标准建设。其中智慧安防小区建设被泉州市公安局列为试点单位，全县建成小区并接入市局平台27个，接入市局平台停车场18个。2021年智慧安防小区纳入县委、县政府为民办实事项目。成立安全隐患排查整治工作领导小组，组建工作专班，围绕人员密集场所、行业场所、涉枪涉爆、重点单位、出租房屋、工矿企业等领域，制定细化方案，全力落实主体、主管、监管责任，全面开展“清单式”排查整治，整改一批安全生产隐患问题，维护辖区社会大局持续安全稳定。全覆盖排查民爆仓库、烟花爆竹批发企业、经营点、散装汽油经营点、易制爆化学品从业单位、剧毒化学品从业单位等涉危涉爆经营单位166家，发现并督促整改隐患38条；排查隔离点、医学观察点、医院、学校、体教文卫场所、车站、景区、民政服务机构、密集型企业等人员密集场所、单位889家次，整改隐患问题233个，执法检查限期整改42家次；全力保障全县3所中等专职学校、53所中学、220所小学、9个教学点、143家幼儿园错峰开学复课安全和校园安全稳定，实现保安配备率、校园封闭率、一键式紧急报警和视频监控系统安装率、“护学岗”设置等均100%的目标；强化行业场所清理整顿，梳理全县旅馆业档案120家，对审批手续不全的旅馆审批卷宗，按规范要求补齐材料，对无法提供房屋质量及消防安全证明的旅馆一律停业，其间查处旅馆业不如实登记79家次、无证1家。县公安局推进扫黑除恶、“社会治安整治三年行动”等专项行动，合理规划巡防区域，最大限度把警力部署到街面、重点公共场所、人员密集场所等案件高发区，重点围绕学校、医院设立12处定点执勤点，实行武装巡逻，动中备勤，确保遇有紧急情况时候能快速有效处置。全年武装巡逻小组出动警力5866人次，处置突发警情26起，协助刑侦、治安等警种抓获违法犯罪嫌疑人115人，救助帮扶群众26人。

【户政管理】

2020年，县公安局开展户籍管理服务工作。全年全县办理准迁证1498份，省内一站式受理审批1070份，二代身份证审核及分拣75268张，异地办理身份证5899张，办理临时身份证2429张，办理台港澳居住证66张，解决户口登记项目变更更正135份，解决出生未落户19453人，漏报补录户口信息503条，多报删除406人，受理微信业务1044笔，出生证发函30份，非亲属公告801份，身份证鉴定20份（共72张），档案整理216卷。

【出入境及往来台港澳管理】

2020年，县公安局在做好疫情防控工作的同时，做好窗口业务受理、外国人管理、深化“放管服”改革等工作。

2020年，为防止新冠肺炎疫情通过出入境渠道传播，围绕统筹推进新冠肺炎疫情防控和经济社会发展大局需要，县公安局坚决贯彻执行国家移民管理局部署要求，落实《关于进一步做好劝导内地居民减少非必要出国出境活动工作的通知》《关于认真贯彻落实统筹推进新冠肺炎疫情防控和经济社会发展工作部署十项措施的通知》要求，从严审发出入境证件，劝导内地居民减少非紧急、非必要出国境活动，做好内地居民出入境证件受理审批工作。全年劝导非紧急、非必要出国境活动5341人次；批准公民出国申请2021人次，批准公民往来港澳申请1459人次，批准公民往来台湾地区488人次，台湾居民来往大陆通行证27件，出入境通行证7件，港澳居民来往内地通行证7件，受理往港澳定居3件，服务满意率99.99%。

2020年，安溪县落实《关于实施出入境证件“全国通办”有关问题的通知》《安溪户籍人员申领普通护照背景审查工作方案》通知要求，防止安溪籍人员到外地办证逃避监管。全年接收全国异地办证核查函1345份，其中安溪籍人员1011份，户籍迁出的原安溪籍人员334份。回复函件1345件。其中，同意办证458份，占比34.05%；申请人同意撤销护照申请222份，占比16.51%；不同意办理护照665份，占比49.44%。

2020年，县公安局优化管控措施，完善管理制度，强化工作通报制度，防止漏报、漏管现象发生。全年接收国家工作人员新增、更新、撤销报备1254人次，复核1254人次。接收法定不批准出境人员35234人次，其中涉诈人员30189人次，公安局、司法局、人民法院因案件需要报备人员4420人次，涉赌人员1207人次，被遣送人员及非法出境人员429人次；宣布作废证件16321本；经县局审批撤控52人。未发生控制对象漏管、失控现象。

县公安局落实上级业务部门工作部署，将36项行政审批事项全部进驻省网上办事大厅；贯彻执行审改办通知要求，在政务网平台完成县级出入境13项“五级十五同”高频事项配置工作，验证操作，确保信息准备无误；与上级业务部门协商，8项行政审批事项实现五星标准。

【监所管理】

2020年，县监所管理部门立足安全稳定的根本目标，全警动员、忠诚履职，落实落细疫情防控和监所安全管理措施，确保监所疫情防控、安全管理、队伍建设“三个安全”不出问题。

2020年，县看守所坚持防疫措施不放松，确保疫情“零感染”，牢牢把住疫情防控的封闭关、入口关、隔离关、出所关、防治关，合力战疫，坚决杜绝各项隐患漏洞。严格监所安全管理，确保安全“零事故”。与武警配合，对高压电网、武警岗哨等进行升级改造，夯实监所安全基础。加强对在押人员的面对面管理教育，加强各岗位联动配合，形成推动规范的工作合力。细化安排表，建设规范、整齐、统一的监区管理秩序。服务办案大局，保障诉讼活动顺利进行。协助安溪县人民法院完成远程法庭改造，全年配合远程庭审883次，审理被告人1558人次，团伙人数最多达44人。安装并投入使用远程视频提讯会见系统，完成讯问室、律师会见室安装透明塑料防护膜，实现物理密闭隔离，实行预约提审、会见，全年保障讯（询）问4550人次，律师会见2750人次。2020年6月起，采取线上预约、现场申请并行，延长工作时间、开放公休日办理讯问会见等措施，保障讯问、会见、庭审活动。开展协助破案工作，全年深挖犯罪线索200余条，其中有效线索4条，发挥“第二战场”作用。

2020年，监所安全无事故。完善创新管理措施，加强监管工作。加强收拘期间被拘留人的管理教育和日常管控工作，落实被拘留人一日生活制度和行为规范，做好被拘留人入、出所谈话教育、集体训练教育和法治教育，督促被拘留人整理好拘室卫生秩序，保障被拘留人的合法权益。开展安全隐患排查、巡诊巡查工作，摸排危及监所安全可能存在的隐患，发现问题及时妥善处理。鼓励被拘留人揭发、举报涉黑涉恶犯罪线索。全年开展矛盾化解5起，化解2起。扎实开展疫情防控工作，未发生民警、辅警、工勤人员、被拘留人员感染新冠肺炎的情况。

【道路交通安全管理】

2020年，县公安局围绕“减量控大”目标，重点抓好春运交通安全管理、疫情防控期间道路交通管制、复工复产期间助企服务及城区交通管理提升、安全生产“百日攻坚”暨交通安全隐患大排查大整治、预防重特大道路交通事故专项整治行动、百日会战等工作，全县交通安全形势持续平稳。全年全县发生道路交通事故270起，同比下降0.37%；死亡82人，同比下降16.33%；受伤239人，同比下降3.63%；直接经济损失58638元，同比下降28.81%。县公安交警部门发挥创城“主力军”作用，出重拳、下猛力，深化交通顽疾整治，推动全县交通管理工作再上新台阶。多警种协同作战，采取网上巡查、网下拦截执法措施，依法查处炸街车264辆次，依法处理。采取“二班四轮转”勤务，严查严治酒驾、超员等重点交通违法行为，查处重点违法行为78565起，其中，酒驾醉驾305起，二轮摩托车超员1400起，货车违规进城50余起，货车超载285起，车辆违停7.5万起。严查严处学生无证驾驶摩托车、超标电动车和学生家长超员、驾乘摩托车不戴安全头盔等违法行为。全年，查处学生无证驾驶摩托车、超标电动车89起，家长接送学生超员341起，未戴安全头盔1099起。成立应急机动队，建立完善堵点“一点一案”，发挥交通指挥中心路口流量监测、指挥调度等作用，确保第一时间打通堵点。促使城区交通文明有序。建设完善行人过街设施，县公安局联合县城管局改造完成人行横道路口断头路，完成西二环佳益路口、永隆灯控路口2个路口导流岛建设，完成安溪六中、第五小学2座人行天桥建设，保障行人过街安全。利用道安平台，推动县直成员单位、乡镇政府落实交通安全主体责任，事故预防取得成效。截至11月30日，全县交通事故死亡57人，同比下降19.72%，全县道路交通安全形势总体稳定。凤城、城厢、长坑3个重点乡镇死亡事故均下降7%以上，超过市里下达5%的指标要求。重视校车安全，实施校车安全工程，县财政投入资金1700多万元，提升安溪县校车安全管理水平，涉生涉校交通安全形势稳定向好。在全市率先推广渣土车“右侧盲区预警雷达”，得到市渣土办的肯定，在全市推广。执法部门对渣土车严管严查，采取交叉执法、联合执法形式进行重拳打击。对查处的“两非”渣土车严格落实联罚联放和“一超四罚”工作措施，一律扣车15天并追溯源头，将违法违规行为抄告相关行业主管部门。开展联合行动93次，查处渣土车违法行为402起；查处混类运载渣土车88辆；联合渣土办处罚企业6家。在全县24个乡镇主要路口建设摩托车智能抓拍系统，对驾驶摩托车超员、未戴头盔、加装遮阳伞等交通违法行为进行非现场抓拍录入。查处摩托车超员6584起、驾驶人未戴头盔83113起。整治学生无证驾驶摩托车、超标电动车，查处学生交通违法行为302起。

【疫情防控】

2020年，新冠肺炎疫情防控工作部署以来，县公安局提高政治站位，保持高度敏感，主动靠前担当，坚持发挥公安特有职能和优势，协同各职能部门落细、落实防控措施，打响疫情防控人民战争、总体战、阻击战，推进抗“疫”、阻“疫”、查“疫”、处“疫”、管“疫”五条战线，出台服务保障企业复工复产十二条措施，“两手并重”“两手抓”，既落实防控又服务经济社会发展，公安机关做好配合防控和社会维稳工作。

科学阻“疫” 打好场所阻“疫”战。迅速关停全县行业场所，阻断疫情传播途径。在全县疫情防控工作部署前，1月23日武汉封城，当日县公安局部署开展行业场所关停工作，组织民警对全县行业场所进行滚动巡查、复查，严防复业，为后期疫情防控工作减压增效赢得时间。主动配合乡镇政府、相关部门，强化景区、公共场所、餐饮等人员容易聚集场所开展巡查、劝阻聚集工作，大型活动一律不予审批。配合关闭景区28家，劝导取消大型集会、民俗活动124场，配合取消群体聚餐、春节宴会和农村聚餐活动450余场次、13100余桌次。

查处“疫”案 出台《关于依法严厉打击涉疫类违法犯罪“七个一律”的通告》，依法从快从严查处，维护网上网下秩序，服务全县疫情防控大局。接收、指派、处置涉疫警情453起，实际有效208起，逐一分流、妥善处置；查处涉疫类案件37起，刑拘11人、行政拘留4人、教育训诫7人、罚款2人、警告15人、取保2人。其中，疫情舆情案件11起（含妨害公务1起），拒不执行紧急状态下决定14起，破获涉疫情被诈骗案7起，破获非法猎捕、杀害珍贵、濒危野生动物4起，扰乱单位秩序1起。当场处罚房屋出租人不按规定登记承租人信息、流动人口不按规定申报暂住登记54起54人，移交林业局9起，移交南安公安处理1起。

服务保障复工复产 根据打赢疫情防控战的部署，以“外防输入、内强防护、服务保障、解决问题”为导向，出台《安溪县公安局服务保障企业复工复产十二条措施》，落实“四优化”“四保障”，注重解难题、给帮助。优化道路环境“保畅通”。2月17日全面解除县内常规检查点22个，2月22日起再解除高速入口检查点8个以及市际路口卡点4个，派出警力328人次加强路面巡控疏堵、村居社区巡查，杜绝私设阻截点，在要道路口、重点复工企业出入口安排警力巡查，保障生产物资运输车辆通行顺畅。优化企业服务“保开工”。线上借助“安溪公安”“安溪知世”微信小程序开通线上“复工复产服务平台”，24小时收集企业复工复产求助信息，收集相关信息13条，逐一回复、解答、反馈。开通线下“一站式”服务。在行政服务中心公安窗口开通涉外业务绿色通道、重点项目民爆快审通道，快办海外采购、人才入境以及重点工程民爆需求业务，勘查帮助乡村道路改建工程筹备复工服务1项；受理民用爆炸物品购买许可307件；为光电产业园6位台湾籍员工快速办理台胞证换发业务，为5名高层次人才提供出入境证明；预约处理企业营运车辆交通违法行为932起，免检合格标志684张；开展“百警进百企”活动，摸排复工复产企业物资运输难、专业岗位招聘难、省外工人租房难问题13个（解决13个），协调帮助解决其他问题232个，登记核实复工企业返安溪员工信息23589条；推行规上企业“一企一警”，在全县复工规上企业227家(含重点项目)建立“警务联络点”、挂钩警力帮助开展内部安全检查，指导完善内部安全管理制度、制定应急预案。优化出租管理“保回流”。开展出租房屋出租管理宣传，一改之前房东对外“一刀切”不予租住的观念，确保外来务工人员回流不受阻、有得住。优化治安环境“保安全”。开展企业及周边治安环境专项整治，整合多警种警力23250人次，每日强化对复工复产企业及周边的治安巡防力度，提高见警率、管事率，防止人员集聚、严防发生恶性事件。

排查整治保障复校复学　开展校园安全隐患问题排查整治，落实安全保卫措施。全覆盖排查整治安全隐患问题。3月下旬开始，召开会议，强化组织部署，多警种对复学中学、小学安全隐患进行集中全面排查，对检查发现的涉及消防安全、安保巡防力量配置不足、接送区域设置缺位等方面问题，及时通报，全面督促落实整改隐患问题。全面开展校园周边治安、交通大整治。加强对（网吧、迪吧、电子游戏厅）巡查力度，严查违规违法行为；加强学校周边流动人口和出租房屋管理，严查不按规定登记租住信息行为；科学规划与增设校园周边道路交通警示标志，规范管理交通营运秩序，维护好上下学期间道路交通秩序；开展对各类交通违法行为的集中整治，加大对“黑校车”和校车违法行为打击力度，依法查处校园周边乱停车、非机动车及交通运输噪声污染等违法行为。职责导向，维护校园安全稳定。强化护学安保工作，推动落实群防群治力量参与“护学岗”建设，配合做好疫情防控、秩序维护和安全法制宣传教育等工作。健全制度，落实涉校案件第一时间处置机制。

【防范治理非法出入境】

2020年11月5日后，广西、云南边境地区公安机关查获安溪籍非法出入境人员367人，位居全省最多。福建省副省长、公安厅厅长田湘利高度重视，批示“要加强与云南工作组、省交通组、防疫组的工作对接和疫情防控工作，加强非法出入境人员的源头治理”。

2020年底，县公安局组织部署防范打击非法出入境活动专项工作，构建全县治理格局。传达“强推进”。召开全县防范打击非法出入境活动专项工作部署会，通报情况，分析形势，发挥党政相关职能部门作用、乡镇基层部门力量，“一盘棋”推动治理，形成防范打击合力。治理“大打击”。派出工作组至边境参与驻点劝返、打击工作，对涉及非法出入境活动人员一律顶格查处，形成震慑效应；成立打击专班，围绕打“蛇头”、挖团伙、断线路，紧盯偷私渡活动组织者、运送者、参与者，深挖偷渡团伙首要分子、骨干人员，打击安溪籍偷私渡人员赴外犯罪。

务实“严管控”　层层传导压力，强化乡镇、村（居）两级源头管控，开展非法境外入安人员全覆盖排查，查清非法出入境底数；发动乡镇、村（居）干部和群防群治力量，开展宣传教育，张贴《通告》，宣传境外疫情严峻形势，宣传非法出入境的法律后果，并发动群众有奖举报，鼓励检举揭发，力争打掉一批、震慑一批、劝返一批。

施策“大综治”　提请县委县政法委将防范打击非法出入境工作纳入2021年党政领导平安建设（综治工作）责任书，压实责任，建立通报预警制度，对通报警示非法出入境问题仍然突出、源头管理缺失的重点乡镇视情况由安溪县平安建设领导小组办公室予以专项治理，通过挂牌整治、平安建设考评，推动综合治理。

【打击跨境赌博】

2020年，县公安局兼顾新冠肺炎疫情防控和社会安保维稳工作，结合防范打击非法出入境活动，对跨境赌博、网络赌博违法犯罪活动发起攻势。全年挖掘和核查跨境赌博线索7条，破获跨境赌博犯罪案件11起。

重部署　重视打击跨境赌博违法犯罪工作，将打击跨境赌博作为年度重点工作加以对待，摆上议事日程，专题研究部署。根据全国、省、市公安机关打击跨境赌博统一部署，将专项治理列入县政府年度目标任务，制定《安溪县122机制工作方案》《安溪县打击治理跨境赌博专项工作实施方案》，建立机制，成立专班，纵深推进专项整治。强队伍，抽调专人组成工作专班。

设据点　不定期派工作组赴外驻点。派出多个工作组，赴东南亚国家开展基础调查、线索排摸和落地侦控工作。分别组建由公安民警、乡镇干部组成、人数超200人的打击突击队，赴云南开展打击、管控、劝返和宣传工作，设立工作组，签订警务协作，参与“联巡、联查、联控”，严打边境内外网络赌博违法犯罪。狠打击。加大外地打击力度，针对安溪籍人员出省甚至出境从事网络赌博的趋势，调整工作思路，经常性组织警力赴外抓捕，查获重点案件。

严管控，固基础 实行网格管理，依托县公安局打击整治电信诈骗工作人员管理模式，在24个乡镇建设网格化管理平台，划分1696个网格，配备1696名兼职网格员和300名专职网格员，依托打通综治网格管理平台与“猎狐云+”系统的数据传输通道，配套研发手机随手采App，采取登门入户、举办集中见面教育会、视频见面、微信群共享位置以及“亲属打电话、民警接电话”等措施，要求在境外及边境的安溪籍人员自动返回。大量在云南边境及东南亚国家的安溪籍人员就地转型经商做实业、返回从事电商等行业。推行出境联审，争取上级出入境管理部门政策支持，将犯罪前科、偷越国边境和非法滞留重点国家等“三类人员”限制出境、作废护照。对16—45周岁安溪户籍拟申办护照人员，实行乡镇驻村干部和公安派出所所长“二级联审”背景审查机制。加强村民自治工作，出台村（社区）统一回收代管护照做法；定期将安溪籍户口外迁人员通报给迁入地接收、列管。

（张芸　林镇方）

·检察·

【概况】

2020年，安溪县人民检察院（简称县检察院）以习近平新时代中国特色社会主义思想为指导，深入贯彻中共十九大和十九届二中、三中、四中、五中全会精神，始终坚持“稳进、落实、提升”，把增强“四个意识”、坚定“四个自信”、做到“两个维护”融入各项检察工作，落实“六稳”“六保”工作任务，以高度的政治自觉、法治自觉、检察自觉，推动检察工作创新发展、质效双升。集体或个人获县级以上表彰36人次，其中，国家级表彰2项，省级表彰10项，在泉州市检察机关“一院一亮点”创建活动中获评“亮点工作”。

【服务大局】

服务疫情防控工作大局 2020年，县检察院依法严惩各类破坏疫情防控的犯罪，批捕口罩诈骗、妨害公务等涉疫案件28人，起诉26人；成立偷越（国）边境类案件办案组，提前介入“3·11”组织偷渡案，起诉14人，严防境外输入性疫情；服从县委统一安排，出台机关应对疫情工作方案，在做好自身防控同时，选派干警迅速投身疫情防控第一线，参与企业复工复产和社区联防联控；跟踪关注疫情对脱贫攻坚的影响，做好挂钩的122户贫困户的帮扶工作，落实帮扶资金25万余元。深入扶贫联系村，调研留守儿童、困境儿童情况，拨出帮扶基金对10名留守儿童进行救助，自编自创“防疫情”“防溺水”等三字诀，点击量超过11万人次，5次进入全省检察机关新媒体“两微一端”热文推荐TOP10排行榜，2次斩获榜单冠军、2次亚军。

打好扫黑除恶专项斗争 2020年，县检察院完善办案会商、研讨、提前介入机制，坚决打击黑恶势力及其“保护伞”，提前介入涉黑恶犯罪2件，批捕5人，起诉12人，追加事实和追加漏罪7人。围绕“六清”工作部署，做好案件办理的“后半篇文章”，针对涉黑案件中发现的部分“投资咨询、商务咨询”类经营主体超范围、非法从事金融放贷业务的问题，发出检察建议，促成相关部门开展非法集资摸排整治活动，强化对类金融机构的跟踪监督和对民间投融资机构的排查。将摸排保护伞线索作为办案必经环节，向县摸排打击组、县纪委监委移送线索5条。注重总结经验做法，将刘小猛参加黑社会性质组织、寻衅滋事、侵犯公民个人信息、受贿、滥用职权案作为福建省检察机关开展扫黑除恶专项斗争破网打伞典型案例。

营造亲商安商法治环境 优化院领导与重点非公企业挂钩联系制度，单独或联合走访、调研企业24

2020年10月23日，安溪县人民检察院在泉州市检察机关“一院一亮点”创建活动经验交流评审会上获评“亮点工作”（黄筱妍摄）

次；联合县工商联举办“服务‘六稳六保’护航民企发展”检察开放日活动，与家居工艺、茶企等企业家代表互动交流；编印检察官释法之服务企业手册，通过案例讲解、条文释义为企业提供法律服务；扩展服务企业平台，应邀为异地商会、工商联执委授课；在中小企业较多的城厢镇玉田村“民情茶室”设立服务中小企业联络点，打造“人大代表+社区检察官+企业”服务模式。落实涉企案件认罪认罚从宽制度，对涉企的案件，能不捕的不捕、能不诉的不诉、能不判实刑的就提出宽缓量刑的建议。营造司法环境，促进民营企业家依法经营、放手发展，对1起因征地补偿款纠纷影响企业生产经营活动引发的寻衅滋事案，依法进行公开听证、释法说理，作出不起诉决定，妥善化解双方矛盾，为企业发展营造安全、良好环境。办理的1起买卖合同纠纷执行监督案获评“检察服务企业发展提升营商法治环境十佳典型案事例”。

【刑事检察】

刑事检察工作 2020年，县检察院批准和决定逮捕各类刑事犯罪790人，提起公诉1754人。维护网络安全，突出打击网络犯罪及关联犯罪，起诉659人。贯彻宽严相济刑事政策，落实“少捕慎诉慎押”理念，不捕159人，不起诉91人。把准确认定正当防卫落实到具体办案中，办理2起正当防卫案件，分别作出不起诉、不逮捕决定，昭示法不能向不法让步。围绕刑罚执行、监管执法活动等，对交付、变更执行不当、监管和教育矫治不当等发出纠正违法通知书14份、检察建议1份；参与开展《社区矫正法》施行宣传月，开展暂予监外执行专项检察活动，对脱管、不符合条件的6人督促及时收监，推动社区矫正工作规范化、专业化。

推进反腐败斗争 2020年，县检察院完善监检配合制约机制，规范提前介入机制、退回补充调查等工作，落实复杂案件或其他重大事项请示报告制度，深化捕诉一体，从严把好逮捕、公诉质量关。受理监察机关移送案件8人，审查决定逮捕6人，提起公诉6人，改变管辖2人。根据泉州市检察院指定管辖，依法对其他地区涉疫情职务犯罪的3名犯罪嫌疑人，以滥用职权、玩忽职守、受贿等罪名提起公诉，得到上级相关部门肯定。院领导带头办理疑难、复杂案件，办理职务犯罪案件占比71.43%，检察长、分管副检察长出庭支持公诉，纪委监委等组织500余名党员干部参与职务犯罪案件庭审观摩，通过庭审，警示教育提升党员干部的防腐拒变能力。

以检察自觉强化主导作用 2020年，县检察院承担在指控犯罪定罪和量刑中的主导作用，适用认罪认罚从宽制度起诉1576人，占同期起诉刑事案件总数的84.96%。办案中，做好释法说理，依法听取当事人对适用认罪认罚从宽制度的意见，把握向当事人提出适用认罪认罚的最佳时机，适用认罪认罚一审后被告人上诉率2.96%。发挥审查起诉前连侦查后接审判、承上启下的优势，协同侦查、审判机关用好认罪认罚从宽制度。在看守所、派出所等滚动播放认罪认罚宣传片，及时告知犯罪嫌疑人相关法律规定，值班律师为犯罪嫌疑人提供法律帮助1269人次，促进认罪认罚的开展；强化精准量刑能力建设，与法院就多个罪名的量刑达成共识，发挥精准量刑优势。探索实行检察官办案组固定派驻公安机关新模式，加强对立案和侦查活动同步监督，开展刑拘后未报捕且未移诉案件专项监督，督促立案3件、撤案4件，提出书面纠正意见9件次。

【民事检察】

2020年，县检察院坚持“监督中支持、支持中监督”理念，与法院会签《关于进一步加强民事、行政诉讼及执行活动法律监督的若干意见（试行）》，共建检察监督告知制度，拓展监督案源渠道。强化生效裁判监督，对确有错误的裁判，以检察建议形式促进及时纠正，重点监督虚假诉讼、审判程序违法等，办理虚假诉讼监督案件70件、提出再审检察建议56件，均位居全省第一。开展虚假诉讼领域深层次违法行为专项监督，其中办理吴某等人“套路贷”涉黑案件涉及民事虚假诉讼监督系列案，立案65件，提出再审检察建议50件；加强民事执行监督，监督支持法院解决执行难问题，针对消极执行、选择性执行、明显超标的执行、违法处置被执行人财产等现象，组织开展民事非诉执行、“终结本次执行”等专项监督，受理审查民事执行监督申请及线索19件，提出检察建议18件。

【行政检察】

2020年，县检察院树立“双赢”多赢共赢理念，做实行政检察工作。依职权办理行政非诉执行监督案件18件，提出检察建议18件；受理行政机关不当履职案件10件，结合办案发出促进依法行政检察建议9件；拓展行政检察监督新路径，挖掘诉讼活动中涉及行政处罚执法活动法律监督线索，对在办理刑事案件过程中发现的行政机关不当履职的线索及时跟进、评估线索，加强履职监督，促进行政机关依法行政，检察建议促成相关部门对7名涉案人员的违法行为依法进行行政处罚；利用“两法衔接”平台，通过定期抽查行政执法案件、个案跟踪监督等方式，着重监督行政执法部门有案不移、有案不立、以罚代刑等行为，提出检察建议，建议相关部门依法履行职责。

【公益诉讼检察】

2020年，县检察院履行公共利益代表职责，做好公益诉讼工作。受理立案公益诉讼案件44件，发出诉前检察建议42件，提起刑事附带民事公益诉讼案件2件。开展水土保持、生态公益林、基本农田保护等“小专项”行动，筑牢生态防线；落实“四个最严”要求，开展校园及周边食品安全、食品药品严重失信“黑名单”等公益诉讼专项监督活动，保障“舌尖”上的安全；履行对侵害英烈权益，损害社会公共利益的行为提起诉讼的职权，督促职能部门履行职责，对销售印有伟人头像和代表时代特征模范人物的仿人民币冥币的场所进行专项整顿。拓展公益诉讼办案范围，对各级文物保护单位开展公益保护，保障人文生态环境。通过检察建议等方式，监督行政机关主动纠错或依法履职，促进检察监督与行政执法良性互动。

【为民办实事】

解民忧纾民困暖民心　2020年，县检察院坚持人民立场，多做人民群众欢迎的、高兴的事，不做人民群众吐槽的、撇嘴的事。落实市委、市政府“为民办实事”项目，对县青少年法治教育基地进行升级改造，发挥普法品牌效应。办实群众来信件件有回复，对310件来信，全部做到“7日内程序回复、3个月内办理过程或结果答复”。不止于程序答复和结案，强化“定纷止争、案结事了”理念，对1起刑事申诉案件组织检察听证，摆事实、举证据、释法理，及时化解矛盾。坚持效果导向，履行司法救助职能，检察长带头办理司法救助案件。重点摸排未成年人、贫困户、残疾人三类群体司法救助线索，开展司法救助8人，发放救助金额7.2万元。

推进未检工作品牌　2020年，县检察院落实未成年人保护的检察责任，联合县教育局、公安局开展预防校园性侵专项行动，建立健全常态排查及强制报告机制，共建教育从业人员违法犯罪记录信息前置查询制度，对7批次全县7630名教育从业人员违法犯罪记录进行排查，相关学校依据查询结果辞退33名教育从业人员，把对孩子的保护做好。联合开展学校及校园周边治安综合治理专项督查，到6个乡镇、8所中学查访落实防校园欺凌、防交通事故等工作情况，推动平安校园建设。贯彻执行县人大常委会第31次会议关于刑事案件留守儿童救助联动机制专项报告的审议意见，联合教育局、民政局、卫健局等10个部门进一步完善刑事涉案家庭困境儿童救助联动机制，在县慈善总会设立救助专项科目，强化资金保障，提升救助联动合力。《未检工作就是要“没完没了”抓下去》获评2020年全市检察机关“亮点工作”。

【队伍建设】

政治思想建设　2020年，县检察院召开党组扩大会、支部会议，通过集中学习、专题研讨、撰写心得体会等方式全面学习十九届四中、五中全会精神，将全会部署融入检察履职，以服务保障为己任，下功夫把“自己的事”谋划好。以内设机构改革、机构调整为契机，调整支部人员，吸纳优秀年轻干警参与党支部工作，党总支、3名党支部书记均由“80后”青年干警担任。重视帮助干警分析职业风险，对新提拔的11名青年干部进行任前廉政谈话，规范检察官社会交往行为。

打造核心能力建设　2020年，县检察院优化《五年人才培养计划》，突出骨干人才培养，促进干警迅速成长为办案能手，获得市级“青年文明号”称号。1名干警以全省第一的成绩获评全省优秀公诉人并参加全国比赛，获评“2020年全国优秀公诉人”，系泉州检察系统获评第一人，得到县委、县委政法委主要领导的批示肯定。根据业务指标、品牌创建等工作表现，提拔重用2名“80后”院领导，择优选配5名“80后”“90后”中层干部，2人被任命为检委会委员。主动把学习民法典融入日常工作，以“90后”干警为主力的队伍参加全县《中华人民共和国民法典》知识竞赛，以初赛、决赛均第一的成绩，从54支队伍中脱颖而出获得冠军。市检察院主要领导批示肯定安溪县检察院抓队伍建设思路清、措施实、成效好，值得市院和其他基层院学习借鉴。

自觉接受人民监督　2020年，县检察院规范建成检察听证室，坚持“应听尽听”，通过听证方式审查案件，让公平正义可触可感，赢得群众的支持和理解，对拟不起诉、刑事申诉、羁押必要性审查等案件进行检察听证，赢得检察公信；向人大常委会专题报告刑事案件留守儿童救助联动工作，贯彻审议意见。向人大代表推送集图片、视频、音频为一体的检察动态超级短信2000余条次，邀请各级人大代表视察检察工作、参与检察听证，自觉接受人大监督。常态化开展检察开放日活动，邀请各界人士60余人走进检察机关，自觉接受社会监督。以“两微一端”为载体，突出检察办案信息公开，抓实基本信息、行政事务信息、队伍建设信息公开，建设检察公共关系，及时公开案件法律文书879份，倒逼检察办案质量。

（任俊娥　胡激洋）

·法院·

【概况】

2020年，安溪县人民法院坚持疫情防控和执法办案两手抓、两不误，司法助力疫情防控、服务发展大局、精准施策诉源治理、决战决胜扫黑除恶收官战，全院有5个集体、35人次获得市级以上表彰。全年受理各类案件13213件，审执结12660件，结案率95.81%，执行案件“挂图作战”指标综合排名位居全省基层法院第二，改判发回重审率、一审服判息诉率等重点工作指标保持全市最优。

【审判】

刑事审判　2020年，县人民法院审结刑事案件1033件2020人，其中，故意伤害、“盗抢”等暴力、侵财犯罪案件135件185人，“黄赌毒”犯罪案件161件381人，保障“平安安溪”建设。推进“断卡”行动，依法严惩电信诈骗、帮助信息网络犯罪活动案件217件435人，判决挽回经济损失4061.98万元，在全市率先推行对“帮信”犯罪分子宣告禁止令，禁止其在缓刑考验期内办理“两卡”业务，助力“诚信安溪”建设。加强未成年人司法保护，严惩侵害少年儿童身心健康犯罪15件16人，联合团县委到学校开展校园欺凌案例“模拟法庭”巡演。首次采用“3+4”七人合议庭审理食品安全公益诉讼案件，审结制售有毒有害食品药品犯罪案件5件12人，严守食品药品安全底线。审结污染环境、破坏资源犯罪案件14件16人，督促补种复绿75.64公顷。保持反腐败高压态势，完成上级法院指定的重大审判任务，审结一审贪污受贿和渎职犯罪4件4人。

民商事审判　2020年，县人民法院平等保护当事人合法权益，审结一审民商事案件5856件。关注医疗、住房、家事等群众“急难愁盼”问题，妥善处理医疗损害责任、人身财产损害等纠纷349件；审慎处理涉房产消费纠纷，审结商品房预售合同、物业服务纠纷684件，引导消费者理性维权、经营者诚信守法；坚持情理与法理并重，审结婚姻家庭、继承等纠纷893件，维护家庭和睦。妥善应对劳动争议多发态势，深化仲裁与审判衔接机制，审结劳动争议案件66件，帮助追回劳动报酬465.25万元。平等保护市场主体合法权益，审结金融借款、信用卡纠纷等1495件，审结民间借贷、买卖合同纠纷案件1522件，防范打击虚假诉讼，依法规范市场秩序。聚焦“三农”问题，妥善化解林业承包合同、农村土地承包、相邻权等纠纷32件，司法助力乡村振兴发展。

执行工作　2020年，县人民法院贯彻落实市人大常委会对该院执行工作专题调研提出的意见要求，拓展综合治理执行难大格局，执结案件5642件，执行到位金额4.52亿元。完善“人大代表＋执行”工作机制，邀请代表协助执结110件次。执行综合改革，推进分段集约执行，建立执行难案“会商会诊”，全市率先上线不动产网络司法查控模块，实现不动产查控全流程网上办理，平均用时减少50%，《安溪：不动产司法查控一趟不用跑》的做法在《福建日报》刊载。把涉民生民企案件作为执行重点，开展集中执行，冻结、扣划存款1.96亿元，查扣车辆223部、查封不动产158处，以拒执罪判处被执行人3人、企业1个。建立信用激励惩戒“红白黑”名单制度，敦促自动履行1500余万元，40名被执行人完成信用修复。推行司法网络拍卖，组织“双十一”等拍卖专场，成交73宗1.04亿元，溢价率27.54%。

【立案信访】

2020年，县人民法院坚持以群众司法需求为导向，构建现代化诉讼服务体系，推进“一站式”建设，提升诉讼服务中心配套设施，解决群众反映强烈的难点堵点问题。推进一站通办、一网通办、一号通办，利用App、微信、支付宝为当事人办理收（退）诉讼费、执行款8430笔，实现当事人退费“一趟不用跑”。通过“移动微法院”等提供跨域立案、材料提交、查档阅卷等服务2143人次，解决群众异地诉讼不便问题。畅通涉诉信访渠道，办理涉诉来信来访87件次，排查风险隐患9件次，防范审判执行中的各类风险演变为公共风险。

【基层党建提升工程】

2020年，县人民法院开展“两个坚持”专题教育，邀请市委党校教授作专题辅导，提升干警政治素养。成立院机关党委，组织开展“三比六看”活动，被确定为首批创建“让党中央放心、让人民群众满意的模范机关”示范单位。开展庆祝中国共产党建党99周年系列活动，1个党建课题获评市级重点课题调研成果三等奖，1堂党课获评县2020年“优秀党课”。深化先进典型培树，5人荣立三等功，19人获记嘉奖，1名干警家庭获得“市文明家庭”称号，1人被授予“县道德模范”称号。

【流动法庭】

2020年，县人民法院贯彻落实市委、县委“强基促稳”部署，在县委政法委牵头下，探索构建“源头预防为先、非诉机制挺前、法院裁判终局”诉源治理新格局。发扬新时代“枫桥经验”，打造“一中心二平台三联四分”工作机制，与县司法局、妇联、交警等单位加强诉调联动，健全家事、物业、交通事故损害赔偿等纠纷诉前化解机制，诉前调解纠纷227件。拓展“茶乡巡回审判”模式，选取“农村相邻纠纷”“人身损害”等典型案件深入村(居)、社区开展巡回审判80场次，就地化解纠纷140余起。成立“善德”调解工作室，融入李光地家训族规，提炼“扬善、厚德、明法”调解法，全年民商事案件调解撤诉率55.1%。在湖头等重要文物古迹地设立“文化遗产保护法律工作室”，开展文物保护、法律宣讲等服务，为文化遗产传承提供法治保障。

【“云法庭”审理劳动争议案件】

2020年，县人民法院参与抗疫攻坚战，坚持疫情防控与服务保障经济社会发展、审判执行“双统筹”。深化“云上诉讼”“智慧执行”，引导当事人通过网上诉服中心等开展网上立案和远程开庭、线上调解劳动争议、商品房预售合同等各类纠纷2758件次，实施网络查控5082件次，确保诉讼服务“不掉线”。

2020年10月18日，安溪县人民法院官桥法庭到官桥镇碧一村巡回审理一起相邻通行权纠纷（县人民法院供图）

司法文明研修 县人民法院融合安溪“双铁”（铁观音、藤铁工艺）文化，挖掘铁观音“纯、雅、礼、和”的精神内涵，设立“福建法院司法文明研修中心安溪实践基地”“新时代文明实践中心安溪法院实践点”，开展“政治引领、理念塑造、典型示范、品牌辐射”四个层面的淬炼，培育“忠诚纯粹，操守至雅，礼仪美德，亲和为民”的干警精神家园，打造法院队伍铁军、司法铁案“双铁”司法文明。

全市基层法院首个不动产网络司法控制模块正式上线 2020年7月16日，县人民法院与县自然资源局举行“不动产网络司法控制模块”上线仪式，宣布全市基层法院首个不动产网络司法控制模块正式上线。不动产网络司法控制模块上线后，承办法官即可在办公室查询被执行人的不动产登记信息，在线上对被执行人的不动产进行查封、续封、解封。

新媒体作品获评全国法院全法槌奖“百优微视频” 2020年10月16日，在全国法院第七届微电影、微视频金法槌奖颁奖会上，县人民法院拍摄的原创视频《小小卷宗成长记》获得“百优微视频”奖。

全市法院首发“禁止令” 2020年12月21日，县人民法院根据《最高人民法院、最高人民检察院关于办理非法利用信息网络、帮助信息网络犯罪活动等刑事案件适用法律若干问题的解释》等相关法律规定，对犯“帮助信息网络犯罪活动罪”符合缓刑规定并宣告缓刑的被告人，在全市首发“禁止令”：禁止被告人在缓刑考验期内向银行业金融机构、非银行支付机构新开户（卡），向网信、电信企业办理新入网(卡)；禁止使用银行账户（卡）非柜面业务、支付账户所有业务。确因生产、生活需要可申请保留一个账户（卡）及一部移动通信工具。

（汤丽萍 许良才）

·司法行政·

【概况】

2020年，安溪县司法行政系统发挥司法行政职能作用，为推动全县经济社会发展保驾护航。市对县绩效评估依法行政指标采集结果，安溪县成绩满分，全市第一。

【普法教育】

依法防控疫情宣传 2020年，安溪县以“法律八进”为载体，大力宣传《中华人民共和国传染病防治法》《突发公共卫生事件应急条例》《中华人民共和国食品卫生安全法》《中华人民共和国刑法》《中华人民共和国治安管理处罚法》《中华人民共和国野生动物保护法》等法律法规，加强对广大群众的法治宣传教育，助推依法疫情防控。深入尚卿乡、金谷镇、感德镇、龙涓乡等20个乡镇举办“疫情防控 法治同行”专题讲座，加大以案释法力度，教育引导广大群众自觉遵守法律、法规和规章制度。

“七五”普法收官 2020年，安溪县制定下发《关于开展全县“七五”普法总结检查验收的通知》，推动各乡镇各单位党政主要负责人履行好推进法治建设第一责任人职责，贯彻落实好“谁执法谁普法”工作责任制，抓好“七五”普法各项任务落实。安溪县“七五”普法工作通过省、市检查验收。

重点法律法规的宣传 2020年，安溪县举办以“依法监管，科学矫正”为主题的《中华人民共和国社区矫正法》施行日暨《中华人民共和国社区矫正法》宣传月启动仪式，采用线上答题、梯视广告、短信宣传等新形式与发放宣传单、悬挂横幅等传统手段相结合，开展《中华人民共和国民法典》学习宣传教育活动。开展《中华人民共和国民法典》宣传进机关、进社区、进乡村活动；提升湾美法治主题公园、湖头法治文化广场，更新部分法治宣传展板，加强《中华人民共和国民法典》宣传；邀请厦门大学法学教授开设《中华人民共和国民法典》讲座；举办《中华人民共和国民法典》知识竞赛，吸引全县80余支队伍参赛。开展“12·4”宪法宣传日启动仪式暨大型主题宣传活动。举办“深入学习宣传习近平法治思想，大力弘扬宪法精神”国家宪法日宣传活动启动仪式和大型文艺晚会。

2020年，分发各类法治宣传资料520多万份，录制录音带1300多盒，出动宣传车1730多辆次，举办法治讲座1250场，出版宣传板报、墙报2.1万多期，上街法律咨询320多场次，接受法律咨询5.7万多人次，“法治宣传图片”巡回展出520多场次，修缮扩建法治文化阵地2处，举办法治文化会演23场、法律知识竞赛10场、法治培训32场，形成法治氛围。

【人民调解】

着力提升矛盾纠纷化解 2020年，安溪县推进县级矛盾纠纷多元化解中心和行政调解组织建设，完成中心装修和人员招聘。在县民政局、市场监督管理局、交通运输局、生态环境局、自然资源局、公安局、卫健局7个县直部门成立行政调解组织，促进多元调解机制的形成。落实强基促稳三年行动任务。在中国茶都、感德、白濑、长坑、祥华等乡镇设立茶业纠纷调委会，在湖头泉州闽光钢铁公司设立劳动争议调委会，在尚卿乡设立电子商务人民调解委员会，在各乡镇设立家事纠纷调解室、民情茶室，在官桥、参内等15个乡镇设立人大代表调解工作室，在安溪商会创立4个行业性调委会，在城厢镇创立“人大代表+工作组”矛盾化解机制，在湖上乡设立全市首个“公职律师调解室”，提升基层矛盾纠纷的化解能力和水平。

抓好矛盾纠纷调处 2020年，县司法局制定下发《泉州白濑水利枢纽工程建设征地移民安置宣传维稳工作方案》，成立法治宣传、公共法律服务、人民调解专项工作小组，为白濑水利枢纽工程建设征地移民安置的群众提供政策解读、财产分割相关法律法规宣传等服务，开展征安迁矛盾纠纷调解工作，服务泉州白濑水利枢纽工程建设。

强化岗位练兵 2020年，县司法局举行“三比三看”活动，组织各司法所撰写人民调解典型案例和工作创新典型材料。全年各司法所报送典型案例36篇，龙门司法所上报的典型案例入选司法部案例库。全年全县排查各类矛盾纠纷3914件，调解3914件，成功3816件，调解成功率97.5%，其中涉疫纠纷5件，均妥善化解。

【法律服务】

成立法律服务团助力企业复工复产 2020年，安溪县成立“抗疫情促发展”企业法律服务团，疫情防控期间解答热线咨询200余人次，开展现场法律宣传、法律咨询40余场次，走访企业近百家，帮助企业进行法治体检，协助企业解决困难问题，为企业复工复产提供差异化、精准化的公共法律服务。

落实法律服务“五在场”活动 组织村（居）法律顾问定期上门为干部、群众提供面对面法律服务，参与基层治理工作，打通法律服务“最后一千米”。参与修订村（居）自治组织章程、村规民约等涉法文书480余份，起草、审查有关合同80余份，处理群体性纠纷30余次，接受法律咨询1900余人次，参与调解纠纷40余次，普法宣传65场，发放宣传资料6900余份。

创建特色品牌法律服务站 创建“安溪县清水岩风景旅游区法律服务工作站”“安溪县光电产业园法律服务站”“安溪县尚卿乡藤铁工艺法律服务站”，努力打造彰显安溪特色的精准化、普惠性、可选择的公共法律服务。全年县法律援助中心办理法律援助案件968件，其中刑事案件449件，民事案件518件，行政案件1件，受援人数968人，提供法律咨询3420多人次；县公证处办结各类公证证件779件。其中，国内公证637件，涉外公证94件，涉港澳公证6件，涉台公证42件。

【社区矫正】

完善社区矫正领导体制和工作机制 2020年，安溪县依法设立安溪县社区矫正委员会，统筹协调指导全县社区矫正工作。设立安溪县社区矫正管理局，负责社区矫正工作具体实施。司法所根据社区矫正机构委托，承担社区矫正相关工作。

落实监管矫正措施 2020年，安溪县宣传贯彻落实《中华人民共和国社区矫正法》，加强监管考核，依法依规落实奖惩，及时开展警示教育，督促社区矫正对象遵规守法、悔罪改造。开展安全隐患排查、实地走访和信息化核查，排查走访社区矫正对象1341人次，排查整改安全隐患41处。

社区矫正“五个一”帮扶机制提质增效 针对女性社区矫正对象特点，联合县委组织部、县妇联举办家政服务培训班；瞄准“直播带货”热点，满足职业技能培训多样化需求，举办“电商+直播”专业培训；适应疫情防控需要，组织培训单位到12个乡镇开展上门服务“小班化”技能培训；与龙门镇政府联合创建安溪县社区矫正对象就业服务中心，建立“134”就业服务工作机制，加强就业指导推介，促进社区矫正对象实现就业创业。3月5日，安溪县帮扶社区矫正对象就业创业“五个一”机制被市委、市政府发文复制推广（《中共泉州市委办公室 泉州市人民政府办公室关于印发〈泉州市“强基促稳”三年行动2020年实施方案〉的通知》）。全年安溪县接收社区矫正对象881人，解除矫正914人。截至年底，在册社区矫正对象1341人。

【安置帮教】

2020年，安溪县做好刑满释放人员疫情防控。开展摸排，加强教育管理，加强对刑释人员疫情防控思想教育和管理，告知其当前防疫形势，讲清楚防疫工作的政策措施和违反防疫规定所应当承担的责任及后果。全年全县接收刑释人员1295人，安置1295人、帮教1295人，安置和帮教率100%。

【党建工作】

2020年，县司法局发挥党建引领作用，增强组织凝聚力。建立司法局党组成员挂钩联系律师党支部制度，完善支部党建联席会议制度，定期召开支部党建工作联席会议，加强调研指导，培训交流，形成机关党支部帮带律师党支部的党建工作新模式，提升非公党建水平。组织开展在职党员进社区志愿服务活动，协助社区做好疫情防控、复工复产、环境卫生整治等工作。响应党中央的号召，组织党员为防控疫情捐款，全体党员慷慨解囊，奉献爱心，助力抗疫，5个党支部捐款2万多元。坚持“党建红”“司法蓝”融合并进，挖掘司法行政系统党建特色项目，力促形成典型示范引领，提升机关党支部党建活力。9月，县司法局党总支代表政法系统党委参加县直党工委特色党建项目比赛，获得三等奖。坚持严管厚爱，塑造队伍新面貌。完善制度建设。建立司法协理员跟班学习制度，提升司法协理员综合素质和业务能力；实行月工作任务清单汇报制度及机关干部挂钩联系司法所制度，调动干部职工干事创业的积极性。注重关心关爱。制定《安溪县司法局关于落实干部荣誉退休机制的实施方案》，为退休干部举办退休仪式，开展年度健康体检等服务，营造关心关爱干部的氛围。配齐配强司法行政队伍。通过公务员考试、遴选招收司法助理员3名（公务员）。争取县财政局、县人社局、县委编办等部门支持，新招收司法协理员30名、专职调解员11名，解决司法协理员、专职调解员缺口问题。

【县社区矫正管理局揭牌】

2020年，安溪县依法设立社区矫正机构，在县司法局内设机构社区矫正管理局，加挂“安溪县社区矫正管理局”牌子，负责具体实施社区矫正执法工作。7月1日，县司法局在县社区矫正中心举行“安溪县社区矫正管理局”揭牌仪式，县委常委、县委政法委书记叶文德，县政府副县长、县公安局局长杜双路共同为安溪县社区矫正管理局揭牌。

（陈小玲　王爱平）

· 人民武装 ·

【概况】

2020年，安溪县人民武装部（以下简称“县人武部”）坚持以习近平新时代中国特色社会主义思想和习近平强军思想为指导，贯彻新时代军事战略方针，落实上级党委决策指示，围绕“谋打赢、强基层、促正规”工作目标，突出听党指挥，聚力动员备战，抓基层基础，完成各项任务。

【党管武装】

2020年，县人武部始终将党管武装摆在首要位置，落实双重领导、双向兼职、党委议军等各项制度。1月下旬，县人武部召开党委扩大会议暨基层武装工作述职报告会，传达学习省军区党委全会和泉州军分区党委全会精神，宣布各乡镇武装部政治教导员任职命令，组织乡镇党管武装工作述职，总结2019年各项工作，部署2020年工作安排，县委书记、人武部党委第一书记高向荣出席会议并作指示；坚持党管人才，人武部党委协调地方党委及组织部门，对多名表现突出的专职武装干部予以提升或转任重要岗位。

【统筹谋划】

2020年，县人武部坚持党委统筹，坚持军事工作和政治工作一体推进，落实党委议战、议训、议教、议装、议管、议密，把握全盘，科学统筹疫情防控、理论学习、主题教育、年度训练计划、年度预算、民兵组织整顿、兵员征集、安全形势分析等各项工作。

【理论武装】

2020年，县人武部落实党委中心组理论学习计划和年度思想政治教育计划，聚焦“传承红色基因、担当强军重任”主题教育，组织开展“五看五增强”教育活动，抓实中共十九届五中全会精神、《中国共产党军队党的建设条例》《中华人民共和国民法典》学习，人武部领导带头讲好专题党课，开展“追寻红色记忆·赓续光荣传统”七一主题党日活动，前往叶飞将军故居、泉州华侨革命历史博物馆寻足迹、忆初心、强使命。

【应急应战】

2020年，县人武部修订应急应战预案，以“专攻精练”任务为牵引，结合重点防卫目标，按照“一目标一方案”原则，修订重要目标防卫方案。组织战场勘察，协调林业、交通等部门开展专题研讨论证和实地考察，遴选国道308线白濑乡段、凤山地域、龙门志闽3处疏散区域。强化值班值勤，落实节日战备教育。

【战备训练】

2020年，县人武部对照训练大纲科学制订年度训练计划，编制经费预算，提前做好各类物资器材、武器装备筹措准备，为全年军事训练夯实基础。

1月，县人武部组织专业、特殊分队开训日活动，掀起群众性大练兵序幕；结合军分区在安溪县组织战备法规集训，强化机关人员、专武干部战备法规学习；紧贴防灾减灾、应急救援等现实需要，组织全县基干民兵开展入队训练，组织防汛骨干开展实战化防汛综合救援训练演练和岗位练兵比武，组织县民兵应急连轮训备勤和全县应急分队、专业分队、特殊分队和民兵营（连）长暨情报信息员集训；选送2批次参加省级专职武装干部集训，3批次参加市级专职武装干部集训。

【民兵整组】

2020年，县人武部抓实队伍编组，将蓝天救援队编组入队，编配合理，任务明细，符合“应急应战”需要，在省军区2020年度深化民兵调整改革检查静态考评中，安溪县取得全省第十、全市第一的成绩；“双争”活动落实军地联合表彰举措受市一级通报表扬。

【征兵工作】

2020 年，县人武部先后召开县征兵领导小组扩大会议、征兵工作推进会、征兵体检培训会和专武干部任务部署会，突出解决重点难点问题。挖掘辖区代表性“军旅人物”，打造一支茶乡特色的征兵宣传视频，推进征兵宣传工作，完成全年兵员征集任务。

【国防动员潜力核查】

2020 年，县人武部做好国防动员潜力核查，确保潜力数据全面准确。2 月，组织调整县国防动员委员会成员单位及人员，召开国防动员潜力核查工作对接推进会，研究部署年度“专项领域”“重点潜力”核查任务及国防动员“十三五”规划工作落实。协调有关部门就安溪县联合搜救、医疗物资器械、运输投送等重点领域潜力开展核查，梳理形成联合搜救、运输投送、仓储物流、高新技术等潜力核查情况报告。实地走访安溪蓝天救援中心，对接蓝天救援队人员编组、物资器材、救援能力等信息，协调为该机构申领配备救生衣、3D 成像仪等救援器材。在年度国防动员潜力核查考评中取得全市第二。

【国防教育】

2020 年，县人武部持续推动全民国防教育，组织国防教育讲师团走进全县 15 家成规模企业，开展国防教育宣讲；协调推动慈山农业学校“国防教育展馆”建设，建好盘活国防教育资源。

2020 年 6 月 10 日，安溪县人武部在大龙湖开展民兵防汛演练，转移被困群众（县人武部供图）

【综合保障】

2020 年，县人武部抓实疫情防控，落实习近平主席“两个不能放松”、军委首长“两个不得”重要指示精神以及省、市“双十条”防控要求，做到不心存侥幸、不麻痹大意、不掩耳盗铃、不放松要求。强化组织领导，做好卫生防疫和综合保障物资筹措工作，推进按纲抓建。邀请住建、供电相关专家来队开展安全鉴定，及时排查解决隐患问题；坚持有利战备、因地制宜总原则，协调研究、科学制定人武部迁建及临时过渡场所建设方案，进一步推动县人武部迁建新址、民兵训练基地建设工作落实。实施精准帮建，坚持软、硬件双管齐下，推动基层战备规范化建设纳入县“强基促稳”三年行动规划，全年下拨及协调支持基层规范化建设经费 230 余万元，推进基层基础建设。

【双拥工作】

2020 年，县人武部落实拥军优属，突出解决军人“后路、后院、后代”问题，确保军转干部安置到县直机关公务员岗位，转业士官安置到事业单位；未就业随军家属补贴足额按时发放到位，军人子女优先安排到师资力量较好的学校就读；协调为军人军属排忧解难，维护正当权益。利用重要节日组织军地领导、基层武装部对功臣家庭、防汛救灾官兵家庭、边海防官兵家庭、军烈属和困难退役军人进行慰问捐赠。支援地方疫情防控，1 月 24 日起，县人武部率先动用民兵应急分队参与支援地方疫情联防联控，出动龙门、虎邱、感德 3 个乡镇设卡盘查，核查人员，劝退车辆，任务行动获省军区、军分区首长及县委、县政府肯定。组织所属人员开展军地共建服务，县人武部与华侨职业中专学校结对共建被评为泉州市军民共建文明单位，县人武部副部长吴达家庭被评选为“泉州市文明家庭”。

【安全管理】

2020 年，县人武部开展百日安全活动，严防出现安全问题。调整保密委员会，定实防范措施。安溪县人武部获评“省军区安全工作先进单位”，武器库管理工作获省军区领导肯定。

（唐比儿　赵超群）

·人民防空·

【概况】

2020年，安溪县人民防空办公室（以下简称“县人防办”）坚持以《中华人民共和国人民防空法》和《福建省人防条例》为依据，以军事斗争应急准备为牵引，重点抓好人防宣传教育、人防指挥体系建设、人防工程建设等工作，人防事业稳步健康发展。

【人防宣传教育】

2020年，县人防办结合“9·18”防空警报试鸣开展教育，在警报试鸣日前利用微信发送20万条短信宣传人民防空知识，在警报试鸣当天组织湾美社区居民及安溪第十六小学师生，在湾美人防地下室开展人口疏散演练和人防知识宣传教育，全县中小学校同步开展人口疏散演练和国防、人防宣传教育活动，提高师生和社区居民的人防意识和国防观念。12月4日宪法宣传日，在龙津公园开展人防法律法规宣传教育活动，印制《中华人民共和国人民防空法》、《福建省人防条例》和防空防灾知识宣传材料2000份，分发给居民学习，增强居民的防空防灾意识。

【人防指挥体系建设】

2020年，县人防办认真抓好人防指挥体系建设，提高人防组织指挥能力。根据安溪县人武部的部署安排，完成城市防空袭预案的修订，落实人防指挥部实名制名单调整；根据省、市相关文件精神，规范乡镇人防工作制度，进一步规范各乡镇人民防空工作；结合近年来乡镇人防工作实际，年初组织各乡镇成立人民防空工作领导小组，建立人民防空工作站，工作站站长由各乡镇人武部部长兼任、工作人员1—2名由人武部办事人员组成，规范人防工作站职责；更新人防战备、国防动员潜力数据，完成人防战备数据、国防动员潜力数据的统计；加强人防专业力量建设，完成人防专业队整组工作，在主城区社区组建10人的人防志愿者队伍；开展第23次“9·18”防空警报试鸣暨人口疏散演练活动，演练前安溪县人防办完成全县的巡检工作，对部分老化、故障的防空警报器设置点进行加固和维护，确保防空警报器鸣响率达到100%，通过演练提高乡镇、社区防空防灾应急疏散自救互救及协同指挥能力。

【人防工程建设】

2020年，县人防办加强人防工程建设的审批管理。完成安溪县人防专项规划的修编，经泉州市人防办组织专家对安溪县人防专项规划进行评审，修订后的人防专项规划报县政府同意并批复。该规划的修编对科学指导县人民防空建设，推进人防建设与经济社会融合发展，提高县人民防空整体的防护能力其有重要意义。

（黄黎全撰）

应急管理

·综述·

【应急指挥】

2020年，安溪县推动县应急救援体系建设，整合防汛抗旱、森林防灭火等职能，成立县应急救援运行中心。将县防汛抗旱指挥部办公室、县森林防灭火指挥部办公室、原安溪县救援应急中心的值班电话、业务专网整合到县应急救援运行中心，统筹调整县防汛办、县应急管理局、县林业局等业务骨干到该中心，充实力量。调整县防指和县森防灭指组成单位，修订应急预案。重新梳理各类防汛责任人，逐一核实乡（镇）、村防汛责任人。建立安全生产和森林防灭火网格化管理机制，形成466个安全生产网格和435个森林资源网格，健全县、乡、村三级监管体系。汛期和森林防火期间，严格落实值班值守制度，加强与气象、水利、林业等部门的联系，密切监视汛情以及森林防灭火等级，落实好各项防范、应急措施。加强“五一”国际劳动节、国庆、中共十九届五中全会等重要节日、活动、会议期间的安全防范，保障全县安全生产形势稳定。

【风险监测和综合减灾】

2020年，安溪县制定出台《安溪县安全生产管理委员会关于实行防范化解重大安全风险责任制的通知》，针对存在的128处重大安全风险点，成立工作专班，细化工作事项，明确责任人，确保工作落实，其中消除11处，取缔关闭2处，划定禁区10处，落实有效管控措施81处，为防范化解重大风险工作提供保障。

各级下达的专项资金，共77.5万元，其中市级补助避灾点巩固提升16.5万元，用于提升建设金谷镇河山村、白濑乡白濑村、城厢镇经兜村、虎邱镇湖西村、蓝田乡益岭村、龙门镇翠坑村、尚卿乡翰卿村、桃舟乡康随村、祥华乡白坂村、剑斗镇东阳村、龙涓乡培福村11个避灾点；省级补助50万元，用于提升建设感德镇岭西村、蓬莱镇新坂村、龙涓乡新岭村、城厢镇光德村、官桥镇碧二村、长卿镇水缸村、长卿镇祥泉村、金谷镇山岭村、龙门镇和平村、湖头镇山都村10个避灾点。中央自然灾害救灾资金（冬春临时生活困难救助资金）11万元，分配给参内镇、金谷镇、湖头镇、感德镇、长卿镇、西坪镇、大坪乡、芦田镇、龙涓乡、虎邱镇、龙门镇11个乡镇用以保障受灾群众冬春期间基本生活。

【救助协调】

2020年9月28日，安溪县印发《安溪县应急管理局关于做好全县冬春生活救助对象报送工作的通知》，摸排全县需救助人口715人（口粮救助143人、取暖救助84人、衣被救助177人、其他救助311人），春节前下达2020年度冬春救助款11万元，保障715名受灾群众冬春基本生活。做好救灾物资储备，制订2020年度县级救灾物资储备计划，制定《关于商请实施2020年度县本级救灾物资采购计划的函》，商发改局预算514995元，购买棉大衣、折叠床、雨衣雨鞋、12平方米框架式帐篷、60平方米指挥室帐篷、应急灯、软体储水罐等应急救灾物资。接续落实巨灾保险，全年全县得到保险赔偿的871起1245625元，减少群众生命财产损失。

【教育训练】

2020年5月10—19日，通过安溪县应急管理局微信公众号开展“5·12”防灾减灾日防灾减灾网上有奖知识竞赛活动，全县58187人次参与竞答。“10·13”国际减灾日组织各级各部门学习贯彻习近平总书记关于防灾、减灾、救灾重要论述，开展对习近平总书记关于防灾、减灾、救灾重要论述的学习。国际减灾日宣传周期间，各级各部门领导干部带头讲授、邀请专家授课4场，参与230人。推进防灾减灾“五进”工作，开展防灾减灾宣传活动114场，参与1935人。营造防灾减灾社会宣传浓厚氛围，在公共场所张贴、悬挂防灾减灾标语、横幅、挂图等102个，制作播放防灾减灾公益广告等安全宣传片1部。7—8月组织全县1086个角落，13278人开展危险区域群众自主转移避险演练。

·安全生产监督管理·

【概况】

2020年，安溪县受新冠肺炎疫情等因素影响，全县安全生产形势较往年严峻复杂，安全生产防控任务繁重，县应急管理树牢安全发展理念，扛牢安全生产责任，始终把安全生产作为头等大事，把遏制各类事故作为首要任务，切实把各项工作措施落实到位。

【安全生产宣传教育培训】

2020年，安溪县开展“安全生产法规我最知”、“关注消防、平安你我”、防灾减灾等网上知识竞赛，近30万人次参与。依托网格员、志愿消防队、防汛责任人、护林员入企入户发放、张贴《消防告知书》16850份、《消防通告》14236份，张挂防火防汛宣传标语近5000条，印发宣传单（含《禁火令》）11.5万份，群发短信近200万条。出动宣传车近2000车次，全面宣传消防、防火、防汛、灾情、疫情等安全知识。发放《致全县生产经营单位安全隐患大排查大整治的公开信》50万份。摄制《防微杜渐，责任第一》《消除事故隐患，筑牢安全防线》《防火护林，警钟长鸣》等警示片，在安溪电视台黄金时段、全县126部电梯梯视、县人民广场户外LED（发光二极管）大屏等平台滚动播放，以真实案例、惨痛教训教育引导群众提升安全意识。

【安全生产整治】

2020年，安溪县通过网格化筛查和用电量核查，录入泉州市安全隐患大排查大整治信息系统的生产经营单位8675家；录入自建房加工场所2693幢，涉及生产经营主体2793家；做好加工作坊、改用仓库消防安全整治，排查912处，全部整改。在全县加工场所强制推行“消防五件套”，有2642家配齐灭火器，1952家配齐消防卷盘（或消火栓），2577家配齐应急灯，2330家配齐电线套管，713家配齐防火门硬隔离+疏散通道（仅“三合一”场所整改需配套），提高消防火灾风险的防范能力。

【隐患排查治理体系建设】

2020年，安溪县按照属地管理、责任归口的原则，形成乡镇“网格化”和部门“行业式”两个排查链条。乡镇层面，建立“挂村包片、进企入户”制度，以村（社区）为单位、以企业为结点，将全县划分为621个网格，逐一落实网格长、网格员，推进隐患问题逐户过滤、逐企筛查。部门层面，压实部门监管责任，对本系统、本行业相关场所开展大起底排查；坚持分门别类、因业施策，制定下发40个行业安全检查导则，实行“部门挂钩乡镇”制度，推动实现条块互动、联合推进。以“六个一律”措施，推进消防安全整治，联合公安、消防等部门行政处罚32起、传唤47人、行政拘留56人，强化震慑作用。

（李思达、周宏斌）

·消防工作·

【概况】

2020年12月31日，安溪县消防救援大队正式挂牌。有3个消防救援站，分别为凤城消防救援站、城厢消防救援站（与大队同址）、湖头消防救援站，各类消防救援车辆14辆，个人防护装备、抢险救援器材、灭火器材等各类器材装备1000多套。全年县消防大队接（处）警1112起。其中，火灾137起，抢险救援975起，出动车辆1603辆次，出动警力10272人次，抢救被困人员147人，疏散人员97人，抢救财产价值3000余万元。比上年火灾起数下降12.17%，未发生较大以上火灾事故，全县火灾总体形势保持平稳。

【火灾隐患整治】

2020年，安溪县高度重视消防工作，召开2次联席会专题研究部署全县消防安全工作，30余次集中检查社会面消防安全隐患。多次召开专题会议，研究解决消防规划落实、公共消防基础设施建设、灭火救援力量发展、消防工作责任制落实、火灾隐患整改等重大问题。县政府主要领导、分管领导多次采取“四不两直”方式，带队到高层住宅、厂房、校园等一线检查消防安全工作，督促各项消防安全防范措施落实到位。县消防救援大队做好涉疫场所消防安全服务指导和消防安全领域大排查大整治工作，突出“三合一”场所和居住出租屋消防安全专项整治、打通“生命通道”集中攻坚行动、消防安全三年行动、自建房加工场所、今冬明春火灾防控工作以及人员密集的消防安全重点单位专项检查等，消除一批消防安全隐患。

全年全县排查各类场所12673家，发现存在火灾隐患的有6285家，全部完成整改。其中，排查“三合一”场所1013家，全部完成整改；排查10人以上的群租房1325家，完成整改；完成施画消防车通道标线标志718处，清理消防车通道障碍物566处、查处相关违法行为85起，开展宣传曝光30次，张贴严禁占用消防通道的提示和海报1.5万份；对全县143家属于人员密集场所的消防安全重点单位全数开展检查，发现并督促整改消防安全隐患426处；对存在消防违法行为的，立案查处55家，罚款786450元，责令停产停业6家。通过购买服务，从各地调集消防技术服务保障54人次，协助检查场所2482家，排查火灾隐患8632处，以“传帮带”形式为各乡镇和部门排查整治提供技术支撑。

【消防宣传活动】

2020年，县消防救援大队秉承着“消防工作宣传系于一半”的工作理念，将消防宣传工作摆上重要的议事日程。全年开展业务知识培训视频会及消防安全专项整治培训会、消防安全执法培训会50余场，受教育人数5000余人；印发3500册《消防安全检查参考图册》和5000份《自建房消防安全导则》；依托县消防救援大队组建一支消防宣导队伍以及消防义工宣导团，将消防宣导作为消防监督的一项日常工作，同计划、同部署、同考评。开展沿街店铺入户宣传、居家入户访查、自建房加工作坊入户宣传、企事业单位工作人员消防培训、农村消防宣传100余场次。依托社会化消防安全培训机构，用政府购买服务的方式，邀请第三方消防服务机构开展社会面的消防宣传教育。建设完成消防教育体验馆升级改造，针对特殊工种开展培训，通过分批次、分类别组织全县消控室值班人员培训约450人参与培训。

【提升队伍实战能力】

2020年，县消防救援大队落实每月党委议训、大队月考核、大队月演练制度，及时总结大队训练工作存在不足，改进训练措施，为每名指战员建立训练档案，设定训练目标，运用量化管理机制，奖优罚劣，确保战训工作得到提升。在福建省2020年实战化练兵“龙虎榜”专项挑战暨比武竞赛中，张裕超获400米救人疏散物资第一名；杨明伟获枪炮协同灭火操第三名。在今冬明春考核中，城厢站、凤城站分别获得单编队第一名、现役队第二名。通过举办2020年安溪县消防救援队伍指战员技能比武竞赛，1名指战员获得“五一劳动奖章”，3名指战员获得“技术能手”称号（获得称号可评为泉州市第七层次人才），举办2020年度多种形式消防队伍比武竞赛等活动。大队完善辖区灾害事故应急联动机制，建立顺畅、高效的联勤联防机制，定期组织开展联合演练，同公安特警、医疗、交通、电力等部门联合开展反恐演练；与交警大队、医疗部门开展交通事故应急救援联合演练；与高速交警、高速路政等部门开展高速隧道灾害事故应急救援联合演练。

2020年6月30日，安溪万达广场上半年消防疏散暨反恐防暴实战演练举行（县消防救援大队供图）

【消防基层建设】

2020年，安溪县推进消防基层基础建设。6月，尚卿消防站开工建设。官桥消防站该年完成招投标。凤城消防站迁址工作，动工建设。除凤城镇、城厢镇和湖头镇外，其余21个乡镇建立乡镇消防队，队伍由各乡镇组建，以兼职人员为主，都配备至少1部小型消防车和必要的器材及个人防护装备。县消防救援大队依托各消防救援站对乡镇消防队进行常态化指导，提升乡镇消防队实战能力。全年各乡镇消防队参与灭火及救助200余起。联合县残联和民政局，为全县3200户一级残障人士和留守老人安装智能烟感探测器，该项目纳入2020年县委县政府为民办实事项目，完成项目建设验收工作。为全县9300个二级残障人士的住所安装智能烟感探测器的项目申请，获县政府批准，纳入

2021年为民办实事项目。在全县范围内推广安装电动自行车智能充电装置170多处和智能电气火灾监控系统538套。推动重点镇修订消防专项规划，完成市政消火栓增建和补建计划。

（余作锦　马凯）

·抗震救灾·

【概况】

2020年，根据《安溪县机构改革实施方案》，将县地震办公室的震灾应急救援相关行政职能划归县应急管理局。4月，县地震办公室工作人员划转到县应急管理局从事震灾相关工作。

【震灾预防】

监测预报工作　2020年，安溪县加强强震动地震烈度速报台站建设，提高地震速报效率。完成参内、大坪、长坑、县第五实验小学4个地震速报台的建设，投入运行；完成速报中心数据线路和相关配套设备建设任务，通过信息专网传输速报信息，实现震时的地震烈度速报及监测数据的实时图文显示。加强宏观观测网络建设。设有2个地震宏观观测点，蓝田水库鱼类动物异常观测点和官桥连兜美石鸡湖养猪场动物异常观测点。结合实际情况，建立群众性地震测报和宏观调查网络，加强宏观资料报送的时效性，每日按时将宏观观测结果报市局，准时率100%。地震监测台站升级改造项目顺利完成。7月，对参内地下流体前兆台站进行改造，邀请中国地震局地壳所专家现场安装调试仪器，9月通过省地震局验收纳入省网。确保台网运行率达95%以上，数据每天10点前报送市局，数据完整率95%以上。

防震减灾宣传工作　推荐安溪实验小学在省级科普示范学校的基础上申报国家级科普示范学校，指导学校按照申报标准和要求开展地震科普知识宣教、地震应急疏散演练、地震科普知识竞赛等创建活动，收集整理内业资料，形成创建工作报告，报送省地震局。培育防灾减灾科学传播师队伍，1名老师被省地震局聘为福建省防灾减灾科学传播师、11名老师被聘为泉州市防灾减灾科学传播师，3名老师获2020年度泉州市知识视频讲解比赛二等奖、3名老师获得三等奖，6名老师获得优秀奖。组建安溪县防震减灾科学传播师队伍，参与宣教活动，到惠安、南安、湖头等学校开展防震减灾科学讲座。将防震减灾宣传列入年度计划，利用科技人才活动周及“5·12”全国防灾减灾宣传日和“7·28”唐山大地震纪念日举行的防震减灾宣传活动，宣传《中华人民共和国防震减灾法》《福建省防震减灾条例》等法律、法规。

【应急救援体系】

加强地震烈度速报预警台网建设　2020年，安溪县配合市局建设泉州市地震监测预警中心，探索地市级烈度速报台网中心发布系统的建设模式，为福建省“地震预警与烈度速报系统的研究与示范应用”项目的实施提供第一手技术资料。2018—2020年，建设地震预警终端，投入正常运行中。向社会公众提供包括地震预警信息、地震速报信息、地震烈度速报信息在内的地震预警服务。

应急指挥中心工作　建设完善泉州市防震减灾信息化管理系统。每天通过系统报送数据，汇报工作，成为市、县两级地震部门工作的平台。市局增加和完善地震速报、多媒体资料库等3个信息化管理功能模块。做好应急指挥中心系统的日常工作。依照制定的内部工作规范，每季度定期检查维护海事卫星电话系统的连接情况。通过地震系统卫星通信网络实现了双向实时语音、图文、视频传输和网络通信等功能，提高地震系统卫星通信网络的应急保障能力，检验卫星通信网络在地震突发事件的快速反应能力。

（周宏斌、李思达、谢晓荣　柯荣钦）

·森林防火·

【网格化管理】

2020年，安溪县建立县“乡镇领导—驻村干部职工—村‘两委’成员—护林员”网格化管理的森林防火责任制，形成“山有人管、林有人护、火有人防、责有人担”的森林资源管护新格局，确保森林防灭火责任落实到人，管控到位。全县24个乡镇森林防灭火网格化管理责任制均建立，有森林防灭火网格员1991名，网格化监管体系初步形成。

【队伍建设】

2020年，安溪县有城厢路英中队、长卿珍田中队、魁斗翁后中队、虎邱镇竹园中队4支县级专业扑火队100人，24个乡镇均建立各自乡镇的半专业扑火队576人、护林员329人。持续加强扑火队建设，为扑火队伍配备交通、通信、扑火器械、防护器械等各种设备，及时对森林防灭火设施设备进行维修和更换；为扑火队员办理人身意外伤害保险；强化扑火队的实战演练，加强对扑火技能的演练和安全知识的培训。

（李思达、周宏斌　柯荣钦）

·防汛抗旱·

【防汛应急演练】

2020年6月10日，安溪县安全生产办公室、防汛抗旱指挥部、应急局联合举行2020年度防汛救灾应急抢险综合演练。设置水上救援演练、转移受困群众、水库坝体管涌抢险、龙吸水应急排水、水库溢洪道岸坡地质灾害抢险5个科目，具有重点突出、针对性强、规程规范、贴近实战等特点，考验各级各部门应对突发性防汛应急抢险工作的综合指挥、协同作战和应急处置能力。

（李思达、周宏斌　柯荣钦）

·外事·

【概况】

2020年，安溪县外事办公室发挥地方特色，服从服务国家对外工作大局。梳理公布权责事项清单15项，协调处置境外涉安溪事件7起，参与疫情防控工作，服务企业复工复产，被县委、县政府授予“2020年度疫情防控工作先进集体”称号。

【对外文化交流】

2020年，全球疫情形势严重影响安溪县对外文化交流活动，出访团组全部取消。2020年10月，在疫情防控常态化阶段，对接圣马力诺共和国（Lorenzo Riccardi）到安溪县参观了解八马集团、聚丰工艺等，探讨交流有关合作事宜；参与“安溪县留学生故乡行”活动，增强留学生爱国爱乡之情。11月，安溪县成立第十一届世界安溪乡亲联谊大会安溪筹备工作专班。

·侨务·

【概况】

2020年，县侨务工作坚持以习近平新时代中国特色社会主义思想为指导，围绕县委、县政府工作部署，发挥职能优势，深度参与经济社会建设，为“四个安溪”建设做出应有的贡献。

【联络联谊】

2020年，安溪县做好华侨接待工作，全年接待回乡寻根谒祖、参观考察团组13批近100人次。

【经贸合作】

2020年，安溪县做好对外宣传工作，主要是通过电话、微信群等方式宣传，向海外侨胞宣传国家倡导的“一带一路”、泉州市海上丝绸之路先行区规划建设安排和安溪的招商政策，发动海外侨胞参与“一带一路”建设，邀请海外侨胞疫情后带项目回乡进行投资参观考察。

2020年安溪县接待华侨重点团组情况表

表3

时间	国家（地区）	带队	职务	团组名称
1月	新加坡	李鸣羽	新加坡和声控股（私人）有限公司	省亲谒祖团
	马来西亚	刘守建	马来西亚沙巴州安溪乡贤	参观交流团
	南非	林振生	南非闽南总商会监事长	交流参观团
	南非	林金托	南非闽南总商会常务副会长	参观交流团
8月	意大利	杨思德	DG2CI项目经理	交流参观团
9月	意大利	陈清庭	福建商会副会长	参观交流团
10月	圣马力诺共和国	罗仁周	商务代表	参观交流团

组织马来西亚安溪华裔青少年参加网上“中国寻根之旅”夏令营活动。加强海外重点社团联谊，培育友好力量，推动海外联谊工作向广度求拓展、向深度求提升、向服务经济中心工作求实效，重点做好招商引资项目海外宣传推介和信息沟通。服务海外高层次人才引进，疫情防护期间，联合县外事办、县侨联、县人才办等部门精心策划组织开展海外留学生故乡行活动，留学生10人及部分家属参加。通过参观考察湖头光电产业园建设和留学生创业基地——泉州蔡洋生态农业开发有限公司，吸引更多的青年留学生回乡就业创业，参与安溪建设。

【为侨服务】

2020年，安溪县坚持做好为侨服务，印发涉侨法律法规宣传手册，组织开展侨法宣传活动，营造“知侨、爱侨、护侨”的社会氛围。9月，联合县涉侨部门在蓬莱镇联中村开展“迎中秋庆国庆·侨爱心送温暖”活动。做好侨界民生、华侨捐赠确认、华侨回国定居、华侨归侨侨眷身份认定、“三侨生”升学照顾身份证明等工作。办理县政协代表提案1件，信访件2件，接待来访10多人次。核定县列入低保贫困归（难）侨生活补助5人，发放生活补助1.2万元，发放遭遇大病大灾贫困归（难）侨10人补助金3.5万元。做好扶贫，采取多种形式帮扶，春节期间慰问贫困归侨侨眷35人，慰问金3.5万元，发放基层侨联负责人和侨务工作者春节慰问1.7万元。发动海外侨胞捐资捐赠安溪县公益事业，共捐赠760万元。

【疫情防控】

2020年，新型冠状病毒肺炎在国内蔓延后，发动海外各地侨社、侨胞筹集防控物资驰援家乡抗击疫情，共筹集非医用口罩200多万只、防护服近万件、医用手套13万只和额温枪等防控物资，以及收到海外侨胞助力家乡抗疫捐款20多万元。

国外疫情突袭而至后，心系海外侨胞，经常与海外华侨通电话、发微信，了解海外疫情发展情况和侨胞防控疫情存在困难，急需帮助的物质，启动反向支援，多渠道筹集口罩、药品等防控物质支援海外侨胞。驰援印度尼西亚安溪福利基金会口罩20万只，连花清瘟胶囊2000盒、颗粒1000盒。支援马来西亚、新加坡、意大利侨胞口罩。并对回乡侨胞开展人文关怀行动，走访慰问部分正处在医学隔离观察的返乡侨胞，送上一封慰问信、一张健康服务卡、一份家乡特色小礼品等。发放致安溪海外侨胞一封信，以及告知海外侨胞家乡防控部门、医疗部门的联系电话，开展心理疏导工作，共同防控疫情。

（高培钦　杨振阳）

·涉台事务·

【概况】

2020年，安溪县涉台工作发挥安溪对台优势，探索安台融合发展新路，抓好涉台疫情防控、对台宣传、交流，人才、资金引进，各项工作取得较好。

【接待台胞】

2020年10月，安溪县接待台湾世界保生大帝庙宇联合总会总会长王文宗带队的参访交流团，到安溪参访交流。

【对台经贸】

2020年，安溪县对台经贸以各大工业园区为平台，加大力度引进台湾优势产业、核心技术，突出光电产业、精密仪器、生物科技等重点领域的对接。落实国家、省、市促进两岸经济文化交流合作的相关政策措施，引进台资企业2家。加强与台湾相关机床产业的纵深度产业融合，加强协同创新，推动两岸高端制造数控设备的推广和应用。

【关心台胞、台眷】

2020年，安溪县发放老龄台眷补助87人27.44万元、困难台眷补助5人5000元，慰问80岁以上老龄台眷16人1.6万元。

2020年，推荐1名台湾人才获评第十七届“福建青年五四奖章”（台湾青年代表）；推荐安溪县台湾人才协会秘书处获得第十三届“泉州青年五四奖章”。给予台湾高层次人才一定的政治地位和政治待遇，增强实现自身价值的自豪感、得到社会认可的成就感。

安溪县台湾人才之家获评首批福建省级人才驿站示范站，建优用活管好台湾人才服务，推动两岸人才交流合作。

【清水岩申报两岸交流基地】

2020年12月4日，国台办交流局局长黄文涛一行到安溪县实地考察清水岩，听取申报海峡两岸交流基地工作情况汇报。12月30日，中央台办、国台办正式批复安溪清水岩设立海峡两岸交流基地。

清水岩成立海峡两岸交流基地后，按照“海峡两岸交流基地”的功能定位和规划要求，围绕“弘扬祖师文化、加强互惠互利、促进和平发展”的主题，不断健全两岸清水祖师文化交流常态化新机制，拓展两岸清水祖师文化交流新途径，丰富两岸清水祖师文化交流新载体，做大做强清水祖师文化交流项目，推动两岸交流合作，促进两岸和平发展。

【海峡两岸青年共享阅读走进安溪】

2020年9月26日，以“中华经典，照亮未来”为主题的第四届海峡两岸青年共享阅读季首场“品茶·读书”活动在安溪云岭茶庄园举行，35位在厦泉两地创业就业的两岸青年参加座谈、交流，观赏国家级非物质文化遗产铁观音茶的制作全流程，在户外楼台举办浪漫休闲的烛光餐叙。活动将阅读与旅行、书香与茶香、田园与诗画交融，旨在以书为媒，让两岸青年共同品味书香氛围，体验中华人文之美，增进彼此了解。

·港澳事务·

【概况】

2020年，安溪县办以习近平新时代中国特色社会主义思想为指导，深入贯彻落实中共十九届四中、五中全会精神以及闽港闽澳合作会议精神，认真学习宣传及贯彻落实《中华人民共和国香港特别行政区维护国家安全法》精神。在新冠肺炎疫情影响下，配合县疫情防控指挥部做好应急防控工作，加强与港澳社团组织的联系，号召自愿捐资捐物，助力家乡抗疫，澳门安溪同乡会向安溪县捐赠口罩5800只、防护服496套；香港安溪同乡会向安溪县捐赠口罩18万只。2020年，安溪县共引进港资企业3家，完成投资3246万美元（约合人民币2.12亿元）。10月20—24日，澳门安溪同乡会一行到安溪县参访交流，召开座谈会商讨承办世界安溪乡亲联谊大会相关事宜，会议还举行会旗交接仪式，县委书记高向荣将世界安溪乡亲联谊大会会旗移交给澳门安溪同乡会会长柯南强。

【交流活动】

2020年，安溪籍港澳同胞回乡探访交流活动2次。10月，澳门安溪同乡会会长柯南强回乡交流探访。12月，香港金龙科技集团有限公司董事主席胡国赞带领考察交流团，回乡交流探访。

（胡晓霞　陈悦生）

·安溪县总工会·

【概况】

2020年，安溪县总工会建立24个乡镇工会，4个产业（系统）工会，5个行业工会，1479家基层工会，会员人数11.68万人。工会组织突出新时代工人运动主题，坚持服务大局、服务职工，聚焦主业主责，凸显作用作为，团结动员全县广大职工在全面建设现代化安溪中发挥主力军作用。安溪县总工会获得福建省第十四届文明单位、“福建省模范职工之家”、“全省工会工作先进单位”、泉州市“安康杯”组织工作优秀单位、泉州市三八红旗集体单位等称号，安溪县总工会经审委员会获得福建省总工会经审工作规范化建设A级单位。

【职工“建功活动”】

2020年，安溪县做好劳模评选、争创工作。开展省五一劳动奖章评选，“泉州工匠”“安溪工匠”评选工作，培育先进典型，推进评选公安局王小冬等4人获省五一劳动奖章，陈加友等4人获评“泉州工匠”。新建市级劳模工作室3个，“工匠工作室”2个，依托劳模、“工匠工作室”，激励广大劳模和工匠人才发挥示范引领作用，助推高质量发展。职工创新创造活动。组织“名师带高徒”活动，上报“好师傅”10人，全县促成师徒结对1037对；征集44个职工创新项目参加福建省百万职工“五小”创新大赛活动，3个项目获得一等奖，4个项目获得二等奖，10个项目获得三等奖；组织5个职工创新项目参加第24届全国发明展银奖，3个项目获金奖，1个项目获银奖。

【职工素质教育工程】

职工技能培训 2020年，县总工会牵头成立安溪县推进产业工人队伍建设改革领导小组。做好产业工人技能培训基地申报工作，8月7日，安溪华侨职业中专学校被评为“泉州市产业工人技能培训基地”。把福建天电光电有限公司、泉州市凯鹰电源电器有限公司等12个单位作为安溪县职工培训基地，开展电工、家政（育婴月嫂）、竹藤编、制茶等项目的职工培训。全年安排培训2万人次，其中自主培训100人次，联合培养培训900人次，动员培训19000人次。

职工技能竞赛活动 2020年，县总工会引导职工群众参与各类竞赛活动，开展县级职工职业技能竞赛5场，联合有关部门举办银行业职工“中国梦劳动美”劳动技能竞赛、女性人才茶叶审评技能大赛、邮政职工岗位技能竞赛、佛手茶制作职业技能等各类职工技能竞赛10余场。

女职工工作 2020年，县总工会举办3场关爱女职工健康知识讲座，走进妇幼保健院、闽光钢铁有限公司等企业，近300名女职工参加；参加2020年“母亲健康1+1”公益募捐活动，捐款3600元；在“三八”国际妇女节开展“疫情防控·巾帼行动”图文征稿活动。3月9日，开展慰问疫情防控一线先进女职工。前往福建省健为医疗用品有限公司、县医院、县疾控中心等地慰问疫情防控一线先进女职工20名，慰问金1万多元。

职工思想政治引领 2020年，县总工会在全县各基层工会中广泛开展“工会大学习”活动，制定《安溪县总工会开展“大学习”活动方案》。各基层工会积极响应，开展安溪茶产业劳模、工匠庆祝中国共产党建党99周年活动，雅斯达电源电器有限公司开展大学习活动，安溪自来水公司举办庆祝中国共产党成立99周年暨2020年职工“大学习”主题演讲比赛等。12月28日，市总工会副调研员危金海到凯鹰电源电器有限公司，面向一线职工开展中共十九届五中全会精神宣讲活动。

【企事业民主管理】

2020年，县总工会完善集体协

商制度，组织全县企业职工开展工资集体协商行动，推进职工工资集体协商，全县发出工资集体协商要约的企业达到65家，涉及职工数22095人。其中，百人以上企业48家，涉及职工数15078人，涉及疫情防控期间用工问题39家，涉及职工数10916人；发出区域性集体合同5份，覆盖企业417家，涉及职工数11298人；发出行业性集体合同4份，覆盖企业123家，涉及职工数7613人，签订率达86%。工资集体协商工作建立常态化运行机制。

【劳动保护】

安康杯竞赛　2020年，安溪县组织540余家企业4.6万余名职工参加“安康杯”竞赛，其中闽光钢铁等10个单位获得泉州市“安康杯”竞赛先进单位称号，2个班组获评福建省“安康杯”竞赛先进班组称号，4人获得泉州市“安康杯”竞赛先进个人称号，县总工会获得泉州市“安康杯”组织工作先进单位称号。

环卫工送温暖慰问活动　1月15日，由安溪县总工会、县环卫处联合主办的“爱心年夜饭·情暖环卫工”送温暖慰问活动在三德酒店举行，250名环卫工人参加活动。10月30日，开展“关爱环卫送温暖”主题系列活动，为200名一线困难环卫工人送上约3万元的慰问金及慰问品。

“四送温暖”活动　春送岗位，与人才市场就业中心联办5期现场招聘会，公益性招聘会12场，发放宣传资料2.9万份，提供8280个岗位，867人达成就业意向；夏送清凉，走访慰问外卖骑手、快递小哥、货车司机等“八大群体”人员及泉州白濑水利枢纽工程等重点建设工程项目等29家企业一线职工，发放高温慰问品超20万元；金秋助学，扶助51名贫困学生，发放助学资金29.7万元；冬送温暖，加强困难职工动态管理，帮扶困难职工533人次，发放补助金27.78万元。

【职工帮扶工程】

职工医疗互助活动　2020年，县总工会组织1.94万余名职工参加医疗互助活动，缴交互助金194.6万元；9030名女职工参加特病医疗互助，发放补助金22.57万元，共1515人办理住院费用补助，发放补助金150.1万元；大病补助14人，发放补助金3万元。

“情系”农民工工程　2020年，县总工会助7个市级农民工创业项目共发放扶持资金56万元；开展“爱心年夜饭·情暖环卫工”活动，慰问环卫工人233人次，发放慰问金7.06万元；围绕县委、县政府2020年重点工作，对省级重点项目泉州白濑水利枢纽工程建设征地移民安置指挥部的一线征拆工作人员开展慰问，送上42万元慰问金及慰问品。

拓宽服务职工领域　2020年，县总工会在14所小学开展“四点半”课后服务。举办8个职工子女暑托班，在职工集中、方便接送的地方举办暑托活动，帮助职工缓解子女暑期“看护难”问题。

【工会组织建设】

基层组织建设　2020年，县总工会开展“强基层、补短板、增活力”行动，推动工会改革向基层延伸。大力推进货车司机、快递员、房产中介、美团快递等“八大群体”建会、职工入会。全年全县新组建工会21家，发展会员1250名。

搭建共享职工之家　2020年，县总工会通过党建带工建、群社联建、主体带建、工会自建等，与辖区金尊大酒店、联谊润家超市、我爱我家物业、皇家城堡俱乐部、神墨教育等8家企业单位共建共联，成立城东社区共享职工之家。

财务工作规范有序　2020年，县总工会完善工会财务制度，执行县总的预决算和季度、半年审计制度。依法依规管理、使用工会经费和资产，抓好常规审计和“1＋X”专项督查，对城厢镇、凤城镇等24个乡镇机关工会、教育系统115家学校和5个县直机关单位工会2019年工会经费收支使用情况就地审计，

2020年8月3日，由县总工会主办的职工子女暑托班开班仪式在县第十一小学举行（谢章王摄）

将存在问题汇报给县纪委。

【劳模模范管理】

弘扬新时代劳模精神　2020年，安溪县推选评选省五一劳动奖章4人，省工人先锋号2个，省五一劳动奖状1个，“泉州工匠”3人；新建3个市级劳模工作室，2个“工匠工作室”，组织劳模体检220人，申报劳模申请困难补助11位。

劳模创新工作基地建设　2020年，全省率先建成的安溪（陈清河）劳模创新工作基地，总面积3500平方米，总投资186万元，设竹藤技艺、家居工艺、陶艺、新材料运用、茶礼包装5个劳模创新工作室，将劳模精神、工匠精神转化为家居工艺产业改革创新动力。

助推茶产业“二次腾飞”　2020年，县总工会借助安溪劳模创新工作基地（家居工艺文化产业）经验，成立茶产业劳模创新创业基地。基地以福建省劳模陈加友劳模创新工作室为主导，发挥茶产业劳模、工匠、铁观音制茶大师和技术能手的聚集优势，联合开展创新研发、技术攻关、技能培训、师带徒等工作。创新基地还设立茶艺体验中心、教育培训中心、新品展示中心、拓展中心等，推动铁观音技艺传承。

【县政府与县总工会第十七次联席会议】

2020年7月2日，安溪县政府与县总工会在县政府会议室召开第十七次联席会议。县领导吴毓舟、史思泉、苏志雄参加会议。

【助力疫情防控和复工复产】

2020年，县总工会为企业发放额温枪、口罩、消毒水等疫情防控物资，助力企业疫情防控、复工复产，加大对受疫情影响小微企业的支持力度，37家小微企业工会经费返还40多万元，帮助企业纾困；加强服务保障，开展医疗互助金减半收取、“幸福返泉”交通补贴等活动，补助金额8.84万余元，支持企业复工复产；发动基层工会购买疫情防控特殊慰问消费券，引导职工消费，助力经济发展。

【劳模工作室建设】

2020年12月21日，省总工会党组成员、经审会主任卢明琪一行实地考察安溪县省劳模陈加友劳模工作室。在陈加友劳模工作室，卢明琪听取该工作室创建工作汇报，实地查看劳模工作室场所、设施，了解该劳模工作室在茶产业发展、传帮带和产学研等方面情况。卢明琪表示，劳模工作室提供一个良好的平台，要发挥茶产业劳模、工匠和技术能手的聚集优势，联合开展创新研发、技术攻关、技能培训、师带徒等工作，带动多方位、多领域创新发展，产生更多经济效益、社会效益，最后转换成高质量发展的生产力。

（谢章王　王汉辉）

共青团安溪县委员会

【概况】

2020年，共青团安溪县委委员会（简称“团县委”）围绕县委、县政府和团市委的部署要求，主动担当、务实进取。加强团员青少年理想信念教育，开展关爱青少年群体活动，智慧团建、区域化团建、两新组织领域团建、团属阵地建设取得成果。暑期公益支教项目案例被省扶贫基金会、省扶贫开发协会评为“典型案例”，青年助力脱贫攻坚、青年人才参与抗疫、两岸文创助力产业融合、志愿者正向反哺机制等4项工作经验做法先后被“学习强国”、人民网、中国日报网、《福建日报》、《侨区快讯（增刊）》等媒体刊物刊发报道。

【理想信念教育】

团员青年政治引领　2020年，团县委推动团员青年学习常态化、制度化，全年开展“青年大学习”网上主题团课35期，参学青年9万余人次。“五四”青年节活动期间，走进县铭选中学举办“五四精神·传承有我”新团员入团仪式暨老团员重温入团誓词活动，并现场录制标准入团视频给各基层团组织学习；在24个乡镇中集中开展“五个一”系列活动，即召开一次青年干部座谈会、重温一次入党（入团）誓词、进行一次学习教育、做好一次志愿服务活动、组织参加一次在线测试；召开“学习寄语精神，展现青春担当”优秀青年（集体）事迹分享会，激励广大青年继承和发扬五四精神。选树一批抗疫青年典型充实“青年讲师团”队伍，到基层开展“绽放战疫青春　坚定制度自信”巡讲、“茶乡青年说”分享会、中共十九届五中全会精神宣讲等30余场，引导广大青年体悟抗疫背后的精神力量和制度优势。

少年儿童价值观塑造　2020年，团县委聚焦少年儿童政治启蒙和价值观塑造主责主业，在儿童节、少先队建队节期间广泛开展“争做知识小达人”少先队知识竞赛、“迎接少代会，争做好队员”主题队日、“学先锋　做先锋”主题微团队课评选展播等活动50余场，用好决胜全面小康、决战脱贫攻坚和打赢疫情防控阻击战等生动教材，教育引导少先队员从小学先锋、长大做先锋。新推动32所小学成立学校少工委，利用校内教育资源，丰富少先队建设内容。

【青年人才工作】

凝聚安溪籍青年学子 2020年7月，开展首届安溪籍大学生进机关企事业单位实习活动，115人报名参与，经过笔试、面试，共39名大学生到单位进行为期一个月的实践，搭建安溪籍大学生返乡实习及机关事业单位用人双向渠道。全年推出产业研学系列活动5期，参与人数150余人，带动青年学子增进对家乡的认同、关注家乡发展。积极吸纳参与活动的大学生加入青年学子联合会，截至2020年底共有会员350余名。

助力青年双创工作 面向县内70余名有一定直播经验的主播达人举办主播公益培训班，提升主播从业能力，针对学员主要从事茶叶电商的特点，在培训中加入茶文化课程，规范铁观音文化传播口径，聚合参训主播在网上超过1800万名粉丝力量对铁观音进行正向宣传。成立安溪县农村青年致富带头人联盟，首批联盟会员7人，其中全国农村青年致富带头人陈敬敏当选泉州市农村青年致富带头人联盟副主任（全市共3名）。

两岸青年人才文创设计邀请赛 2020年7—12月，以香薰系列化家居产品为主题，举办2020年两岸青年人才文创设计邀请赛（连续4年举办），通过云端征集两岸32所高校学生236件作品，经过家居工艺企业设计师提升改进制成成品30件，在藤铁工艺中融合铁观音茶香和光电元素，初步形成集视觉和嗅觉于一体的概念性文创产品。

服务台湾青年人才工作 推动杨胜裕等4人获评省引进台湾高层次人才“百人计划”（全市共4人，均为安溪推报），晶安光电周志豪获评省五四青年奖章，安溪县台湾人才协会秘书处获评市五四青年集体奖章，增强台湾青年人才的荣誉感和归属感。

【关爱青少年群体】

共青团助力脱贫攻坚 2020年，县团委发动安溪青年商会会员筹集资金，为全县建档立卡、低保边缘户家庭中即将升学（高中、大学）的青少年购买“助学救助保险”280份5.6万元，其中69名青少年升学并获得理赔。对接省希望办为西坪镇珠洋小学争取教学楼援建款40万元，牵线帮助贫困准大学生和事实孤儿32人获得助学金11.7万元。

暑期公益支教活动 2020年7—8月，组织全省各高校的41名在校大学生，走进龙门镇双桂小学，剑斗镇云溪村村部、御屏小学、潮碧小学等4个教学点开展为期3周的教学活动，开设手工、绘画、音乐、益智数学、传统文化、趣味科学、自护教育等10多门课程，帮助山区青少年239人拓宽学习视野。在支教期间，同步开展建立“一生一档”和综合调研工作，利用课后家访，收集4个教学点山区青少年信息239份（双桂71份、潮碧48份、御屏76份、云溪44份）。山区青少年60人家中没有书桌椅，139人没有学习台灯，134人课外书在5本以下；同时收集239个微心愿。通过青年文明号等渠道筹集6万余元资金，开展“青春同行”关爱山区青少年主题活动，针对每名学生的实际需求进行定向捐赠和书信结对，鼓励学生好好学习，积极向上，勇于追梦。

“青少年模拟法庭”活动 2020年6—7月，县委聚焦青少年学法用法和权益维护的需求，联合县检察院、县法院等部门开展“青少年模拟法庭”活动，走进华侨职校、安溪一中城东校区等，用发生在青少年身边的、具有典型教育意义的案例（如校园欺凌、人身故意伤害真实案件），按照“宣布开庭、法庭调查、法庭辩论、最后陈述、宣判”等审判环节依次进行，改变以往“说教式”“单向灌输”的法治教育方式，警醒广大青少年学生树立法治观念，提升自我保护意识。5000多名学生通过“钉钉”直播观看。

2020年7—8月，安溪团县委牵头开展2020年“教育改变安溪”第三期暑期公益支教活动，帮助拓宽留守儿童学习视野（县团委供图）

“青少年模拟政协提案”活动 2020年6—9月，开展安溪县“青少年模拟政协提案”活动，组织大学及中（职）学校学生围绕社会热点选题，走进基层群众开展调查研究，提出有针对性、可操作的政策建议，评选出12篇“优秀提案”。其中，1篇获评全国“青少年模拟政协提案”（全省共2篇获奖），1篇转化为正式提案，1篇列入有关单位议事日程，拓宽青少年政治参与渠道，提升青少年承担公共责任的意识。

首届全县志愿服务项目征集活动 2020年，依托“志愿汇”平台组织动员各领域青年参与志愿服务活动653场，服务总时长近6.3万小时。全年“志愿汇”平台注册志愿者新增2万余人，志愿者总数超过14万人。在志愿实践的基础上，举办首届全县志愿服务项目征集活动，评选出16个优秀项目，涉及文明创城、助老助学、平安建设等多个领域，推动安溪县志愿服务项目化、品牌化、常态化开展。

“12·5”国际志愿者日暨新时代文明实践主题活动 2020年12月5日，牵头举办“12·5”国际志愿者日暨新时代文明实践主题活动。在活动中正式推出“益币兑换”志愿者正向激励机制，成立县志愿服务商家联盟（截至12月底共57家），建设一批“暖灯”服务驿站（截至12月底共26家），在全县形成爱心流动的公益循环，带动更广泛群体主动参与志愿服务。

【团组织建设】

“智慧团建”工作 截至2020年底，团县委下属团委85个，团支部895个。其中，非公企业团组织148个，社会组织团组织10个，机关事业单位团组织80个，团支部星级达标率93.15%；“智慧团建”系统中已报到团员数18466人，一星级及以上团员占比85.92%，毕业生团员关系转接率100%，“智慧团建”整体工作排名全市第三。

区域化团建工作 针对基层团组织“四缺”问题，将全县24个乡镇按地域划分为6个片区，实施“1名机关干部+4个乡镇团委+N个机关企事业单位团组织”的区域化团建工作机制，促进团的工作力量、工作资源、工作内容和工作对象在区域内有效重组、联系，实现抱团发展。各乡镇孵化出“青年读书会”“青云联盟”“真人读书馆”等多个团建工作项目，活动覆盖1万多名青年，形成“一区一品”或“一区多品”格局，被团市委列为联系服务青年工作典型案例。

“两新”组织领域团建工作 开展“集中组建月”活动，重点以园区、商圈、团属社会组织为牵引，推动EC产业园、安溪湖里工业园、安溪青学联等组建团组织，以点带面，持续扩大团的工作有效覆盖面。推行“非公团建+人才”工作一体化机制，在团建工作中挖掘孵化出陈敬敏、陈春等全国农村青年致富带头人，推动非公企业团建工作与人才工作同频共振、相融互促，有效提升团建工作实效。

团干部、少先队辅导员队伍建设工作 举办4期基层团干、少先队辅导员培训班，通过品牌打造、实地观摩，推动各基层团队组织互看互学；举办第二届全县青年干部职工主题辩论赛，来自全县各乡镇、各系统共36支队伍150余名青年围绕产业发展、乡村振兴等热点话题展开思辨，锻炼提升广大青年干部学用结合的能力；建立年终“亮业绩、晒品牌”述职机制，各乡镇团委负责人上讲台述职，检验全年工作成果。

团属阵地建设工作 推动“青年之家”建设标准融入党建阵地建设，全县青年之家16家，全年新获评省、市级示范性“青年之家”各1家，全年开展活动103场，覆盖青年群体1.8万多人。整合利用党性教育基地现有资源，融入团史团情、团建成果、团章团规答题互动等，在EC产业园打造全省首个县级团员VR/AR教育基地，作为团员青年政治引领、团干部教育培训的重要阵地。依托湖里工业园等园区企业党群活动中心打造青年学习平台，联系服务企业青年职工。

【投身疫情防控】

2020年1月27日，团县委下发文件成立以书记为组长的共青团安溪县委疫情防控工作协调小组，下设协调小组办公室，制定《共青团安溪县委疫情防控工作方案》，除机关3名党员干部抽调乡镇、联防联控组和外事组值守外，广泛动员团员团干、青年人才、青年志愿者等青字号队伍发挥专长参与抗疫。

组织青年突击队 在县直各重点领域团组织中成立8支青年突击队，在乡镇防疫一线推动1000多名返乡大学生、团员青年志愿者编入工作组，参与测温、执勤等工作，发动县青商会会员捐款捐物33万余元。创作出品的纪录片《阻击疫情，青年先行》在人民网展播。积极做好疫情防控期间舆论引导工作，线上组建62人的疫情防控宣传志愿队伍，通过朋友圈、微信群等线上传播方式协助疫情防控舆论引导。截至2月底，团县委通过“安溪青年之家”官方公众号发布信息40余条，阅读量3万多次，在指引青年群体做好个人防护的同时，充分宣传医护、志愿等领域奋战抗疫一线动态。

参与复学复课工作 2020年2月，指导非公企业团组织开展“汇聚爱心 抗击疫情”募捐义卖活动，共筹集867笔爱心善款近8万元，用于捐赠额温枪等防控物资支援安溪县中小学校复学。启用县青少年事务社工中心，通过县未成年人校外心理健康辅导站在线上开通心理咨询服务热线，为青少年提供心理援助，累计接听100余次；线下组织心理专业志愿者分赴各乡村学校开展疫后复学等心理公益讲座18场，覆盖1万余名乡村青少年，帮助青少年顺利适应返校学习生活。

参与复工复产工作 组织25名返乡大学生、青年社会组织成员等青年志愿者深入村镇、社区一线，配合市场监管所、乡镇按照复工防疫标准对小作坊、小餐馆、小食杂店（含小超市）、小理发店、小茶叶店等与居民生活密切相关的“五小”行业进行上门指导，把好复工复产“安全关”。举办青年创业政策推介会暨项目路演沙龙、“当前企业经营形势研判”人才沙龙等活动3场，参与人数150余人，加强对疫后创业扶持政策的解读、宣传和对接。

【青少年宫】

阵地建设 2020年，县青少年宫争取中央彩票公益金支持，改善基础设施，投入6万元改造工作室，投入9万元采购民乐器材，组建安溪县青少年民乐团，投入3万元组建传承非遗文化木偶戏公益班等。

公益培训 2020年，面向一线抗疫人员及其子女开设国画、书法、木偶戏、经典诵读、象棋等9项公益培训，参与人数330人。开展15项校外教育培训，参与人数1115人。

公益比赛 2020年8月29日，举办安溪县青少年“战弈杯”围棋比赛，参与人数300人。2020年11月28日至29日，举办安溪县青少年宫快乐阳光唱歌比赛，参与人数300人。

公益心理咨询 2020年，依托安溪县未成年人心理健康辅导站阵地，解答青少年疑惑，维护青少年权益。先后接待青少年和家长来访200多人次，通过信息梳理，向专家团队转介个案5例，开展心理咨询20多人次，举办“关爱青春期女孩”等主题公益系列讲座18场，受益人数约12000人。

（苏小芳　胡超革）

安溪县妇女联合会

【概况】

2020年，安溪县妇女联合会（简称“县妇联”）紧抓“疫情防控、复工复产、新风创建、妇联改革”4项工作，被省妇联主要领导批示表扬2次，市委办《侨区快讯（增刊）》刊发工作经验，被授予县政协优秀提案单位等，承办全市妇联系统电商促进妇女就业创业现场会，县妇联党支部机关特色党建项目在市委市直机关特色党建竞赛中获得二等奖。

【安溪县妇联十四届三次执委（扩大）会议召开】

2020年6月5日，安溪县妇联十四届三次执委（扩大）会议召开。会议贯彻落实全国妇联十二届二次执委会议、省妇女儿童工作委员会视频会议、市县妇联主席视频工作会议和2020年全县三级干部会议精神，回顾总结2019年全县妇联工作，部署2020年重点工作和近期主要工作。县委常委、组织部部长陈友爱出席会议。

会上，陈友爱代表县委对全县各级妇联组织2019年工作给予肯定。他指出，2019年县妇联围绕“四个安溪”建设，紧扣全县工作大局，勇当桥梁纽带，在各个领域主动作为，打造“乡村振兴巾帼行动”“家风家教学堂”“爱心妈妈”等特色品牌。他要求，2020年各级妇联组织要把茶乡妇女群众对美好生活的向往作为工作的出发点，一要增强做好妇联工作的使命感和责任感；二要增强做好妇联工作的实效性；三要增强妇联自身的建设。

县妇联主席郑丽萍代表县妇联十四届常委会作工作报告。此次会议由县妇联挂职副主席王彩娇主持。会上，妇联副主席陈鸳鸯传达全国妇联十二届二次执委会议、2020年全县三级干部会议精神；县妇联副主席林丽艳传达省妇女儿童工作委员会视频会议、市县妇联主席视频工作会议精神。县妇联十四届全体执委，市妇联在安溪十四届执委，各乡镇妇联正、副主席，县妇联全体干部职工等80多人参加会议。

【评选安溪县“三八红旗手”（集体）】

2020年，根据《安溪县妇联关于命名表扬安溪县三八红旗手（集体）的决定》，县医院护士吴萍萍等70人为安溪县“三八红旗手”，安溪华侨职业中专学校实习培训处等30个单位为安溪县“三八红旗集体”。

【“快乐成长，放飞梦想”——2020年庆“六一”暨“童缘·爱心驿站”关爱行动】

2020年5月29日，县妇联联合

县公安局刑侦大队、县女企联到虎邱中心学校开展“快乐成长，放飞梦想”——2020年庆“六一”暨“童缘·爱心驿站”关爱行动。活动内容包括县女企联企业家代表黄连贵、柯碧华、林彩华向70名留守儿童、困难儿童分发慰问金，县妇联副主席陈鸳鸯向虎邱中心学校捐赠图书及文体用品，县公安局刑侦大队代表向虎邱中心学校捐赠“六一”礼物等。

【安溪县第一批“‘美丽庭院’示范户”】

2020年，县妇联下发《关于开展“美丽庭院”示范户命名活动的通知》，开展安溪县“美丽庭院”示范户评选活动。“美丽庭院”创建达到“五美”标准，即居室美、院落美、厨厕美、绿化美、家风美。根据《安溪县妇女联合会关于命名第一批“美丽庭院”示范户的决定》，县妇联命名凤城镇朝阳社区林淑敏等100户家庭为安溪县第一批“‘美丽庭院’示范户”。

【成立“茶乡妇女微家”】

2020年4月16日，县妇联首批9个“妇女微家”在凤城镇十方树阅读空间、凤城镇陈秀珠店铺、城厢镇林秀莲家、参内乡歇会茶文化馆等地挂牌成立，包括“亲子教育茶乡妇女微家”“家事调解茶乡妇女微家”“人才交流茶乡妇女微家”“家+创建茶乡妇女微家”等。10月27日，县妇联在县妇女儿童活动中心三楼举行第二批“茶乡妇女微家”授牌仪式，首批“茶乡妇女微家”“好爸好妈心理咨询服务中心”的“微主人”吴艺凤，“茜茜公益协会”的“微主人”陈燕芳作创建经验分享。

“茶乡妇女微家”要求必须有“有阵地，亮标识；有人员，亮身份；有活动，亮职责；有成效，亮品牌”，重点承载“宣传教育、就业指导、权益维护、家庭建设、志愿服务”5个功能。“茶乡妇女微家”负责人(“微主人”)要因地制宜设计活动载体和内容，原则上每月组织1次微家聚会，做好活动记录和妇情民意登记。主要选择妇联执委和优秀女企业家、女性创业者、女性社团组织负责人、巾帼志愿团队领头人、女性先进典型的家庭或工作场所，以及巾帼文明岗、各类巾帼创业示范基地和社区网格、园区市场、商务楼宇等女性聚集场所，建设“茶乡妇女微家”。县妇联将2020年定为“茶乡妇女微家”创建年，出台《“茶乡妇女微家”建设实施方案》，将全年分为摸底调查、试点先行、全面推进、巩固提升4个阶段，总结“茶乡妇女微家”试点经验，修订完善“茶乡妇女微家”建设标准和管理机制，选树一批典型。

【成立安溪县妇幼保健院妇联】

2020年6月12日，安溪县妇幼保健院妇联成立。县妇联副主席林丽艳、县妇幼保健院党支部书记陈伟欣，以及来自全院各科室的妇女代表参加会议。投票选举产生院妇联第一届执委会委员9名。召开第一届执委会第一次会议，选举产生安溪县妇幼保健院妇联第一届主席、副主席（王金环当选为主席，黄玉云、李涓当选为副主席）。县妇联副主席林丽艳为县妇幼保健院妇联授牌。

【安溪县新阶联妇联成立】

2020年6月19日，安溪县新的社会阶层人士联谊会妇女联合会（以下简称新阶联）成立大会在县妇女儿童活动中心举行，县委常委、统战部部长林荣超，以及县委统战部、县妇联负责人员，县新阶联班子成员及全体妇女代表等参加活动。

在县新阶联妇女第一次代表大会上，选举产生17名执委。李丽娟当选为妇联主席，刘莉莉、洪兰兰当选为妇联副主席。林荣超向县新阶联妇联的成立，向新当选的班子成员表示祝贺。他要求，要强“三性”、去“四化”。新阶联妇联是县妇联大家庭的新成员，要把握政治性、先进性、群众性，要去行政化、机关化、贵族化、娱乐化，创

2020年6月19日，安溪县新的社会阶层人士联谊会妇女第一次代表大会暨妇女联合会成立（县委统战部供图）

新和丰富工作方式方法。要重“发展”讲“实效”。要发挥自身优势,找准发展方向,打造创业平台,参与社会公益事业,发挥各行各业先进典型示范带动作用,在推动发展、服务社会中打造品牌。要修“内功”借“外力”。要强化自身建设,加强与各阶层、各领域的互动交流,发挥联系协调优势,搭建服务平台,唱出建设“四个安溪”的最美合唱,成为打造茶乡妇联工作亮丽风景线。

成立大会上,举行2020年“母亲健康1+1”公益募捐仪式。

【安溪县女性社区矫正对象家政培训班开班】

2020年8月10日,安溪县2020年度女性社区矫正对象家政培训班(第一期)在安溪华侨职业中专学校开班。县委组织部副部长王文龙、县妇联主席郑丽萍等参加开班仪式。

此次培训活动由县委组织部、县妇联、县司法局联合主办,在册的女性社区矫正对象100名参加培训。分2期举行,每期各50名。每期2天,邀请法律、心理学、家政方面的专家,普及宣传法律法规,开展心理辅导,专门培训家政服务等基本专业课程知识。

【团体沙盘体验活动】

2020年8月19日,县妇联联合凤城镇妇联、县心理卫生协会开展团体沙盘体验活动。帮助女性厘清自己内心的情结,探索原生家庭和亲密关系带给女性的影响。活动邀请部分信访妇女参加。

【安溪县妇联机关特色党建项目荣获市二等奖】

2020年12月8日,泉州市委市直机关工委举行2020年度机关特色党建项目评展决赛,安溪县妇联党支部党建项目获得二等奖。安溪县妇联连续5年参加县级或县级以上机关特色党建项目竞赛。

【泉州市妇联系统电商促进妇女创业就业现场观摩活动在安溪举行】

2020年10月22日,泉州市妇联系统电商促进妇女创业就业现场观摩活动在安溪县召开。市妇联党组书记、主席庄灿霞,市妇联党组成员、四级调研员杨文忠,县委常委、组织部部长陈友爱,以及各县(市、区)妇联主席,泉州经济开发区、台商投资区妇工委主任,市妇联机关有关部室负责人等参加活动。

观摩活动中,庄灿霞一行参观安溪县农特产品营销中心(福建省巾帼示范基地)、知茗直播基地(泉州市妇女创业基地、安溪女性人才直播基地),虎邱镇妇联执委、虎邱镇美亭村妇联兼职副主席、县农特产品营销中心负责人林挪萍和安溪女性人才之家负责人、安溪女性人才直播基地负责人刘敏珍分别详细介绍电商带动贫困妇女脱贫、带货直播、电商培训等工作的主要做法。

县委常委、组织部部长陈友爱在致辞中指出,安溪县重视电商产业,全县电商取得迅猛发展,安溪县广大妇女同胞功不可没,要继续鼓励和引导参与电商创业就业。市妇联党组书记、主席庄灿霞在讲话中指出,安溪县妇联在电商直播助力巾帼创业就业作先行先试。下一阶段全市妇联系统一要增强使命感,抢抓新机遇;二要主动融入大局,下好先手棋;三要挖掘特色,培育新增长点。安溪县妇联主席郑丽萍作电商促进妇女创业就业典型经验发言。活动由市妇联党组成员、四级调研员杨文忠主持,他就2020年来泉州市推进妇女创业就业进行工作回顾并布置下阶段工作。

2020年,安溪县妇联围绕疫情防控常态化的新形势,在广大妇女群众中发展电商产业,通过“三带动三推进”(基地带动,全域推进;培训带动,全员动员;宣传带动,全面推进)举措,助力安溪县战疫情、促发展“两战全胜”贡献巾帼力量。安溪县有从事电子商务行业的人员10万多人,其中妇女电商6万多人。

(陈双清　林丽艳)

2020年10月22日,泉州市妇联系统电商促进妇女创业就业现场观摩会在安溪举行(陈双清摄)

安溪县工商业联合会

【概况】

2020年，安溪县工商业联合会（简称“县工商联”）（总商会）有会员2743个(团体会员47个，企业会员2307个，个人会员389个)，下辖7个县级行业协（商）会（有会员7725个)，3个乡（镇）商会(有会员522个）和30个异地安溪商会（其中7个为经济促进会），会员10300个；1个安溪异地商会（安溪县浙江商会），会员84个。11月，县工商联被泉州市委、市政府评为泉州市2017—2019年文明单位。

【召开八届六次常委暨基层商会会长、秘书长座谈会】

2020年8月19日，县工商联在官桥镇善坛村召开八届六次常委暨基层商会会长、秘书长座谈会，县委常委、统战部部长林荣超、县政协副主席陈春买，县工商联主席、副主席、副会长，常委，各基层商会会长、秘书长出席会议，会议由县委统战部副部长、县工商联党组书记易进法主持。会议学习贯彻习近平总书记在企业家座谈会上重要讲话精神，传达贯彻中共中央办公厅《关于加强新时代民营经济统战工作的意见》和全国民营经济人士理想信念教育推进会精神并提出贯彻意见。会上，举行安溪县工商联“坚决制止餐饮浪费行为”承诺仪式。在座谈会上，出席会议的副主席、副会长及各基层商会的会长、秘书长发言，结合自己企业存在的困难和问题提出建设性意见。

【引导非公有制经济人士回报社会】

2020年，县工商联开展爱心助学光彩活动，发挥组织协调作用，做好牵线搭桥，组织非公人士参与爱心助学光彩活动。牵线资助贫困学生735名，发放资金313万元。家居工艺、龙门、苏州、泉安等商会在成立、换届或周年庆时，捐赠慈善公益资金895万元，为安溪县助推乡村振兴捐赠资金561万元。

【做好非公职称评定，服务好会员】

2020年，县工商联做好非公有制企业职称评审工作，为非公有制企业提供人才支撑。完成17人次的材料收集与报送工作，家居工艺行业2人通过高级工艺美术师评审，建筑行业21人通过工程师评审，3人通过初级职称评审。

【安溪龙门商会成立】

2020年12月15日，安溪龙门商会成立，泉州市政协副主席林志建，安溪县领导高向荣、吴毓舟、许锦青、林荣超、苏志雄、林毅敏、陈清芳，各乡镇党委书记、县各相关部门领导出席会议，林建忠当选为会长，有会员179人，设正、副会长35人，理事133人。安溪龙门商会为安溪县乡村振兴和慈善公益事业捐赠1016万元。

【安溪县家居工艺商会换届】

2020年12月13日，县家居工艺商会召开第四届会员大会，有会员118人，设正、副会长55人，理事117人，黄连福为会长。

【苏州市安溪商会换届】

2020年12月20日，苏州市安溪商会召开第二届会员大会，有会员319人，设正、副会长38人，理事34人，郑海山为会长。会上，苏州市安溪商会为安溪县乡村振兴和慈善公益事业捐赠185万元。

【召开第六次异地安溪商会(经济促进会)会长秘书长联席会议】

2020年12月20日，安溪县第六次异地安溪商会会长、秘书长联席会在苏州召开。县委常委、统战部部长林荣超，各异地安溪商会会长、秘书长，各筹备组组长参加会议。会议由县工商联党组书记易进法主持。会议主要学习贯彻中共十九届五中全会精神、习近平总书记在企业家座谈会上重要讲话精神，传达学习全国民营经济统战工作会议精神和全国民营经济人士理想信念教育推进会精神、中共中央办公厅《关于加强新时代民营经济统战工作的意见》文件精神。

林荣超在会上对各异地商会的工作给予肯定，希望各异地商会在回归创业、帮助家乡招商选资、助推乡村振兴、捐赠公益慈善、茶产业“二次腾飞”等方面发挥作用。会议邀请县检察院作“民营企业管理人员刑事法律风险分析及对策”讲座。会上，各异地安溪商会就各自商会的工作经验进行交流。

【开展检察开放日活动】

2020年10月29日，县工商联联合县检察院开展“服务‘六稳六保’护航民企发展”检察开放日活动。活动中，县检察院副检察长谢明智介绍安溪县人民检察院立足“刑事”“民事”“服务”等关键词，通过更新司法理念、建站设点、依法办案、延伸职能等为企业提供服务的做法。座谈会上，县工商联党组书记易进法等与会人员围绕“服务‘六稳六保’护航民企发展”，结合企业实际，从加强法律宣传、多开展联络服务活动、发挥“民营企业法律服务工作站和中小企业服务点”等作用、加强与企业的常态化联系等方面提出意见建议。谢明智对与会人员提出的意见建议表示感谢，并表示对于企业家提出的司法需求，将立足检察职能组织调查研究，提高普法宣传针对性。

【疫情防控】

2020年1月22日，县委、县政府召开新型冠状病毒感染的肺炎防控工作专题会议后，县工商联按照要求，参与物资保障组、联防联控组、交通检疫组工作，应对疫情防控。动员海内外乡贤、民营企业、商（协）会，参与做好疫情防控知识宣传、返乡人员的居家观察；向广大非公经济人士发出防控新冠肺炎疫情公开信，联合发出《致安溪籍工商社团及工商界人士的捐赠倡议书》《致全县统一战线成员关于助力打赢疫情防控阻击战的倡议书》，呼吁民营企业家，履行社会责任，捐物捐款。截至年底，各异地安溪商会、非公经济人士为安溪县捐赠461.5万元，普通一次性口罩245万只，N95口罩2.52万只，护目镜1300副，防护服8058套，医用隔离衣205件，红外线体温测温仪510支，消毒水30桶，84清毒液3050瓶，橡胶手套2万双。推荐海佳集团股份有限公司参加全国抗击疫情先进企业表彰。

（陈黄琪　易进法）

安溪县科学技术协会

【概况】

2020年，安溪县科学技术协会（简称“县科协”）开展科学技术普及、科技咨询服务、学术交流和青少年科技教育等工作。县科协被中国科协办公厅评为2019年科普中国信息员队伍建设优秀组织单位，被中国科协办公厅评为2020年全国科普日活动优秀组织单位（连续4年），组织开展2个全国科普日活动分别被中国科协办公厅和省科协列为优秀活动项目，被省农村科普服务中心评为2020年福建省全民科学素质网络竞赛优秀组织单位，被市科协评为2020年创先争优绩效评估综合优秀单位，被泉州市委、市政府评为2017—2019年度精神文明建设先进集体。

【科普宣传】

科普日系列活动　2020年，安溪县全国科普日活动的主题为“决胜全面小康，践行科技为民”。9月18日，由泉州市全民科学素质工作领导小组主办，泉州市科协、安溪县全民科学素质工作领导小组承办，泉州市科技馆、安溪县科协、湖头镇人民政府协办的泉州市“全国科普日”主场活动在湖头镇阆湖博物馆广场启动。泉州市政协副主席、市科协主席骆沙鸣，市科协党组书记、副主席章金良，安溪县委常委、组织部部长陈友爱，安溪县政协副主席袁霖辉，市科协副主席魏隆福等出席启动仪式。活动共有45家单位参加，参与群众500多人次。在全国科普日活动期间，县科协联合安溪县第三医院举办“疫情无情，人间有情”——关爱公众心理健康活动走进养老院、校园、消防站、企业，系列活动有1000多人次参加；与县妇幼保健医院联合开展“关爱生命 守护健康”健康科普宣传系列活动，活动有近万名公众参与；与县灯谜协会联合开展网络在线灯谜有奖竞猜活动，在“安溪科普”“安溪谜协”“安溪茶乡公益协会”等微信公众号平台同步上线，参赛人次226535人次，范围遍及全国。据统计，2020年全国科普日各类宣传活动合计101场。

疫情应急科普宣传　2020年，县科协做好新冠肺炎疫情应急科普工作，成立应急科普工作领导小组，印发新型冠状病毒感染的肺炎疫情应急科普工作方案，明确职责分工，勇于担当，扎实做好各项工作。安排党员干部深入一线协助社区开展疫情防控工作。通过安溪科普微信公众号发布新型冠状病毒肺炎的预防、防护等科普知识及各级防控指挥部工作部署，至12月共计379篇；发动基层科协、县级学会等各类组织，采取微信公众号、微信群等各类信息化手段与线下宣传相结合，扩大健康教育、疫情防控知识普及面，增强公众防范意识和能力。组织科普人员向部分村（社区）、学校赠送抗疫科普宣传挂图。拓宽新冠肺炎疫情应急科普宣传渠道，在安溪县15条公交车线路的98部LED广告屏投放疫情防控与复工复产相关科普知识，在医院、行政服务中心、大型商场等公共场所100台梯视（每天200次滚动）播放新冠肺炎疫情防控科普短视频。

科普进乡村、进社区　1月15日，县科协参加在安溪县芦田镇举行的安溪县“三下乡”服务活动，在现场发放《农村医疗卫生常识》《营养科学》等科普书籍1100余册，围绕科普法、移风易俗、禁毒常识等主题制作展板向群众普及科学知识。1月17日，县科协联合凤城镇凤山社区等单位在安溪县实验小学门口开展社区“过大年新春贺岁福临门鼠你最红”迎新春系列活动。2月，县科协选派1名优秀中青年干部（入党积极分子）到桃舟乡协助村（社区）开展为期12天的疫情防控工作。2月27日，县科协组织科普人员进入部分村（社区）赠送抗疫科普宣传挂图。挂图系列包含家庭篇、防护篇、心理篇等，为公众提供疫情防控科普知识，切实加强基层新冠肺炎疫情科普宣传工作。3月5日，县科协党支部部分党员干部到凤山社区共建单位开展“学雷锋进社区志愿服务暖人心”志愿服务主题党日活动。7月2日，县科协党支部与凤城镇凤山社区、县检察院等共建单位在凤山社区联合开展爱国卫生统一行动。8月7日，县科协联合凤山社区等十几家共建单位在凤山社区街道开展“烟头不落地 安溪更美丽”文明志愿服务活动。8月25日，由县科技局主办，县科协、县委宣传部、县卫健局、县市监局、县应急局等单位参与协办的安溪县2020年科技活动周“科技战疫 创新强国”宣传活动在龙津公园开展。8月27日，由县科协、凤城镇党委政府、蓝湖社区居民委员会承办的全国科普日活动在安溪县蓝湖社区举办。活动分为科学实验表演，青少年机器人展示互动，急救科普讲座及急救现场演练，创新大赛获奖作品展板展示，移风易俗、道德模范、安全知识等挂图展示，赠送科普读物、科普漫画等板块。9月18日，县科协联合参内镇湾美社区、县人武部、安溪第十六小学等单位开展防空警报试鸣暨人员疏散演练、人防知识宣传教育暨人防知识有奖问答等活动。

科普进校园　2020年，在安溪一中、铭选中学、县实验小学等20所学校赠送《2020年度科普挂图》《科普小册子》等科普刊物。12月4日，联合凤山社区共建单位和安溪县疾病预防控制中心在实验小学门口开展“第14个全民健康生活方式日”系列活动，活动形式为义诊和健康科普宣传。

科普讲座　10月30日，举办2020年基层科普骨干培训班，全县各县级学会、乡镇科协秘书长、部分村（社区）科普负责人参加。此次培训班针对基层科普服务能力建设、科普宣传栏建设与管理、企业科协组建、企业科技服务需求、院士（专家）工作站及学会创新驱动服务站申报等方面工作进行讲解和部署。

【青少年科技教育】

科技创新大赛　2020年9月，县科协联合教育局、科技局举办2020年安溪县青少年科技创新大赛。评选出优秀科技创新项目一等奖1项、二等奖1项、三等奖2项；优秀科幻画一等奖8幅、二等奖10幅、三等奖13幅。

2020年，全县选送47个项目参加第十七届泉州市青少年科技创新大赛，选送作品中优秀科技创新项目获市二等奖1项、三等奖3项；优秀科幻画项目获市一等奖2项、三等奖7项；优秀实践活动获一等奖1项、三等奖1项，5个项目入围省青少年科技创新大赛。

科技辅导员培训　8月24日，县科协和县教育局联合举办2020年安溪县科技创新辅导教师线上培训班，来自全县中小学近百名科技老师参加培训。培训内容包括青少年科技创新大赛选题、青少年调查体验活动和中小学综合实践活动课程融合等方面。

青少年科技教育论文奖　2020年，安溪县推荐14篇论文参评第十六届市青少年科技教育论文评选活动，有6篇论文获奖，其中二等奖1篇、三等奖5篇。

首届青少年创意编程和智能设计比赛　2020年，安溪有43支队伍预报名参加首届福建省青少年创意编程和智能设计比赛，保护环境（安溪县沼涛实验小学）创意编程项目获省赛二等奖。

流动科技馆科普巡展　2020年，县科协联合县教育局在金火中学、安溪第十八小学、安溪第十六小学、尚卿中心学校等8所学校举办安溪县流动科技馆巡展活动场，参观师生13000多人次。在第六中学、俊民中学承办2场市级科技馆科普巡展，参观师生2000多人次。

青少年科学影像节活动　2020年，安溪县选送青少年科学影像作品获第六届泉州市青少年科学影像

2020年9月23日，安溪县流动科技馆走进金火中学（县科技协会供图）

作品竞赛二等奖1项，三等奖2项。

青少年科学工作室、校园创新工作室、创客工作室 2020年，在凤城镇朝阳社区、蓝湖社区新建2个青少年科学工作室；在沼涛实验小学、安溪第十一小学新建2个校园创新工作室；新建安溪第六小学、安溪第七小学和西坪中心学校3个校园创客工作室。

【科技馆建设】

2020年，安溪县聘请具有类似项目管理经验的福建省闽招咨询管理有限公司对安溪县科技馆展教工程项目的策划实施提供顾问咨询服务。优化提升科技馆展教工程概念设计方案。完善科技馆展教工程建设规范、验收标准。探索适合县科技馆展教工程建设与运营管理多种模式。初步形成三种建设模式的监管、运维、考核方案，提请上级领导决策。

【基层科协（学、研究）会】

县级学会 2020年，县医学会、县中医药学会、县护理学会、县预防医学会等学会承办各类研讨会、论坛、年会等。

企业科协 2020年，安溪县医院、安溪爱尔眼科医院有限责任公司等2家单位成立科协组织，召开第一次全体会员大会，选举科协委员会。

学术活动 2020年7月24日，安溪县域胸痛中心学术交流会在县医院召开，上海交通大学附属胸科医院心脏中心主任、心内科主任、博士生/博士后导师何奔教授出席会议并授课，安溪县医院胸痛中心委员会成员及各临床、医技科室相关人员，各乡镇卫生院相关人员100多人参加。8月22—23日，由安溪县中医药学会等承办的泉州市“肿瘤绿色治疗论坛”在县中医院召开，会议邀请“肿瘤绿色疗法”创始人、北京中医药大学东方医院副院长、北京中医药大学中医肿瘤学系主任、北京中医药大学肿瘤研究所负责人胡凯文教授，上海中医药大学附属龙华医院刘苓霜教授、武清教授，上海复旦大学附属肿瘤医院陈颢主任等省内外近20名专家、学者到会参与学术交流，来自市内各医疗单位150余名医务人员参加。9月20日，由安溪县医学会和安溪县医院联合主办的泉州市急性胸痛区域联合救治进展学习班在安溪县医院举办。卫健委国家心血管病中心专家委员、河北医科大学附属二院傅向华教授，河南大学附属郑州市第一人民医院余宏伟教授，厦门大学附属心血管病医院院长王焱、李桂阳教授，泉州市第一医院郑理玲教授、戴若竹教授应邀授课。来自建阳、建瓯、长泰、周宁、长乐、大田、厦门、泉州等市（县）区及安溪县各级医疗机构相关医务人员200余人参加。9月25—26日，由安溪县护理学会和安溪县医院联合主办的福建省护理学会手术室护理专业委员会走基层系列培训活动暨泉州市手术室护理管理培训班在县医院举办。来自泉州市各县（市）区及安溪县各级医疗机构相关医务人员200余人参加。10月11日，由安溪县医学会、安溪县医院联合主办的泉州市第一届头颈部创伤和肿瘤诊治学习班在县医院举办。来自泉州市各县、市、区及安溪县各级医疗机构相关医务人员200余人参加。

10月16—17日，由安溪县医学会主办的泉州市关节感染研讨会暨安溪县首届脊柱关节高峰论坛在安溪县医院举办。来自福州、厦门、泉州、宁德、晋江等市（县）区及安溪县各级医疗机构相关医务人员200余人参加。10月上旬，由泉州市预防医学会、泉州市医学会精神病学分会主办，安溪县预防医学会、安溪县第三医院承办的2020年泉州市市级继续教育项目——社会心理服务技能培训班学术交流会议在安溪县第三医院举办，吸引近200名来自全市卫生技术人员参会学习。10月下旬，由厦门市中医院主办、安溪县中医药学会承办的省级继续教育项目——腰椎间盘突出症的中医临床特色疗法培训班在安溪县中医院举办，此次会议在线浏览达31500人次，同时最多在线人数700人。11月6—7日，由安溪县医学会、安溪县医院联合举办的泉州市级继续教育项目——泉州市基层急诊急救培训学习班在安溪县医院举办。授课专家与学员们分享《PE——你需要知道的那些事》《120的分级转运策略》《紧急医学救援核心制度》等多篇学术报告；由安溪县医院急诊科医生组成的技能培训考核组，先后为学员们进行外伤急救技术、呼吸机使用、气管插管、心肺复苏术（CPR）等多项技能的理论知识讲解和实践技能培训。来自泉州市各县、市、区及安溪县各级医疗机构相关医务人员200余人参加。11月8—9日，由泉州市中西医结合学会、安溪县医院主办，泉州市中西医结合学会肛肠分会承办、泉州市中医院协办的市级继续医学教育项目——泉州市中西医结合学会肛肠分会2020年学术年会暨肛肠外科治疗新进展学习班在安溪县医院举办，来自泉州市各县、市、区及安溪县各级医疗机构相关医务人员200余人参加。11月上旬，由泉州市预防医学会主办，安溪县预防医学会、安溪县第三医院承办的“精神障碍中西医结合治疗新进展培训班”学术交流会在安溪县第三医院举办。会议邀请省内多名知名专家、教授为大家授课，对精神科病房管理、精神障碍的记忆障碍、精神分裂症治疗进展、精神分裂患者代谢综合征管理的中国专家共识、针灸治疗精神疾病等相关内容进行讨论和学习交流，吸引全市近150名卫生技术人员参会学习。11月28—29日，福建省中医健康管理（治未病）联盟2020年学术年会暨中医健康管理骨干师资培训班在安溪举办。会议采用“线上+线下”形式举行，国内外160余位专家学者现场参会，线上直播观看1.2万余人次。

12月2日，由泉州市静脉输液安全管理质量控制中心主办，安溪县护理学会承办的“泉州市医疗机构静脉治疗适宜技术推广与管理巡回培训班——安溪站”在安溪县医院举办。专题学术讲座阶段采取线上、线下相结合的形式进行，来自各医疗机构相关医务人员300余人参加。12月18—20日，由中国康复医学会主办，福建中医药大学、安溪县中医院总院承办，安溪县科协、县中医药协会协办的第三届海峡康复产业高峰论坛暨“一带一路”东部康复医学论坛在安溪召开，同期召开中国康复医学会推拿技术与康复专业委员会学术年会、中国康复医学会中西医结合专业委员会学术年会。本届会议围绕“交叉融合，康复创新发展”的主题，设有综合国际康复主论坛及10个分论坛，线上线下同时进行，吸引来自海峡两岸、“一带一路”沿线国家和地区的高校、医疗机构等线上线下康复专家和相关医务人员3万余人参会。

科技工作者日 全国科技工作者日期间，安溪科普微信公众号上线“胸有朝阳 科普为民”专题，分5个专篇对安溪县部分优秀科技工作者和刺桐科学传播学者的先进事迹进行宣传报道。5月13日，市、县科协到县气象局和福建省中科生物股份有限公司院士工作站走访科技工作者。5月29日，县科协到县医院慰问护理学会援鄂医务工作者。

【全民科学素质】

2020年6月28日，县科协下发《关于组织参与福建省全民科学素质网络竞赛的通知》文件，发动各全民科学素质工作领导小组成员单位，各乡镇科协，各县级学会，各企业（学校）科协参与2020年福建省全民科学素质网络竞赛，助力提升公民科学素质。

7月24日，为做好2016—2020年度全国科普示范县总结评估暨争创2021—2025年度全国科普示范县工作，安溪县召开安溪县全民科学素质工作领导小组成员（扩大）会。

【创新驱动助力工程】

院士专家工作站 2020年，福建省中科生物股份有限公司院士工作站被省科协等重新认定为2020年福建省院士专家工作站，被市人才工作领导小组重新认定为泉州市院士工作站，泉州市名安农业有限公司专家工作站被市人才工作领导小组授予“泉州市专家示范工作站”称号。

学会创新驱动服务站 2020年，福建晶安光电有限公司与福建省系统工程学会对接，安溪全香蔬菜有限公司与福建省土壤肥料学会对接分别入选2020年福建省学会创新驱动服务站，福建晶安光电有限公司与福建省系统工程学会对接，安溪县第三医院与福建省康复医学会对接分别入选2020年泉州市学会创新驱动服务站。

【刺桐科学传播学者】

2020年，泉州市刺桐科学传播学者开展百场科普巡讲活动，安溪县林荣溪、谢艺攀、白剑锋、陈加友、陈传昌、张泽坚、卓万生7名刺桐科学传播学者共开展22场科普宣讲活动。

【技术培训及农函大】

培训重点班 实施2020年农村实用技术培训重点班工程，举办5个班14期适用技术培训重点班，参训人数达600多人，完成市下达的培训任务。

技术培训与茶事活动 4月29日，县科协与中共湖上乡委员会和湖上乡人民政府在湖上乡联合主办首届“湖上名茶师”大赛，县科协向湖上乡茶业发展促进会捐赠《中国乌龙茶》《中国铁观音》等书籍，助力湖上乡茶叶科普示范基地、茶叶科普读书室建设。5月2日，县科协联合县农业农村局、县妇联等举办安溪县感德2020年春季铁观音初制大赛，通过搭建切磋初制、审评交流平台，提高茶农制茶技术水平。11月12日，由泉州市农村专业技术协会、安溪县科协、西坪镇人民政府主办，安溪县西坪铁观音制作技术研究会、安溪铁观音非遗传习所承办的西坪镇2020年秋季铁观音茶王赛及科普活动在西坪镇举行。最终决出金奖1名、银奖1名、铜奖1名和优质奖8名。

（叶春玲　孙黎昕）

安溪县文学艺术界联合会

【概况】

2020年，安溪县文学艺术界联

合会（简称“县文联”）坚持以人民为中心的工作导向，创作生产一批富有时代气息、地域文化特色的文艺作品，举办一批大型文艺活动，营造全县文艺氛围，为加快新时代“四个安溪”建设作出贡献。

【以艺“战疫”】

2020年，县文联下发《致安溪县广大文艺工作者的倡议书》，组织全县文艺工作者围绕“防抗疫情”重大主题，创作文艺作品，在县文联微信公众号开辟“文艺战疫”专栏，逐期推出系列文艺作品。全年县域内文艺家创作的主题作品2000多件，其中文学类100多件，楹联类200多件，灯谜类1600多件，书法类100多件，美术类50多件，音乐类6件。创作出闽南语快板动漫《正月十五抗病毒篇》《抗病毒日常防护篇》，创作歌曲《出发！出发！》《可爱的人》《请你相信》《妈妈别让我等着急》等精品力作，其中歌曲《出发！出发！》被中国文联、福建省文联、福建省作协、福建省音协等公众号选登推发，歌曲《请你相信》《妈妈别让我等着急》入选“学习强国”。组织作家采访吴萍萍、吴江斌、王桂萍、吴梅华、柯巧红5名援鄂护士，整理专题访谈录并创作《风雪依旧春》《方舱里的天使》《向上的力量》《爱是你我》《战“疫”中的青春之歌》5篇文学作品，并推荐在《泉州文学》发表。

【文艺采风】

“小康路上茶乡美”第八届“名家看安溪”中国著名作家采风活动　2020年10月26—29日，中国作家协会书记处书记邱华栋、福建省作家协会原主席杨少衡、江西省编辑学会会长朱法元、百花洲文艺出版社社长章华荣、《人民日报》文艺部副主任董宏君、《山花》主编李寂荡、中国人民大学文学院副院长杨庆祥、《光明日报》文学评论版主编王国平、中国社会科学研究院研究员刘大先、中国作家协会创研部副研究员岳雯，散文家耿立、汗漫、朱强等全国著名作家走进安溪采风。采风期间，举行“时间里的茶香”座谈会。与会作家创作安溪主题作品分别在《文学报》《中国艺术报》等国内刊物上发表。

“新时代　新福建——‘让小说走进人民’暨海丝文学创作交流系列活动”走进安溪采风活动　2020年12月11日，《小说选刊》副主编、著名评论家顾建平，中国煤矿作协主席、北京市作协副主席、鲁迅文学奖获得者刘庆邦，天津市作协副主席、电影《山楂树之恋》编剧肖克凡，云南省昭通市委宣传部副部长、市文产办主任、著名作家沈洋，福建省作协二级调研员刘志峰，《福建文学》编辑陈健及其他省市作家代表共20余人深入茶乡采风，采风团参观云岭茶庄园、中国茶都、藤铁工艺博物馆等地，感受安溪“双铁”魅力，深入感受安溪千年的茶文化、藤铁家居文化，见证产业的蓬勃发展。中共安溪县委常委、宣传部部长陈剑宾参加采风活动并出席座谈。

【书籍编辑】

《安溪人笔下的安溪》　分为上、下两篇，每篇各分上、下两辑，主要收录安溪人抒写安溪的作品，用安溪人自己的眼光、视角解读安溪、歌颂安溪，呈现安溪的发展、变化和成就，呈现安溪的秀美山川、人文历史、民俗风情、城乡建设、美食物产等，讲述安溪故事，弘扬安溪精神，提升中国第一茶都文化内涵，向中国共产党成立100周年献礼。

《铁观音文丛》（摄影类）系列专著　实施安溪县个人文艺专著出版推介工程，推出林思宏、陈达水、谢旭东、黄东华等4人个人摄影作品集，用光影的艺术，呈现别样的安溪之美。

《名家谈安溪》　收集整理历届“名家看安溪”中国著名作家安溪采风活动期间举办的主题座谈会、研讨会的发言材料，编辑成书。

《铁观音》文学期刊68期、69期合辑　以书代刊，由出版社出版。鼓励扶持本地作家积极创作投稿，推出一系列国内名家著作，提升文学刊物的影响力。重点推出“抗疫专栏”“虎邱专辑”等文学作品。

【主题活动·全面建成小康社会】

“小康路上茶乡美”第十届安溪县音乐舞蹈节暨首届云艺术节　在脱贫攻坚收官之际，以文艺的力量，用鲜明的艺术形象生动反映安溪人民决胜全面小康、决战脱贫攻坚各项事业所取得成就。2020年8月26日，在县三馆400人厅举行决赛，此次决赛分为器乐类、语言类两场。器乐类20个节目、语言类18个节目参加决赛。表演形式多样，内容丰富。共评出器乐类一等奖2个、二等奖4个、三等奖6个，优秀奖8个；语言类一等奖2个、二等奖4个、三等奖6个，优秀奖6个，优秀指导老师4名。

“小康路上茶乡美”泉州市（安溪县）青年美术家新人新作展　推进安溪县美术创作水平提升，凝聚青年美术人才力量，发现挖掘美术新人，以文艺的力量，展现安溪人民决胜全面小康、决战脱贫攻坚各项事业所取得成就。2020年10月1—15日，“小康路上茶乡美”泉州市（安溪县）

青年美术家新人新作展在文庙展出。本次展出作品50幅。

“小康路上茶乡美”主题书法作品展　12月31日，“小康路上茶乡美”主题书法作品展在文庙举行，展期10天，此次展出主题书法作品共60幅。

“小康路上茶乡美——奉献侨爱心·共筑中国梦”南音什锦唱　2020年9月30日，“小康路上茶乡美——奉献侨爱心·共筑中国梦”南音什锦唱在县三馆400人厅举行。南音研究会及各个南音社团表演节目10多个。

【文艺惠民】

“我们的节日”系列文艺活动　2020年5月23日，第7个中国文艺志愿者服务日之际，安溪县“谜中探道”公益直播暨“谜你乐园”有奖竞猜开播，该线上文艺志愿活动举办36期。开展“我们的节日·端午”主题灯谜创作、作品网络展示、有奖竞猜等系列活动；举办防抗疫情主题书法、美术网络作品展；举办《写生与艺术创作琐谈》讲座活动。

开展送文化“六进”活动　组织县电影家协会下乡播放公益放映数字电影播放5102场次，累计观众数33.1万人次；组织县戏剧家协会送戏下乡公益演出104场；开展“文学走进校园”主题系列文艺志愿活动3场；举办灯谜、国画等公益班。

“乡村振兴”主题系列采风活动　组织作家走进白濑、感德、虎邱、大坪等乡镇采风，组织摄影家走进湖头、祥华等乡镇采风，组织美术家走进芦田、虎邱等乡镇采风。

【全县主要文艺成果】

文学创作　2020年，林筱聆长篇小说《故香》入选中国作家协会重点作品扶持项目，中篇小说《那些黑得发亮的日子》在《福建文学》发表，被《小说选刊》转载；李志宏散文《花果龙通 古韵土楼》《龙通土楼里看老物件》在《人民日报》（海外版）发表；赵郭峰散文《渴望》、吴奋勇散文《晨起吃咸粥》在《福建日报》发表；冰夏组诗《我好奇每一棵植物（外二首）》在《海峡诗人》发表；吴小猛、黄志专、林炳根等会员的作品多次在《菲律宾商报》《泉州晚报》《泉州文学》等刊物报纸上发表；李永和散文作品集《田野之上》由四川民族出版社出版；李永和、王永建2位作家加入福建省作家协会。

美术创作　2020年，苏伟良水彩作品《归》参加全国展；李雪玲水彩作品《原野》、许瑞端水彩作品《逆行·脚步》参加第五届全国女性水彩粉画庆“3·8”在线展；谢黎明瓷雕作品《泰然》入选中国传统陶艺双年展；林荣斌水彩作品《心绿》入选“魅力红谷·水木佳话——中国·南昌全国版画、水彩·粉画联展”；杨炳灿水彩作品《秋实》入选全国第三届小幅水彩画展；吴连集水彩作品《余晖》入选“秋·祥”2020第三届天津（全国）水彩作品网络展，水彩作品《古道摇响》入选“冬·和”2020第四届天津（全国）水彩作品网络展；林荣斌水彩作品《乡韵遐想》《隐艳》入选2020全国大学生美术作品展；朱贵良的水彩作品《西街》入选“画说刺桐”美术作品展特邀作品，李伟才国画作品《泉州枇杷》、许瑞端水彩作品《海丝·起点》入展。

音乐舞蹈创作　2020年，谢鑫鑫参加福建省第五届“金钟花奖”声乐比赛泉州地区选拔赛获得二等奖，谢玙璁、叶兰玉获得三等奖；李玉华指导学生参加2020年市委宣传部、市教育局、市电视台主办的声乐独唱比赛，获高年组一等奖、中年级二等奖，个人获指导教师奖；李玉华组织排练小合唱参加泉州市中小学生“新学堂歌”小合唱比赛，获得第八名，个人获指导教师奖；曾艳获得“唱响主旋律 共享新时代”泉州市职工国庆歌唱比赛优秀奖。

摄影创作　2020年，周锦缎组照作品《天使十二时辰》获第27届福建省摄影展铜奖，入选“我遇见最美的光”第五届全国医务人员摄影大展；谢旭东《田园秋色》获追梦英都“中能泰丰杯”全国摄影大赛作品展三等奖、王诚毅《日出》获入选奖；陈国平《桂洋晨韵》、王诚毅《幽谷观瀑》获“辉煌70年幸福美桂洋”主题摄影大赛三等奖；陈达水《蓬华新貌》、陈国平《百姓书屋》《古厝慢生活》《乡村集景》（组照）、王诚毅《大地色板》《蓬华之晨》、许锦忠《秀丽村庄》入选“魅力侨乡、仙境蓬华”摄影大赛；陈国平《暮归》《美丽的港湾》入选“成功杯·魅力石井”全省摄影大赛；王泽首《渔村蝶变风光好》入选中国·霞浦摄影群英会——第七届“我心中的那片海”霞浦国际摄影大赛。

楹联创作　2020年，陈坤玉作品获“同题河南”优秀奖、联都盛宴重开特别联题二等奖，“不二联门2020PK季”第一场副场第5名、第二场主场第5名、第三场主场第4名，“湘天华杯”第三届对联中国大赛优秀奖；谢志民作品获第三届中国对联超级联赛团队总冠军、“湘天华杯”第三届对联中国大赛二等奖、第十二届中国对联彭玉麟奖第三期《稻香》三等奖；胡炳才作品获首届“金庐阁”新春楹联全国大赛优秀奖。

书法创作 2020年，叶青山书法作品入展第五届全国正书展、获“祈贤杯”全国书画展优秀奖；王乃通篆刻作品入展福建省书协主办的“状元杯·福建省第三届篆刻作品展”；蔡卫民、王乃通书瓷作品获福建省书协主办的“书赞决胜脱贫攻坚战”——首届瓷板书法刻字艺术联展优秀奖；陈古尊书法作品入展福建省书协主办的“福建省第六届书法新人新作展”；汪祖尚篆刻作品获“万印楼——当代国际篆刻精英收藏工程”精英奖；郑良火书法作品获贵州省脱贫攻坚书法艺术作品网络展优秀奖（最高奖）；苏永钦书法作品获由教育部和国家语委主办的2020中华经典诵读工程“笔墨中国”汉字书写大赛大学生组三等奖；黄雅文篆刻印屏获浙江省第五届女书法家篆刻展优秀作品奖；黄楚涵书法论文《清中期“阳湖派”学人对邓石如篆书的推崇考略》发表于国家艺术类核心期刊《艺术品》2020年第5期；陈艺双书法论文《阮元分隶古法观探析》发表于《中华书道》第107期。

戏剧创作 2020年，高甲戏《李光地》获福建省第九届百花文艺奖三等奖；创作高甲说唱《强国·有戏》、快板舞蹈《飘香安溪开新局》、闽南四句《五中全会我来说》、戏曲表演《芳菲艺苑新征程》等戏剧，该经验做法被中共中央宣传部在《宣传工作》上宣传推介(《福建安溪“戏剧宣讲”深化新时代文明实践》)；组织《送水饭》《窦娥冤——魂诉》《狱卒》《妗婆打》《卢俊义——押解》《柳生拾画》等节目，参加第十届福建省中青年演员决赛，获银奖1名、铜奖3名。

灯谜创作 2020年,《茶乡谜苑》连续5年被中华灯谜图书馆、全国灯谜信息社评为全国“十佳谜刊”；灯谜协会被泉州市文学艺术界联合会评为“泉州市在疫情防控阻击战中文艺创作和文艺宣传表现突出的先进单位”；组织参加龙海市第三届“双第杯”灯谜文化节（云谜会），陈剑毅、苏振朝、谢启顺代表安溪队在81队团体抢猜大赛中，获团体精英赛纪念奖（第14名），陈剑毅、李水源获得个人精英赛纪念奖；完成福建省安溪华侨职业中专学校、安溪第十七小学等2所学校为灯谜教育基地校的创建工作。

民间文艺家协会挖掘整理民间故事、普及文博知识；电影家协会围绕县委县政府中心工作，利用电影平台播放主题宣传短片，服务茶乡建设。

（范丽华　林小玲）

安溪县归国华侨联合会

【概况】

2020年，安溪县归国华侨联合会(以下简称“县侨联”）围绕县委、县政府工作大局，结合侨联工作实际，发挥侨联作用，履行“六个工作职能”，凝聚侨心，汇集侨力，为安溪县统筹推进疫情防控和经济社会发展作出贡献。截至12月，全县有县侨联和7个乡镇侨联、16个村级侨联被命名为省级“侨胞之家”；3个乡镇侨联（蓬莱、官桥、西坪）被命名为省级“侨胞之家”示范点。

【联络联谊】

2020年，县侨联通过发微信、短信、邮件及电话、传真等方式与海外40多个安溪同乡会馆、宗亲会及200多名知名人士，加强联络，凝聚侨心。县侨联等组织35万只一次性防护口罩等防控物资，发往马来西亚安溪会馆联合会、印度尼西亚安溪公会等，驰援海外侨亲。配合市侨联组织线上夏令营活动，举办“亲情中华·为你讲故事”网上夏令营活动。5月31日，由中国侨联主办，福建省侨联、泉州市侨联、安溪县侨联承办，马来西亚安溪总会协办的“亲情中华·为你讲故事”网上夏令营安溪营正式开营，来自马来西亚的40多名安溪籍营员齐聚线上，参加开营仪式，以在线听故事和打卡等互动方式开启为期15天的中华文化学习之旅。通过参加网上夏令营活动，让孩子们克服语言的障碍和自身的惰性，锻炼想象力，提高中文表达能力和写作能力，了解祖（籍）国及泉州的特色文化。

【为侨服务】

2020年，县侨联开展帮扶助困活动。开展“献爱心、送温暖”活动。县侨联多方争取资金，利用元旦、春节期间开展慰问走访活动，为贫困归侨、侨眷送去党委政府和侨联组织的温暖。各级侨联筹集资金10.7万元，慰问贫困归侨侨眷78人，老侨联工作者及退休人员33人。县侨联携手安溪爱尔眼科医院，到蓬莱镇、龙门镇、尚卿乡等地联合开展“侨爱心·光明行”活动，帮助5600多人次侨乡贫困群众实施免费筛查，有270多人次侨乡贫困白内障患者得到免费诊治。落实县直单位科级干部挂钩帮扶贫困户制度，做好县侨联科级干部挂钩帮扶感德镇大格村6户贫困户的精准帮扶工作，落实帮扶措施，给予每户2000元的帮扶资金补助。

2020年，县侨联引导侨亲、侨企和侨界人士开展爱心助学活动，争取助学资金5.4万元，资助40多名侨界贫困学子就学。协助市侨联、侨青联做好第十二届（2020）“海西春雨·侨青助学”助学金发放工作，争取助学金2.5万元资助贫困学生25名。

2020年，县侨联开展侨法宣传活动，在《中华人民共和国归侨侨眷权益保护法》颁布30周年之际，为做好涉侨法律法规政策的贯彻落实工作，印制《涉侨法律政策指南》1000册，组织开展涉侨法律法规宣传活动，分发侨法宣传材料300多份。如通过世安工作交流微信群宣传侨法，宣传县委、县政府发展思路，招商引资优惠政策等；组织工部职工在凤山社区开展侨法宣传，发放图册120余册，图书内容涵盖涉侨法律法规和禁毒、扫黑除恶等方面知识。参与全县开展“浓情母爱，感恩常在”母亲节活动，向侨乡群众分发侨法、新冠肺炎疫情防控知识、禁毒知识和家庭急救小常识等宣传材料。组织开展“迎中秋庆国庆·侨爱心送温暖”活动，引导广大归侨侨眷和侨乡各界群众观看《中华人民共和国归侨侨眷保护法》《中华人民共和国民法典》展板和禁毒宣传图片展，增强其法治观念和知法守法维权意识。

2020年10月，县侨联组织来自美国、加拿大、德国、意大利等10多个国家的留学生开展“安溪县留学生故乡行”。参观安溪县文庙、李光地故居、泉州市半导体高新技术产业园安溪分园人才之家、晶安光电有限公司、安溪藤铁工艺博物馆，到泉州蔡洋生态农业开发有限公司实地体验留学生回乡创业成果，到阆山美食园品尝湖头小吃，激发留学生回安创业就业热情。

2020年10月17日，安溪县侨联组织开展“安溪县留学生故乡行”活动（县侨联供图）

【参政议政】

2020年，县侨联以侨界群众关注的重点、难点、热点问题为导向，组织动员侨界人大代表、政协委员开展调研活动，撰写提案、议案。2020年，全县侨界人大代表、政协委员提出提议案8件，涉及维护侨益、教育、卫生、旅游、美丽乡村建设等方面。与县政协台港澳侨委联合开展“关于保护海内外侨胞捐赠校舍权益的建议”重点提案的专题调研。走访侨界人大代表、政协委员，加强沟通联系，听取意见、建议。

【服务大局】

2020年，安溪加强与海外侨胞社团、侨商的联络联谊，引导侨胞关心支持家乡各项民生事业。全年有海外侨胞捐赠兴办公益事业资金790余万元。突如其来的新冠肺炎疫情发生后，县侨联组织发动海内外侨亲多方筹集，连夜辗转运送，为安溪县新冠肺炎疫情防控增强物资保障。截至2月底，收到海外侨亲捐赠款222678元，收到捐赠的一次性医用口罩285.58万只，N95口罩15400只，防护服7396套，护目镜200个，医用手套11.3万只，耳温枪510支，捐赠防控应急物资折合价值500多万元。

县侨联作为县应对新冠肺炎疫情应急物资保障工作组成员单位之一，组织动员全县侨联投入新型冠状病毒肺炎疫情防控阻击战，抽调3名党员干部全力配合县乡防抗疫情工作；与党建共建单位联合开展疫情防控知识宣传活动；开展党员“党旗红 携手献爱心”为疫情捐款活动。建立“三级联动”机制，指导乡镇、村基层侨联组织做好本辖区内境外返乡侨胞动态信息的收集、整理和上报。通过微信、电话、电子邮件等方式联系海外社团和安溪籍海外侨亲，发出《致海外侨胞的一封信》，宣传国内疫情防控政策。与县委统战部等部门联合发出《致全县统一战线成员关于助力打赢疫情防控阻击战的倡议书》，动员侨界力量参与支持家乡疫情防控工作。疫情发生以来有海外社团和侨商侨亲捐赠折合价值500万元的防控应急物资支援家乡防控疫情。县侨联主席李宏鸣实地走访侨资企业佛罗花综合农业科技有限公司，考察咸丰草茶生产线开工复产情况。县侨联兼职副主席、县家居商会会长黄连福，挖掘行业商会“共享模式”的巨大潜力，开启生产力重组配置，派17辆专车到江西和贵州等地接外地职工返岗复工。

【组织建设】

2020年，县侨联组织开展“侨胞之家”建设活动。组织指导基层侨联注重“五有”侨联组织规范化建设。2020年城厢镇侨联被命名为省级“侨胞之家”，官桥镇、西坪镇侨联被命名为省级“侨胞之家”示范点。指导官桥镇、西坪镇、虎邱镇召开侨代会，进行换届选举。

做好侨情普查验收工作。县侨联做好侨情普查信息资料的收集、审查、整理和归档等工作，通过市侨联验收。收集族谱、文献等资料102册捐赠或暂借市华侨历史博物馆寻根综合服务平台，打造南洋华裔族群寻根谒祖综合服务平台建设。

开展文明建设和志愿服务活动。县侨联开展“百侨帮百村，争当活雷锋”活动，发动侨界人士聚力疫情防控，志愿服务复工复产。组织志愿者参与安溪县2020年“浓情母爱，感恩常在”母亲节关爱活动，向侨乡群众分发各类宣传材料，宣传新冠肺炎疫情防控知识，普及应急救护知识、禁毒知识和家庭急救小常识等；为群众提供义诊，免费测量血压、健康咨询、诊断等服务。与共建单位凤山社区等开展“我们的节日·端午”主题系列活动。组队参加网上2020年“9·9公益日一起捐”活动，为贫困家庭送去温暖。组织全体干部职工参加省级文明县城迎检志愿服务活动。

【县侨联九届三次全委会议】

2020年10月13日，县侨联召开九届三次全委会议，县侨联九届委员会委员，非县侨联委员的乡镇侨联主席、培文学校侨联主席，以及县侨联机关全体干部职工参加会议。会议学习传达中国侨联十届三次全委会议、中国侨联十届五次常委会议和福建省侨联十届四次全委会议及泉州市侨联八届三次全委会议精神，传达全县统战工作会议精神；听取和审议安溪县侨联九届三次全委会工作报告；审议通过有关人事事项，安溪县侨联九届委员会常委林金鍊因年龄原因，申请辞去县侨联第九届委员会常委、委员职务；增补白志民、林春阳、黄顺耀等3人为安溪县侨联第九届委员会委员、常委。

【安溪县凤城镇侨联成立】

2020年10月22日，安溪县凤城镇第一次归侨侨眷代表大会召开，成立安溪县凤城镇侨联。泉州市侨联副主席王巧丽到会指导，中共安溪县委常委、统战部部长林荣超，县委统战部、县侨联、凤城镇党委等有关领导，凤城镇归侨侨眷代表参加会议。会议选举产生凤城镇侨联第一届委员会，选举陈秀珠任凤城镇第一届归国华侨联合会主席，张颖凤、陈小燕、钟远见、黄连贵、黄春火、廖成江等6人任副主席，钟远见兼任秘书长。

【陈金春回到安溪寻根】

2020年6月3日，白金汉爵国际连锁酒店投资人、新加坡华人陈金春回到安溪寻根。县侨联主席李宏鸣陪同。此次考察达成其回归安溪助推乡村振兴初步意向。县侨联和金谷镇侨联，为陈金春找到家乡金谷镇中都村的宗祠和亲人。

（肖福祥、李银萍　李宏鸣）

安溪县残疾人联合会

【概况】

2020年，安溪县残疾人联合会（简称“县残联”）突出巩固残疾人脱贫成果，第三代残疾人证核发、规范化管理水平提高、落实主体责任四个重点，推进各项工作任务，全县残疾人事业和残联工作取得成效，“十三五”期间加快残疾人小康进程10项重要指标，提前完成规划目标。与安溪县茶校创办职业特教班受到省残联和省政府教育“两项督导”评估组高度评价，写入县政府人大常委会工作报告，省残联邵旭理事长批示“全省各地参照学习”。被“两项督导”评估组评价为“全省首创，值得完善、推广”。

【市县为民办实事项目】

2020年，县残联认真做好4件为民办实事项目。落实2件市为民办实事项目：为1230名低保和建档立卡贫困户重度肢体残疾人发放居家养护补助122.8万元；为全县2483户“一户多残”家庭5224名残疾人发放生活补贴443.77万元。落实2件县为民办实事：完成45户“住房困难残疾人安居工程”建设，投入270万元；配合有关部门为50768人次残疾人购买城乡居民基本医疗保险（其余残疾人以其他身份代缴），投入资金519万元，为14873名残疾人购买城乡居民基本养老保险，投入资金297.46万元。

【省级专项助残项目】

2020年，县残联组织实施6个

省级专项助残项目。为355名智力、精神和重度肢体残疾人发放居家托养补助71万元。为135名自主创业残疾人发放创业就业补助金67.5万元。“0—6周岁残疾儿童康复救助”305名，每人每年最高发放训练补助1.8万元，发放273万元。实施省残疾儿童人工耳蜗项目，6名听力残疾儿童在定点医院进行人工耳蜗植入手术。为36名残疾儿童发放2020年度残疾人机动轮椅车燃油补贴9360元。对全县47户符合无障碍改造条件且自主实施无障碍改造的残疾人家庭进行补助，发放补助资金4.85万元。

【康复工作】

2020年，县残联组织实施康复工作。实施“慈善助行”项目，为10名患者免费安装假肢。实施“慈善助听”项目，为20名听力残疾人免费安装助听器。64名7—14周岁残疾儿童到市级指定机构进行康复训练，每人每年最高发放训练补助1.8万元，共62.47万元。为244名残疾人发放283件辅具货币补贴66.88万元。推进残疾人精准康复服务，全年为228名老年残疾人提供精准康复服务，投入17.1万元。为60名在安溪县第三医院托养的智力、精神和重度肢体残疾人发放“福乐家园”机构托养补助30万元。为120名成人精神残疾人购买精神障碍集中作业疗法训练服务及个人自费部分，投入14.4万元。

【劳动就业工作】

2020年，县残联推进5项残疾人就业工作。扶持残疾人就业创业“1+6”政策落实，发放自主创业残疾人社保补贴92人35.56万元。扶持残疾人辅助性就业机构，发放资金14.3万元。开展3期残疾人实用技术和技能培训班，培训329人次。创建4家市级残疾人农村扶贫基地，安置14名残疾人就业，辐射带动35户残疾人家庭就业增收。积极推进按比例安置残疾人就业工作，审核认定企业安置104名残疾人就业，配合地税部门做好残疾人就业保障金征收工作，全年全县征收残保金1122.6万元。

【残疾人扶贫与助学】

加强社会保障 协助民政部门做好残疾人“两项补贴”工作；投入87.96万元为全县29320名残疾人购买意外伤害保险，2020年有208名残疾人获得理赔，共59.65万元。

助学工作 2020年，残联开展两个助学项目。联合县财政局开展扶助贫困残疾学生和残疾人家庭子女就学活动，为45名残疾学生，188名残疾人家庭子女发放助学金45.8万元；实施残疾人事业专项彩票公益金助学项目，扶助16名贫困学前在园残疾儿童，每人补助3000元。

【残疾人文体活动】

2020年，安溪县开展残疾人文化体育工作。选送8件作品参与市残疾人艺术作品网络展销活动，发动残疾人艺术家参与“集善仁美 助推圆梦”优秀残疾人艺术家百人推介活动，推送残疾人徐万庆抗疫书法作品参加华东地区残疾人文化创意作品大赛，获得抗疫类作品第三名。结合“文化五一个”活动，与安溪茶校爱慧职业特教班精心组织自闭症学生排练“茗星璀璨”特色文艺节目。8月，联合县老体协举行“2020年安溪县残疾人中国象棋赛”，选派优秀选手参加市象棋赛，获团体第一名；安溪县自强助残公益事业发展促进会举办首届肢残人趣味运动会。11月，承办福建省第六届自闭症和心智障碍青少年“寻找‘毕加索’”画展。省残联理事长邵旭、省残联办公室主任朱金良、市残联理事长白碧英、省精神残疾人及亲友协会会长郑芳泽、县政府副县长林毅敏及县教育局、县残联负责人出席开幕式活动。此次活动有11幅优秀作品爱心义卖，12个爱心助残单位、3个组织工作先进单位、4个助残先进个人受到表彰。

【残疾人信访维权工作】

2020年，县残联贯彻《信访条例》、上级信访文件和会议精神，

2021年11月20日，福建省第六届自闭症和心智障碍青少年“寻找‘毕加索’”画展开幕式在安溪茶校举行（县残联供图）

加强残疾人信访维权工作力度，推进信访案件依法办理，妥善处理残疾人来信诉求 18 件，全部息访息诉，没有发生残疾人集体上访、集体性事件和非正常上访，维护残疾人的切身利益。残疾人法律救助工作站，提供法律咨询服务 7 人次。10 月，建立每月 15 日“县残联理事长接访日”机制。

【安溪县爱慧自闭症康复中心运营管理】

2020 年，县残联下属安溪爱慧自闭症康复中心运作，收训 100 名儿童，有 15 人经过训练进入普通幼儿园，6 人上普通小学训练取得成效。

【安溪县爱慧日间照料托养中心管理】

2020 年，县残联下属安溪县爱慧日间照料托养中心为全县 35 名 14—45 周岁年龄段的残疾人提供日间照料托养服务。中心内设评估室、功能康复室、辅具资源室、技能培训室、文体活动室、辅助性就业工作室、爱心超市等功能室，开展茶叶精加工、烘焙、包装、手工工艺品制作等代工项目及串珠、钻石画、沙画、丙烯油画等日间照料托养培训项目。

【残疾人托养中心运营管理】

2020 年，县残疾人托养中心在 2019 年入选“全国残疾人服务样本县”基础上，创新完善“医养工结合、院联家协同”运行全国典型模式，完善工疗、娱疗服务的职业康复做法，为就业年龄段精神残疾和重度肢体残疾人提供托养及辅助性就业服务，构建精神类残疾人融入社会的“缓冲带”。全年发放托养对象劳动工资 31.07 万元，缓解精神障碍残疾人社会就业能力不足的问题。

【职业教育与特殊教育】

2020 年，县残联推进残疾人职业教育与特殊教育相融合，形成以吸纳大龄自闭症青少年为主的职业特教及辅助性就业模式，帮助自闭症青少年走出家庭、融入社会。11 月 23 日，省残联理事长郜旭到安溪调研，作出批示：“安溪县残联在县委、县政府的领导下，在社会各界爱心企业爱心人士的关心支持下，依托茶叶技术学校，创办融合教育试点班，为大龄自闭症青少年和智力障碍青少年辅助性就业并融入社会提供了非常好的模式，对全省各地有一定的学习借鉴意义。请不断总结经验，取得更好成绩。”12 月 11 日，省政府教育“两项督导”专家对职业特教班模式给予肯定和评价。

（苏华岩　龚永利）

安溪县红十字会

【概况】

2020 年，安溪县红十字会紧抓“疫情防控、生命教育、人道项目、基层组织、宣传工作”5 项工作，不断打造安溪县红十字会工作新局面。在泉州市第三届红十字应急救护技能大赛中获得总成绩第四名、优秀组织奖。遗体捐献实现零的突破，完成 4 例遗体（器官）捐献登记、3 例遗体捐献。

【募捐助力新冠肺炎疫情防控】

2020 年，新型冠状病毒肺炎疫情发生，县红十字会坚持三个“第一时间”，即第一时间取消全体干部职工春节假期休息，全员在岗；第一时间启动 24 小时应急值班、信息发布、倡议募捐等相关响应机制；第一时间发布《致安溪人民一封信，关于新冠肺炎，我们倡议！支持请转！》《共抗疫情，我们一起伸出援手——一封来自安溪县红十字会的倡议书》等。本着“公开、透明、高效、温情”的原则，向社会各界、海内外安溪乡亲、安溪各异地商会、茶业发展促进会等发出倡议募捐。加班加点统计捐赠款物，按照捐赠意愿迅速将定向捐赠款物发放给受捐者。对非定向捐赠资金，在县应急指挥部统筹安排下，按时进行拨付，对非定向捐赠物资，及时转交有关部门并督促其及时分配落实。同时将执行情况第一时间在“安溪红十字会”微信公众号公示公开，接受社会监督。接受捐赠款 572.9 万元，接受境内外捐赠物资 26 批次价值 648.56 万元，其中口罩 164.14 万只、手套 15 万只、防护服 6400 套、额温枪 515 支、消毒液 250 桶、其他物资 334 件。

【红十字宣传活动】

2020 年 5 月 9 日，安溪县在参内乡湾美社区举行“助力疫情防控　红十字救在身边”主题活动暨 2020 年“浓情母爱，感恩常在”母亲节关爱活动。

活动现场，工作人员设立咨询台，为前来咨询的群众耐心答疑，并向过往群众分发各类宣传材料。县红十字会重点宣传新冠肺炎疫情防控知识，并向过往群众发放造血干细胞捐献、器官捐献、艾滋病防治知识和家庭急救小常识等宣传材料，为前来的群众宣传答疑。在另一旁的义诊现场，在红十字志愿者的协助下，参内卫生院的医生为群众提供免费测量血压、健康咨询、诊断等服务。在培训现场，红十字会的工作人员一边向现场的居民讲解心肺复苏的要点，一边通过身旁

2020年5月9日，安溪县在湾美社区举行“助力疫情防控 红十字救在身边”主题活动（县红十字会供图）

的心肺复苏模拟人进行心肺复苏实际操作。随后，工作人员和志愿者向在活动现场的母亲们送上节日的祝福。

为加强学生水上安全知识教育和防溺水安全教育，安溪县红十字会联合安溪县教育局在全县青少年学生中开展以“扬水上安全之帆、为生命保驾护航”为主题的水上安全教育“十百千万”行动。2020年6月8日、10日、12日、15日，县红十字水上安全宣讲志愿服务队志愿者们分别走进安溪县实验小学、湖上中心小学、长坑中心小学、县第三实验小学，向青少年宣传水上安全和自我保护的重要性。

【红十字博爱驿站成立】

2020年5月8日，安溪县红十字会在“三馆”一层8—14号、15号举行红十字博爱驿站揭牌仪式。县人民政府副县长、县红十字会会长丁建铭，县卫健局局长、县红十字会兼职副会长魏中南共同为博爱驿站揭牌。揭牌仪式由安溪县红十字会专职副会长刘锦斌主持。县红十字会全体干部职工，红十字志愿者代表等参加活动。

揭牌仪式后，县红十字会与县茜茜公益协会共同签订志愿服务项目仪式。县红十字会专职副会长刘锦斌、县茜茜公益协会会长陈艺德分别代表各自单位签订合作协议，签约仪式由县红十字会秘书长苏靖华主持。

随后，丁建铭为安溪县红十字茜茜公益协会志愿服务团授旗。博爱驿站举行安溪县“助力疫情防控 红十字救在身边”应急救护培训。该培训分为心肺复苏基本知识和心肺复苏实践操作两个部分。

【在市第三届红十字应急救护技能大赛获佳绩】

2020年8月28—29日，由泉州市总工会、卫生健康委员会、市红十字会联合主办的泉州市第三届红十字应急救护技能大赛暨世界急救日主题宣传活动在泉州市区举行，省红十字会安排3名专家到泉指导并担任大赛评委，来自市直及各县（市、区）的11支企业代表队共55人参加比赛。大赛以企业职工为主体，参赛队员均为非专业医护人员的企业职工、热爱群众性应急救护事业的志愿者。比赛分理论知识考试、成人心肺复苏操作、创伤救护实操、救护演讲、模拟场景救护演练等五个环节。

县红十字会代表队取得总成绩第4名，县红十字会获得优秀组织奖。泉州市凯鹰电源电器公司获得团体三等奖，谢安娜和王福荣获个人全能三等奖，谢安娜同时获得个人左前臂出血包扎操作二等奖。

9月9日，县红十字会组织红十字志愿者开展“9·9”公益日红十字情系明爱福利养老院活动。活动现场，口腔专业的红十字志愿者为老人们检查口腔和测量血压。志愿者通过PPT为老年人讲解牙齿健康的重要性、牙齿缺失的危害及修复方式。活动过程中，主办单位还为老年人准备牙刷、免费拍片检查卡、塑料杯、雨伞、扇子、礼品袋等伴手礼。

【红十字“9·9”公益日活动】

2020年9月9日，安溪县举行99公益活动，全县有175支团队、8362人次参与捐赠，善款总额122332.40元（包括腾讯基金和爱心企业配捐）。其中，“爱过年·情满茶乡”40708.11元、“守护生命·救在身边”81634.29元。县第十六小学捐10885.49元，位居第一；县医院捐3700.49元，位列第二。县中医院、县卫生健康局、虎邱中心学校等单位组队参与人数均200人次以上。

【红十字救护员实操培训考核】

2020年9月21日，县红十字会组织到中广核新能源（安溪）龙门风电场开展红十字救护员实操培训并进行测试。上午，县红十字会应急救护培训讲师谢志贤讲解急救的基本知识，现场演示心肺复苏等多项实操内容，在场的企业员工参与现场练习。下午，进行现场“一对一”实操考核。考核项目包括心肺复苏、绷带包扎、三角巾包扎等。参与考核的人员在前期通过“人人急救”App上进行理论学习并考核合格的基础上，实操项目考核合格后，即可获得红十字救护员证书。经过现场考核，所有现场企业员工取得红十字救护员证书。

2020年10月22日，安溪戎卫国防教育训练中心红十字会举行授牌仪式。县红十字会专职副会长刘锦斌、秘书长苏靖华等参加活动。授牌仪式前，安溪戎卫国防教育训练中心召开红十字会成立暨第一次会员代表大会，会议宣读《关于安溪戎卫国防教育训练中心成立红十字会基层组织的批复》，及安溪戎卫国防教育训练中心红十字会第一届理事会选举办法，与会代表审议并通过选举方案；并根据《中华人民共和国红十字会法》《中国红十字会章程》，会议选举产生安溪戎卫国防教育训练中心第一届红十字会理事会理事、会长、副会长、秘书长。

2020年11月，安溪县三级社会体育指导员培训班到各个乡镇举行，对社会体育指导员进行应急救护培训也同时铺开。培训分别为乡镇巡回培训和县级体育单项协会培训两个方面。乡镇巡回培训830人参加培训，地点由各乡镇文体服务中心指定。县级体育单项协会培训570人参加培训，在梧桐体育馆举行。此次培训以理论培训为主，主要内容为三级社会体育指导员、残疾人体育指导、科学健康指导、应急救护等相关知识。县红十字应急救护培训讲师谢志贤、林丽宾，水上安全宣讲员林少岳、叶斯捷、张健华等担任教师全程授课。在授课培训中，结合“人人学急救、急救为人人”理念，主要讲授心肺复苏、伤口包扎等知识。

2020年11月16日，县红十字会组织到国网福建省电力有限公司安溪县供电公司开展红十字救护员实操培训并进行考核，县供电公司员工741人分期进行。在线下应急救护取证培训班上，县红十字会应急救护培训讲师讲解心肺复苏、绷带包扎、三角巾包扎等急救基础知识，演示心肺复苏等实操内容。进行现场“一对一”实操考核。参训人员在“人人急救”App上理论学习的基础上参加实操培训并逐一进行考核。考核合格后获得红十字救护员证书。经过考核，所有参训企业员工取得红十字救护员证书。

（陈彩云　刘锦斌）

安溪县计划生育协会

【概况】

2020年，安溪县计划生育协会（简称“县计生协会”）坚持以习近平新时代中国特色社会主义思想为指导，认真贯彻执行中共十九届四中、五中全会精神，按照省、市协会的要求，紧紧围绕“六项重点任务”和县委、县政府提出的各项中心工作奋斗目标，坚持以服务群众为主线，促进家庭发展，以基层工作为重点，主动积极作为，在巩固提高宣传服务工作的基础上，积极参与常态化疫情防控工作，深化“生育关怀行动”内涵，各项工作取得新的成效。

【基层协会“四联创”活动】

全县各级计划生育协会按照省、市协会的部署要求，扎实推进协会改革和队伍建设。县级协会，核定协会内设机构两部一室（组织宣传部、项目工作部、办公室）。乡级协会，鉴于全县乡镇计生专职副书记全部调整，乡镇不再设计生专职副书记，县计生协会及时与相关部门沟通，及时配备乡镇分管领导24人，专职干部37人（5万人以下的乡镇配备1人，5万人以上的乡镇配备2人，人员大部从原计生服务所转岗充实）。村级协会，全县481个村（居）计生协会，共有正副会长740人，小组长3248人，会长、小组长全部由财政给予补贴，其中会长补贴每人每月650元、小组长补贴每人每月50元，年初均列入财政预算。

【生育关怀行动】

2020年，县财政预算生育关怀资金30万元，各级共筹集335万元，为生育关怀行动的持续开展提供经费保障。全县各级协会巩固和拓建各种生育关怀基地31个，内容涉及茶叶制作营销、就业培训、生殖保健、法律援助、青春健康教育、关爱老人儿童、蔬菜种植、花卉培植、生态茶园、婴幼儿早教等方面。

安居工程　实施20户农村二女户安居工程为民办实事项目，已全部竣工，总建筑面积2860平方米，县乡财政投入80万元。

成才工程　资助农村二女户女儿上大学218名，111名考上本科每人1万元，107名考上专科每人6000

元。其中有 4 名学生同时得到市计生协会资助，每年资助 5000 元至大学毕业。

致富工程　第十一期 50 户幸福工程项目户，至 9 月，二年期运作期满，脱贫率 100%，救助资金收回率 100%。7—8 月，县计生协会与县扶贫办、人社局、卫健局、教育局等单位联合依托华侨职校培训中心，举办 2 期生育关怀育婴月嫂培训班，120 名育龄妇女参加培训，120 人结业领取上岗证书。

计生家庭意外伤害保险　2020 年，安溪县为 17119 户计生家庭办理意外伤害保险，惠及人口 58205 人。至 10 月，有 196 户计生家庭成员遭遇意外，共理赔 71.06 万元，最高理赔户高达 6 万元。

紧急救助　2020 年，各级协会共紧急救助因病因灾的困难计生家庭 47 户，发放救助款 6.5 万多元。

关怀计生困难家庭　2020 年，县计生协会慰问计生困难户 300 户，落实救助慰问资金 15 万多元，协调受理计生户维权案件 3 起。

关怀计生失独家庭　2020 年，县计生协会为 87 户计生失独家庭建档造册，全面掌握他们的生活生产和家庭发展情况，分类型不定期开展入户关怀慰藉，新冠肺炎疫情防控期间还及时为她们免费发放口罩等服务。介入协调相关部门为失独家庭提供再生育服务和办理抱收养孩子的手续，已有 17 户再生育，8 户收养孩子，还有 62 户属服务对象。对当年新发生的 4 户计生失独家庭，县协会及时组织人员入户慰问，帮助办理定补手续和解决遇到的具体困难和问题，并给予每户 2000 元慰问金。9 月，县计生协会联合县卫健局出台《关于进一步加强计划生育特殊家庭工作实施方案的通知》（安计生协〔2020〕6 号），进一步完善计生特殊家庭帮扶工作机制，并且在县妇幼保健院创设计生特殊家庭心理慰藉援助中心，开展失独家庭心理疏导和安抚慰藉工作，努力提升失独家庭帮扶的针对性和实效性。同时，还配合市协会为 1 户失独家庭修缮房屋，想方设法改变她们的居住环境。

兑现奖励金　2020 年，县计生协会为 6622 户自觉实行计划生育的群众发放法定奖励扶助金 1630.44 万元、特别扶助金 112.42 万元。

兑现补助款　2020 年，安溪县计生户参加新农合 54671 人，发放补助款 407.135 万元，让自觉实行计划生育的群众得实惠，推进创建计生幸福家庭活动开展。为高龄两孩孕产妇提供免费检查，计 3100 人次。

青春健康教育　2020 年，县计生协会发挥安溪八中青春健康教育示范点的引领作用，全县所有中学、职校扎实开展青春健康教育活动，在持续抓好安溪茶校青春健康家长示范学校和凤城镇城东社区青春健康俱乐部等示范点的同时，在凤城镇城东社区建立青春健康教育俱乐部。

儿童早期发展教育　2020 年，县计生协会创建凤城镇文昌社区、安溪县西坪中心幼儿园等 2 个国家级儿童早期发展教育示范基地——“中国计生协向日葵亲子小屋”。

【参与常态化疫情防控】

2020 年，县计生协会按照省、市协会要求，开展会员“一元捐”活动，共募集到会员捐款 20 多万元，及时上缴县红十字会，支援疫情防控，被县政府授予“疫情相助、善德永存”称号。与安溪八中、温泉中学联合举办《从“心”启航，你准备好了吗？——疫后复学心理健康教育调适》专题讲座，讲座由安溪八中的国家三级心理咨询师、福建省中小学心理健康教育名师工作室领衔名师胡银杉老师主讲，通过钉钉网实现两校 57 个班级联播讲座。

（林华瑜　陈建强）

·城乡规划·

【规划编制】

2020年，安溪县委托以福建省建筑设计研究院为牵头单位的“三甲资质”联合体开展规划编制工作，扎实推进前期资料收集、专题调研座谈、规划成果汇编等阶段工作，完成“双评价”“双评估”、十个重大研究专题、规划框架成果等初步成果编制，向上级提交规划地类转换、城镇开发边界划定、耕地占补平衡方案等初步数据成果。为适应省资源厅用途管制系统运行后的管控机制要求，推进中心城区控规修编，组织开展大三环沿线、同美高速路口片区、炭坑内片区、参内镇学院路以北片区等区域控规编制；涉及片区改造的乡镇提高规划重视程度，加快工作力度，基本完成改造片区相关控规编制报批工作。完成全县30个省级乡村振兴试点村和部分试点外村庄的规划编制工作，完成省级人居环境村庄规划编制专项考核工作任务要求。

【规划管理】

2020年，安溪县采取“严格实施、预防在前、违法必究”的举措，严格建设项目规划许可，对中心城区、乡镇规划区内的规划管理继续实行“一书两证”（选址意见书、建设用地规划许可证和建设工程规划许可证）的管理制度。加大在项目开发建设中的规划执行力度，维护规划的权威性。

（何江明、毛华美　白文扁）

·城乡建设·

【概况】

2020年，安溪县认真贯彻省、市关于乡村人居环境整治的有关决策部署和工作要求，认真履行职责，全力服务大局，全面开展农村人居环境整治工作，量化工作任务，有计划推进农房整治和村容村貌提升工作，实现人居环境与自然生态和谐发展，进一步提升农村建设风貌。

【农房整治】

2020年，安溪县从风貌管控、图集编制整治推进等工作入手，确保农房整治工作做细做实。组织编制《安溪县农村建房立面图集》，在体现闽南特色的同时，考虑茶乡元素，引导在建农房按照图集进行建设，打造具有安溪特色的建筑风貌。推广《农民自建房质量安全常识“一张图”》，普及到村到户，对既有农房整治涉及的质量安全风险点进行提醒，提升村民和农村建筑工匠质量安全常识和风险防范意识，落实质量安全监管责任，全年全县农房整治完成2445栋。

【村容村貌提升】

2020年，安溪县通过历年创建的“千村整治　百村示范”美丽乡村和城厢镇经兜至茶都、龙涓乡珠石湖、飘香山水虎邱文化等美丽乡村特色景观带，带动全县村庄村容村貌整治提升。全县438个村庄完成房前屋后整治，从根本上提升村容村貌。

（林国梁　谢秦楚）

·房地产业·

【概况】

安溪县严格执行省、市、县房地产市场监督和管理的实施政策，认真贯彻《安溪县促进房地产市场持续健康稳定发展若干意见（2018—2025年）》，继续试行“限房价、竞地价”的土地出让方式，实行县区新建商品住房预售备案价格会商制度，建立稳定的商品住房价格长效机制，促进县房地产市场持续健康发展。

【房地产开发】

2020年，审核批准房地产开发企业资质5家（暂定资质5家）。完成房地产投资124.94亿元，同比增长18.64%；房地产销售面积162.77万平方米；办理商品房预售许可证54宗，同比下降29.87%；批准预售面积103.08万平方米，同比下降32.58%。

【房地产交易备案管理】

2020年，商品房预售合同备案15073宗；存量房转移登记备案2969宗，面积28.41万平方米；办理二手房交易2969宗，面积28.41万平方米；预购商品房抵押备案9003件；均在承诺时限内办结，办结率100%。

【物业管理】

2020年，全县物业服务企业65家，小区152个，由物业服务企业提供物业服务管理的110个，业主自治、社区管理的小区42个，物业管理覆盖率100%。物业企业从业人员2563人，党员79人。成立党支部的企业8个，物业小区成立兼合式党支部68个。成立业委会的小区有51个，业委会成员429人。三安首作项目获得泉州市住建局颁发的“物业管理达标示范项目”称号。

县住建局联合县消防救援大队、县城管局、县自然资源局、县交通局、县交警大队开展打通“生命通道”集中治理行动。坚决治理占用、堵塞、封闭消防车通道的突出问题，确保人民群众生命财产安全。组织全县物业服务企业开展针对辖区实际情况的电动自行车消防安全隐患自查自纠活动，切实预防消防事故的发生。截至2020年底，全县有105个物业小区规范设置电动车停放区域，其中92个小区安装智能充电装置，盛世金元、君悦华庭、金达广场、金沙水岸、龙湖888等小区安装设置了电动自行车停车棚，盛世金元、君悦华庭等小区安装简易喷淋装置。根据住宅小区综合治理工作要求及日常工作实践，制定下发一系列加强物业服务企业落实安全管理责任文件，并结合实际制定《防汛工作指南》《防汛演练参考》《消防应急演练》等参考方案，严格落实检查监管，着力于夯实小区安全管理基础，增强物业小区防灾防控能力。全年安溪县住宅小区未发生亡人事故。

2020年6月29日，中共安溪县物业服务行业委员会、安溪县物业管理发展交流促进会同步揭牌，标志着泉州市首个县级物业服务行业党委正式成立。依托促进会，举办全县物业服务行业党务实操及物业管理技能培训班、《中华人民共和国民法典》与物业管理讲解、消防演练等培训演练。持续推进精细化管理，继续聘请专家对县住宅小区进行考核。通过加大日常巡查与考评力度等方式，力促物业服务企业对照服务合同约定，严格履约、规范服务、诚信经营，有效提升物业行业整体党建工作水平和物业服务管理技能，充分践行《红色物业十条公约》。

截至2020年底，全县成立业主委员会51个，其中2020年新成立永安大厦、万兴隆山水湾、星湖苑、好美国际社区、永隆国际城、新宅小区、名仕苑7个小区业主委员会。补选、换届鸿业中心、世纪豪庭、阳光城、御景豪庭、大华绿洲、新景商业广场、龙湖山庄、凤冠山庄8个小区业主委员会，推动业委会自治管理。坚持因地制宜、分类施策，根据小区、楼栋分布情况和党员居住实际，探索试行“小区党支部+党员楼长制+红色业委会”的“红色物业”管理模式，推动党的工作和组织全覆盖。全县成立小区党组织68个，物业服务企业党支部8个，全部将党建写入章程。创设“730”议事厅。探索形成由社区党员干部、党员楼长、小区业委会（或物业公司）等为主体的“730”议事厅多元议事平台，重点解决移风易俗、人居环境治理、社会治安、扫黑除恶、公共设施、邻里纠纷、消防安全等7个方面问题，实现服务群众零距离。海峡茗城小区自6月4日举行“730”议事厅揭牌仪式以来，累计收集汇总居民群众意见46条，处理解决问题42个。

截至2020年底，全县成立10个小区物业纠纷调解委员会（凤冠山庄、潘田小区、金龙现代广场、约克阳光、翠湖城、君悦华庭、万达华府、德远大厦、锦绣家园、锦绣新都），当年新增3个（百盛华府、永隆国际城、登科小区），借助调解委员会平台，有效预防和及时化解物业纠纷，维护业主和物业服务企业的合法权益。

【保障性安居工程】

2020年，安溪县新开工建设棚户区改造1000套，均通过回购商品房安置的方式实施棚户区改造，保障棚户区居民575户；通过发放租赁补贴、配租保障性住房等方式，保障城镇中低下住房困难家庭户，其中发放租赁补贴47户，公共租赁住房（含廉租住房）保障1659户。

【老旧小区改造】

2020年，安溪县将30个老旧小区改造项目分为三批进行组织实施。其中三远江滨花园完成改造，主要改造小区消防、道路硬化、增设车位等基础配套设施，其余项目按照计划推进。

（林小凤、沈旭龙　谢秦楚）

·建筑业·

【概况】

2020年，全县建筑业施工企业完成建筑业总产值252亿元，同比减少6.78%，其中外省产值126.59亿元，同比增长2.73%。全县新开工建筑项目130个。至年底，全县取得资质证书的建筑业企业77家。10月13日，县政府印发《安溪县人民政府关于进一步促进建筑业发展壮大的实施意见》等相关文件，激活县级扶持政策效能，引导建筑业企业增强"龙头企业""品牌意识"，培育一批更具核心竞争力和品牌影响力的知名企业。

【招投标管理】

2020年，安溪县进一步加强工程建设领域招投标工作管理，依法依规对招投标活动进行全程监督，严格执行招投标巡查督查制度，加大对围标、串标、投标弄虚作假等违法行为的打击力度，并通过专项整治，进一步强化自查自纠、监管执法，狠刹行业不正之风，提升行业治理能力和水平。当年，全县通过福建省公共资源交易电子行政监督平台进行招标文件备案的房建、市政项目共85个。

【工程质量安全监督管理】

2020年，安溪县办理工程施工许可证116份，建筑面积约为277万平方米，办理工程竣工验收备案40份，建筑面积约为254.16万平方米。县住建局进一步加大建设工程质量安全监管力度，严格落实各方主体的质量安全责任。全年开展4次建设工程质量安全大检查和5次质量安全专项检查，发出"责令改正通知单"619份。抓好质量安全动态监管工作，对133个项目总监扣3011.5分，对73家监理单位扣3011.5分，对183个项目经理扣3844.58分，对124家施工单位扣3844.58分；对施工现场存在较大质量安全隐患的6家责任单位依法进行处罚，罚款15万元，通过行政处罚，提高企业从业人员的质量安全意识。

2020年，创建"泉州市建筑施工安全生产标准化优良项目"取得一定成效。安溪县妇幼保健院勘察设计采购施工总承包（EPC）项目、安溪县南翼新城莲兜美片区C-3地块1—3号、5—11号、42号楼及其地下室工程、安溪金典华福被评为泉州市建筑施工安全生产标准化优良项目。

（黄连春、张净霜、许诗榕　谢秦楚）

·环境保护·

【概况】

2020年，安溪县空气质量综合指数2.52，比2019年同期下降0.1，二级以上达标天数357天，优良率为97.7%。细颗粒物浓度等6项污染物指标达国家二级标准，平均浓度值分别为：SO_2为5微克/立方米，NO_2为13微克/立方米、PM2.5为23微克/立方米；PM10为33微克/立方米，CO为0.9微克/立方米，O_3为123微克/立方米，各指标与2019年同期相比略有下降。辖区内晋江源头水质保持Ⅰ类标准，晋江上游省控、市控、县控各个断面水质达到或优于Ⅲ类标准，城区饮用水水源水质达标率100%。

2020年，安溪县"党政领导生态环境保护目标责任书"连续第十年获得优秀等次。3月21日，生态环境部通报表扬泉州市安溪生态环境局（简称"安溪生态环境局"）在2019年全国生态环境保护执法大练兵活动中的突出表现。10月9日，安溪县获生态环境部第四批"国家生态文明建设示范县"称号。

【环境保护督察】

2020年，安溪县持续推进各级督察反馈问题整改，涉及安溪县第一轮中央环保督察反馈的15项共性问题、第二轮中央环保督察反馈的6项共性问题均按时序进度要求进行整改。第二轮中央生态环保督察实行"县领导挂钩督办信访件"制度，坚持立行立改，督促整改措施落实到位。全县受理第二轮中央生态环境保护督察交办信访件60件，于8月完成整改验收销号工作。

【生态文明建设】

2020年，安溪县围绕生态环境质量提升，立足自身良好生态环境优势，做好生态文明示范县创建准备工作，获第四批"国家生态文明建设示范县"称号。委托制定"两山论"实践基地实施方案，进一步巩固、提高生态文明创建成果。

饮用水水源保护　2020年，安溪县持续推进饮用水水源保护工作。编制完成饮用水水源保护区边界勘界方案，将定界成果上报审核；推进"千吨万人"饮用水水源保护区以及已划定保护区的调整工作；配合召开《龙门镇自来水厂依仁溪饮用水水源保护区划分技术报告》《湖头镇自来水厂西溪饮用水水源保护区划分技术报告》评审会，上报省政府。持续推进重点流域综合整治。策划生成饮用水水源保护、小流域污染治理、生活污水处理、生活垃圾治理、生态环境建设与保护项目等具体整治项目80个，全年投入资金1725万元；实施2020年度九龙江重点流域生态补偿项目，全年投入资金3931万元。推进农村污水治理项目。编制完成农村生活污水治理专项规划（2020—2030年），联合县住建局开展农村生活污水治理"回头看"，对已建农村生活污水站进行排查；主动对接2019年度中央农村污水治理专项补助资金，争取中央专项资金870万元，分配金谷污水处理项目450万元，虎邱污水处理项目420万元，12月底完成项目建设。打造“绿盈乡村”品牌。2020年创建初级版“绿盈乡村”107个，其中58个村由市生态环境局认定为中级版“绿盈乡村”。城厢镇经兜村、参内乡田底村、尚卿乡黄岭村、湖头镇山都村等乡村生态振兴示范做法及成效被纳入“学习强国”福建平台示范推广；“感德槐川村茶园生态治理之路”“经兜村乡村生态振兴示范”入选《绿盈乡村建设之路福建省乡村生态振兴案例选编（二）》。

土壤污染防控 2020年，安溪县完成土壤污染风险防控试点实施方案编制，完成耕地土壤环境质量分类清单编制并落实分类管理。建立耕地安全利用集中推进区面积8000亩，实施受污染耕地安全利用面积8097亩，对4家重点行业企业地块开展土壤采样调查，督促9家重点监管企业完成厂区环境监测。

【污染物减排】

2020年，安溪县制订总量减排计划，确定全年四项污染物减排指标，分解落实减排任务，明确部门职能职责确保年度减排任务顺利完成。

污染物减排工作 2020年，安溪县减排项目完成削减量为化学需氧量296吨、氨氮17吨、二氧化硫45吨、氮氧化物224吨，处理污水2407吨。

排污权指标交易 2020年，全县所有工业行业项目新增主要污染物总量指标全面实行排污权交易。根据建设项目情况，按照重点区域和行业新增主要污染物总量指标倍量管理原则，出具总量指标确认意见37份，指导企业及时购买排污指标权，企业新增需要购买排污权指标为：二氧化硫1.9吨/年，氮氧化物12.6吨/年，化学需氧量22.7吨/年，氨氮3.04吨/年。

重点企业和行业污染治理 福建泉州闽光钢铁有限责任公司稳定运行脱硫设施；福建安溪三元集发水泥有限公司稳定运行脱硝工程；垃圾焚烧发电厂稳定运行脱硫、脱硝设施；四项主要污染物指标有序推进。

【医疗废物安全处置】

2020年，安溪县印发《〈安溪县医疗废物排查整治工作方案〉的通知》并在全县范围内部署开展相关排查整治工作。排查主要针对辖区内36家医疗机构进行，出动执法检查人员126人次。主要核查医疗机构管理制度，医疗废物贮存场所，医疗废物分类收集、储存、转运等环节，掌握本辖区内各类医疗机构医疗废物管理情况。

【环评审批】

行政审批许可办理 2020年，审批窗口办理各类许可事项426件，属环评审批的有140件（报告书14件，报告表126件），其中试行告知承诺制审批项目44件；属全国版排污许可证办理的有264件。

排污许可制度改革 2020年，完成全县1768家排污许可发证登记工作，其中重点管理4家，简化管理304家，登记管理1460家，完成率100%。

重点项目审批服务 2020年，安溪县对全县462个县重点项目环评审批进行分级分类管理，明确环评形式和审批权限。全年462个重点项目中的250件，豁免环评5件。

环评中介机构管理 2020年，安溪县要求在全县范围内从事环评中介服务的技术单位应进驻泉州市审批服务网上中介超市；定期对环评机构进行考核。从环评报告质量、编制时效等方面建立环评机构业务质量考核档案，督促环评中介机构提高环评编制质量；健全中介服务评价反馈机制，在环评项目审批后，向建设单位发放服务考核单，对环评中介机构的服务质量进行考核评分，一事(项目)一评，接受公众监督。

【环境宣传教育】

2020年6月5日，安溪县开展手机环保短信宣传，在政府公务网、教师网、公检法网、大型企业员工网和部分居民移动客户发送10万条世界环境日主题活动的短信。多部门联合开展纪念第49个“6·5”世界环境日“环保普法宣传”进社区、

2020年6月5日，安溪县在茗城社区开展环保普法宣传活动（汪文勇摄）

进学校、进企业等系列公益宣传活动。当日上午，在城厢镇茗城社区党建文化广场开展环保、宪法等法律知识宣传及污染投诉处理活动，200多人参加活动，发放环保、法律宣传资料5000多份；组织安溪华侨职业学校学生到安溪城市污水处理厂、安溪垃圾处理厂参加环保设施和污水垃圾处理设施公众开放活动，了解企业文化及污水处理和垃圾处理的环保知识。开展志愿宣传活动，分发环保宣传品1000多份；组织全县62家轻中度污染源重点大气污染源管控企业，利用各企业的宣传栏、LED显示屏在厂区内悬挂、张贴、播放“6·5”世界环境日宣传标语，开展环保节能、低碳、清洁生产、扫黑除恶专项斗争等环保宣传活动。组织安溪县城市污水处理厂、安溪县垃圾焚烧厂（瀚蓝安溪公司）开展世界环境日“企业环保设施公众开放日”活动。

环保志愿服务活动 2020年6月，由安溪生态环境局组织县河长办、茗城社区居委会、县环境科学学会、县义工协会等单位环保志愿者通过进社区、进学校、进农村开展“守护母亲河”“爱国卫生”环境卫生整治活动。

环境教育基地创建 2020年，安溪县以“环保教育基地”为载体，做好安溪茶业职业技术学校和慈山农校环境教育基地创建工作，加强环保宣传和教育工作力度，加大资金投入，拨给每个教育基地1万元创建经费，创建绿化、美化、净化的校园环境。

创建国家生态文明建设示范县 2020年，安溪县拍摄安溪县创建国家生态文明建设示范县工作汇报宣传片《清新安溪，绿色崛起》。在全县24个乡镇开展1个月的宣传活动，刊播《清新安溪，绿色崛起》宣传片和张贴宣传标语；在城区设置5块户外广告牌。

【环境执法】

2020年，安溪县常态化检查企业600余家次，查处环境违法案件18件，处罚款金额63万元；移送行政拘留1起，查封扣押9起。

“清水蓝天”环保专项行动 全年出动执法人员300余人次，重点检查企业120家，立案查处16起，移送公安机关行政拘留1起，查封扣押9起。

排污许可专项执法检查 全年出动执法人员300余人次，检查企业128家次，发现涉嫌环境违法行为2起，依法立案处罚2起。

藤铁和铸造行业污染排查整治 2020年，安溪县以污染整治倒逼藤铁和铸造行业转型升级。全县列入整治范围的铸造企业35家，完成规范提升5家、关闭取缔30家，整治完成率100%。全县列入整治范围的藤铁企业81家，完成规范提升56家、关闭取缔25家，整治完成率100%。

污染源日常环境监管随机抽查 全年抽查123家企事业单位，其中县特殊企业1家、县级重点企业20家、县级一般企业102家、对企业污染治理设施（含在线监控设施）运行情况、污染物排放情况、环评及“三同时”制度落实情况、排污许可证执行情况、环境应急管理情况等进行检查。

“千吨万人”饮用水水源地整治 2020年，安溪县继续坚持协同作战机制，推进4个“千吨万人”水源地12个问题开展整治整改。完成官桥镇自来水厂水源地环境问题整治；湖头镇自来水厂西溪饮用水水源保护区、龙门镇自来水厂依仁溪饮用水水源保护区划定方案获福建省政府批复；国道358线英溪桥交通穿越仑苍镇自来水厂水源保护区已委托第三方施工单位完成标识标牌和防护栏安装及应急池建设。

环境安全隐患专项排查整治 2020年，安溪县制定《关于印发环境安全隐患大排查大整治工作实施方案的通知》《关于成立环境安全隐患大排查大整治检查组（环境安全服务小分队）的通知》，成立环境安全服务小分队，对全县30家较大及以上环境风险等级企业开展现场检查和环境安全服务指导，共排查出隐患问题108项，完成整改106项，未发现重大隐患。

【获评生态环保执法大练兵全国先进集体】

2020年3月21日，生态环境部通报表扬安溪生态环境局在2019年全国生态环境保护执法大练兵活动中的突出表现。执法大练兵期间，安溪县出动执法人员1800余人次、检查企业800余家，立案处罚企业51家；按日计罚1起，限产、停产3起，查封、扣押案件18起，移送公安机关侦办行政拘留案件2起。

（黄敏敏　许章色）

·宏观经济管理·

【概况】

2020年，安溪县发展和改革局（县发改局）统筹抓好疫情防控与经济社会发展，做好“六稳”工作，全面落实“六保”任务。为适应新的招商形势，着力解决当前招商机制不够优、服务不到位、落地不够快等问题，县委、县政府决定整合县发改局、工信商局有关职能，专门成立县招商办，加强招商工作的全县域统筹谋划、全方位宣传推介、全链条跟踪对接、全过程服务保障，提升招商专业化水平和工作实效。县招商办内设综合部、招商部、服务部，主要职责为贯彻执行上级和县委、县政府的招商方针、政策，负责全县重大招商活动筹备、组织及全县招商项目管理协调和联络对接等工作。安溪县发展和改革局获“2020年度安溪县招商工作表现优异单位”称号。

【项目建设】

2020年，安溪县组织开展“项目攻坚2020”“2020年项目年终冲刺行动”。全年实施重点项目462个，完成投资439.54亿元，完成年度计划的105.81%。其中，48个市级在建重点项目完成投资103.87亿元，完成年度计划的103.35%。出台《安溪县2020年“拔钉清障”百日征迁攻坚专项行动方案》《安溪县2020年下半年“拔钉清障”攻坚行动方案》《安溪县2020年重点项目用地报批专项攻坚行动方案》等配套文件，推动重点项目攻坚落地，累计完成房屋征收17.26万平方米，征地1894.68亩，28个前期攻坚项目全部进入实质性开工。

【县级重点项目】

2020年，安溪县级重点项目总投资146.26亿元，年度计划投资11.85亿元，全年完成投资31.32亿元，占年度计划的264.3%，超时序进度164.3个百分点；房地产项目57个，总投资433.37亿元，年度计划投资112.09亿元，全年完成投资132.94亿元，占年度计划的118.6%，超时序进度18.6个百分点；城市基础设施项目31个，总投资33.21亿元，年度计划投资13.57亿元，全年完成投资14.79亿元，完成年度计划的108.99%，超时序进度8.99个百分点；社会事业项目114个，总投资175.55亿元，年度计划投资60.58亿元，全年完成投资63.48亿元，占年度计划的104.79%，超时序进度4.79个百分点；旅游项目38个，总投资135.2亿元，年度计划投资21.71亿元，全年完成投资21.85亿元，占年度计划的100.64%，超时序进度0.64个百分点；商贸项目19个，总投资26.12亿元，年度计划投资11.33亿元，全年完成投资10.77亿元，占年度计划的95.06%，落后时序进度4.94个百分点；工业项目140个，总投资543.03亿元，年度计划投资150.37亿元，全年完成投资134.58亿元，占年度计划的89.5%，落后时序进度10.5个百分点；交通项目36个，总投资207.98亿元，年度计划投资33.91亿元，全年完成投资29.81亿元，占年度计划的87.91%，落后时序进度12.09个百分点。

【行政审批制度改革】

2020年，安溪县在全省率先推行审批官制度，各审批职能部门全部授权给窗口审批人员，着力消除审批过程的体外循环，提高行政审批效率。除消防大队、税务局部门事项因行业规范或上级部门的系统设置外，其余1653项入驻“中心”事项的审批权限全部前移至服务窗口，最终实现“审核一体化”；入驻事项压缩审批时限1177个工作日，平均每个事项办理时限为2.41个工作日，较改革前提速0.91个工作日，承诺时限总压缩比27.95%。

实行工程建设项目审批制度全

流程全覆盖改革。县行政服务中心管委会将工程建设项目审批流程划分为立项用地规划许可、工程建设许可、施工许可、竣工验收等4个阶段，每个阶段均制定审批流程图，实行“一家牵头单位、一份办事指南，一张申请表单，一套申报材料，完成多项审批”的运行模式，进一步提高审批效率，所有工程建设项目审批服务时限压缩至90个工作日以内，精简15项申报材料、取消3个审批事项、合并14个审批事项，转为内部管理事项1项，企业可少跑50趟服务窗口。

降低市场准入限制，简化外资设立流程，对不在核准目录范围的企业投资项目，一律实行备案管理，市场主体一视同仁，放宽市场准入，严格执行负面清单，推动“非禁即入”普遍落实，扩大民营企业和外商投资范围。推进“证照分离”改革，降低企业获得经营资格的制度性成本，实现“照后减证”，破解“准入不准营”。

简化优化政府政务服务，持续推行“马上办、网上办、就近办、一次办”“最多跑一趟、一趟不用跑”服务事项2424项，占比提高到99.1%。全省率先启动企业开办“一窗通办、一日办结”，将企业注册、公章刻制、税务登记、银行开户、企业社保登记、医保登记等六大内容全部纳入企业开办流程进行闭环管理，企业开办时限从原先承诺的4个工作日压缩至1个工作日内。落实“同城通办”，自来水、电力公司、邮政速递、天然气、广电网络等企事业单位在行政服务中心设立服务窗口，实现同城多点服务。开展医保经办“全城通办”服务，满足服务对象“就近、便利、高效”办事的需求，参保群众可就近在全市13个医保经办服务大厅办理医疗保障相关业务。推动“互联网+政务服务”，实现政务服务信息“线上线下”同源发布，扎实推进部门专网与“一体化”平台的整合接入，网上预审及时率99%以上。

持续强化事中事后监管。推行“互联网+监管”，在部门权力清单基础上，通过“互联网+监管”平台完成监管事项目录清单认领和监管行为数据采集，并把“双随机、一公开”数据和执法人员数据录入该平台。全年累计完成29187个监管对象、29925次监管行为、984条“双随机、一公开”检查数。

【公共资源交易中心】

2020年，安溪县公共资源交易中心全年完成各类交易310宗，交易额54.95亿元，增值7.16亿元，节约2.88亿元。其中，建设工程项目成交129宗，交易总额30.66亿元，节约金额2.53亿元，节约率7.65%；政府采购项目142宗，成交金额2.91亿元，节约财政资金0.34万元，节约率10.65%；土地使用权出让39宗，成交总价21.37亿元，增值金额7.16亿元，增值率50.42%。

（王清沂、许佳霖等　廖炳辉）

·财政·

【概况】

2020年，安溪县财政事业坚持以习近平新时代中国特色社会主义思想为指导，加强预算管理，多措并举培育财源，强化统筹安排，为应对新冠肺炎疫情严重冲击，统筹推进常态化疫情防控和经济社会发展工作，扎实做好“六稳”工作，全面落实“六保”任务，严控支出保民生保重点，促进财政安全平稳运行，担当有为全力保障服务经济社会发展大局。同时，新冠肺炎疫情防控和贸易保护主义对安溪以外向型经济为主的外贸出口造成冲击，实体经济困难凸显，减税降费政策持续深化，财政收入支撑走弱，新增长源不明朗，收入的稳定性下降。实施更加积极有为、注重实效的财政政策和落实重点领域刚性支出需求不断加大，财政处于常态化的极度“紧平衡”状态。项目建设类型多样化、资金需求体量大，项目资金保障难度加大，亟须拓展多元化融资渠道。

【财政收入】

2020年，安溪县一般公共预算总收入43.82亿元，比上年51.28亿元减收7.46亿元，下降14.5%。其中，地方一般公共预算收入28.65亿元，比上年31.02亿元减收2.37亿元，下降7.6%。政府性基金预算收入18.9亿元，比上年增长42.3%。

【财政支出】

2020年，安溪县一般公共预算支出68.59亿元（含省市补助和上年结转支出），比上年72.38亿元减少3.79亿元，下降5.2%。政府性基金预算支出25.44亿元，比上年增长256.2%。

教育支出　2020年，安溪县教育支出20.94亿元，增长10.2%。主要支持公办幼儿园、中小学校建设，实施城区扩容、薄弱校改造和提升工程，全面改善办学条件，落实义务教育“两免一补”政策。

文化旅游体育支出　2020年，安溪县文化旅游体育与传媒支出1.27亿元，下降10%。推进公共文化建设，免费开放公共图书馆、博物馆、文化馆、体育馆和综合文化站，实施农村数字电影放映工程，支持文物保护、体育竞赛和全民健身活动，加快乡村旅游建设。

社保支出 2020年，安溪县社会保障和就业支出6.68亿元，增长41.6%。重点支持城乡低保、居民基本养老保险、优抚对象抚恤补助、残疾人两项补贴等方面支出，保障体系不断完善，社会保障全面覆盖全县城乡。

医疗卫生支出 2020年，安溪县卫生健康支出5.61亿元，增长27.4%。投入卫生专项资金1.18亿元，支持基本公共卫生服务体系、中医馆建设、妇幼保健、重大疾病和突发性传染病防控等；投入0.82亿元，支持疫情防控；投入0.97亿元，落实城乡居民基本医疗保险补助、医疗救助政策；持续深化医改工作，投入0.86亿元推进公立医院改革、药品耗材零差率补助等；投入0.34亿元，落实完善人口和计划生育利益导向政策；投入0.16亿元，支持老龄卫生健康事业发展。

扶持中小企业发展 2020年，安溪县扶持实体经济加快发展。完善帮扶政策体系保市场主体。逐项对照上级各项帮扶政策措施，结合安溪县企业生产经营特点，研究出台支持企业生产经营、用工保障若干措施、打通“五难”实施方案、金融支持复工复产、稳外贸、农业复工复产等政策。梳理细化申报指南，缩短流程、简化材料、全方位宣传解读，打通政策落实“最后一千米”。累计兑现各类惠企扶持资金1.88亿元，国有房产减免租金0.09亿元，新增减税降费2.97亿元，减免社会保险费1.12亿元。实施就业稳岗暖心服务行动，采取一次性稳就业奖补、高校毕业生安居补助、“三支一扶”、公益性岗位补贴、职业技能培训等措施力保居民就业。扩大失业保险基金使用对象和项目，返还不裁员、少裁员企业失业稳岗补贴0.28亿元，惠及345家企业。

生态环保支出 2020年，安溪县节能环保支出1.71亿元，增长0.5%。持续打好大气、水、土壤污染防治攻坚战，全面推行河长制，深化环保设施与能力建设，开展重点流域水环境综合治理、城乡污水处理整治、城区污水管网改造和建设、城乡生活垃圾无害化处理，推进城乡公厕建设、改造和维护管理。

农林水支出 2020年，安溪县农林水支出7.57亿元，增长0.6%。整合筹措扶贫资金1.38亿元，打好精准脱贫攻坚战，推进产业扶贫项目，确保扶贫等政策落到实处；投入4.04亿元，支持发展特色现代农业和生态绿色农业、水土流失综合治理、高标准农田建设、白濑水利枢纽工程、小流域和农村水环境整治、村级组织运转、村集体经济创收补助及农村公益事业“一事一议”奖补，助推乡村振兴产业发展。

科技支出 2020年，安溪县科学技术支出0.57亿元，下降26.0%。支持重点产业科技创新、科技成果转移转化、科普活动、知识产权保护和华中科技大学智能制造研究院建设。

住房保障支出 2020年，安溪县住房保障支出0.34亿元，增长56%。支持保障性住房、安居工程建设，开展公租住房全面清查，发放住房租赁补贴47户。

【财政监督管理】

预决算管理改革 2020年，安溪县推进预决算信息公开，确保公开工作依法依规、公开内容准确无误，主动回应社会关切；加强预算绩效管理，专项资金编制绩效目标基本实现全覆盖，推行财政项目支出绩效重点评价，安排5个民生项目涉及资金3.4亿元；全面实施编制政府、部门综合财务报告。

采购制度建设 2020年，安溪县政府采购总量继续扩大，采用公开招标采购、网上竞价、网上询价等采购方式，实行网上留痕采购，强化电子信息化处理方式，全年公开招标政府采购项目128个，预算金额2.95亿元，中标金额2.65亿元，节约率10%。

国库收付改革 2020年，安溪县会计核算中心共受理核算业务105921笔，其中收入业务17105笔，金额361614.5万元；支出业务49583笔，金额386466.65万元；其他业务39233笔。退回手续不完整业务1268笔，金额1363万元；拒付不合理支出业务589笔，金额839万元。国库收付实现公共财政预算资金、政府性基金、财政专户资金的国库集中支付全面覆盖，年累计办理直接支付业务56740笔，支付金额627232.43万元，其中直接支付29192笔，金额480043.39万元；授权支付27548笔，金额147189.04万元。加强政府投资项目审核，全年完成评审项目183个，送审金额36.60亿元，审定金额34.48亿元，审减2.12亿元，审减率5.8%。加强预算绩效管理，全年全县项目支出473个，项目总金额16.82亿元，全部纳入财政绩效目标编报范围绩效目标监控，并将绩效评价结果应用于下一年度预算安排。加强政府性债务管理。全年完成再融资债券3.71亿元（均为一般债券）；争取新增一般债券2.97亿元，专项债券14.46亿元。落实政府债务限额管理，严格在人大批准的政府债务限额内举债新增债务。

【县小城镇建设投资】

2020年，安溪县小城镇建设投资有限公司年末资产总额70.94亿元；新成立安盈公司，融入安溪县综合立体大交通（大三环）项目建设；将兴泉公司纳入管理，重整盘活“万城壹号”烂尾楼项目。小城投公司经中诚信综合评定主体信用等级为AA，公开发行10亿元企业债券，取得安溪县债券发行零的突破，并启动二期公司债、三期PPN（非公开定向发行）发行前期工作。全年运营国有资产共275处（拆迁、拍卖75处），租金收入1417.56万元（疫情防控期间减免租金444.45万元）。累计开发建设项目21个，累计投入项目建设资金54.92亿元。

（谢萍娟、陈小周　汪华山）

·税务·

【概况】

2020年，国家税务总局安溪县税务局（简称“县税务局”）做好疫情防控和税收工作。全年组织各项收入492759万元，其中税收收入361043万元，非税收入131716万元。

【助力复工复产】

搭建智能平台　2020年，县税务局按照“非接触”办税缴费要求，以电子税务局支撑“网上办”。引导纳税人、缴费人通过福建省电子税务局、手机App等进行网上申报缴款，以“不见面”方式完成涉税业务办理。以“自助办税厅”支撑“自主办”。拓展多途径办税渠道，避免交叉感染，全县涉税事项网上办理率超过89.13%，最大程度地减少交叉感染风险。拓宽发票“网上推送、线下配送”的渠道和方式，全年为100户纳税人办理发票邮寄1000份。

帮扶企业　2020年，县税务局摸排掌握受疫情影响较大的困难企业。发挥税务部门职能优势和数据优势，成立工作专班，加强部门协作，细化工作措施，牵线省内外企业打通上下游供需链，为企业产销提供信息和便利，促进产业链的稳定。深化税务、银行信息互通，将“信用资产”转化为“金融资产”，帮助企业降低融资成本，帮助小微企业解决资金周转困难，全年全县35家中小企业凭借纳税信用获得银行贷款1.85亿元。县局相关工作获新华社、《经济日报》等媒体报道近50次。

精准分析　2020年，结合安溪经济发展实际情况，实时跟进疫情进展，逐户分析税收减收原因、复工复产困难、政策享受效应，提出支持企业发展的税收举措与建议，撰写税收分析报告10余篇供县委、县政府决策。其中《国家税务总局安溪县税务局关于闽光钢铁复工复产情况分析的报告》《疫情下我县小微企业复工后如何走出困境》《新冠病毒肆虐全球背景下我县出口企业的生存现状分析》等3份分析获得县长吴毓舟肯定批示。

【优化税收营商环境】

2020年，县税务局为优惠政策落实“提速”，发现优惠政策应享未享等情况，确保支持疫情防控的税收优惠政策落实。落实党中央、国务院部署出台的4批支持疫情防控和复工复产方面税费优惠政策，确保纳税人、缴费人应知尽知、应享尽享。累计推送优惠政策23万次，打通政策精准落地的“最后一千米”，落实新增减税降费2.98亿元，办理退税5.8亿元。

依法依规组织税费收入，推进重点工作。推进个人所得税汇算清缴工作。开展内外部政策及操作业务培训12场，确保一线税务干部和纳税人掌握政策规定和操作流程。推进阶段性社会保险费减免工作，减免费款11757.75万元。推进非税收入划转工作，新划转4个非税收入项目。

【文明创建】

2020年，县税务局开展志愿服务、垃圾分类、社区共建系列活动，投入经费30余万元。把青年工作摆

2020年4月15日，安溪县税务局青年干部开展税务宣传活动（县税务局供图）

在重要位置，打造“青清税月”品牌，推进“青廉工程”建设。2份专报获省局领导批示。

（黄诗彬　黄炳昌）

·物价管理·

【概况】

2020年，安溪县运用政策杠杆和价格杠杆支持县域经济发展，不断提高群众获得感、幸福感、安全感。

【价格管理】

降费减负　2020年2月1日至12月31日，安溪县对全县一般工商业、大工业电价用户统一按应收电费的95%结算，减轻企业负担3750万元。全年三次降低天然气价格，非居民用户燃气终端销售最高限价由每立方米3.86元调整为每立方米3.11元，减轻企业负担730万元。

调定价　2020年，安溪县调整县公办幼儿园保育教育费收费标准；制定安溪县金火完全中学高中住宿费收费标准。

清理整治收费　2020年，安溪县出台《安溪县进一步清理整治涉企收费工作方案》，对各单位涉企收费清单进行公示，接受社会监督。开展行业协会商会经营服务性收费清理规范工作，规范收费行为。清理公布县政府定价经营服务性收费清单，5个项目；公布2020年行政事业性收费单位名单及收费项目，83个单位28个项目。

民生价格服务　2020年安溪县价格监测范围和品种扩大至主副食品49种、常用药品25种，确保居民生活消费（食）品价格全部覆盖；通过政府网站和有线电视互动平台，及时发布蔬菜、肉蛋奶、米面油等生活保障物资市场价格信息及市场生活物资保供稳价政策消息，积极回应群众诉求，保障群众知情权。针对猪肉价格波动较大，第一时间启动价格应急监测机制，加大监测频次，及时掌握市场价格动态。

2020年元旦、春节期间，安溪县及时启动平价商店，对与群众生活密切相关的11种农副产品的销售进行价格补贴，幅度为10%以上，减少群众生活费用支出。继续落实社会救助和保障标准与物价上涨挂钩联动机制，对居民消费价格指数中的食品类价格指数高于9%的月份，即2020年1—12月发放全县困难群体临时价格补贴1290.65万元，受惠202751人次。完成泉州市发展和改革委员会委托的安溪县洪恩岩门票价格成本调查工作。组织开展农户种植意向、农资购买专项调查，完成茶叶成本调查数据汇编工作。

（蔡再胜　廖炳辉）

·市场监督管理·

【概况】

2020年，安溪县市场监督管理局（简称“县市监局”）加挂安溪县知识产权局牌子。内设办公室、人事教育股、财务装备股、政策法规股、应急协调股、行政审批股、企业监管股、价格监督与反不正当竞争股、网络交易与广告监管股、消费者权益保护股、知识产权监管股、质量标准计量管理股、特种设备安全监察股、食品监管股、餐饮监管股、药械监管股、非公党建办等17个机构，派出机构市场监督管理所16个，下属有安溪县市场监管综合执法大队和安溪县质量计量检测所，挂钩管理县个私经济党委、县消费者委员会。

【市场主体管理】

2020年，安溪县深化商事制度改革，激发市场主体活力，全县新登记内资企业5815户，注册资本165.95亿元，企业户数比上年同期增长33.78%，注册资本比上年同期减少39.1%；个体工商户15536户。截至12月底，全县有内资企业28956户，注册资本929.75亿元，同期增长25.84%、26.37%；有外资企业208户，注册资本8.37亿美元，数量与上年持平，注册资本比上年同期增长2.9%；个体工商户65741户，资金数额41.59亿元，分别比上年同期增长30.79%、47.48%。全县农民专业合作社有1554家，出资总额22.13亿元，占全市的29.58%。

【服务企业发展】

持续深化登记改革　2020年，安溪县优化市场主体准入和退出机制，建立容错机制，推进企业注销便利化，拓展简易注销适用范围。推行企业登记身份管理实名验证。推进个体工商户全程智能化登记。深化虚拟产业园“集群登记”，促进新产业、新业态、新模式发展。对重点项目，实行专人负责、全程跟踪、容缺预审、特事特办。承诺时限再压缩17%，办事服务事项中承诺“一趟不用跑”占比78%，可全程网办数量占比55%，承诺即办事项占比40%，实现审批再提速、流程再优化、服务再提升。

创新审批服务模式　2020年，安溪县优化审批流程，实行告知承诺制。试行企业“证照合办”。行政审批和公共服务等办事事项全部进驻县行政服务中心，优化企业开办流程，设立企业开办专区，在全省县级率先实行企业开办“一窗通办、一日办结”制，为企业开办提供“一次提交、数据流转、限时办结、统一送达”的服务新模式，打造企业开办的安溪新速度。在全市率先试行预包装食品经营企业设立登记和食品经营许可合并办理，承诺时限由原来的累计9个工作日压缩到涉及预包装食品企业证照合办实行即时办理，证照同发，实现申请人同时办理企业营业执照和食品经营许可原本多次跑窗口分开办理到“最多跑一趟”一窗办结。该做法得到泉州市市场监督管理局在泉州市推广。

服务“六稳”“六保”工作 2020年，安溪县结合疫情防控工作实际，为13家药品经营企业办理经营许可换证，优先对资料进行形式审查，受理后先行发放许可证，于疫情解除后2个月内组织现场检查，现场检查结果纳入许可档案管理；对企业办理食品生产许可品种增项且生产条件未发生重大变化的，文审合格后给予发证；对从业人员健康证明有效期届满的，暂时视同有效；对安溪县闻名小吃咸笋包、鼠粬粿、芋包等，没明确列入泉州市食品生产加工小作坊允许生产加工的食品目录的品种，根据其生产工艺流程与泉州市第四批允许生产加工的“蒸煮类中式糕点”中的“红团或包子”基本近似的特点，沟通上级并获同意，将咸笋包、鼠粬粿、芋包归类于“蒸煮类中式糕点”进行取证，同时在发证时将核准的产品分别定义为“蒸煮类中式糕点”（咸笋包、鼠粬粿、芋包），解决咸笋包、鼠粬粿、芋包等闻名小吃无法办理生产加工小作坊核准证问题。

【市场经营管理】

2020年，安溪县内资企业年报率90.84%、外资企业年报率90.22%、农民专业合作社年报率88.8%、个体工商户年报率62.3%，年报工作位居全市前列。

制定2020年度“双随机、一公开”抽查工作方案，明确阶段性目标，组织2次本部门企业“双随机、一公开”抽查工作，制定12个抽查方案，随机抽取826户，选派24组48位执法人员参与抽查检查工作。组织3次跨14个部门联合的企业“双随机、一公开”监管活动，抽查各类市场主体547户，随机选派19组57名执法人员参与抽查检查工作。组织对安溪县个体工商户“双随机、一公开”抽查1次，按全县范围内的食品经营个体工商户5%的比例抽查检查。

【知识产权促进与监管】

2020年，安溪县新增国内注册商标10385件。截至年底，安溪县国内有效注册商标47498件，马德里国际注册商标26件（其中茶叶10件、藤铁工艺4件、服装9件、蓄电池2件、茶叶机械1件），地理标志证明商标6件(“安溪铁观音”“安溪黄金桂”“山格淮山”“安溪龙门茭白”“福前芦柑”“湖头米粉”)，驰名商标7件（“安溪铁观音”“八马”“凤山”“中闽魏氏”“三和”“魏氏红”“闽华”）。有95家申请更换使用“安溪铁观音”地理标志专用标志。

2020年，全县专利申请量4514件（其中发明申请225件、实用新型申请920件、外观设计申请3369件），专利授权量4280件（其中发明授权116件、实用新型授权629件、外观设计授权3535件），发明专利拥有量290件，每万人口发明专利拥有量2.9件。开展2020年授权专利资助工作，专利资助1462件，财政补助101.55万元。

制定《安溪县鼓励扶持自主知识产权暂行规定（2020年修订）》，从设立财政专项资金、资助对象、扶持范围、资助金额等4个方面，出台10条具体资助和奖励措施。开展知识产权创造运用管理，组织福建晶安光电有限公司、福建省中科生物科技有限公司实施泉州市高价值培育计划项目，补助100万元；组织凯鹰电源有限公司开展知识产权质押融资贷款贴息项目，补助10.4万元；组织福建省中科生物科技有限公司、许艺东、陈伟凌开展泉州市上半年知识产权工作，补助9万元。安溪企业获得2019年度省市商标品牌项目奖励28万元。鼓励企事业单位自主创新，建立专利申请授权财政资助政策，对2019年3327件授权专利实施奖励265.7万元。新增培育2家国家知识产权优势企业，4家省级知识产权优势企业，5家市知识产权试点企业，5家企业通过知识产权管理体系认证。

加大知识产权保护。指导安溪铁观音证明商标137家用标企业和地理标志保护产品使用98家企业开展地理标志专用标志更换、使用工作，推荐8家企事业单位入驻泉州商标馆展馆。培育新增福前芦柑、湖头米粉2件地理标志证明商标。组织开展打击侵犯知识产权专项行动，全年立案查处知识产权行政执法案件22件，罚没款16.94万元。

【推进品牌战略】

2020年，安溪组织开展地理标志产品——安溪铁观音品牌价值评价工作。在2020中国品牌价值信息发布会上，“安溪铁观音”在800多个品牌中脱颖而出，以1426.86亿元首次位列区域品牌（地理标志产品）价值第一，较2019年净增1.43亿元，亦是连续第五年名列全国茶叶类区域品牌价值第一。

【质量技术监督】

产品质量再提升 2020年7月，福建泉州闽光钢铁有限责任公司获得第五届泉州市政府质量奖，安溪县企业首次获得市级以上质量奖项。9月9日，在福建泉州闽光钢铁有限责任公司举办泉州市政府质量奖经验交流会暨2020年全国质量月活动启动仪式。指导八马茶业有限公司申报福建省政府质量奖。

标准化工作 2020年，指导3家企业对自我声明公开的产品标准进行修改。指导誉丰国心和山格淮山两个创建标准化示范区的企业，开展省级农标示范区建设，迎接项目验收。指导桃源有机茶厂申请第十批省级农标示范区项目。组织企业申请福建省及泉州市标准化专项资金补助，3家企业获得16万元标准化专项资金补助。

计量为民服务 2020年，结合疫情防控工作需要，建立绿色通道，建立紧急联系人制度，采用网上填单、电话预约等方式，开展送检业务非接触式办理。加强量传溯源体系建设，超额完成社会公用计量标准14项的建标任务。对疫情防控和企业复工复产的相关计量检定需求优先协调办理，提供免费计量检定服务。对疫情防控工作急需的红外热像仪、额温计等仪器设备采购提供检定、校准服务。全年完成电子秤检定1400多台件、检定加油机企业95家1200多枪、检定压力表30多家900多只、检定血压计（表）540多台（件）、检定各类计量器具4040台件。

【特种设备安全监察】

2020年，县市监局明确监察重点，将学校、医院、商场、游乐场所等特种设备使用单位列入日常和重点使用单位名单（有62家），制定特种设备日常和重点使用单位监督检查目录，对重点使用单位开展全覆盖重点监察。开展专项整治，制定专项整治三年行动实施方案和安全隐患大排查大整治工作方案，把宣传发动、自查自改、执法监督、隐患整改贯穿大排查大整治全过程。开展锅炉附属压力管道、工厂厂区内专用叉车、旅游观光车、气瓶充装等专项整治，检查使用单位和场所831家次、3907台次，排查发现隐患120项，均为一般隐患，全部整改到位，形成闭环；补办压力管道使用登记11条7.815千米、叉车41台、旅游观光车8台；检验钢瓶121173只，报废钢瓶11250只，查处涉嫌改装气瓶4个，立案查处特种设备案件1件。

【食品安全监管】

2020年，安溪县全面部署在全县范围开展食品生产环节风险排查和食品安全监管，督促辖区生产企业落实食品安全主体责任，排查食品生产企业506户次，立案查处问题食品3件，完成食安员抽考408家次，累计参考人数433人，覆盖率100%。

净化餐饮服务网络 2020年，坚持问题导向，线上线下同步开展检查执法，发现问题67个，立案查处1起，下达责令整改通知书58份，下线无证经营商家10家。推进餐饮环节“一品一码”追溯管理，全县餐饮环节适格主体（大型餐饮、学校食堂和集体用餐配送企业）注册率100%。

加强示范点创建 2020年，探索农村集体聚餐食品安全治理新举措，结合乡村振兴和移风易俗工作，遴选龙门镇大生村等10个乡村进一步推广农村家宴中心示范点建设。开展食品安全“一品一码”示范点建设，把县级为民办实事项目与省级“一证通”试点创建工作有机结合，将示范点由10家扩展到20家，扩大示范引领作用。制定“一证通”试点建设实施方案，有序推进“一证通”试点创建工作，通过省市场监管局“一证通”试点工作复核验收。全县全部食品生产企业注册使用福建省食品安全信息追溯平台，主体注册率100%，录入产品追溯信息26.62万条；540家食品流通企业录入追溯信息453.89万条；376家餐饮单位录入追溯信息3.45万条；5456家食用农产品生产经营单位录入追溯信息147.5万条。

加强食品市场监管 2020年，检查食品生产经营户18632家次，查处涉及食品违法案件59件。强化保健食品监管，制订保健食品生产经营日常监督检查计划，检查保健食品经营者364家次，下发责令整改通知书23份。开展校园食品安全守护行动，在学校及周边开展食品安全专项整治，督促经营户切实履行食品安全主体责任，检查经营单位929家次，约谈责任人63人次，下发责令整改通知书86份，指导学校食堂办证9家。开展重点食品专项整治，组织开展节日期间、冷藏冷冻食品、网吧食品安全排查整治、过期食品专项清理行动、“放心食品超市自我承诺活动”、农村假冒伪劣食品专项整治等专项整治行动，检查食品经营者6100户次。

【食品安全监督抽检】

2020年，安溪县制定实施食品安全监督抽检方案，督促指导各农贸市场、商超加强食品安全快速检测。委托第三方食品安全检测机构开展监督抽检 3206 批次，不合格 21 批次；开展食品安全快速抽检 77495 批次，不合格 14 批次；不合格食品均依法开展核查处置。开展茶叶抽检 759 批次，不合格 4 批次，不合格食品均依法开展核查处置。

【药品安全监管】

加强规范化建设　2020 年，安溪县持续推进规范药房建设延伸至村级，是全市唯一持续推进规范药房建设四年行动的县。县财政投入 51 万元对 51 家村卫生所药房进行规范化建设。创建化妆品经营单位示范点 7 家、中药饮片规范经营示范点 2 家。联合县中医院开展中药饮片质量评选，提升中药饮片质量。泉州市首创将药品质量监管、药品满意率和不良反应监测工作列入医院领导班子绩效考核项目。

创新提升监管工作　2020 年，指导成立安溪县药店连锁联盟，全县 140 家药品零售企业参加联盟，提升药店联合竞争力、规范度和过期药品处置能力等。推进药械经营企业加入全省医疗器械唯一标识系统试点。创新医疗机构监管方式，即由医疗机构自查，主动发现问题，监管部门再联合有关部门对医疗机构进行日常综合监管，提高针对性和监管效率。创新推出“共享药房”，让群众方便看中医、放心用中药、暖心享服务，打通中医药服务“最后一千米”。创新组建覆盖全县 33 家医疗机构的安溪县中医药联盟，完善中医药互联服务。11 月 27 日，泉州市医疗器械监管现场观摩会在安溪召开。

加强监管执法　2020 年，加强药品、医疗器械使用单位和疫情防控物资质量安全监管，检查各类医疗机构 306 家次，责令限期整改 17 家次，立案 2 起，注销和敦促企业主动注销药品经营许可证 2 家。开展美容机构化妆品等系列专项整治，查扣“三无”产品 205 盒，立案 11 家。

【产品质量监管】

电动自行车消防安全综合治理　2020 年，安溪县开展电动自行车销售企业全覆盖检查，重新建档并建立检查工作台账，检查经营商户 85 户，责令商家在醒目位置张贴《销售电动自行车质量安全管理告知书》85 份，签订《电动自行车规范经营承诺书》85 份。抽检 8 批次电动自行车质量均合格。

2020年11月27日，泉州市医疗器械监管实务培训班在安溪县医院举办（县市监局供图）

油品质量管控　2020 年，建立成品油质量管控整改工作联席会议制度，牵头制定《安溪县成品油质量管控整改工作方案》《关于进一步明确企业内设加油站点监管职责分工的通知》，厘清各监管部门的职责，召开协调会，形成工作合力。组织各相关部门统一行动，摸清底数，摸排全县有加油站 85 家，发现未经批准、违法建设加油站点 20 家，全县企业内设加油站点 13 家，责令涉嫌销售不合格油品零售企业停止违法违规行为 22 件，依法关停取缔未经批准、违法建设加油站点 20 家，依法立案查处不合格油品案件 1 件，并移送公安部门进一步侦查。完成流通领域成品油质量抽检 40 批次。

【市场主体信用监管】

2020 年，安溪县强化涉企信息归集运用和信用监管，归集公示信息 13350 条（不含工商数据），其中行政处罚信息 1674 条、抽查检查 1427 条、联合惩戒 469 户。强化经营异常名录和严重违法失信企业名单的管理和应用，对 2918 户因各种事由的企业列入经营异常名录，对 878 户被列入经营异常名录届满 3 年仍未履行相关义务的企业列入严重违法失信企业名单，对 76 户因各种事由进行经营异常标注的个体工商户，对被列入经营异常名录和被列入严重违法失信企业名单的企业实施部门联合惩戒，协助人民法院查封股权 6 条次。

【消费维权】

2020年，安溪县受理消费者投诉举报7203件。其中“12315”投诉举报系统受理消费者投诉举报件6533件，为消费者挽回经济损失140.65万元，办理“诉转案”案件37件；“12345”市政热线平台受理各类诉求件403件；省信访平台88件；来信来访及各类移送函179件。

消费维权宣传　2020年，借助安溪电视台和微信公众号及朋友圈开展“3·15”消费者权益保护公益广告大赛获奖作品展播等公益性宣传。开展“凝聚你我力量，共同维护消费权益”有奖知识问答活动，通过线上有奖知识问答，调动广大消费者参与消费维权的积极性，开展“3·15”主题宣传活动。

消费者满意度调查和测评　2020年，安溪县组织消费维权志愿者参加家装市场消费者满意度调查和测评活动。活动在3家大型家装建材市场的45户商家进行，发出调查问卷50份，主要针对消费者最关心的方面、选择家居建材产品关注的因素、装修过程中遇到过的问题、发生纠纷是否妥善解决及对家装行业整体服务水平的评价等方面的问题进行调查分析。

“诚信经营示范街区”创建活动　2020年，安溪县在凤城镇大同路创建诚信经营示范街区，设立消费者维权投诉点，设置申（投）诉举报信箱，及时收集群众申诉举报信息。建立商户诚信经营承诺制度，各市场主体向消费者作出“不售假、不欺诈、公平交易、自觉接受社会监督”等诚信经营承诺，引导经营者就违规行为作出自我纠正、及时赔偿消费者损失，提高经营者的自我约束力和文明服务水平。开展“诚信经营示范街”星级诚信商户评比活动，评出五星商户3户，四星商户5户，三星商户5户。凤城镇大同路被市监局、市商务局、市委文明办联合评定为“2020年泉州诚信经营示范街区”。

【价格监督与检查】

2020年，安溪县注重疫情防控期间相关价格监管，开展稳物价、保供应工作，严厉打击哄抬物价等行为。加强口罩等防护产品及原辅材料价格监管力度，依法查处价格违法违规行为，立案查处涉嫌价格违法案件10起，罚没款1.77万元。加强宣传引导，督促经营者严格执行明码标价制度，依法经营，杜绝“坐地起价”“哄抬物价”等行为。加强转供电环节收费行为清理规范，对全县26家转供电主体开展自查自纠工作并进行督查，涉及非直抄用户数1867户。在自查自纠阶段督促转供电主体退还金额161.62万元，对12个疑似加价黄码和5个加价红码进行核实，督促转供电主体及时退还金额819.3元。坚持清理与规范相结合、阶段整治和长效管理相结合，组织开展各项重点领域涉企违规收费整治工作，推进降费减负政策落实到位。

（杨文剑、白超宇　许锦斌）

·海关监督管理·

【概况】

2020年，泉州海关驻安溪办事处是泉州海关的正处级派驻机构，负责安溪县、永春县、德化县各类海关管理工作和具体业务的办理。办事处内设综合保障科、综合业务科、永春监管科、德化监管科4个科室，分布于安溪县、永春县、德化县3个办公区。

【进出口企业】

截至2020年底，泉州海关驻安溪办事处关区代码启用以来，全年安溪县已注册的海关进出口发货人641家，报关企业新注册160家、变更75家。

2020年，安溪县已核准备案的出口生产企业37家，其中出口茶叶生产企业11家，出口竹木藤草制品及家具企业23家，出口水产品、水产品罐头、膨化食品各1家。辖区监管的安溪县出口茶叶备案基地50块，面积约4000公顷。

【简化审批程序】

海关行政相对人统一管理子系统于2019年10月15日在全国海关正式上线运行，实现相关食品、动植特定资质企业备案项目的网上办理，进一步简化备案办理程序、减少办理时间。主要涉及的事项有出口食品原料种植场备案、供港澳蔬菜种植基地备案、出口加工用水产养殖场备案等20个海关事项。

自2019年12月1日起，食品生产企业依法取得食品生产许可后，且符合出口食品生产企业备案条件，可在出口食品生产企业备案管理系统提交申请。出口食品生产企业备案前不再实施企业现场评审，取消出口食品生产企业备案有效期改为长期有效。

【强化监管执法】

2020年，安溪累计完成21家次备案安溪辖区生产企业和备案基地的“多查合一”监管检查任务，发现问题16家次，督促企业完成落实整改，提升企业质量安全管理水平和主体责任意识。督促科学制订企业自检自控计划，明确从源头到终端全过程可追溯要求，落实过程监管、出口验放要求。全年安溪辖区出口生产企业无国外通报情况。

【通关便利化】

2020年，泉州海关驻安溪办事处加强政策宣传，简化程序手续，全面推广企业和产品分类管理、无纸化等便利模式，对安溪县37家出口生产企业100%开通无纸化通关资质，推广产地证书企业自助打印；对辖区藤铁工艺品、茶叶、膨化食品、水产品及水产罐头企业出口前申报抽批查验率大幅下降，出口前申报未抽中的实现即报即放，有效提高通关效率。

【国家茶叶检测重点实验室(福建)】

2020年，国家茶叶检测重点实验室（福建）有人员21名，其中高级工程师5名，工程师10名，硕士6名，聘用人员9名。实验室认可检测能力覆盖茶叶、水果蔬菜、食用油、粮食产品等27类产品、591个标准、1018个项目，包括常规理化、重金属、药物残留、微生物、食品添加剂等检测类别。其中，茶叶检测项目200多项，检测能力覆盖国家标准GB 2763—2019中茶叶相关的65项农药残留，标准涉及国家标准、有机茶标准、欧盟和日本等标准。实验室全年检测茶叶样品3000多个，项目2万多项。

国家茶叶检测重点实验室（福建）连续13年被安溪县政府指定为安溪县茶叶安全卫生质量抽查检测机构，截至2020年已承担安溪县17465个茶叶样品、近15万余个安全卫生项目的检测任务，及时、准确、高效的检测服务为安溪茶产业的发展提供检测技术支撑，为安溪出口茶叶、食品应对国外技术性贸易壁垒提供强有力的技术保障。

（林永胜　黄荣伟）

·自然资源管理·

【概况】

2020年，安溪县自然资源局内设12个股室，分别为办公室、计财股、法规监察股、行政审批股、确权登记股、国土空间规划股、耕地保护股、用途管制股、调查监测股、开发利用股、地质矿产股、生态修复股。

县自然资源局主要职责是，对自然资源开发利用和保护进行监管，建立空间规划体系并监督实施，按权限履行全民所有自然资源资产所有者职责，统一调查和确权登记，建立自然资源有偿使用制度，负责测绘和地质勘查行业管理等。

【耕地保护】

2020年，安溪县耕地保有量47.82万亩，永久基本农田保护面积406369亩，建设占用耕地171.56亩，完成补充耕地579.4亩，严格落实“占一补一、占水田补水田、占优补优”耕地占补平衡制度，较好地履行了耕地保护目标责任制。

【法律法规宣传】

2020年，安溪县围绕第30个全国土地日“节约集约用地　严守耕地红线”宣传主题，以及“4·22”世界地球日、“12·4”全国法制宣传日和农村乱占耕地建房专项整治行动等时机，开展自然资源法律法规宣传工作，拨付专项资金超10万元，订阅自然资源法律法规宣传材料5790份，发送手机宣传短信20万条，印发乱占耕地建房宣传海报500份、宣传折页2.6万份。

【执法监察】

2020年，安溪县自然资源局和各乡（镇）政府以及县直各相关单位密切配合，建立健全县、乡（镇）、村3级自然资源执法监察网络，形成合力。继续投入资金保障县自然资源执法监察人员以及24个基层所全体干部移动执法设备的运行与维护，进一步加强日常动态巡查监管，全年巡查5181人次，查处土地违法案件8宗，占地面积47.28亩；配合乡镇政府及县“两违办”，拆除各类违法占地10宗，面积3932.5平方米。接待人民群众的来访12批14人次，接听群众来电91次，办理群众直接来信33件，处理各类自然资源信访转办件94件，办结省、市、县各级督（交）办件102件，认真办理书记、县长热线电话12件。

土地矿产卫片执法监督检查　2020年，安溪县组织核查自然资源部、省自然资源厅下发的2019年、2020年季度和月监测图斑3443个，面积15838.65亩。属违法用地的图斑750个，面积939.4亩。其中，因涉及林斑移送林业部门查处的61个，面积222.82亩；因涉及农村住宅用地移送农业农村部门查处的587个，面积493.78亩；本部门依法立案查处的37个，面积87.36亩。

【农村乱占耕地建房专项整治】

2020年，安溪县组织开展全县农村乱占耕地建房专项整治行动。以《农村乱占耕地建房“八不准”》为重点，强化宣传工作，营造浓厚氛围；采取“提效率、保成效、超常规”的措施，完成全县44059个疑似图斑的摸排工作；以“零容忍”的态度坚决遏制新增农村乱占耕地建房问题，对排查发现的6宗新增乱占耕地建房问题，坚决予以拆除，

2020年安溪县国有建设用地有偿出让情况表

表4

序号	出让编号	用地者	地块	用途	出让方式	面积(平方米)	成交价(万元)	出让日期
1	AG2019-22	福建省祺亮新型建材有限公司	安溪县南翼新城莲峰片区HL-14-2地块	工业	挂牌	26007.25	636	2020.1.3
2	2019-10	安溪县农业投资发展有限公司	安溪县芦田镇福岭村A1地块	商服	挂牌	19044.83	600	2020.1.6
3	AG2019-23	福建省德斯特汽车零部件科技有限公司	安溪高端装备制造产业园A-04地块	工业	挂牌	54435.05	1467	2020.1.7
4	AG2019-25	世昌（福建）科技有限公司	安溪高端装备制造产业园A-30地块	工业	挂牌	33333.34	812	2020.1.7
5	AG2019-27	福建剑桥阀门有限公司	安溪高端装备制造产业园A-46地块	工业	挂牌	33406.83	813	2020.1.7
6	AG2019-40	福建安溪豪特新型墙材有限公司	草埔尾村道两侧工业地块03地块	工业	挂牌	27077.06	791	2020.2.5
7	AG2019-39	安溪中创建材有限公司	草埔尾村道两侧工业地块01地块	工业	挂牌	31010.6	897	2020.2.6
8	2019-12	安溪溪禾山铁观音文化园有限公司	安溪县参洋片区C-02-19地块	文化用地	挂牌	400	28	2020.2.7
9	2019-13	安溪溪禾山铁观音文化园有限公司	安溪县参洋片区C-02-20地块	文化用地	挂牌	3923.8	259	2020.2.7
10	AG2019-31	福建安溪尚新建材贸易有限公司	藤云工艺园350524-SQ-A-09地块	工业	挂牌	6057.39	200	2020.2.12
11	AG2019-32	福建安溪美尔惠家居用品有限公司	藤云工艺园350524-SQ-A-12地块	工业	挂牌	4277.12	142	2020.2.12
12	AG2019-33	安溪县银艺工艺品有限公司	藤云工艺园350524-SQ-A-15地块	工业	挂牌	8737.39	288	2020.2.12
13	AG2019-34	福建安溪冠凌工艺品有限公司	藤云工艺园350524-SQ-A-16地块	工业	挂牌	9338.9	308	2020.2.12
14	AG2019-35	安溪县新煌建材有限公司	藤云工艺园350524-SQ-A-17地块	工业	挂牌	12639	417	2020.2.12
15	AG2019-36	福建安溪瑞意工艺品有限公司	藤云工艺园350524-SQ-A-43-1地块	工业	挂牌	9700.18	322	2020.2.12
16	AG2019-37	福建安溪艾美工艺品有限公司	藤云工艺园350524-SQ-A-43-2地块	工业	挂牌	11699.91	386	2020.2.12
17	AG2019-38	福建泉州淘品工艺品有限公司	藤云工艺园350524-SQ-A-44-1地块	工业	挂牌	9168.36	304	2020.2.12
18	AG2019-30	泉州市腾龙水产科技有限公司	安溪县中国南方水产城A-04地块	工业	挂牌	20026.74	372	2020.2.18
19	AG2019-41	安溪县湖头裕海金属制品有限公司	安溪县湖头镇A-20地块	工业	挂牌	5579.49	123	2020.2.18

续表4

序号	出让编号	用地者	地　块	用途	出让方式	面积(平方米)	成交价(万元)	出让日期
20	AG2019-24	福建勃立纳机器人科技有限公司	安溪高端装备制造产业园A-12地块	工业	挂牌	33333.52	827	2020.2.18
21	AG2019-26	泉州市科拓科技有限公司	安溪高端装备制造产业园A-32地块	工业	挂牌	33334.68	812	2020.2.18
22	2019-15	安溪新瑞房地产开发有限公司	解放路西片区改造建设项目一期地块	商住	拍卖	41971.03	31500	2020.3.10
23	2019-14	福建安溪德鸿房地产有限公司	凤山书院安置地块一	商住	拍卖	7859.77	18700	2020.3.17
24	AX2020-1	安溪安德机动车安全技术检测有限公司	安溪县350524-01-C-04地块	工业	协议	7353	320	2020.6.15
25	2019-9	福建省泉州中拓置业有限公司	建安片区27A地块	商住	拍卖	46005.27	58300	2020.6.23
26	AG2020-2	泉州奇楷锂材料科技有限公司	安溪高端装备制造产业园A-37地块	工业	挂牌	20000.73	493	2020.6.29
27	2020-1	安溪清水岩酒店投资有限公司	蓬莱镇清水岩片区B地块	商服	拍卖	30748.59	1460	2020.8.25
28	2020-2	隆恩置业发展有限公司	参洋片区K-01-02-1地块	商住	拍卖	25183.54	36100	2020.9.15
29	2020-3	安溪崇卿小城镇开发建设有限公司	安溪县长卿CK-1地块	商服	拍卖	11619.03	1810	2020.9.25
30	AG2020-1	安溪鼎华建材有限公司	安溪县南翼新城莲峰片区DH-1地块	工业	挂牌	58114.89	1421	2020.10.12
31	AG2020-3	安溪县锦龙金属制品有限公司	安溪湖头镇A-28地块	工业	挂牌	8852.62	276	2020.10.28
32	AG2020-4	福建省安能实验室设备有限公司	安溪湖头镇A-29地块	工业	挂牌	9462.79	290	2020.10.28
33	AG2020-5	福建佳亿电力发展有限公司	安溪湖头镇A-30地块	工业	挂牌	13036.91	395	2020.10.28
34	AG2020-7	福建省冠峻智能科技有限公司	安溪高端装备制造产业园A-29地块	工业	挂牌	48264.94	1207	2020.10.28
35	2020-4	泉州东海岸建设有限公司	参洋片区J-06-01地块	商住	拍卖	40630.9	40000	2020.12.2
36	AG2020-8	福建华岭科技有限公司	安溪高端装备制造产业园A-53地块	工业	挂牌	56696.62	1399	2020.12.9
37	AG2020-9	福建华岭科技有限公司	安溪高端装备制造产业园A-54地块	工业	挂牌	35483.96	874	2020.12.9
38	AG2020-10	福建省安溪县尚惠投资有限公司	安溪县尚卿乡350524-SQ-A-42地块	工业	挂牌	28946.99	961	2020.12.9
39	2020-5	张剑明	解放路西片区改造建设项目池头巷地块	商住	拍卖	5875.97	7450	2020.12.31

复耕到位，切实守好耕地保护红线。

【国有建设用地使用权出让】

2020年，安溪县共出让土地39宗，面积1333亩，成交价款213760万元。其中，工业用地28宗，面积983.05亩，成交价款17553万元；经营性用地11宗，面积349.89亩，成交价款196207万元（其中房地产用地6宗，面积251.29亩，成交价款192050万元）。

【保障建设用地需求】

2020年，安溪县办理15宗建设项目用地预审手续，面积306.58亩。报批兴泉铁路、东三环、参内外环路、站前广场、安溪六中教研楼等项目农用地转用与土地征收8宗，面积1395.54亩。泉州白濑水利枢纽工程项目获自然资源部正式批复先行用地面积1586.97亩。

【地质灾害防治】

2020年，安溪县通过排查、核查、核销，应列入2020年管理的地质灾害点829处、房前屋后高陡边坡点2213处，共3042处威胁5729户25157人的生命财产安全。建立全县地质灾害应急技术支撑单位，为突发灾险情应急处置提供技术保障，会同县住建局、水利局和交通局，组织编制全县2020年地质灾害防治方案，以县政府办文件印发实施，部署全县2020年地质灾害汛前防御准备，包括受威胁群众安全转移预案、防灾明白卡和避险卡（简称防灾“两卡”）的编制发放。全县发放防灾“两卡”6038份。组织更新县、乡两级地灾气象风险预警系统，保障畅通运行，抓好汛期地灾值班，实行24小时值班，领导带班，随时随地开展地灾气象会商，保障在第一时间进行地灾气象风险预警预报，当年全县共发布一级预警9次、二级预警22次、三级预警43次、临近灾害性天气预警信息和上级工作指令等信息170余次，全年接到西坪、龙门、祥华、湖上、长卿等乡镇灾险情报告12次。协同县防指在冬青水库举办全县突发地质灾害应急处置现场演练观摩会，为全县24个乡镇提供一个成功范例，县财政拨出104.79万元专款，用于湖上乡长林村、祥华乡白荇村和西坪镇上尧村3处重大地质灾害点自动化监测安装，为全省率先启动的科技项目，拉开地质灾害监测专群相结合的新篇章。继续加强和成都理工大学地质灾害与地质环境保护国家重点实验室、自然资源部丘陵山地地质灾害防治重点实验室、福州大学等科研机构和大学院校联系，加大对安溪大型（特大型）蠕滑型地质灾害隐患点防治新方法、新技术的课题研究，力求对这种类型的防范措施有新的突破。向上对接，争取自然资源部自动化监测项目，由省煤田局直属单位省煤勘院承担，已在金谷金山、魁斗溪东、龙门仙西、西坪尧山4处安装自动化监测装置；争取自然资源部普适型自动化监测项目，由自然资源部丘陵山地地质灾害防治重点实验室、省地勘院共同承担，计划选择80处至90处重大地质灾害点安装；组织、协调、指导龙门镇仙西村、虎邱镇美亭村重特大地质灾害点工程治理，分别获得中央财政专项补助资金500万元和省级财政专项补助资金428.2万元。

【不动产统一确权登记】

2020年，安溪县不动产登记中心围绕深化“放管服”改革、优化营商环境，结合省自然资源厅、市自然资源局关于提升不动产登记评价指标工作部署，将“互联网+不动产登记”、优化营商环境摆在极为重要的位置，狠抓中心窗口作风整治及队伍建设，不断提质增效，力争各项工作规范标准、稳中求进。全年共发放不动产权证书18521宗，不动产登记证明30857宗，总登簿数量76955宗。在全省率先实现二手房交易+水电气网“一窗通办、即时办结”“三证合办、当天发证”，提升群众的幸福感和获得感。持续推进“互联网+不动产登记”服务，在全市率先推行不动产网络司法控制模块，率先实行“双预告+预转本登记”合并办理制度，将不动产服务窗口延伸至金融机构，在各银行设立便民服务点，全县所有银行均签订合作协议，实现不动产抵押登记便民服务点全覆盖。开展农村地籍和房屋调查，加快推进宅基地和集体建设用地使用权确权登记发证工作，完成全县农村地籍和房屋调查工作，共办理宅基地使用权登记1107宗。

【矿业管理】

矿藏 至2020年底，安溪已发现各类矿产资源30种，勘查程度达到普查以上，并求得资源储量的矿产有23种，其中金属矿产6种（铁、锰、铅、锌、铜、银）；非金属矿产14种（水泥用石灰岩、水泥用大理岩、高岭土、陶瓷土、萤石、硅灰石、硫铁、石墨、叶蜡石、饰面用花岗岩、建筑用辉绿岩、建筑用花岗岩、建筑用凝灰岩、建筑用砂）；能源矿产2种（煤、地热）；水气矿产1种（矿泉水）。资源储量较大的主要矿产包括建筑用石料、水泥用石灰岩、饰面用花岗岩、铁、高岭土、地热等，其中饰面用花岗岩矿已关闭不再开发。

矿产资源开发利用 2020年，

安溪县开发利用的矿种有铁矿、水泥用石灰岩（大理岩）、地热、石墨、萤石、建筑用石料（花岗岩、凝灰岩）、建筑用砂等7种。全县持有效采矿许可证矿山17家，其中铁矿2家、水泥用石灰岩矿4家、地热3家、石墨矿1家、硅灰石矿1家、萤石矿1家及建筑用石料矿山5家。

矿政管理 2020年，安溪县开展全县2019年度采矿权人开采信息公示工作。全县应参与开采信息公示采矿权17家，完成公示17家，完成率100%。完成龙涓燕尾矿区、湖头竹山矿区2个新立采矿权的登记手续并颁发采矿许可证；完成新田铁矿的延续登记手续并颁发采矿许可证；制订方案上报省厅并经省厅同意在湖上矿区内德泰矿区和集安矿区之间的空白区（层头矿区）和湖上矿区东侧矿权空白区（大埔矿区）设立采矿权，以招拍挂方式组织公开出让，为湖上矿区下一步整合工作打下基础。制定《安溪县第四轮矿产资源规划编制工作方案》，根据进度安排，通过招标方式确定规划编制承担单位，开展相关资料和数据的收集。

治理整顿矿业秩序 2020年，安溪县制定全县自然资源领域专项整治三年行动实施方案，结合矿产卫片执法和水流域巡查等检查制度，严厉查处无证非法采矿、超层越界开采等非法违法开采行为。全年开展矿山动态巡查838次。其中，固定点巡查405次，区域巡查433次，现场核查矿产卫片图斑9处（均符合伪变化判定标准），发现非法采矿行为3起，均已立案查处，进行矿产资源破坏价值鉴定3起，共计罚没款16.88万元，其中1起因涉嫌刑事犯罪已移送公安机关进行进一步查处。根据省厅《关于开展全省矿山越界违法开采专项检查的通知》文件要求，委托福建省闽东南地质队对安溪地采矿山开展专项检查和井下测绘工作，提交测量数据，严防矿山出现超层越界开采等非法违法采矿现象。

矿山生态环境保护 2020年，安溪县落实2020年度矿山生态恢复治理目标责任，完成青洋兴发石墨矿、湖上田安采石场、长坑陈万生采石场3个废弃矿山治理工作，治理面积46.5亩。督促各持证矿山按照修编后的生态恢复治理方案中的年度治理任务清单开展治理工作，聘请197地质大队逐矿开展GNSS生态恢复治理检查工作，并要求采矿权人逐步按照绿色矿山建设标准进行升级改造。

（何江明、毛华美　白文扁）

·统　计·

【概况】

2020年，安溪县统计工作实施国家统计制度方法，扎实开展各项统计调查。组织实施农业、工业、建筑业、房地产业、服务业、投资、消费、人口社会、科技文化、能源消耗、妇女儿童两纲监测等常规统计调查工作；继续巩固“一套表”联网直报工作。完成第七次全国人口普查、自然资源资产负债表编制、绩效评估公众评议调查等专项调查。

【常规统计】

2020年，全县实现地区生产总值747.63亿元，按可比价格计算，同比增长3.3%。其中，第一产业增加值56.24亿元，同比增长3.0%；第二产业增加值379.50亿元，同比增长5.2%；第三产业增加值311.89亿元，同比增长0.8%。三次产业结构所占比例为7.5：50.8：41.7。全年农林牧渔业总产值92.76亿元，同比增长4.0%；工业增加值307.99亿元，同比增长4.2%，其中规模以上工业增加值增长4.5%；建筑业增加值71.68亿元，同比增长10.5%；一般公共预算总收入43.82亿元，同比降低14.5%；一般公共预算支出68.61亿元，同比降低5.2%；社会消费品零售总额568.42亿元，同比增长0.9%；固定资产投资（不含铁路数据）同比增长1.3%。

【第七次全国人口普查】

2020年，安溪县全面有序开展第七次全国人口普查，高质量完成各阶段普查工作。从2020年11月1日至12月10日，全县6500多名普查人员采用电子化采集方式开展入户登记。严格遵守《中华人民共和国统计法》《全国人口普查条例》，加强督促检查力度，坚决杜绝各种干预普查数据的行为，严肃追责问责。

【统计服务】

2020年，安溪县围绕全县经济中心工作，及时向县委县政府提供每月经济运行情况分析，加强疫情对经济社会影响、重点企业发展状况、高质量发展等热点问题和领域的跟踪监测与调研分析。编撰并在安溪县政府网发布第四次全国经济普查数据公报。按季度监测市对县绩效考评主要指标完成情况，主动对接市对县绩效指标考评工作，县统计局会同县效能办牵头完成县政府绩效指标考评的方案设计、数据收集、汇总测算、整理反馈等工作。做好《统计月报》《统计公报》《统计摘要》《统计年鉴》等综合性统计资料编印和电子化，方便社会各界和各有关部门查阅；第一时间在安溪县政府网发布国民经济主要指标数据，及时有效答复网上咨询，全年共回复网上依申请公开数据5条；开放统计资料查阅室，方便群众访查阅历史统计资料，接受社会各界电话数据咨询；主动下基层走访调研，协调解决乡镇基层和企业在统计工作方面遇到的问题，了解企业经营情况等。

【统计法治建设】

2020年，安溪县贯彻落实习近平总书记关于统计工作的重要指示批示精神及重大决策部署，按照两办《防范和惩治统计造假、弄虚作假督察工作规定》（简称《规定》）的要求，规范统计调查和统计执法，扎实推进统计法治建设。8月12日，在县政府党组（扩大）会议上组织传达学习《防范和惩治统计造假弄虚作假主要文件选编》（简称《选编》），重点对选编中的意见、办法、规定进行深入学习研讨。通过政务信息公开网、“中国统计开放日”主题活动、统计法律法规专题培训会等方式宣传统计法、规定以及《全国人口普查条例》等法律法规。

（卓开荣　陈思臻）

·审　计·

【概况】

2020年，安溪县审计局内设办公室、法规股、财政金融审计股、经贸审计股、经济责任审计股、行政事业审计股、固定资产投资审计股7个股室。辖县基建审计中心，事业编制3人，辖县涉农资金审计服务中心，事业编制3人。机构“三定”赋予权责事项33项，其中行政处罚16项，行政强制1项，行政监督检查16项。审计局基建审计中心不再承担全县政府投资建设项目（工程）竣工结算的审核工作，自10月1日起，财政性投资项目竣工决（结）算业正式划转到县财政投资中心。全年完成审计项目30个，审计查出主要问题金额15892万元，其中违规金额934万元，管理不规范金额14958万元。应上缴财政934万元，审计期间整改金额17万元，审计发现非金额计量问题72个。提交审计报告和专项审计调查报告37篇，提交审计信息68篇，省市采用92篇次，提出审计建议67条。

【县委审计委员会第二次会议】

2020年4月，县委审计委员会召开第二次会议，学习传达习近平总书记对审计工作的重要指示精神和全国、全省审计工作会议以及省委常委会、市委常委会会议精神，研究并同意安溪县初步贯彻意见和《安溪县2020年审计项目计划》。

【政策跟踪审计】

2020年，安溪县重点审计全县应对新冠肺炎疫情防控资金和捐赠款物、应对疫情“六稳”措施、“三促进”落实情况。跟踪审计中关于减轻中小企业税费负担（减税降费政策落实情况）、着力降低企业运营成本、加大援企稳岗力度和减轻中小企业税费负担、挖掘财力财源专项调查情况，化解投资趋缓堵点痛点难点专项调查以及挖掘财力财源专项调查（包括国有资产和资本运营管理情况调查、土地收储和存量情况调查）。抽查29家单位、29个项目，涉及财政资金82532万元。

【预算执行审计】

2020年，安溪县完成县财政局、县城管局、县交警大队3个部门单位预算执行情况审计。查出主要问题金额9451万元，审计发现县财政局个别重点领域的财政资金保障未充分有效、部分预算指标年初编制不够细化、应缴预算款未及时缴入国库、部分项目支出预算执行率低等问题；县城管局专项结转资金量较大、部分工程项目未能及时办理竣工结算且长期挂账、库存物品账实不符、部分工程项目履约保证金收取不规范等问题；县交警大队部分项目预算执行率偏低、租金收入未按规定申报纳税、应缴款项未及时上缴、小车通行费支出原始凭证依据不完整、债权债务清理不及时、各中队收取伙食标准不一等问题。

8月，受县政府委托向人大常委会报告2019年县本级预算执行和其他财政收支的审计情况。

【经济责任审计】

2020年，安溪县完成虎邱镇镇长、芦田镇镇长、县司法局局长、县民政局局长、县应急管理局局长、县科学技术局局长、县糖业烟酒公司经理7名领导干部离任经济责任审计；金谷镇镇长、剑斗镇镇长、参内乡乡长、桃舟乡乡长、县教育局局长、县水土办主任、县城区开发区管委会主任7名领导干部2019年经济责任审计，查出问题金额6019万元，其中违规金额697万元，管理不规范金额5322万元。审计发现部分单位工程保修金未及时退还、项目结余资金超两年应缴未缴、部分专项资金未及时足额拨付、专项资金使用不够规范、监督管理不到位等问题。

同步开展县水土办主任、桃舟乡党委书记、乡长自然资源资产审计。

【政府投资审计】

2020年，安溪县审计局基建审计中心完成政府投资项目竣工决算审计98个，送审造价15.13亿元，审计净核减1.03亿元。

【其他审计】

2020年，安溪县完成2015年度省级农村电子商务示范县专项资金支出情况审计调查、安溪一中2019年财务收支审计、两江流域生态保护和修复专项审计调查、信息系统和网络安全审计、推动中央八项规定精神“1+X”专项审计。抽调4名审计人员配合泉州市审计局开展永春县2019年“两不愁三保障”落实情况和老区苏区政策跟踪审计调查；抽调1人配合市局开展县公安局经济责任审计。

【内部审计指导】

2020年，安溪县组织审计人员深入内审单位，指导内审单位规范审计程序，开展内部审计工作情况重点抽查，进一步推动内部审计事业快速、健康发展。县卫健局、教育局、供销联社3个内审机构完成审计项目78个，审计总金额20960万元，促进增收节支10万元，提出建议意见被采纳102条。

【审计整改】

2020年8月，安溪县组织对2017—2019年度所有审计项目整改情况进行跟踪检查，该年度审计项目108个涉及121个单位，审计发现问题436个。至年底，已整改356个，正在整改38个，未整改42个，审计整改率82%。2019年度，县本级预算执行等情况的审计发现问题有38个，涉及12个整改责任单位。至8月7日，已整改22个，未完成整改16个，审计整改率57.9%。

【推进精准扶贫】

2020年，安溪县选派审计干部15人结对帮扶湖头镇下坑村、美溪村贫困户29户104人，帮扶干部分批每季度进村入户一次。资助沼涛中学品学兼优的12名特困学生各2000元；资助安溪第十七中学建设“审计文化书屋”，给予资金补助3万元。

（詹冰粲　李森有）

金 融

·综述·

【概况】

2020年，安溪县银行业机构各项存款余额565.03亿元，比年初增加61.93亿元，增长12.31%；各项贷款余额562.49亿元，比年初增加84.24亿元，增长17.6%。超额完成市里下达的全年新增存贷款任务（存款余额531亿元、贷款余额523亿元），贷款增幅排名全市第二。其中，制造业贷款余额28.46亿元，比年初增长19.73%（高于同期各项贷款增速2.12个百分点）；不良贷款余额2.49亿元，不良率0.44%（全市不良率1.39%），比年初下降0.17个百分点，全年新增不良贷款2.52亿元，处置不良贷款2.95亿元，风险暴露匹配度116.86%，不良贷款率保持在全市最低水平。

【落实复工复产信贷政策】

2020年，针对新冠肺炎疫情对企业的影响，县金融办出台《金融支持疫情防控工作的通知》，从增加信贷投放支持、稳定企业贷款、降低企业成本、做好金融保障服务、加强企业帮扶5个方面做好金融支持疫情防控工作。建立金融顾问制度。全面摸排县域规上企业名单，建立安溪县105家外贸企业、192家规上企业清单，建立企业金融顾问制度，由企业开户行指定专人为企业提供优质金融服务，包括但不限于指导企业用好用足信贷政策、为企业提供融资转续贷、结算等金融服务，争取最优惠利率等。组织银行业机构行长进企业。组织辖内银行支行长对存量授信客户、未授信客户及受疫情影响严重的民营、小微企业开展走访活动，截至年底，安溪各银行业机构行长走访企业445家，新增授信企业246户，授信金额24.15亿元，协调资金保障企业27家，金额4.20亿元。积极对接省纾困专项资金贷款，全县有144家企业通过市金融局公示，共有65家企业获得纾困专项资金贷款3.24亿元。建立健全政银企对接机制，积极运用各种平台，促进政银企对接常态化。县分管领导主持召开4场银企对接会，帮助三净环保、健为医疗、古山医药等9家企业解决3.72亿元融资需求。县金融办、县工信商局等部门组织10场以上银企点对点对接，有效推进企业融资需求的解决及信贷审批效率。着力解决银企信息不对称问题，推进银行业机构对符合授信条件的制造业企业做到应贷尽贷。辖内银行业机构为468家企业新增授信25.81亿元，新增贷款发放17.79亿元，贷款利率下调0.3%—16%。出台《复工复产企业疫情防控综合保险》，对经工信商局认定的复工复产小微企业，由县财政出资80万元统一购买疫情防控综合保险，保险期限6个月；对经工信商局认定的复工复产大中型企业，投保疫情防控按照“政府政策支持，险企主动对接，企业自愿购买”原则办理，对购买疫情防控综合险企业，在市财政补助20%的基础上，县财政再予以补助30%。组建融资担保公司业务团队，采取银担合作，市场化业务拓展等模式，有力推动安溪县政府性融资担保业务的开展。截至12月末，安溪振安融资担保完成在担余额4.49亿元，在保户数889户。

【防范化解金融风险】

2020年，安溪县出台《安溪县人民政府办公室关于印发安溪县2020年信贷风险防控化解实施方案》，继续实行清单管理，每周一统计，半月一通报，及时掌握不良贷款动态，及时预警，确保完成信贷风险防控目标任务。推进风险企业帮扶化解工作。协调解决中泉制釉、祺祥茶业、三和茶业等企业银行信贷问题，涉及贷款3.12亿元；县企业应急保障周转专项资金帮助流动资金困难企业做好银行贷款转续贷。全年帮助10家次企业办理转续贷资金1.26亿元，累计帮助231家次企业办理转续贷资金28.55亿元。“控新化旧”。综合利用清收、核销等方法化解存量不良贷款，辖内银行业机构新增不良贷款2.52亿元，处置不良贷款2.95亿元。推进金融案件的快立、快审、快判、快执。县法院受理金融案件594件，审结金融案件594件，审结标的金额5737.23万元。执行金融案件608件，帮助银行业机构清收信贷资金约9782.59万元。推进破产重整工作，完成“万城壹号”房地产项目重整工作并启动续建工作，“天将御园”房地产项目召开破产清算第一次债权人委员会并启动预重整工作。

【推进金融改革】

2020年，安溪农商银行改制成功，提升地方法人银行业机构服务“三农”及小微企业的能力。截至12月末，安溪农商银行存款余额200亿元、贷款余额138亿元，其中涉农贷款余额131.3亿元，民营企业贷款余额4.16亿元，1000万元（含）以下小微企业贷款余额26.13亿元。推动金融产品创新，辖内金融机构相继推出战疫五小贷、人才优贷、二押贷、云义贷、复工贷等免抵押免担保信贷产品，帮助小微企业及“三农”解决融资需求。县金融办出台《安溪县金融办实施普惠金融服务乡村振兴工作方案》，以安溪农商银行为试点，推进普惠金融发展，实施金融助理驻村工程，共向全县24个乡镇派驻金融助理133人。强化信用村镇建设，开展信用村（社区）、信用乡镇评定。截至年末，完成信用村（社区）评定231个，夯实农村信用体系建设。

【金融人才工作】

2020年7月，安溪县创建安溪县金融人才之家，依托金融人才之家开展银企对接会活动，新增企业信贷投放2亿元以上。全年金融系统人员通过泉州市高层次人才审核72人。举办金融系统岗位练兵活动，开展金融人才交流拓展活动等。

（陈燕妮　林金灿）

中国人民银行安溪县支行

【概况】

2020年，中国人民银行安溪县支行（简称“人行安溪支行”）辖区中银行业金融机构本外币各项存款余额565.03亿元，同比增长12.31%，比年初增加61.93亿元；本外币各项贷款余额560.34万元，同比增长17.60%，比年初增加83.85亿元，贷款增幅列全市第2名。全县结汇43599万美元，同比减少7228万美元，同比降低7.18%；售汇6625万美元，同比减少2299万美元，同比降低25.76%；净结汇36974万美元，同比减少4929万美元，同比降低11.76%。

【货币政策工具运用】

2020年，人行安溪支行发挥再贷款和“普惠小微企业贷款延期支持工具”“信用贷款支持计划”两个直达实体经济的货币政策工具功能，促进企业复工复产。截至12月末，辖内2家法人金融机构累计发放符合央行涉农再贷款3.75亿元，累计发放符合央行小微企业再贷款4.58亿元，两项再贷款共计8.33亿元；对541户3.66亿元的普惠小微企业贷款本金进行延期，发放3551户7.62亿元的普惠小微企业信用贷款。截至12月31日，完成1万亿元再贷款进度位居全市第一，“信用贷款支持计划”“普惠小微企业贷款延期支持工具”完成进度分别位居全市第一和第二。

【支持企业复工复产】

2020年，人行安溪支行召开辖内银行业金融机构“金融支持疫情防控和复工复产座谈会”“金融支持稳企业保就业工作推进会”，出台辖区金融支持疫情防控措施，督促引导辖内银行机构摸排重点企业融资需求，做好融资对接服务。与金融办联合建立金融支持复产复工措施的分享机制，及时传导金融政策措施，帮助企业复产复工，并就金融支持稳企业保就业落实情况开展督查，促使各项金融政策措施更好落地。至12月底，辖区银行业金融业机构新增贷款83.84亿元，其中用于生产经营的有41.2亿元，占新增贷款的49.14%，比上年同期增加16.19个百分点。

【普惠金融服务】

截至2020年12月底，全县办理金融精准扶贫贷款130笔、余额1533万元，其中建档立卡贫困户117笔，余额1090万元。开展金融知识宣传，提升群众金融风险意识。在“3·15”国际消费者权益日以“权利、责任、风险”为主题开展“金融消费者权益日”，6月开展“普及金融知识，守住‘钱袋子’”宣传活动。强化金融服务乡村功能，支持乡村经济振兴。围绕安溪茶叶支柱产业，通过扶持现代农业产业园建设，支持订制农业、智慧农业、休闲农业，促进乡村经济振兴，切实提升农民收入。通过参与安溪县电子商务公共服务中心建设，创新服务农村电商产品，把互联网与农村传统产业、特色产品相融合，促进农村电子商务发展，实现贫困农民增加收入。

【金融稳定】

2020年，人行安溪支行配合政府相关部门处置烂尾楼“万城壹号”“天将御园”，最大限度保全银行贷款。至12月末，全县不良贷款余额2.49亿元，比年初减少0.43亿元，不良贷款占比0.44%，比年初下降0.17个百分点，信贷资产质量位居全市第一。

【金融服务】

2020年，人行安溪支行探索综合运用远程视频、人脸识别、电子证照、企业信息联网核查和大数据分析等安全有效方式，建立“绿色通道”，优化营商环境；督促辖内银行切实履行客户身份识别义务，通过案件倒查银行落实账户开立、交易监测、动态复核等全生命周期管理落实情况，压实银行主体责任，当年排查核实存量单位账户27743户，采取管控2426户；继续推动支付环境建设，推动移动支付互联互通，加强商圈、街区、市场、景区、交通、医疗、公共缴费等领域支付环境建设，协调各银行向行政服务中心各窗口开展“聚合码”赋码工作，方便民生应用；推进农村普惠金融服务点可持续发展，支持服务点与农村电商、农村物流、信息进村入户、城乡社会保障等合作共建，提升服务点价值；开展打击跨境赌博和电信诈骗“断卡”行动，强化对非安溪户籍开户管控，对5348户个人账户实施惩戒。

全年共收纳、报解各级收入552572笔，金额804675万元；办理预算拨款34036笔，金额1184802万元；预算收入退库13767笔，金额72270万元；更正业务102笔，金额61277万元；其他会计业务56791笔，金额289万元。配合税务部门落实中央减税降费政策，高质量做好社会保险费征缴入库划转、个人所得税汇算清缴、增值税留抵退税等工作，实现“退更免”业务全程电子化办理。提升基层国库服务社会、服务民生能力，疫情防控期间开通绿色通道，从春节假期到2月26日为安溪县政府通过国库支付渠道为26家单位划转疫情防控经费2110万元。

完善反假货币监测网络，大力打击假币犯罪，全年辖内银行业机构、公安机关收缴假币2220张，金额194316元；开展违规使用人民币图样行为整治，组织人员对20家祭祀用品店进行现场检查，提高公众依法使用人民币图样意识；加强对安溪县农村信用联社代理发行库的监督检查，全年查库4次，确保代理库发行基金绝对安全；深化人民币流通管理，提升人民币整洁度，做好2020年版第五套人民币5元纸币发行和第二代货币发行管理系统反假子系统上线相关准备工作；开展拒收现金专项整治工作，组织人员深入各收费窗口及实体商店等人民币现金流通场所进行明察暗访，向行政服务中心发出《规范人民币现金收付告知书》，畅通行政事业单位收费（罚款）业务现金缴费渠道，切实排除拒收现金隐患；做好疫情高发期间现金回笼消毒工作，对于回笼的现金要求各银行采用紫外线消毒后方可再次投入流通使用，优先使用原封券，关闭全辖区存取款一体机循环功能，斩断新冠病毒通过现金传染渠道。

【征信管理】

2020年，人行安溪支行持续推广中征应收账款融资服务平台应用，拓宽小微企业融资渠道，截至12月末，办理应收账款融资业务6笔，贷款余额51270万元；开展征信用户检查，防范信息泄露风险，对个人征信异常查询2776笔开展核查；拓宽查询服务网点，批复安溪农商行、农行安溪县支行采购、安装二代个人信用报告自助查询机，提升查询服务水平；继续推动联合惩戒失信被执行人工作联动机制，保障当事人合法权益，优化社会信用环境，2020年对法人5家、自然人1744人实行联合惩戒，促使自然人3人自觉履行债务。

【反洗钱工作】

2020年，人行安溪支行规范开展非现场监管评估，对全辖14家银行业金融机构、2家证券业金融机构和17家保险业金融机构开展2019年度非现场监管评估，加大反洗钱监管力度；推动洗钱罪的立案、起诉、判决，做好涉案资金研判分析，向公安机关移送可疑交易线索。全年从反洗钱层面共接收8条重点可疑线索，立案6起（其中2条线索并案），破案3起，从扫黑除恶层面接收4条涉黑涉恶线索并均已立案，破案1起，犯罪嫌疑人已被逮捕，推动1起洗钱罪的起诉和判决。

【外汇管理】

2020年，人行安溪支行畅通绿色通道，助力企业复工复产，要求银行开通支持疫情防控和企业复工复产的外汇绿色通道，允许银行在确保交易真实性、合规性前提下，对重点外贸企业外汇需求先行办理；引导市场主体使用数字外管平台等多条业务渠道“远程办”，提高业务办理便利性。截至11月末，全辖累计通过远程渠道办理外汇业务384

笔，金额2470万美元，9家企业免于到外汇局提交辅导期报告；全流程指导和全方位服务，为辖内直接投资重点项目落地保驾护航，指导中行快速为中外合资企业福建安溪龙铎农业发展有限公司办理登记，获得企业好评；落实外汇新政，帮扶企业解难题，推动非投资性外商投资企业境内股权投资等10项跨境贸易投资便利化政策落地，指导辖内银行跟踪重点贸易投融资项目，主动对接，了解企业用汇需求，切实便利企业境内股权架构调整和资本金使用；加强事中事后监管工作，强化个人外汇管理，5家企业开展货物贸易现场核查，对3家企业开展服务贸易非现场核查；认真开展外汇检查工作，对招商银行安溪支行开展国际收支统计现场核查；做好非现场集中分析及线索检查工作，配合县公安局打击跨境网络赌博工作，上报跨境赌博线索3笔。

【研究成果】

2020年，人行安溪支行撰写的《3月12日全球股市再次重挫、油价暴跌》《美国股市再次大跌的基本情况及各方评论综述》等6篇信息被中办国办刊用，《美国国会就9000亿美元的疫情纾困计划达成协议》等23篇信息被总行刊用，《降低民营小微企业融资利率和综合成本存在的难点》等22篇调研文章被上级行采用。

（钟财锦　沈清法）

·中国工商银行安溪支行·

【概况】

2020年，中国工商银行安溪支行（简称“工行安溪支行”）全年各项存款余额43.43亿元，同业占比17.62%，同业第三位，比年初增长1.72亿元，增幅4.12%，增量同业占比8.09%，增量同业第三位；日均增量3.05亿元，日均增量同业第二位。其中，储蓄存款余额26.50亿元，同业占比16%，同业第三位，较年初下降1.48亿元，增量同业第四位；储蓄存款日均增量1.8亿元，同业第一；对公存款余额16.93亿元，同业占比20.95%，同业第三位，较年初增加3.2亿元，增幅23.31%，增量同业第三位；对公存款日均增量1.24亿元，同业第三位。各项贷款余额70.87亿元，同业占比25.06%，同业第二位，比年初增加7.31亿元，增幅11.5%，增量同业占比12.19%，增量同业第四位。其中，公司贷款余额19.75亿元，同业占比18.61%，同业第四位，较年初减少2.41亿元，增量同业第四位；个人贷款余额51.12亿元，同业占比29.34%，同业第二位，比年初增加9.72亿元，增幅23.45%，增量同业占比31.05%，增量同业第二位。普惠金融贷款余额2.26亿元，较年初增加0.83亿元，完成上级行下达任务的114.28%。中间业务收入完成4451万元，同比增加301万元，增幅7.25%，完成任务的94.7%。其中，大零售中间业务收入3926.11万元，同比增加32.52%，公司中间业务收入110.31万元，结算业务中间业务收入182.55万元，贵金属产品销售中间业务收入60.32万元。不良贷款余额1611.44万元，比年初下降2948.17万元；不良率0.23%，比上年末下降0.49%，公司贷款零不良；逾期贷款3367.69万元，减少2261.06万元；剪刀差408.35万元，与上年持平。拨备前利润18133.12万元，同比增加1364.61万元，拨备后利润18649.72万元，同比增加2587.43万元，净利润13920.11万元，受所得税调整因素影响，同比减少1437.87万元，在泉州工行一类支行中排名第六。

【信贷投放】

2020年，工行安溪支行紧盯区域热点，加大对实体经济、重大项目的支持力度。全年累计新增贷款投放21.69亿元，其中基础设施项目投放1.71亿元，个人贷款投放14.69亿元，民营企业和普惠贷款投放5.29亿元。

【风险防控】

2020年，工行安溪支行坚持管控信贷风险，从客户、机构、业务三个维度，进一步加强新增融资质量管理，把好新增准入关口。加强信贷精细化管理，深入排查存量客户的实质风险，落实贷后检查工作，加强对贷款大户监测、会诊和管控。有效控制风险，细化夯实疫情影响企业融资风险预警处置方案。加速不良清收，综合运用常规清收、批量转让、资产证券化、破产重整等方式，重点攻坚个贷、信用卡两类不良资产，压降个贷不良贷款。实现不良额、不良率、逾期贷款三下降，公司贷款继续实现零不良。

【渠道建设】

2020年，工行安溪支行优化网点配置，在安溪县城厢镇德苑片区新设网点工行安溪光德支行，3月30日开业对外营业。

（吴艺彬　周安耿）

·中国农业银行安溪县支行·

【概况】

2020年，中国农业银行股份有限公司安溪县支行（简称“农行安溪支行”）本外币各项存款余额115亿元，比年初增加8.88亿元，存量“四行”（建行、工行、中行、农行）占比46.66%，位居第一；增量“四行”占比41.89%，位居第二。其中，个人存款时点余额85.78亿元，比年初增加3.17亿元，存量“四行”占比51.8%，比年初提升0.85个百分点，增量“四行”占比91.3%，存、增量均位居“四行”第一；对公存款时点余额29.22亿元，比年初增加5.72亿元，存、增量“四行”占比分别为36.15%、32.22%，分别位居“四行”第一、第二。各项贷款余额101.73亿元，比年初净增25.04亿元，存量“四行”占比35.97%，比年初提升1.56个百分点，增量“四行”占比41.79%，同比提高13.58个百分点。其中，对公贷款余额46.61亿元，比年初净增11.9亿元，增长34.94%。个人贷款余额55.06亿元，比年初净增13.14亿元，增量四行占比41.99%，同比提高20.54个百分点。不良贷款余额1580万元，比年初减少575万元，不良率0.16%，比年初下降0.12%，有效实现不良“双降”。实现中间业务收入5693万元；营业收入37162万元，同比增加1858万元；拨备前利润29751万元，同比增加1911.47万元；拨备后利润24055万元，净利润17707万元。

【服务实体经济】

2020年，农行安溪支行全年投放项目贷款12个，投放金额10.8亿元，其中为白濑水利枢纽工程投放贷款5亿元。为安溪辖内两家疫情防控重点企业授信3000万元，发放专项贷款1200万元。截至年底，农行安溪支行小微企业客户数177户，比年初增加64户，贷款余额4.64亿元，比年初增加1.62亿元。为6家企业办理无还本续贷，涉及贷款金额3930万元，为97家小微企业减免汇款手续费，为65户执行基准利率下调，1户执行基准利率下调62.8%。

【客户拓展】

2020年，农行安溪支行成功新开立省、市重点项目账户3户（尚惠投资、莱利投资、白濑移民开发有限公司）；施工单位农民工工资专户5户。机构类拓户较年初增加120户，其中经联社账户93户。代发工资客户数较年初增加45户。

【风险防控】

2020年，农行安溪支行不良贷款余额1580万元，比年初减少575万元，不良率0.16%，比年初下降0.12%，有效实现不良“双降”。法人贷款不良余额比年初下降912万元。“不良贷款处置额”2629万元，其中不良贷款本金清收676万元，核销贷款本金1953万元，“已核销贷款清收额”228万元。

【创服务品牌】

2020年，农行安溪支行完成农行安溪官桥支行装修工作和11个网点厅堂亮化工作，网点基础硬件设施更加完善，全辖布放31台橱窗屏、18台海报屏。组织开展致敬“最美逆行者”、2020年“视觉健康、为eye护航 全家一起眼健康”贵宾客户答谢会、“十年同行 感恩有您”高端客户答谢活动等理财活动18场，其中协助网点开办理财保险沙龙14场。

【全国文明单位复评】

2020年，农行安溪支行依托道德讲堂、“学习强国”、微信、微博等宣传阵地，以良好家风家教、先进模范典型、优秀文艺作品等为载体强化道德教育引导。着力搭建文体活动平台，开展抗疫情书法、阳光健步、“健康杯”篮球邀请赛等活动，努力挖掘传统节日文化和精神内涵，丰富员工业余生活。紧扣“3·15”金融消费者权益日、“普及金融知识，守住‘钱袋子’”等主题活动，组织18个网点立足营业厅阵地，同时深入公园、学校、企业等单位开展金融知识宣传活动，提升公众金融知识水平，推进和谐社会建设。紧扣志愿金穗行学雷锋活动方案，开展岗位学雷锋、清洁家园、走进敬老院关爱孤寡老人及走进社区关爱留守儿童等志愿服务活动，践行社会责任。参与县政府开展的各项文明行动和专项整治行动，助力打造文明县城。文明创建工作得到检查组高度肯定，通过第六届全国文明单位复评。

（詹昆鹏　朱大平）

中国农业发展银行安溪县支行

【概况】

2020年，中国农业发展银行安溪县支行（简称“农发行安溪支行”）各项贷款余额37.53亿元，各项存款余额11.61亿元，实现营业利润0.74亿元。资产质量继续保持优良，在全省农发行“十佳支行”中名列第七，获得安溪县“2020年度金融服务‘三农’工作先进单位”称号。

【粮食安全保障】

2020年，农发行安溪支行支持安溪县粮食储备中心拍卖轮换粮食9457吨，累计发放县级储备粮贷款3284.76万元。年末，储备粮贷款余额11653.56万元，建仓项目贷款余额2120万元，支持县级粮油储备、轮换工作及县中心粮库工程建设。

【支持农村基础建设】

2020年，农发行安溪支行投放中长期贷款3.05亿元。支持疫情防控，审批通过应急贷款3家，合计金额8800万元，累计投放3800万元，用于口罩及防疫设备生产。景观绿化工程 PPP 项目投放 7000 万元，用于建设绿道北线全线、驿站、小游园、观景阁台、服务点等配套设施工程和沿线果园、四季花廊绿化工程等。落实大力扶持小微企业健康发展的方针政策，新增小微企业 2 家，累计投放金额 1100 万元。投放城乡一体化等基础设施建设贷款 2.2 亿元，改善低收入居民的居住条件，完善安溪路网布局，提升安溪东站客运服务功能及服务水平。

【客户营销】

2020 年，农发行安溪支行新审批中长期项目 3 个、小微企业 4 家，累计投放中长期贷款 10 笔，金额 3.05 亿元。

（林欣裕　陈清雯）

·中国银行安溪支行·

【概况】

2020 年，中国银行安溪支行（简称“中行安溪支行”）全量客户金融资产 33.76 亿元，较年初新增 1.49 亿元，增幅 4.61%；本外币存款日均余额 29.07 亿元，较年初新增 0.72 亿元，增幅 2.54%；本外币各项存款余额 28.4 亿元，较年初新增 0.96 亿元，增幅 3.5%；本外币各项贷款余额 42.6 亿元，较年初新增 11.18 亿元，增幅 35.58%，市场份额 7.67%，较年初增加 1.08 个百分点。全年净收入 10552 万元，同比增加 1069 万元，同比上升 10.13%。银监口径普惠金融贷款余额 4.52 亿元，比上年新增 1.71 亿元，完成率 141.29%，位列全辖第二；人行口径贷款余额 4.46 亿元，比上年新增 1.65 亿元，完成率 135.97%，位列全辖第二；普惠型涉农贷款新增 1.27 亿元，完成率 518%，位列全辖第二。国际贸易结算量 4 亿美元，市场份额 70.43%；跨境人民币结算量 2.9 亿元，市场份额 89.38%，当地四大行市场份额双双保持第一。

【内部管理】

2020 年，中行安溪支行未发生新的违规和员工异常行为，实现平安年。全年日均存款比年初增加 1.24 亿元，完成分行下达任务数的 124.34%。落实金融支持实体经济为民营企业发放贷款 8.39 亿元，较年初增加 0.7 亿元，新投放民营企业贷款占比 70% 以上。全额现金收回华城实业不良贷款本金 1791 万元、利息 72 万元，解决该户遗留多年历史不良，实现贷款零不良、个贷卡不良仅为 780.11 万元，较年初减少 1993.96 万元；不良率 0.18%，较年初下降 0.7 个百分点，资产质量优良。

【创新业务增长点】

2020 年，中行安溪支行全年累计新增存款 4844 万元，完成率在整个泉州中行系统中排名第二；全年第三方存管净增客户数 1992 户，第四季度保险销售折标准保费 588.84 万元，完成率在整个泉州中行系统中排名第三；对公结算账户净增 520 户，行内贡献度和市场份额在整个泉州中行系统中排名第二；对公基础客户数比年初增加 298 户，基础客户和有效客户在整个泉州中行系统中排名第二；企业网络金融活跃客户比年初增加 482.5 户，贡献度在整个泉州中行系统中排名第二。

【中小企业服务新模式】

2020 年，中行安溪支行推出“中银接力通宝”“中银外贸通宝”业务，规范“中银税贷通宝”业务的管理和操作办法，缓解小微企业的融资困难问题，在利率方面给予适当的优惠，免除小微企业房地产评估费、抵押登记费等费用，为中小企业减免、退还抵押物保险费，减轻小微企业融资成本。截至年末，县中行的小微企业授信客户 79 户，授信余额 5.91 亿元，支持县域内中小微企业的发展。

（郑金展　吴友添）

·中国建设银行安溪支行·

【概况】

2020 年，中国建设银行安溪支行（简称“建行安溪支行”）年底各项存款余额 59.69 亿元，比年初新增 9.73 亿元，新增四行占比 45.88%；各项存款日均余额 56.04 亿元，比年初新增 6.43 亿元，新增四行占比 53.53%；各项贷款余额 67.77 亿元，比年初新增 16.58 亿元，新增四行占比 27.67%；实现主营业务收入 2.17 亿元，增幅 26.9%；实现中间业务收入 6146 万元，四行占比 36.57%；全行五级分类口径不良贷款额 1298 万元，不良贷款率 0.19%，同比下降 0.03 个百分点。

【提升资金实力】

对公存款　2020 年，建行安溪支行紧抓重点行业、重点客户增存，围绕房地产、建筑业两大重点行业，持续做好客户关系维护及稳存增存工作，实现日均存款新增 5.81 亿元；紧抓重点产品增存。通过营销大额存单、结构性存款等优质存款产品及购房保证金归集，带来日均增存 1.6 亿元。

个人存款　2020 年，建行安溪支行大力发展定期存款、结构性存款、薪享通存款等存款优质产品，有力推动个人存款增长，薪享通存款当年新增 2.58 亿元；抓住“理财季”

活动契机，夯实客户基础。加强存量客户的全面关系维护，紧抓客户理财到期资金和赎回资金、互联网理财和消费资金承接，提升客户存款贡献度。

【加大信贷资源投入】

至2020年底，建行安溪支行各项贷款余额67.77亿元，比年初新增16.58亿元，四行占比提升1个百分点。其中，对公贷款余额20.12亿元，比年初新增10.76亿元，在2019年的基础上翻一番，个人贷款余额47.65亿元，比年初新增5.82亿元。紧抓项目储备、紧跟流程、力促投放。全力服务县域重点项目建设，全年新增审批通过大中型贷款项目5个，授信金额18.9亿元，放款9亿元。紧抓个人类贷款发展。全年累计投放个人住房贷款2195户10.3亿元，贷款余额新增3.32亿元；全年累计投放个人信用“快贷”43033笔9.29亿元，贷款余额新增6718万元。

【支持小微企业发展】

2020年，建行安溪支行普惠金融贷款余额9.26亿元，比年初新增3.88亿元，增速72.12%，其中抵押快贷授信客户新增居全省建行县域支行第一位，授信金额及贷款新增居全省建行县域支行第二位。

【住房公积金贷款】

2020年，建行安溪支行发放住房公积金委托性贷款1193笔，发放金额5.05亿元。

（陈玉玲　白卫东）

中国邮政储蓄银行安溪县支行

【概况】

2020年，中国邮政储蓄银行安溪县支行（简称“邮储银行安溪支行”）推出“信用易贷”等产品助力小微企业应对新冠肺炎疫情造成的影响，被县政府评为“2020年度金融工作先进单位”。

【存款业务】

截至2020年底，邮储银行安溪支行各项存款结余34.88亿元，县排位第五，年增7.12亿元，年增排位第四。

【信贷业务】

2020年，邮储银行安溪支行应对新型冠状病毒感染的肺炎疫情，积极推出线上产品，如针对小微企业推出信用易贷，线上申请，最快当日授信支用，单笔达300万元；针对现存零售客户推出极速贷，全流程线上申请最快5分钟审批，10分钟到账，抵押类最高可贷1000万元，信用最高可贷30万元。为金安高速安溪段提供2.8亿元授信额度，放款1.83亿元。截至2020年底，贷款结余33.9亿元，年增7.9亿元。

【信用卡】

2020年，邮储银行安溪支行优化信用卡进件流程，采用无接触式服务，广推线上自助申请，避免疫情防控期间的接触；提升我行信用卡的增值服务，如向阳坊满20元减10元活动、10元洗车优惠活动、加油满减、永隆自助餐联盟价等优惠活动，满足茶乡人民吃喝玩乐消费需求；通过驻点高速，为车主提供ETC（电子不停车收费）赠送便民活动，缓解高速窗口压力。2020年结存信用卡数量23920张。

【中小企业服务】

2020年，邮储银行安溪支行通过减费让利、无还本续贷、推广线上信贷产品、丰富担保方式、产品创新、“白名单”等，加大对安溪中小企业资金投入；如针对传统抵押类小企业贷款最高授信额度提升至3000万元，额度存续期延至8年等要素调整，并对单户授信额度1000万元及以下的小微企业贷款通过利率优惠、弱化担保、手续简化、快速审批等政策，基于互联网、大数据技术，推出“小微易贷”产品，民营企业从贷款申请、审查、审批等环节全流程线上操作，实现足不出户即可获得贷款，促进普惠型小微企业增户、扩面。截至2020年底，投放小微企业（含小微企业主）贷款112025万元，年增加19358万元；投放制造业贷款17913万元，年增加6759万元。

【服务“三农”】

截至2020年12月，邮储银行安溪支行投放涉农贷款余额20.97亿元。2020年共为3130户农户、商户发放贷款1.22亿元。

【风险管理】

2020年，邮储银行安溪支行不良贷款率0.66%，同整体风险可控，全年无案件和重大风险事件。

【渠道建设】

2020年，邮储银行安溪支行丰富非柜面载体来满足金融需求，如新增手机银行申请受理信贷需求，在减少不必要接触的同时，简化客户手续。新增配4台ITM自助开卡机，提升工作效率。截至12月31日，全县共设17个网点，20部自助设备，自助开卡机14台，39部POS机。

【工作创新】

2020年，邮储银行安溪支行推出为民生领域企业量身打造的“医院贷”“学校贷”“排污贷”“供水贷”等产品，满足改善民生资金需求。

【邮政储蓄】

2020年，安溪邮政与45个村社开展共建活动，以送金融知识下乡、生日祝福、节日关怀、特惠专享等活动，为村民提供一系列便民服务；创建35个邮储信用村，与村社开展信用村授牌仪式，做好信用户信息收集，为村民现场提供信贷业务办理；推进金融网点服务管理工作，组织开展服务礼仪培训会、每月岗位练工等，进一步增强员工服务意识和优化客户服务体验。截至2020年底，存款余额27.96亿元，年增5.14亿元，列全市年增余额第一，创安溪邮政代理金融年增余额历史新高，年新增市占率15.52%。

2020年7月16日，安溪农商银行开业仪式举行（谢旭东摄）

·福建安溪农村商业银行·

【概况】

2020年，安溪县农村信用合作联社改制为福建安溪农村商业银行股份有限公司（简称“安溪农商银行”），并于7月16日挂牌开业。截至年末，安溪农商银行资产总额248.24亿元，比年初增加46.09亿元，增长22.08%；各项存款余额202.86亿元，比年初增加33.68亿元，增长19.91%，存款市场份额36.22%，比年初上升2.41个百分点，存款增量占全县总增量的50.67%，当年度存款增量创历史新高，存款增速居全省农信系统第一；各项贷款余额137.94亿元，比年初增加17.16亿元，增长14.20%，贷款市场份额24.62%；存贷款余额和市场份额连续10年保持安溪县银行业首位，连续3年获评福建农信“经营管理十强、业务增长十佳”。

【支持发展经济】

截至2020年末，安溪农商银行涉农贷款余额131.30亿元，余额占各项贷款总额的95.19%；小微企业贷款余额27.03亿元，比年初增幅41.10%；精准建档户数达17万户；累计创建信用乡镇9个，信用村（含社区居委会）231个。

【业务创新】

2020年，安溪农商银行推出战疫支农贷、战疫支小贷、战疫支小信用贷、战疫复工贷、战疫天使贷等战疫系列产品，助力疫情防控，支持复工复产；推出乡村振兴富村贷、乡村振兴富民贷、乡村振兴福农民宿贷、乡村振兴福农美食贷、乡村振兴全额贷、乡村振兴二押贷等乡村振兴系列产品，助力美丽乡村建设。上线“线上营销平台”，实现线上营销、线上办理的无接触服务新模式；上线“疫情防控日报”，实现员工健康状况自动统计汇总，助力疫情防控；上线“业务预约系统”，实现错峰服务，降低人员聚集；上线“学习资料预约打印”，助力学生群体疫情防控期间“停课不停学”；上线“员工电子名片”，丰富线上营销渠道，助力业务拓展；上线“人脸识别系统”，满足“断卡行动”需要，有效防止冒名办卡等行为。

【农民专业合作社贷款管理】

2020年，安溪农商银行根据农民专业合作社社员的信用等级评定结果，并结合具体实际情况，在农村普遍缺乏有效抵押担保的情况下，灵活采取信用贷款、联保贷款和普通保证贷款等担保方式给予贷款支持。截至年末，安溪农商银行向农民专业合作社、农业专业大户及社员共1779户授信2.41亿元。

（许志耀　林艺环）

中国人民财产保险股份有限公司安溪支公司

【概况】

2020年，中国人民财产保险股份有限公司安溪支公司（简称“人保财险安溪支公司”）实现保费收入1.73亿元，纳税546.24万元，获福建省分公司2020年度县区支公司综合经营管理奖一等奖、泉州市分公司2020年度车险续保优异奖第一名、2020年度农险经营管理奖二等奖、2020年度意外险手机App销售二等奖、2020年度全市系统办公工作质量先进单位第一名、2020年度优秀银保团队奖、2020年度综合团队奋发拼搏奖第一名、2020年度标杆团队奖第二名、2020年度二级车行渠道经营优秀奖第三名、2020年度新车开拓奖第二名、2020年度修理厂渠道经营优秀奖第二名。

【理赔服务】

2020年，人保财险安溪支公司共接收各类险种有效立案数12794件。其中，完成给付车险10926件，赔款5435.2万元，非车险4687件，赔款2235.6万元。“线上化理赔”提高线上金融服务效率，依托网络、小程序等电子渠道服务管理和保障，加强线下配套服务和宣传引导，完成线上化理赔服务案件达到1235件。在疫情防控期间，建立绿色通道结合线上“非接触式”模式，全面优化理赔服务流程，优先处理因疫情影响受损出险的理赔客户，做到应赔快赔，提升理赔便利性。通过落实数字化战略，积极引入科技应用，护航核损核赔。无人机结合“两步走（户外助手）”App作为查勘工作，通过无人机提供的航拍影像在App上手绘农户地块的位置，进行面积测绘，完成边界的确定，制作出平面图，截图留存，为保险标的确权留下有力依据。

【民生保障】

2020年，人保财险安溪支公司在疫情防控期间向安溪县3545名医护人员提供医护人员防疫综合保险。在复工复产期间，承保白濑水利枢纽工程项目现场政府工作人员人身意外伤害保险，为参加移民搬迁工作的政府工作人员提供1.25亿元风险保障，护航白濑水利枢纽工程的顺利开展。为安溪县280名青少年提供7万元政府救助保险保障。在福建省内率先启动“保险＋科技＋服务”模式，推进校园方责任保险，加强学生人身安全与健康保险保障服务，提升平安校园信息化、智能化水平。服务“三农”和助力脱贫攻坚力度，以更高站位服务新发展格局，狠抓“三农”政策部署落地，筑好农险“防御工程”，大力发展种植业保险、林木保险、扶贫保险，实现民生业务“应保尽保”。其中淮山种植保险在福建省内实现零的突破，减轻自然灾害对淮农造成的经济损失，推动淮山产业平稳健康发展。

2020年7月16日，安溪淮山种植保险签约仪式举行（谢旭东摄）

【温暖升级】

2020年，人保财险安溪支公司利用节日契机：扶贫日开展产业扶贫保险宣传、重阳节入社区关爱老年人、发动协赔员队伍下乡宣传民生险种、融入政府综治险宣传队进乡镇。对内设置人保驿站：提供休息座椅、免费Wi-Fi、便民药箱、充电宝、饮水设施、空调等便民设施，聚焦客户需求，紧盯弱项指标，尽量多地推出差异化、场景化的客户增值服务，做到服务常推常新，提升客户的获得感、体验感和幸福感，打造客户身边的“暖心服务站”。

（陈玉琼　陈丽玲）

中国人寿保险股份有限公司安溪县支公司

【概况】

2020年，中国人寿保险股份有限公司安溪县支公司（简称“安溪国寿”）实现股份总保费4.45亿元，同比增长21.08%；长期首年期交保费1.21亿元，同比增长55.91%（其中十年期以上保费6106.62万元，同比增长21.32%）；短期险保费3885.27万元，同比增长22.09%（其中团险渠道1803.92万元）；长险首年标准保费5871.58万元，同比增长17.81%；代理财产险业务1462万元，完成率106.63%；续期保费2.85亿元，同比增长10.46%。截至12月底，公司拥有个险代理人队伍1155人，团险渠道主管、大短险专员和客户经理39人，银保渠道客户经理13人。

2020年，安溪国寿获得总公司“县域双百强”单位、“五四红旗团支部”、“五好公司”优胜单位、省公司2020年“开门红首卖日”执行力考核综合性县支公司优胜单位、

2020 年 12 月 31 日，中国人寿保险股份有限公司安溪县支公司普惠金融工作站揭牌（安溪国寿供图）

收展发展渠道优胜单位称号；获得省公司 2020 年度大短险先锋奖及团短险先锋奖、2020 年开门红泉州分公司“自营先锋奖”、市公司“腾飞 2020”开门红规模期交业务竞赛冠军、市公司银保渠道 2020 年度县支公司综合贡献奖、市公司 2020 年党建党规党纪知识竞赛团队一等奖。

【服务民生】

2020 年，安溪国寿通过创新惠民措施，加强政企合力，积极探索保险扶贫新模式，拓展计生险、惠民保险、小额险、女性安康保险、银龄安康保险等共计 593.45 万元；共赔付 4316 笔理赔案件，支付赔款总计 2583.86 万元，比 2019 年减少 423 笔，赔付金额同比增加 249.36 万元。

为倡导公司“成己为人 成人达己”的文化理念，公司开展捐资助学活动、计生贫困户、国定贫国户、省定贫困户的慰问，捐资扶贫、结对帮扶共 18 人，慰问金及物资约 3.07 万元。公司经理李启儒和副经理洪敏毅的扶贫事例在中国人寿官网、中国网、人民网、中国经济网等全国级媒体广泛宣传。

【疫情防控】

2020 年，安溪国寿结合各级政府要求，扎实抓好防控工作，确保疫情防控。在全民抗疫的第一时间，公司工会为员工们配备口罩、消毒水，为坚持工作的员工送上防护必需品，开展新冠肺炎疫情防控专项慰问活动，保障生命安全和身体健康。排查公司员工（包括销售人员）的去向，做好疫情防控工作宣传。贯彻中央“六稳”“六保”和总公司“三抓、三强、三稳”工作要求，支持企业复工复产。借助总部“科技国寿”建设战略和科技赋能支持，推广线上投保服务、保全服务、“空中客服”试点服务、理赔主动服务和优惠政策，提供方便快捷服务。

（黄婉婷　李启儒）

农 业

· 综述 ·

【概况】

2020 年，安溪县农业生产推行供给侧结构性改革，推进现代、生态、智慧、品牌农业建设，全县农业农村经济持续稳定发展。全县实现农林牧渔业总产值 92.76 万元，同比增长 4.0%；第一产业增加值 56.24 亿元，同比增长 3.0%。实现农村居民年人均可支配收入 19145 元，同比增长 6.2%。

【农业投资】

2020 年，安溪县农业资金投入 4.2074 亿元，其中上级资金 2.5383 亿元，县级资金 1.6691 亿元。生态特色农业、社会化服务、农产品质量安全、农业防灾减灾、粮食安全、动物疫病防控资金投入 3029 万元。耕地地力保护、农田建设、设施农业、渔业资源保护、农机购置补贴资金投入 5600 万元。宣传推介、农民培训、种植保险资金投入 2133 万元。合作社、家庭农场、乡村振兴、村级组织运转及“一事一议”资金投入 13586 万元。农村土地承包经营权确权、产权制度改革及村集体“三资”监管专项整治资金投入 1298 万元。扶贫工作资金投入 13119 万元。安溪“中国天然氧吧”创建、县突发事件预警中心建设及农业发展资金投入 769 万元。云岭现代农业产业园建设及其他项目资金投入 2540 万元。

【农田整治及水利建设】

2020 年，安溪县农田整治和农田水利建设主要通过实施高标准农田建设项目来实现，高标准农田建设主要包括退化土壤治理、土壤培肥等耕地质量建设工程和土地整理、灌溉与排水、田间道路等农田建设工程。安溪县新建高标准农田建设项目 1.2 万亩，超额完成泉州市下达安溪县 1.16 万亩建设任务。

【农垦】

2020 年，安溪县推进农垦改革发展工作，完成 3 个国有企业离退休人员社会化管理工作，完成移交 907 人；发展特色产业，福前芦柑获得地理标志证明商标，助推福前芦柑产业的发展。

【农业执法】

加强农资监管执法 2020 年，安溪县做好执法检查、质量抽检和案件查处三项工作。严格落实行政执法“三项制度”，规范执法，促进部门协调配合，健全行刑衔接机制，认真执行“双随机”抽查检查机制，坚持“有报必接，接案必查，查必到底”原则，以群众满意为目标，实行文明、公开、公平执法。组织开展农资打假专项行动，开展高毒高风险农药、兽用生物制品和兽用抗菌药专项执法检查，保持农资打假高压态势，扎实整顿规范农资市场秩序。保持对经营假劣农资、销售使用高毒高残留农药、无证照经营农资等违法违规行为的经常性检查，保证农资市场执法巡查力度，农业生产投入品安全监管工作取得成效。全年县农业执法队伍共计出动执法人员 1170 多人次，执法车辆 320 多辆次，检查农资经营单位 1500 多家次，抽查农资产品 58 个（农药 45 个、肥料 8 个、兽药 5 个）。县农业农村局立案查处并办结各类农业违法一般程序案件 21 起，其中农药案件 2 起（无证经营）、兽药案件 2 起、肥料案件 1 起、农产品质量安全案件 1 起、动物防疫案件 14 起、未经定点从事生猪屠宰案件 1 起（均为一般程序案件）。移送私屠滥宰案件 1 起。

规范农资监管平台使用 根据《农药管理条例》的要求及省农业执法总队关于农资监管平台管理的部署要求，县农业执法人员采取线上巡查和实地核查相结合的形式，对全县的农药经营者的农药购销台账建立情况进行全覆盖实地检查。对检查中发现农药购销台账不健全的网点责令其整改，开具责令改正

通知书 4 份。

茶叶质量安全监管　2020 年，县农业执法部门开展农产品质量安全监管工作，从生产、加工各个环节把紧农产品安全关。完成农产品抽检任务，抽检茶农毛茶在制品样品 176 个，全县地理标志企业、其他重点茶企等抽样 634 个。强化“压制茶”抽样工作——对全县“三品一标”认证企业、市级以上龙头企业、县级以上合作示范社、家庭农场等重点茶叶生产经营主体生产或收购的毛茶进行抽样，送专家鉴定。加强生产记录和执行间隔期管理。对上述重点茶叶生产经营主体的生产记录诚信档案和执行间隔期情况进行检查，督促其实行源头赋码，贴码销售，一品一码。开展“三品一标”标志使用专项检查，对全县“三品一标”认证茶企是否存在转让、买卖认证证书和标志的行为，是否存在伪造、冒用、超范围使用标志等不规范行为进行检查，作记录。

【安溪获评“全国农村创新创业典型县”】

2020 年，根据《农业农村部办公厅关于推介全国农村创新创业典型县及农村创新创业园区、农村创新创业孵化实训基地名单的通知》，安溪县获评“全国农村创新创业典型县”，福建省仅有 3 个全国农村创新创业典型县。

【安溪入选中国特色农产品优势区】

2020 年 2 月，由农业农村部、国家林业和草原局、国家发展改革委、财政部、科技部、自然资源部、生态环境部、水利部共同认定的第三批中国特色农产品优势区名单公布，安溪县被认定为“安溪铁观音中国特色农产品优势区”。

（李冰坤　陈志明）

·种植业·

【概况】

2020 年，安溪县粮食作物有水稻、甘薯、马铃薯、玉米、大豆等，其中以水稻、甘薯、马铃薯为主要粮食作物。粮食作物播种面积 26.92 万亩，其中水稻种植面积 14.19 万亩（早稻 5 万亩、中稻 4.22 万亩、晚稻 4.98 万亩），甘薯 6.96 万亩，马铃薯 5.04 万亩，玉米 0.34 万亩，大豆 0.38 万亩。淮山（薯蓣）为安溪县发展较快的特色粮、菜、药兼用农作物，是安溪县经济效益最高的粮食作物，主要分布在长坑、兰田、祥华等内安溪乡镇，以出售鲜薯为主，亩产值 1 万元以上。

安溪县果园面积 22777.05 亩，水果总产量 1.63 万吨，其中柑橘类面积 9447 亩，产量 0.79 万吨；热带水果面积 8341.05 亩，产量 0.62 万吨；其他水果面积 4989 亩，产量 0.22 万吨。安溪县果树资源丰富，主栽品种多样，地理环境属南、中亚热带海洋性季风气候区，组织果农试验引种优新品种，如茂谷柑、青枣、火龙果、百香果等。

【粮食作物】

2020 年，安溪县推进水稻生产功能区划定工作。在水稻生产功能区划定成果通过省级验收的基础上，做好水稻生产功能区划定成果国家级审核各项准备工作。按照上级要求，按时保质在网上填报月度“两区”划定进度上报报表。据福建省农业农村厅办公室 2020 年 9 月 22 日《关于水稻生产功能区划定成果数据库整改进度的周通报（四）》，安溪县水稻生产功能区划定成果数据库整改工作基本达到上交国家审核要求，2020 年 12 月安溪县水稻生产功能区划定成果通过农业农村部国家级审核检测。全县涉及水稻生产功能区划定范围有 23 个乡镇、380 个村 3663 个地块。全县实际完成 135155 亩水稻生产功能区划定，超额完成市级下达安溪县 13.5 万亩划定任务，全部按时、按质、按量完成全县水稻生产功能区划定上图入库、建档立卡及通过省级、国家级审核验收，完成水稻生产功能区划定任务。

【果业】

龙眼产业化　2020 年，安溪县龙眼果园面积 3052.05 亩，产量 2315

2020 年 11 月 28 日，2020 全国县域数字农业农村发展交流活动在重庆举办。图为安溪县副县长肖印章（右七）代表安溪县领取“2020 全国县域数字农业农村发展先进县”证书（县农业农村局供图）

吨。抓好龙眼主产区的栽培管理，做好龙眼标准示范区果园的管理工作。根据标准化要求，规划机耕路，蓄水池及喷灌等配套设施建设，指导果农做好龙眼控冬梢，防花穗“冲梢”及保花保果、抗旱防涝、防寒防冻及病虫害综合防治等龙眼生产常规管理工作，提高优质果率。引进新品种，调整龙眼早中晚熟品种结构。

安溪县油柿标准化示范区建设 2020年，安溪县油柿果园面积2703亩，产量857吨。开展“安溪油柿标准化示范区”标准实施后相关任务落实，组织技术人员深入基层，指导果农加强柿园标准化生产和柿饼加工技术规范，提高油柿产业管理水平。

【蔬菜播种】

2020年，安溪县蔬菜播种面积227673亩，计划产量258644吨，其中叶菜类面积27681亩，产量30054吨；白菜类面积43077亩，产量49121吨；甘蓝类面积11721亩，产量12382吨；瓜类面积15953亩，产量18924吨；根茎类面积50537亩，产量61485吨；茄果类面积9941亩，产量9406吨；葱蒜类面积17789亩，产量16720吨；菜用豆类面积4704亩，产量5064吨；水生菜类面积5350亩，产量13375吨；其他蔬菜面积40920亩，产量42113吨。

【植物保护】

农作物（水稻、茶叶）病虫害防治 2020年，安溪水稻病虫害偏重发生，其中稻纵卷叶螟大发生，稻飞虱偏重发生。全县水稻病虫害发生面积9.4万亩次，防治16万亩次，挽回损失1893吨。稻纵卷叶螟，早稻大幅发生，晚稻中等发生。2020年降雨集中在5月下旬至6月上旬，持续大范围降雨，稻纵卷叶螟随着气流迁入安溪县，虎邱测报点6月上旬灯下虫量253只，是2019年同期的9.37倍。2020年6月8日在魁斗镇调查，稻纵卷叶螟田间蛾量出现突增，平均亩蛾量1800只，最高25000只。严重田块卷叶率90%以上，2020年早稻稻纵卷叶螟是历年来发生最严重的一年。全县稻纵卷叶螟发生3万亩次，防治5万亩次。稻飞虱，早晚稻偏重发生。2020年灯下稻飞虱未出现明显迁入峰，虎邱测报点6月上旬灯下虫量232只，比2019年减少97%，田间百丛虫量为350—700只，最高1250只。早稻破口抽穗后期，田间褐飞虱突发暴增，7月4日尚卿乡瀚卿村严重田块百丛虫口3万只，出现塌圈绝收现象。全县稻飞虱发生面积2.5万亩次，防治4万亩次。纹枯病中等发生。县发生3.0万亩次，防治4万亩次。稻瘟病、南方水稻黑条矮缩病、三化螟、二化螟、细条病属轻发生年份。

茶叶病虫害 2020年，安溪茶叶病虫害中等偏轻发生，茶小绿叶蝉、茶叶螨类、茶饼病等病虫中等发生，尺蠖类害虫、黑刺粉虱、茶圆赤星病、茶炭疽病轻发生。2020年茶叶病虫害发生整体比2019年轻，全县发生面积48万亩次，防治113万亩次，挽回损失2125吨。假眼小绿叶蝉中等偏轻发生。由于茶树越冬虫口基数比2019年同期低，越冬虫口基数减少2.1倍，2020年假眼小绿叶蝉发生整体比2019年轻。4月中旬调查，茶假眼小绿叶蝉平均百叶虫口：蓬莱5只、大坪4只、福田2只、虎邱3只、官桥4只、西坪5只；9月上旬调查，平均百叶虫口：祥华8只、蓬莱4只、大坪6只、虎邱4只、官桥5只、龙涓3只，调查结果均未达到防治指标。全年茶园的生态环境改善，小绿叶蝉发生面积逐年减少，危害程度逐年减轻，全县发生30万亩次，防治70万亩次。茶叶螨类为中等发生。个别乡镇偏重发生，祥华点8月31日调查，茶叶螨类局部发生较严重，平均2只/平方米。大坪乡咖啡小爪螨平均5只/百叶。福田6只/百叶。全县发生10万亩次，防治20万亩次。尺蠖类害虫为轻发生。2020年发生比2019年迟且轻，发生的种类主要以茶尺蠖为多。祥华点调查，5月上旬始发现，茶尺蠖幼虫平均0.6只/平方米。全县发生1万亩次，防治3万亩次。黑刺粉虱轻发生年份。全县发生2万亩次，防治4万亩次。茶赤星病、茶饼病、炭疽病2020年发生相对较轻，全县茶园零星发生，发生面积4万亩次，防治面积13万亩次。

检疫性害虫的监测和防控 2020年，安溪县在蓬莱、虎邱、祥华等10个重点乡镇建立40个草地贪夜蛾监测点，向县政府申请资金30万元，采购12吨“0.6%高效氯氰菊酯”红火蚁防控药剂。分发《关于发放2020年红火蚁防控药剂的通知》，到有发生红火蚁疫情的龙门、官桥、湖头、大坪、参内、虎邱等乡镇组织防治。

实施农药零增长行动 2020年，安溪县做好茶叶病虫害绿色防控技术示范建设。选择茶叶产区虎邱镇罗岩村作为茶叶病虫绿色防控技术示范点，示范面积1000亩，安装40台太阳能杀虫灯，用于诱杀害虫茶蛀梗虫，投入资金13.6万元。在全县13个茶叶基地安装智能虫害防治系统设备185台，安装太阳能杀虫灯419台，示范面积3000亩。全县茶叶绿色防控示范面积4000亩，绿色防控推广面积80万亩次，绿色防控覆盖率36.4%。2020年获得农业部首批“全国茶叶病虫害绿色防控创建示范县”称号。

实施农作物病虫害统防统治，开展社会化服务 依托福建司雷植保技术有限公司、大司农植保服务专业合作社和龙涓内灶植保专业合作联社，开展农作物病虫害专业化统防统治示范工作。引进推广使用无人机，司雷植保购买大疆1P植保无人机13台，龙涓内灶植保专业合作社和大司农植保服务专业合作社各购买1台大疆1P植保无人机。无人机的使用，提高防治效率，控制病虫害，减轻劳动强度。

秋茶期间，在剑斗云溪茶园，司雷植保利用无人机进行统防统治，面积达1000亩。推进水稻统防统治，组织司雷植保到龙涓珠塔村利用无人机对水稻稻纵卷叶螟进行统防统治，利用无人机喷施“硅肥”阻抗水稻重金属污染，防治面积达3000亩。全县统防统治推广辐射面积56万亩次，统防统治覆盖率46.9%。

【《安溪茶志》编纂】

2020年9月11日，在县公务大楼召开《安溪茶志》编纂工作推进会议，会议由县农业农村局局长陈志明主持，县委组织部有关领导讲话，该志书编纂工作领导小组成员单位参加。会议议程由该志书编纂工作领导小组办公室做好相关事项说明，以及做好后续材料收集工作。为做好《安溪茶志》编纂工作，经招投标，与泉州市燕尾脊文化传媒有限公司签订编写委托合同。

（李冰坤　陈志明）

·畜牧业·

【概况】

2020年，安溪县按照“稳定生猪生产，大力发展草食动物生产”的原则，进行畜牧业内部结构调整。全县肉乳蛋总产量略增长，为41518吨，比上年增长4.91%；畜牧业总产值分别为172085万元，占农林牧渔总产值的23.87%。肉类总产量25697吨、乳135吨、蛋15686吨，分别比上年增加5.48%、–61.42%和6.52%。全县人均占有肉量21.23千克、乳0.11千克、蛋12.96千克。

生猪存栏数由2019年的12.81万头增加到2020年的16.52万头，存栏数增加28.96%。生猪出栏率由2019年的110.89%降低到98.36%。2020年生猪产肉量12468吨，比2019年的11398吨增加1070吨，增长9.38%。2020年，牛、羊、家禽和兔的存栏数分别为1.2798万头、21775只、3066919羽和52515只，比2019年的存栏数增加10.01%、–3.91%、4.78%和–13.54%。

【科学技术培训】

2020年，县畜牧兽医三站举办培训班8期，受训人员312人次；有14人次参加省级培训，86人次参加市级培训；在省级以上专业刊物发表论文5篇。

【动物防疫】

2020年，安溪县发放禽流感疫苗185.4万毫升，猪口蹄疫疫苗36.6万毫升，牛羊口蹄疫8.7万毫升，羊小反刍疫苗4.8万头。对生猪16.6万头、牛1.79万只、羊4.4万只、鸡118万羽、鸭123.8万羽、其他禽类2.5万羽开展重大动物疫病春、秋两季防疫，畜禽群体免疫密度达到90%以上，抗体保护率保持在85%以上。

在安溪县2个规模养猪场推行动物疫病强制免疫病种“先打后补”政策，口蹄疫每头补助2.8元/头，合计核定生猪补助数量为13896头，补助金额为38908.8元，逐步实现养殖场自主采购、财政直补。

【实验室建设】

2020年，安溪县动物疫病病原学检测实验室建设完成，总计投入86.78万元，提升禽流感、非洲猪瘟、口蹄疫等动物疫病及人畜共患病诊断能力，提高全县动物疫情预警预报能力，保护畜牧业健康发展。

【动物卫生监督执法】

2020年，安溪县开展产地检疫工作。各乡镇动物卫生监督中心受理辖区内养殖场（户）产地检疫申报，依法依规开展产地检疫，全年产地检疫生猪81134头。开展屠宰检疫工作，在城关、官桥、湖头3个定点屠宰场（点），做好入场生猪查证验物、宰前检疫和屠宰同步检疫等工作，全年屠宰检疫生猪89197头，屠宰动物受检率达到100%。开展病死动物无害化处理，全县规模养殖场和3个定点屠宰场（点）全部建有无害化处理设施对病死动物进行处理，全年养殖环节申报病死猪无害化处理补贴3710头。开展“瘦肉精”监测工作，全年对养殖场和定点屠宰场（点）抽检生猪尿液1910头份，分别检测“盐酸克伦特罗”“莱克多巴胺”“沙丁胺醇”各1910头份，检测结果全部为阴性。开展行政审批工作，全年办理动物防疫条件合格证7份。开展监督执法工作，加强动物卫生监督执法工作，全年立案查处违法案件9起，结案9起，结案罚款金额287325.5元。

（李冰坤　陈志明）

·渔业·

【概况】

2020年，安溪县渔业养殖总面积5160亩，其中池塘1245亩、山塘1320亩、水库2595亩。全年渔业总产量1595吨，渔业总产值2700余万元；生产各种鱼苗种680万尾、大规格鱼种200万尾，鱼苗种产值166万元。

【水产养殖】

小山塘小水库发展渔业养殖 2020年，在城厢镇开发利用1个小山塘面积10亩、在蓬莱镇开发利用1个小水库面积38亩，发展渔业生产，主要以养殖草鱼、青鱼为主，搭配混养鲢鱼、鳙鱼和鲤鱼、鲫鱼等。经过一年多的养殖，鱼产量分别达到0.75万千克和2.5万千克，渔业产值分别达到22万元和67万元。

发展养殖光倒刺鲃 主要以剑斗、官桥、龙门和虎邱为主，池塘养殖面积100余亩、水库网箱养殖2000余平方米，2020年生产光倒刺鲃100余吨，产值300余万元。

水库网箱养殖 水库网箱养殖主要以养殖草鱼为主，结合养殖青鱼和光倒刺鲃等经济鱼类，养殖面积8952平方米，其中养殖草鱼面积6452平方米，养殖光倒刺鲃面积2000平方米，养殖青鱼等其他鱼类面积500平方米。

做好渔业养殖病害防控 监测全县渔业主要养殖品种常规疫病，指导渔民做好鱼病的防控工作，做到无病预防、有病早治，为保障水产品稳定生产提供经常性公共技术服务，加强健康养殖和用药的宣传指导，推动精准减量用药，发展渔业健康生态养殖。

【冷链物流】

“安恒现代水产冷链物流项目”是泉州市海洋与渔业局于2019年下达的海洋经济发展补助项目，项目建设地址位于安溪县官桥镇“南方水产城”，项目承担单位是福建安恒物流有限公司。该项目预计总投资3343万元，新建6000平方米冻库（大约1万吨库容）、加工区1224平方米，购置物流信息软件系统和水产品生产线（解冻、加工、包装等）各一套、冷链物流车4台等设备。建立以加工企业为核心，产供销一体化的水产品冷链物流体系，利用自身冷链物流，发展跨区域的海鲜水产品长途冷链物流体系。该项目建成后，可达到年配送5万吨水产品的规模。该项目于2019年立项并施工。截至2020年底，该项目完成冻库和加工区主建筑工程，投入资金近2000万元。

【渔政管理】

宣传动员 2020年，县农业农村局宣传《中华人民共和国渔业法》《中华人民共和国野生动物保护法》《中华人民共和国水生野生动物保护实施条例》等法律法规及水生野生动物保护相关知识，通过电视媒体、微信公众号、悬挂横幅、发放宣传单的方式，从保护水生野生动物、杜绝非法捕捞的重要性方面开展宣传活动。检查药店、农贸市场等相关经营场所，对经营人员进行宣传；进景区、进社区、进乡村，通过发放宣传单、展板展示、悬挂横幅的方式，现场开展水生野生动物保护宣传活动。全年发放各类宣传海报等宣传材料2万多份。在大龙湖两侧悬挂禁止非法捕捞的警示标志牌50块。

渔政执法 2020年，县农业执法部门加强对全县溪河水域的渔政管理力度，打击非法电、毒、炸鱼等违法犯罪行为，维护正常的渔业生产秩序。加强舆论宣传，与公安、行政执法等部门开展联合执法，重点打击非法电、毒、炸鱼等违法犯罪行为。加强巡查和查处力度，县农业农村局出动执法人员150多人次，现场拆解、没收43艘“三无”船只（其中4艘电鱼船、3艘疑似电鱼船），没收渔网32张，电鱼设备3套。立案查处违法电鱼案件1起，没收渔获物5千克，罚款合计5000元。

水生野生动物保护 县农业执法部门开展打击违法违规经营海马等水生野生动物专项整治行动，主要以宣传教育为主，通过各种媒体宣传渔业法律法规和水生野生动物保护科普宣传等活动，发放《保护水生野生动物告知书》、水生野生动物宣传海报1万份；联合县市监局、县卫健局累计检查农贸市场及相关经营场所563家次，对7家违规经营海马制品的单位责令改正。完成与县林业局对部分水生野生保护动物管理工作的衔接移交，排查清理养殖国家一级保护动物平胸龟养殖场3家，指导2家养殖国家二级水生野生保护动物的养殖场做好办证工作。

水产品质量安全监管 加强对渔业养殖环节的检查、督促和整治工作以及开展水产品药残检测工作。2020年出动56人次对14家养殖场（户）进行检查，未发现使用禁用药品，依法建立生产记录、用药记录和销售记录等制度，“三项记录”基本完整。

2020年，配合省、市海洋与渔业主管部门抽检26个样品进行水产品禁用药物残留精准检测，合格率100%。全年全县完成水产品禁用药物残留快速检验55个样品，合格率100%。

【溪河增殖放流】

2020年，县农业农村局加强水生生物资源养护，助力晋江水生态环境修复，保护母亲河。12月4日，由泉州市海洋与渔业局和安溪县农业农村局联合在晋江西溪进行鱼类增殖放流活动，在龙门段、官桥段、蓬莱段和湖头段水域共放流鱼种50万尾，鲢鱼和鳙鱼各25万尾。12月17日，由县人民检察院、县河长办和县农业农村局联合在晋江西溪进行鱼类增殖放流活动，在官桥段、芦田段和桃舟段水域共放流鱼种24万尾，其中鲢鱼12.5万尾，鳙鱼11.5万尾。

（李冰坤　陈志明）

·农村能源与生态农业·

【概况】

2020年，安溪县推进全县农村能源和生态农业建设，发展以沼气为纽带，综合利用为重点的生态农业。做好“三品一标”认证，推进全县生态农业发展。

【农村沼气安全生产管理】

2020年，安溪县组织开展沼气综合利用，推广“畜牧—沼气—茶（林、果、蔬）”农业循环经济种养模式，指导“三沼”综合利用技术应用。落实农村沼气安全生产管理工作，实现沼气安全生产和正常运行目标。全年全县完成沼气安全生产检查2930户，出台沼气安全生产文件2份，发放沼气安全生产资料2580份，发送沼气安全生产短信息1991条，举办沼气安全生产培训班1期，与重点沼气工程业主签订《沼气用户安全生产责任书》40份，出具《沼气安全生产责令整改通知书》2份，完成沼气安全生产整改2家，整改率100%。部分沼气工程受使用年限、城镇化工程建设、高速公路（铁路）建设、自然灾害、养殖关闭拆除或搬迁等影响予以报废324户。

【“三品一标”认证】

产地认定与无公害产品认证　2020年获得新认证的有3家企业4个产品，复查换证7家企业7个产品。至年底有效期内，全县获得无公害农产品认定27家28个产品，其中种植业14家6319.35亩，食用菌1家70万袋，养殖业12家27.10万头（羽），产量22119吨。

绿色食品认证　2020年获得新认证的有1家，续展9家。至2020年底有效期内，获得绿色食品认证有23家企业，面积19309亩，鲜品产量11032吨，加工产量2410吨。

有机食品认证　2020年获得新认证的有3家企业4个产品，再认证24家企业41个产品。至2020年底有效期内，全县获得有机食品认证有27家企业45个产品，基地面积15396亩、种植面积9974.85亩，认证产量1500.50吨（包括生产和加工）。

农产品地理标志登记保护　“山格淮山”申报农产品地理标志登记保护。安溪铁观音和山格淮山2个产品获得农产品地理标志登记保护。

（李冰坤　陈志明）

·林业·

【概况】

2020年，安溪县林业用地面积328.5万亩，占全县总面积73.3%，其中生态公益林面积119.55万亩，商品林面积208.95万亩。有林地面积306.87万亩，森林蓄积量905万立方米，森林覆盖率稳定在65.77%以上。有省级自然保护区1个（云中山省级自然保护区），面积6.25万亩；自然保护小区23个，面积6.3万亩，湿地保有量5.62万亩。省级森林公园10个（含3个在建），县级森林公园5个，面积16.84万亩。县域内有丰田、半林2个国有林场，经营面积21.6万亩。陆生脊椎野生动物24目68科258种，其中兽类7目18科38种，鸟类13目34科155种，两栖爬行类4目16科65种。国家Ⅰ级、Ⅱ级重点保护野生动物31种，省级重点保护野生动物21种。

【植树造林】

2020年，安溪县保护发展森林资源，植树造林面积16142亩，完成任务13560亩的119.04%。其中，村庄绿化495亩，“三沿一环”森林景观带1800亩，重点生态区位林分修复3054亩，珍贵用材树种造林3232亩，木本油料林500亩，其他人工造林更新7061亩。实施森林抚育面积91486亩。实施封山育林面积48621亩。

培育绿色示范　2020年，安溪县坚持生态保护修复与生态福祉保障并重原则，投资210多万元实施“尚卿青阳冶铁遗址山体生态修复”“尚卿青阳冶铁遗址道路绿化提升”项目，使用60多万元资金提升改造魁斗镇大岭村、城厢镇石古村等绿色乡村三年行动项目乡村公路，绿化提升城厢镇经兜村乡村振兴示范村，组织引导开展全县义务植树月活动。

创建森林城市　2020年，安溪县围绕国家森林城市创建目标，创建1个省级森林城镇、7个森林村庄，实施24个乡村绿化村、17个市级绿色乡村三年行动项目村，建设1个市级生态文化宣传示范点项目，绿化花化3个进社区庭院阳台示范点、2个古树名木保护管理示范点，推进城厢

2020年安溪县各乡镇植树造林森林抚育面积情况表

表5 单位:亩

地区	植树造林						一般森林抚育	封山育林
	"三沿一环"森林景观带	村庄绿化	珍贵用材树种造林	林分修复	其他造林更新	其中不炼山林地清理		
安溪县	1800	495	3232	3054	7061	5890	91486	48621
凤城镇	—	—	—	—	20	—	311	100
城厢镇	100	32	—	—	139	—	3150	500
参内镇	—	21	—	101	378	—	1600	576
魁斗镇	—	30	—	201	126	110	2066	491
蓬莱镇	—	93	—	—	304	—	2873	1587
金谷镇	150	10	—	200	286	154	2389	1005
湖头镇	—	10	101	—	316	201	2063	572
白濑乡	—	10	—	—	100	—	883	326
湖上乡	150	10	—	200	50	50	1140	800
剑斗镇	—	30	150	—	375	143	2468	1279
感德镇	—	10	200	—	100	300	5800	2000
桃舟乡	—	20	367	—	1134	760	4254	3000
福田乡	—	10	—	100	80	—	2700	1100
长卿镇	200	25	200	202	232	432	5525	3023
蓝田乡	200	20	100	200	510	80	3000	1000
祥华乡	100	31	300	400	128	630	7800	4000
西坪镇	100	20	—	200	53	—	2900	2000
大坪乡	—	19	117	200	300	417	2100	1859
尚卿乡	300	26	200	100	105	405	3303	2031
芦田镇	100	18	207	100	540	500	3107	2050
龙涓乡	—	20	200	420	400	300	9019	4011
虎邱镇	250	10	100	230	81	318	3200	2500
官桥镇	150	10	—	—	153	—	2900	803
龙门镇	—	10	100	200	228	200	4800	2000
国有林场	—	—	890	—	923	890	12135	10008

镇团结村、湖上乡湖上村、福田乡政府、官桥镇莲美村等4个乡村公园建设，森林城市幸福感逐步提高。

【森林资源管理】

2020年，安溪县贯彻保护发展森林资源目标责任制，推行山长制，开展森林督查变化图斑外业核实和森林资源管理"一张图"年度更新，把森林督查、造林绿化、林业有害生物防治和森林防火等工作落实情况作为乡镇年度绩效评估体系指标内容。加强生态公益林及天然林管理，补充重点生态公益林储备库，平衡林地使用与使用占额。管控林木采伐限额，批准采伐林木面积6556.95亩，采伐林木蓄积27341立方米。完善生态公益林与生态效益补偿机制，实行管护行政责任制，核查发放2019年度、2020年度生态效益补偿及天然商品林停伐补助资金；发挥森林资源管护员作用，强化考核、选拔、聘用与管理绩效全流程监管。开展第四次森林资源规划设计调查成果汇编，完成"十四五"采伐限额编制工作。

【林业审核审批】

2020年，安溪县共审核同意占用征收林地项目193个，审核同意占用征收林地面积1.09万亩，完成白濑水库枢纽工程建设林地报批工作。办理木材运输证23份，办理省内植物检疫证书46份、省外植物检疫证书1份，新办理林木种子生产经营许可证7家，延续林木种子生产经营许可证1家。发放林木采伐许可证497份，其中病虫害采伐18份，征占用林地采伐380份，正常采伐3份，其他采伐96份。批准采伐林木面积437.13公顷，采伐林木蓄积27341立方米。

【森林公园建设】

2020年，安溪县森林公园面积168387亩。其中，集体所有制县级森林公园5个，面积70695亩；省级森林公园3个，面积33531亩；在建省级森林公园3个，面积26640亩；国有所有制省级森林公园4个，面积37521亩。

【野生动植物资源保护】

2020年，安溪县内陆生脊椎野生动物24目68科258种，其中兽类7目18科38种，鸟类13目34科155种，两栖爬行类4目16科65种。国家Ⅰ级、Ⅱ级重点保护野生动物31种，省级重点保护野生动物21种。加强野生动物管控，禁止食

2020年安溪县森林公园情况表

表6

单位：亩

权属	名 称	面积	坐落
集体	安溪县官桥犀山县级森林公园	5493	官桥镇善益村
	安溪县晋江源县级森林公园	21116	桃舟乡达新、康随、吾培、桃舟村
	安溪县凤冠山县级森林公园	31076	城厢镇古埯、员宅、南坪村
	安溪县骑虎岩县级森林公园	5432	虎邱镇仙景村
	安溪县清风洞县级森林公园	7578	魁斗镇蓬庭村
集体	安溪县龙门省级森林公园	24945	龙门镇桂林、桂瑶村
	安溪县凤山省级森林公园	2696	凤城镇先声、上山村
	安溪县阆苑岩省级森林公园	5891	城厢镇同美村
	安溪县佛耳山省级森林公园（拟建）	2445	祥华乡白坂、白行、美西、白玉村
	安溪县护国岩省级森林公园（拟建）	6435	龙涓乡内灶、灶评村
	安溪泰山岩省级森林公园（拟建）	17760	湖头镇前溪、前山、后溪、仙都、横山
国有	安溪丰田省级森林公园	7556	安溪丰田国有林场
	安溪虎邱省级森林公园	7793	安溪虎邱国有林场
	安溪龙涓省级森林公园	11807	安溪半林国有林场
	安溪白濑省级森林公园	10365	安溪白濑国有林场

用野生动物，革除滥食野生动物陋习，构建野生动物全方位监管体系，从源头防范控制重大公共卫生安全风险。收回撤销野生动物养殖经营许可，解决野生动物养殖商户退养转产，将3家野生动物养殖场纳入家禽家畜管理，6家野生动物养殖场纳入水生动物管理，退养转产转岗3家以食用为目的的野生动物养殖场，落实野生动物退养补偿资金120.79万元。加强野生动植物保护执法，打击各类破坏野生动植物违法犯罪行为，出动森林警察、林业局执法人员3700多人次，检查餐饮市场、农贸市场、古玩商店等场所360多家次，野生动物活动区域60多处次，收到破坏野生动物资源举报电话7次，全县受理查处各类野生动物违法案件30起。宣传《中华人民共和国野生动物保护法》《福建省实施〈中华人民共和国野生动物保护法〉办法》，组织开展“世界湿地日”“世界野生动植物日”“爱鸟周”“保护野生动物宣传月”等活动，发放《野生动物保护法》《野生动物保护法实施条例》《泉州市常见鸟类》《福建省国家重点野生动植物名录》《福建省重点野生动植物名录》等宣传材料。发挥野生动物临时收容救护中心管理作用，收容救护出警326次。

【森林病虫害防治】

2020年，安溪县强化森林病虫害防治措施，将防控制度建立、责任人落实、松枯死木清理、疫木管理、林分改造以及保障措施等作为乡镇政府森林病虫害防治绩效考核指标内容，加强县域内社会化防治服务，组织技术培训，规范操作，采取随机抽样方式不定期对除治现场防治进展情况和质量进行专项督促检查，通报10次乡镇松枯死木工作进度，发出16份整改通知，完善10个重点乡镇重点区域每周松枯死木督促清理工作机制，以效能建设落实防治责任。组织开展松材线虫病春、秋季普查工作，加快林分改造，伐除松材线虫寄主植物，完成林分改造1632亩。采取建立影像、台账和GPS定位的方法，完成松枯死木清理4.46万株。挂设诱捕器3160套，诱捕松墨天牛虫体33.21万头，白（绿）僵菌综合防治6.9万亩，降低传媒昆虫的种群密度，减少传播概率。强化舆论宣传，提高全民防范意识，综合使用报纸、电视、网络等媒体平台，在疫情处理的重要部位设立松材线虫病防控宣传牌，宣传《森林病虫害防治条例》《植物检疫条例》等有关法律法规和松材线虫病危害性及防控知识，引导全社会参与疫情防控工作。

【集体林权制度改革】

2020年，安溪县推进集体林权制度改革工作。扶持新型林业经营主体建设，引导3家专业合作社创建国家专业合作社示范社、1家专业合作社创建省级专业合作社示范社，指导1个家庭农场、2家林业专业合作社开展省级标准化建设，指导1家家庭农场开展市级示范化建设，落实专项补助资金36万元。发展林下经济，落实2019年度专项补助资金120万元，扶持林业新型经营主体标准化、示范化建设和发展林下种植、养殖等省市级林下经济项目43家，其中省级林下种植项目18家、林下养蜂项目15家，市级林下种植项目1家、林下养蜂项目5家，2个省级标准化林业专业合作社、1个省级标准化家庭林场、1个市级示范家庭林场。引导发展2020年度林下经济项目33家，其中林下养蜂项目18家，林下种植项目15家。

【维护林区和谐稳定】

2020年，安溪县推进“平安林区”建设，全年受理处置林业领域各类信访事项31起，包含初件20件、重复件11件，其中信访信息系统8件，泉州市便民服务“12345”平台9件，县长书记热线4件，其他信访件10件。调处解决涉林矛盾纠纷与集体林地承包经营纠纷，化解山林权属积案矛盾，建立涉林矛盾纠纷定点接访机制，开展林业领域领导干部信访接待日和涉林信访矛盾化解攻坚战等信访专项行动，协调丰田林场、福前农场、祥华乡、龙涓乡等单位处理市县邻界山林稳定工作。

【国有林场】

丰田国有林场　2020年，安溪丰田国有林场经营面积12.15万亩，全年木材生产4537立方米，完成计划数的106%，木材销售5088立方米（包含库存551立方米），完成年度销售任务的105%，木材销售款402.08万元。木材主伐皆伐面积449亩，间伐面积1057亩，完成计划数的100%。防治松材线虫病，疫木除害处理449亩，白僵菌防治2060余亩，挂设50个诱捕器诱杀松墨天牛，改造马尾松林分164亩。完成迹地更新造林371亩，补植套种2109亩，中幼林抚育作业面积1349亩，造林福建柏平均高达0.7米、杉木平均树高达0.8米，成活率达95%以上。完成大田育苗2亩，新建试验林151亩，嫁接、补嫁接106亩，采收处理种子54千克，容器育苗3万株，绿化大苗4000株。提升建设良种基地，防治病虫害110亩，科学培育1万株杂交家系苗木。采收139个优良家系种子，其中杂交28个，种质库

111个；科学施策精细化果园式矮化白濑管护站福建柏种子园76亩福建柏树体管理，开展28组杂交制种试验。投资890.47万元建设重点林业项目15个，其中中央科技推广项目3个，省级项目6个，市级项目6个。完成包括“安溪丰田国有林场森林质量精准提升工程规划（2021—2025年）”“安溪丰田国有林场省级森林公园森林步道”“安溪丰田国有林场近自然森林经营”“安溪丰田国有林场福建柏良种播种育苗技术示范推广项目”“安溪县丰田林场国家福建柏良种基地建设项目”“珍贵树种翅荚木高效培育及栽培示范项目”等11个项目规划。开展产研林业试验，联合北京林业大学、福建师范大学、福建农林大学、福建省林科院等高校院所，进行桉树三倍体无性系测定和杉木第3代种子园良种区域试验、峦大杉优良单株子代造林试验、毛红椿优良单株子代造林试验、翅荚木不同混交施肥试验等8项。维护林区稳定，建立一支38人森林专业扑火队、一支58人森林半专业扑火队，场部、管护站、重要路口设置安装多个高清摄像头，应用无人机技防措施全覆盖全方位立体巡查。

半林国有林场　2020年，国有安溪半林林场经营总面积94995亩，其中生态公益林5.5万亩，森林蓄积量55万立方米，平均亩蓄积量5.2立方米，森林覆盖率80.8%。经济总收入529.27万元，木材生产3625立方米，木材销售5436立方米。造林面积890亩，完成计划数102.3%，中幼森林抚育3536亩，完成计划数101%。改善林分结构，提升森林质量，实施森林精准提升847亩、森林近自然经营2925亩、中央森林抚育3536亩、珍稀树种造林890亩。优化林业产业经济发展，投资56.5万元完成纯种芳樟高效栽培技术推广示范中央财政林业科技推广示范项目建设210亩，建设完成芳樟产业基地713亩。实施绿化苗木基地建设，销售主要品种为紫玉兰、香樟、桂花等绿化苗木3176株，完成计划3000株的106%，实现销售收入8.64万元。组织开展森林火灾应急演练，严格野外火源管理，加强森林火灾预防工作，投入资金4.35万元维修生物防火林带10千米，投入资金5.8万元购置防火器材。

【林业案件查处】

2020年，安溪县强化林政执法司法衔接，查结林政案件57起。其中，擅自改变林地用途30起，非法驯养繁殖野生动物案件7起，滥伐林木5起，擅自在森林防火区野外用火4起，擅自开垦林地案件2起，非法猎捕非国家重点保护野生动物2起，盗伐林木案件1起，毁坏林木案件1起，非法采挖、移植林木案件1起，收购、销售无合法来源证明木材案件1起，无证运输木材案件1起，破坏自然保护区案件1起，在森林禁火期间进行野外用火案件1起。实施林政经济处罚69.89万元。

（邹丽娜、王星法　余木水）

·水利·

【概况】

2020年，安溪县水利工作围绕“水利工程补短板，水利行业强监管”工作总基调，统筹疫情防控和推进水利事业发展，加强水利基础设施建设，强化贫困户饮水保障，巩固深化河（湖）长制，加大水行政执法力度，水利支撑和保障经济社会发展能力持续提升。

【水利项目建设】

2020年，安溪县完成水利年度投资23689万元，占年度计划的105.57%。列入市本级项目的晋江防洪工程堤段累计完成投资1.32亿元，占年度计划的101.5%。其中，实施龙门、大坪、湖上等3个安全生态水系项目，治理河长23千米；实施芦田、尚卿、虎邱等3个河道治理工程，治理河长13千米；实施晋江防洪工程安溪段项目，完成上苑至恒美段、罗内段、莲兜美段、美滨段（二期）等堤段建设，建成防洪堤6千米；完成新建或续建33个农村饮水安全巩固提升工程，受益人口3.54万元；完成10座水库大坝安全鉴定、28座水库维修养护任务。

【水资源管理制度】

2020年，安溪县落实最严格的水资源管理制度，严守用水总量、用水效率、水功能区限制纳污“三条红线”，完成市水资源管理委员会下达的年度用水总量、万元工业增加值用水量、农田灌溉水有效利用系数、万元国内生产总值用水量等指标。推进农业水价综合改革，全县新增农业水价综合改革实施面积1.66万亩。严格执行建设项目水资源论证和取水许可制度，全年下达县管207家取水户取水计划，新办理取水许可证3家，足额征收水资源费577.9万元。加强对河道采砂业的日常监督管理，严格河道采砂准入，规范作业生产行为，打击涉水违法行为，全年立案查处违法行为8起，完成河湖“清四乱”发现的18个问题整改。

【推行河（湖）长制】

2020年，安溪县推进河湖治理保护工作。12月10日，省人大常委会副主任檀云坤专门对“安溪县落实河长制推动水土保持工作经验做法”给予肯定，作出批示。

河长履职　安溪县委、县政府主要领导全面落实“双河长”职责，9月发布《关于开展“碧水清河”专项整治行动的命令》，首次以党委常委扩大会专题听取县级副河长年度河长制工作落实情况汇报的方式，开展河长述职。严格落实县级河长“一月一巡查”、乡级河长“一周一巡查”，县乡两级河长全年巡河5701次，发现和督促整改问题881个。

综合治理　4月，出台《安溪县河长制2020年度工作计划》，围绕水资源保护、水域岸线管理保护、水污染防治、水环境治理、水生态修复、执法监管6个大任务形成44项问题清单，组织开展农药及农药包装废弃物回收及处置、畜禽水产养殖产业、污水管网、农村污水、“清四乱”等专项整治行动。2020年度，寨坂、罗内与上存水库坝下3个国控断面的水质达标率100%，晋江源、清溪桥2个省控断面的水质达标率为100%，12个水功能区水质达标率100%，水质总体状况优。

联合协作　依托安溪义工协会组建12支护河志愿服务队、聘请14名民间河长，开展巡河护河及宣传活动40多场次。与县检察院、县法院联合开展城乡饮用水水源地巡查6次，完成市河长办与市检察院联合督办件1件，县检察院发出检察建议书24份，受理移送审查起诉各类破坏生态环境资源犯罪案件15件18人。与县域相邻的永春、南安、漳平、华安等4地河长办建立区域协作联动机制，开展联合巡查，及时协调处置6起（包括与厦门同安）流域水生态环境问题。

创新机制　推广运用巡河App，利用无人机航拍对22条流域面积50平方千米以上河道进行全面“体检”。全省首创流域联合巡河巡检机制，龙潭溪流域上下游5个乡镇每周开展联合巡河。全省首创流域水质评比机制，每季度对县级副河长负责河流（段）、24个乡镇、省重点考核环保小流域及河长制名录内所有小流域进行水质评比排名。

加大宣传　6月，推送《晋江西溪安溪桃舟段河湖治理》参与福建新闻广播与福建省河长制办公室联合推出的《幸福河水声》百集系列报道活动。7月，金谷镇1名河道专管员参加泉州市首届“最美河道专管员”评选活动，获得全市“最美河道专管员”称号（全市10名）。8月，《一江水两地情》作品在《中国水利报》河长制专刊上报道。11月，《创新“护河机制”保障“溪水安流”》在中国经济网、中新网、人民网等媒体上报道。12月，短视频《水清河宴，幸福经兜》《河长的守望》分别获得全国第二届“守护美丽河湖”公益大赛快手特别奖“优秀奖”。

【行业监管】

2020年，安溪县完成9座水电站安全生产标准化建设。推进河道采砂业规范化管理，把全县9个采砂点整合为2个点，对所有采砂场的可采区边界重新确界立牌，完成采砂场视频监控和采砂船舶定位安装，全部接入省水利厅数字水安系统。推进水利工程管护物业化，公益性小型水库全面推行第三方物业式管护。农村饮水工程建后管护工作纳入县对乡村振兴、河（湖）长制年度考核指标。

（王文艺　蔡敬荣）

·农业机械管理·

【概况】

2020年，安溪县农机总动力为77.42万千瓦，其中柴油机动力4.72万千瓦，汽油机动力8.54万千瓦，电动机动力64.16万千瓦。拥有小型拖拉机387台，小型配套机具395部，联合收割机5台，耕整地及种植机械1907台，排灌动力机械3256台，田间管理机械6.5万台，收获机械2.59万台，农副产品加工机械29.9万台。

【农业机械作业】

2020年，安溪县完成机耕作业面积17213公顷，机械植保作业面积17342公顷，机电灌溉作业面积7310公顷。机械化作业水平稳步提高，主要农作物耕种收综合机械化率达53.9%，水稻耕种收综合机械化率达61.59%，茶叶初加工机械化率达到100%。

【农机安全监理】

2020年，县农机管理站以农机安全生产为中心，加大安全生产宣传教育，落实安全生产责任制，强化农机安全生产应急管理。换发G类证93本，检验拖拉机68台。加强存量多功能拖拉机管理，公告报废符合条件的多功能拖拉机12台。部署开展“平安农机”示范乡镇创建活动，蓬莱镇、金谷镇通过市级“平安农机”示范乡镇验收。

【农机推广引进】

2020年，安溪县围绕茶叶优势产业，开展农业生产全程全面机械化推进行动，示范展示新型高效便捷农机具，建立龙聚福家庭农场、天仔仑家庭农场等2个“五新机具”示范点。组织开展5场新机具新技术现场示范培训，合计100人次。新建1个旱地作物生产全程机械化示范基地，1个茶叶生产全程机械化示范基地。10月16日，由福建省农业机械推广总站、泉州市农业机械管理总站主办，安溪县农业机械管理站承办的“2020年茶叶生产新机具示范推广现场会”在城厢镇石古村召开，主要示范推广茶叶生产全程化新技术与新机具，探讨解决茶叶机械化生产管理存在的薄弱环节和问题，促进农机和农艺融合发展。

【落实农机购置补贴】

2020年，安溪县使用农机购置补贴资金4355370元，补贴机具2169台，受益户数1686户。补贴机具以农产品初加工机械、耕整地机械、收获机械和田间管理机械为主。推广使用“农机购置补贴手机”App软件、农机报废更新补贴政策，通过发放宣传资料、微信公众号进行宣传，优化便民服务。

（王秋燕　林雨霖）

·水土保持·

【概况】

2020年，安溪县围绕全县经济社会发展和生态文明建设大局，以重点项目建设为抓手，推进安溪生态环境建设。在2020年度福建省水土保持工作现场推进会和水利部水土保持以奖代补政策研讨会上做典型发言；福建省委改革办刊发《昔日崩岗地今朝披绿衣！安溪水土流失治理成效显著》和福建纪检监察刊发《昔日崩岗区，今朝“花千谷”》给予肯定。5月和12月，省人大常委会副主任檀云坤分别给予批示肯定，指出“安溪县高度重视水土流失治理，机制活、办法多、措施实、成效好”。

【水土流失治理】

2020年，安溪县通过“水土保持+”的模式，把水土流失治理与小城镇建设、美丽乡村建设和茶产业发展结合起来，以年度重点项目建设为抓手，强化流域生态整治和茶园水土流失治理，全县完成水土流失治理面积13.2万亩，占市下达目标任务数的125.6%。组织实施国家重点工程长卿小流域水土流失治理项目和中央以奖代补项目，投入资金2354万元（其中争取国家资金1400万元），治理长坑、西坪、桃舟、祥华、参内、龙涓、芦田、感德等乡镇水土流失面积64384亩；组织实施省重点县项目，投入资金1807万元（其中省级资金1500万元），涉及桃舟、尚卿、感德、芦田、福田、祥华等乡镇，治理水土流失57420亩；实施市重点流域生态补偿项目涉及官桥、城厢、金谷、西坪和虎邱等乡镇，投入资金370万元，治理水土流失1.1万亩。年底，全县水土流失率下降为15.85%。

【水土保持监督】

2020年，安溪县推进构建“县政府统一领导、各乡镇属地负责、各部门各司其职、社会各界共同投入、人民群众自觉参与”工作机制，逐步推进全县上下依法治理、依法行政、齐抓共管的新局面。开展开发建设项目“天地一体化”监测，利用“天地一体化”成果，对开发建设项目进行监督检查，落实水土保持“一案三同时”制度。全年全县检查各类生产建设项目62个，审批项目水土保持方案报告书（表）105个，收取水土保持补偿费879万元，依法查处水土流失违法案件1起，罚款10万元。

【省人大常委会副主任檀云坤到安溪县调研水土流失治理工作】

2020年4月29日，福建省人大常委会副主任檀云坤到安溪县调研水土流失治理工作，现场察看感德镇怡芳茶园水土流失治理点并到福田乡云中山自然保护区和安溪县野生动物保护中心检查野生动物保护法执行情况。省人大常委会工委主任杨益民、副主任李明蓉和泉州市人大常委会副主任许文贵等陪同调研。9月18日，省人大常委会副主

2020年4月28日，省人大常委会副主任檀云坤（前排右三）带队到安溪县调研水土流失治理工作（县水土办供图）

任檀云坤带队到长卿镇实地察看西溪小流域水土流失治理情况，市人大常委会副主任吴汉忠陪同调研。

（汪文土　施悦忠）

·农业区划与休闲农业·

【概况】

2020年，安溪县以“福建安溪铁观音茶文化系统”入选联合国粮农组织“全球重要农业文化遗产候选项目”的契机，坚持“休闲农业助推实施乡村振兴战略”这一发展理念为重点，依托农村自然生态、田园景观、民俗文化和农业特色优势产业，以农业旅游资源的合理开发和充分利用为基础，以生态环境建设和农民增收致富为根本出发点，优化区域布局，调整农业结构。发展主题化、高品质的特色休闲农业。推选年度国家级、省级美丽休闲乡村，省级、市级休闲农业示范点创建，开展县级休闲农业示范点选评确认工作。

【休闲农业发展】

2020年，安溪县休闲农业好去处增至43家。全县休闲农业以休闲观光园（庄）为主，从业人员近5000人，其中庄园内就业人群中农民就业约占78%，带动农户1500多户，全年接待236万多人次。

【休闲农业示范点】

2020年，安溪县城厢镇经兜村获评2020年度“省级美丽休闲乡村”。“海丝茶源—茶旅圣地”线路（中国茶都→飘香虎邱→云岭茶庄园→铁观音发源地西坪镇）被农业农村部评为全国秋冬季乡村旅游精品线路（全国50条，全省仅3条）。2020年，全县新增省级休闲农业示范点2个，为安溪县国心绿谷休闲生态茶庄园（福建省誉丰国心茶业有限公司）、安溪县云岭休闲茶庄园（福建省安溪县云岭茶业有限公司）。新增市级休闲农业示范点2个，为安溪县云岭休闲茶庄园（福建省安溪县云岭茶业有限公司）、溪禾山铁观音文化园（福建溪禾山农业发展有限公司）。新增县级休闲农业示范点4个，为泉州蔡洋生态农业开发有限公司（清水石镜山景区）、安溪县龙涓内灶茶叶专业合作社联合社（水云坡休闲山庄）、安溪吾之茗生态农场（吾之茗休闲农庄）、安溪县三象山农业发展有限公司（三象山休闲庄园）。

【全球重要农业文化遗产】

2020年，福建安溪铁观音茶文化系统申报文本通过联合国粮农组织审核，进入迎接考核评估阶段：1月，福建安溪铁观音茶文化系统文本（一稿）通过联合国粮农组织农业遗产专家初步评审。6月，福建安溪铁观音茶文化系统文本（二稿）经粮农组织专家再次评审，提出文本修改意见。7月中旬，农业农村部国际交流服务中心主任童玉娥专门召开视频会议，确定“安溪铁观音茶文化系统”核心区为芦田镇、西坪镇和虎邱镇，缓冲区为其他21个乡镇。8月，经研究修改后的福建安溪铁观音茶文化系统文本（三稿）由农业农村部正式提交联合国粮农组织，通过审核。9月，县委四套领导班子到铁观音发源地西坪开展调研，召开“关于铁观音茶文化系统核心保护区保护建设”座谈会，县农业区划办根据会议精神进行任务分解和推进。组织召开4场调研会，推进《安溪铁观音茶文化系统保护与发展规划》编制工作。提交《关于加快规划建设安溪铁观音茶文化系统 农业文化遗产核心区的建设》市两会议案材料，申遗工作纳入泉州市“十四五”规划和泉州市“十四五”特色现代农业专项规划，写入市政府2021年工作报告，成为市政协提案。10月下旬，农业农村部在江苏省泰州市举办全国乡村文化建设和重要农业文化遗产管理培训班（交流会），安溪在会上做典型发言——《农业文化遗产助力脱贫攻坚》。

（陈程南　张长水）

2020年10月19日，安溪铁观音茶园生态系统多样性与功能调控签约仪式举行（县农业农村局供图）

茶业

· 茶叶生产 ·

【项目建设】

2020 年，安溪县茶叶种植面积 60 万亩，全部达到无公害农产品认证标准，建成高标准生态茶园 45 万亩，良种覆盖率 100%。涉茶总产值 250 亿元，安溪铁观音连续 10 年位居全国重点产茶县首位，连续 5 年位列全国茶叶类区域品牌价值第一。安溪铁观音在欧盟、俄罗斯、日本等 46 个国家和地区完成商标注册，入选“中欧 100+100”地理标志产品互认互保产品清单。全县茶叶加工企业集聚发展，全县培育各类新型经营主体 2227 家，支撑全县茶业持续快速健康发展。安溪铁观音茶文化系统入选全球重要农业文化遗产预选名录。在全国率先发展集生产加工、休闲旅游等于一体的茶庄园业态，培育“茶庄园 +”文旅新经济，全县建成各具特色的茶庄园 22 座，每年乡村旅游、茶庄园游吸引 120 万人次以上的“铁粉”到安溪体验消费，旅游收入 12 亿元。12 月 17 日，安溪茶厂入选第四批“国家工业遗产”。

【现代茶业生产发展建设项目】

2020 年，安溪县获得现代茶业生产发展建设项目补助资金 635 万元，其中 2020 年特色现代农业（优势主导产业）项目资金 200 万元，由福建省高建发茶业有限公司、福建八马茶业有限公司、福建省安溪县云岭茶业有限公司、安溪县天月盛世茶厂、福建年年香茶业股份公司 5 个单位承担实施。茶树种质资源保护项目 20 万元，由福建安溪裕园茶基地有限公司承建实施。市级特色现代农业发展资金（第二批）90 万元，由感德怡芳茶业、昌辉有机生态茶厂、祥华乡人民政府、虎邱圆隆茶业等 4 家单位承担实施。乡村振兴（农业增产增效重点建设项目）市级专项资金 345 万元，由安溪溪禾山铁观音文化园有限公司、福建省中闽华源茶业有限公司、福建八马茶业有限公司、安溪县五阆山生态庄园、安溪桃舟云中山茶叶专业合作社、安溪小罐茶业有限公司、福建省安溪县兴溪茶业有限责任公司等 16 家单位承担实施。

（李冰坤　陈志明）

2020年安溪县茶叶面积产量情况表

表7

项目	面积（万亩）	产量（吨）
铁观音	40.00	30000
黄金桂	7.00	11000
本山	7.40	7000
毛蟹	4.60	7465.6
其他品种	3.30	4061.1

· 茶叶科研 ·

【茶树优异种质资源保护与利用】

2020年，安溪县做好种质资源保护工作，茶树优异种质资源保护与利用项目由福建安溪裕园茶基地有限公司承担实施。实施地点位于虎邱镇湖坵村，项目实施面积10亩，对资源圃进行护坡，砌石头墙500立方米（厚50厘米），对10亩资源圃进行平整，栽种60个茶树品种并施用有机肥料及后续管理。项目总投资26万元，其中省级财政扶持资金20万元，业主自筹6万元。

【茶园土壤改良】

2020年，安溪县做好茶园测土配方施肥技术推广工作，提出2020年全县茶叶施肥技术指导意见，重点推广使用配方肥的施用，印制分发测土配方施肥技术挂图、化肥减量化技术科学施肥指导手册550份。全年推广茶园测土配方施肥技术面积45万亩，推广配方肥15万亩。配合各乡镇抓好茶园土壤改良示范片的建设，实施茶园土壤改良示范片面积5.5万亩，耕翻茶园35250亩，茶园覆盖32550亩。

【茶园生态科研项目落户安溪】

2020年，安溪县提出茶园土及茶叶的微生物检测评价参数与方案，研发全县茶园土壤健康评价的化学和生物学综合指标。10月，安溪县与中国科学院城市环境研究所开展“安溪铁观音茶园生态系统的多样性与功能调控”项目签约合作，对安溪县茶叶产地环境，特别是对安溪铁观音茶园生态系统的多样性与功能调控进行系统分析，揭示安溪县铁观音茶园生态系统的独特性。初步完成茶园土壤样品采集35个点120个样品，跟踪做好7个秋茶加工试验。

【“十佳茶园”评选】

2020年9月27日，安溪县“十佳茶园”评选活动拉开序幕。根据评选结果，安溪县冠和茶业有限公司、安溪小罐茶庄园有限公司、安溪华祥苑茶基地有限公司、安溪县大宝峰有机茶厂、安溪刘金龙茶业有限公司、福建省誉丰国心茶业有限公司、福建安溪八马现代农业综合开发有限公司、福建省安溪高鼎茶业有限公司、安溪县香苑园茶叶专业合作社、安溪县桃源有机茶场有限公司10家企业获得“十佳茶园”称号。

（李冰坤　陈志明）

· 茶叶市场 ·

【概况】

2020年，安溪全国茶叶批发市场（简称“中国茶都”）围绕县委、县政府关于安溪茶产业“二次腾飞”的战略部署，以完善市场管理服务、提升配套功能服务为抓手，推进茶都转型提升各项工作，重点做好“智慧茶都”平台建设，取得成效。全年在做好防控工作的前提下，做到复工复产和疫情防控，有效促进安溪茶叶销售渠道畅通。10月26日，中国茶都被全国城市农贸中心联合会评为“2019年度全国茶叶批发市场10强”。11月20日，被泉州市发展和改革委员会、泉州市财政局联合评为“泉州市现代服务业集聚示范区——现代专业交易市场”。做好疫情防控工作，助推茶产业发展。完成茶叶生产配套物资交易场所建设，工程通过竣工验收。中国茶都市场交易市场保持稳定，全年市场交易量2.21万吨，交易额22.8亿元，与2019年基本持平。

【智能停车管理系统建设】

2020年，安溪县推进完成茶都广场智能停车管理系统建设投入运行，实现茶都交易市场主要进、出口门禁道闸自动化控制。

【茶叶市场交易秩序专项整治】

2020年，中国茶都加强规范市场秩序，配合公安、市场监督管理等部门开展扫黑除恶专项斗争，做好秩序维护、线索摸排、现场打击等工作，到市场、商家开展宣传，为商家业主提供安全有序的交易环境。

【天猫安溪直播基地创建】

2020年4月22日，天猫安溪直播基地正式启用。同日，举行安溪“双铁”产业线上直播节系列活动暨首场拼多多直播启动仪式。全年配合相关部门做好“茶乡乐购·品鉴好货”、安溪县非遗购物节“非遗伴手礼”“安溪县2020年大学生毕业季直播带‘岗’网络云聘汇”等系列活动启动仪式和直播活动的相关筹备工作。

（林艺志　陈加勇）

· 茶事活动 ·

【2020年“泉安杯”秋季清香型安溪铁观音茶王赛】

2020年11月，由安溪县人民政府主办，泉州市安溪企业商会承办，安溪县茶业管理委员会办公室协办的2020年“泉安杯”秋季清香型安溪铁观音茶王赛在县茶促会办公室举行。县茶促会协助全程参与该茶王赛相关工作。收到清香型安溪铁观音茶样273个，决出清香型安溪铁观音金奖1名，奖励奖金18.8888万元；银奖2名，奖金各6万元；铜奖3名，奖金各3万元；优质奖20名，奖金各1.5万元。

【2020年两岸茶王安溪铁观音茶王争霸赛】

2020年12月2日，由两岸斗茶组委会、县茶促会联合举办的两岸斗茶安溪铁观音茶王争霸赛初赛在县茶促会办公室举行。

【各茶业发展促进会举办安溪铁观音茶事活动】

安溪铁观音有机茶上海品鉴会　2020年10月22日，由县茶促会有机茶分会承办的“推动闽沪产销联动　助力安溪有机茶产业发展”安溪铁观音有机茶上海品鉴会在上海展览中心中央大厅举行。国际有机农业亚洲联盟主席周泽江，上海市茶叶行业协会会长孙树荣，中国农业科学院茶叶研究所副所长鲁成银，国家茶叶质量监督检验中心主任郑国建，“十三五”重点研发项目首席科学家、上海市茶叶协会专家委员会主任魏新林，中国农业科学院茶叶研究所研究员许勇泉，中国有机农业大会秘书长顾耀平，县政府副县长肖印章，上海茶叶协会等领导和嘉宾，以及上海市和安溪在沪的有关社会知名人士、消费者、茶商、茶友等300多人参加此次品鉴活动。

2020秋“郑成功”杯安溪铁观音清香型茶王赛暨品鉴会　2020年11月11日，由县茶促会、南安市工商联（总商会）主办，安溪南安茶促会、南安商讯承办的2020秋“郑成功”杯安溪铁观音清香型茶王赛暨品鉴会在南安水头镇举办。县政协副主席陈春买、南安市工商联（总商会）副主席洪清顿、南安市惠安商会会长黄明忠、水头镇有关部门领导、兄弟商会代表，以及茶商、消费者、安溪铁观音“粉丝”、新闻媒体记者等近千人出席本次活动。

“安溪铁观音　健康软黄金”佛山2020秋季安溪铁观音千人品鉴会　2020年11月21日，由安溪广东佛山茶业发展促进会党支部、安溪广东佛山茶业发展促进会主办的“安溪铁观音 健康软黄金”佛山2020秋季安溪铁观音千人品鉴会在潭洲国际展览中心举行。广东省直机关老年协会会长吴涌清，广州市原副市长陈绮绮，广东省政府文史馆馆员屈干臣，广东省消防总队原政委陈积德少将，广东省茶叶流通协会会长李勇刚，佛山市民政局社会组织局局长刘宇明，安溪县政府副县长肖印章，安溪县财政局局长李金树，安溪县虎邱镇、长卿乡、蓝田乡等领导以及茶商、消费者出席本次品鉴活动，1200多人共同品鉴安溪铁观音。

“茶韵香山·醉美观音”2020年中山市安溪铁观音万人品鉴会　2020年11月22日，由安溪县茶促会、广东省中山市茶叶商会主办，安溪广东中山茶业发展促进会承办的“茶韵香山·醉美观音”2020年中山市安溪铁观音万人品鉴会在中山市皇冠假日酒店举行。中山市工商联副主席颜台璐，中山市南区党工委副书记、办事处主任谢军杰，中山市民政局副局长杨晓鹏，中山市商务局副局长高晓波，中山市工商联党组成员、秘书长陈载华，安溪县政府副县长肖印章，安溪财政局局长李金树，中山市政商两界知名人士，安溪县乡镇、涉茶部门领导，以及茶商、消费者出席本次活动，共同品鉴安溪铁观音。

“名泉配好茶　铁观音飘香泉城”2020年浓香型安溪铁观音茶王赛暨济南系列茶文化宣传活动　2020年11月21日，由西坪镇政府、县茶促会、西坪茶促会主办，济南广友茶城、山东少卿经贸有限公司承办的“名泉配好茶　铁观音飘香泉城”2020年浓香型安溪铁观音茶王赛暨济南系列茶文化宣传活动在山东济南广友茶城举办。山东省原副省长、济南市原市长张建国，山东省茶文化协会会长侯国云，济南市人大常委会原副主任许强，济南市政府原副秘书长张鲁军，济南市槐荫区人大常委会主任孟宪伟，济南市财政局原局长徐长林，济南市文联原主席张柯，济南中华文化

2020年11月24日，“名泉配好茶　铁观音飘香泉城”2020年浓香型安溪铁观音茶王赛暨济南系列茶文化宣传活动现场（县茶促会供图）

会主席马平等济南市有关领导，安溪县政府副县长丁建铭、西坪镇镇长吴清远，茶王赛决赛入围选手、消费者、茶商、茶农、茶友等近千人参加本次活动。

第九届福州安溪铁观音文化节暨第二届“盛世国茶杯”安溪铁观音茶王争霸赛 2020年12月13日，由泉州市政府驻福州办事处、省对外经济关系研究会、福建省茶人之家、安溪县茶业管理委员会办公室、福州市安溪商会、安溪县茶促会等10家单位联合主办，安溪福州茶业发展促进会承办的第九届福州安溪铁观音文化节暨第二届“盛世国茶杯”安溪铁观音茶王争霸赛在福州举办。省政协原副主席陈家骅，省农业农村厅原厅长尤珩，省水利厅原厅长、海峡两岸茶业交流协会副会长杨志英，省文化厅原厅长、省茶叶学会会长宋闽旺，省人大一级巡视员苏金祥，省总工会原副主席高清平，省市场监督管理局原副巡视员叶华生，泉州市人民政府驻福州办事处主任陈万全，县政协副主席陈春买等省、市、县有关领导，以及知名专家学者、消费者、茶商、茶农、茶友等800多人参加本次活动。

“安溪好茶 香飘胶东”2020年安溪铁观音品鉴会 2020年12月17日，由县茶促会主办，安溪山东烟威茶促会、安溪县西坪镇人民政府承办，烟台市福建商会、安溪县云岭茶业有限公司等协办的胶东半岛“安溪好茶 香飘胶东”2020年安溪铁观音品鉴会在烟台大成门酒店举行。烟台市工商联副主席于岩君，烟台市国资委监事会原主席姜海旗，烟台市工商联副主席曲云峰，烟台市芝罘区政协原副主席任卫光，烟台市芝罘区工商联党组书记刁学仑，烟台市政协常委姜军，烟台市福建商会会长吴福林，烟台市莆田商会会长柳国添；安溪县政协副主席陈清芳，烟台、威海两市政商界知名人士，安溪县涉茶部门领导以及茶商、消费者出席此次活动。

“安溪铁观音 健康软黄金”安溪铁观音品茗会 2020年12月19日，由县茶促会主办，安溪山东临沂茶促会承办，临沂市福建商会、临沂市泉州商会、西坪镇人民政府、安溪县云岭茶业有限公司协办的山东临沂“安溪铁观音 健康软黄金”安溪铁观音品茗会暨安溪山东临沂茶业发展促进会换届大会（第二次会员大会）在临沂江泉大酒店举行。临沂市民政局原局长姜新利，临沂市农业农村局副局长段伦才，临沂市志愿者协会会长冯国鸣，临沂市文联原主席、书法家协会会长龙岩，山东省农业科学院研究员宋鲁彬，临沂市茶叶学会会长袁春山，临沂市茶叶学会副会长兼秘书长杨文国，临沂市茶叶学会副会长窦玉见、姜宝增；安溪县政协副主席陈清芳，以及临沂市政商界知名人士，安溪县涉茶部门领导、茶商、消费者出席此次活动。

“观音韵·潮汕情”安溪铁观音工夫茶品茗活动 2020年12月19日，由安溪县人民政府、广东汕头市融媒集团主办，汕头市福建安溪商会、汕头市光华茶博园、世界茶文化交流协会、广东汕头天龙名茶有限公司等单位协办，西坪镇人民政府、安溪广东汕头茶促会承办的“观音韵·潮汕情”安溪铁观音工夫茶品茗活动在汕头市中山公园举办。中国工程院院士、湖南农业大学教授刘仲华，浙江大学茶学系教授、博士生导师屠幼英，汕头融媒集团党委副书记、总经理黄锐辉，世界茶文化交流协会创会会长王曼源，安溪县委副书记庄稼祥，安溪县涉茶部门领导，以及茶商、消费者出席此次活动。

“传统铁观音”2020秋季安溪传统铁观音斗茶赛 2020年11月21日，由安溪县茶促会、北京安溪铁观音茶文化研究会和北京安溪企业商会联合主办的“传统铁观音”2020秋季安溪传统铁观音斗茶赛活动在北京市西城区马连道茶城举办。自然资源部矿产资源研究所所长陈仁义，中国商业对外贸易总公司原党委书记、北京安溪铁观音茶文化研究会创会会长陈联真，中铁十六局原局长陈树林，中国五矿集团公司部门经理、北京安溪同乡会会长唐义民，《茶周刊》主编安明霞等参加启动仪式。

2020石狮首届安溪铁观音茶王赛 2020年12月12日，由安溪县茶促会主办、安溪石狮茶促会筹备组承办的2020石狮首届安溪铁观音茶王赛在石狮市世茂摩天城古堡会所举行。石狮市原纪委常委杨鸿波、石狮市慈善总会秘书长蔡盈盈，安溪县茶管委办副主任、安溪县茶促会副会长兼秘书长林松洲，石狮市安溪商会会长林金文，以及石狮、安溪两地近500名茶商、茶友参加此次活动。

（刘尾萍 林松洲）

茶业发展促进会

【概况】

2020年，安溪县茶业发展促进会（简称“县茶促会”）围绕茶产业二次腾飞的工作任务，在做好疫情防控的基础上，开展各项工作，取得成效。成立安溪县西坪茶业发展促进会、安溪石狮茶业促进会筹备组，完成安溪山东临沂茶促会换届工作，继续开展会员企业“重质量、讲诚信”评选活动。截至12月，茶促会组织共有62个，包括35个安溪异地茶业发展促进会，22个乡镇茶业发展促进会和5个专业分会；举办技术培训，助力产业扶贫，组织开展扶贫培训会、技能提升分享会；持续举办系列茶事活动，提高安溪铁观音美誉度，开展“泉安杯”秋季清香型安溪铁观音茶王赛、2020年两岸茶王安溪铁观音茶王争霸赛，各茶促会举办9场安溪铁观音茶事宣传活动。10月，县茶促会会长谢志攀辞任，暂由县茶管委办主任、茶促会常务副会长刘青洲主持茶促会日常工作。

【疫情防控】

2020年2—4月，县茶促会配合县疫情防控工作，指导安溪湖北茶业发展促进会做好疫情防控工作，落实各异地茶促会会员（茶商）返乡情况，做好人员统计、排查随访、健康管理、信息上报等工作，配合县疫情防控指挥部做好物资筹集、疫情防控知识宣传、卫生防治等工作。

【复工复产】

2020年5月，县茶促会通过印发《关于做好新冠病毒肺炎防控工作的倡议书》，转发《企业复工复产指南》等，要求县茶业发展促进会及会员严格按照疫情防控的有关规定，做好安全复产防疫工作；提倡通过微信、抖音、钉钉等平台建立客户群，宣传安溪铁观音多重保健功效，保持与消费者互动联系，确保销售渠道畅通。

【西坪茶业发展促进会成立】

2020年3月，西坪镇成立安溪县西坪茶业发展促进会，接受安溪县茶业管理委员会、安溪县茶业发展促进会的业务指导和安溪县民政局的监督管理。王培坤担任西坪茶业发展促进会第一届理事会会长，王黎山担任秘书长。

【扶贫培训会】

2020年9月29日，县茶促会在白濑乡下镇村举行茶园管理及初制技术培训会，帮助白濑乡下镇村贫困低保户茶农提升茶叶初制技术，增加茶叶经济效益。40多户茶农参与培训。此次培训会邀请国家级非遗传承人魏月德，就茶树种植、茶园病虫害管理、茶叶生产加工等内容进行讲解，引导茶农增强学习，科学种茶。

【技能提升分享会】

2020年12月6日，县茶促会在茶都举行以“如何快速识别乌龙茶等级”为主题的分享课，帮助会员茶商提升判断茶叶等级水平，101名会员茶农茶商参与学习。

【安溪山东临沂茶促会换届】

2020年12月29日，安溪山东临沂茶业发展促进会第二次会员大会在临沂江泉大酒店召开。会议选举产生安溪山东临沂茶业发展促进会第二届理事会成员（共30名），其中会长1名、党支部书记1名，常务副会长兼秘书长1名、常务副会长7名、副会长8人。占温荣当选第二届理事会会长，杨振火当选常务副会长兼秘书长，王金育当选支部委员会书记。

【“重质量、讲诚信”评选活动】

2020年，县茶促会在乡镇茶促会及专业分会范围内开展“重质量、讲诚信”会员企业评选活动。授予安溪县满庭芳茶厂等100名会员企业2020年度“重质量、讲诚信”称号。

（刘尾萍　林松洲）

· 工业经济 ·

【概况】

2020年，安溪县工业增加值307.99亿元，同比增长4.2%；规模以上工业企业（2000万元及以上）总产值981.07亿元，同比增长4.3%。其中，列入统计的规模以上工业企业276家，规模以上工业增加值同比增长4.5%。

全年全县有30家年缴纳税金总额超500万元（含国税免抵额，下同）企业。其中，超1亿元1家，5000万元至1亿元4家，1000万元至5000万元15家，分别被县委、县政府授予“2020年度纳税功勋企业”“2020年度纳税明星企业”“2020年度纳税优秀企业”称号。

县工信商局强化惠企政策宣贯落实，草拟出台《安溪县促进工业经济增产增效的九条措施》，为企业减负增效。兑现18家工业企业房产面积、土地面积奖励，奖励资金182.81万元；兑现用气、用电奖励，奖励资金分别为250万元、88.42万元。发挥县级应急周转保障资金，惠及企业10家次，累计使用金额1.26亿元。

【规模以上工业】

2020年，规模以上工业产值中，按工业类别分：轻工业产值613.97亿元，同比增长3.7%；重工业产值367.10亿元，同比增长5.4%。按经济组织类型分：国有企业产值1.22亿元，同比增长30.8%；股份合作企业产值5.72亿元，同比增长18.9%；股份制企业产值792.77亿元，同比增长4.6%；外商及台港澳商投资企业产值114.39亿元；同比减少2.6%；其他经济类型企业66.95亿元，同比增长12.9%。按行业分：采矿业产值12.15亿元，同比减少1.0%。制造业产值941.24亿元，同比增长4.3%，其中农副食品加工业产值6.21亿元，同比增长6.6%；食品制造业产值8.39亿元，同比增长11.2%；酒、饮料和精制茶制造业产值247.88亿元，同比增长7.4%；纺织业产值14.25亿元，同比减少0.2%；纺织服装、服饰业产值33.39亿元，同比增长3.8%；皮革、毛皮、羽毛及其制品和制鞋业产值1.26亿元，同比增长23.8%；木材加工和木、竹、藤、棕、草制品业产值7.09亿元，同比增长9.5%；造纸和纸制品业产值42.57亿元，同比减少5.2%；印刷和记录媒介复制业产值35.93亿元，同比增长12.6%；文教、工美、体育和娱乐用品制造业产值127.88亿元，同比减少1.2%；化学原料和化学制品制造业3.55亿元，同比增长12.9%；医药制造业产值7.36亿元，同比增长18.8%；化学纤维制造业产值3.98亿元，同比减少8.4%；橡胶和塑料制品业产值8.23亿元，同比增长17.3%；非金属矿物制品业产值27.80亿元，同比增长0.7%；黑色金属冶炼和压延加工业产值125.78亿元，同比增长4.5%；金属制品业产值24.59亿元，同比增长6.2%；通用设备制造业产值20.05亿元，同比增长9%；专用设备制造业产值41.19亿元，同比增长10%；汽车制造业产值0.95亿元，同比减少7.7%；电气机械和器材制造业产值70.83亿元，同比减少0.9%；计算机、通信和其他电子设备制造业产值81.88亿元，同比增长5.6%；仪器仪表制造业产值0.20亿元，同比减少7.9%；电力、燃气及水的生产和供应业产值27.68亿元，同比增长7.1%。

【创新转型企业】

2020年，县工信商局抓示范培育促创新转型。推进“数控一代”和智能制造示范建设。推荐正丰数控等3家企业申报2020年泉州市“数控一代”示范项目，3家企业多个项目均通过；中科生物获评“2020年福建省智能制造试点示范企业”。

推进信息化和工业化融合。推荐福建省中科生物股份有限公司、泉州市凯鹰电源电器有限公司、福建中科三净环保股份有限公司申报“两化融合管理体系贯标”专项资金项目；推荐中企通宝数据管理有限公司申报“泉企上云补助”专项资金项目；推荐泉州市数字云谷信息产业发展有限公司申报“公共服务平台”专项资金项目。做好2020年中小企业成长专项项目储备工作。推荐福建长荣自动化设备有限公司申报中小企业成长专项资金项目；推荐安溪茶厂申报第四批国家工业遗产；推荐八马茶业申报第一批省级工业旅游精品线路；推荐泉州市凯鹰电源电器有限公司、福建省中科生物股份有限公司等10家企业入选泉州市明星梯队企业。

【培育龙头企业】

2020年，县工信商局按照出台的《安溪县加快推动制造业优势龙头企业和小巨人企业高质量发展的行动计划（2020—2022年）》方案，结合《安溪县人民政府关于扶持产业龙头企业及高成长企业做大做强的实施方案》等扶持培育龙头企业文件，完善培育龙头企业的动态管理机制，培育一批省、市级龙头企业。经过省、市部门评定，福建泉州闽光钢铁有限责任公司、福建天电光电有限公司、福建省闽华电源股份有限公司3家企业被列入2020年福建省工业和信息化省级龙头企业；福建省三净环保科技有限公司、福建泉州闽光钢铁有限责任公司、福建省闽华电源股份有限公司、泉州市凯鹰电源电器有限公司、福建晶安光电有限公司、福建天电光电有限公司、福建省信达光电科技有限公司、福建省鼎泰光电科技有限公司8家企业列入2020年市级产业龙头企业，涵盖炼钢、新一代信息技术、新能源、节能环保等十大行业。

【技术改造】

2020年，县工信商局抓项目带动，增强发展后劲。全县有38个企业项目列入县级技术改造项目库，10个企业项目列入市级重点技术改造项目库，7个企业项目列入省级重点技术改造项目库。县工信商局跟进全县的技改项目进度，配合省、市经信委领导及专家组对部分完成技改项目进行现场核查，帮助企业争取上级资金补助。福建省鼎泰光电科技有限公司、福建省海佳集团股份有限公司获得2020年市级技术改造专项奖金113万元资金补助。

2020年安溪县规模以上工业产值主要分类情况表

表8

指标名称	计量单位	1—12月累计	增长率(%)
规模以上工业产值	亿元	981.07	4.3
其中：轻工业	亿元	613.97	3.7
重工业	亿元	367.10	5.4
其中：国有企业	亿元	1.22	30.8
股份合作企业	亿元	5.72	18.9
股份制企业	亿元	792.77	4.6
外商及台港澳商投资企业	亿元	114.39	-2.6
其他经济类型企业	亿元	66.96	12.9

2020年安溪县规模以上工业主要行业产值情况表

表9

指标名称	计量单位	1—12月累计	增长率(%)
采矿业	亿元	12.15	-1.0
制造业	亿元	941.24	4.3
农副食品加工业	亿元	6.21	6.6

续表9

指标名称	计量单位	1—12月累计	增长率(%)
食品制造业	亿元	8.39	11.2
酒、饮料和精制茶制造业	亿元	247.88	7.4
纺织业	亿元	14.25	-0.2
纺织服装、服饰业	亿元	33.39	3.8
皮革、毛皮、羽毛及其制品和制鞋业	亿元	1.26	23.8
木材加工和木、竹、藤、棕、草制品业机械制造业	亿元	7.09	9.5
造纸和纸制品业	亿元	42.57	-5.2
印刷和记录媒介复制业	亿元	35.93	12.6

【安溪县上榜“中国工业百强县”】

2020年11月13日，中国信息通信研究院主办的中国县域工业经济发展论坛发布《中国县域工业竞争力地图》。安溪县上榜“中国工业百强县”，列全国第83位。

（白永津、杨培华　谢文春）

·城镇集体工业联合社·

【概况】

2020年，安溪县城镇集体工业联合社（简称“县工业联社”），下属县办集体企业5家，包括工业企业4家（县轻工机械厂二厂、县机电厂、县胶合板厂和县二轻造纸厂），商贸企业1家（县二轻供销公司）。企业职工229人，在职职工29人，退休职工200人。企业占地面积30955平方米，建筑面积14110平方米，资产总值约177万元，负债50.4万元。

【租赁承包经营企业】

县胶合板厂　位于凤城镇祥云路凤冠山下，占地面积11000平方米，建筑面积4000平方米。职工50人，其中在职7人、退休43人。原生产经营木材胶合板，1992年8月停产。截至2016年，厂房场地长期对外租赁。截至2017年底被县委、县政府列入凤山片区改造项目。2020年，该厂企业一次性安置职工工作持续进行。

县二轻造纸厂　位于凤城镇祥云路凤冠山下，占地面积5000平方米，建筑面积2500平方米。职工56人，其中在职2人、退休54人。原生产经营再生纸，1998年6月停产。截至2016年，厂房场地及设备由晖英纸品厂租赁。2017年底，被县委、县政府列入凤山片区改造项目。2020年，该厂企业一次性安置职工工作持续进行。

县轻工机械二厂　位于官桥镇区官郁村牛埔，占地面积11000平方米，建筑面积4000平方米。职工70人，其中在职18人、退休52人。主要经营小五金修配。1984年起，该厂采取车间内部分立承包经营，部分厂房场地对外租赁为仓库。2020年，对该厂4栋危房进行安全改造，检测无问题后再恢复生产。

县机电厂　位于湖头镇中山街中部，占地面积3560平方米，建筑面积3050平方米。职工37人，其中在职1人、退休36人。以生产小型机电产品为主。1985年起，该厂采取内部竞标承包经营的方式。2020年，由该厂职工李火旺承包护厂管理。同年，该厂被列入湖头古镇开发项目，初步完成职工人员确定、工龄计算、安置资金测算。

县供销公司　位于凤城镇解放路南段，占地面积395平方米，建筑面积560平方米。职工16人，其中在职1人、退休15人。原主要经营二轻商场。2006年8月，因属联社集体资产的二轻商场店面对外竞标租赁经营，该公司停业，职工医保社保全部完成。2020年，该公司对外招租。

【新冠肺炎疫情防控工作】

2020年，县工业联社组织党员干部带头落实疫情防控工作。选派2名党员干部到凤城镇、官桥镇政府参与一线疫情防控工作，多次配合共建单位——茶都社区入户摸排外来人口，协助社区开展疫情防控工作。

【企业参展】

第55届全国工艺品交易会　2020年7月10—12日，县工业联社组织工艺企业前往青岛参加第55届全国工艺品交易会。其间，组织参评第2020年“金凤凰”创新产品设计大奖赛，获金奖4项、银奖2项、铜奖3项、优秀奖16项。

2020年“金凤凰”创新产品设计大赛获奖情况表

表10

序号	奖项	艺种类别	作品名称	设计人/制作人
1	金奖	竹编	《心灯》	陈红萍
2	金奖	藤编	《素年锦时》	谢翠菊
3	金奖	金属工艺	《坚持》	谢树林
4	金奖	金属工艺	《铁艺——呈祥纳福》	谢卿章
5	银奖	金属工艺	《守护家园》	吴水胜
6	银奖	金属工艺	《破浪》	朱灿煌
7	铜奖	金属工艺	《祥韵玄关桌》	吴树根
8	铜奖	金属工艺	《梦想》	黄世春
9	铜奖	金属工艺	《温情之家》	齐开社
10	优秀奖	金属工艺	《和平天时》	黄伟昌
11	优秀奖	金属工艺	《蜕变》	朱碧云
12	优秀奖	金属工艺	《气势如虹》	高建伟
13	优秀奖	金属工艺	《激情岁月》	廖金春
14	优秀奖	金属工艺	《南舞巢归》	廖奕斌
15	优秀奖	金属工艺	《镂空包》	黄金思
16	优秀奖	金属工艺	《孔雀椅》	李剑婷
17	优秀奖	金属工艺	《生命之轮》	林源鑫
18	优秀奖	金属工艺	《鸟园窥夜》	黄培贤
19	优秀奖	金属工艺	《鹿·飞跃》	黄培贤
20	优秀奖	金属工艺	《榴年》	郭芳颜
21	优秀奖	金属工艺	《秋韵》	唐灿博
22	优秀奖	金属工艺	《梦想》	辛惠清
23	优秀奖	金属工艺	《闲云野鹤》	谢剑锋
24	优秀奖	金属工艺	《唯美得天使》	赖竹坚
25	优秀奖	金属工艺	《光明使者》	黄庆云

2020年第三届福建省工艺美术创意设计大赛获奖情况表

表11

序号	奖项	公司	作品名称	设计人/制作人
1	铜奖	劳模基地	《人》	白江河
2	铜奖	集发工艺	《凿壁偷光》	黄春火
3	优秀奖	华星工艺	《时代的步伐》	高建伟
4	优秀奖	格美工艺	《茶乡女》	林荣都
5	优秀奖	振鸿工艺	《长颈鹿》	叶发昌

第三届福建省工艺美术创意设计大赛 2020年11月8—12日，县工业联社组织18件作品参评第三届福建省工艺美术创意设计大赛，获铜奖2项、优秀奖3项。

第十三届海峡两岸文化产业博览交易会 2020年12月4—7日，县工业联社会同县工艺办、县家居工艺商会组织安溪县工艺企业组团参展，并组织60多件作品参评2020年“创意工美”工艺美术优秀作品大赛，获金奖1项、银奖1项。

2020中国（大连）国际文化旅游产业交易博览会 2020年10月22—26日，县工业联社会同县工艺办组织安溪县10家行业龙头企业参展，并组织50多件作品参评2020中国（大连）国际文化旅游产业交易会“金牡丹杯”文化创意大赛，获金奖9项。

【安溪家居（藤铁）工艺美术大师作品进鞍钢博物馆馆藏】

2020年10月24日，安溪县黄连福等11名大师的22件优秀作品被收入鞍钢博物馆，馆长车千里向各位大师颁发永久收藏证书。此次活动填补安溪县家居（藤铁）工艺行业大师作品入选国家级博物馆永久馆藏的空白，也为参评“中国工艺美术大师”作铺垫。

【相关活动】

“非遗购物节”直播（安溪竹藤编部分）活动 2020年6月13日，县工业联社组织收集湖上畲族竹编、蓝田传统竹编和聚丰工艺编织产品，协调做好视频拍摄、文字脚本制作等工作，组织产品于安溪铁观音官方旗舰店和抖音小店进行“非遗购物节”直播。

国庆中秋嗨购安溪好货活动 2020年，县工业联社组织聚丰工艺、恒发家饰等13家工艺企业前往泉州参加全闽乐购“国庆中秋嗨购安溪好货”活动，以“双铁”为核心，融合安溪农特产品、特色小吃，展示安溪传统产业在文化、工艺、品牌等各个纬度的发展和创新，并通过系列展示、购物、品牌营销等项目，打造消费市场环境与安溪城市品牌，营造安溪全域品牌营销氛围，推动安溪品牌产业出口转内销的宣传效果。

【人才队伍建设】

2020年，安溪县有福建省工艺美术大师1名、福建省工艺美术名人9名、泉州市工艺美术大师24名；有泉州市工艺美术大师工作室11个，当年新增1个（吴江南大师工作室）。

2020年，安溪县推荐黄连福大师参选福建省工艺美术精品评审专家及泉州市工艺美术评审专家。

（王冰兵 李海水）

中国（大连）国际文化旅游产业交易会 2020年“金牡丹杯”文化创意大赛获奖情况表

表12

序号	奖项	艺种类别	作品名称	设计人/制作人
1	金奖	金属工艺	《吉祥藤编工艺灯》	吴树根
2	金奖	藤编	《镜中镜》	唐艺森
3	金奖	金属工艺	《坚持》	谢树林
4	金奖	金属工艺	《铁艺——呈祥纳福》	谢卿章
5	金奖	金属工艺	《守护家园》	吴水胜
6	金奖	金属工艺	《破浪》	朱灿煌
7	金奖	金属工艺	《祥韵玄关桌》	吴树根
8	金奖	金属工艺	《梦想》	黄世春
9	金奖	金属工艺	《温情之家》	齐开社

· 供电公司 ·

【概况】

2020年，安溪县电网最高负荷716兆瓦，全社会用电量42.42亿千瓦时，同比增长3.28%，其中工业用电量24.94亿千瓦时，同比减少1.39%。县供电公司总购电量34.91亿千瓦时，售电量33.41亿千瓦时，综合线损率4.31%，纳税3589万元。全员年劳动生产率75.56万元/人。国网福建省电力有限公司安溪县供电公司（简称县供电公司）先后获得2019年度福建省“安康杯”先进单位、2019年度泉州市“安康杯”先进班组等称号。

【电力经营管理】

2020年，安溪县供电量349113.55万千瓦时，上缴税金3589万元，利润8138.86万元。

【电网投资和改造】

2020年，县供电公司取得110千伏员潭变、35千伏福田变等3个输变电工程核准批复。安溪区域电网投入2.1亿元，投产110千伏墩坂输变电工程、洪佑变增容工程、垃圾焚烧发电厂110千伏送出工程，推进220千伏蓬莱输变电、110千伏兴泉铁路后寮牵引站线路、蓬莱变电站配套送出线路等7个输变电工程建设。新开工建设154个配网工程项目，新建和改造10千伏架空线路长度197千米，10千伏电缆长度38.5千米，完成新建及改造10千伏配变79台，低压线路679千米。持续推进高故障线路整治专项，完成60个高故障线路项目及51回防雷大修项目治理，完成11个大中型小区二路电源改造项目，完成古山、参内、唐龙、墩坂变电站等14个配套送出工程。10千伏分支线及以上故障同比上年减少178起，同比上年下降29.23%，配变故障停运率同比上年下降21.56%，有效提升区域供电服务能力。

（吴晓勇　林荣仁）

2020年安溪电网用电结构情况表

表13　　单位：万千瓦时

项目		数值
供电量		349113.55
售电量	居民	125544.55
	非居	11584.32
	商业	33682.73
	非普	41286.37
	大宗	121080.84
	农业	18205.10
	倒送省网	0

2020年国网安溪县供电有限公司经营情况表

表14

项目	数值
购电量（万千瓦时）	349113.55
售电量（万千瓦时）	334082.26
税　金（万元）	3589
利　润（万元）	8138.86
线损率（%）	4.31

中国国际信息技术（福建）产业园

【概况】

2020年，中国国际信息技术（福建）产业园（简称“EC产业园”）聚焦经济发展和新基建，推进园区基础设施建设、招商引资、项目、人才等工作。园区企业84家，纳税总额1552万元，新签约入驻企业11家。截至年底，EC产业园已建成办公场所面积8.5万平方米，人才公寓及云谷酒店客房近800间，职工休闲公园8公顷，爬山栈道2.5千米，现有常住人员1600余人，成为“宜居宜业宜游”的高新技术园区。

【招商引资】

2020年，EC产业园完善招商服务中心机构，落实主要负责人总负责，分管领导具体抓的工作机制。开展“大招商，招大商”活动，深化招商竞赛，激发招商活力，完善园区产业链。参加“数字福建”峰会，主要领导带队考察中科遥感、中关村、中国电影资料馆等龙头项目，充实项目库资源。围绕“一中心、三链条”，做好对外招商宣传工作，参加2020年数字福建展会、泉州市产业链招商季集中签约等活动，开展产业链招商，推进项目集中签约，对外推荐产业园相关服务信息。提升企业服务项目，促成项目落地，对新引进企业实行“保姆式”服务，巩固招商引资成果。指定专人协助项目办理企业主体注册13家、备案7家等手续。全年园区接待招商参观100多次，发布就业用工信息调查，

2020年12月20日，全球商业遥感卫星福建站揭牌仪式（EC产业园供图）

2020年12月20日，空天大数据企业入驻签约仪式（EC产业园供图）

宣传县里用工补贴政策。

强化园区招商宣传，制作专门的招商推介 PPT，围绕“一中心、三链条”，赴北京、深圳、武汉等地开展相关产业链招商活动。9 月 19—23 日，产业园赴上海参加 IDCE（计算机教育的国际化发展）2020 中国数据中心绿色能源大会。10 月 11—15 日，EC 产业园代表安溪参加第三届数字中国建设峰会成果展览会。12 月 20 日，举办“全球商业遥感卫星福建站揭牌仪式暨智慧城市建设与空天大数据行业应用研讨会”，中国科学院刘嘉麒、国防科工局重大专项工程中心副处长（主持工作）唐梦辉等嘉宾出席，13 家空天大数据产业上下游企业集中签约入驻（8 家合作协议，5 家框架协议）。

截至 2020 年底，EC 产业园签约项目 11 个，总投资 26.4 亿元，其中超亿元的有 5 个，即福建欧爱滴大数据有限公司 OID（对象标识）赋能云平台项目、泉州云天慧谷信息科技有限公司航天人工智能协同创新平台、全球商业遥感卫星地面接收站网福建站及国际空天大数据产业园、影视数字资源中心、影视产业服务平台。在谈项目有中电智云数据中心、光环新网数据中心、市大数据公司数据中心、中科曙光超算中心、大唐网络中国云项目等 20 多个，项目涵盖数据中心基础设施建设及云计算、大数据、物联网、人工智能等。

2020年中国国际信息技术（福建）产业园项目落地情况表

表15　　　　单位：人

序号	企业名称	项目简介	入驻时间	从业人数
1	福建省欧爱滴大数据有限公司	计划投资1亿元，用于数据平台建设、业务推广和数据收集，可为全国“非遗”传承人提供OID注册、解析及产品交易服务	2020年1月	4
2	福建卡之源信息技术有限公司	卡之源第三方支付平台由福建卡之源信息技术有限公司投资建设，打造“互联网+”金融的供应链服务，为企业降成本，快捷方便，解决中小企业的资金运行困难	2020年4月	8
3	中影星光（安溪）影视传媒有限公司	建设影视产业服务平台，存储中外影视产业历年影片的片源、类型、票房、简介、评价、策划、资本、宣传等数据信息，导入和更新作品、资本、艺人、档期、地区影院经营状况、排片、荧幕、品牌等数据库，引入产业链相关大数据和人工智能技术提供需求分析和市场预测等功能，以数据为基础，以技术为支撑，为安溪基地和全国影视行业提供前期策划、资方、演员、音乐对接、前期拍摄和后期加工处理、版权交易、宣传策划、收入预测、院线对接、衍生品交易、品牌冠名、财务管理等服务，打通产业链中下游环节，提供全流程、多元化、低成本、高收益的专业化服务	2020年5月	10
4	福建省汇刷电子科技有限公司	专业后台管理开发、前方销售、集中运维、机具适配采购供应等一站式服务模式。致力于打造领先的小微商家数据服务商，集业务及金融外包、企业及个人征信、财富管理、商业保理、P2P超市、支付及便民服务于一身，为第三方支付领域的商户累积渠道优势，实行多品牌、全渠道布局战略	2020年5月	7
5	泉州云天慧谷信息科技有限公司	搭建“航天人工智能协同创新中心”，围绕人工智能、物联网、大数据、云计算等技术，布局AI数字党建示范基地建设，以“服务+产业”为着力点，打造集“产学研合作、成果交易、人才培训、投资发展”等于一体的全要素科技服务平台	2020年6月	10
6	福建省九玄信息科技有限公司	基于区块链技术，定制开发分布式数据存储管理软件，配套生成服务器硬件产品，提供服务器托管和数据存储服务，同时为5G、物联网、车联网、AR/VR、智慧城市、智能社区、智能家居和私有云等项目的数据存储提供软硬件整体解决方案	2020年7月	15
7	泉州市睿远企业管理有限公司	立足人力资源服务外包、劳务派遣、劳动事务代理、人力资源招聘、人力资源管理咨询、企业管理咨询等业务，依托全省20家分公司、20家子公司形成的便捷服务网络，为安溪经济社会发展提供优质人力资源服务	2020年7月	8
8	泉州中科星桥空天技术有限公司	建设卫星接收基地：用地60亩，总投资3亿元，一期建设2部12米直径卫星固定接收基站、数据中心和卫星科技展厅等。建设国际空天大数据产业园：占地300亩，建设“天空地”大数据总部经济区，吸引上下游产业入驻。同时建设空天大数据库、国际空天大数据交易中心、国际空天技术交流中心、院士工作站、省级/国家级重点实验室、国际联合研发中心、空天科技人才培训中心等	2020年8月	20
9	福建晟即丰信息技术有限公司	以信息处理及分析为基础，致力于为商家支付、会员营销、店铺运营提供互联网解决方案	2020年11月	7
10	中国电影资料馆安溪数字资源中心项目	在园区建设电影数据中心、修复中心、实训中心、AI音视频实验室、红色教育培训基地、展览中心、博物馆等	2020年12月	5
11	安溪·中关村信息谷创新中心项目	主要建设安溪·中关村协同创新展示中心、雨林空间国际孵化器、科技办公区等创新交流示范窗口。中关村信息谷利用其创新发展模式、丰富的合作企业资源及形式多样的金融操作优势，结合自身产业资源输出能力，引进京津冀、大湾区优质产业入园孵化，构建具有安溪特色的创新生态系统	2020年12月	10

【项目建设】

2020年，EC产业园以泉州市新基建新经济基地建设比拼为契机，通过科学规划园区建设和发展模式，进一步厘清思路、找准定位，明确园区目标和发展。制定《数字福建（安溪）产业园建设实施方案》，工作专班就各自分工开展工作，推动项目进展。安溪县在2020年度全市13个新基建新经济基地建设比拼阶段性考核中，经济、发展、人才引聚、创新突破、基础工作等五大考核指标均位居全市前列，综合成绩排名全市第一。

数字经济　2020年，EC产业园以国家“新基建”建设为契机，强化数据中心二期及配套设施建设。新基建项目总投资5.2亿元，规划建设1943个标准机柜。园区现已通过融资融券，获得政府专项债1.5亿元。提升数据承载容量，推动泉州大数据运营服务有限公司入股产业园参与建设运营，推动引入中电智云、中信科、海丝授时中心等战略投资。开展闽西南协同区园区考察、交流座谈，推介数据中心在政务云数据汇聚的软硬件优势，探讨协同区内的数据中心合作，推动协同发展区五地市（厦门、漳州、泉州、三明、龙岩）开展数字经济业务合作。

运动中心　项目累计投资1亿元。截至2020年底，运动中心主体建设完工验收，道理管网及消防管道、电气工程等工程通过竣工验收工作。

【人才工作】

2020年，EC产业园对接市委人才“港湾计划”，坚持人才强园战略。突出教育实训重点，打造信息技术产业高技能人才阵地，将园区服务外包基地打造成可容纳1800名学生的教育实训基地，配套建设人才公寓、图书馆、餐厅、活动中心等；继续推进“校企合作”模式，对接高校，截至年底已对接院校85所，有厦门大学、对外经济贸易大学等。先后制定出台5项人才政策，为园区人才提供系统性服务保障；设立人才之家，配备专职工作人员为园区人才提供“一站式”服务；开展人才储备工作，对接中科院、航天院、欧洲商会，扶持福建司雷植保公司进行绿色综合防控技术研发。按照人才之家建设标准，不断完善园区配套设施，致力于为人才提供集办公娱乐休闲于一体的发展环境，可同时满足2500人生活办公需求、满足企业300人团队拓展需求。

（吴美珠　李灿荣）

·城区工业园·

【概况】

安溪经济开发区城区工业园（简称“城区工业园”），总规划面积33.66平方千米，可开发面积19.2平方千米。2020年，城区工业园有规模以上工业企业108家，实现产值358亿元，比2019年增长0.6%。

【规划布局】

城东片区　位于城区工业园的东侧，是中心城市“东拓”的主要组成部分，规划面积7.8平方千米，规划发展集茶叶精加工、交易、总部、研发、物流仓储、电子商务、文化交流、高等教育、观光旅游等功能于一体的城东茶业新城。

城南片区　位于县城南部，是中心城区“南扩”的主要组成部分，总规划用地面积8.3平方千米，规划发展服装纺织等工业产业和酒店、金融服务、商业服务、房地产开发等第三产业为主的城南金融商务区，是安溪企业回归总部建设聚集地。

城西片区　位于西二环路沿线及周边区域，是中心城区“西进”的主要组成部分，总规划面积8平方千米，规划发展商住、商贸、物流、家居工艺品等。

下长泰片区　位于省道308线沿线区域，规划用地面积8.9平方千米，规划发展水暖卫浴、机电阀门、仓储物流等产业。

罗内卫浴新城　位于参内乡罗内村，与南安接壤，规划打造集水暖卫浴、机电阀门的研发生产、物流配送、产业配套等为一体的专业园区，总规划用地面积约666666.67平方米，其中工业用地面积约333333.33平方米，商服用地15333.33平方米，道路、安置区、污水处理厂等其他用地面积约318000平方米。规划打造集水暖卫浴、机电阀门的研发生产、物流配送、产业配套等专业园区。项目总投资约10亿元，建成后预计可实现年产值25亿元以上，纳税1.5亿元以上，解决劳动就业2000人以上。年底园区已入驻企业21家。

【基础设施建设】

2020年，城区工业园组织实施站前广场及配套设施建设，开展罗内卫浴新城土石方平整工作，实施罗内卫浴新城纵一路、横一路、排洪渠、护坡等工程项目，完善片区基础设施，协调开展安征迁工作，确保项目落地实施。完成安溪县卫浴新城基础设施工程站前大道工程（东三环项目）、安溪县参内外环路市政工程、兴泉铁路安溪东站市政附属设施工程、涝港片区C-6地块等4个项目251642平方米用地报批工作。完成安溪县消防大队凤城中队项目、安溪县卫浴新城基础设施工程站前大道工程（东三环项目）、参内乡罗内村纬八路边坡支护工程、兴泉铁路安溪东站市政附属设施工程（站前广场项目）、参洋片区E地块等9个地块12.96万平方米林地报批工作。完成草埔尾村道两侧工业地块03地块、安溪县参洋片区C-02-19地块、参洋片区K-01-02-1地块、参洋片区J-06-01地块等7宗174224.67平方米土地出让工作。引进砖文建设集团有限公司、福建浪川智能科技有限公司、尔约阀门科技有限公司等3个超亿元投资项目，项目总投资4亿元，其中砖文建设集团有限公司参加2020年泉州市第一批重大项目集中云签约活动。

【园区建设】

盘活项目用地 2020年，城区工业园完成海西国际五金城项目投入及补偿核算工作，与龙都公司签订解约协议，盘活用地866666.66平方米。开展安溪聚丰工艺品厂片区改造工作，盘活用地7968.27平方米。

安置项目建设 完成德宏花苑、龙磐花苑、碧湖佳苑3个小区回迁工作；完成富源小区主体封顶，并完成主体验收，进行配套工程施工；完成涝港安置小区10幢楼房建设工作，并开展验收，2021年上半年交付回迁。

项目有序推进 完成国网安溪供电公司官桥电力物资仓库前期报批及投标工作，进行主体施工；推进纵一路、横一路、纬一路延伸段、C-30至C-33、C-41、C-34、C-38地块边坡支护、1号排洪渠、污水处理厂、场地平整和泰高寨安置区土石方等工程建设，完成3号排洪渠、护岸等工程；完成安德汽车检测用地置换工作，完成置换地后边坡挡墙砌筑。

安置房项目建设 组织实施东三环（站前大道）道路工程建设，组织开展同美片区、勤内片区、三安大桥连接线片区的园区定位、产业布局研究论证；成立大白濑参内安置房建设项目工作小组，推进安置房建设，助力大白濑水利工程移民安置工作。

营商环境 2020年，城区工业园协调解决各项目用地范围内电力、电信、移动、联通、广电、铁塔等线杆迁移工作；配合完成霞宝片区范围道路、项目征地工作，满足企业开工需求。

【获得荣誉】

2020年，安溪经济开发区城区工业园管理委员会（简称“城区工业园管委会”）获评“在2020年度重点项目建设工作中表现优异的单位”。城区工业园在全省纳入考评的97个开发区（其中省级开发区73个）综合发展水平考核评价工作中，获得总分430.37分、列第14位的成绩，比2019年度提升8个位次。其中，综合发展水平居全省省级开发区第6位，比2019年度提升4个位次。

（林冰洋撰　周毅林）

2020年安溪县城区工业园土地出让情况表

表16　　　　单位：公顷

序号	地块名称	受让者	面积	用地性质
1	建安片区27A地块	福建省泉州中拓置业有限公司	4.6000	商住用地
2	参洋片区K-01-02-1地块	隆恩置业发展有限公司	2.5183	商住用地
3	参洋片区J-06-01地块	泉州东海岸建设有限公司	4.0630	商住用地
	合　计		11.1813	

泉州半导体高新技术产业园区安溪分园区

【概况】

2020年，泉州半导体高新技术产业园区安溪分园区（简称“泉州芯谷安溪分园区”）固定资产投资完成额22.64亿元，累计投资近200亿元。入驻企业15家，其中国家级高新技术企业3家，规模以上企业6家。从业人数4102人，全年实现总产值82.06亿元，缴纳税金1.48亿元。

【入驻项目】

2020年，泉州芯谷安溪分园区现有入驻企业15家，其中入驻园区一期的有晶安光电、天电光电、信达光电、中科生物、北电新材料、勤为光电、联合新材料、合晶光电8家企业，入驻光电园孵化基地的有勤杰机械、友腾光电、安能实验室设备、三州光电4家企业。

【规划布局】

2020年，泉州芯谷安溪分园区作为泉州半导体高新技术产业园区“一区三园”的一个分园区，规划面积2.147平方千米，位于安溪县湖头镇，四至范围：东至漳泉铁路，西至高山村交界处，南至339县道，北至漳泉铁路。主要规划发展新型光电显示、光生物、半导体材料等产业，是集生产基地、研发检测、应用展示、商贸物流于一体，涵盖“衬底—芯片—封装—应用”完整产业链的高科技产业园。其中首期3.33平方千米，已完成启动区1.33平方千米的建设，二期工程正在建设中。

【基础设施建设】

生活配套方面 职工休闲中心建设完成并投入使用，职工文体中心完成主体结构建设，年底进行内部装修；完成园区夜景亮化提升工程，LED主题公园及安溪县台湾人才协会会址正建设中；建设休闲步道并对园区道路两侧进行绿化提升；投入15.8万元采购安装园区主干道的中间隔离护栏、增加道路两侧的停车位画线约120位，并安装监控探头，确保园区职工交通安全。

生产配套方面 泉州芯谷安溪分园区标准厂房涉及地块完成清表工作，新一批标准厂房及配套路网工程进行施工。

【招商引资】

2020年，泉州芯谷安溪分园区招商引资重点目标12个，当年签约天电光电EMC2.0及半导体封装测试技改项目、合晶光电LED支架生产项目、深圳市池航科技5G物联网智能产业项目等三个项目，投资额15.2亿元，另有安徽麦科勒（滁州）新材料项目等在谈对接项目9个，涉及投资额13.75亿元。

2020年泉州半导体高新区安溪分园区入驻企业情况表

表17

序号	企业名称	企业简介	总投资额（亿元）	从业人数（人）
1	福建晶安光电有限公司	成立于2011年10月，系国家光电产业领军企业——三安光电股份有限公司的全资子公司。公司有博士5人、硕士15人，是福建省硕士教育培养示范基地。与国内多所高校和科研院所保持密切合作，并取得丰硕成果。研发与创新能力遥遥领先于国内同行，是业界唯一一家具备从晶体生长、衬底加工到图形衬底产出全链条的专业制造商。截至2020年底，公司已完成蓝宝石衬底一期、二期、三期项目建设，蓝宝石衬底产能规模和品质稳定性位居全球第一，全年实现产值31.5亿元、纳税4031万元	70	1005
2	福建省信达光电科技有限公司	系国有上市公司——厦门信达股份有限公司的子公司，专注于白光封装、RGB显示屏封装与路灯应用产品的研发、生产和销售，着力打造在全国有影响力的LED封装产品和照明产品生产基地。2020年产值23.42亿元、纳税620万元	20	687
3	福建天电光电有限公司	项目总投资30亿元，占地100000平方米，已于2017年4月完成项目建设，该公司系集研发、生产、销售于一体的国家级高新技术企业，是国内综合实力排名前三的LED封装企业，在EMC封装领域做到全球第二、国内第一，与世界前五强的照明巨头、国内前五大的照明企业建立合作关系	30	1635
4	福建省中科生物股份有限公司	系由福建三安集团与中科院植物所于2015年12月合资设立，包括中科生物总部、研究院和植物工厂产业化基地三大核心项目。该项目将领先的LED光谱技术与中科院植物所在植物学领域的科研成果相结合，利用人工光谱光配方和水肥一体化技术，应用于现代设施农业与生物制药材料的生产制造。植物工厂产业化基地占地面积200000平方米，投资8亿多元，主要建设产业化车间生产高附加值的蔬菜、瓜果、花卉、中草药，同时开展针对创新药的原料生产加工，为消费者提供绿色无污染、高品质的蔬菜、瓜果和保健食品。2020年实现产值7.36亿元、纳税5670万元	70	377
5	福建省勤为光电有限公司	主要从事电子元件包装设备开发、包装产品设计、生产和销售。2020年产值1716万元、纳税67.9万元	3	41
6	福建省勤杰机械制造有限公司	主要从事机械加工生产，满足园区企业机械设备、配件需求。扩建项目总投资1亿元	1.5	19
7	福建省安能实验室设备有限公司	主营实验室设备，家具生产、加工、销售。扩产项目地块已完成土地招拍挂工作，厂区设计方案调整已完成	0.5	11
8	泉州市友腾光电科技有限公司	主营光学晶体、激光晶体、光学棱镜、光通信器件、光源器件的研发、生产、销售以及光学原辅料冷加工、光学真空镀膜精密元件的切割检测等	0.1	58

续表 17

序号	企业名称	企业简介	总投资额（亿元）	从业人数（人）
9	福建北电新材料科技有限公司	主营碳化硅晶体衬底研发生产	1.1	130
10	福建省合晶精密电子科技有限公司	主营大功率LED支架和SMD支架的研发生产销售，拟利用信达光电现有6000平方米厂房进行投产，厂房装修方案已完成	2.2	76
11	福建联合新材料高端半导体材料有限公司	经营范围包括新型金属材料、电子材料、化工材料（不含危险化学品）、建筑材料、电子产品、普通机械设备及配件的研发、批发、代购代销等	0.2	43
12	福建省三州光电科技有限公司	主营光电子器件制造，塑料薄膜、塑料保护膜、五金配件制造，电子产品、五金产品、塑料制品、劳动防护用品、包装材料销售	0.3	20

【企业服务】

疫情防控 2020年，泉州芯谷安溪分园区对所有省外返工人员开展免费核酸检测，累计组织职工核酸检测971人次。打通企业物资通道，利用空余洁净车间引进口罩生产企业，实现园区口罩自给自足。发挥统战力量，通过园区台干筹集医用口罩、额温枪等物资共计1万余件。

职工服务 组织开展“职工篮球赛”“职工摄影大赛”各项文体比赛；依托园区“人才之家”，定期组织人才沙龙、植树护林等活动，丰富园区职工的业余生活。结合妇女节、劳动节、七夕节等节假日，组织开展各类主题活动。协助安溪县台湾人才协会在厦门大学举办人才专题培训班。

用工服务 疫情防控期间统一包车接送省外职工返园区复工，有效助力园区企业按时复产。定期在“泉州芯谷安溪园区”微信号、安溪人才网、前程无忧网等线上渠道推送招聘信息，在人才市场、园区路口、乡镇宣传栏、村居、职校、车站等场所发布招聘信息。与贵州省黔西南州、遵义市人社局建立人力资源交流合作关系，赴省内外高校开展专场招聘会等活动8场次。2020年，泉州芯谷安溪分园区招收职工1200人，其中大专及以上学历毕业生391人。

【人才工作】

人才申报 2020年，泉州芯谷安溪分园区争取各级人才补贴1340万元，累计培育申报省市高层次人才48人，其中天电光电李昇哲、晶安光电杨胜裕入选福建省第七批省引才“百人计划”，林紘洋等4人入选福建省第三批引进台湾人才“百人计划”；晶安光电周志豪和中科生物李晶分获省、市青年五四奖章。

平台建设 搭建人才引育平台11个，推动园区“台湾人才之家”入选省首批人才驿站示范站（全省共10家，泉州仅3家），园区台湾人才协会获得“市青年五四奖章集体”表彰；指导中科生物建成“博士后科研工作站”（全县首家），推动晶安光电入选省首批人才自主认定示范企业。晶安光电获得“省五一劳动奖章”表彰。引进华侨大学教授柳培忠团队共建专家工作站、与省系统工程学会共建创新驱动服务站等，指导信达光电申报入选省级高新技术企业；推动天电光电、中科生物入选市级人才试点企业。

校企合作 通过“溪引行动”政策招才引智，引进高水平高校毕

2020年5月16日，泉州芯谷安溪分园区台湾人才之家举行省级人才驿站示范站揭牌仪式（泉州芯谷安溪分园区供图）

业生入职企业11人，其中博士2人，硕士5人；组织园区企业赴陕西、江西等地院校和中科院海西研究院开展校园招聘，累计招引优秀学子391人；与贵州省望谟县、普安县合作开展两期校地企“二元制”合作教学，招收学员175人。

【安全生产】

2020年，泉州芯谷安溪分园区建立“1+N”驻企干部网格化安全责任体制，选派全体党员干部下沉企业一线挂钩安全生产，组织安全培训18次、安全检查46次。精准摸排解决安全隐患，做到辖区房屋摸排全覆盖，排查建筑70余栋，其中晶安21栋、天电11栋、信达8栋、中科11栋、生活区及管委会20栋，均纳入房屋安全隐患排查系统。从企业生产线到职工宿舍、从用电用气安全到消防应急通道检查，逐一摸排整治安全生产隐患，发现安全隐患69项，并及时跟进、完成整改。修订完善园区安全生产专项整治三年行动方案，启动园区风险评估和集约可视化安全监管信息共享平台建设工作。

（陈胤晓　叶政贤）

· 交通运输 ·

【概况】

2020年，安溪县共有道路客运企业5家，道路货运企业（含危货）23家，公交企业2家，出租汽车企业1家。全县有营运客运车辆300辆，货运车辆（含危货）1408辆，公交车辆202辆，出租汽车165辆。全县438个建制村全部通客车，70%的人口出行实现公交化，并加快推进农村客运基础设施建设，规范通村客运，提高服务质量，推动村村通与美丽乡村建设、乡村旅游相结合。

【客货运输】

2020年，安溪县有道路客运企业5家，客运车辆300辆，座位7410个，年客运量90.39万人，旅客周转量5447万人千米，客运线路64条（其中农村客运线路32条），客运网络覆盖24个乡镇438个建制村，实现村村通客车；道路货运（含危货）企业23家，当年新增3家，新增货运车辆430辆（含危货），全县有货运车辆1408辆17780.24吨位（其中个体户车辆426辆4033吨位），共完成货运量1346.3万吨，货物周转量133410万吨千米；公交企业2家（安溪县公共交通公司、福建安溪泉安汽车运输有限公司），公交线路23条，公交车辆202辆，全年运营里程635.2万千米，客运量662.22万人次；出租汽车企业1家（安溪县闽兴出租汽车有限公司），出租车165辆，全年营运里程1386万千米，客运量158.4万人次。

【运输管理】

客运管理 2020年，安溪县新增或更新客运车辆31辆，其中新增农村客运车辆5辆、新增市际旅游客运车9辆，累计完成投资1100万元。完成20个市际旅游包车运力使用权招标，其中泉州新恒兴交通集团有限公司安溪旅游发展公司中标10个运力，福建省安溪金航旅游运输有限公司中标3个运力、福建泉运实业集团有限公司安溪分公司中标7个运力。下拨2019年度农村客运油价补助资金353.17万元，下拨2019年度新购置农村客运车辆项目省级补助130.22万元。推进"四好农村路"运营建设，创新农村客运运营模式，采取镇村客运区域化运营模式，出台县级农村客运运营补助政策（含车辆新购置及客运运营补助）。龙门镇南翼新城综合运输服务站项目开工建设，新增农村客运（区域运营）线路22条，首次投放9座农村客运车辆5辆。推进客运售票便民化、智能化服务，全县有自助售票机5台，各客运站均实现自助售票、网络售票和移动支付。组织开展2019年度客运企业质量信誉考核，其中AAA级3家、AA级2家。

货运管理 2020年，安溪县新增专业货运企业1家，新增货运车辆430辆（含危货车辆），新增挂车54辆（含危货车辆），进一步提高甩挂车辆比例，降低交通能耗；加强对货运企业的监督管理，保障道路运输安全；开展道路危险货物运输专项整治，全面加强危险化学品安全生产工作；组织开展2019年度货运（含危货）企业质量信誉考核，其中AAA级1家、AA级9家、A级5家、B级1家。

农村物流管理 2020年，安溪县出台县级农村物流多网融合高质量发展方案，由县运输管理所牵头，整合邮政快递网点、农村客运站、村级供销社、农村电商服务站、益农信息社等涉农服务网点，整合打造"一点多能、一网多用、多站合一"的村级物流服务站，填补末端服务空白点。全县482个建制村（居）累计建成村级物流服务站428个，覆盖率88.80%，新建的站（点）各获得1万元补助。

维修行业监管 2020年，安溪县推广全县汽车维修电子健康档案系统应用，7月15日前顺利完成全县14家一类、二类汽车维修企业汽车维修电子健康档案系统的数据对接工作，12月30日前逐步引导三类维修企业进行系统对接；开展维修企业露天喷涂专项整治工作，召开全县维修企业露天喷涂专项整治工作会议进行部署，出动检查人员369人次，检查一类、二类维修企业14家，三类维修企业163家，发现问题40个，整改问题40个，整改合格率100%；对全县177家机动车维修企业进行年度质量信誉考核，评定结果为AAA级3家，AA级9家，A级2家。

驾培机构监管 2020年，安溪县组织县运管所、交通执法大队在全县范围内开展驾培机构教练员教学监督管理工作，完成对全县12家驾培机构进行质量信誉考核，评定AA级9家，A级3家；全年完成机动车驾驶员培训19684人。

【交通安全综合整治】

“两客一危”方面执法监管 2020年，安溪县检查客运车辆3219辆次（其中客运班车2618辆次，旅游包车601辆次），检查危货运输车辆416辆次。查处客运班车不按批准的客运站点停靠、不按规定的线路行驶案7起；查处未取得道路危险货物运输许可，擅自从事道路危险货物运输案4起；查处客货运车辆无从业资格证案85起；查处客货车辆无道路运输证的车辆参加客货运经营案21起。

“黑车”“网约车”整治 2020年，安溪县出动交通执法人员516人次，查处未取得出租汽车客运经营资格证从事出租汽车客运经营案21起，网络预约出租汽车经营违法案件7起，网络预约出租汽车巡游揽客违法案件1起，行政处罚人民币25.6万元；发放网络预约出租汽车驾驶员证40本。

机动车维修业管理 2020年，安溪县着力整治辖区机动车维修露天喷漆、非法经营、非法改装、使用假冒伪劣产品等行业乱象，出动执法人员369人次，检查机动车维修企业177家次，查处机动车维修企业违法案件16起。

公路货车违法超限整治 2020年，安溪县以国省干线、“渣土车”“百吨王”货运源头单位周边路段为重点路段，强化路面执法管控力度，坚决有效遏制“百吨王”；利用治超站抓拍系统等科技手段严厉打击货运车辆违法超限运输行为；依法对货运车辆、货运车辆驾驶人、道路运输企业、货运站场进行处罚，并对相关失信主体实施信用惩戒，全年责令运输企业停业整顿5起。

路域环境整治 2020年，安溪县出动执法人员325人次，车辆93辆次，铲车7辆，运载车16辆，吊车7辆，路灯车3辆，拆除电线杆广告牌670多块，路边简易广告牌270多个，清理公路堆积物130多处，清理占路种植150多平方米，清理摆摊设点、占路经营100余处。

交通运输企业经营场所监管 2020年，安溪县排查企业51家，其中客运站10家，客货运企业17家，维修企业12家，驾培机构12家；排查出存在安全隐患的房屋12宗，已处置完成12宗，其中拆除2宗，拆除面积720平方米。

【疫情防控】

2020年，安溪县严格落实“外防输入、内防扩散”疫情防控部署要求，在全省率先暂停全县公交、农村客运、旅游包车和省、市、县际客运班线。在全县高速出口、国省干线及重要交通节点设置交通查验点，对路过的驾乘人员进行体温测量和信息登记，累计登记来自重点地区车辆1288辆2264人，查出异常并移送就诊28人。在全县各客运站设置体温检测区和发热乘客留验站，检查旅客392246人，其中来自重点地区874人，查出体温异常并移送就诊4人。建立疫情防控期间重要物资运输高效联动机制，办理通行证38趟次，运送口罩、防护服、手套、消毒液、大米等应急物资354吨。督促指导邮政快递、物流企业落实主体责任，全面落实各项常态化疫情防控措施，加快推动交通运输、寄递物流、驾培维修等企业复工复产。组织县客运班线和城

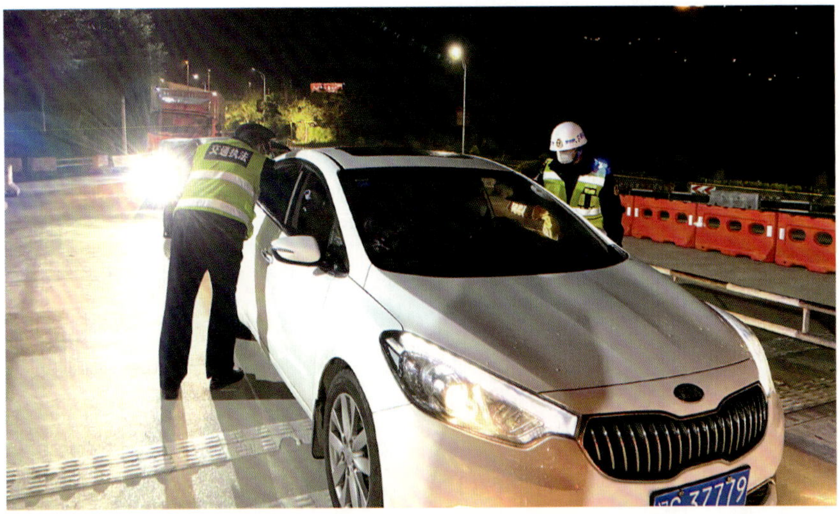

2020年1月30日，在安溪高速出口对过往车辆进行人员询问、体温检测、信息登记（赵晓君摄）

市公交等做好交通运输服务，采取包车、专列“点对点、门到门、一站式”直达运输，让广大务工人员实现安全、有序、按时返岗复工，组织返岗务工出行包车运输 60 次 995 人次。

（苏木林　黄建锋）

· 公路桥梁建设 ·

【概况】

2020 年，安溪县加快高速公路建设，启动大安高速公路（大田县广平镇至安溪县官桥镇）、安翔高速（安溪至翔安）前期工作；S312 线祥华至福田（与漳平交界）第一期工程、G355 安溪官桥至虎邱芳亭路段（一期工程）沥青路面改建工程、G358 线虎邱桥头至西坪镇西坪村沥青路面改建工程基本完工，S312 线金谷元口至尚卿路段沥青路面改建工程、G355（纵四线）安溪南翼新城过境段工程完工通车，S217（联四线）湖头环城段工程完成除上跨铁路桥梁外所有工程建设；启动“大三环”项目规划建设工作，开工建设 S217（联四线）安溪雅兴至东坑公路工程；加快同德大桥建设进程，进一步完善城西交通路网，缓解蓝溪大桥交通压力。

【高速公路】

2020 年，安溪县启动大安高速公路前期工作，路线起于泉三高速，经过永春县一都镇，安溪县桃舟乡、感德镇、长卿镇、尚卿乡、蓬莱镇、虎邱镇、官桥镇，终点接福诏线官桥互通。安溪县域内拟设桃舟、长卿、尚卿、虎邱等 4 个落地互通。路线总长 78.535 千米（安溪境内约 62 千米），项目总投资约 130 亿元。开展地质勘查、初步设计工作。

2020 年，G355（纵四线）安溪县南翼新城过境段新建工程（陈顺序摄）

【普通公路】

S217（联四线）湖头环城段工程　项目全长 9.25 千米，总投资 3.56 亿元，截至 2020 年底完成 7.3 千米路面硬化，完成除上跨铁路桥梁外所有桥梁工程建设，完成上跨铁路桥梁施工图设计，与龙岩工务段签订代建协议。

G355（纵四线）安溪南翼新城过境段工程　项目全长 6.937 千米，总投资 3.83 亿元。项目于 2017 年 3 月 25 日开工建设，2020 年 7 月 16 日建成通车。

S217（联四线）安溪雅兴至东坑公路工程　项目全长 16.08 千米，总投资 6.1 亿元，已完成项目前期工作。其中，澳江至雅兴标段（第Ⅰ标），全长 743 米，于 2017 年 1 月开工建设，2019 年 10 月完工；2020 年 9 月开工建设第Ⅲ标段、第Ⅳ标段，全长 12.72 千米；第Ⅱ标段 2.6 千米与西三环共线，重新进行施工图设计。

S312 线祥华至福田（与漳平交界）第一期工程　项目全长 7.84 千米，总投资 1.28 亿元，项目于 2019 年 4 月开工建设，2020 年 12 月完成主体工程。

G355 线安溪官桥至虎邱芳亭路段（一期工程）沥青路面改建工程　项目全长 12.054 千米，总投资 0.76 亿元，于 2020 年 6 月 9 日开工建设，2020 年 12 月完成主体工程。

G358 线虎邱桥头至西坪镇西坪村沥青路面改建工程　项目全长 7.8 千米，总投资 0.32 亿元，于 2020 年 6 月 9 日开工建设，2020 年 12 月完成主体工程。

S312 线金谷元口至尚卿路段沥青路面改建工程　项目全长 21.84 千米，总投资 1.1 亿元，项目于 2019 年 11 月开工建设，2020 年 7 月完工通车。

【农村公路】

农村公路改造提升　2020 年，安溪县创新农村公路管理体制机制，率先在全省推行农村公路改造提升工程包，以农村公路“单改双”为重点，将通村主要公路约 700 千米打包成一个工程项目，通过向银行贷款和发行债券等方式筹集 8 亿元用于项目建设。截至 2020 年底，下达农村公路提级改造项目 237 个，计 703.12 千米，累计完成路面工程硬化 597.6 千米；工程全部完工并通过验收的项目 181 个，计 483 千米，完成投资约 19.58 亿元。全县建设农村公路安全生命防护工程556千米，改造危桥15座。芦田镇、蓝田乡、龙涓乡3个乡镇获评2020年度“四好农村路”市级示范乡镇。

建设“三产路” 2020年，安溪县续建“三产路”项目虎邱林东至大坪公路工程18.65千米，年底建成通车。

【桥隧建设】

安溪县同德大桥项目路线全长1.14千米，主桥长461米、匝道桥长392米，总投资1.87亿元，于2019年5月开工建设。截至2020年底，该项目已完成主桥下部结构施工和B、C匝道、第一联现浇梁施工，累计完成投资约1亿元。

（苏木林　黄建锋）

·公路管理·

【概况】

2020年，安溪公路分局更名为“泉州市公路事业发展中心安溪分中心”（简称“安溪县公路分中心”），隶属泉州市公路事业发展中心。

安溪县公路分中心下辖物资供应站和澳江、芳亭、罗岩、深内、芦田、西坪、彭亭、湖上、举口、大格、祥华、科阳、尚卿等13个资质复合的公路站。

全县配备扫地王7辆、乳化沥青生产设备1套、沥青路面热再生修补车1台、装载机7台、挖掘机1台、振动式压路机3台、沥青混凝土摊铺机1台、轻型自卸车34辆、双排座小货车6辆、洒水车1辆、高空作业车1辆、水泥路面灌缝机14台、清缝机5台、割草机115台等先进齐全的养护机械设备。主要负责安溪县境内专养公路国道2条、省道3条，计348.94千米（含绕行线路）的专养公路的日常养护、路政管理和公路建设等任务，并代养13条县道，计521.52千米。

【公路养护】

2020年，安溪县管养总里程870.3千米。全年小修养护实际投入4000万元。采购绿化化肥23.25吨、乳化沥青约40吨、各类养护机械54台。投资400万元，对专养公路进行病害整治，推广新材料新工艺使用，采用不扩缝复灌工艺进行水泥路面修复。通过实施路面项目和路况提升养护项目，进一步提升国省道路况水平。加强路网监测，实现信息共享开放合作；在全市各公路分局中率先加强与县气象局的联动，接入突发事件预警信息发布系统，为各公路站做好防范措施提供信息支持；继续发挥路网工作三大亮点和流动式车载监控视频系统，加强对分局16处重点路段、桥梁的实时监控，保障公路交通安全。加强信息报送，更新情报板300次，上报并处理7575条路况信息，事件办结率99.9%，数量居全市各分局首位。开展应急演练，举办驾驶员交通安全教育培训、防台防汛应急演练，参与人数52人次，有效提高公路应急抢险保畅能力。进行民兵整组，以内部职工中退伍军人为主力，搭配一线养护能手，组建“保交护路巡线连”。

【工程建设】

2020年，安溪县续建项目2个，计划总投资23000万元，分别是S312线安溪县祥华至福田（与漳平交界）段新建工程第一期工程，计划总投资12000万元，年度计划投资6000万元，已完工；S312线安溪金谷元口至尚卿路段沥青路面改建工程，已完工。

年度计划项目14个，计划总投资约12847.16万元，分别是：投资7600万元，完成G355线安溪官桥至虎邱芳亭路段沥青路面改建工程（一期工程）；投资3183万元，完成G358线K127+182—K134+982段路面改建工程；投资360万元，完成S217线K112+322—K143+000段路面置换板工程；投资360万元，完成S507线K101+800—K121+400段路面置换板工程；投资102万元，完成G358线英溪桥水源保护区环境整治工程；投资200万元，完成S312线K141+430处上边坡整治工程；投资100万元，完成S217线K198+100段上边坡整治工程；投资189.02万元，完成G355线K241+535—K305+394段交通标线完善工程；投资215.56万元，完成G358线K87+725—K180+864段交通标线完善工程；投资216.15万元，完成S217线K112+322—K206+010段交通标线完善工程；投资171.17万元，完成S312线K109+564—K178+127段交通标线完善工程；投资75.26万元，完成S507线K101+104—K123+072段交通标线完善工程；投资46万元，完成G358线、S217线、S312线安溪部分路段安全生命防护完善工程；投资29万元，完成尚卿公路站便民服务设施改造工程。

【路政管理】

2020年，安溪县上路巡查600人次、261车次，发现和制止各类违法违章行为668起。全年办理路政行政许可案件2起，收取公路赔（补）偿费100240元；路产损坏赔偿案件34起，收取公路赔（补）偿费240720元；办理协议式管理案件37起，收取赔（补）偿费109550元。联合县交通综合行政执法大队开展联合行动59次，出动65车次313人次，清理堆积物350立方米；拆除违章730平方米。开展路政宣传活动，外出宣传12次，出动57人次，出动宣传车2车次，发放宣传手册1990余份。

（林爱萍　吴志火）

邮政·通信

中国邮政集团有限公司福建省安溪县分公司

【概况】

2020年，中国邮政集团有限公司福建省安溪县分公司（简称安溪邮政）实现总收入8736万元，实现利润869万元。被人社部及全国邮政管理局评为“全国邮政行业先进集体”，获得“省级文明单位”称号，被福建邮政党委会授予“党支部建设示范点”称号。

【包裹快递业务】

2020年，安溪邮政通过自提点网络建设，减轻投递压力和盘活专投人员，提高综合特快平台网格片区营销能力。全年开发新客户397户，同比增加168户，交寄业务量120.2万件，创收412.6万元，新客户开发数列全市邮政第二。

【农村电商业务】

2020年，安溪邮政惠农项目绩效考核得分3.5分，列全市邮政第一。《农村物流多网融合高质量发展实施方案》被列入县委、县政府为民办实事项目；“党建+惠农+N”成就共赢模式获评泉州邮政最佳实践案例。顺利通过国家级电子商务进农村综合示范县项目验收，在完成县级三级物流体系、服务站体系的建设下，参与县政府关于“安溪县全面推进农村物流多网融合高质量发展”项目建设，完成176个空白站点选址工作；推进安溪县“邮快合作下乡进村”工程落地，实现“整合资源、补齐短板、互利共赢”的合作，芦田乡镇级日投送社会快递件100件以上，金狮村村级日揽投件数超500件；构建“前方有销售、中间仓储配送、后方有基地”供应链体系，累计建立7个惠农合作农品基地，成功打造“安溪铁观音”“云溪黄金百香果”两个超万单扶贫农产品；开展“践行消费扶贫 助力乡村振兴”暨农产品展销系列活动，紧贴政府服务“三农”方向，实现助农销售额超100万元，有效拉动网点产能爆发新增客户1268户，余额发展近3300万元。

【信函广告业务】

2020年，安溪邮政推进数字化创新转型，策划运作“安溪县司法局民法典知识竞赛活动方案”“2020年安溪县茶产业高质量发展沙龙暨湖上乡秋季茶王品鉴会活动方案”，结合新媒体有声图书项目，成功介入安溪县退役军人乡镇文化服务站

2020年9月19日，安溪邮政“丰收欢乐购”直播活动（安溪邮政供图）

建设，累计创收68万元。

【报刊业务】

2020年，安溪邮政加强投递管理、加大考核力度，完成2020年度录取通知书等投递服务工作；携手《课堂内外》刊社开展“爱心公益大讲堂”进校园公益讲座3场；携手《意林》刊社进陈利学校举办“漂流阅读”活动。

【集邮业务】

2020年，安溪邮政推动茶乡群众热爱集邮活动，举办电商“丰收节”暨集邮活动，扩大集邮文化影响力；创新营销模式，大力发展定向开发业务，改变营销方式，畅通线上线下营销渠道。

【增值业务】

2020年，安溪邮政继续做好“税邮”项目，突出城乡居民“足不出乡镇”开票便捷服务，全县累计开设代开税票点17处，加大宣传力度，代开税票稳步增长。全年，实现代开税票44034份，代开金额8.57亿元，代征税款2133.23万元。

（林晓云　张兴全）

·中国电信集团有限公司安溪分公司·

【概况】

2020年，中国电信集团有限公司安溪分公司（简称“安溪电信”）经营收入23145万元，占市场份额31.65%；天翼用户数32.2万户，占移动用户市场份额26.1%；宽带用户数18.42万户，占宽带用户市场份额54.98%；天翼高清数9.4万户。

【通信建设】

2020年，安溪电信天翼网络建设累计完成投资3408万元，于6月中旬完成5G二期工程建设，新建5G室外基站124个，353个扇区；新建5G有源室分站点13个，开通PRRU132台。完成157台LTE1.8G RRU的设备升级替换，2309台LTE1.8G RRU扩频升级，安溪1.8G RRU扩频20M完成率超95%。全县有4G基站1586个，5390个扇区，LTE MR优良率超过97.3%，VoLTE掉话率低至0.02%。3G基站708个，923个扇区，全网百万掉话次数降到440次以下。

2020年，光网建设累计完成投资465万元，推进光宽网络建设，提升光宽端到端质量，新增10G PON端口96个，全县所有节点均具备承载万兆带宽能力；累计新增AP 964个，新增端口能力0.9万线，全县的光网端口数41万线，实现所有自然村光网全覆盖，实现全网50—1000M带宽以上的通信能力。

【服务网络】

截至2020年底，安溪电信拥有遍布全县各乡镇及行政村的营业网点306家，其中自营营业厅1家、大型连锁渠道17家、合作营业厅19家、其他专营店39家、开放门店及全县“一村一点”缴费点230家，形成了多元化、多层次、立体交叉的城乡通信服务网络。同时，结合微信、易信、翼支付客户端等新媒体，线上线下相结合，进一步拓宽营销服务覆盖范围。

【智慧安溪系列工程】

智慧政务　2020年，安溪电信承建安溪县工业信息化和商务局政务云平台；承建安溪县人民政府智慧停车项目；承建安溪县智汇安溪云平台，依托互联网平台，应用大数据、物联网、云计算及“互联网+”等信息化技术；续建智慧粮库，应用大数据、物联网、云计算及“互联网+”等信息化技术升级安溪县中心粮食储备库智慧能力；续建安溪铁观音数字地标监管云平台；续建数字安溪地理空间框架建设项目；续建住建局工地监控及扬尘监控项目，实现对施工现场的安全生产、文明施工、消防保卫等情况进行有效监管。全年完成项目建设30个。

智慧警务、智慧司法　2020年，安溪电信承建公安城市安全信息系统高清监控专线项目，推动全球眼平台与视频专网平台对接应用；承建安溪县信号灯电子警察项目，通过在城区路口安装高清视频采集设备，在大范围实时采集城市高精度的动态交通信息。

智慧民生　2020年，安溪县为80周岁以上及低保、残疾等八大类特殊人员累计1.7万户提供居家养老基础信息化和实体援助服务，为老人定制包括亲情通话、关爱定位及紧急呼救等功能在内的智能化通信服务，以信息化为手段提供居家养老服务。

智慧校园　2020年，安溪县建设安溪教育局幼儿园报名系统、陈利职校云桌面、校园监控、体温筛查、智慧用电等智慧校园信息化项目。

智慧医疗　2020年，安溪电信续建安溪县医疗云资源服务类采购项目，构建统一标准的网络、主机、信息资源、存储备份、安全设施、云管理平台等基础资源，构建统一的云平台基础设施（IaaS）；承建县域视频监控专网，实现安溪县域卫健系统管理平台（含视频会议、远程会诊、医疗事件视频指挥）需求，提供安全、稳定、可靠、先进的网络保障；续建安溪县医院网站、中医院公众平台及官网，运用“互联网+”方式，实现患者网上预约专家、排队挂号、医疗缴费报销、病例复

2020年10月22日，安溪电信加强校企合作，为安溪华侨职校学生讲授5G知识（安溪电信供图）

印EMS，落实为民办实事，服务群众，让民众少跑路。

智慧工业 2020年，安溪县推进2家企业实现企业上云：新洋自动化科技有限公司ERP软件上云服务项目及云主机、云桌面、云安全服务；福建省安溪金航旅游有限公司综合旅游出行平台应用上云项目及云主机服务。

智慧农村 2020年，实现蓬莱镇人民政府智慧音箱全镇30个村居全覆盖、湖头镇人民政府智慧音箱全镇33个村居覆盖。

（高文平　黄江华）

中国移动通信集团福建有限公司安溪分公司

【概况】

2020年，中国移动通信集团福建有限公司安溪分公司（简称“安溪移动”）下设4个部门、16个网格，共有255家服务网点，6家营业厅，遍布全县各个乡镇。全县行政村和自然村信号覆盖率100%，其中4G网络覆盖近100%。全县移动客户规模超64万户，移动通信普及率68.9%；宽带用户超14万户；互联网电视用户超12万户。年度经营业绩全市第一，获评省公司“先进集体”。

【疫情防控】

通信网络保障 2020年，疫情防控期间，全县通信客户突增，安溪移动全力保障通信网络平稳运行，快速支撑防控指挥部及医院隔离区网络应急建设。

信息服务保障 2020年，安溪移动在全省率先免费提供远程教学服务，护航全县数千名学生“停课不停学”；多方协调调度全市首套“5G+热成像”自动测温系统，在县政府办公大楼投用；云视讯助力安溪县人社局2020年远程招聘会，助力全县72家知名企业参与招工、复产。

【信息化建设】

农业生产 2020年，安溪县延伸数字茶业云平台，搭建八马、华祥苑、云岭等5G智慧茶园，在茶园中布放空气/土壤温湿度、风速风向、光照、降雨量、虫害监测等物联网监测系统，将采集到的数据依托5G网络统一传送到数字茶业云平台，再通过数据模型加工，切实为“数字茶政”“数字茶园”“数字茶市”以及信息门户提供有效的数据分析结果，以数据作为产业先导优势，服务政府监管和茶农、茶商生产经营，助力提升茶业生产经营和管理服务数字化水平。

医疗服务 2020年，安溪移动承建安溪县卫健局医疗云资源平台服务项目，为县域医疗一体化提供优质云资源服务。助力优化医疗资源配置，推广远程医疗，提升县域公共卫生和医疗卫生服务能力，协助解决群众看病难问题。

平安乡村 2020年，安溪移动依托中国移动“平安乡村”“和家亲”“管理平台”，结合家庭院落防护、果园鱼塘监控、关爱照看老人孩子以及商铺店面看护等应用场景，联合政府、村委会等推进“平安乡村”接入建设，提升居家庭院、商铺街道、偏僻角落安全防护能力，补强乡镇、村公共区域综治安防监控，助力提高全县综治水平。11月，安溪移动“平安乡村”户外安防助力金谷镇某村交通事故案件侦破。

【通信建设】

2020年，安溪移动开通4G基站超200个，累计超3000个；全年开通5G基站119个，累计143个，基本实现县城核心区域5G连片覆盖，并在湖头、龙门EC产业园、龙涓华祥苑、芦田茶场实现5G覆盖，支撑5G行业应用。不断健壮网络运行基础，提升抢险救灾能力，保障日常运维和防汛抗台等关键时刻网络安全、稳定运行，实现“汇聚以上机房零退服、汇聚以上业务零阻断、乡镇零全阻”的“三零”目标。

有线网络　2020年，安溪移动聚焦接入网优化、资源整治、千兆能力储备、装维标准服务等方面，开展宽带品质提升专项工作，全力打造宽带用户满意口碑。全年新建宽带端口近3万个，累计超28万个，行政村覆盖率98.9%。

“断卡”行动　2020年，安溪移动从严管控各营业触点入网行为，进一步完善业务流程管控和人员宣传教育，全年参与宣传教育约1200人次。全力通过“技防、人防”双管齐下，“自查、督查”组合运转，深化涉诈电话卡防范治理，持续推进“断卡”行动，切实保障广大人民群众合法权益。

【智慧家庭】

智能家居　2020年，安溪移动通过优化家庭宽带网络覆盖，打造千兆宽带小区，嵌入安防智能设备，为家庭住宅、商铺或商务办公场所提供视频监控、入侵监测及实时报警等服务，保障家庭安全。

内容建设　2020年，安溪移动聚合院线电影、热门剧、热门体育赛事，打造基于TV家庭应用聚合平台，实现视频多屏融合，满足智能家庭应用的需要，构造全新的“互联网+”家庭生活服务体系。同时引入本地特色信源，向全省互联网电视用户展示中国茶都的风土人情、茶韵百态，拓宽茶企线上茶叶销售通路。

（朱雅阳　陈文峰）

·中国联合网络通信有限公司安溪县分公司·

【概况】

2020年，中国联合网络通信有限公司安溪县分公司（简称“安溪联通”）用户6.3万户，其中新发展发展用户1.8万户。完成主营收入4650万元，其中移网收入3673万元，完成率94.7%；固网收入956.8万元，完成率92%；发展移网用户25804户，固网用户1837户，新建触点25家。

【市场经营】

2020年，安溪联通社区网格实现主营收入3027万元，完成率94.6%，其中移网收入2756万元，完成率97%；固网收入271万元，完成率93%。累计发展移网用户1.6户、固网用户1256户。市场份额从2019年的5.1%提升到5.2%。安溪联通政企网格实现主营收入1091万元，同比增长13.7%，完成全年任务指标的53.5%。发展4G用户2633户，发展5G用户489户，用户规模1.1万户。

安溪联通针对安溪171个省级贫困村，深入各村进行地推活动，累计发展扶贫套餐587户。

【网络建设】

截至2020年12月，安溪联通县域内累计开通基站4588个，其中3G基站1858个，4G基站2359个，5G基站371个。实现安溪无线网络覆盖村村通。全县有OLT机房74个、光交120个、ODB数量725个，LAN接入设备端口14920个，FTTH端口有34703个，大客户MSAP设备机房50个，大客户专线215条（电路143条、互联网专线72条）宽带城区覆盖率92%，农村覆盖17个乡镇。

【项目建设】

2020年，安溪联通在安溪各村推广“阳光党务”小程序。截至年底，实现安溪所有行政村的推广，实现各村务、党务、财务的公开；与安溪水利局合作，进行无人机监测项目，为河长制做好服务保障工作；在尚卿强化网络信息工作，建设15个基站，解决部分边远村的网络覆盖，针对电商用户提供优惠政策，发展电商用户109户。

（钟雪美　王振旺）

商业

·商贸流通·

【概况】

2020年，安溪县国有商贸企业有食品、服务、五交化、医药、物资等5家，1家集体商业企业（商业综合公司）。全县社会消费品零售总额508.06亿元，增长1.3%。其中，限额以上社会消费品零售总额172.69亿元，增长5.8%。

【国有商业】

2020年，安溪县国有商业企业通过承包、租赁等经营方式完善经营机制。其中，安溪县服务公司全年营业额33.34万元，利润0.31万元，税金2.09万元；县五交化公司主要依靠仓库出租的租金维持日常支出，年营业额7.43万元，利润0.12万元，税收0.48万元；县食品公司主要依靠城区、官桥屠宰场和湖头屠宰点的定点屠宰服务收入来维持日常支出，年营业额451.69万元，利润6.70万元，税金15.76万元。县物资公司年销售收入3749万元，利润82万元，上缴税费81万元。县糖业烟酒公司改制工作基本完成。

【医药经营与管理】

2020年，县医药公司在药品的购、销、存、运等环节，按GSP要求实施，经营药品品种可追溯；中药饮片保质保量，零售网点断续施行内部承包经营管理。经营软、硬件到位，经营全过程实行计算机管理；库房储存温湿度实行自动监测调控。公司重视后备干部的培养，职工参加内部及省级技术技能和职业道德教育培训达72人次，有国家执业资格药师23人，高级职称3人。配合县委、县政府对新冠肺炎疫情防控物资的采购、储备、发放等。全年县医药公司药品销售总额636.60万元，实现利润1.50万元，上缴税费29.50万元。

【县农产品批发市场经营】

2020年，安溪县做好疫情防控工作，助推茶产业发展，做好复工复产和疫情防控工作，促进安溪茶叶销售渠道畅通。完成茶都广场智能停车管理系统建设投入运行，实现茶都交易市场主要进、出口门禁道闸自动化控制。完成茶叶生产配套物资交易场所建设，工程竣工通过验收。开展茶叶市场交易秩序专项整治，规范市场秩序。创建天猫安溪直播基地。4月22日，天猫安溪直播基地启用。同日，举行安溪"双铁"产业线上直播节系列活动暨首场拼多多直播启动仪式。全年配合相关部门做好"茶乡乐购·品鉴好货""非遗传承　健康生活"安溪县非遗购物节"非遗伴手礼""安溪县2020年大学生毕业季直播带'岗'网络云聘汇"等系列活动启动仪式和直播活动的相关筹备工作。中国茶都市场交易市场保持稳定，全年市场交易量2.21万吨，交易额22.8亿元，与2019年基本持平。

2020年，县市场服务中心全年营业收入28.36万元，缴纳税金19.09万元。根据《安溪县人民政府关于应对新型冠状病毒感染的肺炎进一步支持中小微企业共渡难关三条措施的通知》，按文件要求2—4月租金减半收取。落实《安溪县中心城区集贸市场常态化管理暂行规定》，通过对商业城市场禽类宰杀店铺、公厕、后庭场地和后楼市场二楼楼梯、公厕实施提升改造工程，解决原有农贸市场环境卫生及安全隐患突出问题。

【"菜篮子"基地建设】

2020年，安溪县加强"菜篮子"基地建设，提升市场供应保障和食品安全水平。全县有"菜篮子"基地74个，其中蔬菜基地22个（其中省级2个，市级2个），总面积475.33公顷，全年为市场提供蔬菜1634万千克；养殖基地52个（其中省级2个，市级5个），全年为市场提供商品猪7.47万头、肉禽24.96

万羽、鲜蛋174.5万公斤、肉牛637头、肉羊1415只。县级财政专项补贴“菜篮子”基地项目资金300万元。

【电子商务发展】

2020年，安溪县网络零售额116.92亿元，同比增长65.54%（其中茶叶类48.53亿元，同比增长52.3%；家具类68.39亿元，同比增长56.5%），全县网络零售额位居全市第5位。全县B2C（企业对消费者的电子商务模式）网络零售额154.42亿元，同比增长43.6%。“双十一”全县网络零售额10.13亿元（其中家居工艺类3.56亿元，茶叶类2.22亿元，鞋服纺织2.73亿元），八马茶叶“双十一”销售额破1.2亿元，同比增长587.95%，连续6年蝉联乌龙茶类目全网第一。全年全县培养电商人才3735人，64期次，为全县电商发展提供人才支撑。全县淘宝镇增至10个、淘宝村36个（其中7个省级农村电子商务示范村、8个市级农村电子商务示范村），居淘宝村全国百强第33位。安溪县列2021中国县域电商竞争力百强县第60位。

2020年，安溪县政府出台《进一步扶持电子商务产业发展若干措施》，促进电商发展。通过发动企业通过天猫、京东等主流电商平台，推介茶叶、工艺品等民生快消品；通过“电子商务技能竞赛暨首届农村电商创业大赛”、“促消费扶贫，助乡村兴”、“9·19”邮政电商节、“茶产业领航计划”、“跨境电商综合试验区政策宣讲暨浦发银行全球首款产品推介会”、“亚马逊走进泉州产业带系列活动之安溪制造卖全球”、“中秋国庆嗨购安溪好货”、“福田乡首届网红助农直播带货节”、“2020泉州电商创新创意创造大赛”、“农产品邮惠跨年欢乐购”、“e路通助推农产品上行”、“云上跨年购”等活动，促消费、拓市场。

2020年，安溪县抢抓直播风口，开展重点产业直播活动，建设“双铁产业直播基地”“邮政惠农直播基地”“知茗直播基地”“英发家居直播基地”等；举行“在那好茶生长的地方”“茶乡珍品·好货不贵”“茶乡乐购·品鉴好货”“全民乐购”“直播安溪铁观音36小时”“一杯献给世界的中国好茶”“看福建安溪铁观音女排比赛赢好礼”等直播活动，参加“8·18”全闽乐购福建精品馆线上促销、“全闽乐购市商务局局长直播带货”等活动，县领导和24个乡镇主官、重点企业等轮番直播带货。全县电商企业7648家，电商店铺19434家。

（白永津、杨培华　谢文春）

【供销电商】

2020年，安溪县大力发展电子商务工作，推进供销电商（新零售）业务开展，利用慧享供销电子商务平台，为安溪县推销农特产品，解决农副产品买卖难问题。截至2020年底，慧享供销平台经销商3294个，供货商200家，会员22113人，商品上线1227种，其中全国各地农产品上线347种，安溪本地农产品45种，农业生产资料上线35种，其他845种。全年全县供销系统电子商务销售额7.5亿元，完成市下达计划的107.14%。

（林石塔　陈志安）

【弘桥智谷（泉州）电商产业基地】

2020年，弘桥智谷（泉州）电商产业基地致力打造成安溪电商总部基地，规划占地100公顷，建筑面积超100万平方米，拟投资20亿元，投入运营面积20万平方米，占地33.33公顷，完成投资约5亿元，是福建省规模最大的电商产业基地之一。该电商产业基地开展信息服务96次；举办18期公益性基础培训，培训406人次；提供管理咨询服务年服务企业75家次。

【国家级电子商务进农村综合示范县创建】

2020年，安溪县以创建国家级电子商务进农村综合示范县为契机，围绕“一中心六体系”，重点建设县电商公共服务中心建设及运营项目、县乡村电商服务站体系、县乡村三级物流配送体系、农村产品营销体系及电商进农村宣传体系、县电商培训实施体系、县农村产品供应链管理体系、县电商网络零售数据统计分析服务、电商助力扶贫项目，完成示范县建设任务的97.56%。打通“最后一千米”，实现“网货下乡”“农产品进城”双向流通，建有县乡村三级电商服务站302个（其中县级1个、乡镇24个、村级277个），为电商发展创造软硬环境。疫情防控期间，打造以“菜篮子”基地保供应、线上平台保销售、物流体系保配送的“三保”战疫模式，保障市场农产品供应。全年全县农产品网络零售额55.76亿元，同比增长53.1%，全县农产品网零额位居全市第一；全县快递业务总量6753.73万件，同比增长26.39%，位居全省县级快递总量第二。

（白永津、杨培华　谢文春）

·粮油经营·

【概况】

2020年，安溪县全年地方储备粮总规模4.2万吨（含应急大米800吨），食用油储备300吨，储备粮轮换量9458吨，增储1003吨（其中原粮432吨，应急大米400吨）。

【储备粮采购与轮换】

2020年，安溪县采取"先入后出"的轮换方式，轮入粮食9890吨（其中稻谷9890吨），轮出粮食9458吨（其中稻谷6810吨，小麦2648吨）。组织粮食经营企业参加2020年第3届中国粮食交易大会，推进省内外产销协作，扩大粮食供应渠道，发挥粮食购销企业的作用。与江西省共青城市农业农村水利局签订粮食产销合作协议。

【粮食保管与检验】

截至2020年12月底，安溪县储备粮总库存4.2万吨，完成县级地方储备粮储备任务。对6个政策性存储单位（包括2家国有企业和4家应急大米储存点）进行全覆盖督导，存粮数量真实，质量良好，达到"一符四无"（即储备粮油账实相符，无害虫、无霉变、无鼠雀、无事故）标准，储存安全，管理规范，没有发生粮食安全事故。对储备粮、应急储备大米、军供粮进行质量抽检，抽取样本31个，经送检，品质良好，合格率100%。

【经营机制与管理】

2020年，安溪县开展社会粮油供需平衡调查、粮油流通统计，全面掌握全县粮油产、供、需状况，走访农户94户，城镇居民27户，非国有粮食企业4户。对11家纳入统计范围的粮食经营者执行粮食流通统计制度情况进行检查。全县建立粮食应急供应网点27个，网点分布于辖区各乡镇。建成全县第一条大米加工生产线并投入运营，日处理稻谷能力120吨。引导和推进"放心粮油"建设，确认市级"放心粮油经销店"1家，给予2万元的扶持资金。

【粮库建设与智能化改造】

截至2020年底，县中心粮库（二期）工程完成竣工验收并投入使用，全年投入建设标准仓库2座，6个廒间，增加标准化仓容2.58万吨。中心粮库（二期）智能化系统完成与省级平台互联互通，数据、视频对接匹配，实现储备粮管理智能化和规范化的目标。

（蔡丹凤　廖炳辉）

·供销经营·

【概况】

2020年，安溪县供销合作社联合社（简称"县供销社"）下属福建安溪县供销集团有限公司（下设冠盛农资公司、冠盛茶果公司、冠盛土产公司、冠盛贸易公司、冠盛物流公司5家子公司）、资产管理运营中心、电子商务有限公司、新合作农业生产资料有限公司、冠盛再生资源有限公司；开放办社企业4家（中挪化肥有限公司、龙馨茶业有限公司、年年香茶叶股份公司、惠美中西医皮肤专科门诊部）；基层供销合作社17家（城厢、魁斗、蓬莱、金谷、湖头、尚卿、新溪、龙门、虎邱、龙涓、西坪、芦田、感德、剑斗、长卿、祥华、参内）。设有经营服务网点348个，农资经营网点170个，全系统账面资产总额3.09亿元，净权益额1.49亿元。全年实现商品销售总额23.21亿元，同比2019年增长25.8%，完成综合经济效益1078.72万元，其中提取折旧费296.55万元。在全市供销系统综合业绩考核中获一等奖，被省人社厅、省供销社联合评为"全省供销系统先进集体"。

【综合改革】

2020年，安溪县依托供销集团电子商务公司的慧享供销优选平台和基层供销社实体店，实行"线上（电商）+线下（实体店）+批发+零售+金融服务"模式，按照"村（社区）党组织领导、供销社主导、村民参与"的原则，通过联办、新办、改办等形式，推进村级供销社建设工作。6月2日，官桥镇驷岭村首个村级供销社（爱心超市）启动试点。建立村级供销社建设考评机制，全面推进村级供销社建设，全年完成250家村级供销社建设任务。

【服务"三农"】

2020年，安溪县建立农资商品淡季储备，坚持疫情防控服务农资供应两手抓，根据农业生产和茶叶生产的用肥需求，组织质优价廉农资商品，保障市场供应。全年储备各种化肥13977.4吨，完成市政府下达冬储计划8100吨的172.5%。

升级改造和规范化建设庄稼医院，做好新品种、新肥料、新农药、新技术、新机具等"五新"推广应用，全年印发《农资科普简报》24期，指导农民科学施肥、用药，开展测土配方，统防统治综合服务，提高农资供应服务科技含量，打响供销社庄稼医院品牌。新创办农资公司、虎邱、龙涓3家新型庄稼医院。截至2020年底，全县有国家级示范庄稼医院1家，省级示范庄稼医院4家，县级示范庄稼医院15家。

2020年，农资监管平台被列入安溪县现代化农业产业园建设内容，投入财政资金200万元，升级改造平台建设，利用现代信息技术和经营网络优势，配备技术先进功能完备的软硬件措施，拓展平台服务功能，开展"三农"综合信息化服务，创办农村综合信息服务站24个，信息服务点70个。

【经营服务网点】

2020年，安溪县继续实施“新网工程”“惠农工程”，争取省、市供销社和财政补助资金33万元，完成供销集团慧享供销新零售体验中心和新溪供销社小溪边综合楼2个“新网工程”“惠农工程”网点项目建设。

发展农民专业合作社和农村综合服务社建设，采取产权结合、业务联结、项目扶持等多种形式，组织基层供销社领办创办农民专业合作社，发展农村综合服务社。全年新领办创办6个农民专业合作社，其中联合社2个，新建3个农村综合服务社。截至年底，全县有专业合作社84家（其中联合社8家），农村综合服务社368个。

【项目建设】

2020年，安溪县为进一步推进供销社综合改革，服务乡村振兴，保证社有资产保值增值，根据全县供销系统的资产现状，把全县固定资产改造打造成一个项目包，谋划生成安溪县固定资产融资改造提升建设项目，计划总投资12.76亿元，分两期建设：第一期总投资8.57亿元，主要涵盖凤城、城厢、感德、龙涓等16个乡镇供销社资产改造提升；第二期总投资4.19亿元，主要涵盖西坪、芦田、长卿等8个乡镇供销资产改造提升。

【探索“三位一体”合作模式】

2020年，安溪供销集团与安溪农商银行、平安保险公司签订服务乡村振兴战略合作协议，探索生产、供销、信用“三位一体”合作金融模式，解决农村信贷难题。全年全县供销系统参与“三农”服务信贷27人，实际通过185笔，授信服务“三农”金额1004万元，实际用信支出438.22万元，参与保险业务37人，保险金额24.28万元。开展乡村垃圾分类和再生资源回收利用，建立分类投放、分类收集、分类运输、分类处理的垃圾处理系统，美化城乡环境。截至年底，全县已成立垃圾回收网点9个，分拣中心1个，118个回收站点，年回收量10291.51吨，交易金额1939.59万元。

（林石塔　陈志安）

·物资流通·

【概况】

2020年，安溪县国有物资流通部门完成物资销售6590万元，同比增长18%；实现利润465万元，同比增长46%；上缴各种税费358万元，同比增长179%。国有资产保值增值率105%。

【物资经营管理】

2020年，县物资流通部门投入安全生产费用30万元，通过完善金谷镇民爆物品仓库人防、物防、技防、犬防设施，提升民爆库区安全保障能力。落实公安部及工信部关于推进工业雷管的升级换代工作，向全县爆破作业单位大力推广工业电子数码雷管的销售，工业电子数码雷管推广使用率达到48%。保障全县重点工程建设及经济建设对民爆物品的供应，在省内民爆物品生产厂家工业电子数码雷管供需不平衡的情况下，从湖南、江西两省调运工业数码雷管，保障民爆物品不断供。在工艺品原材料供应方面，县物资流通部门抓住全县工艺品行业内销形势发展，发挥国有物资流通企业的作用，适价销售，保障工艺品原材料的供应。在主要物资供应方面，全年完成销售钢材（工艺材）8322吨，同比下降5%，工业炸药1837吨，同比增长8.8%（其中乳化炸药1100吨，同比下降1%）；工业雷管71万发，同比下降21%；工业索类6.64万米，同比下降60%。

（陈友志　谢树彬）

2020年县物资流通部门各项主要经济指标情况表

表18　　　　单位：万元

主要经济指标	物资公司	恒安民爆
物资购进总额	3745	1819
物资销售总额	3905	2685
实现利润总额	86	379
上缴各种税费	81	277
人均上缴税费	5.8	18.5

· 烟草专卖 ·

【概况】

2020年，安溪县卷烟销量4.87万箱，同比增长9.08%；实现销售额16.68亿元，同比增长12.11%；实现条均价137.11元，同比增长2.78%；实现税利4.57亿元，同比增长11.89%。专卖管理方面，全年市场净化率、守法经营率均保持在95%以上。

【卷烟营销】

2020年，安溪县线上利用微信群和朋友圈对零售客户全覆盖宣传新品。线下组织零售户开展陈列竞赛，开展4场烟酒联动品鉴活动、20场诚信互助小组宣讲活动、3场“品茶中黄金、汲烟之菁华”圈层营销活动。开展“我为七匹狼代言”短视频创意营销活动。

治理“大户”、帮扶小户 开展销售大户治理，有57户停供，99户减供，59户限供。中小户扶持方面，向营销中心申请剔除5户不符合弱势群体标准的零售户，重点针对潜力客户和亲情式服务对象两个类型开展营销扶持工作，三四季度合计对74户扶持对象客户进行现状摸底调查和薄弱环节分析，制作客户扶持计划表。建设完成422个诚信互助小组，覆盖客户数5963户，覆盖面达96.58%。加快推广新零售e福通，筛选62户配合度好、年轻化、知识化现代终端客户率先上线运行。现有现代终端客户1166户，占比18.89%。2020年共清退13户，新增149户现代终端客户，其中新增农村现代终端客户95户，占比63.76%。2020年共投入现代终端建设经费38.93万元用于制作直角柜、转角柜、收银台、背柜、店招等，有效提高终端客户形象，终端经费使用完成率99.97%。营造良好文明吸烟环境，投入2座吸烟亭、50个吸烟柱和50个多功能烟灰桶用于完善高速服务区、泰山岩室外吸烟环境；投入30个空气净化器和15个电子点烟器、50个烟灰缸，打造30个卷烟消费体验区。投入文明吸烟环境建设专项资金20.07万元，经费使用率99.96%。推进卷烟非烟经营一体化，非烟销售收入167.17万元，完成年度基础销售目标（81万元）的206.38%，完成争取目标（116万元）的144.11%。

【专卖内部监管】

2020年，安溪县多部门联合共组织联合巡查6轮次，出动联合执法人员130多人次；组织开展“巡山”活动22轮次，出动执法人员600多人次。捣毁制假窝点3个（其中2个为非法使用烟草设备生产茶烟），查获制假烟机3台套，切丝机1台，包装机3台，成品假烟179.13万支，烟丝9000多公斤，涉案总金额500多万元。行政拘留犯罪嫌疑人13人，起诉6人。查处落地销售假烟案件14起，同比增加5起，查扣假烟16.87件，同比增加270%，其中一起超5万元。查处真烟案件128起，同比增加19起；查扣违法卷烟182.67件，同比上升5%。

动态梳理建立违法违规卖烟大户档案资料（其中黑名单21户，黄名单3户，灰名单42户），并对其经营场所、仓库及车辆进行不定期跟踪监管。召开警示约谈会4场次，签订《规范经营承诺书》21份。发放宣传单6000余份，微信群发短信600多条。分类核查辖区零售户，排查梳理异常嫌疑户345户，其中减供限供108户，停止供货105户，诚信扣分91户，注销收回132户。运行“五要素”专卖市场监管模型10期，识别重点户1000户，发现异常户209户，命中率20.9%。调整完善特殊送货，调整后的特殊送货户共计689户（个），其中代送点1个、被代送户28户，取货户356户、定点取货点201户，约时定点取货户103户。加大对营销部门、物流部门等经营活动的监管，共组织跟踪核查送货到位情况13轮次，对辖区两家海晟店开展11轮次的抽查，抽查客户营销信息变动情况43户次。

【企业管理】

2020年，安溪县烟草专卖局（分公司）以“降本增效提质”为核心，推动精益管理，提升对标指标，构建“三层三维”对标指标体系，层层分解，明确管理职责和任务目标，建立市、县、所部“三层”对标工作常态化管理纵向机制，搭建综合、营销、专卖“三维”对标指标库，提高靶向施策能力。制定全年对标工作规划，涵盖三层31个指标，覆盖机关和基层所部，提升对标体系撬动力。深化精益管理，融合精益改善项目，加大创新实践，引导全员以“提质降本增效减负”的精益核心目的为引领，强化工作改进。融合管理诊断活动，开展“管理诊断基层行”活动，每季度由职能部门牵头，对所辖基层部门短板指标开展“管理诊断”，从管理的全要素、运营的全流程，找准运营管理的短板和薄弱环节等。

加强安全教育培训，以安全月等为载体，开展面向全体员工的安全常识培训；开展专业安全知识培训和岗位达标知识培训。全年开展各类安全知识培训12场，培训人员550多人次。加强安全隐患排查，结合新修订的《安溪烟草5S管理制度》，对检查发现的隐患，以“一患一档一照片一整改”的形式建立隐患资料库，为以后隐患的分析、整改、教育提供依据。2020年安全整改及警卫消防投入为33.7万元。加强安全保障能力，加强消防安全管理，实现消防报警系统全覆盖，通过综合安消联动，实现消防信号和视频信号联动报警，确保消防警报得到全面防控；加强交通安全管理，建设车载GPS系统，实现对所有车辆全覆盖监控管理。2020年4月获得由福建省总工会、福建省应急管理厅联合颁发的“2019年度福建省安康杯竞赛先进单位”称号。

利用行业培训、执法证件考试等契机积极学习民事合同、烟草专卖等法律法规，组织开展《中华人民共和国宪法》《中华人民共和国民法典》等法律法规宣传学习活动10场次，投入16.9万元建设普法基地。

（刘桂林　黄龙）

·对外经贸·

【利用外资】

2020年，安溪县新批外资企业5家，增资项目1个，合同外资22838万元（3349万美元），比2019年27246万元（3976万美元）下降16.18%。实际利用外资（验资口径）12570万元（1798万美元），比2019年12142万元（1772万美元）增长3.52%。历年来累计审批和备案企业545家，投资总额264037万美元，实际利用外资67376万美元。

投资客商主要来自印度尼西亚、马来西亚等国家，新增投资项目有安溪龙铎农业发展有限公司1亿元、泉州市种境能农业有限公司5000万元、泉州若光茶业有限公司100万元、安溪县创展力电子科技有限公司500万元、泉州凯鹰电源电器有限公司6880万元、福建卜蜂畜禽有限公司4000万元。在疫情防控期间，利用泰国安溪同乡会引进大项目安溪龙铎农业发展有限公司，投资总额3亿元（首期投资1亿元，外资9000万元）。抓好外资企业到资，引导现有龙头外资企业增资扩产。外商实际到资的主要企业有凯鹰电源电器增资到资8810万元，佛罗花综合农业科技有限公司到资2020万元，龙铎公司到资771万元；福建大发食品有限公司到资127万元。

组织凯鹰电源电器有限公司参加2020厦门国际投资贸易洽谈会（简称2020厦洽会），现场签约“石墨烯储能与动力电池产业化”投资项目，邀请8名客商到会洽谈。组织大邦（福建）食品、大成智能科技、天电光电等公司参加第三届中国国际进口博览会。

【外贸出口】

2020年，安溪县加大外贸出口扶持力度，帮助企业渡过疫情难关。县政府出台《安溪县抗疫情稳外贸促发展若干措施》《安溪县促外资稳外贸的若干措施》，对企业进行扶持；鼓励企业技术更新改造、新产品研发、产品认证、境外商标注册等；监测重点外贸企业出口情况，分析报告，帮助企业解决实际问题；鼓励企业加快建立营销网络，拓宽市场渠道；鼓励生产型企业获得进出口经营权开展自营出口，培育一批外贸综合服务企业。

做好“拓内销”“稳外贸”工作。受疫情影响，多数展会延缓、取消，部分展会由线下改为线上。鼓励企业开发新产品，创新线上洽谈，通过线上展示、线上洽谈，争取订单。组织企业参展第127、第128届线上广交会，宣传推介安溪“双铁”特色产业，取得一定成效。制定《安溪县2020年秋冬季展会专项行动方案》，重点有效扶持企业组团参加12场展会，展示宣传安溪特色产业和产品，帮助企业开拓市场。

（白永津、杨培华　谢文春）

·教育·

【概况】

2020年，安溪县幼儿园194所，在园幼儿总数45057人，其中独立核编公办幼儿园77所、分园2所、附设学前班92个，在园幼儿数23762人，公办性质幼儿数占比（即公办率）52.74%；民办幼儿园117所，在园幼儿数21295人；普惠性幼儿园在园幼儿数42645人，即普惠率占比94.65%。省级示范幼儿园1所、市级示范幼儿园5所、县级示范幼儿园35所，在园幼儿15768人，比率为35%。小学239所（其中文体新局办1所，教学点21个），小学在校生108818人。完全中学14所（其中恒兴中学系民办中学），初中校（含九年一贯制初中部、职专初中部）38所，中职学校6所（其中卫健局举办1所），教师进修学校1所。初中在校生56871人，开设1218班；高中在校生16046人，开设336班；中职在校生5910人。安溪县公办在职教职工10463人（其中进修学校38人，恒兴中学公办教师49人），县聘编外合同教师986人（其中小学757人，幼儿园138人），校聘编外合同教师1312人。

【学前与初等教育】

2020年，安溪县小学239所（含教学点）：独立完小211所（含4所附属小学：培文、萍州、东溪、梧桐）、九年一贯制小学部5所（陈利、慈山、毓秀、罗岩、庄山）、文体局主办的少体校1所、特教学校1所、教学点21个；9月新办第十七小学，官中附小易地搬迁并升格为第二十一小。2020年秋季，安溪县有7所县直公办幼儿园或小区配套幼儿园新建、扩建完成并投入使用，分别是第七幼儿园（百福豪城小区配套幼儿园）、第十三幼分园（碧桂园溪江月小区配套幼儿园）、第十六幼儿园、第十七幼儿园、第十九幼儿园、第二十八幼儿园（尚学领地小区配套幼儿园）、培文丽馨实验幼儿园（扩建）。新增公办学位4000多个，进一步缓解城区幼儿学位紧缺问题。2020年评估验收11所县级示范幼儿园：第十八幼儿园、第八幼儿园、第九幼儿园、第十五幼儿园、城厢镇第三中心幼儿园、参内中心幼儿园、西坪中心幼儿园、金谷中心幼儿园、金谷镇第二中心幼儿园、金谷镇东溪幼儿园、感德镇第二中心幼儿园。

2020年秋季，安溪县第十六幼儿园建成投用（县教育局供图）

2020年安溪县小学生班级情况表

表19

安溪县合计		一年级	二年级	三年级	四年级	五年级	六年级
总生数（人）	108818	17028	17909	18681	18358	18216	18626
总班数（个）	3000	493	503	508	504	490	502

2020年安溪县普通中学基本情况（一）

表20

学年	学校数(所)				班数（班）		毕业生数（人）		招生数（人）	
	合计	初级中学	完全中学	九年一贯制学校	初中	高中	初中	高中	初中	高中
2020年	52	33	14	5	1218	336	13469	4352	20524	6096

2020年安溪县普通中学基本情况（二）

表21　单位：人

学年	在校学生数									教职工数		
	合计	初中				高中				其中：专任教师		
		小计	一年级	二年级	三年级	小计	一年级	二年级	三年级	小计	初中	高中
2020年	72917	56871	20530	19490	16851	16046	6098	5195	4753	4650	3384	1266

【中等教育】

2020年，安溪县完全中学14所（其中恒兴中学系民办中学），初中校（含九年一贯制初中部、职专初中部）38所。初中在校生56871人，开设1218个班；高中在校生16046人，开设336个班；初高中专任教师4650人。

【职业教育】

2020年，安溪县共有中等职业学校6所（教育部门办学4所：华侨职校、安溪茶校、陈利职校、慈山农校，其他部门办学2所：安溪卫校、安溪艺校），其中国家中职示范校1所（华侨职校），中职在校生5910人。

华侨职校获评“全国中华优秀文化艺术传承学校”。校企合作成效突出，被确认为福建省产创融合示范教育基地、泉州市产业实训基地等。安溪茶校《茶乡产教融合校企合作创新实践研究》获2020年职业教育省级教学成果奖二等奖。陈利职校工艺美术专业群实训基地建设项目顺利通过省级验收，与泉州黎明职业大学联合开办电子商务五年专业，并于2020年秋季正式招生和开班。陈利职校数字创意建模职业技能等级证书被福建省教育厅评为“1+X”证书项目第三批试点学校，并正式组织开展考核鉴定。学校于2020年11月获批成立泉州市科技特派员工作站和安溪县科技特派员服务平台。

【民办教育】

2020年，审批通过11所民办幼儿园，分别是城厢镇诚毅外国语幼儿园、蓬莱镇小太阳幼儿园、西坪镇宝贝幼儿园、凤城镇清溪幼儿园、凤城镇小博士幼儿园、官桥镇阳光幼儿园、凤城镇未来之星幼儿园、凤城镇小太阳幼儿园、城厢镇小太阳幼儿园、龙涓乡星星幼儿园、龙涓乡崇文幼儿园。至年底，全面消除无证民办幼儿园。审批通过3所培训机构（安溪茗门艺术培训学校有限公司、安溪县昊学教育培训中心、安溪侨星英语培训学校有限公司），并给予颁发办学许可证。

实施2020年度安溪县普惠性民办幼儿园认定和政府购买服务工作。2020年春季起，普惠性民办幼儿园参照公办幼儿园给予生均公用经费补助，每年600元/生。

至2020年12月，安溪县共有

民办中学1所，在校生3427人，其中初中在校生2501人，开设52个班；高中在校生926人，开设18个班；教职工262人，其中专任教师212人。

【高等教育】

2020年，安溪茶学院在校学生2087人，教职员工78人，其中专任教师43人，具有博士学位19人，在读博士生18人，专任教师中博士学位占比为86%；学院有双聘院士1人（陈宗懋院士，安溪茶学院名誉院长），高级职称教师4人，副高职称教师8人，中级职称教师28人。学院教师中享受国务院政府特殊津贴1人，国家重大农技推广体系茶产业首席专家1名、团队主任2名，部省级茶叶产业技术体系岗位科学家2人，入选福建省“百千万人才”4人，入选福建省高等教育新世纪优秀人才2人。

【青年教师专业提升】

2020年，安溪县印发《关于实施青年教师专业提升三年行动的通知》，计划用3年时间，对安溪县初中、小学，年龄35周岁及以下的在编在岗教师及近3年招聘的新教师进行专项培训。聚焦“一年站稳讲台、三年成型、五年成才”目标，遴选第一批教龄满3年的青年名师培养人选，两学年的培养期满后，适时组织综合考评。认定一批“安溪县青年名师”“安溪县优秀青年教师”，并一次性奖励青年名师5000元/人、优秀青年教师3000元/人。

【人事调配制度】

2020年，安溪县探索出台人性化的教师调配流动机制，按照“定期服务，期满流动，综合评价，差异选岗”原则，在桃舟、大坪、祥华、龙涓、芦田等5个边远乡镇的小学段先行试点，调动教师的工作积极性，使之“招得来、下得去、教得好”。

【实行“阳光招生”】

2020年6月，安溪县制定下发《安溪县2020年秋季城区小学一年级招生工作方案》《关于2020年秋季城区初中招生工作的意见》《关于做好2020年秋季大城区公办幼儿园招生工作的通知》，并分别在《安溪报》、安溪电视台、微信公众号进行招生宣传。城厢中学、沼涛中学、第二十中学、恒兴中学等4所学校外来务工人员子女采取自主申请与电脑派位相结合方式安排就读。

【教育管理标准建设】

2020年12月，安溪县第五小学、第十一小学、第十九小学，白濑乡下镇小学，蓝田乡乌土小学，城厢镇南英小学，龙门镇科榜小学，城厢镇过溪小学，龙门镇和平小学，龙门镇美卿小学，城厢镇团结小学，龙门镇龙锦小学，蓬莱镇鹤前小学，龙门镇双桂小学，感德镇槐植小学，桃舟乡棠棣小学，福田乡白桃小学，蓬莱镇新林小学，官桥镇第二中心小学，西坪镇宝山小学，感德镇霞春小学，西坪镇柏叶小学，官桥镇善坛小学，西坪镇龙地小学，官桥镇第三中心小学，西坪镇留山小学，湖头镇下坑小学，西坪镇阳星小学，湖头镇湖三小学，西坪镇上尧小学，虎邱镇金榜小学，西坪镇珠洋小学，湖头镇仙都小学，西坪镇圆潭小学，虎邱镇文美小学，祥华乡旧寨小学，虎邱镇双都小学，祥华乡福新小学，剑斗镇东阳小学，长卿镇扶地小学，虎邱镇仙景小学，祥华乡祥地小学，金谷镇金山小学，长卿镇月眉小学，剑斗中心小学，长卿镇文坪小学，蓝田乡进德小学，金谷镇芸美小学，白濑中心小学，蓝田中心小学50所小学；安溪金火完全中学、安溪第二十中学、东溪中学、蓝田中学、金榜中学、安十四中等6所中学被省教育厅确认为“福建省2020年义务教育管理标准化学校”。

【教育质量监管测】

2020年，根据《国家义务教育质量监测方案》，国务院教育督导委员会办公室确定安溪县与福建省马尾区、连江县、同安区、翔安区、梅列区、芗城区、顺昌县、光泽县、蕉城区等10个县区为2020年全国义务教育质量监测样本县（市、区）。监测对象为2020年秋季五、九年级学生和样本校校长及相关学科教师，监测内容为科学学习质量和德育状况。9月28日，光德中学、墩坂中学、恒兴中学、梧桐中学、安溪一中、安溪五中、安溪六中、安溪十五中、第十六小学、参内乡罗内小学、官桥中学附属小学、县实验小学、县慈山学校、毓秀学校、第二十小学、第五小学、第八小学、第十一小学、长坑第二中心小学、龙涓福昌小学等20所样本校共1122名学生参加现场测试。安溪县义务教育质量监测组织工作获得本年度“全国义务教育质量监测县级优秀组织单位奖”。

2020年11月26日，安溪县吾都小学、第十三小学、第十二小学、第六小学、第七小学、第十八小学、第八小学、长卿中心小学、感德中心小学、西坪中心小学、祥华中心小学、虎邱中心小学、第五小学、龙涓长塔小学、龙涓内灶小学、虎邱竹园小学、湖头第二中心小学、城厢经兜小学、金火中学、铭选中学、凤城中学、安十一中、安溪六中、虞宗中学等18所小学、6所初中作为样本校参加全省义务教育质量监测“2+X”测试。监测对象为2020年秋季学期义务教育阶段五年级和九年级学生（不含特殊教育学校学生），相关学校校长，五年级和九年级相关学科教师。监测内容为义务教育阶段学生语文、数学、英语学业质量，以及课程开设、条件保障、教师配备、学科教学和学校管理等相关影响因素。其中，九年级英语首次采用人机对话方式进行测试。根据福建省义务教育质量监测方案，2020 年开始，福建省义务教育质量监测实施“2+X”和“1+1”组合，统筹开展义务教育质量监测。“2+X”组合中，“2”表示语文、数学两个学科，“X”表示除语文、数学、体育与健康、艺术（音乐、美术）等学科以外的一个或者若干个学科，每个年度按要求确定具体学科。“2+X”组合每年监测一次，时间安排在秋季学期。“1+1”组合中，前“1”表示体育与健康学科，后“1”表示艺术学科，包括音乐、美术。

【“两项督导”接受核查】

2020 年，安溪县教育接受两项督导，即县级人民政府教育工作督导评估和县级党政主要领导抓教育工作督导考核。

接受市级核查 6 月 22—24 日，泉州市政府教育督导核查组对安溪县教育“两项督导”开展市级核查。24 日，教育“两项督导”市级核查组召开汇报反馈会。省政府督学、市教育工委委员、市政府教育督导室主任徐昌裕，县领导高向荣、吴毓舟、黄明哲、丁建铭、袁霖辉等出席会议。

市教育督导核查组认为安溪县高度重视教育工作，把教育作为最重要的民生工程来抓，目标明确、思路清晰、措施有力，教育发展有大格局、大变化，成效较好，“两项督导”市级核查均评定为“优秀”等级。

接受省级评估 12 月 7—11 日，由省政府督学、省教育厅教育督导处原二级调研员林希顺率领的省教育督导组，对安溪县教育“两项督导”开展省级评估。省教育督导组先后走访人社、财政、编办、教育等相关职能部门，深入 20 个乡镇、73 所中小学、幼儿园以及教师进修学校和老年大学、中小学生社会实践基地等教育机构督导检查并召开相关座谈会。11 日，省教育督导组召开反馈会，反馈教育“两项督导”省级评估情况。县领导高向荣、吴毓舟、陈剑宾、黄明哲、丁建铭、袁霖辉参加会议。督导组充分肯定安溪县教育“两项督导”工作取得的成效，县委书记高向荣代表县委、县政府作表态发言，表示安溪县将以此次督导评估为契机，坚定不移加大教育投入，对标对表、补缺补差，努力办好百万名茶乡人民满意的教育。

【教育科研】

2020 年 11 月，在安溪县城厢中学举行福建省初中“壮腰”工程省级培训历史班第二阶段跟踪指导活动，福建教育学院文科研修部陈建平教授、泉州市教科所教研员陈木兴两位老师到场指导，来自鲤城、南安、安溪的 30 多名学员参加活动。12 月，城厢中学入选福建省基础教育学科教学研究基地校（历史科）。

安溪县组建完中校校际联盟。安溪一中与县外办学层次、办学质量相当的学校建立校际联盟，高中各年段均实行校际联考，实现教学资源共享，有效促进学科建设。铭选中学与恒兴中学组成联盟校，安溪八中、安溪六中、沼涛中学、蓝溪中学、俊民中学、梧桐中学等 6 所高中组成校际联盟，崇德中学、安溪十一中、龙门中学、培文中学、金火完全中学等 5 所高中组成校际联盟，指定牵头学校，召开校际联盟会议，统一高中各年段教学进度，实行期中、期末联考，并做好质量分析。

实施初中壮腰“青蓝工程”教师培养方案，委托南京师范大学举办三期培养研修班。制定《安溪县教育局关于实施青年教师专业提升三年行动计划》，并于 12 月举行第一批青年名师培养人选遴选考试；同时，组织近两年新招聘的初中教师参加同步考试。

在凤城、城厢、参内等城区 13 所学校的初一年数学、初二年物理全面实施“导学案”课改实验。通过召开专题培训会、举办“同课异构”教学研讨活动、邀请专家深入学校指导等多种方式推进课改实验。

【复学复课】

2020 年，安溪县建立县领导挂钩学校制度，组建联防联控工作领导小组和驻校专班，运用大数据建模，构建“联防联控、超前预警”疫情摸排防控机制，全面夯实走读走教师生家校“点对点”跟踪、教职员工跨地市出行审批报告、重点人员核酸检测、师生离校错时错峰等一系列防控措施。12 月，县教育局获得“福建省抗击新冠疫情先进集体”称号。

【学科奥赛】

2020 年，安溪县学科奥赛再创佳绩，有 4 个学科共 13 人获省一等奖，生物、化学各有 1 人入选省队，1 人获国家金牌，入选国家集训队并签约清华大学，安溪一中系泉州市首批学科教学联盟生物基地校。同时，中职学校师生技能竞赛也捷报频传，获得国家级一等奖 1 项、三等奖 3 项，省级一等奖 1 项、二等奖 2 项，市级获奖 19 项；产品研发获得省级教学成果二等奖2项，教师获得专利7项。

【教育重点项目建设】

2020年，安溪县教育系统建设项目共建成并投入使用47个，建筑面积共145453平方米，总投资约3.69亿元。城区扩容项目6个，总建筑面积70253平方米。“全面改薄”“薄弱提升”项目24个，总建筑面积38211平方米。“长效机制”项目13个，总建筑面积15218平方米。幼儿园项目4个，总建筑面积21771平方米。

【创建文明学校】

2020年度，凤城中学、沼涛中学、第八小学等33所学校被确认为2017—2019年度市级文明校园，组织金火完全中学、第二十中学、第十三小学、第六幼儿园等98所学校参与2020—2021年度安溪县文明校园创建活动。

【学校德育】

2020年，安溪县组织开展“扣好人生第一粒扣子”主题教育实践活动，荣获“童心向党”歌咏活动、学校少年宫展演等4个市级优秀组织奖。组织学校开展“践行初心使命，弘扬时代新风”“我们的节日·春节”书赠春联进万家活动，“我们的节日·春节·元宵”2020年寒假道德实践活动，生态文明宣传教育、厉行节约制止餐饮浪费行为教育活动，“看视频、学案例、作承诺、抓共建”等主题教育活动，助推移风易俗工作在教育系统进一步深化。积极推进、参与创建2018—2020年度省级文明县城的各项工作，组织开展专项督查、主题教育、志愿服务等系列活动，圆满完成任务。制定研学教育工作方案，推进安溪县中小学开展研学实践教育活动，遴选确定安溪溪禾山铁观音文化园、安溪县藤铁工艺博物馆等17个场所为安溪县首批中小学生研学实践教育基地。

落实推进政府采购第三方心理健康服务，整合安溪县教育系统专兼职心理教师、卫健系统专业医生，组建安溪县学校心理健康教育指导委员会，构建系统的心理健康排查干预机制。为抗击疫情凝心聚力，组织开展“同心战‘疫’，使命有我”主题教育，共评出优秀征文68篇、主题教育案例12个；同时，举办疫情防控期间学生复学心理健康工作培训，开展线下专题教育培训3场次。联合县妇联、团县委组建安溪县新时代文明实践教育志愿服务队，推动各单位积极参加新时代文明实践中心建设。

组织开展“新时代好少年——美好生活劳动创造”主题教育读书活动，共评出优秀演讲稿18篇、征文63篇以及优秀组织奖10个，县教育关工委被评委为全国先进集体。组织推荐评选确定安溪一中李政等10位同学为安溪县第二届“新时代好少年”，多方开展宣传学习活动。树立师德师风先进典型，推荐林文飞、刘美治、林如燕等3名教师获得2020年度安溪县践行社会主义核心价值观“最美人物”称号。加大力度整治教师有偿补课，查处通报2起典型案例。开展家庭教育指导活动，印发《关于进一步加强家庭教育工作的通知》，组织开展“万师走万户大家访”活动，引导学校广泛开展家庭教育指导活动。

【建立校园安全“五个一”工作机制】

2020年6月，由政法委牵头，会同法院、检察院、教育局、公安局、民政局、司法局、文体旅局、卫健局、市场监督局、团县委、妇联、关工委等12个单位建立未成年人保护联盟，专门出台管理实施意见，聚焦“五个一”（建立一套分类学情档案、制定一套分类帮教管控措施、每月进行一次交流谈心互动、每月召开一次研判风险联席会、每月开展一次联合排查整治），构建联防联控、协同防范的工作格局，切实维护校园及周边安全和良好育人环境。

（陈海清、李翠萍　高志强、林东宣）

· 科技 ·

【概况】

2020年，安溪县科技工作实施创新驱动发展战略，强化科技支撑引领，加速科技成果转移转化，提升创新服务环境，为安溪县科技服务疫后经济发展，为“四个安溪”建设提供强有力的科技支撑。

【企业创新主体地位】

2020年，安溪县创新平台载体建设。由安溪县科技企业孵化器有限公司承建的“妙思众创空间”获国家级众创空间备案；新增国家高新技术企业5家，省级高新技术企业备案12家、省级科技小巨人领军企业5家；中科三净被认定为市级新型研发机构，新认定金华南、海佳、三净、凯鹰等4家企业为市级“瞪羚企业”。强化项目支撑方面。2020年获国家级重点项目2项、省级科技计划项目立项7个、市级科技计划项目立项3个，县级科技项目39个，争取市级以上科技经费到位资金约1175万元。企业研发经费投入及分段补助等惠企政策落实方面。兑现10家企业2018年度研发经费分段补助734.96

万元，组织17家企业申报2019年度研发经费分段补助750.97万元；落实高新技术企业等科技创新平台载体经费补助200万元、2019年度县级科技项目后补助37万元。

【服务传统产业转型】

2020年，安溪县以泉州国家农业科技园区为载体，以推行科技特派员制度为抓手，利用科技人员专业技术特长到基层一线指导服务传统产业企业。有5家企业被认定为国家农业科技园区示范基地。新增省级科技特派员个人43名、团队5个，市级科技特派员个人33名、团队2个、科技特派员服务站3个，选认县级个人科技特派员154名、科技特派员工作站5个，年度下达县级科技特派员专项经费177万元，支持安溪县科技特派员工作的开展。通过实施"一企一策""科特派+项目"等，促进传统企业转型升级。

【服务新兴产业】

2020年，安溪县开展"大招商招大商"活动，建好泉州芯谷安溪分园区、信息技术产业园、湖里园、思明园等现代化产业园，推动光电、生物科技、信息技术、高端装备制造等新兴产业发展。发挥"一区九园"平台优势，加大新兴产业以及"新基建"产业招引力度，培育有晶安光电、天电光电、鼎泰光电等"双高"企业集群，承担实施省区域和市引进高层次人才团队等重大重点项目。中科生物申报科技部重点专项项目，正丰数控获科技部"科技助力经济2020"重点专项资助50万元，中科三净与福建师范大学合作项目"东南轻工建材特色产业集聚区固废综合利用集成示范"获得国家资助经费2212万元；引进全球商业遥感卫星地面接收站网福建站及空天大数据产业园1个核心项目，带动时空信息云平台、无人机航空遥感动态监测、智慧城市建设、智能机器人巡检、对地观测卫星遥感系统服务等5个产业链等重点项目落户安溪。

【服务科技成果】

2020年，安溪县创新服务，搭建科技合作承载平台，加强产学研合作。支持企业与高校、科研院所进行产学教研融合，搭建交流平台，正丰数控与福建工程学院深入合作意向、中科生物与中科院进行教育交流，华惠生物与省农科院深化合作；加强项目交流，佳友机械、三净环保等企业参加海峡项目成果交易会；落实科技创新券工作，数字云谷获福建省科技创新券补助资金2.9万元。

【科技成果奖励】

2020年，安溪县贯彻落实国家省市科技成果转移转化政策，构建激发创新活力和创造潜能、鼓励大众创业和万众创新的制度环境和社会氛围，推荐优秀科研成果、技术开发项目参与科学技术奖评奖，调动和发挥广大科技人员的积极性和创造性，促进科学技术与经济结合。福建佳友茶叶机械智能科技股份有限公司与中国农业科学院茶叶研究所、集美大学联合开展的"红茶自动化加工关键技术装备集成创新与产业化应用"项目、福建八马茶业有限公司与集美大学和大闽食品（漳州）有限公司合作项目"乌龙茶及速溶茶粉风味品质提升关键技术的开发与应用"项目获2019年度省科学技术进步奖三等奖。

（易婕频　龚福安）

·文化艺术·

【文化体育惠民工程】

城乡公共文化体育广场建设 2020年，安溪县将“继续推进文化体育惠民工程”列入年度为民办实事项目，确定建设西坪镇文化广场等80个项目为2020—2021年度第一批文化体育惠民工程建设项目，下达资金363万元。

高甲戏公益演出 2020年，安溪县开展高甲戏公益演出104场，其中开展安溪县优秀传统戏曲进校园活动29场。

安溪影剧院邀请演出 2020年1月2日，安溪县邀请厦门歌舞剧院在安溪影剧院举行安溪县2020年新年音乐会。

2020年第一批文化体育惠民工程建设扶持资金情况表

表22　　单位：万元

序号	项目名称	补助金额
1	西坪镇文化广场	10
2	大坪乡文化广场	10
3	尚卿乡文化广场	10
4	湖坵村综合文化服务中心（市为民办实事项目）	10
5	湖上村综合文化服务中心（市为民办实事项目）	10
6	城厢镇员宅村文化广场	5
7	湖头镇山都村文化广场(西山)	5
8	湖头镇横山村文化广场	5
9	蓬莱镇鹤厅村文化广场	5
10	金谷镇中都村文化广场	5
11	湖上乡珍地村文化广场	5
12	感德镇石门村文化广场	5
13	福田乡丰都村文化广场	5
14	长卿镇玉美村文化广场	5
15	尚卿乡尤俊村文化广场	5
16	尚卿乡灶坑村文化广场	5

续表22

序号	项目名称	补助金额
17	西坪镇柏叶村文化广场	5
18	虎邱镇竹园村文化广场	5
19	龙门镇桂林村文化广场	5
20	凤城镇文昌社区体育健身工程	4
21	凤城镇兴安社区体育健身工程	4
22	凤城镇东岳社区体育健身工程	4
23	凤城镇朝阳社区体育健身工程	4
24	城厢镇墩坂村体育健身工程	4
25	城厢镇霞保村体育健身工程	4
26	城厢镇同美村体育健身工程	4
27	魁斗镇大岭村体育健身工程	4
28	魁斗镇奇观村体育健身工程	4
29	魁斗镇贞洋村体育健身工程	4
30	蓬莱镇蓬新村体育健身工程	4
31	蓬莱镇联中村体育健身工程	4
32	蓬莱镇新美村体育健身工程(美塘)	4
33	蓬莱镇新坂村体育健身工程	4
34	蓬莱镇鹤前村体育健身工程	4
35	蓬莱镇联盟村体育健身工程	4
36	蓬莱镇鸿福村体育健身工程	4
37	金谷镇汤内村体育健身工程	4
38	金谷镇渊兜村体育健身工程	4
39	金谷镇尚芸村体育健身工程	4
40	金谷镇河美村体育健身工程	4
41	金谷镇华芸村体育健身工程	4
42	湖上乡飞新村体育健身工程	4
43	白濑乡下镇村体育健身工程	4
44	剑斗镇东阳村体育健身工程(祜水安置区)	4
45	感德镇岐阳村体育健身工程	4
46	感德镇岭西村体育健身工程	4
47	感德镇大坂村体育健身工程	4
48	感德镇霞中村体育健身工程	4

续表22

序号	项目名称	补助金额
49	长卿镇南斗村体育健身工程	4
50	长卿镇衡阳村体育健身工程	4
51	长卿镇三村村体育健身工程	4
52	长卿镇云集村体育健身工程	4
53	长卿镇青苑村体育健身工程	4
54	长卿镇扶地村体育健身工程	4
55	长卿镇山格村体育健身工程	4
56	蓝田乡进德村体育健身工程	4
57	蓝田乡内春村体育健身工程	4
58	祥华乡后洋村体育健身工程	4
59	祥华乡珍山村体育健身工程	4
60	祥华乡新寨村体育健身工程	4
61	尚卿乡中山村体育健身工程(山头)	4
62	尚卿乡翰卿村体育健身工程	4
63	尚卿乡青洋村体育健身工程	4
64	西坪镇赤石村体育健身工程	4
65	西坪镇西源村体育健身工程	4
66	西坪镇尧山村体育健身工程	4
67	龙涓乡崎畲村体育健身工程	4
68	龙涓乡长新村体育健身工程	4
69	龙涓乡下洋村体育健身工程	4
70	虎邱镇美亭村体育健身工程(华霞)	4
71	虎邱镇双都村体育健身工程	4
72	官桥镇吾宗村体育健身工程	4
73	官桥镇益林村体育健身工程	4
74	官桥镇新溪村体育健身工程	4
75	官桥镇草坂村体育健身工程	4
76	龙门镇仙凤村体育健身工程	4
77	龙门镇龙山村体育健身工程	4
78	龙门镇龙美村体育健身工程	4
79	西坪镇平原村体育健身工程	4
80	安溪安文体育产业发展有限公司(武装部)	3

【文艺创作】

创作情况 2020年1月22日，举办安溪县2020年新春团拜会，组织戏曲舞蹈《金鼠迎亲》、南音表演唱《千家罗绮管弦鸣》、越歌《舒展芬芳》、舞蹈《时雨春风》、歌舞《春暖中国》参加文艺演出。

1月，组织创作歌曲《可爱的人》《出发，出发》、创作表演唱《正月十五说太平》、闽南方言三句半《科学防控战疫情》、高甲戏演唱《坚决打赢疫情防控阻击战》等抗击疫情公益作品。

2月19日至3月底，复排提升高甲戏《玉珠串》。

3月20日起，以安溪县高甲戏剧团为拍摄创作对象的戏曲文化纪录片《看见高甲》在“学习强国”福建学习平台展播。

8月，由县文化体育和旅游局局长傅伟明作词，胡铁作曲，歌手牟凡演唱的歌曲《茶香人家》上线各大音乐平台。

9月10日、12日，举行高甲戏《莫耶·延安颂》审查演出，县委书记高向荣、县长吴毓舟，泉州市文化广电和旅游局局长陈惠平，福建省艺术研究院、泉州市戏剧研究所有关专家学者应邀观看演出。

9月13日，举行高甲戏《莫耶·延安颂》专家座谈会，福建省艺术研究院、戏剧家协会，泉州市文化广电和旅游局、戏剧研究所等有关领导、专家学者参加。

10月12—16日，组织创作拍摄廉政主题情景剧《李光地严惩张霖》《李光地严惩吴禄礼》，在阆湖博物馆展播。县高甲戏剧团创作演出快板舞蹈《飘香安溪开新局》、高甲说唱《强国·有戏》、闽南四句《五中全会我来说》等主题节目。县茶文化艺术团创作情景茶艺《乡望》、汉代茶艺《茶咏》、歌曲《茶香人家》、舞蹈《清平乐》等文艺作品。创作新编历史剧《李光地与施琅》，完成剧本第四稿创作。

获奖情况 2月，县文化馆馆长王铭芬因在疫情防控阻击战中文艺创作和文艺宣传表现，被泉州市文联通报表扬。

8月18—26日，安溪县举办第十届安溪县音乐舞蹈节暨首届云艺术节，参赛作品分器乐类（民族乐器、西洋乐器）和语言类（朗诵、演讲、相声、小品、快板等），参赛形式为个人或团体。何荣凤、易欣悦获器乐类一等奖，陈旖静、王域豪获语言类一等奖。

8月29日，安溪县文化体育和旅游局局长傅伟明、台湾著名音乐人林垂立合作创作的闽南语歌曲《靠自己骨头长肉》获第十三届闽南语原创歌曲歌手大赛原创歌曲赛冠军。

9月，高甲戏《李光地》获福建省第九届百花文艺奖三等奖。

9月28日，舞台剧《靠自己的骨头长肉》获福建省委组织部、省委老干部局、离退休干部工委主办的“我看脱贫攻坚新成就”——八闽离退休干部舞台剧展演金奖，赵乐、王琼芬、易彩珠、吴敏静获优秀编导奖，汤惠德获优秀演员奖。

10月，由何荣凤、白云娉、王一佳、李小英等创作的南音演奏《八骏马》获第十四届福建音乐舞蹈节（泉州赛区）选拔赛器乐类比赛节目铜奖。

【文化交流】

2020年11月21日，安溪县茶文化艺术团赴山东省济南市参加2020年秋季“铁观音发源地杯”浓香型安溪铁观音济南茶王赛暨茶文化宣传活动。12月13日，赴福建省福州市参加福州市铁观音茶王赛，表演舞蹈《采晒青青》、歌曲《茶香人家》、安溪铁观音传统茶艺等节目。12月19日，参加在广东省汕头市举办的“观音韵·潮汕情”安溪铁观音工夫茶万人品茗活动开幕式文艺演出。

【文旅市场整治】

文旅市场专项整治 2020年，安溪县开展网吧、营业性演出市场专项整治，出动人员400余人次，检查场所290余家次，立案查处7起行政案件，罚款7.6万元，停业整顿1家，取缔1家。其中，查处2起接纳未成年人进入营业场所案，罚款1家涉案网吧2万元，责令1家网吧停业整顿2个月。

“扫黄打非”“清源”“净网” 2020年，安溪县加强校园周边市场监管，在开学及中、高考期间对全县校园周边20余家歌舞、游艺、网吧等文化经营场所和摊位无证经营、涉黄赌毒等情况进行排查检查，收缴涉暴文化制品31盘，非法出版物120余本。扫黄打非案件办理方面，查办1起擅自从事互联网视听节目服务案，1起发行非法出版物案。

安全生产和普法 2020年，建立安全生产承诺制度、安全生产联合惩戒“黑名单”制度、安全生产诚信激励和失信惩戒机制，强化激励约束，促进经营单位严格落实安全生产主体责任。督促企业开展安全生产风险分级管控建设，要求各企业切实做好风险评估分级管控建设工作。结合安全生产宣传月活动，开展文旅市场安全生产宣传活动，通过设立咨询台、发放宣传资料、现场讲解等形式对文旅市场安全生产工作进行宣传教育，增强全民应急意识，提升公众安全素质、提高防灾减灾救灾能力。围绕扫黑除恶、扫黄打非、禁毒、双打等主题开展“12·4”国家宪法日宣传活动，悬挂宣传标语，发放宣传海报、宣传册100余份。

【文博工作】

文物保护 2020年，安溪县组织安溪文庙、清水岩寺、安溪土楼、李光地宅和祠同房大厝等全国重点文物保护单位消防工程申报国家专项补助资金项目，组织安溪青阳下草铺冶铁遗址陈列展示馆、庄灶窑址二号窑遮护棚工程、济芳楼保护修缮工程申报省级文物保护专项资金。组织开展不可移动文物补查工作，推荐蓬莱镇上东村老区烈士墓、安南同边区革命烈士纪念碑、“白皮红心”政权所在地龙榜镇公所旧址等15点增补为安溪文物补查点。完成县级文物保护单位保护标志碑验收工作、保护范围划定与公布工作。安南永德苏维埃政府旧址（陈氏祠堂）入选第十批省级文物保护单位。公布红二支队活动遗址（经岭仙洞寨）、龙涓乡庄灶下尾林窑址、龙涓宝都辉斗楼等为第八批县级文物保护单位增补名录。收集整理安溪677点不可移动文物基础信息，并录入国家文物系统数据库。开展不可移动文物安全检查729次，其中全国重点文物保护单位32次，省级文物保护单位50次，县级文物保护单位117次，其余不可移动文物530次，发现隐患和问题175项，并属地督促指导整改。指导各级文物保护单位做好电气线路套管敷设和智慧用电建设，完成智慧用电系统建设142套，完成套管敷设77点。完成安溪青阳下草埔冶铁遗址阶段性考古，推进“一馆两棚”建设，展示馆主体木构件、梁柱加工完成70%。

文物征集管理 2020年，通过接受捐赠、征集等方式新增文物标本200多件（套）。聘请保安公司对文物库房进行24小时全天候防护，按规范开展文物库房安全巡查，定期邀请文物保管专家指导收藏工作，适时进行文物保养。

文博展览 2020年，策划推出“祥光普照——古代灯具文化展”“中国世界遗产图片展”“2019中国十大考古发现”“瓦当之美图片展”“文物系荆楚祝福颂祖国”“韵味金秋庙学生辉——安溪县少年儿童同绘千年文庙写生展”“小康路上茶乡美——泉州市（安溪县）青年美术家新人新作展”“铸铁中国——古代钢铁技术发明创造展”“图说中国古建筑六大门派”“2018年中国十大考古发现”“烽火炫歌——集美学校抗战内迁历史展”“云岭霞蔚 清凉福地——采风作品展”等12场临时文史展览，引进“茶韵遗风——茶文物展”，并长期开放固定陈列展“安溪县古窑址标本”。开展巡回展览“红色中国——革命文物藏品图片展”进学校、进社区活动。

免费开放 2020年，受疫情影响，安溪县博物馆1月23日至5月17日暂停对外开放，5月18日起有序恢复对外开放服务，累计开放250天，接待观众13万人次，其中未成年人7万人次。结合国际博物馆日、文化和遗产日等，开展文物主题网上灯猜、“带你玩转安溪古窑址”公益活动、“墨拓瓦当”亲子活动、“行行摄摄”“描红拓印”研学活动、“开笔破蒙”“夫子艺苑”传统活动、“韵味金秋 庙学生辉”安溪县少年儿童同绘千年文庙写生展、“夫子艺苑·诗歌颂祖国”展演、“铭记历史·缅怀英烈”南湖红船拼模比赛等16场馆办活动。

【“安溪青阳下草埔冶铁遗址”保护】

青阳下草埔冶铁遗址地处泉州西北约70千米的戴云山区，位于安溪县尚卿乡青阳村。安溪青阳下草埔冶铁遗址是宋元时期泉州冶铁手工业的珍贵见证，与泉州的陶瓷生产基地共同显示出宋元泉州强大的产业能力和贸易输出能力。这处遗

2020年10月，尚卿青阳冶铁遗址（县博物馆供图）

址保存了能够呈现完整的冶铁生产体系和环境关系的珍贵物证。

2019年，北京大学考古文博学院入驻。历经一年的考古发掘，发现宋元时期冶炼炉6座、房址2座、多个活动面、护坡、池塘、小丘、板结层及石堆等相关遗迹，出土铁钉、铁权等铁产品、废弃炉渣、陶瓷器、铜钱等遗物。通过辨别冶炼炉不同使用性质和炉渣金相学分析，发现下草埔冶铁遗址存在熟铁、生铁、炒钢等多种冶炼活动，形成完整的冶炼锻造体系，是首个国内科学考古发掘的块炼铁和生铁冶炼并存遗址，展现“采矿—冶炼—锻造”的系列冶铁生产的初始环节。

2020年，安溪县投入建设下草埔冶铁遗址展示馆、下草埔冶铁遗址保护棚、余氏祖厝保护棚，并开始制作安溪冶铁考古系列视频，累计投资约622万元。

【“非遗”保护】

增补县级“非遗”传承人 2020年3月，增补第四批县级非物质文化遗产代表性项目代表性传承人37人。其中，王启阳、王启联、王启煌、王荣祯、王锭能、林阳顺、姚加怀、林有鹏为“乌龙茶制作技艺（铁观音制作技艺）”项目传承人，陈红萍、廖振芳为“竹编（安溪竹藤编）”项目传承人，郭庆火、廖秀荣为“木偶戏”项目传承人，苏兴旺、苏金顺、姚土龙为“闽南古典建筑营造传统技艺”项目传承人，林华铮、林良山为“成珍桔红糕制作技艺”项目传承人，王溪南、刘捷婷、汤惠德、许晓玲、宋军泉、张艺辉、苏坤南、陈进伟、陈琼茹、陈锡坤、易彩珠、林水德、林志毅、林怀锋、林连城、林彩霞、柯长泰、胡巧玲、郭宗华、谢志斌为“高甲戏”项目传承人。

入选市级“非遗”项目名录 5月，湖上宋江阵、安溪茶歌（褒歌）被泉州市人民政府确认为泉州市第六批市级非物质文化遗产代表性项目名录。

举办“非遗”购物节 6月13日，安溪县组织乌龙茶制作技艺（铁观音制作技艺）、竹编（安溪竹藤编）和成珍桔红糕、手工豆签、手工面线、贡糖、湖头米粉制作技艺等7个“非遗”项目代表性传承人开展“‘非遗’购物节——‘非遗’伴手礼”直播活动，直播2.5小时成交额超11万元，吸引在线观看22万多人次。

“国庆中秋嗨购安溪好货”活动 9月29日至10月3日，组织乌龙茶制作技艺（铁观音制作技艺）、竹编（安溪竹藤编）、毛笔制作技艺、湖头米粉制作技艺等“非遗”项目代表性传承人参加全闽乐购“国庆中秋嗨购安溪好货”活动。

【高甲戏保护传承】

戏曲人才培养 7月7—10日，组织14名青年演员参加泉州市中青年演员比赛暨第十届福建省中青年演员比赛（泉州）预选赛，吴欣琼获一等奖，王垚森、刘保嘉、张晓灿、刘嘉保、谢顺捷、林丁木获二等奖，张再清、郑凯辉、林钰轩、金天峰获三等奖。8—11月，组织22名专业技术人员参加中国剧协2020年中青年戏剧骨干、青年戏剧工作者网络专题培训班。9月16—22日，组织7名青年演员参加第十届福建省中青年演员比赛，刘保嘉获银奖，刘嘉保、吴欣琼、王垚森获铜奖。9月，青年演员宋军泉入选2020年度市级文旅青年拔尖人才公示名单。邀请京剧教师教授《柳生拾画》《杨门女将·巡营》《天女散花》《扈家庄》《三岔口》《挡马》等折子戏。组织演职员观摩现代潮剧《秘密交通站》、京剧《红土》、婺剧《白蛇传》《忠烈千秋》、高甲戏《造桥记》等优秀剧目。采取政府购买服务方式，聘用40名演职人员。

安溪戏曲中心建设 完成土地平整、图纸设计、施工图审、预算和财审等阶段性工作，2020年6—9月完成选址意见书、可行性研究报告，10—12月进行图纸深化设计。

【沼涛图书馆】

公共图书馆建设五项指标 2020年，安溪县沼涛图书馆符合部颁二级以上标准，人均占有藏书（含电子书）0.44册；平均每册藏书年流通率0.34次；人均年增新书0.04册；人均到馆0.02次。年度书刊借还154933册次。

推进图书馆总分馆制 2020年，安溪县加大对社区图书室、全民阅读点及百姓书房的指导力度，并继续对街道社区图书室、农家书屋图书进行采编、录入系统。

免费开放 2020年，受疫情影响，安溪县沼涛图书馆1月23日至5月26日暂停对外开放，5月27日起有序恢复对外开放服务。暂停对外开放期间，引导读者充分利用手机移动图书馆App、电子图书、电子期刊、名师视频等优质的数字资源宅家读书；开展“云采购”读者荐购、线上名师讲座、8天线上读书打卡、宅家趣事等“网上图书馆”活动；上线“悦读小程序”，方便读者线上阅读。推出“匠心敬党，为国建业”每日荐书七一专辑。9月，组织参加福建省文化和旅游厅、广播影视集团主办的“家国情怀赤子心”——第2届全省“读中华经典 颂时代华章”诵读比赛，获组织奖。

2020年安溪县沼涛图书馆基本情况表

表23

年份	新购图书（册）	接受捐赠（册）	藏书总量（册）	外借图书（册次）	流通人数（人次）
2020	40736	300	454203 （其中数字图书252899册，实体书201304册）	154933	18218

【国家公共文化服务体系示范区】

市创建办督导　2020年8月5日，市创建办到安溪县督导创建国家公共文化服务体系示范区工作，市创建办课题规划组组长、文旅局副局长林育毅一行3人先后实地查看城厢镇经岭村综合文化服务中心、城厢镇综合文化站、凤城镇综合文化站、凤城镇蓝湖社区综合文化服务中心。

【北京大学考古文博学院（安溪）研究中心】

2020年12月21日，北京大学考古文博学院（安溪）研究中心共建签约暨揭牌活动在安溪县举行。

安溪县人民政府、泉州市文物局和北京大学考古文博学院合作共建“北京大学考古文博学院（安溪）研究中心”，结合安溪青阳下草埔冶铁遗址保护展示和安溪文化遗产系列研究，搭建起考古发掘、田野调查、暑期课堂、人才培养相结合的创新平台。

【陈嘉庚系列雕像落成揭幕】

2020年12月13日，安溪县举办爱国主义教育基地陈嘉庚雕像揭幕系列活动。陈嘉庚雕像在茶乡落成揭幕是对集美学校内迁安溪这一珍贵历史的最好纪念，是茶乡儿女传承、弘扬、践行嘉庚精神的一次再宣示。

（陈海潮　傅伟明）

·档案·

【概况】

2020年，安溪县档案馆设办公室、监督指导股、管理利用股、信息技术股和安溪县政府信息公开查阅中心。推进档案保管利用、档案监督指导、综合档案馆建设等工作，做好档案工作队伍建设。

【档案保管利用】

2020年，县档案馆接收各类档案资料。接收县委办、县政协、县人大等单位文书档案1789卷，图书资料13册，族谱1本。

推进馆藏重点档案保护与开发工作　合理利用2020年福建省国家重点档案抢救和保护费8万元，开展民国档案数字化扫描，于8月完成全年任务量，共计13万页。与国家档案局、上海中信公司福建分公司签订民国档案目录著录协议，于7月启动民国档案目录著录二期工程，全年完成81071条目录的采集工作。

做好档案业务测评准备工作　参照《福建省市县级国家综合档案馆业务建设评价标准》，对馆整体建设情况进行分析，加强馆内业务建设，推进综合档案馆业务测评工作，推进依法依规治档工作部署。

提供档案信息服务　为档案利用者提供土地、房产、知青、婚姻等各类档案，全年接待档案利用者1200余人次，提供档案2900余份。围绕白濑水利枢纽工程提供档案信息服务；围绕侨情普查提供档案信息服务；围绕组织、人事部门的“三龄两历”清查工作提供档案信息服务；为退役军人登记提供档案信息服务，发挥档案的凭据作用。与福建省档案馆签订《档案跨馆利用服务工作协议》，建立馆际联动机制，便于群众异地查档。

政府信息公开查阅服务　推行政务公开，便利群众生活和参与经济社会活动，深化公开现行文件利用工作，完善政府信息公开查阅制度，按时接收各公开单位公开信息文件，为建设服务型政府、强化社会管理和公共服务职能服务。

馆校共建合作　与慈山学校开展馆校共建合作，为学校的教学、科研等提供档案史料服务，为师生进行教学实习和开展爱国主义教育提供方便，保管学校寄存的档案。

提升档案服务水平　疫情防控期间，开设“不见面利用”和“无接触服务”窗口，提供电话、信函查档等远程服务。坚持保持馆内整洁，重点加强查档室及查档等候区消毒工作，提供安全的查档环境。

保障档案安全　维护馆“微型消防站”建设，参加消防大队组织的县消防安全重点单位工作会议、消防安全工作约谈会、微型消防站标准化管理现场培训会等会议，组织保安人员培训、消防演练，落实馆库巡查制度，指定专人负责档案系统维护，确保档案实体、信息安全。

【档案监督指导】

2020 年，县档案馆完善人才队伍建设。参加国家档案局组织的新修订档案法在线学习培训，组织工勤人员档案管理员技能登记岗位考核，指导档案专业技术职称申报。从金谷镇调入 1 名干部，补充信息技术专业人才。

配合县行政权力审批改革工作 配合县委编办梳理行政职权、编制，公布县档案局权责清单；配合行政服务中心综合窗口审批工作，梳理行政权力事项和公共服务事项；配合推进“互联网 + 监管”“互联网 + 政务服务”工作，开设专门政务外网，推动档案行政执法与业务监督指导工作的创新。

常态化疫情防控档案工作 对接联系疫情防控指挥部，掌握相关文件材料收集、整理情况，依法强化档案疫情防控档案工作业务指导和监督检查。为完整记录安溪医务工作者援鄂期间工作、生活的真实面貌，向安溪县医院的 5 名援鄂医务工作者征集抗疫档案资料，展现援鄂医务工作者抗“疫”精神。

精准扶贫档案工作 根据《福建省精准扶贫档案管理实施办法》加强业务指导、督促检查，推进精准扶贫档案管理。

申遗档案工作 对接申遗办，给予业务指导，协助做好遗产点申遗档案规范化整理归档工作。

推进重点项目档案的登记工作 配合市档案局、县发展改革局对重点项目档案的登记监管工作，规范项目档案在工程项目竣工验收的监管工作。负责对接各个项目的业主单位，实时跟进督导服务，督促各参建单位做好重点项目档案的收集、整理和移交，确保档案完整与安全。

2020 年 10 月 23 日，泉州市史志、档案部门到盛富村开展市级乡村记忆文化项目验收工作（县档案馆供图）

开展“6·9”国际档案日档案宣传活动 围绕“档案见证小康路、聚焦扶贫决胜期”主题，开展系列档案文化宣传普及活动。开展安溪医护援鄂档案资料、疫情防控档案资料、脱贫攻坚档案资料征集活动。开展档案宣传进企业活动，组织干部职工前往福建省第五建筑工程公司安溪县综合档案馆工程项目部开展档案宣传活动，宣传《中华人民共和国档案法》等法律法规，提升工程项目部的档案意识。组织专业人才指导优化项目基建档案跟踪管理流程，提高项目建设过程中档案动态跟踪管理的规范性、科学性。开展档案宣传上网络活动，利用“安溪档案”微信公众号平台，普及档案法律知识，提高公众档案法律意识。

【加强馆内疫情防控】

2020 年，根据上级档案部门的通知精神，1 月 27 日采取临时闭馆方案，暂停档案、政府公开信息查阅等在馆对外服务，2 月 24 日重新开馆，恢复在馆对外服务。保持馆内整洁，加强消毒工作。派出 3 人加入县疫情防控驻村工作队、驻厦门机场外事组，参与协助疫情防控工作。

【综合档案馆建设】

2020 年，县档案馆推进县综合档案馆建设，推进项目建设，截至 12 月 31 日，县综合档案馆基本建成，进入交工验收阶段。

【“乡村记忆文化”项目建设】

2020 年，县档案馆围绕泉州市“乡村记忆文化”项目建设及安溪县乡村振兴战略目标要求，开展档案业务指导工作，完成泉州市“乡村记忆文化”项目示范村盛富村、南岩村、福春村、溪榜村相关项目建设。10 月，通过泉州市档案局、档案馆，市委史志室验收。

（戴锦玲　李革秋）

· 安溪县融媒体中心 ·

【概况】

安溪县融媒体中心于2018年10月26日挂牌成立，2019年12月13日，县委机构编制委员会下发《关于安溪县融媒体中心机构编制事项的批复》，文件明确，县委整合安溪县广播电视台、安溪报社工作职责，组建安溪县融媒体中心（加挂安溪县广播电视台、安溪报社牌子），划归公益一类，作为县委直属事业单位，相当于正科级，归口县委宣传部领导。县融媒体中心内设机构9个，办公室、总编室、指挥中心、采编中心、新媒体部、制作部、技术部、运营部、活动（播音）部。2020年8月24日，县委编办下发《关于调整县乡镇广电站隶属关系的通知》，将原县广电局所属的乡镇广电站调整隶属安溪县融媒体中心。

机构改革前，安溪报社注册运营"安溪报"微信公众号、头条号、抖音号、微博等新媒体平台，安溪县广播电视台注册运营"安溪电视台""最安溪"微信公众号，以及"安溪电视台"抖音号、"安溪电台FM946"微博等，着手开发"最安溪"App。同时，安溪县互联网新闻报道中心运营"安溪发布"微信公众号，以及"安溪新闻网"网站。机构改革过程中，根据不同的功能定位，中心对各大新媒体平台和账号进行整合，保留"安溪报""安溪电视台""安溪发布"三个微信公众号，作为新媒体传播主力军。将"安溪电视台"抖音号更名为"安溪融媒"，主要发布国内、国际新闻资讯；《安溪报》抖音号更名为"最安溪"，专注发布县域内新闻。更名、注册有安溪县融媒体中心微博、头条号和视频号，安溪新闻网网站、"最安溪"App等，入驻泉州通、海博TV、央视频等上级平台，实现微信公众号、头条号、抖音号、视频号、微博、App、网站等新媒体传播平台全覆盖，形成强大的宣传合力。截至2020年底，"安溪融媒"抖音号自2018年11月开办后拥有"粉丝"110万人，排名泉州县域官方抖音号第一。"安溪报"微信公众号自2015年开办后拥有"粉丝"9.3万户，"安溪电视台"微信公众号自2014年5月开办后拥有"粉丝"3.3万户，"安溪发布"微信公众号自2014年4月开办后拥有"粉丝"7.5万户。"安溪报""安溪电视台"微信公众号长期居泉州市政务微信影响力（宣传）排行榜前10名，"安溪报"微信公众号长期居"福建微信县域影响力排行榜"前20名，连续第2年获评泉州市"十佳政务微信公众号""最具影响力公众号（宣传）"两项大奖。

机构改革后，县融媒体中心加快推进平台、机构、人员融合。2020年7月，原安溪报社工作人员搬入广电中心合署办公，中心进入实质化运作。8月，县融媒体中心通过省委宣传部评估验收，获互联网新闻信息许可证和信息网络传播视听节目许可证。9月28日，县融媒体中心揭牌运作。

【广播电视台】

广播电台栏目拓展 2020年，安溪人民广播电台每天播出18小时。自办两档直播栏目，采编、策划、播出节目520期，每期30分钟。自办两档录播节目：文学综艺节目《946悦读时光》，每期30分钟，录制260期；歌曲、影视、相声节目《946岁月留声》，每期30分钟，录制260期。录播福建省电视台《村村美·丰收的日子》，每期60分钟，录制27期；录播《安溪新闻》《一周要闻》节目365期，编排、播出娱乐音乐等节目4860小时。审核、播放电视剧1460集2190小时，电影1095小时。

向上级台供稿 2020年，安溪电视台选送的电视新闻稿件在泉州台各档新闻栏目播出300多件，在福建台各频道播出50件，在中央台播出18件。安溪人民广播电台向泉州电台、福建新闻广播提供各类稿件，成绩在全省县级台排第17位。

获奖情况 广播文艺节目《解锁》获得2019年度福建省广播电视艺术奖三等奖。

2020年安溪人民广播电台开办直播节目情况表

表24　　单位：分钟

栏目名称	定位/宗旨	节目类别	节目形式	开办时间	播出时间	节目时长单位
新闻知透透	新闻资讯	新闻	直播	2019.11.25	8：00	30
946一路畅通	分享与车、交规有关的新闻、趣事	道路交通	直播	2019.11.25	17：00	30

2020年安溪电视台电视栏目制作与播放情况表

表25 单位：分钟

栏目名称	节目类别	节目形式	开办时间	播出时间	节目时长
安溪新闻	新闻	录播	1993.12.11	周一至周五19：35首播	15
一周要闻（时政版与社会版）	新闻	录播	2002.2.22	周六、周日19：35首播	15
第一视点	专题	录播	2020.10.16	周五20：00首播	10
飞阅安溪	短视频	录播	2020.11.5	周四20：00首播（季播）	3
走近安溪	专题·综合类	录播	2010.7.12	周六20：00首播（月播）	15
先锋视点	专题·党建类	录播	2012.5.13	周六20：00首播（月播）	15
茶人茶事	专题	录播	2010.1.4	周二20：00首播	15
百姓生活	专题·服务类	录播	2010.8.30	周三20：00首播（单周）	15
我爱厨房	专题·服务类	录播	2013.5.1	周三20：00首播（双周）	15
法治前沿	专题·法制类	录播	2011.6.30	周四20：00首播	15

【安溪报社】

2020年，安溪报社紧紧围绕县委、县政府中心工作，在做好常规新闻报道基础上，注重挖掘新闻价值，精心策划选题，组织采编人员深入基层，采写鲜活、富有深度的新闻，展示安溪发展新形象、新成就，为安溪经济社会发展营造良好的舆论氛围。《安溪报》开设《攻坚大白濑》《乡村振兴进行时》《项目攻坚》《深化省级文明县城创建》《统筹推进疫情防控和经济社会发展》《脸谱》《咱厝人》《安商天下》《清溪名人录》等栏目。全年，《安溪报》出刊97期，出稿总字数200余万字，发行237.7万份。图文并茂、及时宣传报道热爱家乡、造福桑梓的侨台胞动人事迹；精心策划“红色记忆”“最美家风故事”等一系列具有深度又通俗易懂的通讯报道。

（徐仰望 谢永茂）

·电影·

【概况】

2020年，安溪县电影服务中心落实省委、省政府为民办实事项目（一村一月一场数字电影放映）电影工程，在全县24个乡镇438个行政村放映公益数字电影5256场；围绕县委、县政府中心工作开展各种宣传活动，在放映前播放通俗易懂、深受茶乡农民群众喜爱的宣传短片；落实县委、县政府为民办实事项目，全年在县城城区20个社区放映公益数字电影160场；管理县影剧院，承接县委、县政府会议和公益性文艺演出。

【社会服务】

2020年1月31日，率先组织开展“抗击新型冠状病毒疫情”专项募捐活动，参与捐款干部职工人数39人，募捐善款6700元。开展防疫宣传，制作防疫宣传短片在电影放映前播放，全年全县播放5152场次，观众数33.4万人次。发动党员放映员就近参与居住村防疫服务，选派年轻优秀干部到抗疫一线参与交通联防联控服务。组织在职党员进社区为群众办实事好事，先后组织党员进社区服务56人次，总服务时长194个小时。

1—8月，全县放映前播放“移风易俗”公益短片747场，观众数4.58万人次；自制“茶乡新风”“光盘行动”动漫短视频映前播放。8—12月，全县共播放977场次，观众数6.24万人次。9—12月，配合省委文明办、省委宣传部和福建省版权局映前放映“餐桌文明、版权保护”公益短片761场次，观众数4.89万人次。进社区、校园宣传《中华人民共和国民法典》，放映前悬挂宣传标语，播放宣传短片；全县放映139场次，观众数1.2万人次。在“扫黑除恶暨打击电信网络诈骗犯罪”活动中，配合县依法治县办和县司法局，在公益放映前播放宣传标语，全年全县播放5489场次，观众数34.66人次。

【农村服务】

2020年1月24日起，全县暂停农村、城区公益、商业电影放映。6月底，县电影服务中心根据福建省电影局关于做好全省农村电影复工复映工作的通知（闽影〔2020〕76号）要求，做好防疫有关工作和复工复映准备工作后，7月7日召开农村公益电影复工复映工作动员暨培训会，全县农村公益电影开始全面复工复映，全县室外转室内放映点暂停放映。12月17日，提前超额完成全县数字电影免费放映工作，全年全县放映5428场，完成率100.22%，观众数42.25万人次。其中，农村电影放映5268场（占任务数100.23%），观众数40.27万人；城区电影放映160场（占任务数100%），观众数1.98万人。

9月4日，县农村商业性电影开始复工复映。全年全县农村商业性放映数字电影406场，观众数达到4.53万人次。做好爱教电影进校园放映，与县委关工委联合开展关心下一代爱教影片到边远中小学公益放映，组织《致敬英雄》《古田军号》《中华人民共和国民法典》等优秀影片进校园放映。龙涓、剑斗、感德等9支放映队到边远乡镇的中小学放映，全年放映148场次，有2.59万人次中小学生观影。继续做好开展“牵手行动，与爱同行”为留守儿童和孤寡老人义务放映活动，全年放映51场，观众数0.63万人次。

【影剧院服务】

2020年，县影剧院共承接政府大型会议15场，戏曲、群众文化演出11场。

1月8日，形成《安溪县电影服务中心关于安溪县影剧院办理〈消防安全资格证〉和开业前消防安全检查手续办理的情况报告》。3月12日，形成《关于安溪县影剧院需协调解决问题的情况报告》。3月17日，形成《安溪县影剧院设备设施存在问题情况汇报》。5月20—22日，铁塔、移动、电信、联通4家通信运营商对影剧院通信设备电源供电进行线路改造。10月10日，县影剧院业主、管理方、地下电影城承租方三方共同签订《县影剧院消防安全协议书》。11月10日，形成县影剧院管理需协调解决问题的情况汇报。

【设施建设】

2020年，投入1.53万元创建单位职工文体活动室；投入1.48万元添置影剧院外围出入口防撞装置；投入1.53万元对影剧院3块破损玻璃幕墙、舞台木地板大面积脱漆和门口埕及右侧通道十多处大理石地面空鼓、损坏进行修复；投入0.5万元更换县影剧院舞台台前和乐池地毯；投入1.48万元清洗、改进剧院中央空调冷却系统；投入0.53万元改善变电所空调制冷效果；投入8.21万元更新农村流动数字电影放映设备，其中，对城厢放映队、祥华放映队等11支放映队更新丽讯（MX2922I）投影机7台、优派（PT6327）投影机4台，对感德放映队更新功放器（湖山PE2200）1台。

【中国电影资料馆项目落户安溪】

2020年12月15日，中国电影资料馆安溪数字资源中心项目正式签约入驻数字福建（安溪）产业园，标志着安溪电影大数据产业发展迎来全新时代。

同日，中国电影资料馆安溪数字资源中心项目签约仪式暨2020中国电影美学年会在安溪举行。中国电影资料馆数字备份库、国家影像修复基地、艺术影院（安溪店）等一批项目正式入驻数字福建（安溪）产业园。这是中国电影资料馆继50年前在陕西西安临潼设立素材库之后，第二个异地备份库落户安溪。

中国电影资料馆安溪数字资源中心项目，总投资5亿元，建设内容包括中国电影资料馆数字备份库、国家影像修复基地、融媒体制作基地、艺术影院（安溪店）、龙门镇土楼园区、影像记忆训练营、电影剧本孵化园、博士后科研工作站实践站点等，为新型体验和生产综合体，将成为安溪影视产业聚拢人气、串联企业的全新空间。

（林月义　李志民）

·旅游业建设·

【概况】

2020年，安溪县以建设海西观光旅游、休闲度假、康体养生重要目的地为目标，精心打造“山水福地·茶韵安溪”旅游品牌，全年接待境内外游客538.51万人次，旅游收入61.56亿元。

【旅游项目建设】

2020年，安溪县有重点旅游项目38个，总投资135.2亿元。重点推进清水岩、洪恩岩景区旅游综合开发提升，溪禾山铁观音文化园、清水石镜山等旅游项目开发建设，推动旅游产品向观光娱乐、休闲度假、文化体验并重转变；清水石镜山景区建设项目成功入编“2020福建文旅投融资优选项目”；落实省“百千”增产增效专项行动，其中国心绿谷生态茶庄园、志闽生态旅游区年度完成营业收入0.4亿元，实现较快正增长；以推动乡村振兴为主线，培育打造62家“茶香人家”品牌民宿，打造富有茶乡风情的民宿组团，形成规模效应。

【景区提质升级】

2020年，安溪县推进“市六大旅游产品”创建，其中溪禾山铁观音文化园创建旅游特色街区，国心绿谷生态茶庄园创建特色文化旅游示范基地，湖头镇创建旅游休闲集镇，盛富村创建旅游村，清水大道创建特色旅游风景道。国心绿谷生态茶庄园、溪禾山铁观音文化园、清水石境山等景区按照国家A级景区标准进行建设提升；指导花千谷景区创建省级养生旅游休闲基地。

【旅游服务配套】

2020年，安溪县抓好A级旅游厕所建设，按准A级旅游厕所标准完成建设旅游厕所7座，其中新建6座，改建1座，累计投资195万元。出台政策对涉旅企业的疫情防控及产业发展进行资金补助，帮助2家旅行社完成24万元质保金暂退工作等多种措施，保持行业从业人员稳定，提振文旅市场信心，推动文旅行业复苏。

【乡村旅游发展】

2020年，西坪镇南岩村成功创建省级三星级乡村旅游村，城厢镇经兜村成功创建省级乡村旅游村；指导白濑乡上格村、西坪镇留山村等乡村旅游扶贫重点村完成乡村旅游发展规划，上格村、留山村获得省级旅游扶贫资金20万元；指导推荐虎邱镇湖坵村申报省级金牌旅游村。

【服务环境提升】

2020年，安溪县组织开展文体旅行业安全生产大排查大整治、房屋安全隐患排查整治、安全生产月活动等。通过发放《致全县生产经营单位安全隐患大排查大整治的公开信》，提高经营业主群众知晓率；与文体旅企业签订《企业安全生产主体责任承诺书》，指导企业按照安全生产隐患自查表和房屋安全排查表自查自纠，督促企业切实将安全生产主体责任落实到位；建立文体旅系统企业单位安全生产数据库，建立干部挂钩监管企业责任制，组建文化市场、旅游市场、体育行业、文保单位等4个检查组，加强全行业安全检查，重点抓好文物、旅游用车、景区游乐设施、游泳池、防火防汛、房屋建筑等安全工作。全年出动检查人员687人次，检查各文体旅场所392家次（257家文体旅企业和单位检查全覆盖），发现安全生产隐患问题169条，完成整改169条（其中限期整改70家，停业整顿9家）；排查房屋212宗，发现房屋安全隐患31宗，完成整改31宗。安全隐患全部归集到泉州市安全隐患大排查大整治系统。

【旅游品牌推介】

2020年，安溪县策划推出茶文

化之旅、最美乡村之旅、古镇文化之旅、朝圣文化之旅、藤铁工艺之旅等五大主题旅游线路和系列旅游套餐，其中航空旅行社策划推出周末亲子采茶记一日游，“安溪才子游安溪”系列之红色旅游线路、古迹文化旅游等。以志闽、国心绿谷、花千谷、溪禾山等景区为主打造10个网红打卡点。开展“多彩乡村·魅力尚卿”2020藤云小镇特色产业成果展暨国公山葡萄采摘节活动，开展丰收节·安溪铁观音探源之旅活动，指导溪禾山举办夜游、灯光秀活动等。

2020年，安溪县组织企业赴厦门参加“闽西南E家人”旅游产品发布会及公众销售会，赴厦门参加第十届海峡旅游博览会暨第六届中国（厦门）国际休闲旅游博览会，赴泉州参加“中秋国庆嗨购安溪好货”文旅综合展，赴宁夏参加闽宁特色产品展览展示活动，赴福州参加福建旅游生活展。

·旅游业活动·

【文旅节庆】

藤云小镇特色产业成果展暨国公山葡萄采摘节 2020年7月14日，“多彩乡村·魅力尚卿”2020藤云小镇特色产业成果展暨国公山葡萄采摘节活动在尚卿乡国公山种植园广场启动。活动现场设置有3个直播间和20个展柜。其中10个展柜展示安溪县优选特色农产品，包括茶油、米粉、香菇、葡萄、西瓜等，另10个展柜展示藤铁工艺品。活动期间，还举行泉州旅游集散中心与尚卿乡签订旅游线路推广战略合作协议、黄岭村与福建省誉丰国心有限公司签订乡村振兴项目合作协议；为3名发展藤铁产业脱贫致富的贫困户发放激励金，国公山合作社为5名种植能手发放奖金。

安溪铁观音探源之旅 9月19日，中国丰收节·安溪铁观音探源之旅活动启动仪式在西坪镇茶禅寺举行。同日，举行文化旅游与乡村振兴论坛会；茶圣殿揭牌仪式和礼茶；农民丰收节文艺演出；120名茶人携带自制茶叶50克作为茶礼进行祈福仪式；五福茶感恩回馈活动。9月19日—10月7日，开展健康徒步探索茶园、摄影西坪记录美好、庆丰收节展销山货等活动。

首届网红助农直播带货节暨第六届芦柑采摘节、第二届“茂雄杯”芦柑王大赛 11月15日，福田乡举办首届网红助农直播带货节暨第六届芦柑采摘节、第二届“茂雄杯”芦柑王大赛。活动中，福建省外贸集团“乡总农品”线上订购平台、福建特特供应链管理有限公司、福建慧买买信息科技有限公司分别与福田乡人民政府、福田乡互联网+精准扶贫中心签署合作协议；邮政惠农合作平台“邮乐购”与福田乡“互联网+”精准扶贫中心签约；同时举行“邮政惠农合作芦柑基地”揭牌、第二届“茂雄杯”芦柑王大赛颁奖仪式、芦柑王拍卖及福田乡第六届芦柑采摘节开幕仪式等。

【“海丝茶源、茶旅圣地”茶乡旅游线路】

2020年10月22日，农业农村部在山西省阳城县举办2020中国美丽乡村休闲旅游行（秋季）推介活动，宣传推介50条2020中国美丽乡村休闲旅游行（秋季）精品线路，以及158个休闲农业精品点。其中，安溪县以“海丝茶源、茶旅圣地”为名的休闲体验旅游线路获宣传推介。

“海丝茶源、茶旅圣地”休闲体验旅游线路挖掘茶乡特色，串联起中国茶都、飘香虎邱、云岭茶庄园、铁观音发源地西坪镇4个景点，融合茶叶古镇、茶乡生态、乡村旅游、休闲农业等元素，打造特色鲜明的茶乡旅游精品，让游客们在2天左右的时间内体验茶业新都市、旅游休闲集镇、现代农业产业园、铁观音茶文化系统遗产地等特色景点。

（陈海潮　傅伟明）

·卫生·

【概况】

2020年，安溪县各级各类医疗机构697所，其中县级公立医院4家，乡镇卫生院23家（甲类2所、乙类10所、丙类11所），社区卫生服务中心1家，疾病预防控制中心1家，卫生学校1家，民营医院9家，村级卫生所(社区服务站、卫生室)596所，厂、矿、校医务室3所，门诊部7家，血液透析中心1家，个体诊所51所。全县开放床位5311张，在册有效执业（助理）医师及以上1621人，在册在岗执业护士2069人。

【医疗卫生体制改革】

2020年8月26日，县委、县政府出台《安溪县紧密型县域医疗卫生共同体建设实施方案》，由县医院、县中医院分别牵头，各联合12家乡镇卫生院（卫生服务中心）及其行政所辖区内的公益性村卫生所组成县医院总院、县中医院总院（医共体）。9—10月，成立总院、分院等机构并挂牌，组建县医院总院、县中医院总院班子。推进医疗服务价格调整。推行按病种收付费改革，完善医疗服务价格形成机制，对18个特需医疗服务项目及其他70个医疗服务项目放开价格，实行市场调节价管理。推进县域综合医改。开展2019年度院长绩效考核，按规定兑现院长管理绩效年薪及专项奖励金，完善县级公立医院工资总额核定办法等。

【医政管理】

2020年，安溪县推进“暖心服务”行动计划，夯实暖心服务行动内容，全省二级以上公立医院第三方满意度测评中，县医院、县中医院、县妇幼保健院分别提升至59名、36名、54名。提升医德医风，聘请第三方对出院病人满意度测评、门诊病人拦截访问和医疗服务、医疗废物管理等方面明察暗访，全年回访出院患者21781人次，总体满意度95.31%，对患者不满意件、明察暗访涉及的22家单位48人进行处理。完善“120”空地急救指挥系统建设，在实施地面“120”急救的基础上，增加空中“120”急救服务项目，完成湖头、感德等7个乡镇停机坪建设的验收工作，桃舟乡、长卿镇停机坪建设均开工。完成县医院血液净化中心、县中医院中医骨伤科、中西医结合泌尿外科3个重点专科建设工作。持续开展无偿献血工作，2020年无偿献血完成8750单位，完成率116.67%，超额完成市级下达的工作任务。做好征兵体验、国防动员、年度征兵体检工作情况分析、国防动员潜力数据分析等工作。2020年县卫健局获得“泉州市征兵体检先进单位”称号。

【基本公共卫生服务】

2020年，安溪县建立居民健康档案996417份，建档率95.72%；开展65岁以上老年人健康管理人数75981人，健康管理率71.14%；高血压患者管理58256人，规范管理41608人，规范管理率71.42%；糖尿病患者管理19402人，规范管理13452人，规范管理率69.33%；重性精神疾病患者管理5089人，规范管理4412人，规范管理率86.70%；0—6周岁儿童健康管理114267人，健康管理率90.78%；新生儿访视10618人，访视率91.40%。孕产妇产后访视10666人，访视率91.81%。儿童预防接种建证率99.93%，各类疫苗接种率均达90%以上。开展65岁以上老年人中医药健康管理70746人，管理率66.31%，0—36月儿童中医药健康管理41946人，管理率74.51%。

【农村医疗】

2020年，安溪县推进村级医疗卫生服务全覆盖，采取巡回医疗、邻近村医兼任、乡镇卫生院派驻等方式，提供基本医疗卫生服务。全县17个医疗“空白村”基本消除。

实现医保村村通。全县432所一体化村卫生所全部开通医保专线，实现在村卫生所可即时结报医保费用。提高乡村医生待遇，发放一体化村医保障经费73.21万元；发放非一体化村医保障经费139.79万元。团体意外保险财政年投入10万元，每人年保险额度24万元；办理医疗责任险补助、职工医疗互助活动等，稳定乡村医生队伍。加强乡村医生队伍建设。落实乡村医生规范化培训，采取集中面授、网络学习和临床跟班等方式，强化乡村医生知识与技能培训，对864名乡村医生进行培训，考核合格率达100%；与龙岩卫校达成协议，联合举办农村医学班（全日制教育，学制3年），为安溪县培养农村医学专业学生，2020年在校培养乡村医生60人。

【卫生监督执法】

2020年，安溪县强化新冠肺炎防控监督，检查各类医疗机构562户次，提出整改意见52份。开展复学学校卫生监督、公共场所卫生监督等，检查中小学72家，使用集中空调通风系统的单位6家，KTV等娱乐场所18户次，室内游泳场所10户，发出监督意见书32份，立案查处违反《中华人民共和国传染病防治法》相关规定医疗机构4家，摸底排查第3方消毒服务机构2家，责令整改2家。强化无证无照打击查处，新办理卫生许可证988家，同比增长8倍多，无证经营公共场所7户，罚没款6.5万余元。强化对无证行医等行为的调查摸底，立案查处非法行医案件起6人次，罚没款14万余元，开展民营机构医疗专项整治工作，检查民营医疗机构8家，发出监督意见6份。强化日常监督任务完成，执行国家卫健委"双随机、一公开"任务150户次、完成农村地区集中供水设施调查摸底415户次。强化综治责任落实，牵头开展系统扫黑除恶工作，加强平安单位建设，落实普法责任制要求，开展4次专项培训，参训人数200余人次，发放各类宣传材料1000余份。

【疾病预防与控制】

2020年，安溪县抓好传染病防控工作，全年全县报告甲乙丙类传染病2482例，其中甲类为零例，乙类1620例，丙类862例，疫情网络报告质量综合率均100%。推进免疫规划工作，全年全县接种疫苗279653人次，接种率99.13%。其中乙肝首针及时接种率98.68%。巩固地方病及慢性病防治，做好安溪县"十三五"地方病防治规划终期评估和安溪县达到控制饮水型地方性氟中毒标准的省、市两级评估验收工作，巩固碘缺乏病防治效果，加强慢性病防治工作等。开展五大卫生工作，2020年安溪县被定为国家级食物消费量调查点，在12个村完成住户人群121户425个对象的调查工作；体检学生人数111311人，体检覆盖率72.2%；开展7次新冠肺炎确诊/疑似病例疫点终末消毒工作，出动消杀人员26人次；完成预防性健康体检人数480人、预防性职业卫生健康体检岗827人；抽检卫生场所57家（次），完成检测计划100%。强化检验检测工作，增加建设PCR实验室1个，全年完成新冠核酸检测118414人次。

【妇幼保健】

2020年，安溪县加强妇幼健康工作，全年全县孕产妇系统管理率91.16%，孕产妇住院分娩率100%，高危孕产妇管理率100%；7岁以下儿童健康管理率95.44%，3岁以下儿童系统管理率93.17%，6个月母乳喂养率92.85%；无孕产妇死亡，5岁以下儿童死亡率3.83‰，婴儿死亡率2.27‰，新生儿死亡率1.57‰。开展妇幼健康公共卫生服务项目，增补叶酸预防神经管缺陷项目任务数9500人，完成率126.89%；城乡居民医保孕妇产前筛查项目任务数4730人，完成率86.47%；地中海贫血防控试点项目任务数2800对，完成率100%；宫颈癌和乳腺癌检查项目任务数6500人，完成率100%；孕前优生检测任务数5700对，完成率101.8%。推进农村儿童早期发展试点工作，在2019年龙门、蓬莱、西坪、尚卿4个试点乡镇工作基础上，创新服务模式、规范机构管理，2020年增加城厢、金谷、长卿、感德、凤城5个试点乡镇。

【安溪县医院】

2020年，安溪县医院占地面积8万平方米，建筑面积134659平方米，8月23日，县医院门诊医技大楼启用。医院编制床位850张，开放床数1150张。全院干部职工1182人，其中高级职称人员122人，中级职称人员274人。设有29个临床科室、16个医技科室以及"120"急救分中心。全年门诊量49.28万人次，年住院病人43267人次。县医院是福建医科大学、福建中医药大学、厦门医学院、福建卫生职业技术学院等高等医学院校临床教学医院，儿科为福建省住院医师规范化培训基地和泉州市临床重点专科。胸痛中心通过中国胸痛中心（标准版）认证，卒中中心被国家卫健委脑防委授予"综合防治卒中中心"称号。9月，县医院牵头组建县医院总院。

【县中医院】

2020年，安溪县中医院编制床位600

2020年6月28日，安溪县人民政府与福建中医药大学就合作共建"闽南康复医学中心"进行签约（县卫健局供图）

张，职工620余人，其中博士研究生1人，硕士研究生30余人；全国基层优秀名中医1人，省级基层名老中医药专家师承带徒指导老师4人；高级职称70余人；县中医院成立中国工程院院士吴以岭首个县级"络病研究室"，设立2间名医工作室，柔性引进专家团队2支。全年门急诊33.69万人次，出院22747人次。医院创新推出"黎明服务""夜间超声""中药膳自助售药机"等系列暖心服务，第三方满意度提升至全省第36名。中医联盟、共享药房等系列创新举措获《八闽快讯》（专报件）专刊报道，在央视《焦点访谈》播出，入选《医改蓝皮书·中国医改发展报告（2020）》，在全省深化医药卫生体制改革视频培训班和全省中医药工作视频会上作典型发言。9月，县中医院牵头组建中医院总院。

【县妇幼保健院】

2020年7月，县妇幼保健新院迁址重建项目投入使用，占地面积50亩，一期建筑面积31960平方米，编制床位350张。搬新院后，医院增设LDR（待产、分娩、恢复及卒后的单人房间）病区、母婴照护中心、婴幼儿照护服务中心等，母婴照护中心为全县首家公立医院自主运作、酒店式、医疗级别的月子中心。医院人员336人，其中卫生计生专业技术人员294人，高级职称24人，中级职称60人；研究生学历4人，本科学历126人，医院柔性引进高级卫生人才1人。8月23日，安溪县妇幼保健院与福建省妇幼保健院签约共建妇儿专科医联体，成立省妇幼保健院精准妇科联盟名医工作室，加入福建省儿科联盟。

【安溪卫校】

2020年9月16日，安溪卫校因危房拆迁，搬到金火完全中学过渡办学，全校教职工37人，其中高级职称2人，中级职称14人。与泉州医学高等专科学校联办，开设护理、药剂和助产3个中专学历教育的专业，教学班12个，在校生605人。2020年，学校分5期对安溪县864名乡村医生规范化培训。

【民办医院】

2020年，安溪民办医院9家，包括泉州国宇医院、明仁医院、爱尔眼科医院、厦大医院、乐康医院、佑康医院、和兴医院、海波医院、中山医院。泉州国宇医院和安溪和兴医院被列入医养结合试点建设单位，推进医养融合发展工作。安溪乐康医院、安溪爱尔眼科医院分别于1月2日、7月31日开业。

【安全生产】

2020年，制定《安溪县卫健系统安全生产隐患大排查大整治暨百日攻坚专项行动实施方案》等文件，实行局领导联系挂钩工作制度，加强安全隐患排查及突出问题整改。聘请第三方安全评估公司进行安全管理，开展专题安全培训。县卫健局组织4个督导组，到各医疗卫生单位指导落实房屋安全隐患排查工作，解决房屋结构管理、"两违"建筑治理、擅自改变建筑功能等存在问题。开展全国第19个安全生产月活动，组织参与知识问答活动，开展应急演练，提高应急处置能力。

【人才队伍建设】

2020年，安溪县级公立医院实施编制使用备案制管理政策实施后，招聘备案制人员245人。首次突破全职引进高层次医学人才难题。县医院全职引进第四层次人才3名（为本县医学类人才最高层次），填补安溪县心脏介入、脊柱外科、重症医学科、呼吸与危重症学科等医疗技术空白。县中医院全职引进1名医学博士，首次突破博士毕业高学历人才引进难题。硕士医学毕业生招聘大幅增加。创新使用人才编制备案制管理后，招聘医学硕士毕业生54人，比实施前硕士医学人才存量（21人）增加33人。柔性引进享受国务院政府特殊津贴专家杨叔禹教授等13名高层次人才。

【卫生项目建设】

2020年1月2日，县医院门诊医技楼竣工，8月全部搬迁完成，投入使用，新建门诊部、急诊部、医技科室、肿瘤放疗科、直升机停机坪等，新增床位300张。1月2日，县妇幼保健院建设项目竣工，7月1日完成搬迁工作，新增床位215张。10月，县中医院医疗诊治能力提升工程项目开工，总投资8498万元。7月，城西社区卫生服务中心项目开工，总投资3711.55万元。蓝田卫生院综合楼、剑斗中心卫生院迁址重建、感德卫生院宿舍楼3个项目开始施工建设。推进县公共卫生应急中心暨健康教育项目、大坪卫生院综合楼原址改扩建、芦田卫生院综合楼、尚卿卫生院老年养护院、县医院长卿分院等项目前期手续办理工作。

【海峡康复产业高峰论坛】

2020年12月18—20日，由中国康复医学会主办，福建中医药大学、安溪县中医院总院承办的第三届海峡康复产业高峰论坛暨“一带一路”东部康复医学论坛在安溪举行，同期召开中国康复医学会推拿技术与康复专业委员会学术年会、中国康复医学会中西医结合专业委员会学术年会。会议围绕“交叉融合，康复创新发展”的主题，设有综合国际康复主论坛及10个分论坛，线上线下同时进行，来自海峡两岸、“一带一路”沿线国家和地区的高校、医疗机构等线上线下康复专家3万余人参会。

（吴雪云　魏中南）

·计生·

【概况】

2020年，安溪县总人口1302688人；初婚3996对，初婚率3.07‰，比2019年下降1.14个千分点；出生10776人，出生率8.27‰，比2019年下降1.14个千分点；出生总性别比114.2，比2019年下降9.13；政策内出生8401人，政策符合率77.96%，比2019年下降12.14个百分点。

【计生扶助】

2020年，安溪县推进关爱女孩保障工程，全县应发放奖励扶助对象11934人（其中低保对象347人），发放奖励扶助金1932.53万元；农村贡献奖励对象121人，发放奖励金7.26万元；二女夫妇奖励对象5067人，发放奖励金182.4万元；全额资助计生特殊家庭参加城镇居民医保或新农合人数10680人（每人250元）；救助独生子女伤残、死亡特别扶助对象124人，发放扶助金112.42万元。

（吴雪云　魏中南）

·新型冠状肺炎疫情防控·

【疫情防控工作领导小组建设】

2020年1月23日和1月25日，安溪县新型冠状肺炎疫情防控工作领导小组连续升级领导机构，1月27日，疫情防控应急指挥部体系再次升级为县委、县政府主要领导担任总指挥长，根据疫情发展和防控工作需要，不断完善组织架构。年底，指挥部下设“一办十组”，包括办公室，联防联控组、医疗救治组、复学复课组、交通检疫组、物资保障组、维稳处置组、舆情宣传组、外事组、大数据组、进口冷链及邮递工作组。

【疫情防控应急演练】

2020年9月30日，安溪县围绕预检分诊发现病例、启动应急方案、开展流调和大人群核酸检测等方面，在凤城镇城东社区组织秋冬季新冠肺炎疫情防控应急演练。11月27日，在虎邱镇开展大规模人群核酸检测演练，组织对疫情可能扩散区域的群众进行全员核酸检测。

2020年2月4日，安溪县医院支援湖北抗击新型冠状病毒感染的肺炎疫情医疗队人员——王桂萍、吴萍萍、柯巧红、吴江斌、吴梅华5名“白衣战士”

【核酸检测能力建设】

2020年，安溪县5家医疗卫生机构具备新冠病毒核酸检测资质，分别是安溪县医院、中医院、妇幼保健院、官桥医院和疾控中心，配备核酸检测仪器12+1套（县医院6套、中医院3套、1套备用、妇幼保健院1套、官桥医院1套、疾控中心2套）。具备基因检验培训合格证书的检验医师（技师）46人，跟班学习培训46人。全县检测机构最大日检测能力0.72万人份，市级供应紧急检测能力0.5万人份，与厦门泰普、泉州迪安等第三方检测机构签订应急合作协议，提供最大日检测能力1万人份，采取新冠病毒核酸10合1混采检测技术，最大日检测能力可达22.2万人份。11月15日，制定《安溪县全人群核酸检测工作实施方案》，建立全人群核酸检测领导组织架构和挂钩联系专班，组建培训核酸采样队伍164支1024人、专家队伍2支30人、流行病学调查队伍15支90人、486个大人群核酸检测工作小组和1630个网格化管理小组，按每支采样队每天工作12小时采集2000份计算，最大日采样能力24万份，5天内完成全县全人群核酸采样任务。

【疫苗接种】

2020年，安溪县疫苗“应接尽接”总数18类年龄18—59岁的共18131人，采购疫苗1.88万支，到位12880支，设立接种点2个（县妇幼保健院、城厢卫生院），完成重点人员接种9040人（第二针4060人）。

【医疗救治与院感防控】

2020年，安溪县医院设为定点收治医院，隔离救治床位118张。加快建设传染病大楼，扩大传染病集中收治容量。以县定点收治医院（县医院）为实践点，在全省率先研发“智慧医院”进出管理系统软件，将人脸识别、体温监测及口罩识别同步纳入管理，该项目获著作权专利2项。按照“三区两通道”要求，关停暂不符合发热门诊标准的其余医疗机构发热门诊，保留县医院及龙门医院、官桥医院、湖头医院、剑斗医院4家乡镇卫生院发热门诊。

【留观场所设置及床位】

2020年，安溪县备用隔离场所有龙门云谷山庄（77间），参内集中医学观察点（115间）。其中，在用的有参内集中医学观察点（集中观察人员61人），管理专班人员32人（内务组8人、医疗组9人、安保组11人、物业组4人）。确定EC产业园区攀岩馆为安溪县方舱医院备用场所。完成改造后，新增300—400个救治床位，制定方舱医院的改造预案、开设方案、物资保障方案、后勤保障方案等。

【重点人员查控全覆盖】

2020年，安溪县聚焦在境外人员、边境城市入安人员、国内中高风险地区人员，利用“大数据+网格化”，开展“清村扫楼”“边境清扫”“定向筛清”等行动，对国内中高风险地区和境外入安人员采取闭环管理，打造综合立体摸排网。

【农村地区疫情防控】

2020年，安溪县严格村卫生所、个体诊所管理。不具备接诊发热患者条件的首诊医疗机构要向所在乡镇卫生院落实报告、转诊制度，安排专人、专车（救护车）及时将发热患者安全转运到设有发热门诊的医疗机构，实现闭环管理。全县有卫生所596家、门诊部7家、个体诊所53家，完成检查1284家次，其中当场责令改正96家，停业整顿行政处罚5家。加强药店监管。全县有药店148家，落实购买“一退两抗”药品实名登记制度，实行日报告，进行研判。加强农村环境监测。每周对村卫生室和个体诊所、村民活动室、棋牌室、休闲娱乐室、公共卫生间、商超、人口大村宗族祠堂、养老院等公共场所环境开展核酸检测、定期抽样检测。

【疫情防控督导检查】

2020年，安溪县抽调县卫健局、县教育局、县市监局、县工信商局、县交通局等部门人员，成立3支常态化防控巡回督导组，健全常态化疫情防控工作机制。县纪委监委、县委组织部联合组建2支疫情防控监查队伍，对各乡镇、各部门及县级常态化防控巡回督导组工作落实情况进行监督检查。每个乡镇在组建疫情防控巡逻队伍的基础上，发动村级老人协会，组建村级文明劝导队伍，就佩戴口罩、落实个人防护等进行巡回宣传，监督检查各村停办佛事等聚集性活动的落实情况。

（吴雪云　魏中南）

·体育·

【全民健身运动】

2020年，安溪县举办篮球、排球、羽毛球、气排球、趣味运动会等各类比赛30余场次。

7月24—25日，举办2020年福建省三对三篮球联赛（安溪赛区），43支队伍参赛，其中公开组27支、青年组16支。

8—11月，举办安溪县“人才杯”系列运动会，设置趣味运动、篮球、乒乓球、羽毛球、徒步等比赛项目，教育、卫生、金融、茶业、藤铁、光电及智能制造等11支高层次人才行业代表队参加。

10月7—18日，第三届“五安（翔安、同安、惠安、南安、安溪）杯”男子篮球联赛在同安举办，安溪县篮球协会参加。

11—12月，举办安溪县三级社会体育指导员培训班，全县参加培训人员1500余人。

12月16日，举办“强基促稳·党员先行”安溪县县直党委乒乓球团体赛，县教育系统、县政法系统、县供电系统分别获第一、第二、第三名。

12月17日，安溪县举办县直党委羽毛球团体赛，县教育系统、闽光钢铁、县经贸系统分别获第一、第二、第三名。

12月30—31日，安溪县承办泉州市体育系统全民健身运动会，共设置了气排球、集体跳绳、乒乓球、羽毛球、定点投篮、飞镖、扑克牌80分、个人速度跳绳等8个比赛项目，全市18支队伍参加比赛，黄巧霞获定点投篮、飞镖比赛女子组第一名，李朝晖获飞镖比赛男子组第三名。

【福建安溪铁观音女排】

2020年10月20—25日，福建安溪铁观音女排在安溪梧桐体育馆进行3场队内训练赛。11月8日至12月19日，福建安溪铁观音女排参加在广东江门举行的2020—2021赛季中国女子排球超级联赛。

【高危险性体育项目经营活动监督管理】

2020年，安溪县开展高危险性体育项目经营活动日常监管、检查及办理高危险性体育项目经营许可证，检查高危险性体育项目场所29家次，出动检查人员108人次。

（陈海潮　傅伟明）

·退役军人事务·

【概况】

2020年，安溪县退役军人事务局（以下简称县退役军人事务局）贯彻习近平总书记关于退役军人事务工作的重要论述，做好退役军人服务保障工作。建设县级退役军人服务中心、24个乡镇及示范性村（社区）服务站，推进退役军人士兵档案信息化建设，截至12月底，完成退役军人及其他优抚对象建档。

【推动退役士兵就业创业】

2020年，县退役军人事务局接收退役士兵和退役士兵档案。10月5日，举办退役军人（现役军人家属）专场招聘会，25家单位参加招聘会，多名退役军人签订意向协议。11月5日，举办退役军人（现役军人家属）就业创业专场招聘会，32家企业参加，多名退役军人签订意向协议。10月3—7日，举办3期退役士兵就业创业技能专题培训。

【军转干部及转业士官安置】

2020年10月23日，县退役军人事务局组织对全县军转干部进行公开选岗，均安置在县直单位公务员编制，对符合安置条件的转业士官进行公开选岗，均安置在事业单位。

2020年10月3—7日，安溪县退役军人事务局举办2020年退役军人技能和创业培训（县退役军人局供图）

【解决部分退役士兵社保问题】

2020年，县退役军人事务局推进部分退役士兵社会保险接续工作，截至12月31日，审核受理符合补缴政策申请。

【“双拥”优抚】

2020年，县退役军人事务局发放大学生入伍奖励金、立功受奖奖励金、优待金、优抚对象补助金。为全县退役军人和其他优抚对象进行信息采集，悬挂光荣牌。做好重点优抚对象抚恤补助增长3%工作。春节期间，组织慰问团到泉州军分区、县人武部、消防大队、武警中队进行慰问，送去慰问金；下拨拥军优属活动经费，慰问优抚对象。“八一”中国人民解放军建军节，走访慰问人武部、武警中队等部队官兵和优抚对象，送去慰问金，下拨座谈会经费，慰问优抚对象。4月3日，组织开展清明文明祭扫英烈活动。9月30日，组织开展烈士纪念日敬献花篮仪式。

（蔡晗欣　黄永岗）

·民政·

【概况】

2020年，安溪县民政局推进各项民政工作，取得显著成效，被中共泉州市委、泉州市人民政府评为泉州市2017—2019年度精神文明建设先进单位；被泉州市总工会评为泉州市模范职工之家；被泉州市人民政府办公室评为泉州市政务公开标准化、规范化创新示范点；被中共安溪县委、安溪县人民政府评为全县脱贫攻坚工作表现优异单位。

【基层政权和社区建设】

2020年，安溪县加大对疫情防控一线城乡社区工作者的关爱，举办关爱社区工作者公益行活动，组织抗疫社区195名工作者免费健康体检。组织心理调节，开展关爱社区工作者心理健康公益活动，活动覆盖7个乡镇，涉及10个社区居委会115名社区工作者。组织心理疏导，开展全县基层干部心理健康巡回服务，帮助基层工作人员舒缓压力。

重点抓好省级“三社联动”登科社区社工服务站，市级城乡社区“三社联动”文昌社区社工服务项目建设，市级“共建共享”新型示范社区凤城东北社区、东岳社区、参内湾美社区等创建工作，共下拨资金92万元。抓好省、市级城乡社区服务站城厢德苑社区建设的推进、跟踪、监管，按时按质完成，共下拨资金25万元。

制定出台《安溪县关于进一步加强社会工作专业人才队伍建设的意见》，建立健全社会工作人才激励机制，组织2020年度全国社会工作人才职业水平考试考前培训，组织抓好高校毕业生服务社区工作的管理，推进“强基促稳”三年行动助力乡村振兴，增强群众的幸福感、归属感。

【登记管理】

婚姻登记管理　2020年，县民政局办理国内居民结婚登记6260对，补发结婚证1750对，国内居民离婚登记2300对，补发离婚证96人；涉外婚姻结婚登记10对，补发结婚证2对。

民间组织登记管理　2020年，县新批准成立登记社会团体42个，民办非企业单位15个。全县有社会团体732个，民办非企业单位220家。

地名管理　2020年，安溪县开展国家地名库信息库更新完善工作，命名12处新开发小区。

勘界工作　2020年，安溪县完成与厦门、漳州市级县界界线联检工作，指导乡镇做好乡镇行政区域界线联检工作。完成参内乡撤乡设镇、长坑乡撤乡设镇恢复原名工作。

殡葬工作　2020年，县殡仪馆火化尸体5623具，其中本地5488具，外地135具。南山宫陵园（公墓）实际出售墓穴79穴，公益性骨灰楼堂60个。统筹疫情防控和安全祭扫工作，确保人员不聚集、疫情不扩散。安溪县是全市第一个出台暂停清明节期间群众现场祭扫活动规定的县区，安排工作人员于3月29日为安葬（放）在殡仪馆的逝者举办一场集体代祭扫仪式；为每个墓穴清扫擦拭并敬献一束鲜花等活动。开设网上祭扫平台，提供网上祭扫服务。开展凤城镇社区推行文明治丧活动，规范全县城区治丧行为，净化、美化城区环境，提升城区管理水平。启动骨灰堂建设工作，筹备殡仪馆扩建工程。

【革命老根据地建设】

2020年，安溪县下发中央、省、市、县老区建设专项资金共419万元，资金全部用于补助老区村基础设施建设、老区村特色产业发展和革命遗址修缮项目。做好老区扶贫专项资金监管，录入全省扶贫资金在线监管系统，真正做到动态管理。做好实施“阳光1+1（社会组织+老区村）牵手计划”行动。动员全县27家社会组织牵手帮扶31个老区村，双方就老区村现有资源、社会组织特点与合作意愿等方面开展工作，营造全社会共同关心关爱老区村发展的氛围。

【城乡低保、特困人员、孤儿保障】

2020年，安溪县享受低保的有9057户14688人，其中城镇居民270户385人；农村居民8787户14303人。城市特困供养34户37人；农村特困供养512户514人，其中集中在敬老院供养的有113人，分散供养的有438人。孤儿65户81人。发放保障金7257.65万元，其中城镇保障金231.1万元，农村保障金7026.55万元。

【社会救助】

2020年，安溪县对个别因病、因灾造成贫困的群众给予临时困难补助，补助1918人，发放补助金869.6万元；做好弃婴收养安置工作，全年接收5名打拐解救儿童，送还打拐解救儿童8名（含2019年接收3名），院内有3名儿童（打拐解救2名，弃婴1名），院外寄养儿童1名。加强与卫生、公安、交通等部门配合，抓好流浪乞讨人员的接待、救助服务、离站等工作，开展“寒冬送温暖”“夏季送清凉”活动。全年开展街面巡查36次，接待和劝导求助人员77人次，对符合救助条件的77

人给予救助，其中提供返乡车票25张，提供医疗救助15人次，提供食宿44人次，护送返乡9人次，寻亲成功23人（其中通过人脸识别寻亲成功3人），受助人员都得到救助，救助率100%。协助做好本县流出人员返乡寻亲12人次。

【住房困难户安居工程】

2020年，安溪县实施住房困难户安居工程，50户住房困难户和10户“五保”修缮户，春节前全部搬入新居。

【养老服务】

2020年，安溪县加大养老设施建设投入。向上级争取到1467万元，建设6个居家社区老年人照料中心，1个长者食堂，11个农村幸福院，40个农村居家养老服务站，将虎邱镇敬老院、感德镇敬老院转型升级为区域性农村养老服务中心。由县财政投资550万元建设55个县级村居社区养老服务设施。

继续推进建设县社会福利中心二期（老年养护院）工程，该项目中央补助资金1814万元，设置床位252个，全部竣工，综合验收。

完成居家养老信息化基础服务和线下养老实体服务招投标工作，投入资金703.2万元，依托居家养老信息服务平台“968962”智慧养老服务热线，为“五保”、低保、“五老”、重点优抚对象及独居、空巢、失独、特困失能等特定老年人提供基础信息化服务及实体援助服务。每个老年人发放1部具有定位功能的老人专用手机，具有“SOS”一键呼叫热线功能，每月免费提供200分钟通话时长，老年人可通过手机呼叫紧急救援、生活照料、家政服务、精神关怀等服务。采用政府购买服务方式每月为老年人提供线下实体服务，服务内容包括居室整理、助洁、助餐、助浴、助行、助购、康复护理、精神慰藉等。

【慈善福利】

2020年，安溪县社会福利中心完善设施，提高标准，做好孤儿养育、社会救助等工作，推行公建民营、启动社会化养老服务。安溪县明爱养老院由民办企业运营管理，老年人入住接近饱和。

主动做好慈善募捐工作，接收善款3382.92万元（其中疫情捐款446.75万元），支出疫情防控善款421.2万元用于全县开展疫情防控工作。开展对全县特困家庭重大疾病医疗救助，救助515人，救助金额81.95万元。支出12.12万元实施慈善助听、助行项目，筛选出10名贫困截肢患者送泉州市康复中心进行装配假肢。联合县残联为20名贫困听障患者发放助听器。支出59万元资助194名贫困学生继续完成学业。做20多项慈善公益项目。

【“五老”人员经济待遇】

2020年，安溪县开展革命“五老”人员服务活动。落实革命“五老”人员各项优待政策，为全县革命“五老”人员发放定期生活补助、价格临时补贴、高龄补贴和特困补助等。建立健全革命“五老”人员服务管理制度，提高革命“五老”人员服务水平。

（林华强　赵崇宏）

·城乡居民生活·

【概况】

2020年，安溪县城镇居民人均可支配收入和农村居民人均可支配收入都有较大的增加。城乡居民收入的增长总体仍处于稳定的增长区间中，与省、市总体趋势一致，与安溪县社会经济发展水平相匹配。

【城乡居民收入】

2020年，安溪县城乡全体居民人均可支配收入25574元，同比增加1493元，增长6.2%；城镇居民人均可支配收入35548元，同比增加969元，增长2.8%；农村居民人均可支配收入19145元，与上年同期对比增加1117元，增长6.2%。

（柯汉泉　张婉丽）

·扶贫开发·

【概况】

2020年，安溪县扶贫开发工作围绕精准脱贫“两不愁三保障”的总体工作目标，凝聚全县合力，推动脱贫攻坚取得决定性胜利，脱贫攻坚工作全面进入巩固提升阶段。

【省级扶贫开发重点村】

2020年，第五轮省级整村推进省派重点帮扶村15个(蓬莱镇吾邦村、湖头镇下坑村、白濑乡上格村、湖上乡长林村、剑斗镇云溪村、感德镇尾厝村、桃舟乡南坑村、福田乡双垵村、长卿镇云二村、蓝田乡乌殊村、西坪镇龙地村、大坪村双美村、芦田镇石盘村、龙涓乡鹤林村、虎邱镇石山村)，落实帮扶项目195个，投入资金10170万元。通过帮扶，15个省级帮扶村基础设施建设得到改善，推动特色支柱产业发展，拓宽村财收入渠道，形成扶助一村，带动一方发展的扶贫格局。

【市级扶贫开发重点村】

2020年，第五轮省级整村推进

市派重点帮扶村15个（长卿镇小西村、龙涓乡连祠村、白濑乡寨坂村、芦田镇朝阳村、剑斗镇潮碧村、西坪镇宝潭村、湖上乡沙堤村、湖头镇半山村、金谷镇丽山村、尚卿乡园德村、参内镇镇中村、蓬莱镇鹤厅村、魁斗镇钟山村、官桥镇内村村、城厢镇上营村），落实帮扶项目115个，落实帮扶资金3804万元。11个市派干部驻村（大坪乡香仑村、芦田镇内地村、金谷镇河美村、西坪镇珠洋村、虎邱镇少卿村、感德镇炉地村、祥华乡石狮村、龙涓乡山坛村、长卿镇三村村、湖上乡飞新村、剑斗镇御屏村），落实帮扶项目93个，落实帮扶资金5228万元。通过帮扶，26个村的经济和社会事业得到发展，加快脱贫致富步伐，为乡村振兴奠定基础。

【县级扶贫开发重点村】

2020年，第五轮省级整村推进县派重点帮扶村14个（参内镇岩前村、官桥镇石岩村、官桥镇石林村、官桥镇新厅村、金谷镇景坑村、龙门镇龙美村、龙门镇美顶村、龙门镇仙凤村、龙门镇翠坑村、尚卿乡后福村、尚卿乡青洋村、尚卿乡灶坑村、祥华乡福新村、祥华乡崎坑村），落实帮扶项目85个，落实帮扶资金4963万元。通过帮扶，全县14个帮扶村的基础设施建设得到改善，村级收入增加，农民收入提高。

【造福工程易地扶贫搬迁】

2020年，安溪县按照“两不愁三保障”原则，将易地扶贫搬迁工作与贫困户的生活、生产、未来发展统筹考虑，开展多种帮扶模式，解决贫困户搬迁后的生产、生活、子女就学、就业等方面的问题，做到搬得出、稳得住、能脱贫。投入467.46万元，修缮加固189户、新建2户住房，解决困难群众住房保障问题。

【扶贫小额信贷】

2020年，安溪县筹措扶贫小额信贷风险担保金1400万元，杠杆放贷规模7000万元，全年发放信贷金额10465.38万元，用于扶持贫困农户发展种植业、加工业、养殖业等，推动茶叶、蔬菜、淮山、茭白、油茶、养殖等优势产业的发展，惠及全县24个乡镇2000多户贫困户。

【帮扶到户】

2020年，安溪县遴选2297名干部挂钩帮扶4594户贫困户，实现建档立卡贫困户公职人员挂钩帮扶全覆盖，为每户贫困户落实帮扶资金2000元以上。对脱贫但不够稳定的113户432人每户安排1名科级干部挂钩，每户落实2项以上帮扶措施，逐户建档管理，逐户制定帮扶方案，逐户强化帮扶措施，逐户落实帮扶责任，确保稳定脱贫。增加挂钩帮扶责任人对贫困村、贫困户的入户帮扶密度，每季度至少进村入户1次，了解贫困户情况，做好《扶贫手册》《挂钩帮扶工作手册》的填写，以“台账”形式记录帮扶措施和帮扶成效，做到贫困户一户一册、帮扶责任人人手一册，将2020年的帮扶情况和增收情况全部填写及录入系统。

（高世伟　陈永春）

·老龄工作·

【概况】

2020年，安溪县60周岁及以上老年人口159135人，占全县人口数12.25%，其中，60—69周岁97940人，70—79周岁41767人，80—89周岁16500人，90—99周岁2864人，百岁以上老人64人。

【为老年人办实事】

2020年，安溪县实施农村80周岁以上老年人高龄补贴制度及购买意外伤害险。全年为16500名80—89周岁的老年人发放高龄补贴，投入972.6万元；为2864名90—99周岁的老年人发放高龄补贴，投入330.36万元；为64名百岁老人发放高龄补贴，投入20.9万元。为本县户籍80周岁以上老年人购买意外伤害保险全年投入58.27万元。投入资金1382.13万元。推进医养融合发展，把保障老年人基本健康养老需求放在突出位置，整合资源，完善政策，加大投入，推进医疗卫生与养老服务融合发展。为65周岁以上老年人建立健康档案。各基层医疗卫生机构为辖区内65周岁以上的老年人普遍建立健康档案，为签约服务的老年人提供定期体检、上门巡诊、健康管理等基本服务。

【爱老助老】

2020年，安溪县老年优待工作提标扩面。简化办证手续，为老年人提供方便，做好福建省老年人优待证的办理工作，全年办理优待证3278本。

【基层老年人活动】

2020年，安溪县夯实基层老年人协会建设基础。全年投入86万元用于扶持部分基层老年人协会规范化建设和经济困难的村（社区）老年人协会添置老年人活动设施、开展老年人活动。以建会为抓手提高建会覆盖率，以规范化为标准提高建会质量，提升基层老年人协会建设水平。为全县100个先进老年人协会、老年人活动中心（站）、老年人协会会长征订《福建老年报》。开展“敬老月”系列活动。根据《全国老龄工作委员会关于深入开展2020年全国“敬老月”活动的通知》，各乡镇老龄委、老年人协会、各村（社区）老年人协会于“敬老月”期间开展慰问、文艺会演、体育娱乐、猜谜等活动。

（吴雪云　魏中南）

2020年安溪县百岁寿星一览表

表26

姓名	性别	出生年月	通信地址
陈莲花	女	1919年7月	城厢镇雅兴村丁琳边66号
李 勤	女	1918年9月	城厢镇土楼村20组
陈 卜	女	1919年2月	城厢镇仙苑村1组
陈 的	女	1919年5月	城厢镇冬青村1组
孙 免	女	1915年6月	城厢镇墩坂村7组
黄 端	女	1917年8月	城厢镇砖文村21组
陈潭居	男	1919年8月	城厢镇同美村25组
郭 宿	女	1914年2月	城厢镇同美村9组
谢浮蓉	女	1919年2月	城厢镇员宅村外厝口9号
林 加	女	1917年6月	大坪乡香仑村1组
王桂月	女	1919年4月	凤城镇上西居委会上西5组
黄素兰	女	1919年6月	凤城镇小东居委会小东6组　阳光城
童长顺	男	1917年9月	凤城镇下西居委会下西新华路357号二楼
黄赐助	男	1917年2月	官桥镇官郁村3组
林秀金	女	1919年4月	官桥镇山珍村5组
林银英	女	1917年6月	官桥镇善坛村二选6组
周 类	女	1916年11月	官桥镇上苑村大社34号
肖 油	女	1917年9月	官桥镇仙都村11组
余 年	女	1919年9月	湖上乡湖上村6组
林 卯	女	1918年9月	湖头镇湖二村问房10-7号
黄 琴	女	1919年6月	湖头镇仙都村17组
吴 定	女	1919年12月	剑斗镇东阳村 22 组
林树枝	女	1917年11月	龙涓乡赤片村12组
王添丁	女	1916年11月	龙涓乡黎山村13组
杨秀花	女	1915年1月	龙涓乡下洋村下洋村
林石花	女	1917年12月	龙涓乡庄灶村大垵12组
林 妙	女	1917年1月	龙门镇美卿村2组
许五叻	男	1919年10月	龙门镇仙地村12组
傅 听	女	1919年9月	蓬莱镇岭美村5组
傅温真	女	1918年10月	蓬莱镇蓬星7组

续表 26

姓名	性别	出生年月	通信地址
唐 桃	女	1918年9月	蓬莱镇上西村四组美路10号
李 菊	女	1917年6月	蓬莱镇植洋村大石脚11组
陈 须	女	1918年3月	西坪镇赤水村5组
林 妹	女	1913年11月	西坪镇南岩村11组
王美枝	女	1915年8月	西坪镇珠洋村6组
吴 奶	女	1919年2月	长坑乡福春村西岭29号
张 实	女	1912年3月	长坑乡珊屏村7组
杨立永	男	1918年6月	感德镇槐扬村4组
汪 对	女	1918年9月	感德镇龙通村宫角21号
章 高	女	1918年1月	感德镇五甲村6组五甲4号
洪 勤	女	1920.年12月	参内乡罗内村12组
谢碧云	女	1920年4月	城厢镇古山村中堀59号
陈素英	女	1920年9月	城厢镇墩坂村2组
黄 象	女	1920年9月	城厢镇砖文村18组
陈重渊	男	1920年2月	城厢镇同美村10组
廖美玉	女	1920年11月	虎邱镇金榜村8组
叶 叶	女	1920年5月	金谷镇元口村2组
郭 笑	女	1920年5月	金谷镇芸美村15组
王 密	女	1920年2月	蓝田乡蓝二村3组
章 醉	女	1920年6月	蓝田乡乌土村6组
陈 缎	女	1920年10月	龙涓乡赤片村11组
肖 摄	女	1920年9月	龙涓乡山后村
李雪英	女	1920年11月	龙涓乡庄灶村5组
翁丁兰	男	1920年5月	龙门镇美内村1组
白碧英	女	1920年8月	龙门镇仙地村2组
柯 罕	女	1920年5月	蓬莱镇联盟村A区68号
林玉梅	女	1920年11月	蓬莱镇彭格村土楼33号
余 锦	女	1920年11月	尚卿乡中兴村4组
吴 不	女	1920年9月	桃舟乡下格村清水亭10组
张 甜	女	1920年12月	祥华乡祥地村3组
陈 克	女	1920年1月	长坑乡文坪村双溪23组
苏 软	男	1920年9月	感德镇大格村大格村7组
杨 清	女	1920年5月	湖头镇湖三村15组
李 对	女	1920年7月	湖头镇竹山村2组

说明：以 2020 年 12 月底健在录入

·慈善事业·

【概况】

2020年，安溪县慈善总会按照“立足民生、面向社会、以社会救助为中心”的工作方针，积极弘扬慈善文化，营造良好慈善氛围，围绕“慈善助学、慈善助残、慈善助医、慈善助困、慈善福利”等五大救助工程开展7个慈善救助项目。

【县慈善总会理事会、监事会会议】

2020年6月12日，安溪县慈善总会理事会、监事会全体会议在县政府公务大楼102会议室召开，审议通过《安溪县慈善总会工作报告》《安溪县慈善总会2017—2019年慈善资金收支情况报告》，选举产生新的副会长林建设、秘书长林志平。会议提出下一阶段进一步做好拓展提升，营造大爱慈善；挺规立矩，锻造阳光慈善；扶贫济困，打造惠民慈善等工作。

【募集善款】

2020年，县慈善总会共募集善款3382.93万元。接收社会各界爱心人士定向捐赠3381.43万元，主要用于疫情防控、扶贫、济困、扶老、教育、文化、卫生等公益项目。接收非定向捐赠1.5万元，其中国网福建省电力有限公司安溪县供电公司捐赠1万元；王爱智捐赠0.5万元。

【德顺赠医施药慈善基金设立】

2020年2月15日，安溪县慈善总会与吴晓明签约，吴晓明向县慈善总会捐赠200万元善款，设立安溪县慈善总会德顺赠医施药慈善基金，用于救助不限区域就读医护专业的贫困大学生、贫困医务工作者、贫困重病患者。

【慈善资助项目】

慈善助学项目 2020年，县慈善总会出资71.6万元资助194名贫困学生。泉州市慈善总会定向捐资2万元，资助4名贫困大学生，每人补助5000元。安溪农商银行定向捐赠助学30万元，资助100名贫困中小学生。安溪县英发家具装饰有限公司定向捐赠助学13.5万元，福建省龙润置业有限公司、安溪县参内乡美塘村东海慈善会、安溪县闽华小额贷款有限公司、安溪县工商银行定向捐赠助学各3万元，总会出资1.5万元，合计27万元，资助90名贫困大学生。安溪县慈善总会德顺赠医施药慈善基金出资12.6万元资助15名贫困大学生。

慈善助医项目 2020年，县慈善总会开展对全县低保户、重点优抚对象、精准扶贫户等特困家庭医疗救助共救助517人，救助金额82.95万元。德顺赠医施药慈善基金资助贫困重病患者21人，资助金额11.5万元。

慈善助听项目 2020年，县慈善总会联合安溪县残疾人联合会，资助20名贫困听障患者配戴助听器，资助总额4.12万元。

慈善助行项目 2020年，县慈善总会出资8万元，资助10名贫困肢残者装配假肢。

春节慰问项目 2020年，县慈善总会开展慰问百岁老人及特困户的活动共发放慰问金14.07万元。走访慰问204户特困低保户、“五保户”和残疾人；走访慰问百岁及以上老年人43人，每人发放慰问金900元。

送温暖项目 2020年春节期间，县慈善总会为全县部分困难群众开展送温暖项目，出资20.3万元，购买1000套棉被发放到贫困家庭中。

老区帮扶 2020年5月29日，县慈善总会与龙门镇龙美村签订“阳光1+1牵手行动”协议，县慈善总会出资3万元支持龙美村老年协会建设，改善龙美村老年人活动场所。

【慈善资金管理】

2020年，县慈善总会执行安溪县慈善总会章程和《基金管理办法》等一系列规章制度，制定《财务管理制度》《救助管理办法》等规章制度。通过电视台、报刊、网络等新闻媒体宣传《中华人民共和国慈善法》和总会慈善活动情况。运用安溪新闻网 “公益慈善”专题网页向社会公开县慈善总会的机构信息和善款捐资来源、数额、流向、年度财务收支等情况。

2020年2月，县慈善总会邀请泉州大同会计师事务所有限公司对县慈善总会的财务收支情况进行审计，结合当年上报公益性捐赠税前扣除资格材料把当年度的财务收支情况报送安溪县民政局审批监督。5月，县慈善总会获得2019年度公益性社会团体捐赠税前扣除资格。

【慈善公益活动】

2020年，社会各界爱心人士定向捐赠支出3757.72万元，主要用于教育事业支出1506.55万元；用于社会公共设施建设支出359万元；用于其他社会公共和福利事业支出1053.43万元；用于精准扶贫支出85.5万元；用于文化事业支出365万元；用于养老事业支出140.05万元；用于卫生事业支出30万元；用于疫情防控支出218.19万元。

（叶秋红　林志平）

·民族与宗教事务·

【概况】

2020年，县民族宗教工作围绕习近平总书记提出的“干在实处永无止境、走在前列要谋新篇、勇立潮头方显担当”要求，谋发展、补短板、防风险、保稳定，做好全县民族工作。

【少数民族村工作】

2020年，安溪县民族工作着力推动少数民族区域社会经济发展，下拨各级资金115万元，支持横坪村村道至湖上新村道路开通及路面硬化、白濑乡寨坂村白濑畲香油茶基地公路2个基础设施建设项目；支持善坛畲族村少数民族传统体育射弩馆提升建设、横坪畲族村畲族特色文化公园2个民族特色场馆建设项目；支持官桥镇善坛畲族村光伏发电，湖上乡盛富畲族村竹编产业培训及推广2个特色产业建设项目。开展第十三个民族团结进步宣传月活动，举办民族政策法规知识网络有奖竞答、乒乓球赛等活动，增进安溪县少数民族交流、交往、交融和共同发展。

2020年5月，湖上乡盛富畲族村，获得“第三批中国少数民族特色村寨”牌匾。6月，被列为省级乡村治理示范村；7月，被福建省民族与宗教事务厅评为第一批全省民族团结进步重点单位；12月，获评2020年度省级“一村一品”示范村（竹制品）。2020年11月，盛富畲族村、善坛畲族村入选福建省首批民族乡村振兴示范点培育名录（泉州市共5个，安溪县2个）。

【宗教领域工作】

2020年，安溪县宗教工作坚持宗教中国化方向，推动各宗教团体深入开展“四进”宗教场所活动，开展宗教政策法规学习月活动，组织开展宗教场所消防安全和房屋安全全面排查整治工作，推动宗教场所不动产权登记工作。做好宗教领域新冠肺炎疫情防控工作，上半年，全县宗教活动场所及民间信仰场所全部采取“双暂停一延迟”（暂停开放宗教活动场所，暂停一切集体宗教活动，宗教院校延迟开学）措施，疫情初步控制后，严格落实疫情常态化防控措施。安溪县12处民间信仰场所（城厢进法殿、官桥善坛妈祖庙、长卿泰湖岩、蓬莱水美宫、魁斗钟显堂、城厢美山关帝庙、龙门金圣殿、福田龙山岩、虎邱骑虎岩、西坪三安寨、魁斗石狮岩、龙涓聚龙庵）获批省级民间信仰联系点。

（高培钦　林珠明）

·气候·

【概况】

2020年，年降水量1084.5毫米，与历年平均值(1677.7毫米)少593.2毫米，少35%，为该站历史第二少年份（2009年1074.4毫米），全年暴雨日数3天，年最大日降水量为8月27日82.7毫米。年日照时数1909.9个小时，多249.3个小时，多15%，日照年百分率43%。全年出现霾3天，雾39天，大风1天（其中8月31日出现23.5米/秒大风，风向西北偏北）。安溪县主要气候特点是冬季气温显著偏高，日照偏多；春季日照显著偏多；夏季气温异常偏高，雨量偏少，日照显著偏高；秋季雨量偏少。

【气温】

2020年，安溪县年平均气温22.2℃，较历年平均值21.2℃，高1℃，异常度1.8。四季中春季、秋季正常，冬季显著偏高，夏季异常偏高。年极端最高气温40.1℃，出现在7月14日；年极端最低气温2.9℃，出现在12月31日；安溪本站全年大于或等于35℃高温70天，其中大于或等于37℃高温日数28天，均刷新本站历史纪录。高温过程偏多偏强，先后经历了14次高温过程。

春季平均气温20.6℃，异常度为0.7，属正常。其中，3月平均气温17.6℃，异常度1.2，属偏高；4月平均气温18.9℃，异常度-1，属正常；5月平均气温25.3℃，异常度1.7，属显著偏高。

夏季平均气温29.4℃，异常度为2.7，属异常偏高。其中，6月平均气温29℃，异常度2.8，属异常偏高；7月平均气温30.5℃，异常度2，属显著偏高；8月平均气温28.8℃，异常度0.6，属正常。

秋季平均气温23.5℃，异常度为0.8，属正常。其中，9月平均气温26.1℃，异常度-0.5，属正常；10月平均气温23℃，异常度-0.3，属正常；11月平均气温21.5℃，异常度2.2，属异常偏高。

冬季平均气温15.2℃，异常度1.6，属显著偏高。其中，12月平均气温15.6℃，异常度0.8，属正常；1月平均气温14.8℃，异常度2.0，属显著偏高；2月平均气温15.4℃，异常度1.1，属偏高。

【降水】

2020年，降水量1084.5毫米，与历年平均值偏少593.2毫米，降水距平百分率-37%，属偏少。其中，春季、冬季正常，秋季、夏季偏少。全年，大雨及以上日数十天，其中暴雨日数3天，最大日降水量为8

月 27 日 82.7 毫米，主要受热带辐合带和南风急流影响。

春季降水量 424.5 毫米，距平为 -17%，属正常。3 月降水量 116.3 毫米，距平 -16%，属正常；4 月降水量 70.6 毫米，距平 -57%，属显著偏少；5 月降水量 237.6 毫米，距平 14%，属正常。

夏季降水量 375.4 毫米，距平 -50%，属偏少。6 月降水量 127.5 毫米，距平 -51%，属显著偏少；7 月降水量 56.9 毫米，距平 -72%，属显著偏少；8 月降水量 191 毫米，距平 -33%，属偏少。

秋季降水量 151.3 毫米，距平 -49%，属偏少。9 月降水量 147.8 毫米，距平 -28%，属偏少；10 月降水量 0 毫米，距平 -100%，属异常偏少；11 月降水量 3.5 毫米，距平 -90%，属异常偏少。

冬季降水量 140.7 毫米，距平 -17%，属正常。12 月降水量 34.6 毫米，距平 2%，属正常；1 月降水量 46 毫米，距平 10%，属正常；2 月降水量 52.7 毫米，距平 -44%，属偏少。

【日照】

年日照时数 1909.9 小时，多 234 小时，属显著偏多。日照冬季偏多，春季、夏季显著偏多，秋季正常。四季（春夏秋冬）日照时数分别为 451 小时、386.1 小时、655.7 小时、479.6 小时。

【暴雨及强对流（大风）】

2020年，安溪县有6次暴雨过程，汛期强降水天气较多，降水强度较强。

4 月 11 日 11—12 时，祥华乡、芦田镇、西坪镇、官桥镇、龙涓乡、虎邱镇均出现直径为 0.5—1 厘米的小冰雹。其中，官桥镇益林村烟叶受灾面积 87 亩，祥华乡白玉村茶园受灾 3000 亩，龙涓乡茶园受灾 1500 亩，芦田镇茶园受灾 1220 亩，芦田镇房屋受损 8743 平方米，造成经济总损失达 750 万元。

5 月 6 日，受切变影响，蓬莱镇 16 时至 16 时 25 分出现冰雹天气，直径 1—2 厘米；长坑乡 16 时 14 分至 16 时 30 分出现冰雹天气，直径 1—2 厘米；凤城镇、城厢镇 16 时 40 分至 50 分出现冰雹天气，直径 0.5—1 厘米；感德镇 16 时 50 分至 17 时 10 分出现冰雹天气，直径 0.5—1 厘米。

5 月 20 日夜里起，受低涡切变影响，全县出现较明显降水天气。安溪全县普降暴雨，以蓝田乡 84.3 毫米为最大。据安溪县防汛办统计：截至 5 月 22 日 16 时，转移 1659 人，因灾直接经济损失 304 万元。

5 月 31 日午后到夜间，受低层切变影响，县部分乡镇出现对流性天气，局地伴有短时强降水。全县有 7 个乡镇 25 毫米以上，以城厢镇 49.5 毫米为最大。西坪镇大垅格村格邱尾角落公路塌方长 15 米高 6 米，损失约 3 万元，无人员伤亡。魁斗镇尾溪村顶份头角落易金海厝角塌方 6 米高、7 米长、1 米宽，无人员伤亡。

6 月 1 日午后到夜间，受低层切变影响，县部分乡镇出现对流性天气，局地伴有短时强降水。6 月 1 日 12—21 时累计降水量，全县 10 个乡镇达到 30 毫米以上，感德镇雨量 75.9 毫米为最大。魁斗镇凤山村、钟山村出现公路塌方，直接经济损失约 8 万元。

受低层切变及西南气流影响，全县普降暴雨。6 月 6 日 7 时至 10 日 7 时区域自动站累积雨量，全县 3 个乡镇降雨量超过 100 毫米，其中龙涓乡 132.3 毫米最大。魁斗镇奇观村奇高线村道后边坡溜方长 6 米、宽 4 米、高 3 米，直接经济损失 10 万元。

8 月 26—27 日，受高空槽和低层切变影响，全县出现明显对流性降水过程，8 月 26 日 8 时—28 日 8 时区域自动站累积降水，全县 18 个乡镇出现 100 毫米以上降水，以大坪乡 240.9 毫米为最大。8 月 26—28 日，全县农村公路累计发生灾毁 95 处，其中溜方 73 处 2638 立方米，塌方 15 处 3458 立方米，路面损毁 4 处 125 平方米，挡土墙损毁 3 处 4432 立方米，房屋倒塌 2 间，农田受损 281 亩，全县转移群众 824 人，无人员伤亡，造成经济损失约 250 万元。

9 月 4 日，受高空槽和低层切变影响，全县部分乡镇出现大到暴雨，局部大暴雨。全县转移 511 人，其中，桃舟乡转移 183 人，干部下沉 10 人。长卿镇公路溜方 2 处，桃舟乡康随村公路溜方 1 处。

9 月 12 日，受高空槽和低层切变影响，全县出现明显降水天气，9 月 12 日全县有 14 个乡镇降水量 50 毫米以上，其中 2 个乡镇超过 100 毫米，以芦田镇 143.3 毫米为最大。农田被淹 130 亩，公路溜方 7 处，人员转移 428 人，干部下沉 271 人。

9 月 18—20 日，受台风外围环流和弱冷空气影响，安溪县出现明显降水过程，统计 18 日 7 时至 21 日 7 时累计降水量，全县 13 个乡镇降水量超过 100 毫米，以祥华乡 191.8 毫米为最大。S217、X344、X361 多处道路溜方，村道溜方 4 处，路基和路面受损 200 米，3 处灌溉水渠受损，经济损失 50 万元。

【干旱】

2020年6月中旬至8月初，全县持续高温少雨天气，气象干旱达重旱标准。6—7月总雨量184毫米，较历史同期少6成，其中6月15日至7月13日连续29天无有效降水日；6月15日至8月3日，40天≥35℃，24天≥37℃的高温日数。受干旱影响，全县农业受灾面积52171.95亩，重灾面积24376.95亩，绝收面积4900.8亩，减产6221.6吨，农业经济总损失3588.9万元。从9月9日到10月11日无效降水日持续33天，10月14日至12月4日无效降水日持续52天，气象干旱综合监测指数安溪县大部乡镇中旱，东部重旱。9月1日到12月31日，县降水量仅113.6毫米，比历年同期少66%。12月29—30日有中雨过程。截至12月31日，安溪县气象干旱综合监测指数除西北部乡镇（福田乡、桃舟乡、感德镇）轻旱外，其余乡镇均解除气象干旱。

【高温】

2020年，夏季安溪本站出现63天≥35℃高温天气，秋季出现4天≥35℃高温天气，全年≥35℃高温70天。其中7月14日最高气温40.1℃，为全年最高。

（林添水　张金超）

2020年安溪县各季气温雨量日照及评价情况表

表27

季节	气温（℃）	评价	雨量（毫米）	评价	日照（小时）	评价
冬季	15.2	显著偏高	140.7	正常	451.0	偏多
春季	20.6	正常	424.5	正常	386.1	显著偏多
夏季	29.4	异常偏高	375.4	偏少	655.7	显著偏多
秋季	23.5	正常	151.3	偏少	479.6	正常

2020年安溪县各月气温雨量日照及评价情况表

表28

月份	气温（℃）	评价	雨量（毫米）	评价	日照（小时）	评价
1月	14.8	显著偏高	46.0	正常	146.7	正常
2月	15.1	正常	52.7	偏少	142.1	偏高
3月	17.6	偏高	116.3	正常	81.5	正常
4月	18.9	正常	70.6	显著偏少	175.7	异常偏高
5月	25.3	显著偏高	237.6	正常	128.9	正常
6月	29	异常偏高	127.5	显著偏少	210.3	异常偏高
7月	30.5	显著偏高	56.9	显著偏少	226.7	正常
8月	28.8	正常	191.0	偏少	218.7	正常
9月	26.1	正常	147.8	偏少	127.9	正常
10月	23	正常	0.0	异常偏少	175	正常
11月	21.5	异常偏高	3.5	异常偏少	176.7	偏高
12月	15.6	正常	34.6	正常	99.7	偏低
全年	22.2	显著偏高	1084.5	异常偏少	1909.9	显著偏多

· 凤城镇 ·

【概况】

2020 年，凤城镇农林牧渔总产值 1743.58 万元。其中，农业产值 668.31 万元，林业产值 94.64 万元，畜牧业产值 861.54 万元，渔业产值 57.09 万元，农林牧渔服务业产值 62 万元。实现规模以上工业产值 117.01 亿元，同比增长 3.41%；固定资产投资 29.1 亿元，同比增长 14.64%；完成公共财政总收入 3.99 亿元，完成公共财政一般预算收入 2.506 亿元。农村农民人均可支配收入为 19145 元，城镇居民人均可支配收入 35548 元。

【项目建设】

2020 年，凤城镇安排 27 个县级重点项目，总投资 139.67 亿元，计划年度完成投资 24.97 亿元。其中，解放路西片区分两期、三个地块进行改造，总拆除 27.5 万平方米，涉及群众近 2000 户，可新建 47 万平方米。至年底，一期进行地下设施建设；二期池头地块完成土地出让，祥云路地块完成安置量测算，进行旧房屋拆除扫尾和遗留问题处理。凤山书院项目规划总用地面积 98.6 亩，总征地 102.99 亩，总拆除 5.5 万平方米，涉及群众 100 多户，可新建 14.17 万平方米。其中，书院 2.96 万平方米、实验小学附属校区 1.58 万平方米、安置房及商品房 9.63 万平方米。书院主体建设封顶，进行外饰装修；实验小学附属校区用地遗留 1 个问题，进行处理。沼涛实小片区改造项目总规划建设用地面积 4.8 万平方米（包括小学和剧场用地面积），分两期改造，历时 3 年，总拆除 15.5 万平方米，涉及群众 1000 多户，可新建 31.4 万平方米。一期安置房完工，待验收；二期进行主体建设，完成安置户选房工作。11 月，聚丰旧厂房小区该项目动迁，总征收拆除旧房屋 2 万平方米，涉及群众 15 户及企业 1 家，可新建 2.49 万平方米。完成旧房屋拆除、安置量测算，正在设计优化。三安大桥东片区改造项目（碧湖佳苑）规划总用地面积 1.8 万平方米，拆迁总建筑面积 7.5 万平方米，9 月 14 日启动回迁交房工作，办理安置户现场交房业务。完成私人住宅交房 539 套，店面回迁 41 间，企事业单位交房 93 套。

【招商引资】

2020 年，凤城镇新办各类企业 998 家，新增注册资金 21.93 亿元。立足大县城及凤城镇的总体规划，围绕“互联网 +”、OTO 等领域，抓好产业规划和项目策划，培育发展提升互联网金融、电子商务、工业设计、智慧制造等新兴业态，实现产业升级和经济转型。引导新唐信等重点企业进行技术改造和增资扩营，建设安溪县荣耀物流厂房。

【城镇建设】

2020 年，凤城镇完成三安大桥、新影剧院、绿道北线、晋江西溪防洪堤吾都段和美仙段、城区自来水厂扩建工程 5 个公用市政工程项目安征迁工作，确保项目落地建成。相继建成铁观音山庄、凤山学府、碧湖佳苑、力志御峰、领秀城、新景公馆、三安首作等 7 个高档居住小区，提升居住环境。确定老旧小区改造工程 50 个，完成龙湖山公园项目安征迁，完成旱厕拆除，清理废塘 12 个、内沟渠 24 千米。

【精准扶贫】

2020 年，凤城镇围绕“两不愁三保障”精准施策，全镇 3 个行政村 24 户建档立卡贫困户全部实现脱贫。对接帮扶大坪香仑村、大坪中心幼儿园和三明市武陵百束村的脱贫工作，累计支持帮扶资金 135 万元。

【社会事业】

2020 年，凤城镇抓实抓细常态化疫情防控，排查国内中高风险地区返安溪人员 1600 余人次，境外返安溪人员2000余人次，云南重点边境返安溪人员500余人次，核酸检测8000余人次，保障群众生命安全。联合县直部门多次开展安全检查，排查生产经营单位3133家，摸排房屋5180栋、门牌二维码17962个、楼幢618幢、市场商场6个、店铺6326家，自建房310家（幢），自建房加工场所79幢，完成录入企业自查1152家次、监督检查1202家次。做好第七次人口普查工作，截至2020年11月1日零时为标准时间点，有72287户（72127户完成上报），登记人口191979人，现有人口156282人，户籍人口72155人。开展村级组织“靶向监督”活动，及时发现和纠正问题，走访“六大类”人员981余人，发现问题21条，全部妥善解决。

【平安建设】

2020年，凤城镇依法分类处理“书记、县长专线电话交办单”36件、泉州市“12345”政务服务平台交办单111件。开展专项整治、“护苗”行动，消除黄赌毒和黑恶势力赖以生存的空间，破获九类涉恶案件34起，刑拘22人，逮捕12人，起诉37人，摸排上报黑恶线索17条。到辖区重点行业、重点部位、重点领域等场所开展扫黑除恶集中清查统一行动60余次，出动民警、协勤、村居干部3500余人次，查获8名违法犯罪嫌疑人。举办综治平安建设宣传日、案例图片展等活动，利用镇禁毒宣讲团、平安建设志愿者队伍等力量，举办法制学习班4场，开展专题法制讲座6次，开展防骗专题法制讲座8次，受教育师生5000余人。打击电信诈骗，抓获电信诈骗犯罪嫌疑人114人，刑拘54人，逮捕起诉26人，捣毁本地诈骗窝点21个，刑拘35人。

【社区党建】

2020年疫情防控期间，凤城镇党员捐款275140.54元，发动653名退休老干部捐款78927.66元，所辖26个党支部组建疫情防控党员服务队，发挥模范先锋作用。打造党建特色品牌，推进社区治理创新发展。东北社区“党员街巷长”依托街头大榕树和街中小广场成立“大榕树”自治议事会，解决治理问题10余条。蓝湖社区党支部以“党建引领，创新社区治理”新格局，携手红色物业，构筑党建民生同心圆，绘就“互帮、互助、平安、和谐”睦邻友好新名片。吾都村抓项目攻坚，促集体经济壮大，策划生成项目11个。

【民生事业】

2020年，凤城镇推动卫计工作融合，组建4个家庭医生团队，签约家庭医生43人，签约38058人，家庭医生签约率65%，重点人群签约率56%。探索健康养老，和兴医院综合楼和乐康医院完工交付使用，新建15个居家养老服务站，1个市级社区服务站，开展医疗“暖心”服务活动。

【教育事业】

2020年，凤城镇加强管理提高教育水平，对27家民办幼儿园进行消防安全、食堂食品安全、校车年检和超载现象等“地毯式”检查。表彰奖励30名优秀教师和教育工作者。

【文明建设】

2020年，凤城镇开展精神文明工作，深化移风易俗工作，营造婚事新办、丧事简办的社会氛围。创新“新时代文明实践所七彩板”工作法，设置1个文明实践所、26个文明实践站，落实新时代文明实践中心试点工作。

（林东红、陈清霞　李树明）

·城厢镇·

【概况】

2020年，城厢镇农林牧渔总产值23845.91万元。其中，农业产值8756.47万元，林业产值332.49万元，畜牧业产值14497.69万元，渔业产值215.26万元，农林牧渔服务业产值44万元。完成规模以上工业产值231.77亿元，增长7.03%；固定资产投资44.8亿元，增长–20.43%；一般公共预算总收入7.84亿元，增长–7.76%；一般公共预算收入4.54亿元，增长–7.34%；社会消费品零售总额69.35亿元，增长18.5%。各项主要经济指标均位居全县前列，获评“2020年省级商务特色镇”。

【项目建设】

2020年，城厢镇实施县级以上重点项目69个，完成投资69.66亿元，推进同德大桥同美片区一期、二期改造征迁工作，全年完成征地330多亩，拆迁5万多平方米。组织光德村党群服务中心、城西社区卫生服务中心、英发家居工艺产业园（一期）、垃圾焚烧发电厂改扩建、乡村振兴大厦5个项目，参加全县4轮集中开竣工活动，获评“2020年度县重点项目建设工作表现优异单位”。全年新签砖文建设集团有限公司生产厂房及配套项目、凯鹰石墨烯储能与动力电池产业化项目等9个招商项目，总投资17.75亿元，开工项目5个，落地率64.3%。

2020年，城厢镇紧扣推进辖区安置区建设步伐，富源小区、古山花园、祥和花园3个安置小区基本完工，南华嘉园（二期）完成80%的主体工程建设，涝港安置小区进入五方验收和整改阶段，建安片区24D安置区、建安中学安置房、永安小学安置项目完成方案设计，为解决住

2020 年 12 月，城厢镇经兜村夜景（王荣元摄）

房刚性需求和安征迁“最后一千米”问题提供保障。

【平安建设】

疫情防控 2020 年，城厢镇在疫情发生时及时成立疫情防控指挥部，构建“镇党委—村居党组织—网格党小组—党员中心户”四级组织链条，探索推行镇、村（社区）、卫生院、派出所联防联动协调机制，通过挂牌提示、鸣锣提醒、微信喊话等“土洋”并用方式，把好疫情防控“关口”，获得“福建省先进基层党组织”“福建省抗击新冠肺炎疫情先进集体”“泉州市疫情防控阻击战先进基层党组织”等称号。建立 8 个“红色店小二”工作专班，下派 87 名干部零距离服务全镇 69 个重点项目、1330 家企业，协助企业解决 108 个问题，推进复工复产复学。

扫黑除恶、打击电信诈骗 2020 年，城厢镇抓获各类涉黑涉恶人员 181 名，破获刑事案件 34 起；抓获电信诈骗犯罪嫌疑人 58 名，取消优惠性政策补助 13 人，劝返境内外城厢籍 1054 人，接举报线索 24 条，兑现举报线索奖励金 16 万元，发送反骗防骗信息 70 万条，获安溪电视台报道 5 篇，2020 年度禁毒工作综合考评第一名。

安全生产 2020 年，城厢镇开展房屋安全百日大整治，排查房屋 16343 栋，发现隐患 102 栋，完成整改；开展安全隐患大排查大整治专项行动，排查各类隐患 2336 条，完成整改 2245 条，整改完成率 96.1%；开展小作坊小加工厂安全隐患整治行动，排查 580 家，发现一般消防隐患 37 家，基本完成整改；开展自建房加工场所消防安全专项整治，摸排 974 家（其中，丙类 258 家、丁戊类 716 家），均完成初评，131 家完成整改，全镇安全生产形势稳定，获评“2020 年度县安全生产工作表现优异单位”。

【特色产业】

茶业经济产业 2020 年，城厢镇以中国茶都、特产城和过溪茶企总部为茶经济核心发展区，以过溪村、砖文村、仙苑村等村为茶产业电子商务主导村，经营铁观音、普洱、金骏眉、花果茶等多品类茶叶，配套茶具销售、茶叶包装、制茶机械等各类涉茶产业链条，延伸开发大宝峰、松香苑等茶庄园生态游产业，定期举办茶叶博览会、订货会和各种民间茶事活动。

商贸服务产业 2020 年，城厢镇推动金融服务、酒店住宿、休闲娱乐、设计咨询、中介服务等商贸业发展，城区宝龙城市广场、基弘城市广场、澳门街等小型商业区，永隆国际酒店、斯贝斯酒店、维也纳酒店、艺筑酒店等酒店行业，金融行政服务中心金融商务、中介服务行业稳定发展，为区域经济发展奠定基础。

家居工艺产业 2020 年，城厢镇聚集英发、聚丰、富华、格美等工艺龙头企业，在光德村坐落着中国家居工艺城，形成家居饰品、花园用品、茶文化工艺品、LED 应用工艺品和实木艺术家居 5 个系列产品，涵盖研发设计、生产加工、物流贸易、电商销售等产业链条，工艺业年产值位居全县前列，是安溪“东茶西艺”中的藤铁工艺经济圈。

柿饼加工产业 光德村有 2 个柿饼加工合作社，80 余家农户从事柿饼加工，年产柿饼约 37.5 万千克，产值 2500 万元，产品畅销国内及东南亚各国，柿饼产业获新华网等媒体报道。

世界藤铁工艺之都——码雅文化园　2020年，城厢镇规划建设世界藤铁工艺之都——码雅文化园，在码头村以藤铁工艺为主要元素对兴格公路（码头段）沿线1.5千米房屋及周边环境进行整体提级改造，实施整体街区改造、基础配套建设、田园风光改造、流域综合整治、招商引才引智等子项目，改造总面积约38万平方米，打造一个集藤铁工艺展示、家居文化体验、休闲娱乐购物等于一体的家居工艺文化园。

【精准扶贫】

2020年，城厢镇全年拨付各级扶贫资金427.4万元帮助贫困村建设基础设施、贫困户发展产业，为40户贫困户实施住房改造提升工程，为130户贫困户安装楼梯扶手，投入20多万元为472户（含脱贫享受政策）贫困户饮水进行水质检测，全镇246户贫困户830人实现稳定脱贫。全镇唯一建档立卡贫困村（上营村），获评“泉州市乡村振兴试点村”。

【乡村振兴】

人居环境整治　2020年，城厢镇以“推进人居环境整治，打造宜人宜居家园”为导向，实施“一革命四行动”，拆除“两违”搭盖40多处、旱厕4200多座、养殖棚圈1041个，清运垃圾35400吨，整治裸房167栋，推进“天网规整”1.9千米，经岭村、经兜村入选“山旅岩田、幸福兜岭”市级乡村振兴示范线，经岭村获评县级“乡村振兴实绩突出村”。

基础设施提升　2020年，城厢镇聚焦各村环保基础设施薄弱环节、改造重点，实施村居主干道建设约6千米，有序推进2个公路“白改黑”项目17千米，选址新建6座公共环保公厕，建设大坑溪污水处理站2座，将砖文、路英、员宅等4处污水排放点全部接入市政管网进行统一收集。推进经兜村“渊兜水乡”项目，建设雅兴溪码头段生态河堤1.2千米，规划打造占地面积1645平方米的水保公园1个，优化河畅水清生态环境。

森林生态建设　2020年，城厢镇完成封山育林500亩、森林抚育3150亩，中心城区一重山景观提升100亩，建设乡村生态景观林3个村32亩，其他类型植树造林139亩，提升森林生态功能。

【社会事业】

2020年，城厢镇加速推进辖区9个在建教育项目，安溪第十七小学、安溪第十七幼儿园、安溪第二十八幼儿园、安溪第七幼儿园、沼涛中学艺术楼等投入使用，金火完全中学基础设施完善、光德中学扩建、永安小学扩建、安溪第九小学扩建、华侨家居工艺校企实训基地建设等教育项目推进，带动教育均衡发展，缓解城区“就学难”问题。

【基层组织建设】

基层善治　2020年，城厢镇推广社区“近邻”党建，全面推进落实党员楼长、党员街巷长制，创新设立15个“730”议事厅，以茗城社区为样板推行社区“大党委”运行机制，健全“人大代表＋联动服务机制”、“民情茶室＋协商协调机制”、“党员网格＋联络服务机制”、“红色乡贤＋参事议事机制”、“法律顾问＋矛盾化解机制”，构建法治、德治、自治基层治理体系，提升基层党组织服务质效。

队伍建设　2020年，城厢镇落实干部培养主体责任，以村级换届选举为契机，选举61名村级后备干部，开展科级及以下干部平时考核工作，试点推广干部画像评价系统，推行重点项目挂图作战机制，开展3次村主干季度拉练，实施村级班子及村干部积分制考评办法，差异化绩效考评杠杆作用。以泉州市“港湾计划”和县配套人才政策为支撑，衔接辖区涉茶企业、家居工艺企业等主导产业，加大政策宣传引导力度，将外部人才引入主导产业，挖掘培育内部人才，现辖区内有家居工艺类人才7人、涉茶类人才21人。联合县金融办、人社局举办“人才助力兴产业·银企对接焕活力”暨“迎国庆　庆中秋”高层次人才沙龙活动，心贴心解决人才需求，面对面解答金融服务难题，为1—3层次人才颁发纪念奖杯，营造尊才爱才氛围。

【入选淘宝镇】

2020年，城厢镇获评中国淘宝镇，辖区内的过溪村、砖文村、仙苑村3个村获评农产品百强淘宝村，雅兴村、同美村、勤内村、光德村、仙苑村、员宅村、中标村、砖文村、玉田村、过溪村、涝港村、土楼村12个村获评淘宝村，占全县淘宝村总数（36个）的1/3。

（陈文锋、王智腾　陈生来）

·参内镇·

【概况】

2020年，参内镇农林牧渔总产值10818.49万元。其中，农业产值5386.49万元，林业产值142.64万元，畜牧业产值4115.13万元，渔业产值83.23万元，农林牧渔服务业产值1091万元。财政总收入2.11亿元，一般财政收入1.46亿元；完成固定资产投资46.8亿元，同比增长16.3%；规模以上工业产值9.39亿元，同比增长7.1%；商品销售总额完成3.96亿元，同比增长8.4%；社会消费品销售额2.30亿元，同比增长13.8%。

【项目建设】

2020年，参内镇实施41个县级重点项目，全年完成投资35.93亿元，增长2.6%。坚持“支部包迁、党员带迁、姻亲帮迁、安置促迁”工作法，征迁房屋236栋107138.25平方米，征地909.033亩，保障一批基础设施和重点项目建设用地。2020年在“拔钉清障”专项攻坚中，拆除遗留5年以上“硬骨头”37栋12250平方米，扫清一中城东校区、参洋一号路、跃进桥片区改造工程等10个项目历史遗留问题。参岭隧道全线贯通，东三环、外环路开工建设，城市交通骨架内联外畅。

【招商引资】

2020年，参内镇围绕产业布局、城市发展，综合运用园区招商、以商招商、协作招商等方式，开展大招商、招大商活动，不断增强发展后劲。2020年引进珍珠酒店、万家利洁具、尔约阀门等7个项目，引进项目总投资25.5亿元，涉及水暖业、服务业、旅游业等领域。

【新农村建设】

2020年，参内镇实施乡村振兴战略，创建田底岩前示范线路建设，抓好“一革命四行动”，策划推进涉及产业发展、基础设施、水土保持、村级卫生等领域的项目28个，拓宽群众增收渠道，壮大村集体经济收入，建设宜居宜业美丽乡村。2020年，新建农村公厕3座，户厕无害化改造500户，整治鸡鸭猪圈7000平方米，拆除旱厕1538个，完成107栋房屋平改坡建设；12个村政收入均达20万元以上，3个村超50万元，1个村超100万元；田底村被评为省首批“高级版绿盈乡村”，岩前村被评为县“乡村振兴实绩突出村”。

【精准扶贫】

2020年，参内镇落实“两不愁三保障”，完成贫困边缘户住房重建3户、建档立卡贫困户住房修缮工程3户，为辖区贫困户建楼梯扶手和电线套管，通过产业发展、增加公益性岗位、推荐就业等增加贫困户收入。争取各级资金70万元，助力建档立卡贫困村镇中村完成路灯工程、机耕路硬化等美丽乡村建设项目；争取各级帮扶资金125万元，助力贫困边缘村坑头村入股县乡村振兴大楼建设项目及绿优源生态农场项目、御果园生态农场项目，增强造血功能。

【特色产业】

2020年，安溪万达广场154个品牌入驻，全年日均客流量1.8万人，销售额达到3.1亿元；红星美凯龙入驻品牌达149个，全年日均客流量130人，销售额达到7000万元，两大综合体串联茶博汇形成区域现代商贸中心。溪禾山·铁观音文化园建成投运，年年香茶庄园、绿色黄金茶庄园和普陀山完成扩建，成为茶乡旅游新网红景点。

【社会事业】

2020年9月，安溪县第十六幼儿园开始招生，新增学位480个；启动安溪县城东第二实验小学、第二实验幼儿园建设，着力缓解城东片区学位紧缺的短板问题。城镇低保实行动态管理，做到应保尽保，全年全镇医保参保率96.69%。

【平安建设】

2020年，参内镇开展“强基促稳”三年行动，推进扫黑除恶专项斗争、赴境外诈骗流出地专项整治，多元调解矛盾纠纷，构建更高水平平安参内，群众安全感、幸福感、获得感得到提升。全年核查处理涉黑涉恶案件3起，抓获涉黑涉恶犯罪嫌疑人8人，其中逃犯6人；抓获涉嫌电信诈骗26人，其中逃犯14人；排查矛盾纠纷133件，调解成功131件，成功率98.49%。

【基层组织建设】

2020年，参内镇落实《中国共产党支部工作条例（试行）》，推进“海丝先锋”达标创星专项行动，抓实“三会一课”、主题党日、党务公开等基层党建工作，推动基层党支部规范化、标准化建设。开展3期拉练活动，组织镇村干部到晋江市和凤城镇、城厢镇、尚卿乡等地，学习基层党建、乡村振兴、安全生产等方面经验、做法。在湾美社区创建“好邻里”党群微家党建品牌，投入30万元建设网格综合协调指挥中心，整合域内25名党员街巷长及楼栋长、6个志愿服务组织、6个共建单位、1家小区物业等力量，开展“微阵地”“微治理”“微课堂”“微服务”等活动，构建“好厝边一家亲”新家园，该模式入选“泉州市近邻党建案例”。整合镇直机关、企事业单位、学校等31个成员单位，成立“青云联盟”青年学习交流会，每期设立1个轮值召集单位，举办各类活动9期、“青云之声”1期，参与人数653人次，青年参与到理论宣讲、基层治理、志愿服务等领域。

【参内举行撤乡设镇揭牌仪式】

2020年6月28日，福建省政府下发《福建省人民政府关于安溪县参内乡长坑乡行政区划调整的批复》，同意撤销安溪县参内乡、长坑乡，设置参内镇、长卿镇，区划调整后行政区域不变，政府驻地不变。7月14日，泉州市政府下发《泉州市人民政府关于安溪县参内乡长坑乡行政区划调整的批复》，同意

2020年8月10日，县政府县长吴毓舟（右）为参内镇政府授牌（刘伯怡摄）

撤销参内乡，设置参内镇，行政区域不变，政府驻地不变。8月10日，安溪县举行参内乡撤乡设镇授牌授印仪式，县委、县人大常委会、县政府、县纪委监委、县人武部主要领导为参内镇党委、人大主席团、政府、纪委、人武部依次授牌、授印。8月24日，参内镇举行撤乡设镇揭牌仪式，县委副书记庄稼祥，县委常委、人武部部长赵超群，县人大常委会副主任黄明哲、县政府副县长林毅敏出席。仪式上，参加活动的县领导分别为中共参内镇委员会、参内镇人民政府、参内镇人民代表大会主席团、参内镇纪律检查委员会、参内镇人民武装部揭牌。

（肖程炜　王焘宗）

·魁斗镇·

【概况】

2020年，魁斗镇农林牧渔总产值12095.51万元。其中，农业产值6240.79万元，林业产值65.48万元，畜牧业产值4375.1万元，渔业产值57.14万元，农林牧渔服务业产值1357万元。全镇财政总收入3016万元（包含上级下拨专项资金），同比减少9.81%；一般公共预算收入800万元，同比减少8.67%，地方财税收入438万元，固定资产投资36284万元，规模以上工业产值99200万元。

【项目建设】

2020年，魁斗镇做好项目保障，推行党政领导挂钩重点项目制度，建立项目进度台账，做好对接，抓好项目督查落实。协调魁星安置小区控规问题，年底完成任务。解决兴泉铁路安置地生态蓝线、基本农田保护区等问题，完成放样工作。推进兴泉铁路安置地建设、魁星大厦、贞洋村村民建房统建区、俊宇建材项目、臻泰新型建材生态砖项目、名安科研体验园、“红色安溪”旅游项目、恒源旅游综合体项目8个县级重点项目。

【招商引资】

2020年，魁斗镇签约项目4个，总计划投资6.8亿元，即福韵文化创意园，计划投资4亿元；华胜沥青混凝土生产基地，计划投资1.1亿元；名安科研体验园，计划投资1.2亿元；高分新才橡塑制品生产项目，计划投资0.5亿元。意向投资汽车车衣和窗膜生产项目，预计投资3.5亿元；温泉度假村项目，预计投资2亿元。

【精准扶贫】

2020年，魁斗镇抽调镇村干部15名，成立3个自查评估工作组，9月4—12日对辖区内的55户贫困户（其中18户脱贫）、6户“一键报贫”对象、1个贫困村进行全面自查评估。“两不愁”方面。全镇55户贫困户2020年家庭人均纯收入达到全县贫困户收入标准线（1.3万元），达到稳定脱贫标准。贫困户收入稳定，不存在低于扶贫监测线（7920元）可能返贫的风险。全镇贫困家庭义务教育阶段适龄儿童20名，不存在辍学情况，享受营养餐13人，生活补助8人，学杂费减免18人，学前幼儿资助6人，雨露计划5人，社会帮扶3人。全镇55户贫困户188名贫困人口，全部参加城乡居民基本医疗保险，镇政府为该对象购买大病补充医疗保险。全镇9户贫困户享受易地扶贫搬迁政策，9户贫困户享受过危房改造或住房修缮等政策。55户贫困户住房安全皆有保障，其中48户现有住房安全鉴定A级，7户现有住房安全鉴定B级。

【乡村振兴】

2020年，魁斗镇以大项目建设为支撑，加快产业振兴。强化项目保障，抓好项目督查落实。突出项目推进，统筹推进兴泉铁路（魁斗段）4个安置区（大岭、蓬庭村、鲁藤、钟山）与魁星安置小区建设。强化招商引资，开展“大招商、招大商”活动，联系魁斗在外乡贤，鼓励回家乡发展。以生态文明为引领，加快生态振兴。推进河长制工作落实，落实专职河管员3名，对全镇2个小型水库及11个山围塘，形成逐级负责、环环相扣、责任到人、不留盲点的河湖管理保护体系。加快溪河治理项目建设，完成道路绿化13.2千米，硬化10.5千米，栽植绿化树1200余株，完成河道疏浚2.8千米，岸坡护砌2.6千米。以培育文明乡风为魂，加快文化振兴。实施文化惠民工程，发挥地域文化资源优势。

【社会事业】

基础设施　2020年，魁斗镇投资30万元，建设水利、交通等基础设施，充实14个村（场）自然灾害避灾点的物资配备；投资228万元，完成溪东大坝头小流域治理和溪东龙头至魁斗溪岸整治工作；投资932万元，完成镇区自来水厂主体建设，完善魁斗村、尾溪村供水支网建设，解决全镇农村安全饮水问题；投资1000万元，完成公路硬化5.56千米、拓宽1.5千米、公路安保工程建设12.3千米、农村公路水毁工程修复3处、错车道21处、国省道沿线路口预警示系统25处。

社会保障　立足应保尽保的原则，落实民政救助和社会保障政策，做好农村低保、“五保”、残疾人员、特困人员等社会救助资金发放工作。全年，全镇农村低保户209户339人，城市低保户4户6人，特困23人。全镇临时救助、医疗救助69人，救助金额37万元。开展“敬老传美德，知茗树新风”志愿服务活动，包括24个乡镇及29个服务点负责人、新闻媒体，为到场的206位老人提供公益服务，发放爱心大米。

环境整治　全镇建设7座农村公厕，确保农村卫生厕所普及率100%，杜绝“摆设农厕”；完成贞洋村、镇西村、魁斗村等3个行政村的绿盈乡村评审工作。全镇完成造林绿化面积355亩、新封山育林461亩、一般森林抚育2600亩、新建绿色村庄1个（凤山村）。全年未发生森林火灾。

【平安建设】

2020年，魁斗镇对全镇突出的信访问题和矛盾纠纷及隐患逐件分析。全年排查各类矛盾纠纷114件，平台录入114件。总信访件86件，办理86件，办结率100%。研究制定实施《魁斗镇打击治理电信网络新型违法犯罪“断卡”行动工作方案》《魁斗镇打击治理电信网络新型违法犯罪“断卡”行动工作考核办法》《魁斗镇持续深化赴境外诈骗流出地整治年工作考核奖惩办法》等工作方案，将各项工作逐条细化分解，责任到岗到人。全年破获电信网络违法诈骗案件11起、摧毁诈骗团伙3个、抓获诈骗犯罪嫌疑人30人（现行19人、逃犯11人），打击处理非法出入境3人，逮捕或起诉1人。

全年刷写张贴、滚动播放扫黑除恶宣传标语等1800条，向全镇群众发放宣传短信21万条，发放扫黑除恶宣传资料计1万余份。摸排线索，将扫黑除恶与治乱结合，打击电信网络诈骗暨赴境外诈骗窝点流出地整治及治安案件多发区域整治作为重点进行综合治理。全年侦破2起涉黑涉恶案件，抓获犯罪嫌疑人9名（其中逃犯7名、刑拘2名）。

【基层组织建设】

2020年，魁斗镇推进领头雁示范引领工程，每季度开展一次村主干“拉练”活动，提升全镇“村级带头人”履职能力和综合素质。把好党员入口关，注重从镇直单位、村级后备干部、诚信致富带头人等优秀人才中发展党员。全年发展党员9名，培养入党积极分子21人，开除党籍6人，党内严重警告处分1人，优化全镇党员结构层次。

（林晓毅、陈珍珍　李文师）

·蓬莱镇·

【概况】

2020年，蓬莱镇农林牧渔总产值40884.57万元（现行价），比上年增长5.46%。其中，农业产值26916.02万元，增长4.23%；林业产值554.28万元，增长27.55%；畜牧业产值10533.65万元，增长7.89%；渔业产值167.33万元，增长1.0%；农林牧渔服务业产值2713.29万元，增长5.13%。规模以上工业产值12400万元，增长86.9%；500万元以上非农户固定资产投入165000万元，增长61.8%；农村居民年人均可支配收入19653元，增长8.8%。

【项目建设】

2020年，蓬莱镇实施县级重点建设项目16个，年度总投资9.1亿元；引进丰正生态综合养殖场等7个招商引资项目，投资总额10.4亿元；完成“拔钉清障”项目5个；对接成立安溪县云鹤电商产业园规划建设领导小组，完成征地300亩；有序推进联四线项目征迁，完成清水岩隧道两侧1.5千米先行工程500多亩土地征用；清水岩温泉度假山庄一期主体工程开工建设；扎实推进清水岩至清水石镜山景区公路、鹤厅公路、岭南至鸿福、岭南至上东、上西至龙居等11条公路提级改造项目；清水岩获评国家级“海峡两岸交流基地”，清水祖师大型露天造像修建获国家宗教局批准。

【精准扶贫】

2020年，蓬莱镇落实贫困户“两

2020 年，联四线铁观音隧道航拍图（蓬莱镇供图）

不愁三保障”和饮水安全等工作，认领扶贫领域专项巡察问题清单，抓好整改，疫情防控期间，及时摸排受疫情影响务工贫困户 28 人，下发帮扶资金 2.8 万元，并协调解决就业问题；结合住房安全，对 4 户贫困户房屋进行重建，修缮 10 户房屋；全镇 4 个建档立卡贫困村、419 户 1232 名贫困户实现脱贫目标。

【乡村振兴】

2020 年，蓬莱镇增加村财政收入。成立福建省安溪县莱利投资发展有限责任公司，依托中化石油龙居综合服务点、安溪县云鹤电商园等项目，以村居入股形式，增加村财政收入，全镇所有村村级集体收入均超过 10 万元。发展全域旅游。依托清水岩景区，串联周边景点，抓好清水岩度假山庄、清水岩景区提升工程、清水石镜山景区、上智朝圣茶旅古村落、芹山古村落康养民宿、登虎榜红色基地等旅游项目，推进蓬莱全域旅游建设。打造美丽乡村。开展人居环境综合整治，落实河湖长制、山长制，开展“碧水清河”活动，完成蓬莱溪安全生态水系、晋江防洪堤、镇区污水处理厂配套管网综合整治等项目建设，全面整治旱厕和鸡鸭猪圈，新建改造 15 座农村公厕，延伸修复建设 1.7 千米污水管道，完成彭格村厦沙高速旁 45 幢农房“平改坡”工程，吾邦等 6 个村被评为省级美丽乡村，彭格村、蓬溪村分别被列为省、市乡村振兴示范村。

【社会事业】

2020 年，蓬莱镇在疫情防控方面，落实疫情防控各项措施，有效阻断疫情传播，被县委评为疫情防控先进单位。文化宣传方面，制定旅游总体规划，对清水岩、水美宫等物质、非物质文化遗产进行宣传；开工建设蓬莱侨乡博物馆；做好韩德土楼、白头格百年古民居群等处古建筑日常维护工作，定期检查整治李光地之墓等文物保护单位周边环境。教育事业方面，新建蓬莱中心幼儿园，举行清水祖师慈善会助困、奖学奖教发放仪式，提升教育教学质量，2020 年中考 600 分以上的 2 人，高考成绩 620 分以上 4 人。

【平安建设】

2020 年，蓬莱镇开展“平安蓬莱”创建工作，开展扫黑除恶专项斗争暨赴境外窝点作案人员流出地专项整治活动。推进“房屋安全大排查大整治”“安全生产三年行动”“强基促稳三年行动”等工作，排查房屋安全结构 18955 宗，存在的 63 宗隐患均完成处置，对“三合一”场所、校园周边等重点场所开展消防安全、道路交通安全等综合整治；强化应急演练，完善村级避灾点规范建设；深化“互联网 + 社会治理”行动，抓好禁毒整治、信访、“七五”普法等工作，社会保持安定稳定。

【基层组织建设】

2020 年，蓬莱镇围绕基层党建工作重点任务，做好基层组织建设。结合村主干季度“拉练”学习活动，分批分类型组织村干部轮训；建立“多对一”后备力量结对培养机制，加大后备力量培训培养力度；在党支部书记党建述职评议考核中，重点突出支部书记抓支部建设情况。落实“四议两公开”、村级民主议事协商等制度；推行“阳光党务村务财务”微信小程序的运用；推广民情茶室等党群服务中心功能的使用；在鹤厅村、上西村和清水岩大道醒目位置建设党建文化走廊，营造党建引领农村治理氛围。强化软弱涣散村整顿提升，成立整顿工作小组，选派第一书记，实施“先进带后进”结对帮扶制度，由蓬溪村等 3 个先进村帮助上智村等 3 个后进村。

（陈志坤　上官庚良）

· 金谷镇 ·

【概况】

2020 年，金谷镇农林牧渔总产值 36966.75 万元。其中，农业产值

29619.63万元；林业产值155.13万元；畜牧业产值6039.56万元；渔业产值93.43万元；农林牧渔服务业产值1059万元。实现农业生产总值4.27亿元，同比增长3.5%；完成规模以上工业产值4251万元，同比增长14.1%；完成地方级财税收入384万，同比增长7.6%；农民年人均可支配收入1.85万元，同比增长5%。

【项目建设】

2020年，金谷镇新续建项目21个，其中县级重点项目共4个，分别为金荣园林度假康养基地、溪榜村红色文化广场（一期）、安溪九中学生公寓及运动场、东溪中学建设项目。其中除安溪九中学生公寓由于涉及学校择址新建进行调整外，其余均按进度完成投资，全年完成投资1.90亿元。

【招商引资】

2020年，金谷镇提前谋划出旅游观光、休闲农业等招商引资项目10个，栽好梧桐引凤凰。全年签约安溪铁观音“非遗”智造（初制）工厂、安溪咕咕米雨伞研发生产基地、春田（福建）智能空调及智能果蔬烘干机生产项目、大贡家庭农场改扩建等4个项目，总投资7.55亿元，完成年度计划125.83%。

【精准扶贫】

2020年，金谷镇围绕“两不愁三保障”突出问题，实施教育、医疗、产业、就业、住房、低保等帮扶措施，防返贫、控新贫、稳脱贫机制得到落实。全年为建档立卡贫困户加装扶梯1527米，全镇350户1274人建档立卡贫困户全部脱贫，金谷镇获得“2020年度全县脱贫攻坚先进单位”称号。

【乡村振兴】

环境整治 2020年，金谷镇以人居环境整治为2020年度乡村振兴工作的重点，全面完成全镇1451个“炸碉堡”的旱厕改造工作任务；投资800多万元建成镇区生活污水处理设施1座、新建公厕4座、改造公厕10座；实施农村户厕改造110户。全年环境卫生考评位列全县第二、市县综合第七的好成绩。河美村被确定为省级乡村振兴试点村，丽山村获评县级乡村振兴实绩突出村。乡村振兴年度考评，河美村、丽山村均获得优秀等次，金谷镇获得“2020年度全县乡村振兴先进单位”称号。

2020年11月10日，县委书记高向荣（右四）一行调研金谷镇片区改造（刘伯怡摄）

生态治理 2020年，金谷镇全面推进“河长制”“山长制”工作，瞄准畜禽养殖污染、水土流失等重点领域，开展“两违”专项整治和小流域综合治理。全年收缴销毁非法捕鱼船35只，拆除养殖违建56处4580平方米，其中河道两侧鸡鸭养殖栏整治32处685平方米，全年完成造林绿化646亩、封山育林1005亩、森林抚育2389亩。该镇河道专管员吴丁财获得“2020年度泉州市最美河道专管员”称号。

村财增收 通过盘活资产资源、成立股份经济合作社等增收模式，逐村制定村财增收方案，促进村集体经济发展。全年全镇24个村全部实现村财收入10万元以上，其中15个村收入20万元以上。

【特色产业】

2020年，金谷镇推进退茶还蔬还林还果，发挥渊兜蜜柚、溪榜紫薯、河美鲜切花、汤内菌菇等特色产业示范带动作用，推行“一村一品”，发展特色产业，促进群众创收致富。8月8日，镇长直播带货，部分农特产品获得抢购，视频点击量高达85万人次。温文溪安溪铁观音制作技艺传习所获得全国优秀创业创新项目。

【社会事业】

教育 2020年，金谷镇整合资源，加大教育投入，全年投入资金2300多万元，完成东溪中学教师宿舍楼、东溪幼儿园二期及操场围墙工程、陈利职校标准塑胶运动场、陈利职校实训基地等项目建设，芸美小学获评省级乡村温馨校园。加强教师队伍建设，提升教育教学质量，2020年全镇有22名学生被安溪一中高中部录取。

文化体育 金谷镇加快国家公

共文化服务体系示范区创建工作，投入资金860多万元，建设红色教育基地红色广场及高速出口景观提升工程，新建汤内、华芸、尚芸、河美、大演、渊兜各1个及中都2个共8个村级文体广场，安南永德苏维埃政府旧址入选省级文物保护单位。

公路交通方面 金谷镇致力镇、村两级公路建设，投入资金110多万元，完成金溪公路修复4.4千米；投入资金200多万元，完成双坑口中桥建设工程；投入资金270多万元，建设乡道安全生命防护工程23千米；投入资金300多万元，完成檀林岩等公路改造提升工程1.4千米；完成大三环联四线征地50余亩。

社会保障 金谷镇全年发放城乡低保、特困人员、残疾人等保障金630万元，为全镇1482人购买残疾人意外保险。投入资金近100万元，完成美洋、景坑、田头等5个农村幸福院项目建设。成立金谷镇汤内村慈善会，认捐资金近100万元。抓好征兵及民兵整组工作，金谷镇获评2020年度全市征兵工作先进单位。2020年全镇医保征缴率95.37%，健全社会保障体系。

精神文明 金谷镇发挥镇道德模范协会、扶贫开发协会、爱心公益协会、老党员服务站的作用，弘扬社会主义核心价值观，推行"喜事新办、丧事简办、神事不办"，全镇社会风气向好向善，河美村李增景获得"全国敬老爱老助老模范"称号，景坑村温文溪获得"全国优秀农民工"称号、温国春获得"泉州市移风易俗带头人"称号。

疫情防控 金谷镇组织动员全镇广大党员干部群众，准确把握国内外疫情防控的阶段性变化，落实"外防输入、内防反弹"的防控策略，应对新冠肺炎疫情防控，统筹复工复产，筑牢疫情防线。

【平安建设】

2020年，金谷镇推进平安创建工作。信访化解方面，组织设立信访评理室，创建矛盾纠纷多元化解中心，探索信访评理工作模式，多元化解群众矛盾纠纷，《福建法治报》对该镇信访评理工作模式进行专题报道，该模式也获得县委主要领导肯定并作出批示。平安建设方面。开展清村巡山行动，震慑电信网络诈骗和预防毒品犯罪，推进扫黑除恶专项斗争，营造和谐稳定社会环境。开展"平安村居"创建和学校周边治安环境整治，强化重点行业领域整治。提高地质灾害监测水平，完成金山村全省首批地质灾害自动化监测预警系统安装工作。

【基层组织建设】

2020年，金谷镇挖掘安南永德苏维埃政府旧址、莫耶故居等红色文化资源，在溪榜村建设红色教育基地。该项目一期包括红色文化广场以及东溪高速出口沿线红色景观提升工程，总投资650万元。至年底，红色文化广场建成完工，东溪高速出口沿线红色景观提升工程基本建设完工。该项目二期包括安南永德苏维埃政府旧址及莫耶故居提升工程，预算投资630万元，至年底完成初步提升方案设计。投入50多万元，在省级乡村振兴示范村河美村建成长208米的党建文化长廊，将新时期的党建文化融入自然景观。建成元口点离退休干部和老党员服务站、芸美点老年学校。元口点老党员服务站获评泉州市离退休老干部党建典型示范点。推进领头雁示范引领工程，多次带领镇、村两级干部前往五里街镇等地开展"拉练"暨主题党日活动，推动镇村干部基层治理、带动发展能力再提升。

【片区改造】

2020年，金谷镇以安溪九中新校区建设为抓手，以定明院、粮站片区集中安置改造为先导，实现镇区的整体改造。安溪九中新校区按30个教学班进行规划设计，总占地面积52.65亩，总用地面积约7000平方米，总建筑面积约2.6万平方米，总投资约1亿元，建成后可提供1500个学位。截至2020年底，完成规划设计方案定稿、全部土地征用任务、运动场土地平整、局部土地利用总体规划调整方案以及镇区的控制性规划方案评审等工作。

（李艺芳、柯伟源　杨进宝）

·湖头镇·

【概况】

2020年，湖头镇农林牧渔总产值23463.78万元，比上年增长10.12%。其中，农业产值15639.57万元，林业产值94.93万元，畜牧业产值6830.92万元，渔业产值108.36万元，农林牧渔服务业产值790万元。规模以上工业产值217.58亿元，增长4.5%；500万元以上非农户固定资产投入46.78亿元，增长-2.5%；居民年人均可支配收入26224元，增长8.9%。

【项目建设】

2020年，湖头镇推进65个重点项目建设，年度计划投资78.63亿元，完成投资80.45亿元，完成年度计划投资102.32%。其中，湖头养老院改造、福井埔地灾点治理、阆湖博物馆提升、湖头第五中心小学建设等项目建成，X317湖头后溪至仙都、汤头至美食园公路等道路改建工程建成投入使用，湖头环城路建设进展顺利，完成湖头福邦硅灰石系列产品深加工项目厂房框架、道路基础。完成地磅、机械安装、围墙砌筑；慈山农业学校实训综合楼建设项目地下室基础基本完成施工。

【招商引资】

2020年，湖头镇开展“以商招商、精准招商、产业链招商”，做好“妈妈式”服务，引进9个招商项目，总计划投资32.7亿元，其中超亿元项目8个，分别是泉州市种境能农业有限公司建设项目、湖头湖之头村米粉生产项目、湖头福邦硅灰石系列产品深加工项目、安溪绿色建筑产业园项目、湖头新能源汽车公交场站、湖头倍便利智能科技有限公司建设项目、湖头太阳星新能源科技有限公司建设项目、北京品轩装饰材料有限公司福建分公司建设项目。

【历史文化名镇建设】

2020年，湖头镇实施湖头历史文化名镇工程、湖头特色文化文物示范村镇工程，湖头古镇保护开发有限公司投入运营，李光地宅和祠（新衙、旧衙、贤良祠）等国家保护单位修缮及展示利用工程方案完成，向上争取资金。推进问房大厝修缮工程，问房大厝之附属建筑盘屿厝保护修缮工程开展招投标。投资350万元对阆湖博物馆改造提升，将博物馆二层专设为李光地政德文化展示厅，辅以沉浸式空间、全息式投影等现代声光电技术，展示李光地政德文化精髓，充实党员干部教育培训内容。编制省级文保电气线路整改提升方案，完成“湖头大成祖宇”“李氏家庙”“景新堂”等3个省级文保单位的电气线路整改提升，对20个县级以上文物建筑单位安装智慧用电系统，降低文物建筑火灾安全隐患。

【精准扶贫】

2020年，湖头镇巩固提升“两不愁三保障”以及饮水安全。湖头镇430户1459人建档立卡贫困户稳定脱贫。通过生活补助、就业帮扶、产业帮扶等方式帮助贫困户平稳“度疫”。为247户建档立卡贫困户发放生活补助金32.44万元。为111户建档立卡贫困户家庭安装过滤净水器，山都村21户、下坑村5户贫困户家庭全部纳入农村饮水安全村级工程。2020年10月，湖头镇扶贫开发协会被授予省级社会扶贫先进集体，12月在福建省委、省政府扶贫开发工作成效实地考核中，考核组对湖头镇扶贫工作给予肯定。

【乡村振兴】

2020年，湖头镇推进试点建设。推进省级试点村——山都村建设，打造乡村振兴“山都路径”，高质量编制村庄规划，完成亮化工程、独立公厕、文化广场、景观提升等基础设施建设；借助裴氏文化祖厝，结合“幸福院”，建设裴氏家风家训学堂，传承裴氏宰相文化、家训家诫和廉政文化，实现祖厝“育幼养老”两不误。培育产业支撑。推进“产业+”乡村振兴，培育和扶持各村特色产业，山都、后溪、横山等村联合成立湖头镇荔枝发展协会，对湖头米粉等小吃制作加工进行常态监管，确保产品质量，从根源上保护湖头小吃品牌。参与县“茶乡乐购，品鉴好货”直播带货活动，搭上“网红快车”，挖掘、提升湖头特色农产品品牌价值。增加村财收入，立足产业基础、资源条件、地理位置等实际条件，实施产业带动型、资源开发型、物业租赁型、资产盘活型等多种发展模式，增强造血功能；规范运营管理村级“物业管理有限公司”，因地制宜扩大经营管理项目，将村级事务落实与村集体经济增收协同发展，助推村财收入实现跨越提升，截至2020年底，湖头镇29个村集体经营性收入均达20万元以上。

【新兴产业】

2020年，湖头镇立足资源优势、产业基础，推进“四大园区”建设，促进建材冶炼等传统产业转型升级及光电高新、绿色食品等新兴产业发展。闽光钢铁产业园：三钢集团产能置换（泉州闽光部分）及配套项目料场扩容、汽车受料槽、预配料室、转运站、配电室土建厂房封顶，钢铁烧结厂房进行土建桩基、基础框架施工，引领企业向智能化转型升级，产业园全年实现工业总产值104.24亿元，纳税4.73亿元，全县第一。泉州芯谷安溪分园区打造光电产业集群，成为福建省最大最专业的LED高科技产业基地之一，形成产品涵盖“衬底芯片—封装—应用”的一条完整的光电产业链，天电光电生产项目新增红外线元器件研发项目，红外一条生产线，建立研发红外实验室，废气改造工程进行中。信达光电LED扩产项目部分产线厂房装修基本完成。园区实现产值突破82亿元，纳税1.42亿元。绿色食品产业园一期规划建设300亩标准化厂房、生产和检测中心及相关基础配套设施，控制性规划编制，通过技术评审，湖之头村等企业计划入驻。安溪2025产业园湖头区对三元集发水泥厂闲置土地“腾笼换鸟”，对现存工业用地进行收储、盘活建设，重点引进高端智能制造、再生资源等高新产业，锦龙金属、佳亿电力、恒佳铜业、安能实验室、恒兴集团等5家企业入驻，锦龙金属、佳亿电力、恒佳铜业等均开工建设，新能源汽车公交场站建成投产。

【社会事业】

2020年，湖头镇破解就学、就医、养老等民生难题，不断兑现扫黑除恶、平安建设、社会治理等民生账单，实施“四大民心工程”项目26个，不断改善民生福祉。持续擦亮古镇底色，宜居品质明显提升。投入1550多万元持续加强小城镇污染源综合治理，做好郭埔、上田、半山、汤头、山都等村小流域综合整治；抓好绿盈乡村创建工作，配套延伸污水管道15千米，做好“三清一改”等环境卫生整治工作，推进厕所革命，建设乡镇公厕1座、农村公厕13座，实现村级公厕全覆盖。完成对古镇内沟河大坝及水渠修复工程，引活水进镇区。增强古镇的“灵性”，完成造林绿化工作，造林绿化427亩、森林抚育2076亩、封山育林760亩。

【平安建设】

2020年，湖头镇推进平安湖头工作。疫情防控平稳，成立湖头镇疫情防控指挥部，构建镇、村（社区）、湖头医院、派出所联防联动协调机制，通过挂牌提示、鸣锣提醒、微信喊话等“土洋”结合方式，把好疫情防控“关口”。抓好复工复产、复学复课、复商复市等工作，生产生活秩序全面恢复；落实疫情防控常态化措施，认真对标对表上级有关要求，做好各项防控工作。安全生产常抓不懈，抓住房屋安全、危险物品和工矿企业、交通运输、自然灾害、消防安全、森林防火等重点，开展“地毯式”、拉网式、全覆盖排查；聘请第三方专业机构排查指导，堵住“不会查、不会改”的漏洞；联合公安、消防、执法等部门，行政处罚4起、传唤4人、行政拘留3人，罚款8100元。湖头镇排查出各类安全隐患问题1117条，全部整改完成。加强源头治理，建立镇、职能部门、村三级疑难突出信访问题包办责任制，提升各村（社区）调委会的工作水平，健全工作机制。加强法治建设，打造7个村级法律顾问示范点，实现“村村有法律顾问”。开展专项行动，开展扫黑除恶专项斗争，重拳出击电信网络诈骗违法犯罪活动。湖头镇全年抓获赴境外诈骗人员131人，刑拘84人，逮捕29名，起诉25名，摧毁团伙5个17人，缴获现金0.66万元。摸排上报黑恶势力线索5条，破获九类涉恶案件10起，刑拘15人，逮捕1人，起诉10人。

【基层组织建设】

2020年，湖头镇党委下辖41个党支部（29个村党支部、5个社区党支部、3个镇直党支部、3个社会组织党支部，1个机关党支部），党员2038名。落实党建主体责任，组织村（社区）主干到先进村、示范村及泉州市党内政治生活体验馆开展村主干“拉练”活动，提升村（社区）主干履职能力，发挥“领头雁”引领示范作用。以修缮、翻建等方式高标准推动桥头、宗城、前溪、汤头等8个村（社区）的组织活动场所规范化建设。整顿软弱涣散组织，对东埔村党支部存在问题实行台账式清单管理，研究制定整顿方案，下派优秀年轻干部担任第一书记，实现按期整顿转化目标。

“靶向”监督，新选定半山、横山、东埔、宗城等7个村（社区）作为靶向监督村，结合“民情茶室”实行“一站式”办公，接受群众咨询，现场为村民办事，定期在财务微信群公开收支情况。全年，10个靶向监督重点村只有1件信访件，同比下降100%。

构建宣传矩阵 湖头镇抓住疫情防控、安全生产、新思想新精神等重点，投入近200万元构建镇、村两级多领域、全方位、智能化宣传矩阵，在“湖头事”微信公众号发布文章551篇，总阅读量达61.3万人次；镇、村两级分发近4万张海报、近25万张宣传单和公告、近4万条群发短信等。湖头镇“学习强国”App学习情况均在安溪各乡镇排名前列，2020年12月获评2020年度全县理论学习先进单位。

聚焦特色亮点打造 湖头镇开展党建“三级联创”，与泉州市、安溪县纪委监委开展党建“三级联创”活动，推进4个帮扶项目建设，争取上级资金962万元。投资近350万元对阆湖博物馆进行改造提升。争取上级资金850万元推动X317线后溪至山都公路改建工程建设，项目全长2.59千米，宽14米，有效缓解交通压力。争取资金补助62万元开展下坑村水环境综合整治项目，包括河道整治、新建桥梁和建设小型污水处理站。争取补助资金50万元助推湖头医院医疗设备提升，购置带超声体外碎石机1台、肺功能测定仪2台，提高医院服务能力，打造人才幸福港湾。与泉州芯谷安溪分园区、闽光钢铁联合全力打造湖头人才港湾大环境，建立“党建+专干”人才服务体系，对接、落实人才项目申报工作，培育市级高层次人才42人，引进高水平高校毕业生11人，其中博士2人、硕士5人，推动“台湾人才之家”入选省首批人才驿站示范站；联合管委会依托园区服务中心及两侧配套闽南古厝，打造“湖头人才之家”及“台湾人才协会”新会址等，不断强化人才服务保障。创建省级示范支部。离退休干部党支部自我“加码”，将移风易俗劝导队“变身”为安全生产纠察队，在疫情防控期间，协助各村（社区）开展喜事停办、丧事从简劝导活动30余次；在安全生产大排查大整治中，开展安全生产纠察近20次，反映问题近100个，相关做法得到省、市、县相关部门肯定。7月，湖头镇离退休干部党支部获评省级示范党支部。推行党员楼（街、巷）长制。在5个社区全面推行党员楼（街、巷）长制工作，有效解决社区问题矛盾。

【跻身中国特色小城镇品牌第81位】

2020年4月，2020中国特色小城镇品牌传播百强榜发布会在人民日报社举办。对全国403个特色小城镇2019年12月30日至2020年4月16日数据进行标准化分析，发布前100名小城镇名单，湖头镇跻身百强第81位。

【《湖头镇志》编纂】

2020年，湖头镇开展《湖头镇志》编纂工作，初定以序、凡例、大事记、正文、附录、编后记为镇志编纂的主要内容，修志上限不限，下限至2020年12月31日，全书按照横分门类、纵述史实的原则，配合图表、照片。聘请第三方专业团队进行资料采集、志稿编纂等工作，于2020年12月进行招投标。

【首办荔枝文化节】

2020年7月4日，由湖头镇人民政府主办，湖头镇荔枝产业发展协会、湖头镇乡村振兴办承办的主题为“魅荔湖头·振兴乡村”的首届湖头荔枝文化节开幕式在湖头镇后溪村举办。活动为期1个月，举行湖头镇荔枝产业发展协会揭牌仪式、“我为湖头荔枝狂”带货直播、百年荔枝老树拍卖、荔枝现场采摘体验、魅“荔”湖头一日游等活动。后溪、横山、前溪、高山、埔美、山都等村联合成立湖头镇荔枝发展协会。开展拍卖的百年荔枝老树位于横山村大成庵背后，为晚荔，又名状元红，是湖头荔枝的典型代表。湖头乡贤苏伟雄最终以58800元竞得2020年荔枝采摘权。“我为湖头荔枝狂”带货直播为消费者提供直观、方便、安全的购物体验，提升湖头荔枝的影响力与知名度，完成3万份（箱）、300吨本地荔枝销量。

（吴晓斌　李瑞谦）

2020年7月4日，首届湖头荔枝文化节在湖头镇后溪村举办（湖头镇供图）

·官桥镇·

【概况】

2020年，官桥镇农林牧渔总产值33148.78万元。其中，农业产值19378.78万元，林业产值157.57万元，畜牧业产值13108.82万元，渔业产值166.61万元，农林牧渔服务业产值337万元。完成工农业总产值59.4亿元，规模以上工业产值49.63亿元，固定资产投资16.98亿元，一般公共预算总收入2.05亿元。

【项目建设】

湖里园　2020年，湖里园新引进企业5家〔泉州联合纸业有限公司、福建雅斯达智能科技有限公司、安溪县鑫泰塑料制品有限公司、厦门森纳电子有限公司、锋特（福建）新材料科技有限公司〕，进驻企业28家，其中，厦门富锦塑胶工业生产项目、福建欣省控实业有限公司、泉州君诺美建筑材料有限公司、泉州芸台科技有限公司、福建省健为医疗用品有限公司、福建海佳照明科技有限公司、厦门贯一食品有限公司、福建诚尔兴科技有限公司、福建珍长顺茶家居有限公司、福建宙泰科技有限公司、福建赢顺欣科技有限公司、福建合悦科技有限公司、安溪县鑫泰塑料制品有限公司等企业投产，欧叶自动化、小罐茶、明电实业、业盛电气、秦北消防等企业动工建设。

思明园　2020年，思明园新引进企业2家（泉州益学餐饮管理有限公司、苏州中莎电子科技有限公司），进驻14家，其中，牡丹饲料、吉福厨具、佶亿食品、古山医药、申兴商贸、启邦食品、大腾云茶业、芸茗茶业、峻源生物科技、益号茶业等11家企业投产；翔业厨卫进入工程收尾阶段，智途户外用品、恒桥纸箱开展厂房主体建设和室内装修。

南方水产城 2020年，南方水产城入驻企业5家，其中渔百惠食品厂房主体封顶，进行内外装修；万寿谷食品、安恒物流、腾龙水产开工建设；大发食品在办理施工许可证。

弘桥智谷（泉州）电商园 2020年，弘桥智谷（泉州）电商园入驻企业近百家，主要涉及茶叶、铁艺、家居、仓储物流等，年度交易额近10亿元，园区入驻率常年保持在90%左右。

【招商引资】

2020年，官桥镇谋划招商项目22个，总投资109.5亿元，签约14个，包括联合纸业卫生用品生产项目、弘桥温泉小镇、雅斯达智能科技生产项、福佳电子科技生产项目、鑫泰塑料制品生产项目、益学餐饮管理项目、融瑞家居用品生产项目、天裕复古家具生产项目、立邦机动车检测站项目、浩诺工艺品生产项目、森纳电子科技生产项目、亘川新型玻璃纤维增强复合管材项目、锋特超临界发泡弹性体新材料生产项目、中莎电子科技生产项目，总投资32.5亿元。

【精准扶贫】

2020年，官桥镇落实“一键报贫”受理机制，加强重点监测对象返贫监测预警，完成贫困户住房修缮加固；发放帮扶资金75万元，切实加强住房安全、控辍保学、医疗卫生、产业发展等各方面保障，全镇102户318人贫困对象稳定脱贫。

【平安建设】

2020年，官桥镇抗击新冠肺炎疫情，落实“外防输入、内防反弹”各项防控措施，全市首例输入性新

2020年，湖里园区党群服务中心落成（官桥镇供图）

冠肺炎确诊病例有效控制、没有扩散。推进扫黑除恶，立涉黑涉恶案件7起、破案7起，抓获涉黑涉恶犯罪嫌疑人12人；抓获涉诈犯罪嫌疑人94人。增强平安建设，落实安全生产责任制，开展各领域安全生产大排查大整治活动，排查整改各类隐患1595处。

【社会事业】

2020年，官桥镇推进科学、教育、文化、卫生发展，投入教育资金3229.15万元，安溪县第二十一小学一期工程、中心学校人行天桥建成投入使用，蓝溪中学体育馆进行室内装修；开展名医下乡，增设健康宣传栏和健康小屋，创建健康社区9家，新增体检点11个。完善社会保障，城乡基本医保缴费率98.91%，位列全县第一；落实城乡低保、特困人员、一户多残等对象3308人，发放补助金780万元；临时救助193人共78.58万元，实施6户住房困难残疾人户低保户安居工程。

【基层组织建设】

2020年，官桥镇发展村集体经济。探索多种发展模式，实施捆绑资金购买保本理财或大额存单、建设标准厂房出租、广告牌建设出租、组建村级物业公司、停车场经营管理和盘活各村资产资源等7个村财增收项目，29个村年底村集体经济收入均达20万元以上。助推提升园区党建水平。探索“党建＋人才”一体化工作模式，承办南翼新城“党建＋人才”工作座谈会、安溪县南片区村级后备力量培训班；促进推动党建与园区业务融合，推动成立“中共厦门泉州（安溪）经济合作区支部委员会”，建设落成湖里园区党群服务中心。实施农村党员分类管理，创新推行农村党员积分制管理，将在家党员和外出党员分类管理，实行按季度百分制考评；设立全县首家“爱心超市”，党员可凭积分到“爱心超市”兑换日常生活所需物品，所需资金由镇村统筹安排，提升党员党内活动参与率和服务大局服务群众意识。

（黄紫峰　冯福水）

·龙门镇·

【概况】

2020年，龙门镇农林牧渔总产值28989.01万元。其中，农业产值17775.42万元，林业产值254.74万元，畜牧业产值7109.28万元，渔业产值220.57万元，农林牧渔服务

2020年1月2日，福建省大成智能科技有限公司奠基仪式（龙门镇供图）

业产值3629万元。一般公共预算总收入3.03亿元，同比增长12%；一般公共预算收入1.55亿元，同比增长6%；全镇工农业生产总值113.54亿元，同比增长9.1%；规模以上工业产值108.8464亿元，同比增长8.7%；500万元以上非农户固定资产投入41.9447亿元，同比增长2.1%；全县城镇（农村）居民年人均可支配收入2.5574万元，同比增长6.2%。再次入围全国综合实力千强镇；龙门省级森林公园大龙门康养基地入选2020年第六批全国森林康养基地试点建设单位；获评2017—2019年度市级文明乡镇；乡村振兴现场会在该镇洋坑村召开；获评2020年度全县疫情防控、项目攻坚、招商选资、安全生产、乡村振兴等工作先进单位。

【项目建设】

2020年，龙门镇以小城市培育试点建设带动2025产业园、EC产业园、龙桥工业园发展，全镇实施县级以上重点项目45个，全年完成投资49.21亿元，完成计划投资111.20%。围绕企业用地需求，完成土地征收310.33亩，房屋厂房征收约7092.25平方米，坟墓征迁48座。坚持“高新”发展定位，逐步培育数字经济产业和高端装备制造产业，2020年招商选资新增签约项目9个，即将签约项目3个，在谈项目16个，超亿元以上招商项目完成任务比例150%、新引进项目投资总额完成比例147.8%。其中，中科数遥、中科曙光、中关村、中国电影资料馆等优质项目，成为数字经济发展的“头部引领”；臻璟半导体新材料氮化铝、华岭导膜法蓝宝石等前沿科技项目，填补国内行业空白。

【特色小镇建设】

2020年，龙门镇作为全国首批运动休闲特色小镇之一，规划乡村文化体育旅游项目，建设国家攀岩基地，举行市运会攀岩比赛；举行第三届乡村生态旅游节活动；建设梯田观光露营基地；建设全省首个“生态小院”，助力乡村振兴；完成7千米长生态水系建设，依仁溪人工湖拦水坝蓄水运行。完成环西大道起点桥梁工程、龙美公路提级改造路基工程、龙门培文大桥连接线拓宽项目，开工建设龙门南翼新城交通综合服务站、龙门镇信息大道至龙狮花园连接线道路，撑大小城镇骨架。厦门特房锦绣香里房地产项目封顶，新力水投帝泊湾和龙门天城等房地产项目火热建设。环境卫生2020年度县综合考评A类乡镇第一名；龙门省级森林公园大龙门康养基地入选2020年第六批全国森林康养基地试点建设单位。

【特色产业】

2020年，龙门镇茭白种植户从业人员近1万人，种植面积5050亩，亩均收入9000—13000元，主要销往厦门、泉州市区等地，占闽南茭白产量的1/2。龙门镇茭白主要分布在桂林村（1500亩）、桂瑶村（1500亩）、龙美村（800亩）、翠坑村（800亩）、观山村（250亩）溪内村（200亩）。

【精准扶贫】

2020年，龙门镇实施“五个一”工程，即每户贫困户有一个帮扶责任人、有一块菜园或茶园、有一栏牲畜、有一份大病商业保险、有一人就业。投入115.5万元，开展辖区内大病户医疗救助和贫困助学活动，防止群众因病返贫、致贫。改善11户贫困户、低保户、边缘户的居住条件，实现困难群众安居梦。对口帮扶白濑、蓝田、桃舟扶贫协会200万元；通过脱贫攻坚验收，脱贫攻坚任务完成。2020年，龙门镇被全省扶贫“两会”评为扶贫开发先进集体，扶贫案例《建设贫困户的“幸福庭院”》被省扶贫“两会”评为“典型案例”。

【平安建设】

2020年，龙门镇将全镇划分为5大网格，通过点长包片、挂钩领导和驻村干部包村、村干部包组的“三包”责任制，实行网格化管理，前移责任追究“关口”，做到可倒查、可追溯；弘扬枫桥经验，推行建立“信访评理室”，创建率100%。创新管理系统，建设龙门镇大综治中心，落实“大综治中心—村党组织—网格员—党群中心户—群众”五级网格化治理体系。率先设立安溪县平安就业服务中心，实行“134”平安就业工作机制，抓好就业渠道建设，促进重点人员改造转化；整合镇村工作力量处置信访纠纷，全年该镇调解各类矛盾纠纷、信访共358件，办结率100%，化解历史积案2个。深化电信网络诈骗暨赴境外诈骗窝点作案人员流出地专项整治，抓获电信诈骗犯罪嫌疑人45人，逮捕起诉38人，核查反馈涉诈线索64条，定期对全镇145个高危人员定期走访。开展扫黑除恶“治根”“治本”专项行动，破获九类涉恶案件5起，摸排上报涉黑涉恶线索7条，摸清吸毒戒毒人员底数，对脱管人员全部纳入管控，抓获吸毒人员4人，成立滨江禁毒品牌社区，建设禁毒文化长廊。加强特殊人群管理，巩固社会治安基础，组织社区矫正对象开展社区服务332人次，集中教育学习、个别谈话教育757人次，签订以奖代补严重精神障碍患者监护奖金发放对象73个。做细安全“一本账”，开展房屋安全“百日大整治”，通过“业主+角落干部+村主干+驻村工作组”拉网式，排查房屋安全结构17555宗，重大安全隐患处置率100%。开展房屋安全“回头看”，安全率、整改率100%，对辖区内的所有企事业和人员密集场所进行全面排查，出动检查人员753人次，检查场所415家，隐患整改率达99.8%。成立温泉经营场所专项整治小组，对龙门镇30家温泉经营场所开展安全检查。

【社会事业】

教育事业 2020年，龙门镇投入360.8万元用于改善学校办学条件，建设龙门中学围墙。解决上学难题，动工建设安溪第二十三小学，规划建设龙门中心幼儿园，预计新增学位3100个。完成培文中学艺术馆设施建设、新华书屋和操场硬化建设。

医疗服务 龙门卫生院完成全县首批标准化发热门诊建设，做好疫情防控常态化工作；建设龙门镇医养中心、和平村农村幸福院及9所村级居家养老服务中心，发展医养融合模式。

交通服务 龙门镇完成环西大道起点桥梁工程、龙美公路提级改造路基工程、龙门培文大桥连接线拓宽项目，开工建设龙门南翼新城交通综合服务站、龙门镇信息大道至龙狮花园连接线道路，完成环东路及206线龙门朴都拱门至溪坂桥头路段路灯建设。投入35万元排查辖区内路段安全隐患34处，整改率100%。投入15万元设置减速坎、交通安全标识标牌等，完善交通安全设施。投入300万元进行乡道安全生命防护工程建设。

社会保障 龙门镇投资56747万元完成龙门矿山地质环境治理示范工程，治理面积11.04平方千米，被自然资源部、省自然资源厅作为典型经验推广；完成仙西村地灾治理工程险情的勘察、设计和治理施工；成立宅基地审批领导小组，审批村民住宅用地25宗2453.9平方米。强化低保兜底作用，全镇现有低保户746户1024人；城乡医疗救助服务优化，临时救助133户居民22.69万元；推进保障住房工作，申请安居工程补助9户。

龙门商会 龙门商会会员捐赠1016万元善款，助力龙门公益慈善、乡村振兴、奖教助学等工作。发挥商会的桥梁纽带作用，把商会的建设、企业的发展同龙门的经济建设融为一体。

疫情防控 龙门镇按照“外防输入、内防扩散”的工作思路，通过镇村（社区）干部排查、大数据摸查、设立检查站等方式，把握好重点疫区来安人员，落实“一人一户一车一档”责任制，执行日报告制度。设立企业防控小组与境外人员排查小组，摸排辖区内企业、重点建设项目湖北籍员工情况，关注排查境外人员；组建防控工作专班，服务指导企业复工复产，对辖区企

2020年12月15日，安溪龙门商会成立庆典大会上举行捐赠仪式，助力乡村振兴（龙门镇供图）

业的疫情防控工作落实情况，定期或随机检查；开通“赣闽返工直通车”，接回闽华公司300多名江西籍新老员工，解决企业用工难题；提供医学检测与隔离场所，调配疫情防控物资，帮助企业防疫。在2020年3月，实现龙门应复工复产企业开工率100%。龙门镇党委被安溪县委评为表现突出的先进单位。

【基层组织建设】

2020年，龙门镇投入党建经费250万元，用于村级活动场所建设、示范点创建、村主干和村务工作者补贴、党员培训学习、节日慰问等。开展“领头雁”引领示范专项行动，组织干部和村主干前往同安军营村、永春党内政治生活馆、茂霞村、南星社区，以及该镇大生村、洋坑村、党建文化长廊、EC产业园VR体验馆等党性教育基地和乡村振兴示范点开展“拉练”活动，通过走现场、听党课等形式，提升干部队伍履职能力和综合素质。针对龙门5个软弱涣散村3年未发展党员的现象，成立专门整顿工作领导小组，制定“一村一策”整顿方案，选派年轻机关干部到村任命第一书记，落实结对帮扶措施，5个软弱涣散村均完成吸收优秀青年为预备党员和入党积极分子。对高速出口到省道206沿途开展招商出租，用于扶持镇集体经济薄弱的村；与中化公司合作建设新型农村便民综合服务站，完善相关手续；成立龙门镇龙翔小城镇建设发展有限公司，村级资金入股，享受分红。31个村村级收入20万元以上。

【乡村振兴】

2020年，龙门镇科学编制乡村振兴规划方案，打造洋坑村、大生村为乡村振兴典型样板村，乡村振兴现场会在龙门召开。攻坚整治人居环境，实行《龙门镇人居环境整治奖惩办法》，旱厕填埋、鸡鸭猪圈整治完成率100%，全天候运行14个村生活污水集中处理设施，完成新建改造三格化粪池244户，新建23座农村公厕和1座镇区公厕，完成裸房整治2658宗，提升村庄环境水平。创新“五站合一”，建设安溪县龙门镇人才联络服务中心，优化人才服务阵地。举办“聚合力 共抗疫 促发展”优秀作品征集赛、两翼新城高层次人才“迎国庆 庆中秋”联谊活动、乡村振兴“生态小院”启动仪式暨“人才助力乡村振兴”专题研讨会，助力龙门“党建＋人才”引领高质量发展格局。新增人才自主评价平台1个，县级人才平台4个，为实现产业发展提供人才支撑。

【乡村振兴“生态小院”启动仪式】

2020年10月15日，安溪县在龙门镇洋坑村乡村举行“党建＋人才”助力决战决胜脱贫攻坚系列活动——乡村振兴“生态小院”启动仪式暨“人才助力乡村振兴”专题研讨会。活动中举行乡村振兴规划人才培养孵化基地、省首个乡村振兴“生态小院”、福建省海峡茶文化与旅游研究院、可持续生态学研究生校外研究基地、泉州市安溪县乡村振兴学院实践基地、茶产业链科技创新与服务体系建设示范基地等落户“生态小院”的揭牌仪式，以及金融助力乡村振兴授信仪式。洋坑村率先在全省建成乡村振兴“生态小院”，以此为平台，把人才培养孵化、科研实践、科技创新服务等连珠成串，同步融合文化旅游、“非遗”传承、金融授信等要素保障，构筑一条人才助力乡村振兴的微生态链条，为打造茶乡版“富春山居图”提供示范样板。洋坑村探索党建引领乡村治理“洋坑模式”。破解农民群众贷款难题，助力乡村振兴发展，中国邮政储蓄银行泉州市支行授予龙门镇“信用镇”称号，向龙门镇授信5亿元。

（林丽娜 李娜峰）

·虎邱镇·

【概况】

2020年，虎邱镇农林牧渔总产值74562.02万元。其中，农业产值67129.5万元，林业产值194.79万元，畜牧业产值5910.93万元，渔业产值132.8万元，农林牧渔服务业产值1194万元。全镇财税收入404万元。农业总产值76000万元，增长4.9%；规模以上工业产值38.02亿元，增长8.8%；500万元以上非农户固定资产投入58000万元，增长17.8%；城镇（农村）居民年人均可支配收入2.12万元，增长5%。

【项目建设】

2020年，虎邱镇推进项目攻坚行动计划，9个县级重点项目完成投资2.35亿元；列入县“拔钉清障”百日征迁攻坚专项行动项目全部提前完成。新引进港安茶业、青春朝露茶业、小罐茶叶庄园项目、房车露营小镇、湖西花园酒店5个项目，总投资11.5亿元，超额完成年度招商任务。洪恩岩完成景区规划与道路改扩建项目，推动湖西民宿建设，完善白石岩景区配套，推进虎邱后溪古村落文化创意园项目建设，与长潭生态公园联合打造成农业生态观光园和周末郊游广场；竹园幼儿园落成，虎邱中心幼儿园主体工程建设完成。

【脱贫攻坚】

2020年，虎邱镇通过就业帮扶、

住房保障、医疗扶贫、低保兜底等措施有效巩固脱贫成效。排查解决影响“两不愁三保障”及饮水安全、脱贫成效等方面的突出问题，落实因病因残因灾致贫返贫帮扶机制，识别边缘户18户，巩固提升脱贫质量。全镇建档立卡贫困户183户575人和3个建档立卡贫困村全部脱贫。全年下拨财政专项扶贫资金86.99万元，用于扶持补助国省定贫困户发展特色优势农业和农产品加工项目；下拨财政专项扶贫资金105万元用于贫困村扶贫项目建设，改善52户建档立卡贫困户住房条件，发放补助资金153.9万元。2020年度，虎邱镇获评全县脱贫攻坚先进单位，被推荐参评省级脱贫攻坚先进单位。

【茶产业】

2020年，虎邱镇重视茶产业转型升级，助推安溪茶业“二次腾飞”。夯实茶业基础，通过推动生态管护，推动茶叶质价齐升，推动农民增收。加快茶业“接二连三”，高建发茶业与小罐茶合作打造的茶叶精加工生产线建成投产，裕园中国乌龙茶博物馆、茶宿及7条生产线竣工投入使用。2020年度开展茶山生态修复项目5284亩，向上级部门争取农业项目资金618.5万元，用于农业产业基础建设和发展。产业业态提升。创新推行“利益联结机制”，大力推广“龙头企业＋合作社＋基地＋家庭农场、农户”管理模式，基地化、集约化、标准化管控茶园约3万亩，带动8000多户茶农增收，占全镇茶农的70%以上。持续举办茶叶烘焙技能竞赛以及铁观音、黄金桂、本山茶王赛，形成比茶斗茶、相互促进的浓厚氛围。建设小罐茶华南基地、青春朝露茶业等项目，建成全国最先进的小罐茶标准化精制生产线及文化体验、员工培训基地。

【休闲旅游产业】

2020年，虎邱镇构建多层次旅游产品。通过财政投入、引进资本、村民入股、社会捐资等多渠道统筹推进三岩景区提升工程、长潭公园、后溪古民居、双格樱花园等旅游项目，吸引珠海途居露营有限公司到华农生态投资建设露营房车基地，形成“朝圣游＋乡村游＋体验游”的旅游产品体系，满足不同层次群众的需求。白石岩、长潭公园等成为网红打卡地。完善旅游配套。围绕旅游吃、住、行、游、购、娱六要素，布局推进项目。争取并协调推进G355白改黑工程，提升镇区主要干道、街区形象；建成洪恩大道、停车场等景区配套；在长潭公园定期开展水上展演，设置假日市集，出售虎邱特产和旅游伴手礼。谋划推进建设游客集散中心、镇区片区改造及立面整治，打造旅游风情小镇。打造有特色旅游品牌。以游客需求为导向，对接县文旅公司、各家旅行社，加强旅游线路策划、宣传推广、地接服务，打造“茶桂禅心　飘香虎邱”多日游精品特色线路，获评由农业农村部评选的2020中国美丽乡村休闲旅游50强精品景点线路，湖坵村被评为2020年福建金牌旅游村。虎邱镇也获评2020年度全县乡村振兴工作表现优异单位。

2020年10月29日，泉州市乡村振兴现场会在虎邱镇举行。图为各县（区、市）领导到虎邱镇石山村文化馆参观（虎邱镇供图）

【基础设施】

2020年，虎邱镇推进镇区污水配套。新建成镇区400吨/日、湖坵村400吨/日污水处理站，新增管网3.9千米，福井村新增污水管网800米，提升全镇农村生活污水收集处理率。

路桥提级提升　虎邱镇完成国道355线“白改黑”、洪恩大道拓改建等工程建成通车，提升镇区形象。芳亭、高村、少卿等12个村15条通村主要公路改造提升完成或基本完成，实现村村通等级公路。完成县乡道安全生命防护工程2.6千米。

整治人居环境　虎邱镇拆除旱厕、鸡鸭猪圈3100多处，实施204户户厕改造，清理村内沟塘31口，清理残垣断壁40处，新建固定式公厕7座，移动式公厕7座，实现全镇18个村水冲式公厕全覆盖。建设绿盈乡村6个，湖坵村获得“国家森林乡村”称号。村庄整治点线结合，加快推进，完成106栋裸房整治任务；基本完成镇区至芳亭杆线整治示范段工程，推进湖西、竹园等试点乡镇整治。

【社会事业】

教育投入　2020年，虎邱镇投入2000多万元资金用于2所幼儿园新址建设，竹园幼儿园竣工落成，镇中心幼儿园主体工程基本完成。开展教学名师评选活动，提升教师队伍水准。利用广播、广告牌、横幅标语等，强化义务教育宣传，营造尊师重教的舆论氛围。推动全镇18个村教育促进会全覆盖，发动乡贤乐捐助学，开展奖教奖学，促进全镇教育事业发展。

乡风文明　虎邱镇开展文明新风宣传，发挥老人协会、乡贤的作用，倡导“婚事新办、丧事简办、佛事不办”，遏制陈规陋习。疫情防控期间，取消佛事、简办或取消婚事、简办丧事130多起。整合成立虎邱镇“七夕”乡村振兴文化艺术团，每个月的农历初七、十七、二十七晚上七点都组织到各村开展公益巡回演出。开展布袋戏、茶文化艺术等特色教育进课堂活动。在中秋、重阳、春节等传统节日都组织开展主题活动。虎邱镇获评2020年度市级移风易俗典型乡镇、县级移风易俗示范乡镇。

综治维稳　虎邱镇落实疫情防控责任、社会管理综合治理领导责任和平安建设工作责任制，把专项治理和系统治理、综合治理、依法治理、源头治理结合起来，提高社会治理社会化、法治化、智能化、专业化水平，强基促稳县年度考核高分获得A等次。全年接报警情710起，受立案158起（刑事案件49起、行政案件109起），抓获涉赌涉诈涉毒犯罪嫌疑人74名，抓获网上逃犯10名。持续抓好“七五”普法、安全生产、禁毒整治、信访化解等工作。发挥民情茶室作用，全年调解矛盾纠纷40起，成功率100%；办结信访件49起，办结率100%。开展平安乡镇、平安村居活动，抓好打击电信诈骗、禁毒整治、信访等工作，加强对特殊人群的帮教管理，抓好全民普法工作，开展4次法治宣传，营造平安创建社会氛围。

（陈家驰　陈伟城）

·西坪镇·

【概况】

2020年，西坪镇农林牧渔总产值78286.8万元，其中农业产值68010.25万元，林业产值325.92万元，牧业产值6381.05万元，渔业产值93.58万元，农林牧渔服务业产值3476万元；500万元以上非农户固定资产投入27989万元，增长6.6%；规模以上工业产值654021万元，比上年增长5.9%。

【项目建设】

2020年，西坪镇列入县2020年重点项目6个，总投资4.5亿元，年度计划投资1.45亿元。截至12月，完成项目建设3个，在建项目3个，完成项目投资1.768亿元，超额完成年计划投资。其中，王士让茶庄园、日月升茶庄园、家乡缘旅游度假山庄基本完成配套相关设施建筑，工程进入收尾阶段；西坪生态循环农业项目推进保育栏建设；德峰茶庄园生产观光旅游项目推进观光工厂基础建设；魏荫名茶发源地庄园项目推进旅游休闲配套设施建设。

【招商引资】

2020年，西坪镇立足资源和环境优势，主攻旅游休闲、现代农业等方面，招大引强，引进关联性企业，在培育优势农业产业，引进五星传奇茶庄园、赤石原生态茶庄园、生物有机肥自动化生产项目，投资额6.2亿元。

【铁观音文化系统核心区保护建设】

2020年，西坪镇抢抓县委、县政府推进安溪铁观音茶文化系统核心区规划建设的契机，启动核心区景观提升工程，改造农房外立面及“平改坡”20余栋，新建核心区“问仙洞”“景观池”“河道跌水”等景观项目，完成乌龙茶制作技艺启发古道建设。硬化县道344松岩桥头至“问仙洞”和发源地至赤水2条公路，完善“王”字形公路布局；建设贯穿茶禅寺至代天府约7千米步行道，改善核心区交通条件。参与拍摄核心区宣传片，设立核心区景点标志石20余处，强化文化宣传。

【精准扶贫】

2020年，西坪镇坚持“造血脱贫”“以茶脱贫”，构建稳定脱贫长效机制，累计争取产业补助、扶贫资金700多万元，带动贫困户年增收1万元以上，巩固全镇435户1720人的脱贫成效，获评2020年全县脱贫攻坚先进单位。

【乡村振兴】

2020年，西坪镇以后格村、松岩村2个省级乡村振兴示范村为突破口，推进乡村振兴扩面，南岩村、珠洋村获评市县级乡村振兴示范村，盖竹村获评2020年度十佳县级乡村振兴实绩突出村，南岩村入选2020年度省重点改善提升历史文化名镇名村与传统村落及泉州市2020年度省三星级乡村旅游村名单。编制南岩村等6个国家级、省级传统村落保护发展规划，开展7栋历史建筑的保护修缮和1条古街巷的修复工作，完成聚斯楼、映宝楼等2座土楼修缮保护工程。6月18日，泉州广播电视大学与西坪镇共建乡村振兴人才培养实践教学基地。

【社会事业】

医教　2020年，西坪镇向上对接，争取将西坪中心小学配套基础设施建设项目列入省级农村薄弱学校全面改造提升项目；完成中心小学宿舍楼、操场选址，开展规划设计、安征迁等前期工作。百福村陈铭炜获得安溪县2020年高考理科第一名，镇党委政府予以10万元奖学金。启动西坪卫生院迁址改建项目，完成选址。

交通　2020年，西坪镇投资约2210万元，实施后格村、赤水村、珠洋村、龙坪村等公路改建工程，完成铁观音迎宾大道建设，共10.3千米；改造危桥1座，完成国道358线西坪段“白改黑”。

社会保障　2020年，西坪镇发放各类社会医疗救助25万元，新纳入低保48人，扩保31人，建成低保户安居工程2户，新建居家养老服务中心及农村幸福院4座，实现农村养老服务设施全覆盖。

镇区提质　2020年，西坪镇启动镇区改造项目，以镇政府旧址片区建设为先导，推动镇区整体改造，撑大镇区发展框架。向上级争取，将国道G358线“白改黑”项目延伸至镇政府大院，完成镇政府办公环境改造规划设计。

各项事业　2020年，西坪镇与县文旅集团成立合资公司，联合国内一线民宿品牌，计划投入资金3500万元，打造以南岩村大邱下角落为主体的“西坪月寨大邱下民宿集群”。获评泉州市2017—2019年度文明乡镇、福建省2018—2020年度文明乡镇。强化党建引领侨台工作，镇侨台联联合党支部获评2020年省级侨胞之家示范点。

2020年12月19日，西坪镇在汕头举办饮茶与健康“观音韵　潮汕情”安溪铁观音工夫茶品茗活动（吴梅珍摄）

【平安建设】

疫情防控　2020年，西坪镇组建27个村（居）疫情防控队伍，管控境外及国内中、高风险区域等地区返安人员，实现零输入、零感染。强化重点人员排查，核查县公安局下发数据3批16811人，排查率100%。劝导留西坪过大年，对20名规上企业的外来务工人员每人补助500元。获评全县新冠肺炎疫情防控先进单位。

综治工作　2020年，西坪镇推进扫黑除恶专项斗争，破获九类涉黑涉恶案件7起，抓获11人（逃犯2人），给予刑拘9人，上报涉恶线索7条。打击整治电信诈骗犯罪，抓获诈骗犯罪嫌疑人43人。建立西坪镇综治（平安建设）、信访、维稳工作联席会议制度，推动化解疑难信访事项3件。

安全生产　落实安全生产责任体系，实现安全生产零事故；开展“安全生产百日攻坚行动”“安全生产三年行动”，排查整改隐患430条，行政拘留1人，停业整顿企业17家。

【基层组织建设】

2020年，西坪镇开展达标创星活动，完成柏溪、赤石2个软弱涣散党组织整顿转化，先进村（社区）党组织占比66%，后进支部100%完成整顿转化。新建赤水、龙坪村址2座，修缮村址3座，解决无址议事、办事问题。西坪村获评2020年度县级先进基层党组织。首创“青年干部学堂”，举办3期主题特训，助力年轻干部成长。

【开茶节举办】

2020年4月28日，西坪镇以“一杯献给世界的中国好茶”为主题举办2020年安溪开茶节活动。在茶禅寺主会场，魏月德、李金登、刘金龙等12位中国制茶大师、安溪铁观音大师一起上台，代表安溪茶人迎茶祖、上贡品、敬茶，以及宣读祝文等。在八马红星茶场分会场，数十名“茶仙子”熟练展示采茶技巧，中国制茶大师王艺生则为现场嘉宾介绍安溪铁观音制作工序，示范讲解。该活动在人民日报·人民直播、央视新闻App两大央级媒体平台全程直播。

9月19日，西坪镇举办“中国丰收节·安溪铁观音探源之旅”活动启动仪式，副县长林毅敏出席活动，为西坪镇茶禅寺茶圣殿揭彩举行礼茶仪式、祈福仪式。该活动为期19天，推出一日游和两日游2条旅游线路，促进以旅兴茶。

12月，西坪镇举办“名泉配好茶 铁观音飘香泉城”济南系列茶文化宣传活动、第二届“观音韵 潮汕情”安溪铁观音茶文化活动、“安溪好茶·香飘胶东”第一届胶东半岛安溪铁观音品鉴会等跨地域茶事宣传活动，拓宽铁观音茶产业跨地域交流合作，扩大西坪茶叶原乡的品牌影响力。

（谢碧权、黄荣杰 林联华）

·芦田镇·

【概况】

2020年，芦田镇农林牧渔总产值29978.33万元。其中农业产值26849.28万元，林业产值144.35万元，牧业产值2852.77万元，渔业产值53.93万元，农林牧渔服务业产值78万元；全年完成工农业生产总值9.3亿元，同比增长0.9%；规模以上工业企业产值1.5亿元，固定资产投资4600万元，一般公共预算总收入339万元。

【项目建设】

2020年，芦田镇完成道路建设总里程9.3千米，总投资2274万元，改善芦田镇交通状况。获评市级“四好农村路”示范乡镇。新建公共厕所7座，总投资105万元，实现10座村公共厕所全覆盖。实施镇区污水处理管道改造工程，率先在全县使用微动力处理系统，总投资106万元。完成芦田云岭茶叶特色小镇、县云溪旅游综合开发项目、芦田镇晋江西溪流域河道治理工程等17个项目建设，总投资3.2亿元。

【招商引资】

2020年7—9月，芦田镇邀请厦门茶叶进出口有限公司（中茶厦门公司）党支部、厦门茶叶协会部分成员单位组成考察团队到芦田镇联合开展项目考察洽谈会暨党建结对共建系列活动。通过活动，促成企业与本地咏梅、梅山岩、醉仙叶等制茶大户开展产销合作，共计销售梅占茶2.66万公斤。咏梅合作社向中茶销售成茶3000公斤，促进合作社增设加工厂房3栋、生产线2条，流转茶园120亩。产销合作迅速拓宽制茶大户销售渠道，有效带动茶产业集成发展。

【精准扶贫】

2020年，芦田镇3个建档立卡贫困村、建档立卡贫困户94户358人（其中，国定33户114人，省定51户209人，市定10户35人）全面实现脱贫。全年发放产业扶持资金31.4万元，教育资助7人，大病救助6人，确保困难群众真脱贫、不返贫。线上线下谋发展，帮助贫困户从事养殖、制茶、种植70户，成立挂钩贫困户各类合作社4个。利用内地村农特产直卖网、微信公众号为贫困户提供优质服务。聘请第三方为全镇贫困户做饮水安全检测工作，经检测全部合格。

【乡村振兴】

2020年，芦田镇福岭村抓住云岭茶庄园建设的时机，规划乡村旅游项目，投资建设民宿，开发乡村旅游，发挥云岭茶庄园的辐射带动作用，获得“中国美丽休闲乡村”“省级乡村振兴示范村”等称号。同时，芦田镇大力开展人才工作，建设安溪县人才之家、芦田镇“党建人才公园”，为人才的学习、交流和实践提供多元化场所。通过组成联合考察组，赴上海漫农学院、浙江妙山镇、廿舍·院士之家等乡村振兴示范点学习先进经验，在“校地”合作的基础上，探索“校地企才”“政院企村”多方合作模式。与国家级规划师黄桂利专家团队合作，引进投资团队厦门恒达昌集团，开展乡村振兴全镇提升项目规划建设。

【特色产业】

2020年，芦田镇在茶业生产，发挥老茶师专家服务团作用，精心

2020年3月，芦田镇芦田村双溪尾公园（芦田镇供图）

制作铁观音精品，大力发展梅占茶。竹业加工，发挥凯胜竹业的龙头带动作用，发展竹业加工，至年底有竹业加工点35个，总产值达3900多万元，切实实现群众致富。畜牧业方面，引进福建农林大学金山学院的专家团队，定期到芦田指导农民发展牛羊饲养，提供技术保障，全镇牛羊养殖户25户。种植业，投资320万元建设石盘村高标准农田，发展种植业，项目建成后将带动芦田镇种植业发展。旅游业方面，扶持泉州市旅游集散中心芦田营业部，推介“高山流水品茶香”两天一夜旅游线路，举办自驾游、露营游等体验游，完善内地森林人家等接待点的配套服务设施和人员培训，发挥内地森林人家、福岭福毓领秀民宿等接待点的“住宿＋农产品销售”作用，提升芦田镇群众增收方式。

【社会事业】

环境保护 2020年，芦田镇以农村人居环境整治为重点，开展专项整治活动，建设九龙江流域生态补偿项目，涉及7个村，总投资206万元。以福岭村为试点，大力推进裸房整治工程，完成整治工作25座，提升农村生态宜居环境。全镇共拆除旱厕692座，鸡鸭猪圈271座，提升芦田镇农村人居环境。

教育卫生 芦田镇成立安溪十七中教育发展促进会，募捐资金520万元，在12月27日成功举办安溪十七中校庆活动。谋划芦田卫生院综合楼修建项目，完成征地3.19亩并清表、地质勘探、用地预审批与选址、立项或可研批复、工程许可证办理、设计方会审等，推进施工图纸会审等。

【平安建设】

打击电信诈骗犯罪方面 2020年，芦田镇每月召开2次打击电信诈骗工作协调会，推进高危人员见面教育、声纹采集、出境人员信息采集、断卡等工作；应采集声纹对象203人，其中滞留境外30人，在押24人，截至2020年底，已完成102人；推送85000条防范电信诈骗的短信，抓获电信诈骗犯罪嫌疑人12人。

扫黑除恶专项斗争方面 每月定期召开扫黑除恶专项斗争领导小组成员工作会，研究部署镇扫黑除恶工作。2020年，芦田镇破获涉嫌开设赌场4起，抓获犯罪嫌疑人4名，其中起诉1人，采取强制措施3人。查处赌博行政案件3起，行政处罚6人。

全面抓普法教育方面 2020年，芦田镇每月定期组织派出所、司法所等工作人员对高危人员进行见面教育；10月29日，组织安溪十七中学生分别到官桥弘桥智谷电商产业园和参内县十二小学禁毒教育基地进行诚信法治教育和就业培训，引导他们诚信致富。

【基层组织建设】

制度落实 2020年，芦田镇开展《习近平在福建》系列采访实录专题学习4场，十九届五中全会学习报告会2场，党课2次，党建工作专题部署会3场。联系基层党组织5个，走访慰问贫困户、困难党员120多人次。其中《学习实录忆初心》获安溪组工、安溪电视台等媒体报道。7月，组织各支部开展“讲初心故事”、重温入党誓词等系列活动；10月，分2期开展基层党员轮训；结合系列实录学习，为离退休党员送教上门28人次。坚持个别吸收，走实部门联审，全年发展党员7人，转正6人，吸收入党积极分子22人。

村集体经济方面 芦田镇召开推进会8次，指导村级谋划实施项目28个，实现增收。坚持用好省级政策资金130万元，3个贫困村收益12.4万元；盘活国营芦田茶场闲置房产资源，成立弘信农业公司，引导村级入股抱团，实现分红10万元；石盘村入股农特产品合作社，分红5.5万元；福岭村整合林地276亩、茶园30亩、湿地17亩，建设三产融合项目“悦光公园”，首期收益11.7万元；招坑村合理开发瓷土矿资源，收益11.5万元；全年10个行政村收入均超过10万元，其中8个行政村收入超过20万元。

人才工作 芦田镇拨出人才工作专项经费50万元，优先用于支持人才重点项目建设以及专家团队到芦田工作补助和研究成果奖励，有效激发人才干事创业热情。2020年，梅占茶专家工作站研究成效喜人，有1个项目获国家专利，1个项目申报省级标准，梅占茶多茶类适制性得到很好运用。致力牵线搭桥，柔性引进17个专家团队，分别与10个村合作共建，发展特色产业12个，促进村集体经济收入70万元，有效助力乡村振兴。参加县委人才办牵头举办的各类评比活动，《飘香计划》纪实片获得微视频评选二等奖、《城里来的谢教授成为香饽饽》获微故事评选二等奖。

【疫情防控】

2020年，芦田镇实行分片包村、责任到人，把107名镇村党员干部、30名基干民兵压实到防控一线，设置检查卡口16个，全天候执勤64天。采取人盯人战术，每日运用“视频通话＋位置共享”掌握86名本籍境外人员和385名限制出境人员行踪。发动465名党员捐款63364元，党员参与率100%。发动党员企业家、乡贤筹集口罩2.2万只、额温枪60支，消毒药水120桶，优先发放给学校、一线干部、复工项目，确保疫情防控和复工复产平稳过渡。通过一线战斗历练，6名入党积极分子被发展为党员，机关党支部党员蔡财宝被授予“全县疫情防控先进个人”称号，鸿都村老党员刘连生被授予“泉州市先锋离退休党员”称号，“三支一扶”党员苏永固、梅山岩茶叶专业合作社党支部书记杨福丁被授予“疫情防控先进民兵”称号，另有10名党员干部被镇党委通报表扬、各发放奖金1000元。

（刘冬瑶　张菊芳、林金龙）

·龙涓乡·

【概况】

2020年，龙涓乡农林牧渔总产值95252.12万元，与2019年基本持平，其中，农业产值79235.24万元，林业产值396.64万元，畜牧业产值13833.9万元，渔业产值94.34万元，农林牧渔服务业产值1692万元。规模以上工业产值40942万元，增长14.12%；500万元以上非农户固定资产投入43011万元，增长8.02%；限额以上商贸23043万元。龙涓乡被评为2018—2020年度省级文明乡镇，“四好农村路”市级示范乡镇、市级基层征兵先进单位、市级护林联防工作先进单位，全县脱贫攻坚先进单位。

【项目建设】

县级重点项目建设　2020年，龙涓乡镇区污水处理站及主管道建设项目，投入建设资金2050万元，完成基站主体建筑建设、污水处理设备安装及30千米的截污管网络铺设。安溪德立信国际酒店项目，总建筑面积6218平方米，投入建设资金8060万元，完成主体结构建设、景观鱼池建设和道路硬化。龙涓高标准生猪养殖场，总建筑面积17710平方米，投入建设资金1亿元，完成建设养殖场功能分区建设及相关配套设施。

镇区改造项目　2020年，龙涓乡完成征地230余亩，拆迁房屋9000余平方米。供销片区改造项目规划建设商住综合楼及供销社安置楼和地下停车场等，总投资约1.1亿元，占地面积约7333.37平方米，已完成建筑拆除平整、项目设计及控制性详细规划工作。龙商总部片区项目规划建设龙涓商会总部乡村振兴大厦及金融商住一条街、市民休闲广场、福都村民集建区等项目，占地面积约86667.1平方米，总建筑面积约12万平方米，全部完成征地任务。农贸市场片区项目规划面积约65亩，总投资额约4亿元，建设下洋河滨南路及河堤650米，新建龙涓农贸市场约1.1万平方米，住宅安置小区6000平方米，征地工作完成。下洋村地质灾害点治理工程，规划实施边坡支护工程，总投资约1500万元，完成征地工作。

公路提级改造　2020年，龙涓乡推进农村公路提级改造，完工12个项目，计29.317千米。投入资金763万元，实施361县道Y072乡道修复工程，修复破损路面3.25万平方米。投入资金572.5万元，实施龙涓乡道路生命安全防护工程，建设钢筋混凝土护栏、标志标牌等，计47.2千米。投入资金383万元，实施危桥改造4座。被市政府评为2020年度“四好农村路”市级示范乡镇。

招商引资　2020年，龙涓乡引进安溪县龙涓内灶茶叶合作社联合社、安溪县源兴再生资源有限公司、安溪县高鼎茶业有限公司、龙涓乡正香茶庄园和泉州燕美建材有限公司等企业，总投资额7.1亿元，超额完成招商任务。

【精准扶贫】

2020年，龙涓乡通过引导贫困户外出务工、产业带动、低保兜底等方式，巩固237户建档立卡贫困户脱贫成效。实施造福工程易地扶贫搬迁93户，住房提升工程33户，危房改造35户，安居工程7户。为贫困户购买城乡居民医疗保险，龙涓中心卫生院与每户贫困户签约家庭医生服务。立足安溪县龙涓扶贫培训创业中心平台，通过“党建+扶贫+电商+产销”模式，为贫困户就业技能培训1600人次，创造150多个就业岗位，提供销售平台。发挥龙涓乡庄园茶企优势，挖掘茶叶合作社优势，实施“茶庄园+合作社+贫困户”包销工程，为贫困户增加收入90万元。

【特色产业】

茶产业　2020年，龙涓乡以茶赛促进茶业提升。选送6名优秀制茶能手参加第四届安溪铁观音大师赛，其中2名获评安溪铁观音大师、1名获评安溪铁观音名匠；举办第十一届秋季“龙涓杯”安溪铁观音茶王赛，营造全民学茶、斗茶、评茶的氛围。选派龙涓乡优秀制茶能手，到河南、海南等地举办茶事活动，推广“好茶龙涓”品牌。以生态筑基促进品牌塑造，建设200余亩茶山生态修复示范点，鼓励布岩名茶山生态修复建设，推进茶山生态修复。倡导茶园科学管理理念，提高茶园管理基础水平，以生态、绿色、健康、有机铸造“好茶龙涓”之魂。以外销促产业转型升级，鼓励华祥苑、中闽魏氏、举源合作社等大型茶企打造“庄园茶”“定制茶”“大师茶”“出口茶”等品牌，提升“好茶龙涓”的品牌。

特产推广　龙涓乡挖掘特色产

2020 年 11 月，省级乡村振兴试点村龙涓乡新岭村一角（王小平摄）

业，发展“一村一品”，扶持钱塘、福昌等村发展红粬、红酒、大饼等传统特色产业，扶持培福、崎畲、山坛、西兴等村壮大特色农业基地。培育新的特色农业基地，带动村民创收致富，如福黎村、下洋村、鹤林村的肉鸽养殖基地和新岭村青梅、何首乌等经济作物种植取得成效。打造“御品龙涓”特色产业品牌，形成药、菌、畜禽养殖等特色农业。

【乡村振兴】

2020 年，龙涓乡加快乡村振兴建设步伐。美丽乡村示范带动。培育 2 个省级乡村振兴示范村，新岭村培育“绿色乐活、茶香文旅”文旅康养试点村，培福村培育“村民的幸福家园”试点村。发展村集体经济。整合盘活各村集体资源，通过采取“公司 + 合作社 + 村集体”模式投资特色产业、入股茶溪和坪塔电厂、成立物业管理公司等方式，增加村集体经济收入，实现每村实现村财收入 10 万元以上，达 20 万元以上的村占比超 60%。规划建设龙涓乡村振兴服务中心，带动龙涓乡 36 个村实现抱团发展，促进村集体经济融合发展。推进“三资”清理。完成资产资源出租合同清理 89 份，清理对外投资合同 21 份，清理非法侵占集体资产资源 12 件。需整改合同数 59 份，完成整改 35 份，追回拖欠承包金 24.685 万元，收回土地面积 13000 亩。

提升人居环境　九龙江流域安溪段河长制推进会在龙涓举办，“龙涓经验”受到肯定。联合有关部门开展“碧水清河”专项整治，投入资金 4000 余万元治理九龙江流域龙涓段，建设溪堤双向 6 千米，提升九龙江流域生态环境和沿河水系质量。配套修建河滨两旁道路和沿线路灯，方便群众休闲娱乐。投入 5000 余万元建立污水处理站 32 个、养殖污水收集处理管网系统 10 余个和沼气化粪池 20 余个，铺设污水管道收集系统 20 多千米，整治污水直排。推进“一革命四行动”，全面完成旱厕整治工作，拆除旱厕 3373 个、鸡鸭猪圈 1932 个。新建农村公厕 29 座，新建三格化粪池改造 879 个，完成龙涓乡 36 个村无害化户厕改造全覆盖。

【社会事业】

2020 年，龙涓乡提升社会公益事业。夯实教育工作。加大教育资金投入，完善中、小学校园基础设施，补齐龙涓乡教育短板。全年投入 500 万余元建设举溪中学塑胶运动场和学校围墙，投入 50 多万元完成龙涓中学教室空调设备安装工程，投入 20 多万元完善庄山学校教学设施。完善医疗保障体系。社会治安综合保险全覆盖，为 1.9 万户家庭投保近 39 万元。城乡居民医疗保险覆盖面扩大，2020 年度城乡居民医疗保险农民参保率 90%。完善临时救助、大病救助、救急难救助等社会救助制度，继续实施低保、残疾人、二女户安居工程和“五保户”修缮工程。抓好养老服务，城乡居民养老保险全覆盖，老人基础养老金发放率和其身故后丧葬补助金支付率均 100%。加大养老事业投入，完善敬老养老配套设施及扩展养老服务功能。建立农村留守老人信息台账和定期探访制度，加强农村留守老人关爱服务。

【平安建设】

2020 年，龙涓乡推进“强基促稳”三年行动。提高社会治理水平，完善防范化解矛盾纠纷的长效机制。推进“平安建设”和标准地址二维码管理工作，健全治安防控体系。加大对边境内外诈骗犯罪的打击力度。加强对龙涓籍云南边境及境外人员的管控，做好人员劝返、访查和信息采集录入。联合部署开展断卡行动，全面核查公安部推送的龙涓籍涉及银行卡、手机卡违法犯罪嫌疑人员 49 人，依法对涉嫌电信诈骗犯罪行为的 17 人采取刑事强制措施，其中逮捕 1 人，刑事拘留 3 人，取保候审 6 人。开展扫黑除恶专项斗争，围绕扫黑除恶 20 类重点打击对象，组织人员深挖彻查。在新媒体加强平安建设“三率”宣传，发送图文信息 10 万余条；在交通要道和人员密集场所，设置 17 处大型综治平安建设广告牌和通告宣传栏。

【安全生产】

2020年，龙涓乡加强安全整治消除隐患。开展房屋安全百日大整治行动，房屋信息采集1.8万余栋。开展企业安全生产主体责任三年行动，组织企业签订告知承诺书，进行承诺公示75家，通报约谈企业45家。开展联合检查705人次，检查单位场所291家，发现隐患数622条，整改622条。开展群租房和“三合一”场所消防安全工作，排查沿街商铺205家（其中：排查“三合一”场所14家，完成整改14家）；排查10人以上群租房4家，落实整改3家，停业整改1家。开展危险化学品、烟花爆竹、道路交通安全等领域安全生产专项整治，查封收缴无证经营加油点2处，查封收缴违规无证销售烟花爆竹点6处，查处酒驾醉驾近百起。针对县纪委第九监察组对龙涓乡安全生产工作开展专项督导时发现的安全隐患问题共3大项22条，对照落实，完善措施消除隐患。

【疫情防控】

2020年，龙涓乡开展疫情防控五级联动。实行“乡镇主官＋驻点领导＋驻村干部＋村主干＋角落干部”五级联动机制。强化监管和宣传引导，开展野味清查整治专项行动，抓好常态化疫情防控，出动防疫宣传车200余次，设置大型户外广告牌6个、宣传横幅300余幅，分发海报及宣传单8000余份，利用36个村的“村村响”播放宣传广播，增强群众意识，打通防控宣传“最后一千米”。注重发挥老党员、老人协会的宣传引导作用，离退休党支部获评市级先进党支部。

【基层组织建设】

2020年，龙涓乡加强机关干部队伍建设，成立青年写作小组、读书小组、摄影小组，丰富年轻干部职工学习交流平台。坚持一线锻炼和考察干部，把优秀年轻干部推向脱贫攻坚、征地拆迁、项目建设等。开展“领头雁”工程、“海丝先锋”达标创星活动，推进党支部规范化建设。

（王永福　易辉泉）

·尚卿乡·

【概况】

2020年，尚卿乡农林牧渔总产值21289万元（现行价），比上年增长3.8%。其中，农业产值14507万元，比上年增长4.2%；林业产值117万元，比上年增长3.3%；畜牧业产值6451万元，比上年增长3.7%；渔业产值77万元，比上年增长1.1%；农林牧渔服务业产值137万元，比上年增长3.5%。规模以上工业产值402898万元，增长8.85%；500万元以上非农户固定资产投入54224万元，增长1%；城镇（农村）居民人均可支配收入27580万元，增长3.4%。全乡地方级财税收入1201万元，固定资产投资完成54224万元，规模以上工业产值40.29亿元。先后获得全国“一村一品”示范乡镇、福建省乡村治理示范乡镇、福建省文明村镇、泉州市十佳特色小镇等称号。

【项目建设】

2020年，尚卿乡共实施1个市级、21个县级、70个村级重点项目攻坚，年度完成投资总额7.3亿元，包括工业园区建设、河道治理、公路提级改造、教育医疗基础设施完善等。其中，藤云工艺园，规划面积1200亩，一期600亩，已出让242.50亩，完成投资6.15亿元，15家入驻企业全部开工建设，部分投产3家，年产值2500万元。同时建设完成自来水厂、污水处理站、尚卿消防站等配套设施。农村公路改造提升工程，投资4000多万元，完成徐州公路、中兴公路、尾宫桥至新楼虎骑头公路、青阳冶铁遗址考古公路等提级改造，总长11千米。片区改造工程，建设龙潭溪木栈道景观工程、水闸工程、亲水平台，率先启动尚卿乡农村电商创业就业示范基地项目，总用地面积29871.01平方米，项目涉及征迁房屋87栋，需拆除建筑面积约23394平方米。至年底，已拆除建筑面积5900多平方米，完成片区改造控规评审稿编制。

【招商引资】

2020年，尚卿乡新增签约项目7个，总投资约10亿元，腾益木业家居工艺品生产项目进展顺利。出台《尚卿乡促进企业发展措施》等惠企政策，在企业引进人才、自主创新、市场开发等方面给予扶持，引导规模企业入驻，推动经济发展新旧动能转换。

【精准扶贫】

2020年，尚卿乡结合特色产业优势，选派第一书记，实施“电商＋扶贫”等综合帮扶措施，顺利完成脱贫攻坚任务，25个在校学生每学年均受到尚卿商会5000元资助，4个建档立卡贫困村村级平均年收入稳定超过10万元，46户143个贫困人口全部实现“两不愁三保障”。

【乡村振兴】

尚卿乡是省级乡村振兴示范乡镇。2020年，共实施乡村振兴项目22个，结合淘宝镇优势，打造“藤铁加工＋电子商务＋投递物流”发展新链条。加快标准化厂房建设，整合中小微企业和家庭作坊等，集聚高端要素、促进创新创业和产业转型升级，推动产业高度集群创新发展。充分挖掘藤铁和电商两大元素，以片区改造和工艺园建设为切入点，与安溪农商银行党委合作，净增产业贷款1.69亿元，帮助企业摆脱疫情影响困境。举办“国公山农业采摘节+电商直播”及“尤俊村播”等系列活动，有效提升农产品市场占有率和品牌影响力。依托国心绿谷茶庄园、尤俊国公山种植园，整合乡村旅游资源，打造“尤俊—灶美—灶坑—科洋—黄岭”市级乡村振兴示范线。

【特色产业】

藤铁加工　尚卿乡现有各类藤铁家居工艺企业980多家，规模企业39家，各类加工点2000多个，从业人员近万人，推广使用水性漆等新型环保材料，产品适用现代家居饰品、公园花园用品、茶文化工艺品、LED应用工艺品、实木工艺家具等系列，形成从产品设计、模具加工、铁艺生产、木材制作、防锈喷漆、抛光打磨到电商营销、包装物流等完整的产业链条，全年产值超过3亿元。

电子商务　尚卿乡是首批中国淘宝镇，共有7个淘宝村，各类网店上万家，鼓励引导直播带货等新销售模式，在全球新冠肺炎疫情蔓延的严峻形势下，藤铁产业逆势增长，当年外贸企业比上年增长36%，电子商务销售额12.3亿元，比上年净增3.3亿元。物流网点便捷，20多家物流公司在境内驻点，平均每天往返集装箱车辆70多辆。

休闲旅游　尚卿乡境内拥有国心绿谷茶庄园、绿色黄金茶庄园、国公山现代农业示范园、格美茶花公园等主题文化园，年接待游客30万人次，其中国心绿谷建成游客中心、花岗岩滑道、玻璃观景台、高空荡秋千、卡丁赛车、茶文化历史馆、游步道、农特产品一条街、黄岭茶乡人家等项目，成为茶乡乡村旅游新热点。

特色农业　尚卿乡林地面积12.8万亩，生态公益林3.7万亩，森林覆盖率65.06%，茶园1.2万亩，耕地2.05万亩，农业种植主要产品为茶、果、水稻、山茶油等，形成“尤俊国公山”“云上黄岭”两大特色农业品牌，随着乡村旅游的火热升温，特色农产品销售良好。2020年，特色农产品销售额350多万元，有效带动农民增收致富。

【社会事业】

教育提升　尚卿中心幼儿园正式更名为安溪第十四幼儿园，新建园正式投入使用。启动实施安十四中综合楼、翰苑小学综合楼项目，持续推进教育扩容提质。成功举办科名中学50周年校庆活动，持续推进安十四中、科名中学以及有学校的村成立教育促进会，全乡累计筹集教育资金1200多万元用于奖学奖教，教育成效稳步提升。

医疗养老　2020年，尚卿乡启动实施尚卿老年人养护中心项目，推进医养结合，各村全面建设老年人日间照料中心。尚卿卫生院与安溪县中医院建立紧密型医共体，采购CT机、救护车辆等完善医疗设施，开通夜间门诊，实施“走出去+请进来”交流模式，县医院派出技术骨干进驻，培育一支乡村卫技人员队伍，全面带动医院提升发展。

宜居建设　2020年，尚卿乡实施龙潭溪、徐州溪、灶坑溪3条河道治理4.5千米，拆除旱厕300多处，整治裸房296处。全面拆除主干道两侧违章搭盖，对沿溪河岸河滨路铺设马路砖，开辟人行道2.8千米。新楼公路、灶美公路实行五线落地，总长4千米，人居环境进一步亮化美化。

文化建设　2020年，尚卿乡新增文化广场面积5430平方米、村民休闲步道13.8千米，安溪青阳下草埔冶铁遗址启动建设“一馆两棚”，举办“卿创杯”设计大赛。

【平安建设】

强基促稳　2020年，尚卿乡18个村村集体经济收入超过10万元，其中13个村超20万元，2个村超50万元；结合尚卿乡产业特色，探索推行“互联网+综治”模式，通过心理矫正、技能培训、电商转型三步走，有效引导电诈向电商、团伙向团队转化。当年涉黑涉恶立案3起，抓获逃犯3名，打击处理农村赌博违法犯罪活动11起，抓获42名电信诈骗犯罪嫌疑人，社会治理持续向好，呈现安定稳定的繁荣气象。

安全生产　2020年，尚卿乡采取“政府聘请技术人员+企业负责材料”的模式，强力推动硬隔离、双通道、整线路等消防措施，推进精细化管理，实行驻企专班制度，在镇区新铺设消防管道6千米，新增消防取水口50个，有效降低企业生产风险。

疫情防控　2020年，尚卿乡强化重点人员管控，通过视频定位等方式100%核查防范打击非法出入境人员；组建3支乡级巡逻劝导队和18支村级文明劝导队，通过村级广播、宣传车、分发倡议书、设置短信彩铃、自制视频等方式全方位开展疫情防控宣传，确保疫情防控宣传无死角，全面筑牢疫情防控防火墙。

【基层组织建设】

2020年，尚卿乡紧紧围绕上级组织部门部署要求，以“组织振兴强基础”为目标，按照“领导挂钩

2020年12月22—25日，首届世界藤铁工艺之都·卿创杯创新创意设计大赛在尚卿乡972源工坊举办（尚卿乡供图）

帮扶、工作组团指导、村级整改提升”思路，整顿转化2个软弱涣散村级党组织，有效提升基层组织战斗力。依托尚卿乡电子商务协会党委，设置创客空间、农村电商等5个党支部，建立覆盖全行业领域的组织体系，开展“党员诚信网店”评选，引导行业加强自律，夯实农村电商组织基础。积极探索“党建＋电商＋帮扶”“党建＋金融”等电商党建活动，助力产业发展，党组织引领带动作用和党员先锋模范作用更加突出。

【“卿创杯”创新设计大赛举办】

2020年12月22日，尚卿乡在972源工坊举办首届世界藤铁工艺之都·卿创杯创新创意设计大赛，该活动由福建省工艺美术协会、中共安溪县委人才工作领导小组、安溪县家居工艺文化产业管理委员会主办，尚卿乡人民政府承办。大赛共分为景观设计、标志设计、旅游文化产品设计（吉祥物）3个项目，吸引100多名选手参加，受到新浪、网易、中国网、中新网、闽南网、《海西晨报》等主流媒体广泛传播，关注量20多万人次。此活动对培育工艺美术优秀人才，厚植工匠文化，为藤铁艺术发展注入新鲜活力起到很好推动作用。

【安溪第十四幼儿园】

安溪县第十四幼儿园坐落于尚卿乡翰卿村兴美路开发区，总投资2500万元，总用地面积1万平方米，建筑面积7300多平方米，2020年1月完工并正式投入使用。学校按照省级优质幼儿园标准建设，设置15个班级，2020年秋季招收587名幼儿，辐射全乡7个淘宝村及新建的工艺园区，全乡公办幼儿在园比例提升至70%，有效促进教育均衡发展，让山区的孩子同等享受优质教育。

【安溪青阳下草埔冶铁遗址】

安溪青阳下草埔冶铁遗址位于尚卿乡青洋村。青洋村曾是宋代官方设立的专职铁场之一，是泉州内陆腹地的重要铁矿分布区，文献记载其冶铁业在11世纪时极为兴盛。2019年10月，由北京大学考古文博学院考古队开展考古挖掘工作。2019年12月，安溪青阳下草埔冶铁遗址增补为福建省第九批文物保护单位并列入泉州申报世界文化遗产点之一。2020年8月考古工作结束，这是中国首个对块炼铁进行科学考古发掘的考古工地。考古发现，宋代青洋已具备冶炼熟铁（块炼铁）、生铁、钢这三大技术，技术水平完备，同时从古冶炼场可以体现出先民在处理人地关系上的超常智慧。

（黄泽尧　高显达）

·大坪乡·

【概况】

2020年，大坪乡农林牧渔总产值36504.35万元，其中，农业产值31489.86万元，林业产值119.12万元，畜牧业产值4638.36万元，渔业产值34.01万元，农林牧渔服务业产值223万元。规模以上工业产值443,670万元，同比增长4.57%；500万元以上非农户固定资产投入5633万元；农村居民人均可支配收入18301元，同比增长2.5%。

【项目建设】

2020年，大坪乡投入1.5亿元建设“镇镇有干线”虎邱林东至大坪三级公路建设项目18.497千米，实现竣工通车；投入1250万元完成福美溪安全生态水系项目建设；投入850万元建设镇区中心幼儿园项目，已主体竣工；投入800万元，建设大坪敬老院项目，已竣工验收，新增护理床位80张；总投资1800万元的大坪卫生院综合楼项目完成异地办公、就诊用房搬迁以及相关建设手续办理、方案设计和旧址拆除；启动乡政府办公危房重建和新集镇拓展项目。

【招商引资】

2020年，大坪乡招引福建省源好生态农业有限公司建设标准化蔬菜基地200亩，初加工房1000平方米，投资总额2500万元。

【精准扶贫】

2020年，大坪乡坚持“两不愁

三保障”标准，采取“八抓四强化五到位”工作法，夯实“产业、就业、金融、低保兜底”等措施。全乡建档立卡贫困户 77 户 270 人和 2 个建档立卡贫困村均已稳定脱贫。11 月 20 日，举办“百年新华，书润茶乡”教育扶贫活动，为 5 所学校捐赠校服总价值 30 余万元和图书价值 2 万元。

【特色产业】

茶产业　2020 年，大坪乡采用“合作社 + 茶农”模式，全面启动茶叶基地和交流平台建设。加快茶山生态修复，引领全乡茶业走“生态、有机、多元”之路。立足大坪土壤和天气特点，积极调整茶叶种植生产结构，进一步提升茶叶优质品种，大力推广“大坪肉桂”“大坪毛蟹”“大坪乌旦”等特色品种茶和茶叶原产地保护工作，“大坪毛蟹”乌龙茶制作技艺申报成功县级非物质文化遗产代表性项目。6 月 24 日，举办消费品直播带货大坪专场系列活动，通过政府示范，引领茶商线上发展。

旅游业　2020 年，大坪乡串点成线，全力打造“一个瀑布群、十里迎仙埔、百年上海古街、千年爱情古杉、万亩生态茶园、亿年古松化石”等旅游资源，塑造“从一到亿”的精品旅游线路。规划建设“茶海明珠 · 党史教育基地”并借助习近平总书记时任厦门市副市长挂钩贫困点白交祠村、军营村初心使命馆和高山党校等红色资源辐射，形成“党建 + 产业、旅游”特色名片。

【乡村振兴】

现代农业开发建设　2020 年，大坪乡在 300 亩新型无公害蔬菜基地的基础上增加农村土地承包经营权流转 151.87 亩，扩大丰村蔬菜合作社规模。采用“线上 + 线下”监管模式，全方位把控蔬菜生产重点环节，确保“菜篮子”市场日产 3000 多公斤稳定供应。完成双美村、福美村 1140 亩高标准农田改造工程，增强农业防灾抗灾减灾能力。

农村人居环境整治　2020 年，大坪乡完成旱厕整治 794 处、鸡鸭猪圈整治 856 处；依法取缔养殖场 30 家，整治面积 22.5 亩；拆除“两违”建筑 5 宗，面积 4866 平方米；改造户厕 30 个。

移风易俗　2020 年，大坪乡创建乡风文明联系点，成立乡风文明劝导队，倡导“婚事新办、丧事简办、佛事不办”文明新风，完善家风家训学堂，提高农村文化自我发展能力。

虎邱林东至大坪三级公路（大坪乡供图）

【社会事业】

文化教育　2020 年，大坪乡投入 850 万元在镇区建设中心幼儿园项目已主体竣工，计划设立幼儿园 6 班，新增学位 180 个。开展“三上门”活动、“我们的节日”、志愿服务等活动，丰富群众文化生活。11 月，投入 10 万元建设大坪乡塑胶篮球场用于群众开展文体活动。

医疗卫生　2020 年，大坪乡总投资 1800 万元的大坪卫生院综合楼项目完成异地办公、就诊用房搬迁以及相关建设手续办理、方案设计和旧址拆除。投入 15 万元采购中医馆设备，新增床位 10 张。“乡村流动医院”开展巡回诊疗、公共卫生、签约服务、送医上门。

社会保障　2020 年，大坪乡投入 800 万元，建设大坪敬老院，新增护理床位 80 张，现该项目已竣工验收，待投入使用。新建香仑村、帽山村 2 个农村幸福院，实现全覆盖建设使用。

【平安建设】

2020 年，大坪乡扎实开展“强基促稳”专项行动，铁腕扫黑除恶，重拳高压打击电信诈骗，积极破解信访难题。排查化解各类纠纷 97 件，信访件答复处理 66 件。打击违法犯罪行为，处理刑事案件 12 起，破获案件 7 起，抓获 45 名犯罪嫌疑人，打击涉赌案件 5 起，抓获 19 人。处理网络舆情 2 件。通过开展校园法制宣传及讲座 26 次，举办“情系平安，你我同行”绘画比赛等活动，让平安大坪建设入脑入心。

【基层组织建设】

2020年，大坪乡结合中国共产党成立99周年庆祝活动，以“讲政治·话初心”主题征文、“不忘初心·守望高山”主题党日、“大坪乡首届‘学习强国’平台知识竞赛”等活动为载体，教育引导党员深入学习贯彻习近平新时代中国特色社会主义思想。党员“学习强国”实现全覆盖，人均积分列全县首位，被县委宣传部评为“党的理论学习”先进单位。在省级贫困村双美村各角落建立具有政治功能、服务功能、融合功能的党群服务站，集党员教育大讲坛、脱贫攻坚主阵地、村民自治议事厅、文体活动大平台“四阵地”于一体，实现党建引领农村治理的硬件升级。搭建校企合作人才培养新模式，萍州村白毫乌龙生产加工基地与闽南理工学院合作成立“校企合作基地”，通过联合开展课程设置、人才共同培养等方式，致力培育出一批懂茶叶、会管理、善经营的茶产业专业人才。谋划“茶海明珠·党史教育基地”项目，对接厦门军营村红色资源，致力打造“高山党建”品牌。

（林缘缘　刘发成）

·白濑乡·

【概况】

2020年，白濑乡农林牧渔总产值10312.62万元，其中，农业产值7842.11万元，林业产值82.79万元，畜牧业产值1624.64万元，渔业产值30.08万元，农林牧渔服务业产值733万元。

白濑乡辖5个行政村，总面积45.16平方千米，其中山地面积4330公顷，森林面积3566公顷，森林覆盖率83.2%；有茶园350公顷，油茶115公顷，茶业产值占全乡农业总产值70%；水域面积110公顷，有水电站8座，总装机容量3.9万千瓦，年发电量1.5亿千瓦时。全乡总人口12253人，其中畲族钟姓氏人口177人、兰姓氏人口120人。

2020年，全乡完成规模以上工业产值1.1385亿元，同比下降20.5%；固定资产投资7.44亿元，增长47.1%；一般公共预算总收入为1057万元，其中一般公共预算收入564万元，增长7%。

【项目建设】

2020年，白濑乡有县级重点项目4个（建设王帽山地质公园及配套设施、建设羊麻山风景区、开展柏良种培育工程和建设下镇统建区），总投资1.4亿元，年度计划投资7000万元，完成投资100%。开工建设公路改建硬化等乡级工程项目27个，总投资1543万元，同比增长18.9%。

大白濑水利枢纽工程　2020年，白濑乡配合大白濑筹建处和大白濑移安办开展白濑水利枢纽工程（包括枢纽区、淹没区、改复区、安置区）征安迁工作，完成C1、C2标段67户1211亩（249亩+962亩）、安置区9户67亩、公铁路红线范围246户500亩土地征迁工作。

【美丽乡村建设】

人居环境整治　2020年，白濑乡成立乡环保工作领导组，落实工作职责，制定《白濑乡2020年环境保护工作意见》，实行目标管理。推进河（湖）长制和山长制，实施“一革命四行动”，持续开展农村旱厕、鸡鸭猪圈拆除整治行动。环境整治成效保持全县前列，污水处理站村村覆盖，管网覆盖率增加45%，已在施工中。白濑村、长基村、寨坂村获评2020年度县级绿盈乡村，2020年12月白濑乡白濑村和寨坂村获评市级中级版绿盈乡村，白濑乡在2020年度市、县卫生环境考评中均获第一名。

【精准扶贫】

2020年，白濑乡为贫困户申报中央财政产业扶贫资金19.4万元、省级财政专项产业扶贫发展资金8.4万元、市扶贫开发产业发展项目资金4.82万元；疫情防控期间，为防止贫困户因疫返贫，为受疫情影响的贫困户申请受疫情影响产业发展受损补助资金6000元；开展“双拥+扶贫”慰问部队活动，帮助贫困村、贫困户销售茶油3万元；为5户贫困线边缘低收入人群提供住房条件改善资金18万元，保障其住房安全；为贫困户子女申请雨露计划补助资金2.85元；对接市、县挂钩单位，为贫困户提供慰问金30.23万元，帮助贫困户改善生活。

【特色产业】

2020年，白濑乡抱团统筹推进村集体经济创收工作，实现各村年村财收入均突破20万元，其中寨坂村突破50万元。

特色农产品　白濑乡年底组织“五匹头马”合作社工作评比会，在涵盖“茶、油、林、果、蔬”五种产业的6个示范合作社中评定示范合作社和优秀合作社，分别给予5万元和2万元项目发展资金；举办2020年秋季清香型铁观音茶王赛，并邀请安溪铁观音大师李金登授课指导，进一步提升白濑茶农制茶技术，其中2020年11月22日，白濑多酚茶叶合作社柯文钊在“海丝国际杯”首届茶王赛获得金奖；上格茶油展览厅初具规模，制作上映茶油宣传片，提升品牌宣传力。2020年12月，天仔仑家庭农场获评省级示范家庭农场，同月洋上贡油茶专业合作社获评省级示范合作社；成功举办水果采摘节，红心蜜柚、油柿销量喜人。

特色乡村旅游 2020年，白濑乡相继投建“蔗北瀑布景观区”和“羊麻山森林游步道”，打造一条集文创研学、果蔬采摘与多种文化相结合的乡村旅游路线。提高羊麻山风景区主题元素，增加建设文创游学项目及中草药科普基地，已入选安溪县首批中小学生研学实验教育基地。

【新冠肺炎疫情防控】

2020年，白濑乡通过“线上+线下”的宣传方式进行信息交流共享，做好疫情防控政策解读和信息服务，加强正面宣传和舆论引导；派遣驻村干部和村“两委”成员入户宣传疫情防控知识，营造人人参与防控的良好氛围，同时摸排辖区内群众、寺庙等聚集活动情况，劝导群众红白喜事不办、简办，切实减少人员聚集，降低新型冠状病毒的传播风险。加强人员摸排管控，实行驻村领导跟踪负责制，采取从派出所提取户籍名单，逐人过关的方式，结合群众举报和大数据比对进行摸排，做到“外防输入、内防反弹”。

【安全生产】

2020年，白濑乡5个村全部配备安全管理人员，实行网格化管理，网格单元细化到各村自然角落，做到职责明晰、任务明确、责任到人、工作到位。多次召集开展专项安全排查整治行动，检查各行业安全生产目标任务的落实情况，并在全乡干部职工会议上进行通报，督促乡辖区内的生产经营单位加强安全生产管理。对全乡各行业进行拉网式大排查大整治，从“五小”到“九小”行业，从工贸行业到小微企业，5个驻村工作组及乡直各部门严查严管，严格执法，乡安办实行一企一档，力求隐患闭环清零。对自然灾害安全进行排查，实行“乡镇主官+驻村领导干部+村主干+角落干部”四级应急联动机制，扎实开展自然灾害安全大排查。全乡设置有5个避灾点，其中4个设置在村部，1个设置在白濑乡敬老院，均充分配备应急物资。组织开展多种形式的应急演练活动，邀请相关企业和热心群众参与，并在全乡各村各自然角落危险区域群众转移避险演练活动的基础上，开展乡政府全体干部应急集合演练和白濑村养老院避灾点转移人员入住管理演练。

【平安建设】

2020年，白濑乡严格执行党政一把手责任制，落实“四个亲自”（亲自抓好重要工作部署、亲自抓好重大问题过问、亲自抓好党风廉政建设、亲自抓好案件查办工作），强化扫黑除恶专项斗争工作权威性。组织民警、驻村干部、村“两委”、乡综治协管员对辖区内商场、餐饮、快递、电厂重点行业、重点人员进行全面摸排，抓获网上逃犯（含外地上网）2名；破获电信网络诈骗13起，抓获违法犯罪嫌疑人20名；摸排涉嫌寻衅滋事线索1条，核查1条；打击涉赌案件2起，抓获2人。全年开展扫黑除恶进基层活动4次，印制扫黑除恶宣传材料3000多份，出动宣传车2次，微信推送信息32条，发送短信5万余条。组织学生到陈利职校开展诚信法制教育2次，举办综治平安建设送春联活动1次，举办白濑中学法制教育大会1次。乡党委、政府推进平安建设宣传活动得到中央媒体发布1次（《中国禁毒报》）、福建省级媒体发布3次（《福建日报》发布2次、福建禁毒信息网发布1次）。引导群众参与平安建设，提高群众对“平安白濑”建设的知晓率、参与率、满意率。投入资金6.1万元，为全乡辖区户籍人口1.2万户家庭办理社会治安综合保险，充分发挥保险的补偿功能，进一步提升人民群众安全感、幸福感、获得感。开展矛盾纠纷排查调处。截至12月，未发生因调解不及时而引起的民转刑案件。共排查化解各类纠纷93件。调解成功率100%。

【基层组织建设】

2020年，白濑乡确定寨坂村为纪委监督靶向村，并要求在完成规定动作的基础上，细化方案、创新自选动作，继而在全乡铺开、争取在全县“立杆”。实施“村主干提升工程”，加大村主干培养与教育力度，创新性地与湖上乡联合开展村主干“拉练”活动，两乡村主干同场交流、相互促进。实行机关差异化绩效考核和村干部积分制，在乡、村两级营造讲奉献、比成绩的氛围。以村级组织换届选举工作为抓手，加强基层组织建设，做好村干部教育培训计划，以完善的制度、适时的督促、定期的检查等方法，将党规党纪落到实处、促进业务水平提高。

【社会事业】

社会保障 2020年，白濑乡落实好农村“五保”、低保、贫困救助等农村农政策。全乡新增低保16户35人、停止低保7户9人、动态调整8户10人。截至12月底，享受农村低保人数126户247人；农村特困供养人员13户13人。完成社会临时救助23人，发放临时救助金65045元。全面完成残疾人和低保户安居工程各1户，“五保户”住房修缮工程1处，老年人日间照料中心工程建设1处。统筹抓好城乡养老保险、就业生活保障机制的落实，保障好困难群众基本生活。全年新农保征缴4528人，征缴率75.84%，城乡居民医疗保险全年征缴率96.56%。

文化教育 2020年，白濑乡牵头修缮加固长基小学旧教学楼，下镇小学和长基小学的新教学楼均已投入使用。

卫生健康 2020年，白濑乡有序开展新冠肺炎疫情防控工作，持续推进常态化，辖区内未发现病例，各项措施基本得到落实；完成县爱卫办下达的改厕任务，并多次开展爱国卫生运动；无偿献血工作超额完成。

（陈哲　谢志锋、李凝苏）

·湖上乡·

【概况】

2020年，湖上乡农林牧渔总产值28095.12万元，其中，农业产值19649.04万元，林业产值79.01万元，畜牧业产值6298.77万元，渔业产值40.3万元，农林牧渔服务业产值2028万元。

湖上乡辖13个行政村，人口3.1万人，其中盛富村、横坪村为少数民族村，畲族人口5226人。财税收入1654万元，同比增长11.7%；规模以上工业产值31901万元，同比增长10.7%；固定资产投资19571万元，同比增长25.8%。

【项目建设】

2020年，湖上乡完成雪山溪万里生态水系、雪山听泉康养休闲农业、湖上瑞和园家庭农场、历山茶园综合体等4个县级重点建设项目投资6623万元，园区高架桥、玻璃栈道、住宿等各项基础设施逐步完善，空中彩虹道、脚踏网红船等各项配套设施建设有序推进。投入200多万元建设湖上乡文化广场，投入1500多万元（其中公路提级1100万元）建设道路交通，投入75.5万元建设饮水工程等，39个乡级民生重点项目全部完成。

【招商引资】

2020年，湖上乡引进安溪县湖上乡听泉康养、湖上乡藤铁工艺园、安溪五阆山生态茶庄园项目，投资额3.5亿元，截至12月，3个项目均已正式开工建设。

【精准扶贫】

2020年，湖上乡坚持疫情防控与脱贫攻坚双线作战，疫情防控期间，开展入户帮扶400余次，落实扶贫资金82.36万。先后为12户贫困户发放疫情防控期间补助资金2.22万元，发放省、市、县、产业资金22.2万元扶持贫困户发展生产，增设公益性岗位8个，安置贫困户6人。发挥“一键报贫”贫困农户在线申报系统和扶贫服务热线电话的作用防止返贫，全乡106户贫困户均已全部实现稳定脱贫。

壮大村集体经济 湖上乡通过盘活闲置资源资产、用好土地倾斜政策、策划生成项目、各村抱团发展等方式，多渠道多方式发展壮大村集体经济。2020年，全乡13个村村集体经济收入全部超20万元，村集体经济“空壳村”“薄弱村”全面消除。

【乡村振兴】

农村人居环境提升 2020年，湖上乡实施“一革命四行动”，建立完善日常保洁制度。全乡共新建公厕9座、污水处理站10座，户厕无害化改造1470户，补贴28万元拆除1094座旱厕。推进裸房整治行动，全年完成镇区示范街建设，整治农房51栋。年度全乡农村人居环境整治位列全县第五。

乡村振兴典型培育 2020年，省级乡村振兴试点村盛富村率先完成村庄规划，并按规划方案开展实施，完成村内亮化工程、微景观工程、畲竹园（一期），被列入县级文创创新型乡村振兴典型，奖励80万元；湖上村完成新街裸房整治和平改坡改造，实现各角落道路通车，建设完成铁观音“大师驿”、瑞和园玻璃观景台等，被评为县级十佳乡村振兴实绩突出村，奖励100万元。

【特色产业】

茶产业 2020年4月28—29日，湖上乡党委、政府联合安溪县科学技术协会举办首届“湖上名茶师”大赛，评选5名“湖上名茶师”，并择优选送2名选手参加第四届安溪铁观音大师赛，其中，长林村苏金带获得“安溪铁观音名匠”称号。举办湖上乡（全县）秋季清香型铁观音茶王赛、安溪县茶产业高质量发展沙龙、茶王品鉴会等茶事活动，引进安溪铁观音大师刘协宗建设五阆山生态茶庄园项目，挖掘家庭农场、茶庄园等特色，建设“茶香人家”，促进茶旅一体化发展；培育安溪铁观音名匠陈繁荣、陈宁石、刘协明等组建“双旅茶业”公司，打造湖上茶产业自己的品牌。湖上乡的茶业工作在2020年度考核中位列全县第二。

竹编产业 2020年，盛富村“畲竹园”项目落地开工，盛富村（竹编）获评全省“一村一品”示范村和市级“六大旅游产品”旅游村。

“小、特”产业 2020年，湖上乡加强农业项目的申报入库管理，大力扶持食用菌、红藜麦、油茶等特色农业发展。横坪村食用菌种植基地为村财增收12万元，红藜麦投入市场。

【社会事业】

2020年，湖上乡持续抓好国家公共文化服务体系示范区创建工作，完善乡村公共文化服务阵地；发挥湖上文化广场作用，完成盛富、沙堤等村的文化广场提升建设；完成珍山大桥至珍地村2.247千米、飞亚至飞新村1.82千米的公路提级改造建设，完成黄武村、飞新村、沙堤村角落公路拓宽和格头村水毁修复等工程，公路交通基础设施不断完善。完善县道340安全生命防护工程建设和农村公路交通标志标牌建设。乡饮水巩固提升工程全面铺开，7个村完成全村饮水工程建设和巩固提升工作，进一步提高农村饮水集中供水率。

【平安建设】

2020年，湖上乡在“强基促稳”三年行动2020年度考评中获A等级（优秀）。

扫黑除恶专项斗争 湖上乡开展“一十百千万”行动，加大攻坚力度，依法铲除黑恶势力经济基础，深挖彻查涉黑涉恶腐败和保护伞。是年，九类涉恶案件立案10起，抓获犯罪嫌疑人31名，主动摸排线索3条，均已办结反馈。

电信网络暨赴境外诈骗流出地整治 全年立案11起，其中4起本地被骗案件全部破案。县公安局下发五类人员1017人，已核查931人，核查率95%。

移风易俗 2020年，湖上乡被评为县级移风易俗示范乡镇，雪山村被评为县级移风易俗示范村，雪山村乡贤苏昆仑被评为县级移风易俗带头人，上路村、雪山村获评县级三十佳移风易俗村规民约示范村。在全县践行社会主义核心价值观“最美人物”的表彰会上，沙堤村陈龙才获评最美扶贫人提名奖，沙堤村陈繁荣获评最美茶农，飞新村林振德获评“最美医护工作者”称号。

安全生产 2020年，湖上乡扎实开展安全生产百日攻坚和三年行动，强化网格管理，全面排查整治房屋、道路交通、自建房建工场所、非煤矿山等领域的安全隐患，累计查出各类安全隐患220条，全部整改完成。其中房屋整治累计排查房屋安全结构6179宗，存在隐患23宗，已处置23宗，处置完成面积5351平方米，转移人员58人，处置率100%，全年未发生安全生产事故。

矛盾化解 2020年，湖上乡通过整合司法所、派出所、律师事务所、法庭、综治办等专业力量，创新探索“三所一庭一办”的大调解机制，帮助群众协调解决矛盾纠纷。全乡共排查化解各类矛盾纠纷件114件，调处成功114件，成功率100%。办理各类信访件30件。

【基层组织建设】

2020年，湖上乡投入近500万元新建湖上村、长林村、湖新村的村级组织活动场所，完善功能设施，保障活动的开展；大力推进盛富村、横坪村文化广场和党建文化长廊建设，丰富群众党建文化生活。

党员管理 湖上乡以村级党支部为单位，通过组织设岗、党员领岗的方式，为无职党员设岗定责。充分发挥党员的先锋模范作用，增强无职党员服务群众能力，提升基层党组织服务群众实效。设立以来，无职党员服务队积极开展活动，帮助协调解决各类纠纷32起。

党员队伍优化 2020年，湖上乡发展党员11人，其中大专学历以上7人，35周岁以下7人，不断优化党员的学历和年龄结构。定期开展涉刑涉诉党员清理工作，对辖区内党员有违法犯罪记录的，乡纪委及时查办，净化党员队伍。共立案查处辖区内党员5人次，其中开除党籍处分2人，党内严重警告处分1人，党内警告处分1人，留党察看一年处分1人。

【湖上入选全省“避暑清凉福地”】

湖上乡始终将生态建设牢抓在手，深入贯彻落实“山长制”“河长制”“路长制”制度，结合美丽乡村、绿盈乡村建设工作，在全乡构筑生态屏障。2020年，植树造林2350亩（含森林抚育、封山育林），

2020年7月，泉州安溪县湖上乡获“避暑清凉福地”称号（湖上乡供图）

绿化面积不断扩大，瑞和园获评省级“森林人家”；首创“企业河长”“无职党员护河队”护河新群体，创新工作被《安溪报》采用4篇，被市河长办微信公众号报道9次，被省河长办微信公众号报道11次，年度河长制工作列全县首位。湖上乡空气、水质等指标长期保持全优，2020年7月获评福建省“避暑清凉福地”。湖上乡以此为契机，全力打造“云香湖上 康养福地”的区域公共品牌。建设全乡旅游集散中心，与高校深化合作，设计区域形象IP，并通过带货直播、现场推介等方式，加大景区、特色农产品的宣传推介力度。

（陈丽珠　陈永忠）

·剑斗镇·

【概况】

2020年，剑斗镇农林牧渔总产值40710.22万元，其中，农业产值34119.27万元，林业产值133.03万元，畜牧业产值5279.84万元，渔业产值87.08万元，农林牧渔服务业产值1091万元。规模以上工业产值46270万元，同比增长10.4%；500万元以上非农户固定资产投入36597万元，同比增长7.5%；城镇（农村）居民人均可支配收入10411万元，同比增长1.6%。

【项目建设】

白濑水利枢纽工程　2020年，剑斗中心小学、中心幼儿园、卫生院、派出所业务用房4个项目基本完工；县第十二中学1—4号楼完成外装修、5—7号主体封顶；剑斗银斗园小区8栋封顶、金斗园小区21栋封顶；县道340线湖上段、剑斗新镇区（含仙荣）自来水厂等2个项目施工、监理单位进场组织临时便道等临建设施施工；县道340线剑斗新镇区路段迁移复建、东阳大桥、兴儒坪大桥及连接线工程3个项目着手复工建设；剑斗金龙山庄小区正在进行土地报批。移民补偿安置协议签订全面完成。截至年底，全面完成库区村4885.29亩耕地、4255.61亩园地、3741.69亩林地分解到户工作，累计完成土地征收20000多亩。

“福星花园”安置区　该项目总投资3000万元，2020年累计完成投资2450万元，主体工程已开工建设，完成安置区道路硬化建设及房屋选址、放样工作，约30%安置户开始建房并封顶。

【精准扶贫】

截至2020年底，剑斗镇线下稳脱户79户286人；5户重点监测户消除返贫风险，实现稳定脱贫；4个建档立卡贫困村实现稳定长效致富。全年发放产业发展扶贫资金74.28万元；成立镇扶贫开发协会，11个单位及个人捐款67.15万元，已支出7.17万元，其中，慰问贫困户4.37万元，就学帮扶0.5万元，医疗救助0.3万元。引导贫困户免费参加创业致富基地培训20人、举办电商基础培训班共培训85人次、贫困劳动力补贴培训70人次、贫困户安全技能网络培训135人次。改善住房居住条件补助资金83.5万元用于补助34户建档立贫困户房屋修缮。春季雨露计划完成培训15名学生、秋季雨露计划完成培训17名，每人补助1500元。建档立卡贫困村申请上级补助资金共240万元。镇政府为165户586人建档立卡贫困户购买农村医疗补充保险，为149人年满16周岁至60周岁的购买妇女安康保险，新增贫困户提供扶贫公益岗位5个，引导贫困户就业；开展“教育改变安溪”乡村振兴暨教育扶贫暑期公益支教活动，近500名山区学生受益，获省扶贫“两会”案例征选专题调研典型经验介绍。

【乡村振兴】

2020年，剑斗镇新建公厕5座、为470多个露天垃圾池加盖、实现全“戴帽”、开展农贸市场整治、投入310万元建设S307线剑斗境内途经各村约8.2千米路段架设LED路灯410盏工程项目；在全县率先成立14个物业公司，开展环卫保洁及后续管护规划；拆除旱厕1520座、鸡鸭猪圈462座。完成御屏村村口及入村主干道400多株福建山樱花和部分紫玉兰种植；投入12万元建设东阳高速出口右侧绿化景观提升工程；投入财政资金30万元，建设剑斗至由义公路两侧绿化工程，项目途经双洋、前炉、福斗等村落，绿化长度8千米，种植各种乔木花2000余株。御屏村投资362.4万元开展云御公路拓宽、路灯安装、景观整治、梁桥修复及民情茶室和家宴中心的建设等，根据乡村振兴设计稿，进行整村规划设计，整治裸房15幢，完成超20幢农房平改坡工程。剑斗镇被评为2020年县级乡村振兴工作表现优异单位。

【特色产业】

2020年，剑斗镇茶园面积25000亩，其中生态茶园11100亩，剑斗铁观音基本上属幼龄茶树，叶大肥厚，富含矿物质；制茶恪守传统的半发酵制作技艺，茶叶滋味醇厚鲜爽回甘，品质良好。注重以“差异化”战略引领发展，推广“合作社+茶农”生产经营模式以及“互联网+新型销售模式”，从生态、产业、技术三个方面入手，促进茶产业稳定转型升级。强化茶园基础管理，走生态转型之路，全镇建有生态茶园6000亩，无公害茶叶基地5000亩，建设高标准示范茶园200亩，完成土壤改良600亩，鼓励退茶还耕150亩。探索“135”微农整合创新模式，引进福建农林大学廖红教授团队和首届安溪铁观音大师王清海团队帮扶示范建设长仑岭高效生态示范性茶园，汇集专家、大师和扶贫三支力量，通过茶树稀植留高、有机肥替代、绿肥植入茶山彩化等方式开展茶园改造，带动村民提高茶园管理水平和制茶技术，推进“百亩高效示范生态茶园”建设。强化“供给侧”结构性改革，走产业转型之路。改变“唯茶是农”单一结构的局面，发展淮山、油茶、百香果、台湾山苏的特色产业。在茶园种植红心蜜柚、淮山等非茶经济作物，发展以果蔬农场带动茶业销售的营销模式，培育前炉村肉鸽养殖，圳下村彬彬农场、潮碧村蔬菜合作社、云溪村台湾山苏、百香果等新型种植模式。注重回归传统，走技术转型之路。剑斗茶叶一直以“托酸”闻名，引导茶业制作回归传统。开展茶叶从业人员培训，特别是茶农制茶技术的培训，在制作工艺上倡导“工匠精神”，恪守传统工艺，脱掉“托酸”帽子，让传统制茶观念深入人心；全力推进取缔压茶机和禁用除草剂工作，引导广大茶农回归“重摇青、重发酵”的传统制茶工艺，用质量带动销量。

【社会事业】

基础设施建设 2020年，剑斗镇投入150多万元，整治剑斗镇区农贸市场，规划农贸区位，规范摊位摆放；投入300万元，对省道307线剑斗境内路段进行路灯改造，长8.2千米路段，架设路灯410盏，改善村民出行安全；累计投入300多万元，完成6.5千米云御公路拓宽、1.5千米圳下村公路提级改造、福星花园（福斗至月星）1千米路段硬化、云溪茶园机耕道路2.8千米硬化、村级公益事业建设“一事一议”公路硬化5.5千米；新建2个居家养老服务站、1处避灾点；投入27万元，完成70个停车位的便民停车场建设。

精神文明建设 2020年，剑斗镇完善新时代文明实践所建设，开展家风家训传承教育活动，培育建设家风家训传承阵地，带动社风民风转变。组织镇机关全体干部职工到湖上家风家训馆学习、熏陶优良家风；组织辖区内小学生去家风家教学堂，参观良好家训，把优良家风带回家。积极开展“好婆媳、好妯娌、好邻居”评选，共评选出3户好婆媳、3户好妯娌、3户好邻居，形成示范作用，推动乡风文明。培育文明乡风联系点，经过调研、考察，将御屏村定为文明乡风联系点。

社会保障 2020年，剑斗镇新增低保29户61人；申报安居工程2户；申请扶持困难残疾人就业创业补助8人，5000元/人；资助居家托养14人，2000元/人；申请扶残助学大中专生5人，2500元/人，高中生1人，1000元/人；申请社会临时救助79人342505元（包括县级）；申请重度肢体残疾人居家养护61人，1000元/人。

【基层组织建设】

2020年，剑斗镇落实村党支部书记备案管理实施办法；开展“达标创星”工作，有先进基层党组织9个，占比43%；从严整顿软弱涣散党组织；发展壮大村集体经济，成立14个物业管理公司，通过承包环境卫生整治、公路养护、宣传广告等项目增加村集体经营收入，共承包项目37个，承包总金额达155万元，盈利约26万元。收入10万元以上的村5个、收入20万元的村9个。

【重要活动】

2020年12月15日，泉州白濑水利枢纽工程C2标段正式开工，工程正式转入大坝建设阶段。

2020年10月30日，剑斗镇举办2020年度“剑斗新城杯”铁观音茶王赛，金奖1名：春逸名茶，银奖2名：海溪茶行、成忠茶行，铜

2020年10月30日，“剑斗新城杯”铁观音茶王赛评比现场（剑斗镇供图）

奖3名：感德秋宝名茶、绿缘名茶、好茶友。

【平安建设】

2020年，剑斗镇自行摸排核查黑恶势力犯罪线索7条（其中1条系群众举报），上级下发线索核查11条。抓获电信网络诈骗犯罪25起，抓获嫌疑人41名，其中破获本地被骗案件2起，另抓获网上逃犯16名；破获扫黑除恶案件10起（开设赌场8起，寻衅滋事1起，聚众斗殴1起），抓获32人，刑拘12人，逮捕1人，起诉6人，追逃1人；破案涉毒案件4起，抓获4人，并鼓励1名社会面吸毒人员到县第三医院参与戒毒治疗。在16个村（场）主要道路和显著位置张贴扫黑除恶标语公告40张，公开举报电话和邮箱，出动宣传车70余次。开展“送法进村进校园”法制宣传活动6场次，发放宣传资料8100余份，接受现场法律咨询服务500多人次。

（邱莉莉　易雷冰）

·感德镇·

【概况】

2020年，感德镇农林牧渔总产值75334.29万元，其中，农业产值63558.52万元，林业产值186.86万元，畜牧业产值11465.52万元，渔业产值46.39万元，农林牧渔服务业产值77万元。全镇完成工农业生产总值41.58亿元，同比增长8%；完成规模以上工业产值10.9亿元，同比增长42.3%；500万元以上非农户固定资产投入4.51亿元，同比增长125%；一般公共预算总收入3494万元，同比增长22.8%；其中一般公共预算收入4542万元，同比增长30%。

【项目建设】

县镇重点项目　2020年，感德镇对感德佛罗花茶叶精加工生产基地、感德沃田源有机茶叶种植及茶叶生产基地、感德奕玮农业开发、感德镇第三中心幼儿园、感德茶仑精制茶生产基地、感德岐阳安置区工程等8个县级重点项目和潘田矿区环境及水污染治理工程、智慧生态茶园、高速路口广场及步道建设、生态修复等镇级重点项目进行投资，总投入6亿元。

片区改造项目　2020年，感德镇推进供销社片区、槐植茶果场集建区、高速路出口北片区三大片区改造项目。其中，供销社片区为感德镇片区改造先行项目，项目总占地面积6.67亩，总建筑面积约2.5万平方米，规划建设2栋各18层高的商住大楼，总投资约8500万元；槐植茶果场集建区项目总规划用地面积约50亩，拟投资约4500万元，建设100栋“规划有序、宜居美丽”的新型农村居住小区，打造乡村振兴样板；高速路出口北片区项目总规划面积约580亩，基础投资约2亿元，计划建设行政办公区、商务办公区、商服住宅区、茶工厂集中观光区、幼儿园、金融服务、酒店、物流配套等功能完备的集镇新区，打造西北重镇新地标。

【招商引资】

2020年，感德镇招商引进泉州归山入水茶业公司、中国美术学院投建安溪铁观音茶文化创意与活化项目，项目总投资约8亿元，规划用地面积6.67亩，规划总建筑面积22940平方米。

【精准扶贫】

截至2020年底，感德镇建档立卡贫困户172户679人全部实现脱贫，2020年贫困户人均收入14547元。贫困户全部由县直部门、镇干部进行挂钩，每季度入户帮扶1次。其中5户重点监测户均由科级干部挂钩帮扶。四个建档立卡贫困村（尾厝、炉地、福德、大坂），在省派、市派挂钩帮扶基础上，再选派镇两名后备干部担任第一书记。村财收入均超过10万元。

产业帮扶　2020年，感德镇共发放71.9万元产业帮扶资金，惠及建档立卡贫困户237人次。探索“茶王扶贫”模式，将茶王赛“茶王”拍卖资金9.8万元分发给20户贫困户作为产业发展资金。累计帮扶52户贫困户发展产业。

就业帮扶　2020年，感德镇帮助145户203个劳动人口实现就业，占172户贫困户的84.3%。镇村为贫困户提供公益性岗位5个。

金融帮扶　2020年，感德镇共向贫困户发放小额贴息贷款148万元。2016年以来，感德镇共解决贫困户住房问题73户，其中易地扶贫搬迁50户，危房改造8户，修缮贫困户住房15户。

兜底保障　2020年，感德镇共有64户139人享受低保，其中进行整户低保兜底29户83人。

【乡村振兴】

2020年，感德镇全面完成村集体经济“消薄”任务，全镇22个村村财收入均在10万元以上，超20万元的村占比65%。着力改善农村人居环境，乡村风貌得到有效提升。深入实施农村生活垃圾、污水处理和“厕所革命”等专项整治，完成22个村的污水处理设施建设，同时完成11个村的公厕新建改造。巩固提升农村饮水安全，加强水土流失治理，严格控制生态蓝线；持续推进农村人居环境整治村庄清洁和“炸碉堡”行动，拆除旱厕1004座，整治鸡鸭猪圈437座，着力解决村庄环境脏乱差问题，重点做好村庄内“三清一改”（清理农村生活垃圾、清理村内塘沟、清理畜禽养殖粪污，改变影响农村人居环境的不良习惯）工作。

【特色产业】

茶产业　2020年，感德镇深化“3333”工作抓手，即“三大攻坚、三大活动、三大平台、三大高地”。“三大攻坚”即茶园生态修复、茶树留高、土壤改良，全面落实茶园“两留两禁”管理模式。“三大活动”即赛茶山、感德茶师傅大赛和镇村斗茶品评会，通过办好赛茶山、赛茶园活动，让“好茶是种出来”的理念深入人心。“三大平台”即感德茶叶协会、感德茶馆App、茶叶会展，组织更多茶企参加规格较高的茶展，把感德茶企带出去，提高感德茶大品牌影响力。“三大高地”即茶庄园、茶叶深加工和“互联网+茶叶”，推动一、二、三产融合发展和茶业生产及销售方式变革。

感德镇持续推进茶山生态修复，截至12月，全镇22个村全部以村委会名义建设一片50亩以上的“两留两禁”示范茶园，建设高山“两留两禁”示范片1200多亩，针对使用除草剂行为，强化打击，没收除草剂喷雾器100多只，取缔2个农资物资销售点，近三年共实现退茶还林2000余亩。承办由县茶管委主办和指导的“安溪铁观音·健康软黄金”国际茶日暨感德铁观音2020年春季茶王品鉴周系列活动，以及秋季茶王品鉴会系列活动和“小康路上茶乡美”中国著名作家走进安溪大型采风活动，展示感德铁观音独特的品质魅力和文化底蕴。

探索“政府背书+区域品牌+个体品牌+线上线下一体”的品牌营销方式，打造“感德茶馆”区域公用品牌，重塑感德铁观音品牌形象；推动茶企资源整合、抱团发展，培育产业转型升级的先锋、精锐；打通消费者购买正宗感德铁观音的绿色通道，确保消费者能购买到正宗、安全、性价比高的感德铁观音；制定出台《授予茶叶企业“安溪铁观音·感德茶馆”区域公用品牌使用的决定》，有10家企业入驻。

农业供给侧结构性改革　在发展茶产业的基础上，推动淮山、中草药、马铃薯、麻竹等特色农业发展。支持发展茶叶精深加工。大力培育发展休闲农业、乡村旅游等新业态，致力发展“茶庄园+保生大帝+龙通土楼”文化旅游活动，推动一、二、三产融合发展。

【社会事业】

教育　2020年，感德镇加快五甲小学综合楼、第三中心幼儿园、十一中运动场建设和霞春中学教学楼修缮，不断改善学校的办学条件，持续提升办学水平。全面加强教师队伍建设，树好尊师重教风气，完善课后服务经费保障机制，激发教书育人内生动力。

医疗健康　感德镇加快乡村卫生服务一体化建设，提升村级诊疗水平；完成感德卫生院宿舍楼改扩建和职工食堂建设，完善卫生院基础设施。

公共服务　感德镇提升改造敬老院及各村居家养老服务站，持续抓好国家公共文化服务体系示范区创建工作，深入实施乡村道路安全生命防护工程，完善农村公路交通标志标牌。

【平安建设】

扫黑除恶　2020年，感德镇加大宣传力度，提高群众参与度，坚决打击把持和操纵基层政权、侵吞农村集体财产等危害社会治安的黑恶势力。持续保持高压态势严厉打击电信网络诈骗犯罪，实施全链条打击与专项打击，以更大决心和更强力度深化打击治理工作，坚决遏制感德镇电信网络诈骗犯罪多发高发势头。

社会治理　2020年，感德镇全面抓好信访法治化、禁毒等工作，完善社会治安立体化防控体系。树牢安全发展理念，开展安全生产专项整治三年行动，做深做细安全隐患大排查大整治工作，严格落实安全生产“党政同责、一岗双责、失职追责”工作机制，完善安全生产风险分级管控和隐患排查治理双重预防机制建设，确保全镇安全生产形势持续稳定。加强应急救援体制建设，提高防灾减灾救灾水平。加强食品药品和产品质量安全监管，确保广大群众生命财产安全。做好第七次全国人口普查、“七五”普法、人民调解等工作，发挥工青妇等人民团体在创新社会治理中的作用，构建共建共治共享的社会治理格局。

【基层组织建设】

2020年，感德镇定期开展党支部书记座谈会、定期开展党主干“拉练”活动，牢固树立抓好党建是最大的政绩观念。完善党员联系群众、服务群众的有效机制和工作平台，引导支部通过争取项目、招商引资、结对帮扶等方式，优化村级集体经济发展路径，为基层党组织开展工作提供经费保障；针对各支部工作短板，逐项建立整改台账，明确责任单位和人员。

【举办首个“国际茶日”系列活动】

2020年5月21日，“安溪铁观音·健康软黄金”国际茶日暨感德铁观音2020年春季茶王品鉴周系列活动在感德镇正式启动。活动由安溪县茶业管理委员会主办，安溪县茶管委办公室、安溪县农业农村局、安溪县人力资源和社会保障局、安溪县气象局、安溪县乡村振兴办公室、感德镇人民政府联合承办。中华全国供销合作总社杭州茶叶研究院、福建省气象局，福建省气象服务中心、泉州市气象局以及媒体单位各级领导、行业专家、爱茶人士莅临现场。因疫情影响，活动采取线下活动线上直播方式，中新网、新浪网、东南网、泉州网、安溪报微信公众号、安溪电视台抖音号等多个线上平台短时间超 100 万名茶人围观。

（许进展　柯建萍）

2020 年 8 月 17 日，中共长卿镇委员会揭牌仪式（长坑镇供图）

·长卿镇·

【概况】

2020 年，长卿镇农林牧渔总产值 87341.8 万元，其中，农业产值 69634.31 万元，林业产值 115.89 万元，畜牧业产值 17384.83 万元，渔业产值 72.77 万元，农林牧渔服务业产值 134 万元。限额以上社会消费品销售总额 12.23 亿元，同比增长 18.81%；限额以上社会消费品零售总额 10.26 亿元，同比增长 12.17%；规模以上工业产值 6.73 亿元，同比增长 14.47%；500 万元以上非农户固定资产投入 3.17 亿元；地方级税收收入 695 万元，同比增长 7.3%；实现工农业生产总值 23.41 亿元；全年农民人均纯收入 17738 元。

【撤乡设镇】

2020 年 6 月 28 日，经福建省政府同意，安溪县撤销长坑乡，设置长卿镇，实现长卿人 30 年的愿景。8 月 10 日，县委、县政府为长卿镇授牌授印。8 月 17 日，长卿镇举行恢复原名、“撤乡设镇”揭牌仪式。长卿镇人大主席团规范“长卿镇”闽南语表述，将“长卿镇”闽南话表述为“长（重 chóng 的闽南语发音）卿（框的闽南语发音）镇”。

【重点企业】

2020 年 6 月，长卿镇人民政府、26 个村委会联合出资成立安溪崇卿小城镇开发建设有限公司，注册资金 1000 万元，其中，长卿镇社会事务服务中心持股 51%，26 个村合计持股 49%。公司探索通过资产运作、政策性银行中长期低息融资、争取政府债券资金和社会资本参与等方式整合资金、资本、资源，围绕城镇发展规划，发挥企业优势，积极参与、推动镇区改造，同时，以市场化运作不断壮大企业自身规模、实力，带动村财增收，保证镇党委、政府决策部署得到全面贯彻执行。

【招商引资】

2020 年，长卿镇成功引进长卿镇乡村振兴服务中心、傲农畜牧养殖基地、唯闲休闲农场、龙铎庄园项目等 4 个项目，总投资 8.5 亿元，其中，长卿镇乡村振兴服务中心，系全县首个乡村振兴服务中心；傲农畜牧养殖场由福建傲农生物科技集团股份有限公司投建，将建成一期存栏量 5000 头的生猪养殖基地；唯闲休闲农场由福建安溪唯闲农业专业合作社投资建设，拟建成集酒店住宿、特色餐饮、休闲娱乐、观赏体验为一体的综合性旅游基地；龙铎庄园项目由泰国盘龙集团国际有限公司投资建设，拟建成集住宿、采摘、名贵树木种植于一体的综合庄园。

【项目建设】

2020 年，长卿镇实施重点项目 5 个，总投资 7.85 亿元，完成年度计划投资 1.49 亿元，完成年度计划 104.9%。其中，长卿酒店项目完工；长卿镇镇区道路提升改造项目玉卿路、学府路完成亮化、绿化美化工作，完成霞美路新建工作；长卿山格翰苑项目完成一期主体楼封顶工作，长卿巫湖农场完成生猪养殖主体建设工作，《项目开工“快捷键”招商引资“不掉线”》等 2 篇工作经验被《福建日报》等多级媒体报道。

【镇区改造】

2020 年，长卿镇实施“321”镇区改造项目包，总投资 3.5 亿元，建设规模、投资额度等为历年之最。截至年底，全县首个镇级乡村振兴服务中心——长卿镇乡村振兴服务中心已进行施工，西北部康养基地——安溪县医院长卿分院已完成70亩建设用地征收，新型公共农贸市场地块已完成设计；长霞路和玉卿路等2条道路完成提级改造；长霞片区改造项目，已完成征收、拆除房屋69栋，拆除面积2.1万平方米，完成率100%。

【精准扶贫】

2020年，长卿镇坚持“1+1+1”挂钩制度，落实上级专项帮扶资金234.4万元，9个项目库补助，为贫困户提供6个公益性岗位，全面解决“两不愁三保障”和饮水安全问题，全镇52户211人建档立卡贫困户、4个建档立卡贫困村全部脱贫。

【乡村振兴】

2020年，长卿镇推进“消薄倍增”，南洋村、衡阳村、西溪村、小西村、云一村、云二村、南斗村、扶地村、月眉村、山格村、水缸村、玉南村、长坑村、珍田村、福春村、玉湖村等16个村集体经济收入达20万元，青苑村、云集村、玉美村、华美村、下林村、文坪村、珊屏村、田中村、三村村、祥泉村等10个村集体经济收入达10万元。实行生活垃圾清运外包服务新模式，完成全镇26个村公厕建设。在西溪村建成“安溪县（长坑乡）人居环境整治教育基地”并承接“2020年全县实施乡村振兴战略暨脱贫攻坚工作现场推进会”工作，西溪村入选省级乡村振兴实绩突出村，山格村入选县级乡村振兴实绩突出村，祥泉村获评省级乡村治理示范村。

【产业发展】

淮山产业　2020年，长卿镇投入2000万元建设完成山格淮山大厦、7栋人才公寓，优化淮山种植结构，新增淮山种植面积100多亩，轮作龙门茭白6亩，2020年新增淮山种植户达288户，共有淮山种植面积6000多亩，年产量717吨，产值823万元，创新开发淮山产品18种，《山格淮山》成功申报农业农村部第二批全国农民合作社典型案例推介，获得“2020年度福建省百佳农民合作社示范社”称号。

茶产业　2020年5月27—28日，举办2020年长卿镇“崇德杯”春季茶王赛，邀请5位安溪茶管委的评委进行专家审评，决出金奖1名、银奖2名、铜奖3名、优质奖20名；10月28—29日，举办“长卿杯”秋季茶王赛，决出金奖1名、银奖2名、铜奖3名、优质奖20名，挖掘出庆尊茶行、海西茶行、结缘茶业等一批具有代表性的茶叶企业，浓厚全镇“讲茶、爱茶、评茶”的氛围，助力长卿茶产业发展振兴。

【社会事业】

教育　2020年，长卿镇成立中小学教育促进会，共筹集教育基金1200多万元，完成崇德中学学生宿舍楼、食堂、运动场以及扶地小学教师宿舍楼等校安工程建设。

卫健　2020年，长卿卫生院新增床位50张，投入86万元购入彩超、生化仪、骨密度检测仪、幽门螺杆菌测试仪等医疗设备。

基础设施建设　长卿镇推进农村公路提级改造，完成涉及4个村17.56千米的公路提级改造工作，投入资金80余万元维护保养全镇道路共计206.8千米。

【平安建设】

2020年，长卿镇充分发挥民俗文化作用，引入本地资源“公评庵”，吸纳全镇有名望的党员、退休干部参与调解，全年共调解矛盾纠纷124件，开展批评教育43次，实现矛盾纠纷化解在一线，基层组织的治理能力不断增强。全年开展法治进校园、进村落宣传活动各4次，动员4000余人次，不断提高学生、群众法律知识水平，从根源上解决电信诈骗问题；扎实开展电信诈骗打击工作。

【基层组织建设】

2020年，长卿镇完成云一村、西溪村、玉湖村村级组织活动场所建设工作，实现民情茶室26个村全覆盖，组织村主干“拉练”3场次，村主干轮训人均3次以上，提高村级综合实力；发挥银发力量，镇离退休党支部成立乡村振兴服务队，开展疫情防控宣传22次、移风易俗劝导15次，获评2020年度市级离退休干部党建示范点；完成对软弱涣散的福春村、田中村党组织整顿转化，福春村党支部成功通过泉州市第二批市乡村记忆文化项目建设试点村验收，基层党组织的引领力、号召力、战斗力显著增强；大力延伸组织触角，深化“1533”工作机制，加快推进非公党建展览馆建设，山格淮山专业合作社党支部获2020年县级“党建入章”示范点党组织。坚持严管与厚爱并重，抽调13名领导干部决战“大白濑”项目，在5个月内财产户加移民户签约547户，完成指标任务。

（王延萍、王锦坤　陈南镇）

·祥华乡·

【概况】

2020年，祥华乡农林牧渔总产值55183.39万元，其中，农业产值48318.21万元，林业产值328.62万元，畜牧业产值5701.56万元，渔业产值26万元，农林牧渔服务业产值809万元。规模以上工业产值11.599

亿元，增长11.7%；固投1亿元，增长19.5%；乡财政总收入4069.45万元。其中：上级补助收入2994.45万元；一般公共预算收入572万元，完成年初预算的101.4%。乡财政总支出2960.96万元。

【项目建设】

2020年，祥华乡县级重点项目安溪闽雄农牧生态养殖项目总投资1.1亿元，分两期建设种猪繁殖、商品育肥生态养殖基地和有机肥生产基地。2020年底肉猪养殖基地已投产，完成投资0.65亿元。

移民安置签约 2020年7月，祥华乡组织工作组参与泉州白濑水利枢纽工程移民安置工作，按照分门别类摸底数、正面宣传造氛围、科学分工强推进、突出重点点带面的工作思路，扎根一线，充分发扬“大白濑”精神，以户带组，多线作战，有力有序推进协议签订，如期全面完成祥华工作组移民户617户、财产户40户（完成总任务数的100%）安置协议签约工作任务，确保白濑水利枢纽工程建设有序推进。

公路建设 2020年，祥华乡公路提升改造项目共9个、涉及业主村9个，总里程21.54千米，总投资4867.71万元。其中美西至美仑公路、白荇至白玉公路、石室至粮坑公路全部建成并通过验收，佛耳山公路、珍山庵边至深洋东边溪角落公路、祥华至东坑公路完成路面铺设，其余公路正在抓紧施工。

【招商引资】

2020年，祥华乡共签约招商引资项目2个，总投资5亿元。7月，结合茶产业发展引进东方美茶庄园有限公司建设东方美茶庄园，总投资3亿元，促进一、二、三产业融合发展。8月，联合龙门镇人民政府异地招商，引进福建佰明投资集团有限公司在龙门镇2025产业园建设光伏支架及LED汽车照明厂房及附属配套设施，总投资2亿元。

【精准扶贫】

2020年，祥华乡在修缮房屋12座，翻建3座，新建房屋168座的基础上，持续跟进贫困户住房建设，确保全乡所有贫困户的住房问题全部得到解决。探索“党建+扶贫”模式，实行“党员干部+贫困户”挂钩机制，切实做到“四不摘”。实行“党建+产业+贫困户”模式，通过引进“光伏发电”等项目，促进产业发展、村级基础设施建设等，形成良性循环，增强贫困村的造血功能。实行“党建+合作社+贫困户”模式，指导创兴、仙踏石等非公党支部吸纳贫困户8户32人加入，进行茶园管理和茶叶制作技术指导帮扶、打通茶叶销售渠道等，切实提高贫困户收入。全乡337户建档立卡贫困户全部脱贫，脱贫率100%，高质量通过省扶贫考核组验收。

【乡村振兴】

乡村人居环境提升 2020年，祥华乡制定实施方案，对旱厕进行“拆、填、造”整治，即拆除旱厕、填整土地、造绿（微菜园、微景观塑造等），完成全乡旱厕整治2005座、鸡鸭猪圈569座，完成率100%；进一步加强河道治理，深入落实河长、河道专管员巡河职责，加强河道巡查管护，加大流域护绿增绿，九龙江流域河畅水清、河道整洁；深入落实山长、护林员巡林职责，强化森林防火意识，不折不扣落实对林木及野生动物的保护，获省级2019年度护林联防工作先进单位。

农房整治 祥华乡探索“政府补贴+农民自筹”农房整治模式，盘活资源，“巧”用古大厝，“新”用闲置农房，“实”用废旧农房。“东坑经验”在全县农村工作会议上作为典型被推广。

发展特色农业 祥华乡因地制宜挖掘各村特色产业，抓好郑坑碳菇基地、东坑山药基地、小道绞股蓝基地建设，推广黑山羊、蜜蜂等特色养殖业，形成以茶叶、山药、红米“一绿一白一红”为主产业，引领林下经济、规模化养殖业等多元农业。

2020年5月27日，祥华乡大塔坑举行安溪闽雄农牧有限公司场奠基仪式（祥华乡供图）

【特色产业】

茶产业　2020年，祥华乡推广适度稀植、茶树留高、冬季耕翻、深施有机肥等健身栽培措施；“减去”影响茶产业健康发展的“烂白菜”，抓好去化肥农药、去压茶机、去低端茶产能等；换来市场活力“乘法”，持续推动祥华观音健康发展。10月27日，成功举办2020年“祥有茗”杯秋季祥华铁观音茶王赛，茶商、茶农的参赛热情创历史新高，有效地将管好茶、制好茶的理念从市场向源头延伸。选拔参加“第四届安溪铁观音大师赛”的6名制茶能手，全部入围30强，2名选手获“安溪铁观音名匠”称号。成功举办安溪春茶品鉴会暨祥华乡春季铁观音（清香型）茶王赛颁奖仪式；牵手全国茶产业标准化高峰论坛，成功举办祥华乡2020年“祥有茗”杯秋季铁观音茶王赛颁奖仪式，有效弘扬茶文化，开拓茶市场，做大茶品牌，提升祥华观音社会影响力。

【社会事业】

2020年，祥华乡在新冠肺炎疫情防控中重点落实排查、管控、设置隔离场所和出租屋、流动人口（含境外及边境人员、入境返安人员、中高风险区返安人员等）排查等各项防控措施，实现全乡无新型冠状病毒感染的肺炎病例及疑似病例报告，全乡“八闽健康码”申领率100%，“应检尽检”人员均完成核酸检测。

安全生产　祥华乡开展安全隐患大排查大整治活动，排查生产经营、企事业单位及各类场所201家，发现问题隐患并整改158条，完成率100%。持续做好消防安全、房屋安全排查方面工作，摸排8955宗房屋安全结构，处置14宗安全隐患，处置面积6938.4平方米，转移人员46人。

防汛工作　祥华乡做好避灾点常态化管理，明确责任分工，落实落细防汛应急预案各项要求，20个村全部配齐应急防汛物资。组织各村全面开展危险区域群众自主转移避险演练活动，提升防灾减灾救灾能力。

教育基础设施　2020年，祥华乡投入1400多万元的中心小学教师宿舍楼、福新小学综合楼、聪明学校操场、石狮幼儿园综合楼、新华都阳光中学塑胶跑道竣工并投入使用，投入300多万元校园周边挡土墙、校园修缮工程及化粪池改造、配电房改造竣工并投入使用，有效保障校园学习环境。

【平安建设】

打击整治电信诈骗犯罪　2020年，祥华乡成立专项领导小组，严格落实管控责任。全年共破获诈骗案件6起，逮捕人员35人，逃犯25人。

扫黑除恶专项斗争　祥华乡建立重点排查人员信息台账，制定分类管控措施，全方位动态监控、重点盯防。全年破获九类涉恶案件3起，抓获各类涉黑涉恶人员3人。

基层法治建设　祥华乡完善“大调解”工作机制，有效推进各项矛盾化解在一线。全年排查调解各类矛盾纠纷18起，调解成功率100%。

【基层组织建设】

2020年，祥华乡聚焦农村党建、脱贫攻坚、乡村振兴等重点内容，开展9次村级党支部书记专题培训班、4季度村主干“拉练”活动，不断推动基层治理水平提升。同时开展“智能+”灵活学，引导全乡党员能够用好用活“学习强国”App等学习平台。把落实全面从严治党作为最根本的政治担当，认真执行“一岗双责”工作制度，先后约谈16名党员干部，开展廉政谈话45人次，给予3名违纪党员党纪立案处分，切实解决党建“灯下黑”等情况。以党的政治建设为统领，切实做到围绕中心抓党建，依靠特色帮扶强党建，不断探索“党建+”模式，始终把党建引领贯彻于扶贫、疫情防控、安全生产等领域中，形成良性循环，有效促进全乡事业产业发展、提高贫困户高质量高标准脱贫成效、安全风险防范化解等。强化非公党建示范引领，形成“7+2+N”助力茶产业跨越发展合力，不断提升茶业发展格局。引导村级组织盘活“三资”，因地制宜抓好郑坑村碳菇基地、东坑村山药基地、小道村绞股蓝基地建设，推广黑山羊、蜜蜂等特色养殖业，形成以租赁经营、股份合作、有偿服务、农业合作为主的4种发展壮大村集体经济模式。同时，鼓励各村集体出资成立“农村物业管理公司”，确保各村集体经济收入10万元以上，12个村集体经济收入达20万元以上。

（郭鑫权　林连根）

·蓝田乡·

【概况】

2020年，蓝田乡农林牧渔总产值39150.6万元，其中，农业产值31127.24万元，林业产值215.85万元，畜牧业产值4193.58万元，渔业产值324.93万元，农林牧渔服务业产值3289万元。工业总产值6.96亿元，同比增长12.17%；非农户固定资产投资2.24亿元，同比增长24.44%；地方级财税收入329万元，同比增长17.5%。

【疫情防控】

2020年，蓝田乡多次召开新型冠状病毒感染的肺炎疫情防控工作会议，把严防境外疫情输入作为重中之重，强化动态化、常态化、精准化防控。年初共摸排境外未返安溪人员802人，并进行微信位置确认，逐一确定行踪，发放张贴各类宣传单5万余张。做好人员出入重点场所的登记，做到疫情防控常态化。全面推广应用“八闽健康码”，“八闽健康码”申领率100%。做好政务系统排查工作，第一时间排查入境和境外返安溪人员。组织乡村两级干部、部分群众开展核酸检测应急演练，全乡无新型冠状病毒感染的肺炎病例及疑似病例报告。

【项目建设】

农村公路 2020年，蓝田乡在乡财政困难的情况下，单列80万元用于奖励公路建设速度快的村。全年实施9个项目累计31.505千米的公路提级改造，获评“四好农村公路”市级示范乡镇，在全县率先探索成立公路专业养护队伍，年度公路养护评比全县第1名。

土地开发 2020年，蓝田乡实施土地开发项目，该项目设计开发规模1350亩，预计可为安溪县新增水田指标800亩。截至2020年底完成土地平整1100亩，后清村项目地块初步通过市级验收，可新增水田指标210亩。

移民安置 在大白濑攻坚工作中，蓝田乡负责潮碧村的移民安置工作，蓝田现场工作组探索形成7工作机制，即“地毯式”地开展外业测量，造浓舆论氛围，一切依靠群众；早上七点半就到农户家开展工作，晚上七点半后继续加班；有图有真相地保存每个移民户的档案信息；创造便民条件，协调兴业银行等银行机构，一切方便群众签约，现场为当地群众办理银行卡。截至11月，蓝田现场工作组完成移民安置签约556户，财产户45户，完成总任务数100%。

【精准扶贫】

截至2020年底，蓝田乡216户716人（国定163户530人，省定53户186人）建档立卡贫困户全部实现脱贫，建档立卡贫困村乌殊村、进德村、乌土村全部实现“摘帽”退出。

村民增收 蓝田乡发挥村级党组织引领发展作用，促进村集体经济和村民收入“两增收”。内春村通过“支部共建”模式，搭建对内提供统一服务，对外统一销售特色农户产品的销售平台，由泉州市中级人民法院免费提供销售场所，通过市中院微信公众号等方式，向本单位干部职工推广内春村特色农产品，为贫困村民打通销售渠道。每逢周末，村里的土鸡、土鸭、笋干、地瓜粉、黄花菜、茶叶、土猪肉、冬蜜等原生态农产品源源不断供应到市中院进行展销。乌殊村党支部与福建炼化公司办公室党支部多次联合开展主题党日活动，福建炼化公司党员“以购代扶”，自费购买乌殊村当地的特色农产品，以实际行动助力脱贫攻坚，增加村民收入。

村财增收 2020年，蓝田乡引导全乡15个村以资金、资源、资产等入股蓝田乡小城镇建设投资有限公司，获利分红。由小城投统筹运作大型广告牌出租、农贸市场管理、镇区自来水公司、公路管护、环卫保洁、统建区建设等项目，从中获得的收益按入股比例分红给各村作为村集体经济收入。截至年底，小城投累计获利305万元，15个村均获得分红，实现村集体经济收入全部实现20万元以上的目标。

【乡村振兴】

2020年，蓝田乡实施“镇村全域规划”建设，扎实推进“全域人居环境”整治，精心做好富民文章，让农业强、农村美、农民富的美丽乡村蓝图逐步变为实景。

“镇村全域规划”建设 蓝田乡多策并举、点面结合推进乡村振兴建设，乌殊村参加2020年安溪县乡村振兴实绩突出村评比获第三名，蓝田村以高分通过乡村振兴省级试点村考核验收。全乡总体规划及15个村的新农村建设规划顺利推进，努力做到“一村一品一业”。启动团餐小镇镇区改造、蓝田失地农民小微文创园等项目建设，已投入1020万元，建设蓝田村古樟树公园、蓝二村华阳溪公园、蓝田村旧电厂公园、益岭村南山公园和蓝一村休闲广场。投入近2000万元用于河道治理，沿着华章溪两岸建设十里长廊，连通蓝田、蓝一、尚忠、乌殊、进德五个村的河道，成为蓝田群众休闲漫步好去处。

“全域人居环境”整治 蓝田乡以“裸房整治”为抓手，拆除“危旧空心房”“两违”建筑面积1.5万平方米，拆除旱厕1319个，鸡鸭猪圈整治拆除759个。完成沿路森林景观带200亩、村庄绿化10亩。聘请第三方水质检测公司对全乡219户贫困户进行水质检测，对3户贫困户和两个集中式饮水工程不符合检测标准的，及时整改。投资2000万元，对5.265千米的河道进行挡土墙、生态护坡、步行道及生态清淤等。

【社会事业】

环境卫生 2020年，蓝田乡累计投入环境卫生保洁工作资金约173.69万元，其中全乡环境卫生保洁承包资金140.66万元，购买镀锌二分类垃圾桶200个，塑料四分类垃圾桶50对，建设分类垃圾站2个。全乡新建乡村公厕5座，总投资约85.79万元。市级环境卫生考评平均成绩93.96分，全县排名第7，比2019年上升5名。

宣传文化　2020年，蓝田乡文化体育惠民工程共争取资金12万元，建有乌殊村、进德、内春文化体育工程点，为村民体育活动提供场所。村村实现文体广场、农家书屋、文化活动室、文化宣传栏全覆盖。12月16日，举办“小康梦　家乡情”学习中共十九届五中全会精神主题文艺晚会。倡导“婚事新办、丧事简办、佛生日不请非亲戚朋友”新方式，建立党员干部办婚丧嫁娶事宜报告制度，实现“四会”、村规民约全覆盖。蓝田乡被市委、市政府评为“市级文明乡镇”，被县深化移风易俗工作领导小组评为安溪县移风易俗示范乡镇，被县委宣传部评为全县理论学习先进单位。

民生保障　2020年，蓝田乡新增低保户23户39人，农村低保246户396人，共发放低保金183.54万元；城市低保1户1人，发放资金5445元；特困人员8户8人，发放资金83.58万元；孤儿2人，发放资金2.16万元。全年为7名群众申请临时救济金和医疗救助资金合计2.86万元。共解决3户低保困难户的住房问题，发放资金18万元。向上级争取尚忠村、益岭村等2个市级农村幸福院建设。

【特色产业】

茶产业　2020年，蓝田乡持续保持对压茶机、除草剂的高压严打态势，11月10日，2020年“紫气蓝田杯”秋季安溪铁观音茶王赛在蓝田乡政府举办，为期1天。总计参赛人数204人，茶样204份，共产生金奖1名：徐金山；银奖2名：詹秀桂、王再德；铜奖3名：张梅珠、陈俗土、李雪云；优秀奖6名、优质奖15名。

特色农业　2020年，蓝田乡坑内养殖场被列为县级“菜篮子”基地，新增1家规模化肉兔养殖场。引进泉州金山珍豆制品厂，投资1000万元，年产值1000多万元，提供就业岗位150人。扶持富山阁竹业专业合作社做大做强，开拓传统竹制品销售市场突出竹产业建设，大力发展竹屋、竹亭、竹别墅、竹笔筒、竹屏风等新产品。举办“乡长带盐，竹构精彩”带货直播活动，强化产品辐射和线上线下营销网络带动作用。

旅游业　充分挖掘蓝田文化，加强“蓝田牌楼灯”民俗文化的保护力。充分整合挖掘“水库”“竹海”“树王”“廊桥”“梦说”等特色旅游资源，重点推进一批文化口袋公园建设，结合自身实际对各个村、各个角落的“古树”进行保护性开发，全力打造“山水仙境，诗意蓝田”品牌，使旅游业成为蓝田新的经济增长点。

【平安建设】

社会综合治理　2020年，蓝田乡破获涉嫌非法买卖枪支弹药案件1起，抓获嫌疑人1人、入室盗窃案件1起，抓获嫌疑人1人；故意伤害案件1起，抓获嫌疑人1人；开设赌场案1起，抓获嫌疑人1人；赌博违法犯罪案件6起，查处赌博违法犯罪人员26人。在全乡主要道路和各村委会显著位置悬挂横幅80幅、设置15个举报箱、张贴45处线索举报奖励办法、3处大型广告、30处“两高、两部”通告、发放宣传材料5000余份、以漫画的形式展出宣传展板16块；组织入户走访调查20余次，通过群发短信、发送反骗防骗预警短信3万余条，充分利用LED显示屏、每月定期在微信工作群、微信公众号“紫气蓝田”发布宣传信息。

打击电信诈骗　2020年，蓝田乡开展打击治理电信网络新型违法犯罪“断卡”行动，累计清查24次，抓获诈骗现行嫌疑人11人，破获诈骗案件3起；打掉本地窝点1个，刑拘1人；破获部推线索案件1起，刑拘1人；抓获诈骗逃犯10人；共拆除电信网络诈骗人员赃款违法建房1处，面积200平方米。

【基层组织建设】

2020年，蓝田乡运用一系列激

2020年11月10日，“紫气蓝田杯”安溪铁观音秋季茶王赛现场（蓝田乡供图）

励机制抓好干部队伍建设。通过后备干部、年度考核优秀、部门负责人等一系列激励机制，让干部“想为”。通过选派优秀干部参与项目建设、到村级挂职，让干部在实践锻炼中“会为”。通过制订《机关干部考核办法》《机关内部管理制度》《蓝田乡机关干部年度考核和绩效差异化发放考评办法（试行）》《蓝田乡机关临时聘用人员考评管理办法》等一系列制度，用制度管人，让干部“敢为”“快为”。每季度举行全乡村主干“拉练”活动，既在本乡比，又到外地学，通过实地走访、现场观摩，互相学习，互找差距。组织基层党组织书记参加集中学习培训。通过党支部规范化建设，严格落实“三会一课”制度，深入学习贯彻习近平新时代中国特色社会主义思想。蓝田乡“学习强国”学习积分排名连续多次位列全县第一，意识形态考评成绩位列全县第一。

（吴圣莹　李进发、林玉婷）

·桃舟乡·

【概况】

2020年，桃舟乡农林牧渔总产值20176.8万元，其中，农业产值14710.46万元，林业产值328.79万元，畜牧业产值4058.18万元，渔业产值31.37万元，农林牧渔服务业产值1048万元。地区生产总值40660万元，同比增长17.97%；规模以上工业产值19840万元，同比增长46.8%；500万元以上非农户固定资产投入25130万元，同比下降41.05%；社会消费品零售总额6510万元，同比增长69.9%；农村居民人均可支配收入19050元，同比增长6.5%；一般公共预算地方级收入291万元，同比下降14.6%。

【项目建设】

2020年，桃舟乡县级重点建设项目6个，分别是晋江源头旅游基础提升工程、佛罗花茶叶加工产业基地、吾之茗生态文化旅游、镇区白改黑、中心幼儿园、高吾达新公路滑坡病害治理工程。至年底，累计投入资金25130万元，完成年度投资任务100.5%。

【招商引资】

2020年，桃舟乡坚持“走出去”和“请进来”相结合的办法，推行“保姆式”服务，充分运用以情留商，以商招商，强化企业的主体地位，突破招商引资工作不利局面。至10月，实现招商引资签约项目2个，分别是福建安溪晋之源现代农业开发有限公司与泉州城建集团合作意向投资1亿元，进行晋溪源矿泉水厂扩建扩产；桃源有机茶场有限公司与中国科学院黄维院士团队合作意向投资1亿元蚓激酶提取项目，开展有机绿色循环农业科学研究。

【精准扶贫】

2020年，桃舟乡国定省定贫困户32户，共帮贫困户新建住房22间、修缮7间，通过产业扶贫（19户）、低保兜底30人，“两不愁三保障”得以解决，饮用水安全确保安全可靠，建档立卡莲山村村财收入22.1万元、南坑村收入22.7万元。

【乡村振兴】

2020年，桃舟乡省级乡村振兴试点村桃舟村，认真按照《2020年安溪县乡村振兴试点示范建设实地考评标准》文件要求，扎实推进各项试点工作。流转整合土地34公顷，推进退茶还耕、荒地复耕，有组织推进土地成片耕种粮食，积极发展特色农业和林下经济，对现有主导产业茶产业进行转型升级，大力培育农业企业、专业合作社、家庭农场、林业专业合作社或家庭林场等新型农业经营主体；推进“厕所革命”，建设完成公厕2座并定期进行管理维护，加大垃圾治理和污水管理；投入16.45万元对下洋角落废弃荒地进行改造，建成400平方米公共停车场；投入180万元对全村的旱厕和鸡鸭猪圈进行整治，集市街道进行统一的门面装修，村容村貌得到改善。

【特色产业】

2020年，桃舟乡以合作社或龙

2020年5月25日，晋溪源矿泉水厂扩建扩产签约仪式举行（桃舟乡供图）

头企业为载体，加快推进茶业转型升级，加大“一村一品”扶持培育，大力发展红米、百香果、香菇等有机绿色无公害特色产业，并通过充分利用网上销售平台，拓展销路，提高村民经济收入，初步形成“有机茶＋茶旅＋深加工”“基地＋特色产业”“农户＋种植养殖”产业发展模式，有机蔬菜、食用菌、百香果、红米水稻等近20种地方优质特色农产品。

【社会事业】

基础教育　2020年，桃舟乡投入资金770万元建设桃舟中心幼儿园，占地面积5200平方米，建筑面积2163平方米，配套围墙、室外活动场地、排水污水处理设施等，班级6个，学位250个；评选优秀教师3名，各奖励5000元。12月9日，教育工作接受省级“两项督导”评估检查。

医疗卫生保健　2020年，桃舟乡抓好国家基本公共卫生服务工作，定期开展全乡重点人群的健康体检和随访服务工作。投入350万元，建设安溪县空地紧急医学救援桃舟乡桃舟村直升机停机坪。贯彻落实省市县新冠肺炎疫情防控一系列部署要求和决定，坚持统一指挥、步调一致、全员在岗、责任压实，突出抓好宣传教育培训、防控物资保障、核酸筛查、“八闽健康码”推广等联防联控工作，充分应用网格化管理，严密抓实国内和国外境外疫情输入和重点疫区人员管控。国内疫情防控共摸排防控对象34名，2月19日全部解除居家隔离；境外输入防控方面，进行集中医学观察4人；储备口罩5000多只、医用手套200双、消毒液62桶、酒精4桶。

精神文明建设　桃舟乡突出开展整治丧事扰民、婚丧佛事铺张浪费和道德领域失信失德等活动，8个行政村全面铺开，不留死角；评选好婆媳、好妯娌、好邻居6户，最美家庭5户，各类文明户5户。

社会保障　城乡居民基本养老保险参保8145人，城乡居民基本医疗保险参保11448人，城乡居民最低生活保障269人。

【平安建设】

2020年，桃舟乡下发《桃舟乡持续深化电信网络暨赴境外诈骗流出地整治年工作方案》（桃委〔2020〕16号）、《桃舟乡持续深化电信网络暨赴境外诈骗流出地整治年工作考核奖惩办法》（桃委〔2020〕17号），在全乡开展专项整治工作。与辖区内8个行政村签订《桃舟乡2020年度平安建设（综治）工作责任书》《桃舟乡2020年度持续深化电信网络暨赴境外诈骗流出地整治年工作责任书》，全面开展综治维稳、平安创建、公共安全领域突出问题大排查大化解大整治攻坚行动等乡村治理工作，维护社会和谐稳定。全年排查矛盾纠纷121件，调处成功120件，调解成功率99%；查处赌博案件5起，抓获违法嫌疑人15人，跨区域查处卖淫嫖娼案件1起，行政拘留1人；抓获电信诈骗犯罪嫌疑人21人，其中诈骗网上逃犯9人，“两卡”嫌疑人6人（入境嫌疑人2人）；安全生产紧紧把握节假日时段、突出道路交通、烟花爆竹、非煤矿山、危化品及房屋安全大检查大整治，组织各类检查组67个，检查各类企业单位342家次，排查各类一般安全除患361项，已整改361项，整改率100%。14家安全风险分级管控企业，开展风险评估14家，完成100%。排查房屋安全结构3174宗，存在隐患12宗，已处置11宗，处置面积2069平方米，转移人员14人。

【基层组织建设】

2020年，桃舟乡继续推进开展强基促稳工作，强化服务型党组织建设，不断加强党员思想教育，激发党员干事活力，认真开展党员评议，承诺践诺活动。开展两次村主干“拉练”活动，培养12名后备力量，培养入党积极分子45名、纳新党员6名；开展2期对村务监督委员的培训工作，全面配合县财政局做好年度财务审计工作；探索建立“1+1+X”人才挂钩村制度，将一支高层次人才队伍，一支乡村讲师团队伍与8个村建立挂钩帮扶制度，利用高层次人才挂钩引领，助力乡村振兴；查办违纪违法案件1件、处理2人，廉政谈话76人次、警示教育263人次；强化党建工作督导，每季度组织对基层党支部的“三会一课”、党费收缴、党务公开等开展落实情况进行跟踪指导检查，及时帮助各支部解决存在困难问题。

【入选省级森林康养小镇】

2020年5月4日，桃舟乡召开启动建设省级森林康养小镇和森林康养基地工作会，依托桃舟乡森林生态景观资源，按照《福建省林业局　福建省民政厅　福建省卫生健康委员会　福建省总工会　福建省医疗保障局关于加快推进森林康养产业发展的意见》（闽林文〔2020〕18号）文件精神和《福建省森林康养小镇评定标准细则》要求，开展建设设施齐备、产品丰富、管理有序、服务优良的森林康养乡镇，提升桃舟乡的森林资源性价比，促进群众增收，并成立由乡党委书记李首烜、乡长李福清担任组长双组长工作领导小组。聘请有资质的福建省万佳园林建设有限公司编制《安溪县桃舟森林康养产业发展规划方案》及省级森林康养小镇基地申报文本。

11月19日，省级专家对桃舟乡申报森林康养小镇和康养基地进行现场评审。12月28日，福建省林业局、民政厅、卫生健康委员会、总工会、医疗保障局等五部门联合发布2020年福建省首批省级森林养生城市、森林康养小镇和森林康养基地名单，安溪县桃舟乡入选森林康养小镇、安溪添寿福地森林康养基地入选森林康养基地。

【晋江源生态保护】

2020年，桃舟乡完成封山育林200公顷，植树造林100.6公顷，森林抚育173.3公顷；新建和改造三格化粪池35户，拆除整治旱厕132座、鸡鸭圈26个，完成国务院农村人居环境大督查问题整改工作（康随村农村垃圾治理不到位），常态化组织开展农村环境卫生整治和月考评工作，及时清理处置生活垃圾、污水，市县美丽乡村卫生综合考评居第2名。

【桃源有机茶场入选国家有机食品生产基地】

2020年5月26日，生态环境部有机食品发展中心发布第一批符合《国家有机食品生产基地考核管理规定》有机食品生产示范基地认定结果的公告（环有机〔2020〕6号），安溪县桃源有机茶场有限公司入选第一批符合《国家有机食品生产基地考核管理规定》有机食品生产示范基地。

【入选省级乡村治理示范乡镇】

2020年，桃舟乡按照《中共福建省委农村工作领导小组办公室等六部门关于开展省级乡村治理体系建设试点和示范村镇创建工作的通知》（闽委农办〔2020〕5号）文件创建标准要求，积极开展乡村治理示范乡镇创建工作。3月20日，向县农办申报《福建省乡村治理示范乡镇推荐表》。6月29日，根据《中共福建省委农村工作领导小组办公室等六部门关于公布省级乡村治理试点示范单位名单的通知》，桃舟乡入选省级乡村治理示范乡镇。

（张新泉　马灿烽）

·福田乡·

【概况】

2020年，福田乡农林牧渔总产值13059.46万元，其中，农业产值11123.28万元，林业产值190.83万元，畜牧业产值1640万元，渔业产值33.35万元，农林牧渔服务业产值72万元。

福田乡辖1个居委会（福前社区居委会）、5个建制村（白桃、双垵、尾洋、丰都、丰田）和2个国有农林企业（福前农场、丰田林场），区域面积175平方千米（仅次于感德镇、祥华乡、龙涓乡），人口10473人。全乡森林覆盖率94.6%，素有天然氧吧美称。全乡经济以茶果业、林业和水电为主，有茶园3000多亩，果园6000多亩，水电装机容量3万多千瓦时。2020年，丰田村获评全国文明村。

【项目建设】

2020年，福田乡完成省道312线提级改造；安溪闽雄农牧有限公司生猪养殖项目投资1.6亿元；投入1000多万元开展洛溪流域环境综合整治，完成洛溪夜景亮化工程，打造休闲旅游新热点。

【精准扶贫】

2020年，福田乡落细落实各项帮扶措施、开展帮扶工作，注重发挥乡扶贫开发协会及协会党支部等扶贫力量作用，围绕“两不愁三保障”问题，进一步加大住房、教育、健康扶贫力度，防返贫、控新贫、稳脱贫机制得到有效落实。在防控新冠肺炎疫情防控期间，拨款20万元支持贫困户发展产业，为每户贫困户发放生活补助金和医用口罩。通过盘活闲置资产、创新经营模式、推动产业发展等方面入手，稳固两个建档贫困村村财收入在10万元以上：双垵村村财收入14.17万元，尾洋村村财收入12.85万元。

【乡村振兴】

2020年，福田乡持续推进农村人居环境整治，因地制宜，加强管理，全力推进“一革命四行动”：推动农村户厕改造75户，组织新建公厕1座；加强污水处理设施管护，各村（居）根据实际因地制宜，采取不同污水处理方式，完成坑仔口、格口污水处理设施和尾洋村污水管网延伸改造；按照“户分类、村收集、镇转运、县处理”模式，积极开展垃圾分类行动，建立常态化保洁机制；规范农村建房管理，落实“一户一宅”政策，坚持“建新扶旧”，依法规范农村宅基地审批和建房规划许可管理，加强批后监管，试点进行丰都村沿公路两侧裸房整治，消除裸房63座。

乡村文化振兴　2020年，福田乡为传承和赓续知青文化，福田乡在初心公园内的一处知青落脚点秉持修旧如旧原则进行装修，并将其作为知青岁月馆的主体工程，建筑面积约130平方米，占地面积约400平方米。6月2日，举行知青岁月馆开馆揭牌仪式。

【特色产业】

柑橘产业　2020年11月15日，福田乡举办“首届网红助农直播带货节”，实现产业营销模式转变。活动得到央视农业频道、省电视台、

2020 年 11 月 15 日，安溪县福田乡举办“首届网红助农直播带货节”（福田乡供图）

网易、搜狐、安溪电视台等主流媒体报道，拓展柑橘销售途径。

林下经济　2020 年，福田乡发挥珍草金线莲合作社和乾源生物技术有限公司的示范带动作用，动员更多企业、群众参与金线莲、灵芝、铁皮石斛等林下作物种植。当年，金线莲干品每千克可卖 2 万元。

【平安建设】

2020 年，福田乡建立健全社会治安防控工作机制，完善治安巡逻队制度，整合丰田林场的巡逻队、福前社区的巡逻队、各村护村队的力量在重点发案时段加强巡逻。全年上报涉黑线索 2 条，处置开设赌场 4 起，抓获涉嫌电信诈骗 17 名（其中诈骗逃犯 13 名，涉“两卡”犯罪嫌疑人 4 名）。全年排查各类矛盾纠纷 67 件，成功调处 67 件，其中邻里纠纷 22 件、婚姻家庭纠纷 9 件、损害赔偿纠纷 6 件、山林土地纠纷 12 件、征地拆迁纠纷 1 件、其他纠纷 16 件。没有发生民转刑案件，实现“四无”村居 100%，规范化调委会 90% 以上。

【社会事业】

2020 年，福田乡新农合参保率 98.34%、新农保参保率 90.36%，居全县前列。卫生计生、防灾减灾、农村集体产权制度改革等各项事业也齐头并进；边界纠纷、信访、侨台统战、人民武装等工作不断加强；工会、共青团、妇女儿童、老年教育等事业长足进步，人民生活水平和幸福指数不断提高。

【基层组织建设】

2020 年，福田乡实施村级带头人整体提升行动，组织村（社区）主干开展“拉练”活动，就关于人居环境整治、村财增收等好的经验和发展路子进行经验交流，不断提升政治素养和履职能力；遴选 12 名村级后备力量开展针对性培养。实施支部堡垒和先锋党员提升行动，结合实际实施农村党员积分制考评，提高农村党员日常监督管理；实施阳光党务村务财务工程，定期督促各村做好“三务”公开，促进基层权力运行的公开化；集中力量对软弱涣散基层党组织进行整顿，落实“三个一”连包，即 1 名综治副书记包村、1 名第一书记驻村入驻、1 个强村结对帮扶，定期调度研判，做到整顿工作不完成，帮包人员不脱钩。组织开展锻造青年铁军行动，把 14 名入职 3 年内的年轻干部全部推向一线，让他们挂钩重点项目和村（社区），鼓励他们用沿海的开放思想发展山区事业；引导青年干部自行组织开展工作经验分享会，与会青年干部结合自身的工作实际畅谈感悟、相互勉励，增强青年干部队伍的凝聚力和向心力。

（徐文彬　章兴南）

·庄炎林·

庄炎林，祖籍安溪县龙门镇，1921年生于上海，曾就读厦门双十中学，后侨居新加坡和马来亚；1935年回国，1937年参加上海抗日战争服务团，从事抗日救亡活动；1938年，在广西参加学生军赴桂南抗日；1940年，加入中国共产党，曾任广西大学党支部书记、省委交通联络员、桂林市委书记、国务院侨办副主任、全国侨联主席等职。习近平总书记亲自为庄炎林颁发中国人民抗日战争胜利70周年纪念章，在纪念中国人民抗日战争暨世界反法西斯战争胜利70周年大会上，庄炎林受邀登上天安门城楼，与党和国家领导人一起，参加纪念大会阅兵仪式及国宴招待会。

抗日战争期间，庄炎林在广西、广东积极开展地下工作，参加游击战对敌战斗。抗战胜利后，他任上海华侨通讯社记者、上海经济周报编辑、上海各界人民团体联合秘书处负责人和地下党报纸上海人民报总编辑。上海解放后，受组织委派招收2500人上海知识青年组成南下服务团，随军南下解放福建。

中华人民共和国成立后，庄炎林历任福建省青年联合会主席、青年团福建省委书记、中共福建省委文教部、宣传部副部长、闽江水电工程局党委第一书记、南平地委书记等职，曾两度下放到重点侨乡晋江县任县委第一书记和县革委会主任。1970年，被下放到邵武县山区插队落户，后任农场党委书记、场长、公社党委书记、革委会主任。1972年调晋江县主持工作。

1974年，庄炎林调到国务院对外经济联络部，被派出国任中国驻坦桑尼亚经济代表，负责包括中国援建长达1968千米的坦赞铁路等几十个经济援建项目，项目中国专家和技工1.6万多人。因条件艰苦，疾病流行，又缺医少药，国家援建人员中有上百位同志献出宝贵的生命。历时三年多，庄炎林咬紧牙关，坚持到完成任务才回国复命。

1978年，中国改革开放伊始，庄炎林担任刚成立的中国旅游总局副局长、党组副书记。为解决旅游饭店严重不足的问题，中央成立“利用侨资外资建设旅游饭店领导小组”，庄炎林担任领导小组办公室常务副主任，具体负责这项工作。

在重重压力和阻碍下，庄炎林成功引进外资创建了中华人民共和国成立后第一家中外合资饭店——建国饭店，这一项目成为国务院最早批准的3个合资项目之一。建国饭店建成后迅速盈利，并因为先进的管理方式成为中国酒店行业的学习的标杆。

担任国家旅游局和国务院侨办领导期间，庄炎林还成功引进了北京长城饭店、丽都饭店、兆龙饭店、南京金陵饭店、上海虹桥饭店、华亭饭店、广东中山温泉宾馆、广州白天鹅宾馆、中国大酒店、花园大酒店等数十个侨资外资合作的大型项目。

1981年，庄炎林任国务院侨办副主任兼中国旅行社总社社长，1988年调任全国侨联党组书记、副主席。1989年12月，他当选为第四届全国侨联主席。担任全国侨联主席期间，庄炎林强调各级侨联组织要了解熟悉侨情，认真为侨办事，按照“健全机构，艰苦创业；兴办实业，广泛联系；积极服务，多作贡献”的精神，使侨联成为充满生机并真正得到广大群众信赖的“归侨侨眷之家”“侨胞之家”。

庄炎林离休之后，一直在天南海北四处奔波，为振兴中华再作贡献。他走遍全国31个省、自治区、直辖市五大洲的几十个国家和地区，行程几十万千米，大大增强了海内外侨胞对伟大祖国的紧密联系和深厚感情。

庄炎林虽出生在上海，在海内外各地成长，但并没有忘记家乡。改革开放以来，他常回安溪探望乡亲，出席家乡举办的各项乡亲联谊、茶事活动。1994 年 10 月，第二届世界安溪乡亲联谊大会在家乡举行，时任全国侨联主席的他，回乡出席上千人的世界安溪乡亲盛会，亲切会见各地安溪乡亲。他为大会题词："安居乐业四海联乡谊，溪水长流故土叙亲情。"

1997 年 11 月，第三届世界安溪乡亲联谊大会又在故乡安溪举行，庄炎林又一次回乡参加会议。这一届仍有千余名安溪乡亲出席大会，庄炎林再次为大会题词："桑梓品观音，故里叙亲情。"会议期间，他还为世界安溪乡亲联谊大厦落成剪彩。

第四届世界安溪乡亲联谊大会于 1999 年 11 月在马来西亚吉隆坡出席大会，广泛接触海外侨胞。此后，第六届、第七届世界安溪乡亲联谊大会均在安溪举行，他都回乡参会。

2000 年，中国茶都文化旅游节暨首届中国安溪铁观音乌龙茶节在安溪举行。这是家乡首次举办大规模茶事活动，海内外安溪人上千人出席。心系家乡的庄炎林回乡参加这次盛会。

2017 年 12 月 6 日，第十届世界安溪乡亲联谊大会在安溪举行，已是 96 岁高龄的庄炎林，再一次回乡参加联谊大会，并在大会开幕式上即兴吟诗一首《贺安溪》。诗作以"安溪名茶"为藏头："安居乐业美茶乡，溪水长流奔小康；名闻四海铁观音，茶都腾飞进百强。"饱含真情的藏头诗，加上庄老高举右手的姿势，赢得与会乡亲阵阵热烈掌声。

庄炎林于 2020 年 7 月 27 日 7 时 57 分在北京逝世，享年 98 岁。

30 日，庄炎林遗体送别仪式在北京医院告别室举行。副县长林毅敏带队参加送别仪式。

（县委史志室根据《安溪报》2020 年 7 月 31 日报道整理）

·县、乡党政领导名录·

2020年安溪县处级领导干部一览表

表29

姓名	职务
高向荣	泉州市委委员、县委书记
吴毓舟	县委副书记、县政府县长、党组书记
庄稼祥	县委副书记、三级调研员
许锦青	县委常委、二级调研员、南翼新城管委会主任
林荣超	县委常委、统战部部长、二级调研员、县直属机关统战系统党委书记、县政协党组副书记
史思泉	县委常委、县政府副县长、党组副书记、三级调研员
陈剑宾	县委常委、宣传部部长、三级调研员
陈友爱	县委常委、组织部部长、三级调研员、县直机关党工委书记、县委党校校长、行政学校校长
叶文德	县委常委、政法委书记、县直属机关政法系统党委书记
曾惠彬	县委常委、纪委书记、县监委主任
赵超群	县委常委、人武部部长
廖皆明	县委委员、县人大常委会主任、党组书记县委委员
黄明哲	县人大常委会副主任
叶海强	县人大常委会副主任、党组副书记
汪礼才	县委委员、县人大常委会副主任、党组成员
黄汉阳	县委委员、县人大常委会副主任、党组成员、县委办公室主任、国家保密局局长、县委保密委员会办公室主任、县档案局局长

续表29

姓名	职务
林毅敏	县政府副县长、县残联主席
杜双路	县委委员、县政府副县长、党组成员，县公安局局长、党委书记，兼任县委政法委副书记
肖印章	县委委员、县政府副县长、党组成员、三级调研员
丁建铭	县委委员、县政府副县长、党组成员
王礼藕	县委委员、县政府副县长、党组成员、三级调研员
刘华东	县政府副县长、党组成员
郑清花	县政府原副县长、二级调研员
王斯诚	县政府四级调研员、党组成员
梁金良	县委委员、县政协主席、党组书记
陈春买	县政协副主席、党组副书记、二级调研员
袁霖辉	县政协副主席、党组成员、二级调研员
陈清芳	县政协副主席
王文礼	县政协副主席、福建八马茶叶公司董事长
许良才	县委委员、县人民法院院长、党组书记、审判员、审委会委员，兼任县委政法委副书记
胡激洋	县委委员、县人民检察院检察长、党组书记、检察员、检委会委员，兼任县委政法委副书记
李树明	县委委员、凤城镇党委书记（副处长级）

注：以 2020 年 12 月 31 日在岗领导收录。

2020年安溪县县直机关正科级领导干部（含职级公务员）一览表

表30

姓名	单位及职务（职级）
谢祥明	县纪委副书记、县监委副主任
刘金顺	县纪委副书记、县监委副主任
陈宝福	县纪委常委（正科长级）、县人大常委会委员
李承军	县纪委常委（正科长级）、监委委员
邱世平	县纪委常委（正科长级）、监委委员
郑建设	县监委委员（正科长级）
施世权	县纪委监委二级主任科员
林曙荣	县纪委监委二级主任科员
黄汉阳	县委委员、县人大常委会副主任、党组成员、县委办公室主任、国家保密局局长、县委保密委员会办公室主任、县档案局局长
杨炳福	县纪委委员、县直党群系统党委书记、县委办公室二级主任科员
林辉标	县委办公室三级调研员
易庆法	县委办公室三级调研员

续表30

姓名	单位及职务（职级）
翁培煌	县委办公室二级主任科员
王佳敏	县委宣传部副部长、二级主任科员
谢文哲	县直宣传系统党委书记、县委宣传部四级调研员、县人大常委会委员
张开元	县委宣传部二级主任科员
陈钦强	县委统战部三级调研员、县政协常委
张木旭	县委统战部三级调研员、县政协常委
汪连市	县委统战部二级主任科员
林鹏武	县委统战部二级主任科员、县人大常委会委员
叶连芳	县委委员、县委政法委副书记（正科级）、四级调研员
林志伟	县委政法委副书记（正科级）、二级主任科员
刘颜坤	县委政法委副书记（正科级）、二级主任科员
陈桂良	县委候补委员、县委政法委四级调研员
李民毅	县委政法委四级调研员
杨瑞福	县委政法委二级主任科员
郑紫文	县纪委委员、县委编办主任、县人大常委会委员
叶敬国	县委编办三级调研员
陈友智	县委委员、县直机关党工委常务副书记（正科级）
陈晓阳	县直机关党工委副书记、二级主任科员
何超良	县直机关党工委四级调研员
章添才	县委巡察办主任、县政协常委
郑安民	县纪委委员、县委巡察组组长、县委巡察办正科级巡察专员
吴宝菊	县委巡察组组长、县委巡察办正科级巡察专员
王坚	县委巡察组组长、县委巡察办正科级巡察专员
陈全守	县纪委委员、县委老干部局局长、兼任县委离退休干部工委书记、县委组织部副部长、部务会议成员
林爱华	县委文明办主任、县精神文明建设指导委员会办公室主任，兼任县委宣传部副部长
郑坚强	县委文明办副主任、二级主任科员
陈杉福	县总工会党组书记（2019年12月挂职任市科技局党组成员、局长助理）
王汉辉	县委委员、县总工会常务副主席（正科长级）、党组成员、四级调研员
林艺娟	县总工会副主席、党组成员、二级主任科员
刘党恩	县总工会四级调研员
陈菁菁	县纪委委员、团县委书记
郑丽萍	县委候补委员、县妇联主席

续表30

姓名	单位及职务（职级）
易进法	县工商联第一副主席、党组书记、县商会副会长、兼任县委统战部副部长、四级调研员、县政协常委
孙黎昕	县科协主席、四级调研员、县人大常委会委员
钟少川	县科协副主席、二级主任科员
李宏鸣	县侨联主席、四级调研员、县政协常委
林小玲	县文联主席,兼任县委宣传部副部长
龚永利	县残联执行理事会理事长、四级调研员、县政协常委
陈建强	县计生协会常务副会长
谢明生	县计生协会四级调研员
李秀芬	县计生协会二级主任科员
林万法	县贸促会会长、四级调研员
林清贵	县委候补委员、县委党校常务副校长(正科级)、行政学校常务副校长、四级调研员
郭月欣	县委党史和地方志研究室主任
吴艺彤	县委党史和地方志研究室三级调研员
李革秋	县档案馆馆长
白世杰	县委委员、县政府党组成员、县政府办公室主任、党组书记、县直政府系统党委书记
林淑燕	县政府办公室二级主任科员
廖炳辉	县委委员、县发展和改革局局长、党组书记、县粮食和物资储备局局长、四级调研员
周羽生	县发展和改革局四级调研员
高志强	县委委员、县教育局局长、党组书记、县教育系统党委书记
李颖华	县教育局副局长、党组成员、二级主任科员
陈绮	县教育局副局长、党组成员（挂职：2019年12月至2021年12月）
林晓生	县教育局二级主任科员
龚福安	县科学技术局局长、党组书记
高周过	县科学技术局三级调研员
谢文春	县委委员、县工业信息化和商务局局长、党组书记、四级调研员、县数字安溪建设领导小组办公室主任
陈建明	县直经贸系统党委书记、县工业信息化和商务局三级调研员
林茂申	县工业信息化和商务局副局长、党组成员、二级主任科员
郑文捷	县工业信息化和商务局副局长、党组成员、二级主任科员
陈哲惠	县工业信息化和商务局副局长、党组成员、二级主任科员
张杰民	县工业信息化和商务局三级调研员
叶建生	县工业信息化和商务局二级主任科员
陈建煌	县公安局政委、党委副书记、四级高级警长、县政协常委、县委政法委委员

续表30

姓名	单位及职务（职级）
陈克强	县公安局党委副书记、四级高级警长
李茂城	县公安局党委副书记、四级高级警长
柯小林	县公安局副局长、党委委员、四级高级警长
王慈泳	县公安局副局长、党委委员、四级高级警长
陈焕林	县公安局副局长、党委委员、四级高级警长
林志欣	县公安局副局长、党委委员、四级高级警长
陈木锋	县公安局党委委员、政工室主任、四级高级警长
陈备芳	县公安局党委委员、党办主任、四级高级警长
黄志明	县公安局党委委员、法制大队大队长、四级高级警长
张振良	县公安局党委委员、交通警察大队大队长、四级高级警长
柯灿新	县公安局党委委员、凤城派出所所长（正科级）、四级高级警长、凤城镇党委委员（兼）
林舟鹏	县公安局国内安全保卫大队大队长、一级警长
李东强	县公安局刑事侦查大队大队长（正科级）、一级警长
郑子璐	县公安局刑事侦查大队政治教导员（正科级）、三级警长
陈志锋	县公安局交通警察大队政治教导员、一级警长
陈福景	县公安局治安管理大队大队长、四级高级警长
李宏彬	县公安局经济犯罪侦查大队大队长、四级高级警长
梁丽红	县公安局出入境管理大队大队长、一级警长
林松辉	县公安局禁毒大队大队长、四级高级警长
白金城	县公安局警务保障室主任、一级警长
柯水滨	县公安局纪检监察室主任、机关党委副书记、纪委书记、四级高级警长
陈培炎	县看守所所长、一级警长
谢彤弧	县公安局机关党委书记、四级高级警长
谢德超	县公安局四级高级警长
黄月娥	县公安局四级高级警长
黄金良	县公安局一级警长
李金台	县公安局一级警长
刘建辉	县公安局一级警长
陈景锋	县公安局凤城派出所政治教导员（正科级）、一级警长
郑艺斌	县公安局城厢派出所所长（正科级）、警务技术一级主管、城厢镇党委委员（兼）
刘基达	县公安局城厢派出所政治教导员（正科级）、一级警长
陈锦绵	县公安局蓬莱派出所所长（正科级）、二级警长、蓬莱镇党委委员（兼）

续表30

姓名	单位及职务（职级）
谢瑜强	县公安局金谷派出所所长（正科级）、二级警长、金谷镇党委委员（兼）
杨志毅	县公安局湖头派出所所长（正科级）、一级警长、湖头镇党委委员（兼）
叶建辉	县公安局感德派出所所长（正科级）、一级警长、感德镇党委委员（兼）
陈亚胜	县公安局长卿派出所所长（正科级）、一级警长、长卿镇党委委员（兼）
吴江艺	县公安局官桥派出所所长（正科级）、四级高级警长、官桥镇党委委员（兼）
李荔城	县公安局官桥派出所政治教导员（正科级）、一级警长
詹清海	县公安局龙门派出所所长（正科级）、一级警长、龙门镇党委委员（兼）
廖志强	县公安局虎邱派出所所长（正科级）、三级警长、虎邱镇党委委员（兼）
王丁全	县公安局西坪派出所所长（正科级）、二级警长、西坪镇党委委员（兼）
许　军	县公安局龙涓派出所所长（正科级）、一级警长、龙涓乡党委委员（兼）
赵崇宏	县民政局局长、党组书记、县革命老根据地建设办公室主任、县社会组织综合党委书记、县委政法委委员
黄秀宗	县民政局三级调研员
陈志坚	县民政局四级调研员
谢日钦	县委候补委员、县司法局局长、党组书记、县委政法委委员
翁财能	县司法局副局长、党组成员、二级主任科员
王爱平	县司法局副局长、党组成员、二级主任科员
林伯辉	县司法局三级调研员
李金树	县委委员、县财政局局长、党组书记、四级调研员
余三明	县纪委委员、县财政局副局长、党组成员、二级主任科员
马向阳	县人力资源和社会保障局局长、党组书记
白清顺	县人力资源和社会保障局副局长、党组成员、四级调研员
林志平	县委委员、县人力资源和社会保障局三级调研员
凌文辉	县人力资源和社会保障局党组副书记、二级主任科员
陈素丽	县人力资源和社会保障局二级主任科员
白文扁	县自然资源局局长、党组书记
李玉明	县自然资源局三级调研员
孙一峰	县自然资源局二级主任科员
谢秦楚	县住房和城乡建设局局长、党组书记、县人防办主任、县直城乡建设系统党委书记
陈毅龙	县住房和城乡建设局党组副书记、二级主任科员
吴永忠	县住房和城乡建设局副局长、党组成员、二级主任科员、县人防办副主任
郭芳华	县直城乡建设系统党委专职副书记、纪委书记、县住房和城乡建设局党组成员、二级主任科员
林火贵	县住房和城乡建设局四级调研员

续表30

姓名	单位及职务（职级）
黄建锋	县交通运输局局长、党组书记、四级调研员、县直交通运输系统党委书记
黄伟福	县交通运输局副局长、党组成员、二级主任科员
刘全南	县交通运输局二级主任科员
陈志明	县委候补委员、县农业农村局局长、党组书记、县委农办主任、县委实施乡村振兴战略领导小组办公室主任
黄高升	县直农业系统党委书记、县农业农村局党组副书记、二级主任科员
陈永春	县农业农村局副局长、党组成员、一级主任科员、县委农办副主任、脱贫办主任、县扶贫开发领导小组办公室主任
刘青洲	县农业农村局三级调研员、县茶管委办常务副主任
刘晓东	县农业农村局二级主任科员
王贵生	县农业农村局二级主任科员
张炳灿	县农业农村局二级主任科员
余木水	县林业局局长、党组书记、四级调研员
李志胜	县林业局副局长、党组成员、二级主任科员
蔡敬荣	县水利局局长、党组书记
陈火照	县水利局二级主任科员
傅伟明	县文化体育和旅游局局长、党组书记、四级调研员
翁艺敏	县文化体育和旅游局二级主任科员
魏中南	县卫生健康局局长、党组书记、四级调研员、县卫生健康系统党委书记、兼任县红十字会副会长
林曲迎	县卫生健康局副局长、党组成员、二级主任科员
李松彬	县卫生健康局四级调研员
黄永岗	县委委员、县退役军人事务局局长、党组书记、县双拥共建工作领导小组办公室主任
李　成	县退役军人事务局副局长、党组成员、二级主任科员
柯荣钦	县应急管理局局长、党组书记
陈炳坤	县应急管理局三级调研员
苏桂泉	县应急管理局二级主任科员
李森有	县纪委委员，县审计局局长、党组书记、四级调研员
许锦斌	县市场监督管理局局长、党组书记、县直市场监管系统党委书记、县知识产权局局长
林友双	县市场监督管理局副局长、党组成员、二级主任科员、县食品安全委员会办公室副主任
白志富	县市场监督管理局二级主任科员
刘英灿	县市场监督管理局二级主任科员
李电木	县市场监督管理局二级主任科员
刘坤城	县市场监督管理局二级主任科员
陈思臻	县统计局局长、党组书记

续表30

姓名	单位及职务（职级）
刘飞鹏	县信访局局长、党组书记
刘艺锋	县城市管理局局长、党组书记、四级调研员、县市政公用事业管理局局长、党组书记
陈其全	县城市管理局二级主任科员
蔡财强	县行政服务中心管理委员会主任
周毅林	县城区开发区管委会主任
叶政贤	泉州半导体高新技术产业园区安溪分园区管理委员会主任、党委书记
许奇树	中国国际信息技术（福建）产业园管委会主任
李海水	县城镇集体工业联合社主任、县工业信息化和商务局二级主任科员
陈志安	县供销社主任、党组书记、县司法局二级主任科员
林金灿	县供销社二级主任科员
吴志生	县旅游事业局局长、县文化体育和旅游局三级调研员
陈育灿	县旅游事业局副局长、县文化体育和旅游局四级调研员
林雨霖	县农机站站长、县市场监督管理局二级主任科员
王地养	县人大党组成员、县人大常委会常委（正科级）
郑植阳	县人大常委会办公室主任、县政协常委
林木火	县人大常委会委员（正科级）
肖列水	县人大常委会委员、四级调研员
王诏平	县人大常委会委员（正科级）
黄华妹	县人大常委会委员（正科级）
林联杰	县人大常委会委员（正科级）
陈俊滨	县人大常委会委员（正科级）
汪志贤	县人大常委会委员（正科级）
许明黎	县人大常委会办公室三级调研员
苏江中	县人大教科文卫委主任、县人大常委会委员、四级调研员
王振良	县人大教科文卫委二级主任科员、县人大常委会委员
吴基能	县人大农村委主任、县人大常委会委员
谢建来	县人大内务司法委主任、一级主任科员、县人大常委会委员
陈传德	县人大内务司法委二级主任科员
钟培成	县人大内务司法委二级主任科员、县人大常委会委员
王建安	县人大财经委主任、县人大常委会委员、四级调研员
林火环	县人大财经委二级主任科员
李木成	县人大常委会委员、县人大人事代表委员会主任、三级调研员

续表30

姓名	单位及职务（职级）
谢章明	县人大人事代表委员会副主任、县人大常委会委员（正科级）
苏续丽	县人大环城委主任、县人大常委会委员
吴百发	县人大环城委副主任、二级主任科员
吴宝炼	县政协党组成员、办公室主任，县政协常委
李海燕	县政协常委（正科级）、办公室四级调研员
刘顺和	县政协办公室三级调研员、县政协常委
王锦昌	县政协办公室三级调研员
苏纪云	县政协台港澳侨联络委办主任、一级主任科员，县政协常委
李培植	县政协台港澳侨联络委办三级调研员、县政协常委
陈复生	县政协台港澳侨联络委办二级主任科员
陈德诚	县政协提案法制委办主任，县政协常委
龚全裕	县政协提案法制委办一级主任科员，县政协常委
上官方颖	县政协文史资料委办主任、县政协常委
陈小凤	县政协文史资料委办二级主任科员
陈炳泉	县法院党组副书记、审委会委员、四级高级法官
白崇斌	县法院副院长、党组成员、审委会委员、四级高级法官
黄永福	县法院副院长、党组成员、审委会委员、四级高级法官
刘孙明	县法院政治部主任、党组成员、一级主任科员
黄志波	县纪委监委驻县法院纪检监察组组长（试用期一年），县法院党组成员、二级主任科员
郑淑珍	县法院审委会专职委员、四级高级法官
柯明溪	县法院综合办公室负责人、三级调研员
廖明超	县法院监察科科长、二级主任科员
周水全	县法院审委会委员、四级高级法官
李福财	县法院法警大队大队长、四级高级警长
蔡锦锋	县法院四级高级法官
林山鸿	县法院四级高级法官
陈志生	县法院一级法官
许文红	县法院一级主任科员
李启概	县法院三级主任科员
王进华	县检察院党组副书记、检委会委员、四级高级检察官，县纪委委员
谢明智	县检察院副检察长、党组成员、检委会委员、四级高级检察官
刘友谦	县检察院检委会专职委员、四级高级检察官

续表30

姓名	单位及职务（职级）
吴聚宾	县检察院检委会专职委员、四级高级检察官
刘明坤	县纪委委员、县纪委监委驻县检察院纪检监察组组长、县检察院党组成员、二级主任科员
裴定坚	县检察院三级调研员
廖培坚	县检察院四级高级检察官
黄玉坚	县检察院一级检察官
陈剑锋	县检察院一级检察官
钟向荣	县检察院二级主任科员

注：2020年12月31日在岗领导收录。

2020年安溪县乡镇正职领导一览表

表31

单位	姓名	单位及职务（职级）
凤城镇	李树明	县委委员、凤城镇党委书记（副处长级）
	郑凯宏	凤城镇人大主席
城厢镇	张文深	县委候补委员、城厢镇党委书记
	陈生来	城厢镇党委副书记、政府镇长
	吴东碧	城厢镇人大主席
参内镇	林格雷	参内镇党委书记
	王焘宗	参内镇党委副书记、政府镇长
	龚金山	参内镇人大主席
魁斗镇	张全波	魁斗镇党委书记
	李文师	魁斗镇党委副书记、政府镇长
	李清两	魁斗镇人大主席
蓬莱镇	林华霖	蓬莱镇党委书记
	陈培源	蓬莱镇党委副书记、政府镇长
	杨南山	蓬莱镇人大主席
金谷镇	杨进宝	金谷镇党委书记
	杨生财	金谷镇党委副书记、政府镇长
	刘秋殿	金谷镇人大主席

续表31

单位	姓名	单位及职务（职级）
湖头镇	李瑞谦	湖头镇党委书记
	黄文楷	湖头镇党委副书记、政府镇长
	章振明	湖头镇人大主席
湖上乡	陈永忠	湖上乡党委书记
	蔡雅娟	湖上乡党委副书记、政府乡长
	林金河	湖上乡人大主席
剑斗镇	易雷冰	剑斗镇党委书记
	苏清江	剑斗镇党委副书记、政府镇长
	林森鑫	剑斗镇人大主席
感德镇	高刚福	感德镇党委书记
	林清杰	感德镇党委副书记、政府镇长
	陈海龙	感德镇人大主席
长卿镇	谢昆明	长卿镇党委书记
	叶展峰	长卿镇党委副书记、政府镇长
	肖铭煌	长卿镇人大主席
蓝田乡	殷清发	蓝田乡党委书记
	李进发	蓝田乡党委副书记、政府乡长
	吴志安	蓝田乡人大主席
祥华乡	李小强	祥华乡党委书记
	林连根	祥华乡党委副书记、政府乡长
	裴伟彬	祥华乡人大主席
官桥镇	陈鲜明	县委委员、官桥镇党委书记、四级调研员
	陈伟尧	官桥镇党委副书记、政府镇长
	徐朝根	官桥镇人大主席、一级主任科员
龙门镇	陈振仕	龙门镇党委书记
	王辉荣	龙门镇党委副书记、政府镇长
	王东凯	龙门镇人大主席

续表31

单位	姓名	单位及职务（职级）
虎邱镇	王小鹏	虎邱镇党委书记
	吴成土	虎邱镇党委副书记、政府镇长
	唐永财	虎邱镇人大主席
西坪镇	林联华	西坪镇党委书记
	吴清远	西坪镇党委副书记、政府镇长
	陈钦儒	西坪镇人大主席
尚卿乡	赵金忠	尚卿乡党委书记
	高显达	尚卿乡党委副书记、政府乡长
	陈赫森	尚卿乡人大主席
芦田镇	张菊芳	芦田镇党委书记
	白泽峰	芦田镇党委副书记、政府镇长
	吴顺清	芦田镇人大主席
大坪乡	杨文武	大坪乡党委书记
	刘发成	大坪乡党委副书记、政府乡长
	吴双对	大坪乡人大主席
龙涓乡	易辉泉	龙涓乡党委书记
	徐龙虾	龙涓乡党委副书记、政府乡长
	林少斌	龙涓乡人大主席
白濑乡	谢志锋	白濑乡党委书记
	李凝苏	白濑乡党委副书记、政府乡长
	章东霞	白濑乡人大主席
桃舟乡	李首烜	桃舟乡党委书记
	李福清	桃舟乡党委副书记、政府乡长
	王边界	桃舟乡人大主席
福田乡	林勇平	福田乡党委书记
	陈贵建	福田乡党委副书记、政府乡长、县纪委委员
	白毅昆	福田乡人大主席

注：以 2020 年 12 月 31 日在岗收录。

（尤宁　王文龙）

·安溪县获专业技术职称名录·

高级职称

【正高级教师】

安溪县第三实验小学：林爱花

【主任医师】

县中医院：吴华生

【高级讲师】

县委党校：杨华燕

【高级教师】

安溪县第一中学：王志良、许川水、洪　群

安溪县第一中学城东校区：龚春治、黄明勇

安溪县恒兴中学：王前程、黄文水、姚阿辉、李荣达、唐锦镇、刘咏峰、林清兰

安溪县新华都阳光中学：苏上海、刘清环

安溪县庄山学校：陈水平

安溪县举溪中学：王荣顺、刘两福、陈全福

安溪县第十一中学：王永东

泉州师范学院附属培文实验高级中学：林恒智、陈江全

安溪县第十二中学：吴志强

安溪县蓝田中学：张福庆

安溪县教师进修学校：吴小婷

安溪县第五小学：白钊杰、林小丽

安溪县第九小学：谢梅菊、陈艺云

安溪县第十一小学：黄华玲

安溪县第十三小学：林金祥

安溪县第十六小学：谢学贤、孙丽萍

安溪县第十八小学：吴月芳、谢丹丹

安溪县第二十小学：王炳誉

安溪县明德特殊教育学校：林雪峰

安溪县西坪中心学校：林俊水、白继芬

安溪县蓝田乡中心小学：王英皇

安溪县虎邱中心学校：孙淑云

安溪县逸夫实验小学：杨永辉、王良志

安溪县第七小学：陈雪霞

安溪县第八小学：谢梅芳、郭雪锦

安溪县第十二小学：孙淑娥

安溪县参内中心学校：叶培祥

安溪县魁斗中心学校：刘明坤

安溪县感德中心学校：王丽珠、陈育全、李志强、许来富

安溪县白濑中心学校：苏荣华

安溪县剑斗中心学校：吴明山

安溪县官桥中心学校：钟永宏

安溪县大坪中心学校：高彩花

安溪培文师范附属小学：吴明乾

安溪县庄山学校：王财福

安溪县第十小学：王丽冰

安溪县实验小学：钟江林

安溪县第二实验幼儿园：谢丽文

安溪县第三实验幼儿园：林巧勤

安溪县第十一幼儿园：陈巧立

安溪县长坑中心学校：蔡巧治

【副主任医师】

县医院：王永川、李聪明、周海潮、刘伟灿、王双田、沈清芳、廖小云、陈茗香、白银福、王万春、林振德、江连发、熊　俊、黄建龙、李华良、颜文美、祁义平、黄栋钦、陈冬冬、周源源、黄亚利、陈彩煌、傅小平、谢泽锋、陈鑫坛、李鹏董

县中医院：廖为安、廖金玉、洪双龙、王荣乐、廖燕清、史秋实、刘壬水、肖志强、林锦祥、郑晓新

长坑中心卫生院：王金标、王民扬

县疾病预防控制中心：陈伟政、陈小艺

湖头医院：张坤山、李建沛、李瑞鹏、蔡福霖、陈贤桐、许源泉、吴才能、许戎涛、周鹏志

官桥医院：谢志茂

县妇幼保健院：詹江花、许彩满、陈曲珍、李素奎、黄美月

城关社区卫生计生服务中心：谢鸿林

西坪中心卫生院：谢艺铮

尚卿卫生院：余水才

县第三医院：李景明

蓬莱卫生院：柯荣根、詹锦昌

感德卫生院：陈钟雄、李良泽

龙涓中心卫生院：吴东水

【副主任技师】

魁斗卫生院：易德宝

湖头医院：蔡素珠

【副主任护师】

县中医院：何曲珍、王桂莲、李爱绸

长坑中心卫生院：胡慧金、李丽雪

县医院：陈金美、章秀桃、林文英

魁斗卫生院：黄桂香、叶淑治

湖头医院：李小华、许淑格、刘梅锡
黄金美、刘芳扬

参内卫生院：林燕兰

县妇幼保健院：王秀宝、黄丽红

金谷卫生院：王锦红

蓬莱卫生院：王燕佳、许月梅

西坪中心卫生院：许云宣

【副主任药师】

县中医院：黄永灿、陈映杰

城关社区卫生计生服务中心：陈文锋

【高级工程师】

龙涓乡农业服务中心：蔡宗根

安溪县村镇建设管理站：谢燕玲

【制茶高级工程师】

安溪县桃源有机茶场有限公司：汪健仁

福建八马茶业有限公司：林全俗、蔡银笔

福建省誉丰国心茶业有限公司：周有良

福建省惜缘茶业有限公司：苏成家

安溪县恒悦茶叶专业合作社：何环珠

福建省安溪中山阁茶业有限公司：周爱民

福建省中闽华源茶业有限公司：朱文伟

安溪县天香魂茶叶专业合作社：詹国珍

厦门山国饮艺茶业有限公司：林慧峰

泉州市闽斟东方茶业有限公司：刘敏珍

安溪县龙涓乡举源茶叶专业合作社：刘全龙

安溪县虎邱镇香都茶叶专业合作社：李金登

福建省安溪县青津茶业有限公司：王清海

福建省安溪县牧云山茶业有限公司：刘协宗

福建省安溪县素全茶叶研究所：陈素全

【高级农艺师】

安溪县茶叶技术推广站：陈进火

【高级兽医师】

虎邱镇农业服务中心：李宝忠

【副研究馆员】

安溪县医院：吴颖蓉

【高级工艺美术师（非公有制）】

安溪佳诚工艺品有限公司：谢新家

安溪宏迪工艺有限公司：刘爱民

中级职称

【讲师】

安溪慈山农业学校：李瑞祺

安溪茶业职业技术学校：陈明枝

安溪陈利职业中专学校：李艺章、吴丽琼、苏理想
林炳建、苏建土

安溪华侨职业中专学校：王慧超、陈晓梅、吕春霞

安溪卫生职工中等专业学校：郑绿萌、高锦丽

【一级教师】

安溪一中：陈承华、李艺龙、殷芳华

铭选中学：胡国成、吴诗槐

安溪六中：陈灯煌

沼涛中学：吴清泉、吴文龙

安溪八中：蔡仔恒、林泽权、唐春霖、谢辉煌

俊民中学：陈玉玲、黄来全、黄文海、李福奎
李回满

梧桐中学：胡育艺、刘艺娟、王婉卿

龙门中学：白连凤

安十一中：陈阳芳、何明发、陈林德、王柳花
柯阿芳、李丽玲、王小龙、颜枝成

金火中学：陈毅凤、易振英、许丽红、许雪钦

金火完中：李佳法

安二十中：廖伟强、林远藤

墩坂中学：黄文友、谢章伟

安溪九中：陈伟坤、郑基土

东溪中学：陈钦河

慈山学校：黄少鹏

由义中学：李文滨

霞春中学：郑清锋
桃舟中学：杨远丽
新华都阳光中学：王己有
金榜中学：林培滨、林志强
罗岩学校：廖贤安
安十九中：林森楚
龙涓中学：陈延平、林芳、王江海、肖建贵
崇文中学：李祥华、李云清
举溪中学：吴进发
庄山学校：曾雪春、吴美萍、林火景
科名中学：詹火良
安十七中：白志刚、钟顺荣
恒兴中学：白晓瑜、李艺霞、陈丽鹏、柯娇蓉、苏有土、李金水
湖头中心学校：陈木兰、王巧玲、吴桂梅、苏锦超、李素珠、李雅冰、吴淑琼、易宝丽
白濑中心学校：蔡德林
剑斗中心学校：蔡钦湖、陈惠萍、黄火石
感德中心学校：黄玉霞、邱凤玲、苏剑英、陈世军、胡小燕、吴晓青、苏连梅、苏培福、殷晓燕、吴志宏、谢丹萍、王秀方、王雪芳、苏婉芳、傅锦东、黄巧敏、吴银清、苏连妹、李素美、陈嵘嵘、梁晓燕、叶梅玲
福田中心学校：林福庆
龙涓中心学校：陈黎荣、谢小青、陈金土、谢金德、黄丽琼、徐柳燕、胡银杏、周小红、廖慧真、许源清、郑银燕、黄香盛、陈锦玲、沈宝玲、廖伟红、郑梦蝶
西坪中心学校：廖海兴、王小香、王燕红、詹亚玲
第七小学：胡雪敏
第九小学：罗艳萍
培文附小：林静云、王桂珍
第十一幼儿园：胡晓凤
第十五幼儿园：谢巧玲

【馆员】

安溪县残疾人就业指导中心：李冰冰
中共安溪县委办公室信息研究中心：陈建娥
安溪县城厢镇计划生育协会：林英銮

【农艺师】

安溪县土壤肥料技术推广站：郑靖雅
官桥镇农业服务中心：林文建、柯清林
祥华乡农业服务中心：陈景宏

【工程师】

安溪县建设工程质量安全监督站：施伟鹏、廖毅超、苏渊铭、叶景阵
安溪县村镇建设管理站：庄易荣、杨斌斌
安溪县住房和城乡规划建设局湖头规划建设管理所：林婉玲、李宝达
安溪县住房和城乡规划建设局总工程师办公室：林国梁、林小凤
安溪县住房和城乡规划建设局龙桥规划建设管理所：谢泽渊、陈福良、高伟航、林西源
福建省八方建筑工程有限公司：叶杰毅、蔡南生
安溪县教育局现代教育技术管理站：陈厚霖
福建省安泰建筑工程有限公司：廖添进
安溪县村内水库管理处：陈锦平
安溪县水利水电工程管理站：王文艺
福建省安溪兰田水库电站有限公司：王海龙、陈梅英
安溪县农村公路养护管理所：王一帆

【畜牧师】

金谷镇农业服务中心：王丹

【兽医师】

金谷镇农业服务中心：官进福
城厢镇农业服务中心：王志云

【三级公证员】

县公证处：王美珠

【非公有制企业建筑工程师】

福建省厦安建筑工程有限公司：赵浚程、李媛媛
福建省三净环保科技有限公司：林剑明
砖文建设集团有限公司：林加宝
福建省固晟建设工程有限公司：柯顺华
福建省振安建筑工程有限公司：林泽恩、李小中
福建省东勋建设发展有限公司：高建耀
福建省兆通工程建设有限公司：陈卿帅
福建省振安建筑工程有限公司：廖文羽
福建省五洲建设集团有限公司：谢进发
福建省兆通工程建设有限公司：李发伟、吴坤城

福建省同美建设工程有限公司：郭菲洲、郑文贵
王德镇、陈其意
陈其熠、朱华彬
林志笃
福建省厦安建筑工程有限公司：黄伙莲
福建中弘海峡建设有限公司：冯文斌

【非公有制茶叶工程师】

安溪山国饮艺生态茶园有限公司：林慧峰
安溪县琪湖茶叶专业合作社：上官万福
安溪日月升茶业有限公司：王天升
福建省安溪缇韵茶业有限公司：林辉毅
安溪泉家茶叶有限公司：林亚明
福建省中闽华源茶业有限公司：陈长友
福建安溪顺记茶业有限公司：高秋香
安溪县虎邱陈艺峰家庭农场：陈艺峰
泉州市安溪县云婷茶业有限公司：吴云婷
福建闻弦茶业有限公司：陈文贤
福建佳友茶叶机械智能科技股份有限公司：刘小城、沈瑶生
安溪县虎邱首品生态农场：林阿鹏
安溪县凤城尚尔广茶叶店：梁桂妹
福建八马茶业有限公司：汶波、谢承昌
福建省极铁茶业有限公司：谢春茹
福建省惜缘茶业有限公司：何永评
安溪县城厢菩满香茶行：林志东
福建省安溪莲祥茶业有限公司：陈少训
安溪县龙涓乡举源茶叶专业合作社：林修琪
泉州市醉品茶业有限公司：林沧淇
福建省安溪县颖昌茶厂（普通合伙）：张颖聪
安溪县虎邱镇香都茶叶专业合作社：江振华
安溪县感德铁观音制作技术研究会：龚万能、汪中桂
安溪县吾新家庭农场：吴有德
安溪县特产城丽虹茶行：刘丽虹
安溪县特产城六谷春茶庄：王坚忍
安溪县火烧香茶叶专业合作社：林振金
福建省安溪茶厂有限公司：吴辉煌
安溪东坑共赢茶叶专业合作社：张连辉、张坤祥
安溪县颖香馨茶叶专业合作社：林衔成
福建省安溪县茶都绿如蓝茶业有限公司：傅仰群
安溪县天香魂茶叶专业合作社：詹国珍
福建年年香茶业股份公司：李有德
福建八马茶业有限公司：王雪琴、吴燕晓
福建省安溪源古茶业有限公司：叶耀玲
安溪天福茶业有限公司：李志芳
福建安溪裕园茶基地有限公司：戴霞云、林扬闻
福建省安溪县牧云山茶业有限公司：
陈锟铭、詹艺英、李泽彪、钟添福
福建儒家茶业有限公司：李玉娟
福建省极铁茶业有限公司：王秀霞
福建省泉州市慢艺茶业有限公司：苏中平
安溪县新芳春农业科技有限公司：高进忠
福建省安溪县裕源茶厂：王明水
福建安溪进安茶叶专业合作社：林丁旺
福建省安溪无及茶业有限公司：詹全安
安溪县龙涓乡举源茶叶专业合作社：胡玉霜
福建幽香园茶业有限公司：陈英杰
福建凤马贸易有限公司：王进贤
福建安溪山点水生态农业发展有限公司：王宝峰
福建省安溪祥敏茶业有限公司：陈繁荣
福建省刘协宗茶业发展有限公司：上官玉昆
福建安溪一七三六茶叶有限公司：王亚山
安溪县龙涓李加鸿家庭农场：李加鸿
安溪县龙涓乡鸿卿茶叶专业合作社：刘文品、陈伟昌
福建省安溪县易记茶业有限公司：易晓坪
福建康士力茶业有限公司：王进财
安溪高福茶叶有限公司：高福建
安溪县茶都建溪茶行：范晓娟
安溪县日荣香茶叶专业合作社：刘建璋
福建省安溪祥敏茶业有限公司：苏总溪
福建省和光茗汇文化传播有限公司：吕小菊
安溪县剑斗王逢春茶叶工作室：王逢春

（许东艺　傅淑媛）

2020年安溪县获省部级及以上表彰的先进单位名表

表32

受表彰单位	荣誉称号	授予机关	授予时间
安溪县人民检察院第三检察部	特赦检察工作表现突出集体	最高人民检察院	2020年3月
中国人寿保险股份有限公司安溪县支公司	县域“双百强”单位	中国人寿保险股份有限公司	2020年4月
中国人寿保险股份有限公司安溪县支公司团支部	总公司“五四红旗团支部”	中国人寿保险股份有限公司	2020年5月
安溪农商银行	全国农村金融十佳（优秀）精准扶贫机构	中华合作时报社　中国金融杂志社	2020年9月
国家税务总局安溪县税务局	全国文明单位	中央文明委	2020年11月
安溪农商银行	2020中国农村金融支持抗疫复产优秀金融机构	中国经济时报社	2020年11月
中国邮政集团有限公司福建省安溪县分公司	全国邮政行业先进集体	人社部　全国邮政管理局	2020年12月

2020年安溪县获省部级及以上表彰的先进个人名表

表33

姓名	性别	工作单位	职务	荣誉称号	授予机关	授予时间
肖瑞东	男	安溪县公安局治安管理大队	副大队长、三级警长	嘉奖	中华人民共和国公安部	2019年9月（补）
林艺环	女	安溪农商银行	办公室主任	中华合作时报2019年度优秀通讯员	中华合作时报社	2020年1月
廖桂全	男	尚卿乡灶美村	党支部书记	全国模范人民调解员	司法部	2020年1月
胡淞民	男	安溪县公安局网安大队	四级警长	上海合作组织地区反恐怖机构理事会荣誉证书	上海合作组织地区反恐怖机构理事会	2020年6月
连志萍	女	福建省安溪县气象局	副局长	全国气象部门2020年优秀共产党员	中共中国气象局党组	2020年6月
陈鑫坛	男	安溪县医院	院长	抗击新冠肺炎先进个人	中共福建省委、福建省人民政府	2020年11月
叶聿程	男	安溪县疾病预防控制中心	检验士	抗击新冠肺炎先进个人	中共福建省委、福建省人民政府	2020年11月
谢荣宁	男	安溪县官桥医院	党支部书记	抗击新冠肺炎先进个人	中共福建省委、福建省人民政府	2020年11月
庄稼祥	男	中共安溪县委	副书记	福建省抗击新冠肺炎疫情先进个人	中共福建省委、福建省人民政府	2020年11月
黄春生、朱素清家庭		安溪县尚卿乡中山村	—	2020年全国最美家庭	全国妇联	2020年12月

续表33

姓名	性别	工作单位	职务	荣誉称号	授予机关	授予时间
黄春生	男	尚卿乡老人协会	会长	2020年全国最美家庭	中华全国妇女联合会	2020年12月
李增景	男	东莞安溪商会	会长	全国敬老爱老助老模范人物	国家卫生健康委、全国老龄办	2020年
温文溪	男	安溪铁观音制作技艺传习所	负责人	全国优秀农民工	国务院农民工作领导小组	2020年

2020年安溪县获市厅级表彰的先进单位名表

表34

获表彰单位	荣誉称号	授予机关	授予时间
安溪县农业农村局	全省农村承包地确权登记颁证工作先进集体	福建省农村土地承包经营权确权登记颁证工作联席会议	2021 年 1 月
安溪县水利局	2020 年度河长制考核良好等次	泉州市人民政府	2021 年 2 月
中共安溪县委老干部局	全省老干部信息工作突出单位	中共福建省委老干部局	2020 年 1 月
中共安溪县委老干部局	全省老干部宣传工作突出单位	中共福建省委老干部局	2020 年 1 月
安溪县科学技术协会	2019 年科普中国信息员队伍建设优秀组织单位	中国科学技术协会办公厅	2020 年 1 月
安溪县农村信用合作联社	2019 年度福建农信安全保卫工作等级 A 级行社	福建省农村信用社联合社	2020 年 1 月
安溪县农村信用合作联社	福建农信手机号支付业务推广先进集体	福建省农村信用社联合社	2020 年 1 月
中共安溪县（铭选）医院委员会	疫情防控阻击战中表现突出的先进基层党组织	中共泉州市委	2020 年 2 月
安溪县公安局	全省公安机关执法质量优秀单位	福建省公安厅	2020 年 3 月
安溪县住房和城乡建设局行政服务中心窗口	“五一”先锋号	福建省总工会	2020 年 3 月
安溪县农村信用合作联社	福建农信 2019 年度经营管理十强	福建省农村信用社联合社	2020 年 3 月
安溪县农村信用合作联社	福建农信 2019 年度业务增长十佳	福建省农村信用社联合社	2020 年 3 月
安溪县统计局	福建省第四次全国经济普查先进集体	福建省第四次全国经济普查领导小组	2020 年 3 月
安溪县西坪镇尧阳村团支部	2019 年度“福建省五四红旗团（总）支部”	共青团福建省委	2020 年 4 月
国网安溪县供电公司调控运行班	福建省青年安全生产示范岗	共青团福建省委、福建省应急管理厅	2020 年 4 月
湖上乡盛富畲族村	省级乡村治理示范村	福建省民族与宗教事务厅	2020 年 6 月
安溪县工业信息化和商务局	全省军民圈融合系统加强疫情防控统筹推动企业和项目复工复产先进集体	中共福建省委军民发展委员会办公室　福建省国防科技工业办公室　福建省海防委员会办公室　福建省国防动员委员会　国民经济动员办公室　福建省国防动员委员会　交通战备动员办公室　福建省国防动员委员会支前办公室	2020 年 7 月
安溪县总工会	2019 年度县级工会经审工作规范化建设“A 级单位”	福建省总工会	2020 年 7 月
安溪县人民法院	首批司法融媒体中心孵化基地	福建省高级人民法院	2020 年 7 月
湖上乡盛富畲族村	第一批全省民族团结进步重点单位	福建省民族与宗教事务厅	2020 年 7 月
安溪县中医院服务中心	“五一”先锋号	福建省总工会	2020 年 8 月
安溪县新闻报道中心	2019 年度优秀报道组	福建日报社	2020 年 8 月
安溪县总工会	2019 年度全省工会财会工作先进单位	福建省总工会	2020 年 9 月
安溪县人民政府	县级人民政府完成年度消防安全目标责任制优秀单位	泉州市人民政府	2020 年 10 月
安溪县安全生产委员会办公室	县级安委会办公室工作先进单位	泉州市人民政府	2020 年 10 月
安溪县尚卿乡	泉州市 2017—2019 年度文明乡（镇）	中共泉州市委、泉州市人民政府	2020 年 11 月
安溪县西坪镇	泉州市 2017—2019 年度文明乡（镇）	中共泉州市委、泉州市人民政府	2020 年 11 月

续表34

获表彰单位	荣誉称号	授予机关	授予时间
安溪县龙涓乡	泉州市2017—2019年度文明乡（镇）	中共泉州市委、泉州市人民政府	2020年11月
安溪县桃舟乡	泉州市2017—2019年度文明乡（镇）	中共泉州市委、泉州市人民政府	2020年11月
安溪县龙门镇	泉州市2017—2019年度文明乡（镇）	中共泉州市委、泉州市人民政府	2020年11月
安溪县城厢镇	泉州市2017—2019年度文明乡（镇）	中共泉州市委、泉州市人民政府	2020年11月
安溪县湖头镇	泉州市2017—2019年度文明乡（镇）	中共泉州市委、泉州市人民政府	2020年11月
安溪县官桥镇	泉州市2017—2019年度文明乡（镇）	中共泉州市委、泉州市人民政府	2020年11月
安溪县蓝田乡	泉州市2017—2019年度文明乡（镇）	中共泉州市委、泉州市人民政府	2020年11月
安溪县芦田镇	泉州市2017—2019年度文明乡（镇）	中共泉州市委、泉州市人民政府	2020年11月
安溪县参内镇参山村	泉州市2017—2019年度文明村	中共泉州市委、泉州市人民政府	2020年11月
安溪县长卿镇衡阳村	泉州市2017—2019年度文明村	中共泉州市委、泉州市人民政府	2020年11月
安溪县长卿镇华美村	泉州市2017—2019年度文明村	中共泉州市委、泉州市人民政府	2020年11月
安溪县城厢镇涝港村	泉州市2017—2019年度文明村	中共泉州市委、泉州市人民政府	2020年11月
安溪县城厢镇经兜村	泉州市2017—2019年度文明村	中共泉州市委、泉州市人民政府	2020年11月
安溪县城厢镇雅兴村	泉州市2017—2019年度文明村	中共泉州市委、泉州市人民政府	2020年11月
安溪县城厢镇团结村	泉州市2017—2019年度文明村	中共泉州市委、泉州市人民政府	2020年11月
安溪县城厢镇南坪村	泉州市2017—2019年度文明村	中共泉州市委、泉州市人民政府	2020年11月
安溪县城厢镇古山村	泉州市2017—2019年度文明村	中共泉州市委、泉州市人民政府	2020年11月
安溪县大坪乡萍州村	泉州市2017—2019年度文明村	中共泉州市委、泉州市人民政府	2020年11月
安溪县感德镇洪佑村	泉州市2017—2019年度文明村	中共泉州市委、泉州市人民政府	2020年11月
安溪县感德镇槐植村	泉州市2017—2019年度文明村	中共泉州市委、泉州市人民政府	2020年11月
安溪县官桥镇吾宗村	泉州市2017—2019年度文明村	中共泉州市委、泉州市人民政府	2020年11月
安溪县官桥镇山珍村	泉州市2017—2019年度文明村	中共泉州市委、泉州市人民政府	2020年11月
安溪县官桥镇碧二村	泉州市2017—2019年度文明村	中共泉州市委、泉州市人民政府	2020年11月
安溪县官桥镇新厅村	泉州市2017—2019年度文明村	中共泉州市委、泉州市人民政府	2020年11月
安溪县官桥镇官桥村	泉州市2017—2019年度文明村	中共泉州市委、泉州市人民政府	2020年11月
安溪县官桥镇驷岭村	泉州市2017—2019年度文明村	中共泉州市委、泉州市人民政府	2020年11月
安溪县湖头镇美坂村	泉州市2017—2019年度文明村	中共泉州市委、泉州市人民政府	2020年11月
安溪县虎邱镇林东村	泉州市2017—2019年度文明村	中共泉州市委、泉州市人民政府	2020年11月
安溪县金谷镇洋内村	泉州市2017—2019年度文明村	中共泉州市委、泉州市人民政府	2020年11月
安溪县魁斗镇溪东村	泉州市2017—2019年度文明村	中共泉州市委、泉州市人民政府	2020年11月
安溪县魁斗镇大岭村	泉州市2017—2019年度文明村	中共泉州市委、泉州市人民政府	2020年11月
安溪县魁斗镇尾溪村	泉州市2017—2019年度文明村	中共泉州市委、泉州市人民政府	2020年11月
安溪县龙涓乡举源村	泉州市2017—2019年度文明村	中共泉州市委、泉州市人民政府	2020年11月
安溪县龙涓乡福昌村	泉州市2017—2019年度文明村	中共泉州市委、泉州市人民政府	2020年11月
安溪县龙涓乡宝都村	泉州市2017—2019年度文明村	中共泉州市委、泉州市人民政府	2020年11月
安溪县龙涓乡内灶村	泉州市2017—2019年度文明村	中共泉州市委、泉州市人民政府	2020年11月
安溪县龙门镇桂瑶村	泉州市2017—2019年度文明村	中共泉州市委、泉州市人民政府	2020年11月
安溪县龙门镇龙门村	泉州市2017—2019年度文明村	中共泉州市委、泉州市人民政府	2020年11月
安溪县龙门镇桂林村	泉州市2017—2019年度文明村	中共泉州市委、泉州市人民政府	2020年11月
安溪县龙门镇白芸村	泉州市2017—2019年度文明村	中共泉州市委、泉州市人民政府	2020年11月
安溪县龙门镇榜寨村	泉州市2017—2019年度文明村	中共泉州市委、泉州市人民政府	2020年11月
安溪县龙门镇大生村	泉州市2017—2019年度文明村	中共泉州市委、泉州市人民政府	2020年11月

续表34

获表彰单位	荣誉称号	授予机关	授予时间
安溪县龙门镇美卿村	泉州市2017—2019年度文明村	中共泉州市委、泉州市人民政府	2020年11月
安溪县龙门镇和平村	泉州市2017—2019年度文明村	中共泉州市委、泉州市人民政府	2020年11月
安溪县芦田镇福岭村	泉州市2017—2019年度文明村	中共泉州市委、泉州市人民政府	2020年11月
安溪县蓬莱镇鹤前村	泉州市2017—2019年度文明村	中共泉州市委、泉州市人民政府	2020年11月
安溪县蓬莱镇彭格村	泉州市2017—2019年度文明村	中共泉州市委、泉州市人民政府	2020年11月
安溪县蓬莱镇岭美村	泉州市2017—2019年度文明村	中共泉州市委、泉州市人民政府	2020年11月
安溪县尚卿乡灶美村	泉州市2017—2019年度文明村	中共泉州市委、泉州市人民政府	2020年11月
安溪县尚卿乡翰卿村	泉州市2017—2019年度文明村	中共泉州市委、泉州市人民政府	2020年11月
安溪县祥华乡白坂村	泉州市2017—2019年度文明村	中共泉州市委、泉州市人民政府	2020年11月
安溪县祥华乡旧寨村	泉州市2017—2019年度文明村	中共泉州市委、泉州市人民政府	2020年11月
安溪县祥华乡珍山村	泉州市2017—2019年度文明村	中共泉州市委、泉州市人民政府	2020年11月
中共安溪县委统一战线工作部	泉州市2017—2019年度文明单位	中共泉州市委、泉州市人民政府	2020年11月
安溪县人民政府办公室	泉州市2017—2019年度文明单位	中共泉州市委、泉州市人民政府	2020年11月
中共安溪县委党校	泉州市2017—2019年度文明单位	中共泉州市委、泉州市人民政府	2020年11月
中共安溪县委机构编制委员会办公室	泉州市2017—2019年度文明单位	中共泉州市委、泉州市人民政府	2020年11月
中共安溪县委县直机关工作委员会	泉州市2017—2019年度文明单位	中共泉州市委、泉州市人民政府	2020年11月
中共安溪县委老干部局	泉州市2017—2019年度文明单位	中共泉州市委、泉州市人民政府	2020年11月
中共安溪县委党史和地方志研究室	泉州市2017—2019年度文明单位	中共泉州市委、泉州市人民政府	2020年11月
安溪县公安局	泉州市2017—2019年度文明单位	中共泉州市委、泉州市人民政府	2020年11月
安溪县人民政府信访局	泉州市2017—2019年度文明单位	中共泉州市委、泉州市人民政府	2020年11月
安溪县科学技术协会	泉州市2017—2019年度文明单位	中共泉州市委、泉州市人民政府	2020年11月
安溪县发展和改革局	泉州市2017—2019年度文明单位	中共泉州市委、泉州市人民政府	2020年11月
安溪县人力资源和社会保障局	泉州市2017—2019年度文明单位	中共泉州市委、泉州市人民政府	2020年11月
安溪县审计局	泉州市2017—2019年度文明单位	中共泉州市委、泉州市人民政府	2020年11月
安溪县民政局	泉州市2017—2019年度文明单位	中共泉州市委、泉州市人民政府	2020年11月
安溪县市政公用事业管理局	泉州市2017—2019年度文明单位	中共泉州市委、泉州市人民政府	2020年11月
安溪县融媒体中心	泉州市2017—2019年度文明单位	中共泉州市委、泉州市人民政府	2020年11月
安溪县市场监督管理局	泉州市2017—2019年度文明单位	中共泉州市委、泉州市人民政府	2020年11月
安溪县文化体育和旅游局	泉州市2017—2019年度文明单位	中共泉州市委、泉州市人民政府	2020年11月
安溪县气象局	泉州市2017—2019年度文明单位	中共泉州市委、泉州市人民政府	2020年11月
安溪县科学技术局	泉州市2017—2019年度文明单位	中共泉州市委、泉州市人民政府	2020年11月
安溪县城市管理局	泉州市2017—2019年度文明单位	中共泉州市委、泉州市人民政府	2020年11月
安溪县统计局	泉州市2017—2019年度文明单位	中共泉州市委、泉州市人民政府	2020年11月
安溪县工业信息化和商务局	泉州市2017—2019年度文明单位	中共泉州市委、泉州市人民政府	2020年11月
安溪县卫生健康局	泉州市2017—2019年度文明单位	中共泉州市委、泉州市人民政府	2020年11月
安溪县林业局	泉州市2017—2019年度文明单位	中共泉州市委、泉州市人民政府	2020年11月
安溪县档案局	泉州市2017—2019年度文明单位	中共泉州市委、泉州市人民政府	2020年11月
安溪县残疾人联合会	泉州市2017—2019年度文明单位	中共泉州市委、泉州市人民政府	2020年11月
共青团安溪县委员会	泉州市2017—2019年度文明单位	中共泉州市委、泉州市人民政府	2020年11月
安溪县妇女联合会	泉州市2017—2019年度文明单位	中共泉州市委、泉州市人民政府	2020年11月
国家统计局安溪调查队	泉州市2017—2019年度文明单位	中共泉州市委、泉州市人民政府	2020年11月

续表34

获表彰单位	荣誉称号	授予机关	授予时间
安溪县烟草专卖局	泉州市2017—2019年度文明单位	中共泉州市委、泉州市人民政府	2020年11月
安溪县会计核算中心	泉州市2017—2019年度文明单位	中共泉州市委、泉州市人民政府	2020年11月
安溪县教师进修学校	泉州市2017—2019年度文明单位	中共泉州市委、泉州市人民政府	2020年11月
安溪县水土保持委员会办公室	泉州市2017—2019年度文明单位	中共泉州市委、泉州市人民政府	2020年11月
安溪县交通运输综合执法大队	泉州市2017—2019年度文明单位	中共泉州市委、泉州市人民政府	2020年11月
中国银行股份有限公司安溪支行	泉州市2017—2019年度文明单位	中共泉州市委、泉州市人民政府	2020年11月
福建省储备粮管理有限公司安溪直属库	泉州市2017—2019年度文明单位	中共泉州市委、泉州市人民政府	2020年11月
安溪县行政服务中心管理委员会	泉州市2017—2019年度文明单位	中共泉州市委、泉州市人民政府	2020年11月
安溪县工商业联合会	泉州市2017—2019年度文明单位	中共泉州市委、泉州市人民政府	2020年11月
福建广电网络集团股份有限公司安溪分公司	泉州市2017—2019年度文明单位	中共泉州市委、泉州市人民政府	2020年11月
福建省安溪安置管理站	泉州市2017—2019年度文明单位	中共泉州市委、泉州市人民政府	2020年11月
安溪县运输管理所	泉州市2017—2019年度文明单位	中共泉州市委、泉州市人民政府	2020年11月
福建安溪农村商业银行股份有限公司	泉州市2017—2019年度文明单位	中共泉州市委、泉州市人民政府	2020年11月
上海红星美凯龙品牌管理有限公司泉州安溪分公司	泉州市2017—2019年度文明单位	中共泉州市委、泉州市人民政府	2020年11月
安溪县凤城镇文昌社区	泉州市2017—2019年度文明社区	中共泉州市委、泉州市人民政府	2020年11月
安溪县凤城镇城东社区	泉州市2017—2019年度文明社区	中共泉州市委、泉州市人民政府	2020年11月
安溪县凤城镇登科社区	泉州市2017—2019年度文明社区	中共泉州市委、泉州市人民政府	2020年11月
安溪县凤城镇凤山社区	泉州市2017—2019年度文明社区	中共泉州市委、泉州市人民政府	2020年11月
安溪县凤城镇湖滨社区	泉州市2017—2019年度文明社区	中共泉州市委、泉州市人民政府	2020年11月
安溪县城厢镇龙凤社区	泉州市2017—2019年度文明社区	中共泉州市委、泉州市人民政府	2020年11月
安溪县城厢镇茗城社区	泉州市2017—2019年度文明社区	中共泉州市委、泉州市人民政府	2020年11月
安溪县湖头镇四角井社区	泉州市2017—2019年度文明社区	中共泉州市委、泉州市人民政府	2020年11月
安溪县湖头镇宗城社区	泉州市2017—2019年度文明社区	中共泉州市委、泉州市人民政府	2020年11月
安溪县湖头镇下东社区	泉州市2017—2019年度文明社区	中共泉州市委、泉州市人民政府	2020年11月
安溪县西坪镇西华社区	泉州市2017—2019年度文明社区	中共泉州市委、泉州市人民政府	2020年11月
安溪华侨职业中专学校——安溪县人民武装部	泉州市2017—2019年度军民共建单位	中共泉州市委、泉州市人民政府	2020年11月
安溪县医院——武警安溪县中队	泉州市2017—2019年度军民共建单位	中共泉州市委、泉州市人民政府	2020年11月
安溪县凤城中学	泉州市2017—2019年度文明校园	中共泉州市委、泉州市人民政府	2020年11月
安溪沼涛中学	泉州市2017—2019年度文明校园	中共泉州市委、泉州市人民政府	2020年11月
安溪县城厢中学	泉州市2017—2019年度文明校园	中共泉州市委、泉州市人民政府	2020年11月
安溪县金火中学	泉州市2017—2019年度文明校园	中共泉州市委、泉州市人民政府	2020年11月
安溪俊民中学	泉州市2017—2019年度文明校园	中共泉州市委、泉州市人民政府	2020年11月
安溪梧桐中学	泉州市2017—2019年度文明校园	中共泉州市委、泉州市人民政府	2020年11月
安溪蓝溪中学	泉州市2017—2019年度文明校园	中共泉州市委、泉州市人民政府	2020年11月
安溪龙门中学	泉州市2017—2019年度文明校园	中共泉州市委、泉州市人民政府	2020年11月
安溪崇德中学	泉州市2017—2019年度文明校园	中共泉州市委、泉州市人民政府	2020年11月
安溪第十一中学	泉州市2017—2019年度文明校园	中共泉州市委、泉州市人民政府	2020年11月
安溪县慈山学校	泉州市2017—2019年度文明校园	中共泉州市委、泉州市人民政府	2020年11月
安溪华侨职业中专学校	泉州市2017—2019年度文明校园	中共泉州市委、泉州市人民政府	2020年11月
安溪卫生职工中等专业学校	泉州市2017—2019年度文明校园	中共泉州市委、泉州市人民政府	2020年11月

续表34

获表彰单位	荣誉称号	授予机关	授予时间
安溪陈利职业中专学校	泉州市2017—2019年度文明校园	中共泉州市委、泉州市人民政府	2020年11月
安溪茶业职业技术学校	泉州市2017—2019年度文明校园	中共泉州市委、泉州市人民政府	2020年11月
安溪县慈山农业学校	泉州市2017—2019年度文明校园	中共泉州市委、泉州市人民政府	2020年11月
安溪县第三实验小学	泉州市2017—2019年度文明校园	中共泉州市委、泉州市人民政府	2020年11月
安溪县第七小学	泉州市2017—2019年度文明校园	中共泉州市委、泉州市人民政府	2020年11月
安溪县第九小学	泉州市2017—2019年度文明校园	中共泉州市委、泉州市人民政府	2020年11月
安溪县第十小学	泉州市2017—2019年度文明校园	中共泉州市委、泉州市人民政府	2020年11月
安溪县第十一小学	泉州市2017—2019年度文明校园	中共泉州市委、泉州市人民政府	2020年11月
安溪县第十二小学	泉州市2017—2019年度文明校园	中共泉州市委、泉州市人民政府	2020年11月
安溪县实验幼儿园	泉州市2017—2019年度文明校园	中共泉州市委、泉州市人民政府	2020年11月
安溪县第二实验幼儿园	泉州市2017—2019年度文明校园	中共泉州市委、泉州市人民政府	2020年11月
安溪县第三实验幼儿园	泉州市2017—2019年度文明校园	中共泉州市委、泉州市人民政府	2020年11月
安溪县培文丽馨实验幼儿园	泉州市2017—2019年度文明校园	中共泉州市委、泉州市人民政府	2020年11月
安溪县培文霭华实验幼儿园	泉州市2017—2019年度文明校园	中共泉州市委、泉州市人民政府	2020年11月
安溪县慈山幼儿园	泉州市2017—2019年度文明校园	中共泉州市委、泉州市人民政府	2020年11月
泉州师范学院附属培文实验高级中学	泉州市2017—2019年度文明校园	中共泉州市委、泉州市人民政府	2020年11月
安溪县城厢中心小学	泉州市2017—2019年度文明校园	中共泉州市委、泉州市人民政府	2020年11月
安溪县感德中心小学	泉州市2017—2019年度文明校园	中共泉州市委、泉州市人民政府	2020年11月
安溪县龙涓中心小学	泉州市2017—2019年度文明校园	中共泉州市委、泉州市人民政府	2020年11月
安溪县第八小学	泉州市2017—2019年度文明校园	中共泉州市委、泉州市人民政府	2020年11月
胡云豹家庭	泉州市2017—2019年度文明家庭	中共泉州市委、泉州市人民政府	2020年11月
廖英忠家庭	泉州市2017—2019年度文明家庭	中共泉州市委、泉州市人民政府	2020年11月
吴达家庭	泉州市2017—2019年度文明家庭	中共泉州市委、泉州市人民政府	2020年11月
陈永强家庭	泉州市2017—2019年度文明家庭	中共泉州市委、泉州市人民政府	2020年11月
黄田中家庭	泉州市2017—2019年度文明家庭	中共泉州市委、泉州市人民政府	2020年11月
詹文章家庭	泉州市2017—2019年度文明家庭	中共泉州市委、泉州市人民政府	2020年11月
卓小燕家庭	泉州市2017—2019年度文明家庭	中共泉州市委、泉州市人民政府	2020年11月
肖建心家庭	泉州市2017—2019年度文明家庭	中共泉州市委、泉州市人民政府	2020年11月
柯贵进家庭	泉州市2017—2019年度文明家庭	中共泉州市委、泉州市人民政府	2020年11月
湖上乡盛富畲族村	福建省首批民族乡村振兴示范点培育名录	福建省民族与宗教事务厅	2020年11月
官桥镇善坛畲族村	福建省首批民族乡村振兴示范点培育名录	福建省民族与宗教事务厅	2020年11月
安溪县科学技术协会	2020年全国科普日活动予以表扬的组织单位	中国科学技术协会办公厅	2020年12月
安溪县科学技术协会	2020年全国科普日予以表扬的活动单位	中国科学技术协会办公厅	2020年12月
中国移动通信集团福建有限公司安溪分公司	2020年度先进集体	中国移动通信集团福建有限公司	2020年12月
安溪县消防救援大队	2020年度先进大队	中共福建省消防救援总队委员会	2020年12月
中共安溪县委宣传部	全省宣传系统先进集体	中共福建省委宣传部 福建省人力资源和社会保障厅	2020年12月
中国人寿保险股份有限公司安溪县支公司	2020年度团短险先锋奖	中国人寿保险股份有限公司福建省分公司	2020年12月
国网安溪县供电公司西坪镇供电所	福建省模范职工小家	福建省总工会	2020年12月
安溪县供销合作社联合社	全省供销合作社系统先进集体	福建省人力资源和社会保障厅 福建省供销合作社	2020年12月
安溪县农产品质量安全监管站	全省农业农村系统先进集体	福建省人力资源和社会保障厅 福建省农业农村厅	2020年12月
湖上乡盛富畲族村	2020年度省级“一村一品”示范村（竹制品）	福建省农业农村厅	2020年12月

2020年安溪县获市厅级表彰的先进个人名表

表35

姓名	性别	工作单位	职务	荣誉称号	授予机关	授予时间
陈全守	男	中共安溪县委老干部局	县委组织部副部长、老干部局局长、离退休干部党工委书记	全省老干部信息工作突出个人	中共福建省委老干部局	2020年1月
李世杰	男	安溪县农村合作经济经营管理站	站长	全省农村承包地确权登记颁证工作个人	福建省农村土地承包经营权确权登记颁证工作联席会议	2020年1月
胡晓萍	女	中共安溪县委老干部局	办公室主任	全省老干部信息工作突出个人	中共福建省委老干部局	2020年1月
施锦培	男	安溪县卫生健康局	卫生计生执法大队队长	疫情防控阻击战中表现突出的先进个人	中共泉州市委、泉州市人民政府	2020年2月
陈伟政	男	安溪县疾病预防控制中心	防疫股副股长	疫情防控阻击战中表现突出的先进个人	中共泉州市委、泉州市人民政府	2020年2月
张文深	男	安溪县城厢镇	党委书记	泉州市“攻坚2019”强基促稳工作先进个人	中共泉州市委、泉州市人民政府	2020年2月
李永强	男	安溪县农村信用合作联社	安全保卫部总经理	福建农信2019年度安全防范先进个人	福建省农村信用社联合社	2020年2月
林亚虹	女	安溪县人民法院	立案庭庭长	“基本解决执行难”工作成绩突出个人	福建省高级人民法院	2020年2月
邱凤玲	女	安溪县感德镇福德小学	教师	2020年福建省乡村优秀青年教师	福建省教育厅	2020年5月
陈福景	男	安溪县公安局治安管理大队	大队长、四级高级警长	全国打击整治枪爆违法犯罪专项行动成绩突出个人	全国打击整治枪爆违法犯罪联席会议	2020年5月
吴兴乐	男	安溪县公安局禁毒大队	中队长、四级警长	全省“禁毒2019两打两控”暨“飓风肃毒2019”会战行动成绩突出个人	福建省禁毒委员会办公室	2020年5月
陈伟欣	男	安溪县妇幼保健院	书记	2020年度福建省抗疫最美家庭	福建省妇女联合会	2020年5月
洪碧娥	女	安溪县妇幼保健院	安溪县妇幼保健院	2020年度福建省抗疫最美家庭	福建省妇女联合会	2020年5月
陈剑虹	女	白濑乡人民政府	综合便民服务中心干部	2019年度福建省优秀共青团员	共青团福建省委	2020年5月
谢雪婷	女	安溪县少体校	学生	2020年度福建省“新时代好少年”	省委文明办 省委教育工委 团省委 省妇联 省关工委	2020年6月
林松辉	男	安溪县公安局禁毒大队	大队长	个人二等功	福建省公安厅	2020年6月
苏双欣	男	县委宣传部		2019年度舆情信息工作先进个人	中共福建省委宣传部	2020年7月
郑秀棉	女	安溪县祥圭茶行	经理	福建省三八红旗手	福建省妇联	2020年8月
王小冬	男	安溪县公安局网安大队	大队长	福建省五一劳动奖章	福建省总工会	2020年8月
杨华燕	女	中共安溪县委党校	高级讲师	“全省党校（行政学校）系统先进工作者”	福建省人力资源和社会保障厅 中共福建省委党校 福建行政学院	2020年8月
吴敏静	女	中共安溪县委老干部局	县委老干部局副局长	“我看脱贫攻坚新成就”——八闽离退休干部舞台剧展演优秀编导奖	中共福建省委组织部 中共福建省委老干部局 中共福建省委离退休干部工作委员会	2020年9月
黄福恭	男	安溪第一中学	教师	2020年福建省优秀教师	福建省人力资源和社会保障厅 福建省教育厅	2020年9月
刘咏峰	男	安溪恒兴中学	教师	2020年福建省优秀教师	福建省人力资源和社会保障厅 福建省教育厅	2020年9月
陈木森	男	泉州师范学院附属培文实验高级中学	教师	2020年福建省优秀教师	福建省人力资源和社会保障厅 福建省教育厅	2020年9月
许艺梅	女	安溪第七中学	教师	2020年福建省优秀教师	福建省人力资源和社会保障厅 福建省教育厅	2020年9月

续表35

姓名	性别	工作单位	职务	荣誉称号	授予机关	授予时间
李金耀	男	安溪县举溪中学	教师	2020年福建省优秀教师	福建省人力资源和社会保障厅 福建省教育厅	2020年9月
苏洪图	男	安溪县科名中学	教师	2020年福建省优秀教师	福建省人力资源和社会保障厅 福建省教育厅	2020年9月
李淑敏	女	安溪县梧桐中学	教师	2020年福建省优秀教师	福建省人力资源和社会保障厅 福建省教育厅	2020年9月
黄惠清	女	安溪县第八中学	教师	2020年福建省优秀教师	福建省人力资源和社会保障厅 福建省教育厅	2020年9月
王培琼	女	安溪县第十五中学	教师	2020年福建省优秀教师	福建省人力资源和社会保障厅 福建省教育厅	2020年9月
苏彩凤	女	安溪县祥华中心学校	教师	2020年福建省优秀教师	福建省人力资源和社会保障厅 福建省教育厅	2020年9月
施素芬	女	安溪县实验小学	教师	2020年福建省优秀教师	福建省人力资源和社会保障厅 福建省教育厅	2020年9月
刘细亮	男	安溪县虎邱中心学校	教师	2020年福建省优秀教师	福建省人力资源和社会保障厅 福建省教育厅	2020年9月
黄毅凤	女	安溪县培华丽馨实验幼儿园	教师	2020年福建省优秀教师	福建省人力资源和社会保障厅 福建省教育厅	2020年9月
李菊花	女	安溪茶叶职业技术学校	茶叶专业组组长	2020年福建省优秀教师	福建省人力资源和社会保障厅 福建省教育厅	2020年9月
林添才	男	安溪沼涛中学	校长 副书记	2020年福建省优秀教育工作者	福建省人力资源和社会保障厅 福建省教育厅	2020年9月
钟晓云	女	安溪县第十八小学	校长	2020年福建省优秀教育工作者	福建省人力资源和社会保障厅 福建省教育厅	2020年9月
刘升鹏	男	泉州市安溪生态环境局	局长	第二次全国污染源普查表现突出个人	国务院第二次全国污染源普查领导小组办公室	2020年9月
谢丽萍	女	泉州市安溪生态环境局	助理工程师	第二次全国污染源普查表现突出个人	国务院第二次全国污染源普查领导小组办公室	2020年9月
吴清远	男	西坪镇人民政府	镇长	福建日报“十佳通讯员”	福建日报社	2020年9月
潘友生	男	中共安溪县委县直机关工作委员会	副书记	全省机关工委系统先进工作者	中共福建省委省直机关工委 福建省人力资源和社会保障厅	2020年11月
黄田中	男	安溪县人民法院	城关法庭庭长	泉州市2017—2019年度文明家庭	中共泉州市委 泉州市人民政府	2020年11月
陈生来	男	安溪县城厢镇人民政府	镇长	泉州市2017—2019年度精神文明建设先进工作者	中共泉州市委 泉州市人民政府	2020年11月
王　盛	男	安溪县公安局交通警察大队	科员	泉州市2017—2019年度精神文明建设先进工作者	中共泉州市委 泉州市人民政府	2020年11月
黄岚岚	女	安溪县凤城镇党委	宣传委员、统战委员	泉州市2017—2019年度精神文明建设先进工作者	中共泉州市委 泉州市人民政府	2020年11月
吴剑宝	男	中共安溪县委宣传部	办公室负责人	泉州市2017—2019年度精神文明建设先进工作者	中共泉州市委 泉州市人民政府	2020年11月
蔡本仕	男	武警泉州支队执勤三大队安溪中队	中队长	泉州市2017—2019年度军民共建精神文明先进个人	中共泉州市委 泉州市人民政府	2020年11月
谢宝林	男	安溪县植保植检站	干部	2020全国县域数字农业农村发展水平评价工作先进个人	农业农村部信息中心	2020年11月
白宝义、黄玉池家庭		安溪县龙门镇榜头村	—	2020年福建省最美家庭	福建省妇联	2020年12月
朱淮河、叶桂花家庭		安溪县参内镇田底村	—	2020年福建省最美家庭	福建省妇联	2020年12月
廖英忠施宝华家庭		官桥镇上苑村	泉州师范学院附属培文实验高级中学退休教师	第十二届福建省五好家庭	福建省妇女联合会 中共福建省委文明办	2020年12月
陈福景	男	安溪县公安局治安管理大队	大队长、四级高级警长	个人二等功	福建省公安厅	2020年12月

续表35

姓名	性别	工作单位	职务	荣誉称号	授予机关	授予时间
黄婉婷	女	中国人寿保险股份有限公司安溪县支公司	综合部部门经理	福建省总工会优秀工会工作者	福建省总工会	2020 年 12 月
李程荣	男	安溪县农业农村局	副局长	全省农业农村系统先进工作者	福建省人力资源和社会保障厅 福建省农业农村厅	2020 年 12 月
曾经得	男	安溪县茶叶技术推广站	站长	全省农业农村系统先进工作者	福建省人力资源和社会保障厅 福建省农业农村厅	2020 年 12 月
傅庆元	男	县委统战部	民宗股负责人	2016—2019 年度全省统战系统先进工作者	中共福建省委统战部 福建省人力资源和社会保障厅	2020 年 12 月
黄伟福	男	安溪县交通运输局	—	全省交通运输系统先进工作者	福建省人力资源和社会保障厅 福建省交通运输厅	2020 年 12 月
胡巧娜	女	安溪县人民检察院	四级检察官助理	2020 年度“法治进校园”全省巡讲活动表现突出个人	福建省人民检察院、福建省教育厅、福建省司法厅	2020 年 12 月
林玉婷	女	安溪县蓝田乡人民政府	党委宣传委员、秘书	福建省三八红旗手	福建省妇联	2020 年
詹婉芳	女	安溪县统计局	干部	福建省第四次全国经济普查先进个人	福建省第四次全国经济普查领导小组	2020 年 3 月

2020年安溪县参加全省及以上竞赛(评比)获奖单位名表

表36

获表彰单位	荣誉称号	授予机关	授予时间
中国人保财险有限公司安溪支公司	2020 年度县区支公司综合经营管理奖一等奖	中国人保财险福建省分公司	2021 年 2 月
中共安溪县委老干部局	全省离退休干部工作调研文章三等奖	中共福建省委老干部局	2020 年 1 月
安溪农商银行	福建农信 2020 年学习十九届四中全会精神暨党建知识竞赛决赛团体二等奖	福建省农村信用社联合社	2020 年 1 月
安溪农商银行	2019 全国农村金融先锋型新闻·机构（农商银行）	中华合作时报社	2020 年 1 月
中国茶都——安溪全国茶叶批发市场	2019 年度全国茶叶批发市场 10 强	全国城市农贸中心联合会	2020 年 1 月
安溪县人民法院	全国法院第七届微电影微视频金法槌奖——百优微视频奖	人民法院新闻传媒总社、中华全国法制新闻协会、最高人民法院政治部、最高人民法院新闻局、最高人民法院执行局、最高人民法院影视中心	2020 年 1 月
工商银行安溪支行	工银成就集体奖（安全保卫业务）	工商银行总行	2020 年 2 月
安溪生态环境局	2019 年生态环境执法大练兵活动中表现突出通报表扬	中华人民共和国生态环境部	2020 年 3 月
福建省安溪县烟草专卖局	2019 年度福建省“安康杯”竞赛先进单位	福建省总工会、福建省应急管理厅	2020 年 4 月
中国人寿保险股份有限公司安溪县支公司	2020 年“开门红首卖日”执行力考核综合性县支公司收展发展渠道优胜单位	中国人寿保险股份有限公司福建省分公司	2020 年 4 月
中国人寿保险股份有限公司安溪县支公司	2020 年“开门红首卖日”执行力考核综合性县支公司优胜单位	中国人寿保险股份有限公司福建省分公司	2020 年 4 月
中国人寿保险股份有限公司安溪县支公司	“五好公司”优胜单位	中国人寿保险股份有限公司福建省分公司	2020 年 4 月
国网安溪县供电公司	2019 年度福建省“安康杯”竞赛先进单位	福建省总工会、福建省应急管理厅	2020 年 4 月
安溪华侨职业中专学校	2020 年福建省职业院校技能大赛贡献奖	福建省职业院校技能大赛组委会	2020 年 5 月
安溪华侨职业中专学校	2020 年福建省职业院校技能大赛团体优胜奖	福建省职业院校技能大赛组委会	2020 年 5 月
安溪华侨职业中专学校	福建省职业院校技能大赛中职组电子商务技能比赛团体二等奖	福建省职业院校技能大赛组委会	2020 年 5 月
国网安溪县供电公司营销 QC 小组	《一种带漏电指示功能的漏电保护器的研制》获福建省 2020 年度质量管理小组成果二等奖	福建省质量管理协会	2020 年 8 月
国网安溪县供电公司信通运检班	2020 年福建省二等奖质量“信得过”班组	福建省质量管理协会	2020 年 8 月

续表36

获表彰单位	荣誉称号	授予机关	授予时间
中共安溪县委老干部局	“我看脱贫攻坚新成就”——八闽离退休干部舞台剧展演金奖	中共福建省委组织部 中共福建省委老干部局 中共福建省委离退休干部工作委员会	2020 年 9 月
安溪华侨职业中专学校	2020 年十佳公众参与案例	福建省生态环境厅	2020 年 9 月
安溪县河长制办公室	短视频《水清河宴，幸福经兜》获全国第二届“守护美丽河湖”公益大赛“快手特别奖”	中国水利水电出版传媒集团、水利部宣传教育中心	2020 年 11 月
安溪县河长制办公室	《河长的守望》荣获全国第二届“守护美丽河湖”公益大赛“优秀奖”	中国水利水电出版传媒集团、水利部宣传教育中心	2020 年 11 月
安溪华侨职业中专学校	第六届福建省“互联网＋”大学生创新大赛优秀组织奖	福建省教育厅	2020 年 11 月
中共安溪县委宣传部	“海丝国际杯”2020 年首届茶王赛“优秀组织奖”	中共福建省委宣传部	2020 年 11 月
安溪华侨职业中专学校	第二届“黄炎培”杯中华职业教育非遗创新大赛—“非遗”教育特色院校	中华职业教育社	2020 年 11 月
安溪华侨职业中专学校	第二届“黄炎培”杯中华职业教育非遗创新大赛—“非遗”教育成果奖	中华职业教育社	2020 年 11 月
安溪县人民法院	全省法院系统第三十二届学术讨论会“组织工作先进奖”	福建省高级人民法院	2020 年 12 月

2020年安溪县参加全省及以上竞赛(评比)获奖个人名表

表37

姓名	性别	工作单位	职务	荣誉称号	授予机关	授予时间
王小冬	男	安溪县公安局网安大队	大队长	2020 年度全省公安机关实战比武和岗位技能竞赛公安信息化基层应用创新暨数据建模大赛个人标兵	福建省公安厅	2021 年 1 月
陈碧瑜	女	安溪县人民检察院	四级检察官助理	第十五届泛珠三角合作与发展法治论坛征文活动优秀奖	泛珠三角合作与发展法治论坛组委会	2020 年 1 月
王晓生	男	安溪华侨职业中专学校	实训处主任	2020 年福建省职业院校技能大赛优秀工作者	福建省职业院校技能大赛组委会	2020 年 5 月
林曲尧	男	安溪华侨职业中专学校	校长	2020 年福建省职业院校技能大赛优秀指导教师	福建省职业院校技能大赛组委会	2020 年 5 月
张金玲	女	安溪华侨职业中专学校	教师	2020 年福建省职业院校技能大赛优秀指导教师	福建省职业院校技能大赛组委会	2020 年 5 月
张伟杰	男	安溪华侨职业中专学校	教务处主任	2020 年福建省职业院校技能大赛优秀指导教师	福建省职业院校技能大赛组委会	2020 年 5 月
吴秋珍	女	安溪华侨职业中专学校	教师	2020 年福建省职业院校技能大赛优秀指导教师	福建省职业院校技能大赛组委会	2020 年 5 月
林同聪	男	安溪华侨职业中专学校	教师	2020 年福建省职业院校技能大赛优秀指导教师	福建省职业院校技能大赛组委会	2020 年 5 月
林文飞	女	安溪华侨职业中专学校	教师	2020 年福建省职业院校技能大赛优秀指导教师	福建省职业院校技能大赛组委会	2020 年 5 月
苏世海	男	安溪华侨职业中专学校	副校长	2020 年福建省职业院校技能大赛优秀指导教师	福建省职业院校技能大赛组委会	2020 年 5 月
吴信添	男	安溪华侨职业中专学校	总务处副主任	2020 年福建省职业院校技能大赛优秀指导教师	福建省职业院校技能大赛组委会	2020 年 5 月
王晓生	男	安溪华侨职业中专学校	实训处主任	2020 年福建省职业院校技能大赛中职组网络空间安全比赛优秀指导教师	福建省职业院校技能大赛组委会	2020 年 5 月
刘继伟	男	安溪县人民检察院	二级检察官	全省优秀公诉人业务竞赛“优秀公诉人”	福建省人民检察院	2020 年 6 月
陈红萍	女	安溪华侨职业中专学校	劳模基地负责人	2020 年“金凤凰”创新产品设计大赛金奖	中国工艺美术协会	2020 年 7 月
叶筱琛	女	安溪农商银行	营业部柜员	第二届“魅力八闽 三农新貌 活力农信”摄影大赛三等奖	福建省农村信用社联合社	2020 年 8 月
刘保嘉	男	安溪县高甲戏剧团	四级演员	第十届福建省中青年演员比赛银奖	福建省文化和旅游厅	2020 年 9 月

续表37

姓名	性别	工作单位	职务	荣誉称号	授予机关	授予时间
刘嘉保	男	安溪县高甲戏剧团	四级演员	第十届福建省中青年演员比赛铜奖	福建省文化和旅游厅	2020年9月
王垚森	男	安溪县高甲戏剧团	四级演员	第十届福建省中青年演员比赛铜奖	福建省文化和旅游厅	2020年9月
刘继伟	男	安溪县人民检察院	二级检察官	最高检第七届全国十佳公诉人暨全国优秀公诉人业务竞赛	最高人民检察院	2020年9月
李钦发	男	安溪县白濑中学	一级教师	第三届全国中学学科思维导图评比大赛一等奖	陕西师范大学基础教育研究院	2020年9月
王凯丽	女	安溪农商银行	营业部柜员	福建农信“同读一本书 共绘农信红”主题征文活动三等奖	福建省农村信用社联合社	2020年9月
刘婷婷	女	安溪农商银行	营业部柜员	福建农信“同读一本书 共绘农信红”主题征文活动优秀奖	福建省农村信用社联合社	2020年9月
白云中	男	国网安溪县供电公司	副所长	福建省电机工程学会第二十届学术年会论文二等奖	福建省电机工程学会	2020年11月
陈瑜芳	女	安溪县人民法院	刑事审判庭法官助理	“推进司法现代化与诉讼制度体系建设”研讨会优秀奖	省法学会诉讼法学研究会	2020年11月
彭诗平	男	安溪县人民法院	审管办（研究室）法官助理	“推进司法现代化与诉讼制度体系建设”研讨会优秀奖	省法学会诉讼法学研究会	2020年11月
林镕钊	男	安溪茶业职业技术学校	教师	第二届全省评茶员职业技能竞赛暨第二届全国评茶员职业技能竞赛福建省选拔赛第一名	福建省人力资源和社会保障厅 福建省总工会 福建省供销合作联合社	2020年11月
叶筱琛	女	安溪农商银行	营业部柜员	首届全国农信系统优秀课程和优秀讲师评选大赛优秀讲师奖、最佳课程奖	中国农村金融杂志社	2020年11月
刘婷婷	女	安溪农商银行	营业部柜员	首届全国农信系统优秀课程和优秀讲师评选大赛最佳课程奖	中国农村金融杂志社	2020年11月
李玉素	女	安溪农商银行	芦田支行副行长	首届全国农信系统优秀课程和优秀讲师评选大赛最佳课程奖	中国农村金融杂志社	2020年11月
叶婷梅	女	安溪农商银行	党群工作部科员	首届全国农信系统优秀课程和优秀讲师评选大赛最佳课程奖	中国农村金融杂志社	2020年11月
胡巧娜	女	安溪县人民检察院	四级检察官助理	2020年度“法治进校园”全省巡讲活动优秀课件	福建省人民检察院 福建省教育厅 福建省司法厅	2020年12月
陈碧瑜	女	安溪县人民检察院	四级检察官助理	荣获福建省法学会刑法学研究会2020年年会论文三等奖	福建省法学会 刑法学研究会	2020年12月
陈碧瑜	女	安溪县人民检察院	四级检察官助理	荣获全省法院系统第三十二届学术讨论会论文评选优秀奖	福建省高级人民法院	2020年12月
黄美月	女	安溪县妇幼保健院	安溪县妇幼保健院	第二届阴道镜诊断技能比武	中国医药教育协会	2020年12月
张裕超	男	安溪县消防救援大队	班长	400米救援疏散物资第一名	福建省消防救援总队	2020年12月
杨明伟	男	安溪县消防救援大队	副班长	枪炮协同灭火操第三名	福建省消防救援总队	2020年12月
郑培春	女	安溪县人民法院	蓬莱法庭法官助理	全国法院第三十二届学术讨论会三等奖	全国法院学术讨论组织委员会	2020年12月
彭诗平	男	安溪县人民法院	审管办（研究室）法官助理	全国法院第三十二届学术讨论会三等奖	全国法院学术讨论组织委员会	2020年12月
郑培春	女	安溪县人民法院	蓬莱法庭法官助理	全省法院第三十二届学术讨论会二等奖	福建省高级人民法院	2020年12月
陈瑜芳	女	安溪县人民法院	刑事审判庭法官助理	全省法院第三十二届学术讨论会优秀奖	福建省高级人民法院	2020年12月
林玉琼	女	安溪县人民法院	城关法庭法官助理	全省法院第三十二届学术讨论会优秀奖	福建省高级人民法院	2020年12月
魏薇	女	安溪县人民法院	政治部书记员	全省法院第三十二届学术讨论会优秀奖	福建省高级人民法院	2020年12月
王秋琼	女	安溪县人民法院	执行局副局长	全省法院第三十二届学术讨论会优秀奖	福建省高级人民法院	2020年12月
胡巧娜	女	安溪县人民检察院	四级检察官助理	2020年度“法治进校园”全省巡讲活动表现突出个人	福建省人民检察院 福建省教育厅 福建省司法厅	2020年12月

2020年安溪县总面积与行政区划一览表

表38

乡镇名称	总面积（平方千米）	类别	个数（个）	社区居委会、居民委员会、村民委员会名称
安溪县	3057.28	社区居委会	44	
		村民委员会	438	
凤城镇	13.26	社区居委会	24	下西 祥都 祥云 凤山 东岳 朝阳 先声 凤明 东北 小东 上西 南街 龙湖 北石 华新 朝凤 湖滨 城东 文昌 登科 华凤 兴安 蓝湖 清水湾
		村民委员会	3	美法 吾都 上山
蓬莱镇	122.86	社区居委会	1	蓬莱镇街道
		村民委员会	30	上西 上智 上东 福山 登山 鸿福 蓬星 植洋 岭美 岭南 岭东 彭格 中芹 竹林 蓬溪 联中 美滨 鹤前 联盟 蓬新 新林 新美 新坂 寮海 礤内 鹤厅 龙溪 吾邦 龙居 温泉
湖头镇	100.03	社区居委会	5	宗城 下东 四角井 江滨 新都
		村民委员会	29	湖四 大埔 半岭 溪美 福寿 前山 汤头 横山 前溪 后溪 埔美 山都 高山 云林 郭埔 许前 东埔 产贤 桥头 竹山 上田 美溪 半山 下坑 登贤 美坂 湖一 湖二 湖三
官桥镇	105.43	社区居委会	1	新溪
		村民委员会	29	仁峰 碧一 碧二 仙都 吾宗 岭头 燎原 恒美 草坂 洪塘 赤岭 驷岭 善坛 内村 新春 石岩 石林 上苑 山珍 马狮 善益 新厅 益林 芹石 官桥 官郁 仁宅 莲美 莲兜美
剑斗镇	121.41	村民委员会	14	红星 月星 福斗 前炉 双洋 东阳 剑斗 后井 圳下 仙荣 御屏 潮碧 云溪 举口
城厢镇	107.2	社区居委会	7	茶都 龙凤 茗城 建安 五峰 城西 德苑
		村民委员会	25	光德 仙苑 团结 霞保 中标 古山 南坪 土楼 路英 石古 砖文 员宅 过溪 涝港 墩坂 玉田 经兜 经岭 南英 雅兴 码头 上营 同美 勤内 冬青
金谷镇	101.6	村民委员会	24	金谷 金东 金山 汤内 华芸 芸美 尚芸 景坑 河山 河美 美洋 东洋 深洋 洋中 溪榜 元口 三元 洋内 丽山 渊兜 中都 田头 山岭 大演

续表38

乡镇名称	总面积（平方千米）	类别	个数（个）	社区居委会、居民委员会、村民委员会名称
龙门镇	156.33	社区居委会	1	滨江
		村民委员会	31	龙门 龙山 龙美 翠坑 金狮 洋坑 桂瑶 桂林 观山 湖山 炙坑 溪坂 溪内 溪瑶 仙地 仙东 仙西 仙凤 和平 白芸 榜头 大生 后坂 山美 光孝 寮山 榜寨 美卿 美顶 美内 山头
虎邱镇	161.77	村民委员会	18	湖邱 湖东 湖西 竹园 芳亭 金榜 仙景 美亭 福井 文美 少坑 林东 高村 石山 双格 罗岩 美庄 双都
芦田镇	91	社区居委会	1	崇信
		村民委员会	10	芦田 鸿都 招坑 内地 红村 朝阳 三洋 云山 石盘 福岭
感德镇	221.78	村民委员会	22	潘田 华地 大坂 福德 炉地 岭西 尾厝 洪佑 洋山 五甲 大格 槐川 槐东 槐植 槐扬 霞云 霞中 霞春 霞庭 岐阳 石门 龙通
魁斗镇	55.8	村民委员会	12	魁斗 镇西 贞洋 钟山 佛仔格 尾溪 凤山 奇观 鲁藤 蓬庭 溪东 大岭
西坪镇	145.5	社区居委会	1	西华
		村民委员会	26	百福 湖岭 尧阳 南岩 上尧 松岩 留山 平原 赤水 宝潭 珠洋 柏溪 柏叶 龙地 龙坪 西原 宝山 大垅格 内社 盖竹 赤石 西坪 阳星 内山 尧山 后格
参内乡	49.94	社区居委会	2	茶博汇 湾美
		村民委员会	12	镇中 镇东 祜水 美塘 大厝 参山 圆潭 罗内 坑头 岩前 田底 洋乌内
白濑乡	45.16	村民委员会	5	白濑 上格 下镇 长基 寨坂
湖上乡	49.04	村民委员会	13	珍地 雪山 湖上 横坪 盛富 上路 黄武 格头 沙堤 飞新 飞亚 长林 湖新
尚卿乡	116.42	村民委员会	18	科洋 科山 科名 黄岭 青洋 银坑 中山 中兴 后福 园德 灶坑 灶美 翰苑 翰卿 新楼 尤俊 福林 徐州
大坪乡	78.65	村民委员会	7	大坪 萍州 福美 双美 前洋 香仑 帽山
龙涓乡	372.92	村民委员会	36	下洋 山后 西兴 福昌 福都 福黎 培福 玳堤 黎山 钱塘 宝都 吉山 后田 长塔 举源 举溪 安美 长新 内灶 灶坪 赤片 美岭 山坛 芹山 鹤林 半林 龙房 碧岭 珠塔 石塔 湖陵 新岭 新民 庄灶 连祠 崎畲
长坑乡	192.16	村民委员会	26	南洋 衡阳 西溪 小西 青苑 云集 云一 云二 南斗 玉美 玉南 扶地 月眉 山格 水缸 长坑 华美 下林 文坪 珍田 福春 珊屏 田中 玉湖 三村 祥泉
蓝田乡	99.77	村民委员会	15	益溪 益岭 内春 蓝二 蓝田 蓝一 尚忠 乌殊 进德 后清 黄柏 乌土 九磜 湖坂 山内寨
祥华乡	258.34	村民委员会	20	祥华 河图 福新 和春 祥地 福洋 东坑 小道 后洋 珍山 崎坑 白坂 白玉 白珩 美仑 美西 新寨 石狮 旧寨 郑坑
桃舟乡	128.26	村民委员会	8	桃舟 下格 莲山 达新 吾培 康随 南坑 棠棣
福田乡	162.65	社区居委会	1	福前
		村民委员会	5	丰田 白桃 丰都 尾洋 双垵

统计资料（分目）

2020年安溪县国民经济和社会发展主要指标一览表

表39

项 目	单位	2019 年	2020 年	增长率（%）
人口				
年末户籍人口	人	1211007	1210294	—
其中：城镇人口	人	354295	362980	—
乡村人口	人	856712	847314	—
其中：男	人	644780	644400	—
女	人	566227	565894	—
国民经济核算				
地区生产总值	万元	7314936	7476259	3.3
第一产业	万元	525827	562436	3.0
第二产业	万元	3773786	3794951	5.2
第三产业	万元	3015323	3118872	0.8
主要行业				
工业	万元	3116220	3079906	4.2
建筑业	万元	659418	716835	10.5
财政				
一般公共预算总收入	万元	512815	438218	−14.5
其中：一般公共预算收入	万元	310195	286542	−7.6
一般公共预算支出	万元	723677	686116	−5.2
农业				
农林牧渔业总产值	万元	883682	927629	4.0
主要农产品产量				
粮食	吨	87367	88100	0.8
蔬菜	吨	246893	258644	4.8
茶叶	吨	73428	75613	3.0
水果	吨	11179	16298	45.8
肉、蛋、奶	吨	39418	41704	5.8
食用菌	吨	8448	8617	2.0
工业				
规模以上工业产值	万元	9389446	9810701	4.3
规模以上工业增加值	万元	2647450	—	4.5
规模以上工业经济效益综合指数	%	390.5	385.5	
进出口				
实际利用外资（验资口径）	万元	12142	12570	3.5
合同外资	万元	27246	22838	−16.2

续表39

项 目	单位	2019年	2020年	增长率（%）
经济贸易				
社会消费品零售总额	万元	5631972	5684176	0.9
投资				
固定资产投资	万元	—	—	1.3
其中：项目投资	万元	—	—	−7.8
房地产开发投资	万元	1053028	1249390	18.6
工业投资	万元	—	—	−17.5
商品房销售面积	万平方米	241.29	162.78	−32.5
商品房销售额	万元	1883776	1395555	−25.9
居民生活				
全体居民人均可支配收入	元	24081	25574	6.2
城镇居民人均可支配收入	元	34579	35548	2.8
农村居民人均可支配收入	元	18028	19145	6.2
城镇登记失业率	%	0.99	1.93	
供电				
全社会用电量	万千瓦时	410697	424153	3.3
其中：工业用电量	万千瓦时	252948	249430	−1.4
金融				
金融机构本外币各项存款余额	万元	5030938	5650272	12.3
其中：人民币存款	万元	5017433	5627346	12.2
金融机构本外币各项贷款余额	万元	4764923	5603420	17.6
其中：人民币贷款	万元	4764821	5603337	17.6
交通运输、邮电				
公路通车里程	千米	5110.74	5125.52	
其中：高速公路	千米	132.56	132.56	
邮政业务收入	万元	10587	9433	−10.9
电信业务收入	万元	23025	23145	0.5
旅游				
接待国内外旅客	万人次	848.9	538.5	−36.6
旅游总收入	亿元	111.1	61.56	−44.6
教育				
各类学校数	所	497	466	
其中：普通中学	所	52	52	
小学	所	217	214	
各阶段在校学生数	人	230245	233182	
其中：幼儿园	人	47656	45057	
小学	人	112556	108818	
初中	人	49582	56871	

续表39

项 目	单位	2019 年	2020 年	增长率（%）
高中	人	14647	16046	
中专	人	5600	6166	
特殊教育学校	人	204	224	
科技				
年专利申请量	项	4950	4514	
年专利授权量	项	3327	4280	
文化				
博物馆	个	1	1	
文化馆	个	1	1	
公共图书馆	个	1	1	
公共图书馆藏书量	万册	24.5	45.4	
影剧院	个	1	1	
高甲剧团	个	1	1	
剧团演出场数	场	109	125	
有线电视用户	户	179362	175521	
广播综合人口覆盖率	%	93.27	99.93	
电视综合人口覆盖率	%	93.4	99.94	
社会保障				
城镇居民最低生活保障	人	375	385	
农村居民最低生活保障	人	12591	14303	
卫生				
卫生机构数	个	665	696	
卫生机构床位数	张	4524	5311	
卫生机构技术人员数	人	4705	5204	
气象、资源、环境、安全				
年平均气温	℃	21.9	22.2	
年平均相对湿度	%	78	75	
年日照时数	小时	1843	1910	
年平均风速	米 / 秒	2.1	2.1	
年降水量	毫米 / 年	1466.6	1084.5	
辖区总面积	平方千米	3057.28	3057.28	
自然保护区面积	公顷	4095	4164.5	
森林面积	万亩	295.34	306.87	
森林覆盖率	%	65.77	65.77	
城镇垃圾无害化处理率	%	100	100	
发生各类事故数	起	71	76	

注：产值绝对数为当年价格，增长速度按可比价格计算。

2020年安溪县人口及其变动情况统计年报表

表40

乡镇	年末总户数（户）	年末总人口（人）									年度人口变动（人）									
		合计	城镇人口	乡村人口	性别						出生			死亡			迁入		迁出	
					男	女	0—17岁	18—34岁	35—59岁	60岁及以上	合计	男	女	合计	男	女	迁入省内	迁入省外	省内迁往	省外迁往
福建省安溪县	322606	1210294	362980	847314	644400	565894	329200	290223	427051	163820	20041	10572	9469	5903	3468	2435	5798	1972	18750	3494
凤城镇	22862	70027	70027	0	36463	33564	20510	16194	25535	7788	1159	645	514	260	167	93	1831	124	1770	161
湖头镇	24288	93082	56435	36647	49693	43389	25905	21563	33658	11956	1560	805	755	416	243	173	236	115	1298	156
蓬莱镇	21824	80010	28046	51964	42358	37652	19761	18568	29404	12277	1005	546	459	469	274	195	354	90	1590	116
官桥镇	24141	85200	34055	51145	44937	40263	21319	20690	30218	12973	1184	614	570	513	293	220	213	85	1210	219
剑斗镇	12936	55637	12390	43247	29060	26577	17017	14865	17776	5979	1214	656	558	215	126	89	222	98	404	63
城厢镇	20823	83747	57745	26002	43974	39773	21736	21373	29301	11337	1421	775	646	418	259	159	578	201	759	249
魁斗镇	7989	24584	5000	19584	12721	11863	6043	5107	9177	4257	300	170	130	162	92	70	120	36	627	140
金谷镇	14481	55746	10107	45639	29839	25907	14966	12678	19962	8140	839	400	439	273	167	106	145	81	791	274
龙门镇	20763	72466	36098	36368	38087	34379	18130	17564	25773	10999	989	519	470	426	262	164	169	78	965	207
西坪镇	15661	62131	8941	53190	33713	28418	16620	16455	20960	8096	1153	588	565	283	156	127	148	89	669	193
虎邱镇	13699	56200	5833	50367	30147	26053	15172	13605	19875	7548	1169	585	584	276	167	109	164	101	582	187
感德镇	15145	65815	8202	57613	35850	29965	20909	16270	21341	7295	1374	672	702	242	144	98	170	142	1021	131
芦田镇	4677	17963	3000	14963	9926	8037	4974	4336	6259	2394	269	139	130	78	45	33	52	38	215	77
参内镇	9684	32768	19121	13647	17271	15497	8182	7930	11828	4828	456	245	211	160	90	70	264	104	336	124
大坪乡	5128	18769	0	18769	10425	8344	4624	4341	6893	2911	217	106	111	110	61	49	55	51	281	115
龙涓乡	19096	79042	0	79042	42104	36938	19911	19061	29070	11000	1071	563	508	418	224	194	131	106	1073	250
长卿镇	23345	82148	7980	74168	43070	39078	22986	18605	28873	11684	1295	715	580	435	267	168	384	139	2583	316
蓝田乡	8482	30710	0	30710	16689	14021	9384	6996	10347	3983	745	395	350	127	77	50	83	56	419	144
祥华乡	9284	37113	0	37113	20458	16655	10675	8812	12987	4639	600	322	278	123	70	53	104	57	460	95
湖上乡	7613	29307	0	29307	15855	13452	8784	6874	10179	3470	560	303	257	140	73	67	101	61	455	91
尚卿乡	11645	43298	0	43298	22975	20323	11988	10169	15190	5951	852	487	365	204	124	80	152	79	733	103
桃舟乡	3437	13312	0	13312	7423	5889	3681	3222	4734	1675	259	141	118	54	31	23	58	14	166	34
白濑乡	2969	12022	0	12022	6356	5666	3629	2833	4248	1312	210	101	109	54	29	25	30	15	156	26
福田乡	2634	9197	0	9197	5006	4191	2294	2112	3463	1328	140	80	60	47	27	20	34	12	187	23

2020年安溪县财政收入分项目完成情况一览表

表41　　　　单位：万元

预算科目	2019年	2020年
一、公共财政预算收入	310195	286542
其中：税务部门征收	238107	206002
财政部门征收	72088	80540
（一）税收收入	232753	201715
增值税（25%）	78311	70407
企业所得税（40%）	67858	31975
个人所得税（40%）	4146	13354
资源税	1354	1123
城市维护建设税	8899	7108
房产税	9337	7404
印花税	3284	2972
城镇土地使用税	5321	5573
土地增值税	35266	37939
车船税	2970	3818
耕地占用税	1085	1318
契税	14390	18282
环保税	529	502
（二）非税收入	77442	84827
专项收入	18103	9241
其中：教育费附加收入	5354	4287
行政事业性收费收入	5856	9601
罚没收入	12260	35626
国有资本经营收入		
国有资源有偿使用收入	37917	29604
捐赠收入		26
政府住房基金收入	84	123
其他收入	3222	606
二、上划中央收入	202620	151676
增值税（50%）	78311	70407
消费税（100%）	3806	3507
所得税（60%）	108006	67994
车辆购置税（100%）	12497	9768
三、财政总收入	512815	438218
其中：税务部门征收	440727	357678
财政部门征收	72088	80540
四、基金收入	132793	214896

2020年安溪县财政功能类支出完成情况一览表

表42　　　　单位：万元

项　　目	2019年	2020年
一、公共财政预算支出	723677	686116
一般公共服务支出	56718	64452
国防支出	412	321
公共安全支出	37311	39819
教育支出	190066	209487
科学技术支出	7642	5655
文化体育与传媒支出	12639	12701
社会保障和就业支出	47186	66798
卫生健康支出	44049	56120
节能环保支出	20503	17195
城乡社区支出	157619	60740
农林水支出	75259	75696
交通运输支出	18034	23791
资源勘探信息等支出	8782	12187
商业服务业等支出	4243	2381
金融支出	230	249
自然资源海洋气象等支出	8351	5867
住房保障支出	7984	3441
粮油物资储备支出	1825	1512
灾害防治及应急管理支出	5562	7933
预备费		
其他支出	282	51
债务付息支出	18924	19645
债务发行费用支出	56	75
二、基金支出	71807	219790

2020年安溪县农业产值及主要农产品产量一览表

表43

指标名称	单位	2020年	增长率(%)
一、农业产值			
农林牧渔业总产值	万元	927629	4.0
其中：农业	万元	720675	4.2
林业	万元	4925	−26.4
牧业	万元	172085	11.3
渔业	万元	2715	−0.2
农林牧渔服务业	万元	27230	5.6

续表43

指标名称	单位	2020年	增长率(%)
二、主要农产品产量			
粮食作物种植面积	亩	269163	-0.8
其中：稻谷种植面积	亩	141940	-2.3
粮食作物总产量	吨	88100	0.8
其中：稻谷产量	吨	52616	-0.7
茶园总面积	亩	654773	-0.8
茶叶总产量	吨	75613	3.0
水果总产量	吨	16298	45.8
肉、蛋、奶总产量	吨	41704	5.8
淡水产品总产量	吨	1595	0.5

2020年安溪县农林牧渔业总产值一览表

表44

单位：万元

项 目	按现行价格计算	按可比价格计算
农林牧渔业总产值	922165	915773
一、农业产值	719503	738175
（一）谷物及其他农作物	46528	45719
1. 谷物	21566	—
2. 薯类	17713	—
3. 油料	2430	—
4. 豆类	454	—
5. 棉花	—	—
6. 麻类	—	—
7. 糖料	145	—
8. 烟叶（未加工烟草）	—	—
9. 其他作物	4220	—
（二）蔬菜、食用菌及花卉盆景园艺作物	80692	81540
1. 蔬菜	74745	—
2. 食用菌类	4761	—
3. 花卉	1038	—
4. 盆景园艺	148	—
（三）水果、坚果、茶、饮料和香料作物	592277	610910
1. 水果	6045	—
2. 坚果	—	—
3. 饮料	586232	—
4. 香料	—	—
（四）药材	5	6

续表44

单位：万元

项 目	按现行价格计算	按可比价格计算
二、林业产值	5198	5707
（一）林木的培育和种植	1716	1716
1. 育种育苗	131	—
2. 造林	1064	—
3. 林木抚育和管理	522	—
（二）木竹采运	2206	2511
其中：村及村以下	1708	—
1. 木材采运	1539	—
2. 竹材采运	668	—
（三）林产品采集	1275	1480
1. 采集野生植物	—	—
2. 其他林产品	1275	—
三、牧业产值	167915	142663
（一）牲畜饲养	13683	13683
1. 牛的饲养	6556	—
2. 羊的饲养	6520	—
3. 奶类	607	—
（二）猪的饲养	65652	51191
（三）家禽的饲养	87295	76503
1. 肉禽	58094	—
2. 禽蛋	29202	—
（四）捕猎野兽、野禽	51	53
（五）其他畜牧业	1234	1234
四、渔业产值	2318	2529
（一）海水产品	—	—
（二）内陆水域水产品	2318	2529
五、农林牧渔服务业	27230	26699

2020年安溪县规模以上工业产值一览表

表45

指标名称	单位	2020 年	增长率 (%)
一、按经济类型分			
其中：轻工业	万元	6139733	3.7
重工业	万元	3670967	5.4
其中：国有企业	万元	12245	30.8
股份合作企业	万元	57249	18.9
股份制企业	万元	7927735	4.6
外商及台港澳商投资企业	万元	1143914	−2.6
其他经济类型企业	万元	669557	12.9

续表45

指标名称	单位	2020年	增长率(%)
二、按行业类别分			
1. 采矿业	万元	121526	−1.0
2. 制造业	万元	9412400	4.3
农副食品加工业	万元	62123	6.6
食品制造业	万元	83916	11.2
酒、饮料和精制茶制造业	万元	2478782	7.4
纺织业	万元	142498	−0.2
纺织服装、服饰业	万元	333875	3.8
皮革、毛皮、羽毛及其制品和制鞋业	万元	12633	23.8
木材加工和木、竹、藤、棕、草制品业	万元	70856	9.5
造纸和纸制品业	万元	425695	−5.2
印刷和记录媒介复制业	万元	359287	12.6
文教、工美、体育和娱乐用品制造业	万元	1278778	−1.2
化学原料和化学制品制造业	万元	35487	12.9
医药制造业	万元	73597	18.8
化学纤维制造业	万元	39760	−8.4
橡胶和塑料制品业	万元	82288	17.3
非金属矿物制品业	万元	277985	0.7
黑色金属冶炼和压延加工业	万元	1257805	4.5
金属制品业	万元	245870	6.2
通用设备制造业	万元	200561	9.0
专用设备制造业	万元	411913	10.0
汽车制造业	万元	9515	−7.7
电气机械和器材制造业	万元	708328	−0.9
计算机、通信和其他电子设备制造业	万元	818846	5.6
仪器仪表制造业	万元	2001	−7.9
3. 电力、燃气及水的生产和供应业	万元	276775	7.1

2020年安溪县各乡镇规模以上工业产值一览表

表46

乡镇名称	单位	2020年	增长率(%)
凤城镇	万元	1170145	3.4
城厢镇	万元	2317741	7.0
参内镇	万元	93958	7.1
湖头镇	万元	2175833	4.5
官桥镇	万元	496262	3.7
龙门镇	万元	1088464	8.7
蓬莱镇	万元	12379	26.6
剑斗镇	万元	45270	9.4

续表46

乡镇名称	单位	2020 年	增长率 (%)
感德镇	万元	86579	9.2
尚卿乡	万元	402898	8.8
龙涓乡	万元	40942	14.1
大坪乡	万元	443670	4.6
西坪镇	万元	654021	5.9
长卿镇	万元	67291	14.5
魁斗镇	万元	99200	14.9
金谷镇	万元	4251	14.1
芦田镇	万元	15045	10.2
虎邱镇	万元	380158	8.8
白濑乡	万元	11385	−20.5
湖上乡	万元	31901	10.7
蓝田乡	万元	35044	14.9
祥华乡	万元	115590	11.7
桃舟乡	万元	14762	9.2
福田乡	万元	7908	6.8

2020年安溪县教育基本情况一览表

表47

项 目	校园数（所）	毕业生数（人）	招生数（人）	在校生数（人）	教职工（人）	专任教师（人）
总计	466	59093	61265	233182	15273	13253
一、基础教育	463	57635	58868	227016	14934	12957
学前教育	196	19071	15186	45057	3085	2121
义务教育	252	34175	37538	165689	8841	8174
小学	214	20706	17014	108818	6302	5952
小学	214	20015	16372	104927	6302	5952
九年一贯制学校	—	691	642	3891	—	—
初中	38	13469	20524	56871	2539	2222
初级中学	33	7813	10661	29979	2135	1854
九年一贯制学校	5	711	856	2536	404	368
完全中学	—	4945	9007	24356	—	—
高中	14	4352	6096	16046	2953	2625
完全中学	14	4352	6096	16046	2953	2625
高级中学	—	—	—	—	—	—
特殊教育	1	37	48	224	55	37
二、职业学校	3	1458	2397	6166	339	296
中等职业学校	3	1458	2397	6166	339	296

2020年安溪县各乡镇卫生事业基本情况一览表

表48

项 目	年末实际数		
	医疗卫生机构数（个）	病床数（张）	执业（助理）医师（人）
合 计	696	5311	1621
凤城镇	72	3020	744
城厢镇	86	954	349
参内镇	23	30	19
湖头镇	58	312	83
官桥镇	31	200	72
龙门镇	38	110	34
蓬莱镇	51	65	28
剑斗镇	28	60	27
感德镇	18	55	24
尚卿乡	27	50	30
龙涓乡	41	60	34
大坪乡	12	16	6
西坪镇	32	60	29
长卿镇	39	60	24
魁斗镇	12	25	14
金谷镇	37	40	25
芦田镇	9	12	7
虎邱镇	22	53	20
白濑乡	4	0	6
湖上乡	15	25	12
蓝田乡	11	40	9
祥华乡	15	35	12
桃舟乡	8	17	7
福田乡	7	12	6

统计范围：
1. 医院，3 家县级公立医院 +8 家民营医院（登记 9 家，1 家未开业）；
2. 基层医疗卫生机构，24 家乡镇卫生院 +596 家村卫生所 +7 家门诊部 +51 家诊所 +3 家医务室；
3. 专业公共卫生机构，1 家妇幼保健院 +1 家疾病预防控制中心 +1 家卫生监督所，其中，卫监所取得法人单位证书，但已并入卫健局；
4. 其他医疗卫生机构，1 家血液透析中心。

2020年安溪县科学技术水平基本情况一览表

表49

项目	单位	2019 年	2020 年
一、全年专利申请量	件	4950	4514
发明	件	403	225
实用新型	件	1002	920
外观设计	件	3545	3369
二、全年专利授权量	件	3327	4280
发明	件	27	116
实用新型	件	396	629
外观设计	件	2904	3535
三、新增注册商标	件	10775	10385
累计有效注册商标	件	38439	47498
四、地震前兆台站	个	1	1
地震预警终端	个	314	420
测震前兆宏观观测点	个	2	2
地震应急避难场所	个	24	24

2020年安溪县社会保障基本情况一览表

表50

	单位	2019 年	2020 年
一、社会救济			
城镇最低生活保障线人数	人	375	385
农村最低生活保障线人数	人	12591	14303
二、福利类收养性单位	个	17	17
年末床位数	床	1103	1102
其中：敬老院	所	14	14
年末床位数	床	558	738
村居便民服务代办点	处	481	481
三、社会保险			
1. 养老保险	人	717409	724069
城镇企业职工	人	61685	68957
机关事业单位	人	16710	16618
城乡居民社会养老保险	人	639014	638494
2. 医疗保险	人	1024044	1008197
职工医疗保险	人	59556	59689
城乡居民基本医疗保险	人	964488	948508
3. 失业保险	人	36280	52348
4. 工伤保险	人	59300	61500
5. 生育保险	人	49558	46836

表格索引